KB088287

최신개정판

일단 합격 JLPT

실전 모의고사 N2

박영미, 황요찬, 오카자키 마이 지음

동양북스

일본어능력시험

일단 합격 JLPT 실전모의고사 N2

초판 인쇄 | 2024년 3월 25일
초판 발행 | 2024년 4월 5일

지은이 | 박영미, 황요찬, 오카자키 마이
발행인 | 김태웅
책임 편집 | 길혜진, 이서인
디자인 | 남은혜, 김지혜
마케팅 총괄 | 김철영
온라인 마케팅 | 김은진
제 작 | 현대순

발행처 | (주)동양북스
등 록 | 제 2014-000055호
주 소 | 서울시 마포구 동교로22길 14 (04030)
구입 문의 | 전화 (02)337-1737 팩스 (02)334-6624
내용 문의 | 전화 (02)337-1762 dybooks2@gmail.com

ISBN 979-11-7210-019-3 13730

머리말

일본어능력시험(JLPT)은 국제교류기금 및 일본국제교육지원협회가 1984년부터 일본어를 모국어로 하고 있지 않은 학습자들의 일본어 능력을 측정하기 위해 실시하는 시험입니다. 일본어능력시험은 일본 정부가 공인하는 세계 유일의 일본어 시험으로 1년에 2회 실시하고 있습니다. 시험의 결과는 일본의 대학 진학이나, 국내 대학의 특차 전형, 기업 인사, 공무원 선발 등에서 일본어 능력을 평가하는 데 사용되고 있습니다.

2014년 기준으로 총 67개국에서 실시하고 있으며, 수험의 목적도 자신의 실력 측정과 입사, 승진, 대학 진학, 해외 취업 등으로 다양합니다. 특히 최근에는 2020년 일본 도쿄 올림픽 개최와 일본 취업의 활성화로 인하여 더욱 더 시험의 중요성이 부각되고 있다고 해도 과언이 아닐 것입니다. 성적이 우수한 자는 대학에서는 특별 전형으로, 국내와 해외 기업의 취업에 있어서 절대적으로 유리한 위치에 있을 수밖에 없을 것입니다.

'일단 합격하고 오겠습니다 JLPT 일본어능력시험 실전모의고사 N2'는 이러한 사회의 움직임에 발빠르게 대응하기 위해, 시험 전에 응시생이 보다 많은 문제를 풀면서 자신감과 경험을 쌓기를 바라는 마음에서 집필하게 되었습니다. 보다 많은 문제를 풀어서 시험의 유형을 익히고 자신감을 갖고 시험에 응하는 것이 가장 중요하다고 보기 때문입니다. 또한 독학하는 학습자들을 위하여 해설서에는 단순한 답만 제시하기보다는 유의어와 시험의 포인트 등도 안내하고 있어, 그 어떤 수험서에도 뒤지지 않는 시험 전 필수 수험서라고 자신할 수 있습니다.

5회의 모의고사를 풀어나가면서 많은 수험생이 자신감을 갖게 되어, 본 시험에서는 부디 좋은 결과가 있기를 바라겠습니다. 끝으로 본 수험서의 출판에 도움을 주신 동양북스 관계자 여러분께 이 자리를 빌려 감사의 말을 드립니다.

저자 일동

JLPT(일본어 능력시험) 알아보기

❶ JLPT 개요

JLPT(Japanese-Language Proficiency Test)는 일본어를 모국어로 하지 않는 사람의 일본어 능력을 측정하고 인정하는 시험으로, 국제교류기금과 재단법인 일본국제교육지원협회가 주최하고 있습니다. 1984년부터 실시되고 있으며 다양화된 수험자와 수험 목적의 변화에 발맞춰 2010년부터 새로워진 일본어 능력시험이 연 2회(7월, 12월) 실시되고 있습니다.

❷ JLPT 레벨과 인정 기준

레벨	과목별 시간		인정 기준
	유형별	시간	
N1	언어지식(문자 · 어휘 · 문법) 독해	110분	기존시험 1급보다 다소 높은 레벨까지 측정 [읽기] 논리적으로 약간 복잡하고 추상도가 높은 문장 등을 읽고, 문장의 구성과 내용을 이해할 수 있으며 다양한 화제의 글을 읽고, 이야기의 흐름이나 상세한 표현의도를 이해할 수 있다. [듣기] 자연스러운 속도의 체계적 내용의 회화나 뉴스, 강의를 듣고, 내용의 흐름 및 등장인물의 관계나 내용의 논리구성 등을 상세히 이해하거나, 요지를 파악할 수 있다.
	청해	60분	
	계	170분	
N2	언어지식(문자 · 어휘 · 문법) 독해	105분	기존시험의 2급과 거의 같은 레벨 [읽기] 신문이나 잡지의 기사나 해설, 평이한 평론 등, 논지가 명쾌한 문장을 읽고 문장의 내용을 이해할 수 있으며, 일반적인 화제에 관한 글을 읽고, 이야기의 흐름이나 표현의도를 이해할 수 있다. [듣기] 자연스러운 속도의 체계적 내용의 회화나 뉴스를 듣고, 내용의 흐름 및 등장인물의 관계를 이해하거나, 요지를 파악할 수 있다.
	청해	55분	
	계	160분	
N3	언어지식(문자 · 어휘) 언어지식(문법) · 독해	100분	기존시험의 2급과 3급 사이에 해당하는 레벨(신설) [읽기] 일상적인 화제에 구체적인 내용을 나타내는 문장을 읽고 이해할 수 있으며, 신문의 기사 제목 등에서 정보의 개요를 파악할 수 있다. 일상적인 장면에서 난이도가 약간 높은 문장을 바꿔 제시하며 요지를 이해할 수 있다. [듣기] 자연스러운 속도의 체계적 내용의 회화를 듣고, 이야기의 구체적인 내용을 등장인물의 관계 등과 함께 거의 이해할 수 있다.
	청해	45분	
	계	145분	
N4	언어지식(문자 · 어휘) 언어지식(문법) · 독해	80분	기존시험 3급과 거의 같은 레벨 [읽기] 기본적인 어휘나 한자로 쓰여진, 일상생활에서 흔하게 일어나는 화제의 문장을 읽고 이해할 수 있다. [듣기] 일상적인 장면에서 다소 느린 속도의 회화라면 거의 내용을 이해할 수 있다.
	청해	40분	
	계	120분	
N5	언어지식(문자 · 어휘) 언어지식(문법) · 독해	60분	기존시험 4급과 거의 같은 레벨 [읽기] 히라가나나 가타카나, 일상생활에서 사용되는 기본적인 한자로 쓰여진 정형화된 어구나 문장을 읽고 이해할 수 있다. [듣기] 일상생활에서 자주 접하는 장면에서 느리고 짧은 회화로부터 필요한 정보를 얻어낼 수 있다.
	청해	35분	
	계	95분	

③ JLPT 레벨과 인정 기준

레벨	득점 구분	인정 기준
N1	언어지식(문자 · 어휘 · 문법)	0~60
	독해	0~60
	청해	0~60
	종합득점	0~180
N2	언어지식(문자 · 어휘 · 문법)	0~60
	독해	0~60
	청해	0~60
	종합득점	0~180
N3	언어지식(문자 · 어휘 · 문법)	0~60
	독해	0~60
	청해	0~60
	종합득점	0~180
N4	언어지식(문자 · 어휘 · 문법) · 독해	0~120
	청해	0~60
	종합득점	0~180
N5	언어지식(문자 · 어휘 · 문법) · 독해	0~120
	청해	0~60
	종합득점	0~180

④ 시험 결과 통지의 예

다음 예와 같이 ① '득점구분별 득점'과 득점구분별 득점을 합계한 ② '종합득점', 앞으로의 일본어 학습을 위한 ③ '참고정보'를 통지합니다. ③ '참고정보'는 합격/불합격 판정 대상이 아닙니다.

※ 예 N3을 수험한 Y씨의 '합격/불합격 통지서'의 일부 성적 정보(실제 서식은 변경될 수 있습니다.)

① 득점 구분별 득점			② 종합 득점
언어지식 (문자 · 어휘 · 문법)	독해	청해	120/180
50/60	30/60	40/60	

③ 참고 정보	
문자 · 어휘	문법
A	C

A 매우 잘했음 (정답률 67% 이상)
B 잘했음 (정답률 34%이상 67% 미만)
C 그다지 잘하지 못했음 (정답률 34% 미만)

⑤ JLPT 인정서 예시

日本語能力認定書

CERTIFICATE
JAPANESE-LANGUAGE PROFICIENCY

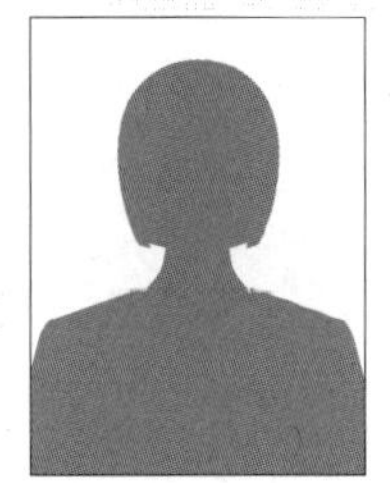

氏名
Name

生年月日(y/m/d)
Date of Birth

受験地　　韓国　　Korea
Test Site

上記の者は　年　月に独立行政法人国際交流基金および公益財団法人日本国際教育支援協会が実施した日本語能力試験N2 レベルに合格したことを証明します。

年　月　日

This is to certify that the person named above has passed Level N2 of the Japanese-Language Proficiency Test given in December 20XX, jointly administered by the Japan Foundation and Japan Educational Exchanges and Services.

独立行政法人　国際交流基金	公益財団法人　日本国際教育支援協会
理事長　安藤裕康	理事長　井上正幸
Hiroyasu Ando	Masayuki Inoue
President	President
The Japan Foundation	Japan Educational Exchanges and Services

차례

여기에 당신의 목표 점수를 적어 보세요!

JLPT N2 ______ 점 합격!

목표를 세우고 하루 하루 정진하면, 못 이룰 것이 없습니다. 처음의 마음 잊지 말고 이 점수를 마음 속에서 되뇌어 보세요. 합격하는 그날까지 힘내길 바랍니다!

실전모의고사 1회

N2

言語知識（文字・語彙・文法）・読解

（105分）

注意
Notes

1. 試験が始まるまで、この問題用紙を開けないでください。
   Do not open this question booklet until the test begins.
2. この問題用紙を持って帰ることはできません。
   Do not take this question booklet with you after the test.
3. 受験番号と名前を下の欄（らん）に、受験票と同じように書いてください。
   Write your examinee registration number and name clearly in each box below as written on your test voucher.
4. この問題用紙は、全部で31ページあります。
   This question booklet has 31 pages.
5. 問題には解答番号の 1 、 2 、 3 、… が付いています。解答は、解答用紙にある同じ番号のところにマークしてください。
   One of the row numbers 1, 2, 3 … is given for each question. Mark your answer in the same row of the answer sheet.

受験番号 Examinee Registration Number	

名前 Name	

問題1　＿＿＿＿の言葉の読み方として最もよいものを、1・2・3・4から一つ選びなさい。

1 救急隊員は全力を尽くし、雪に<u>埋もれた</u>人たちを救助した。

1　さもれた　　2　うもれた　　3　いずもれた　　4　かずもれた

2 彼は何でもすぐ<u>飽きて</u>しまう性格なので、困る。

1　あきて　　2　こきて　　3　しきて　　4　いきて

3 彼は運動選手なので、食物の<u>栄養素</u>を細かくチェックしている。

1　えいようそ　　2　えようそ　　3　えいよぞ　　4　えようぞ

4 彼女はあまり悪い感情を表に出さない<u>穏やかな</u>性格だ。

1　にぎやかな　　2　まろやかな　　3　おだやかな　　4　すこやかな

5 万が一のために、<u>救急箱</u>を用意しておきたい。

1　きゅうきゅはこ　　2　きゅうきゅうはこ

3　きゅきゅうばこ　　4　きゅうきゅうばこ

問題２　________の言葉を漢字で書くとき、最もよいものを１・２・３・４から一つ選びなさい。

6　なぜ彼が行方不明になったのか、まったく<u>けんとう</u>がつかない。

1　健当　　2　検討　　3　見当　　4　権討

7　この店は<u>ゆにゅう</u>食品をたくさん扱って、日本にいながら海外気分を味わえる。

1　輸入　　2　軫入　　3　輔入　　4　輸入

8　<u>ようじ</u>というのは、満1歳から就学前の子どものことを指します。

1　幻兒　　2　幻児　　3　幼児　　4　幼兒

9　AチームはBチームとのサッカー試合で５－０と<u>あっしょう</u>を収めた。

1　庄滕　　2　庄勝　　3　圧勝　　4　圧滕

10　いまだにその事件に対し、<u>ぎもん</u>が残るのは隠せない。

1　偽門　　2　偽問　　3　疑門　　4　疑問

問題3　（　　　　）に入れるのに最もよいものを、１・２・３・４から一つ選びなさい。

11 最近の若者は米を食べない米（　　　　）が止まらないようだ。

1　去り　　2　離れ　　3　切れ　　4　過ぎ

12 この作品で彼が描きたかったのは、（　　　　）現実的な、夢のような世界だった。

1　再　　2　超　　3　諸　　4　無

13 私はA社の面接後に、（　　　　）採用と伝えられました。

1　半　　2　準　　3　仮　　4　反

問題4（　　　）に入れるのに最もよいものを、1・2・3・4から一つ選びなさい。

14 急用で彼を訪ねたが、（　　　）席を外していた。

1　思いもよらず　2　あいにく　3　次第に　4　まもなく

15（　　　）な考え方を持っていると、トラブルが起こっても冷静に考えられる。

1　柔軟　2　卑怯　3　曖昧　4　肯定

16 怪我はちょっとした（　　　）がもたらすから、気を緩めてはいけないと思う。

1　判決　2　判断　3　油断　4　区別

17 この地域は工場からの煙で空気が（　　　）いる時が多い。

1　汚して　2　濁って　3　詰まって　4　苦しんで

18 あなたに（　　　）未来が訪れるように、お祈りいたします。

1　懐かしい　2　賢い　3　怪しい　4　輝かしい

19 カビが生えないように風呂場の掃除は（　　　）しています。

1　きっかり　2　すっきり　3　きっちり　4　さっぱり

20（　　　）を振るうというのは物理的なだけではなく、心理的な問題も含まれる。

1　暴力　2　乱暴　3　暴走　4　暴行

1회

問題5 ＿＿＿＿の言葉に意味が最も近いものを、1・2・3・4から一つ選びなさい。

21 彼はいつも私の耳元で愛をささやいてくれた。

1 ぶつぶつ話して　　2 すらすら話して
3 はきはき話して　　4 ひそひそ話して

22 飲みすぎで夕べのことはさっぱり覚えていない。

1 ばったり　　2 まるっきり　　3 すっきり　　4 あっさり

23 人のことにいちいち口を出すなんて、余計なお世話だよ。

1 しつこい　　2 騒々しい　　3 大げさな　　4 不要な

24 夜遅く暗い道を一人で歩くときは、用心してください。

1 気を付けて　　2 気になって　　3 気にして　　4 気を使って

25 Aデパートに有名な菓子店ができたことで、人々はたちまちどっと集まった。

1 かつて　　2 さっそく　　3 たまたま　　4 もはや

問題6　次の言葉の使い方として最もよいものを、１・２・３・４から一つ選びなさい。

26 あくび

1　お腹を壊してあくびしてしまう。
2　人は何かに感動したときにあくびが出るものだ。
3　ゆうべ眠れなかったせいなのか、授業中にあくびが出る。
4　驚いてもあくびを出してはいけない。

27 揺れる

1　海に揺れているプラスチックごみの量は年々増加していくそうだ。
2　家族のみんなは手を揺れて彼女を見送っていた。
3　人生に揺れた時、後悔しない決断をするのは難しい。
4　台風の影響で船は大きく揺れている。

28 しつこい

1　この紐はしつこくて切れにくい。
2　あんな大事故で助かるとは命がしつこい人だ。
3　会社の男の人にしつこく口説かれて困っている。
4　どんなことがあっても諦めないでしつこくがんばりましょう。

28 効く

1　成功しようとする彼の努力は全然効かなかった。
2　医者になろうとする彼女の夢が効いてしまった。
3　仕事は思うままに効いてとても順調です。
4　この薬はのどの痛みによく効きます。

30 華やかな

1　私は目立たない華やかな服装をする人が好きです。
2　ディナーはフォアグラやマツタケなど、ずいぶん華やかな食材を使っている。
3　身だしなみが整っている人は、華やかなイメージがある。
4　あの華やかな色のスカーフは、とても彼女に似合っている。

問題7　次の文の(　　　　)に入れるのに最もよいものを、１・２・３・４から一つ選びなさい。

31 経営悪化でこの企業が倒れる可能性は（　　　　）。

1　高まりにかけている　　2　高まってばかりだ

3　高まりつつある　　4　高まりに際している

32 彼女は集中力がある（　　　　）実行力もあって、上司に認められた。

1　うえは　　2　うえに　　3　うえで　　4　うえでは

33 壊れた掃除機を修理に出そうと（　　　　）、正常に動き出した。

1　思ったら　　2　決めてから　　3　思うが早いか　　4　決めたところ

34 父親が（　　　　）になってから、私は10年も介護を続けてきた。

1　寝て以来　　2　寝たきり

3　寝たこと　　4　寝るだけ

35 相談に乗った（　　　　）、相手の立場になって考えてほしい。

1　からで　　2　からに　　3　からでは　　4　からには

36 冷蔵庫に飲み（　　　　）のコーヒーを入れっぱなしにしないでください。

1　かけ　　2　たて　　3　あまり　　4　のこり

37 留学の計画を親に相談した（　　　　）、簡単に賛成してくれた。

1　ところ　　　2　ところを　　　3　ところで　　　4　ところへ

38 新製品の発売（　　　　）、新聞広告を検討しているところだ。

1　を際して　　　2　の際して　　　3　にあたって　　　4　のあたって

39 初めてカナダに行った時は知り合いもいなくて、どんなに寂しかった（　　　　）。

1　ということか　　　2　というものか　　　3　ところか　　　4　ことか

40 この承認（　　　　）、国民の皆様からのご意見を集めています。

1　の先立って　　　2　に先立って　　　3　をきっかけに　　　4　にきっかけに

41 悩みに悩んだ（　　　　）、その提案を断ることにした。

1　あげく　　　2　あげくで　　　3　一方　　　4　一方で

42 私の話を聞いて、楽し（　　　　）笑っていたことが忘れられない。

1　ふうで　　　2　気味に　　　3　げに　　　4　がちに

問題8　次の文の＿＿★＿＿に入る最もよいものを、１・２・３・４から一つ選びなさい。

（問題例）

あそこで ＿＿＿＿ ＿＿＿＿ ＿＿★＿＿ ＿＿＿＿ は山田（やまだ）さんです。

1　テレビ　　2　見ている　　3　を　　4　人

（解答のしかた）

1　正しい文はこうです。

あそこで ＿＿＿＿ ＿＿＿＿ ＿＿★＿＿ ＿＿＿＿ は山田（やまだ）さんです。 1 テレビ　3 を　2 見ている　4 人

2　＿＿★＿＿　に入る番号を解答用紙にマークします。

（解答用紙）

（例）	①　●　③　④

43　希望する大学に行ける ＿＿＿＿ ＿＿＿＿ ＿＿★＿＿ ＿＿＿＿ だ。

1　次第　　2　あなた　　3　の努力　　4　かどうかは

44　彼と喧嘩 ＿＿＿＿ ＿＿★＿＿ ＿＿＿＿ ＿＿＿＿ をしていない。

1　以来　　2　仲直り　　3　して　　4　未だに

45　わが社は年齢や ＿＿＿＿ ＿＿★＿＿ ＿＿＿＿ ＿＿＿＿ 採用する予定です。

1　人材を　　2　優秀な　　3　問わず　　4　性別を

46 病気を治すには ＿＿＿＿ ＿＿＿＿ ＿★＿ ＿＿＿＿ 自身の意志も大事です。

1 医者の　　2 患者さん　　3 もとより　　4 治療は

47 急な用事が ＿＿＿＿ ＿＿＿＿ ＿★＿ ＿＿＿＿ 会議には参加できない。

1 しまった　　2 入って　　3 だから　　4 もの

問題9　次の文章を読んで、文章全体の内容を考えて、[48]からの[51]の中に入る最もよいものを１・２・３・４から一つ選びなさい。

私の周りには要らないものが[48]悩んでいる人が大勢います。いつか使えるだろうと思い、もう何年も使わないまま家の中に積んでおくのです。

小さい子供を育てる母親の場合、子供の着ない服や使わないおもちゃ、食器が増えて悩んでいます。年配の人はもっとひどく、自分の人生[49]買っておいた物をなかなか捨てません。確かに上の世代は物を捨てるのは自分の財産が減るような気がして寂しく感じるかもしれませんね。または今の若い世代は物の大切さが分からず、お金の無駄遣いばかりしていると思われがちです。

[50]、このような物、本当に使いますか。物に振り回されないで[51]。もし家族の誰かが物をためておく習慣があるなら、本人に黙って捨てるのもいい方法だと思います。捨てるのを見られたら、強く反抗するし、大切な物が目の前に消えるようで不安感や人生のむなしさまで感じさせるかもしれないので、聞かないで少しずつ処分していきましょう。

48

1 買い込んで　　2 集め出して
3 入り続けて　　4 捨て切れず

49

1 とともに　　2 に従って　　3 に応えて　　4 の上で

50

1 しかも　　2 ついては　　3 かつ　　4 だからといって

51

1 思う存分捨てましょう　　2 思いきって手放しましょう
3 きっちり処分しましょう　　4 徹底的に片付けましょう

問題 10　次の(1)から(5)の文章を読んで、後の問いに対する答えとして最もよいものを、1・2・3・4から一つ選びなさい。

(1)

福岡に本社のある「タルマコンビニ」は、41～54歳の社員のアイディアを採用した弁当を来月から発売することにした。コンビニの弁当の主な買い手といえば、やはり若年層であるが、これからは中年世代にもコンビニ弁当を買ってもらおうという狙いで開発した商品である。

まず、ご飯の量を若者向けの商品の７割程度に減らし、おかずも揚げ物など油っこいのを入れずに、大根や白菜など、野菜のおかずを６種類にして、カロリーや栄養バランスなどに配慮した。おかずの種類が多いだけに、価格は８００円とやや高めだが、「タルマコンビニ」は「中年世代の好みに合わせて、おふくろの味をイメージして作った弁当」と語る。さらに毎月１種類ずつ、このシリーズの新製品を出していくとのことだ。

52 この弁当について正しいものはどれか。

1　この弁当のおかずに、天ぷらなどは入っていないようだ。

2　ご飯の量は通常の弁当とあまり変わらないが、おかずは多い。

3　会社の若手社員のアイディアで出来上がった弁当だ。

4　この弁当は今月限りのもので、来月からは販売しない。

(2)

食事を速くとるほど太りやすいという研究結果が出た。研究によると、肥満の人がやせている人より、男性が女性より早食いであることが分かった。

これは、イギリスの研究チームが発表した研究結果で、研究チームのマイケル教授は「男性が女性よりずっと早食いであることに驚いた」とし、「性別による差が明確に現れた」と述べた。

研究チームは、食事の速さと食事量の関係を調べるために二つの研究をした。一つ目の研究では、早く食べる人は、1分に88g、普通の速度の人は71g、遅い人は57gを食べていた。また男性は1分につき80カロリーを、女性は52カロリーを摂取していた。教授は「興味深いことに、ゆっくり食べると答えた男性の速さが、速く食べると答えた女性の速さと同じであった」と述べた。また次の研究では、ボディマス指数(注)が高い人ほど、速く食べることも確認。

「早食いの癖は直せるか」という問いに教授は、「食事の速さは生まれつきで、直せるのは容易ではない」と述べた。ところが試してみる価値は十分ある。教授は、「食べ物が口の中により長くとどまるようにすれば、満腹感も感じやすくなる」とし「自分が何を食べているか口で把握し、飲み込んだ食べ物が胃袋に届いた後、次の食べ物を口に入れるように」と助言した。

(注)ボディマス指数：体重と身長の関係から算出される、人の肥満度を表す体格指数である。一般にBMI (Body Mass Index) と呼ばれる。

53 この文章の内容として正しくないものはどれか。

1 この研究によると、ダイエットのためにはゆっくり食べるに限るようだ。

2 人間の食事の早さは、生まれ育った家庭環境次第で決まる。

3 女性は男性に比べ、食べるスピードが遅いことが明らかになった。

4 食べ物をよく噛むとお腹がいっぱいになったと感じやすい。

(3)

近年、物価が高騰しているが、特にガソリンの値段は上昇傾向が続いている。ガソリンの価格は、原油生産量や需要と供給のバランスなど、様々な要素によって決まるが、ガソリンの値上がりはなぜ起こるのだろうか。

一番の理由は、原油価格が高いことによるものだ。原油の供給が多すぎると、原油の値段が安くなってしまうが、その状態を避けるため、OPEC（石油輸出機構）は原油の生産量をわざと減らす戦略を行っている。これにより、原油の価格は高くなっているのだ。

また、円安も影響している。原油の決済はドルで行われるので、原油価格が上昇すれば、取引する量は変わらなくても、仕入れる値段が必然的に高くなってしまう。

さらには、大型のハリケーンがアメリカ南部を直撃したことにより、メキシコ湾の油田施設が被害を受けたことも影響しているというのだ。

今後どこまで、ガソリンの値段が上がるかはわからないが、「車に乗らない」という選択はなかなかできるものではない。ガソリン以外に新たな費用がかからないように、維持費を節約し、この時期を乗り切るしか方法はないのだ。

54 ガソリンの値段が上がった原因と考えられるものはどれか。

1　政府が原油価格を設定しているから

2　原油の決済を日本円でしているから

3　原油の生産量を減らしているから

4　車に乗らない人たちが増えてきたから

(4)

就職活動をしている人が必ずといっていいほど経験するのが、書類選考と面接だ。この二つを無事に終え、企業に採用されるために気を付けなければならないことは何だろうか。

まず、書類選考の場合だが、最近はパソコンで書類を作成する人がほとんどだ。このとき注意しなければならないことが、志望動機の使いまわしだ。応募する企業の業種や職種が似ているから、社名や部署名を書き換えれば大丈夫だと思っているかもしれないが、企業の人事担当者は細かいところまで確認している。少しでも不自然な部分があれば不採用になるため、しっかり確認しなければならない。

次に面接の場合だが、担当者は服装や言葉遣い、表情はもちろん、「この人が社風に合うか」「実際の業務に合うか」を判断材料にするケースが多い。自分をよく見せようとして大げさに話したり、正確に答えなかったりすると、担当者に不信感や誤った印象を与えてしまうため、面接を受ける際にはマニュアルなどは参考にせず、話したいことを自分の言葉で準備した上で、嘘をつかず素直に答えるようにしよう。

55 この文章の内容に合わないものはどれか。

1 書類はパソコンを使って丁寧に書かなければならない。

2 同じ業種や職種であっても志望動機は使い回ししないほうがいい。

3 面接では話したいことを自分でしっかり考えて準備したほうがいい。

4 面接の担当者は服装や顔の表情も採用の判断材料としている。

(5)

日本電子情報技術産業協会がきのう発表した昨年度のパソコン国内出荷台数は、前年比4.1％減の1275万台だった。昨年度の上半期は、前年同月比で14％増の伸びを記録したが、７月以降からは６か月連続で前年割れとなった。出荷台数が大きく増加と減少を繰り返したのは、昨年４月に米マイクロユニットの基本ソフト「ウィンドウズＡＺ8.0」のサポートが終了したことで買い替え需要が増加したが、それがおさまると今度は、消費税率引き上げ前の駆け込み需要が増加し、下半期はその反動で需要が減少したのが要因である。同協会は「この傾向は当面続く」とみている。

一方、パソコンと競合しているタブレット端末は右肩上がりが続いている。ある調査会社によると、昨年度上半期の国内出荷台数は、前年同期比18％増の536万台。昨年度の１年間では前年度比19％増の975万台になっている。

56 昨年度のパソコン国内出荷台数に関して正しいのはどれか。

1　１年を通して大きな増減のない、安定した販売量を記録した。
2　出荷台数の増減は、日本国内以外の事情とは関係ないようだ。
3　昨年度の上半期は、前年同月比で２けたの伸びを記録した。
4　タブレット端末に比べて、全体的に見て伸びたと言える。

問題 11　次の(1)から(3)の文章を読んで、後の問いに対する答えとして最もよいものを、１・２・３・４から一つ選びなさい。

(1)

ある大学の教授が学生たちに「①みなさんは小説を読むとき、どんな読み方をしていますか？」と尋ねてみた。感情移入しながらゆっくり読む人もいれば、主人公とかに感情移入しないで、普通に物語を追う感じで読む人もいた。またドラマや映画を観るように情景を思い浮かべながら文体を味わう人もいて、本の楽しみ方はさまざまだった。

この教授は年間で約100冊の小説を読む。同じく読書好きの知人と話し中、本の読み方の違いに初めて気付いたという。知人は「文章を読む際、ドラマや映画のように情景を思い浮かべつつ文体を味わう」のに対し、教授は「主人公になりきって、感情移入しながら読む。映像や情景はほとんど浮かばない」。

そこで、他の人はどう本を読むのか興味がわいて、学生たちに質問を投げかけたところ、②情景を思い浮かべながら読むタイプが最も多かった。「登場人物がドラマや映画のように歩き回る」「家の間取りや部屋のレイアウトまで詳細に」と場面を想像して読む人が目立った。「リアルなイメージが浮かぶので、恐怖小説は読めない」という悩みの人もいた。

また「熱い、軽い、うるさいといった体験」や、「食べ物のにおいや繁華街の騒音」まで思い浮かぶ人もいるなど、映像のみではない。

同じ本を何度も読む人もいた。「最初は速読で、2回目はじっくり読み直す」という答えも。「子どもの頃に読んだ本を大人になって読み返し、また新しい発見ができるのにびっくりした」という答えもある。経験や年齢を重ねたことで、本の印象も変わってくるようだ。

57 「①みなさんは小説を読むとき、どんな読み方をしていますか」と尋ねるようになったきっかけは何か。

1 他人の本の楽しみ方が気になった。
2 映画の情景を思い浮かべながら小説を読みたかった。
3 もっと小説を楽しめる方法を知りたかった。
4 自分も小説の主人公になりたかった。

58 ②情景を思い浮かべながら読むタイプに見られる特徴ではないものは何か。

1 部屋の詳しい構造まで思い浮かべられる。
2 登場人物がまるで生きているかのように思う。
3 まるでドラマでも見ているかのように感じる。
4 文字そのものが直接心に伝わってくるような気がする。

59 この文章の内容に合わないものはどれか。

1 自分が登場人物になりきって、本を楽しむ人もいるようだ。
2 文章を読むと、映像や情景以外のものは思い浮かばないようだ。
3 具体的な光景を思い浮かべるのも、本の楽しみ方の一つだ。
4 再読して、作品の新しい価値がわかることもある。

(2)

お金は生活に欠かせないものだ。お金を使わなければ生活ができない。しかし、中には必要な場合でも①お金をあまり使いたがらないケチな人たちもいる。そこでそのような人にはどのような特徴があるのか、みてみようと思う。

まず一つ目の特徴として挙げられるのは、「お金がない」「もったいない」が口癖になっているということだ。ケチな人たちはお金を払うことが何よりも嫌なので、周囲にも「お金を払いたくない」というアピールをし、無駄な出費をしないように自分を演出しているのだ。

二つ目に挙げられるのは、お金を貯めるのが趣味になっているということだ。本当に貯金をするのが上手な人は、使うお金と使わないお金をはっきり区別し、そのうえで貯蓄もしっかり行うが、ケチな人は特別な目的がなく、ただ貯金額が増えていくことを楽しんでいるだけの人が多いようだ。

そして三つ目に挙げられるのは、周囲の人に対して食事をごちそうすることは絶対にしないということだ。ケチな人たちは②損得で動くため、「この人や物にお金を使って元が取れるのか」「有益なのか」を常に考えている。そのため、少しお金に余裕があっても自分からごちそうすることは一切ない。相手におごってもらったから、そのお返しという考えもないのだ。

このような人たちがいる一方で、上手に節約し、自分が使えるお金の中で余裕を作って生活している人もいる。ただ単にお金を使わないというのではなく、どこにお金を投資すべきか、どこにお金をかけないかをしっかり把握し、上手にお金と付き合っていくことが大切だと思う。

60 ①お金をあまり使いたがらないケチな人たちとあるが、この特徴に当てはまらない人はだれか。

1 周りの人たちに自分はお金がないということをアピールしている人
2 貯金をする目的はなく、ただお金が増えているのを楽しんでいる人
3 友達や知り合いにお返しやお礼という意味でごちそうする人
4 少しお金に余裕があっても、ほかの人にお金を使うことがない人

61 ②損得で動くとあるが、この例として適当でないものはどれか。

1 自分にとってメリットがないので、友達との飲み会には参加しない。
2 営業成績を上げるために、苦手なお客さんを接待する
3 ボランティアで外国人の子供に日本語を教える。
4 食べ放題で元を取るために料理を無理やり注文する。

62 この文章の内容に合うものはどれか。

1 「もったいない」とよくいう人はしっかり節約をしている人だ。
2 貯金が上手な人は使うお金と使わないお金をはっきり分けている。
3 将来のためにも貯金額はしっかり把握しておくべきだ。
4 ケチな人でもお金に余裕があるときは友達に食事をおごる。

(3)

最近エコやファッション、デザイン関連の分野で見かけるようになった、「アップサイクル」という言葉がある。アップサイクルとは、廃物や使わなくなったものを、新しい素材やより良い製品に変換して価値を高めることを指す。廃品利用は古くからあったが、意外な素材の持つ話題性が最近の特徴で、環境保護の観点から新たな文化として定着することも期待されている。

商品は多彩だ。例えば古くなった洋服のリサイクル。従来だと、雑巾にしていた。すると、雑巾は洋服に比べて価値が下がるようになる。このようにリサイクルで物の価値が下がることを、「ダウンサイクル」と言う。一方で、その古い洋服の布を活用して、おしゃれなバッグやアクセサリーを作ったとする。古くなって洋服としての価値が下がっていたものが生まれ変わり、新たな価値が生まれる。こうしたことを、アップサイクルと呼ぶわけだ。また古着のボタンで作ったマグネットや電源プラグを活用したキーホルダーなども製造されている。説明を読まないと、もとの素材が何なのかわからないものまである。

欧米の商店にはリサイクルとは思えない、むしろリサイクルだからこそおしゃれでかわいい「アップサイクル」商品が並んでいる。資源を無駄使いせず、環境を守る観点でアップサイクル商品を選ぶことがすでに一般的になっているという。未来のために、日本でももっと広がり、定着してほしい。

63 「アップサイクル」の説明として正しいものは何か。

1 「アップサイクル」は、主に新しい素材を使って製品を作る。
2 「アップサイクル」は、自然環境を損なうからやめるべきである。
3 「アップサイクル」は、リサイクルによって物の価値を上げる。
4 「アップサイクル」は、新品の洋服で雑巾などを作る。

64 この文章の内容に合うものはどれか。

1 以前は、服をリサイクルしてスーツを作るのが普通だった。
2 廃品利用もいいが、環境保護のためにすすめられない。
3 アップサイクルは、すでに日本に根付いたと言える。
4 リサイクルで、もとの商品以上の価値を作り出すこともできる。

問題 12　次の文章は「授業中のパソコンの使用」に関する主張である。二つの文章を読んで、後の問いに対する答えとして、最もよいものを１・２・３・４から一つ選びなさい。

A

最近では、大学の授業でもノートに書かず、パソコンやタブレットに直接入力する人たちが増えているが、個人的な意見としては、記録するためだけに授業中にパソコンを使うのは禁止にしてほしいと思っている。

一番の理由はタイピングの音がうるさくて、授業に集中できないからだ。以前、授業中に隣の学生がパソコンを使っていたのだが、授業中「カタカタ」とパソコンを打つ音が聞こえ、その音が気になってしまい、授業の内容が全く頭に入ってこなかったことがあった。紙に書くのと同じようにパソコンでノートをとっているというのは理解できるのだが、どうしてもタイピングの音に気を取られてしまう。

もちろん、授業の資料をファイルで確認できたり、教授から指示された動画などをその場で見られるというメリットはある。しかしタイピングの音によって、授業内容が聞こえず、授業を邪魔するものになってしまう場合が多いため、「授業中はパソコンの使用を禁止する」というルールを作るべきだと思う。

B

私は授業中にパソコンを使ってノートをとっている。タイピングの音は少しうるさいかもしれないが、私が受けている授業では、ほとんどの学生がそのようにしているため特に気にならない。

大学生になってからこのようにし始めたが、紙のノートよりも管理しやすいのが一番のメリットだ。授業ごとに作ったノートをわざわざ持ち歩かずにすむし、保管や置き場所にも困らない。そして、劣化することなくデータとして半永久的に保管ができるのだ。

また、最近の授業では授業中のプリントもファイルとして配布することも多い。そのファイルにはパソコンで直接入力が可能なため、授業内容を打ち込むことで、そのまま資料として保存できたり、編集や修正も簡単にできたりするから便利なことばかりだ。

直接ペンで書きながらノートを取ったほうが理解しやすいという人もいるだろうが、私はこの便利さを味わってからは直接文字を書いてノートをとることがなくなった。今後このような学生はますます増えていくだろう。

65 「授業中のパソコンの使用」に関するＡとＢの主張として正しいものはどれか。

1 Aはパソコンでノートをとっている人たちは、授業に集中できていないと述べている。

2 Bはタイピングの音がうるさいため、パソコンでノートをとるのをやめたと述べている。

3 Aは授業中のパソコン使用は、資料をファイルで確認したり動画を見たりできるのでメリットばかりだと述べている。

4 Bは授業内容をデータとして残せるため、管理や保管が楽だと述べている。

66 ＡとBの内容として正しいのはどれか。

1 Aは授業中のパソコン使用は禁止すべきだといい、Ｂはタイピングの音がうるさいので授業中は使用を控えたほうがいいと述べている。

2 Aはタイピングの音に気を取られて授業に集中できないといい、Ｂはほとんどの学生がタイピングをしているから気にならないと述べている。

3 ＡもBもパソコンでノートを取ると、保存や管理が楽なので積極的にするべきだと述べている。

4 ＡもBもパソコンを使うことで、文字を書くことが少なくなる学生が増えるだろうと述べている。

問題 13　次の文章を読んで、後の問いに対する答えとして最もよいものを、1・2・3・4から一つ選びなさい。

美容意識の高まりにより、脱毛ケア(注1)が一般化し、低年齢化が進んでいる。最近では低価格で施術が受けられるようになったこともあり、小学生を対象としたサロンやクリニックも増え、子どもの脱毛を考える親も多い。

子どもが脱毛する主なメリットはコンプレックス(注2)から解放されることだ。思春期(注3)になると外見を気にし始めることが多くなる。「眉毛がつながっていて恥ずかしい」「ほかの人より毛が濃くて嫌だ」といった毛による精神的ストレスを感じているのであれば、脱毛を一つの選択肢として考えることも悪くはない。

また、子どものうちから脱毛をしておけば、自分で処理することによる肌トラブルを回避することも可能だ。自分で処理すると、出血したり、かゆくなったり、ひどい場合には炎症が起きることもあるが、脱毛することにより、自己処理の回数が減るため、肌トラブルを少なくし、きれいな肌を維持することができる。そのため早くから始めておいて損はないのだ。

このようなメリットはあるが、専門家は小学生を対象とする施術は慎重に考えてほしいと話す。なぜなら子どもは体育の授業や、外遊びが多いため、日焼けをする機会が多いからだ。日焼けは肌が軽い炎症を起こしている状態であり、施術することでその炎症が悪化することがある。また、使用する機械によってはやけどをする可能性もあるため、注意しなければならない。

また、子どもの肌は大人より敏感であるため、大人であれば問題ない施術も子どもの肌の場合は赤くなったり、痛みを強く感じたりする場合もある。せっかくきれいになろうと思って脱毛をしたのに、肌が傷ついてしまうこともあるため、子どもが精神的にも傷ついてしまうことがあるからだ。

サロンの中には「子どもでも医療やレーザー脱毛ができる」、「子どもの脱毛は料金が安い」ということを売りにしているところもあるが、明確にはわからない。適切な施術を受けるためにも、実情をしっかり把握してから、子どもの脱毛を検討してほしいと思う。

(注1)脱毛：毛を取り去ること

(注2)コンプレックス：自分自身の嫌いなところ、劣等感

(注3)思春期：第二次性徴が現れ、身体的や精神的にも大きな変化の現れる時期

67 子どもが脱毛するメリットではないものはどれか。

1 外見的コンプレックスから解放される。

2 かゆみや炎症などの肌トラブルをなくすことができる。

3 自己処理の回数が減り、肌トラブルが少なくなる。

4 肌をきれいな状態でキープすることができる。

68 専門家が子どもの脱毛は慎重に考えてほしいと話す理由は何か。

1 日焼けが多い子どもたちは脱毛器具によりやけどをする可能性があるから

2 子どもは大人よりも肌が敏感なため、脱毛中に必ず強い痛みを感じてしまうから

3 子どもの脱毛は料金が安いため、大人と同じように施術してもらえないから

4 子どもが脱毛をしたあとは軽い炎症を起こしてしまうので、肌が傷つくから

69 この文章の内容に合うものはどれか。

1 脱毛ケアの低年齢化により、小学生を対象とした脱毛サロンが増えつつある。

2 サロンで施術するよりも、自分で脱毛をしたほうが肌トラブルは少ない。

3 親はサロンの実情をしっかり把握してから、子どもに脱毛させるかを考えてほしい。

4 子どもの肌は大人よりも敏感ではないため、早くから脱毛をしておくべきだ。

問題 14　右のページは、通信販売の利用案内である。下の問いに対する答えとして、最もよいものを1・2・3・4から一つ選びなさい。

70　ここのサイトで商品を注文するとき、配達日が指定できるのはどれか。

1　5月15日に食べるために5月11日に注文する。

2　7月3日に食べるために6月29日に注文する。

3　9月21日に食べるために9月12日に注文する。

4　12月11日に食べるために12月9日に注文する。

71　文章の内容として正しいのはどれか。

1　運送業者に、商品代金や送料を渡して商品を受け取ることができる。

2　返品を希望する場合は4日以降にも応じることができる。

3　このサイトでは、商品の送料は地域ごとに異なる。

4　解凍された商品は長持ちするから一週間以内に食べればいい。

通信販売ーうなぎかばやき(国内産)

1. 内容量：うなぎかばやき200g×3、特製タレ(100ml)×3

2. 賞味期限 ① 冷蔵もしくは解凍された場合：当日中にお召し上がり下さい。
　　　　　② 冷凍庫で保存の場合：製造日から10日以内にお召し上がり下さい。

※ お届けご希望日がございましたら、弊社営業日カレンダーをご確認の上、一週間以上先の日にちをご指定下さい。

3. 通常販売価格：10,300円(税込、100ポイント獲得)

4. ご利用ガイド

(1) お支払方法：お支払い方法は下記のお支払方法をご利用できます。
　① 銀行振込（前払い）
　② 商品代引
　③ クレジットカード決済
　④ コンビニ決済（前払い）

(2) 返品について

返品・交換をご希望される場合には下記の注意事項をご確認の上、商品到着後3日以内に電話またはメールにて弊社までご連絡下さい。商品到着後4日以降の返品・交換には、応じかねますのでご注意下さい。その他のご相談につきましては弊社までご連絡下さい。

(3) 配送について

ABC運輸株式会社(クール便)にて商品配送を行っております。送料は全国一律800円になります。

5. お問い合わせ

◆商品に関するお問い合わせ　TEL：0120-1234-56
　　　　　　　　　　　　　　Mail：kabayaki@kabayaki.co.jp

◆その他のお問い合わせ TEL：0120-1234-67

N2

聴解

(55分)

注意 Notes

1. 試験が始まるまで、この問題用紙を開けないでください。
Do not open this question booklet until the test begins.

2. この問題用紙を持って帰ることはできません。
Do not take this question booklet with you after the test.

3. 受験番号と名前を下の欄(らん)に、受験票と同じように書いてください。
Write your examinee registration number and name clearly in each box below as written on your test voucher.

4. この問題用紙は、全部で13ページあります。
This question booklet has 13 pages.

5. この問題用紙にメモをとってもかまいません。
You may make notes in this question booklet.

受験番号 Examinee Registration Number	

名 前 Name	

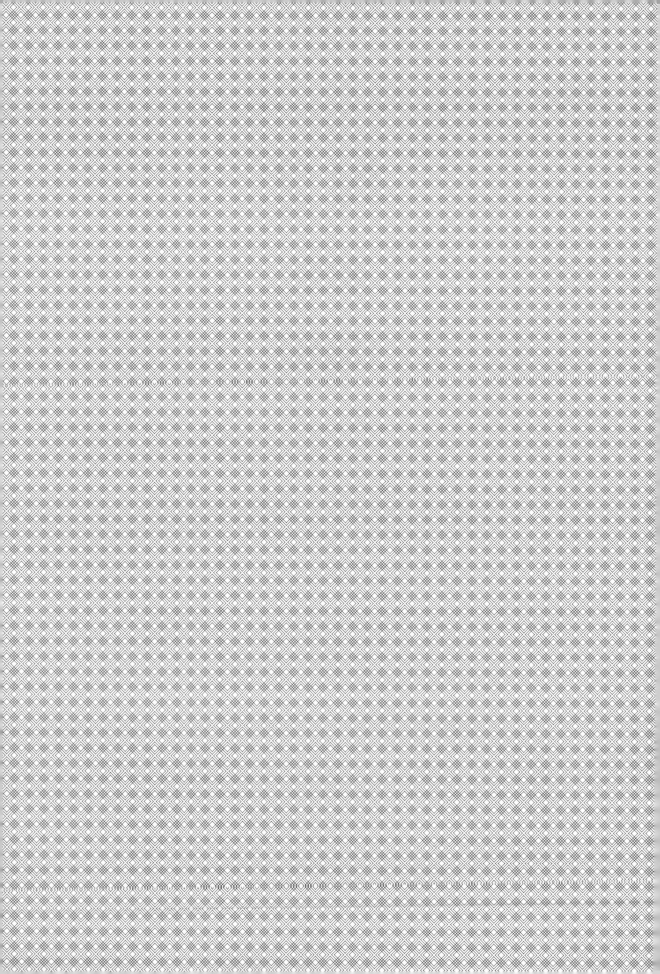

問題 1

問題１では、まず質問を聞いてください。それから話を聞いて、問題用紙の１から４の中から、最もよいものを一つ選んでください。

例

1　ホームページで児童書を検索する

2　ホームページで子供に読ませる本を検索する

3　子供も入館できる図書館を探す

4　子供が読める本がある図書館を探す

1番

1　会議の開始時間

2　会議するときの設備

3　参加者が会場に来る時間

4　司会者が会場に来る時間

2番

1　キャンプに必要な道具

2　バーベキューに必要な食料品

3　みんなで遊ぶための花火

4　みんなで食べるためのケーキ

3番

1 ホームページで調べたよく売れているの本

2 話題のエッセイ

3 好きな作家の作品

4 軽い気分で読める本

4番

1 バッグチャームとストラップセット

2 バッグチャームとコーヒーカップ

3 バッジセットとマグカップ

4 バッジセットとバッグチャーム

5番

1　カラフルで宣伝しやすいデザイン

2　シンプルで無難なデザイン

3　木のマークがない色鮮やかなデザイン

4　木のマークが入ったシンプルなデザイン

問題 2

問題２では、まず質問を聞いてください。そのあと、問題用紙のせんたくしを読んでください。読む時間があります。それから話を聞いて、問題用紙の１から４の中から、最もよいものを一つ選んでください。

例

1　材料は大きさを合わせて切ること

2　材料がそろった後に、はやく煮ること

3　野菜を先に炒めること

4　はやく済ませられるように材料をそろえること

1番

1　急ぎの注文への対応

2　通信機器の性能

3　注文品の在庫量

4　従業員の対応

2番

1　男の人が電気製品に詳しいから

2　男の人がＪネットの社員だから

3　男の人がＪネットの利用者だから

4　男の人が電気製品の修理者だから

3番

1　病気の社員の復帰について

2　今やっている仕事をどうするかについて

3　育児休暇がいつからとれるかについて

4　人事からの相談内容について

4番

1　持病の治療で長期間入院するため

2　結婚して、北海道に住むことになったため

3　北海道にあるネイルショップに異動するため

4　結婚後、東京で自分のお店を開くため

5番

1　バスタブのお湯を時々捨てないこと

2　バスタブのお湯を使って体を洗うこと

3　家族で同じバスタブのお湯につかること

4　家族によってお風呂の入り方が違うこと

6番

1　受講中に寝てしまう授業

2　自分の学習意欲が高い授業

3　ノートを取る必要がない授業

4　好きな先生が担当する授業

問題 3

問題 3 では、問題用紙に何もいんさつされていません。この問題は、全体としてどんな内容かを聞く問題です。話の前に質問はありません。まず話を聞いてください。それから、質問とせんたくしを聞いて、1 から 4 の中から、最もよいものを一つ選んでください。

— メモ —

問題4

問題４では、問題用紙に何もいんさつされていません。この問題は、まず文を聞いてください。それから、それに対する返事を聞いて、１から３の中から、最もよいものを一つ選んでください。

— メモ —

問題 5

問題 5 では、長めの話を聞きます。この問題には練習はありません。

メモをとってもかまいません。

1 番、2 番

問題用紙に何もいんさつされていません。まず話を聞いてください。それから、質問とせんたくしを聞いて、1 から 4 の中から、最もよいものを一つ選んでください。

— メモ —

3番

まず話を聞いてください。それから、二つの質問を聞いて、それぞれ問題用紙の1から4の中から、最もよいものを一つ選んでください。

質問1

1　1番目のアルバイト

2　2番目のアルバイト

3　3番目のアルバイト

4　4番目のアルバイト

質問2

1　1番目のアルバイト

2　2番目のアルバイト

3　3番目のアルバイト

4　4番目のアルバイト

실전모의고사 2회

N2

言語知識（文字・語彙・文法）・読解

（105分）

注意 Notes

1. 試験が始まるまで、この問題用紙を開けないでください。
Do not open this question booklet until the test begins.
2. この問題用紙を持って帰ることはできません。
Do not take this question booklet with you after the test.
3. 受験番号と名前を下の欄（らん）に、受験票と同じように書いてください。
Write your examinee registration number and name clearly in each box below as written on your test voucher.
4. この問題用紙は、全部で31ページあります。
This question booklet has 31 pages.
5. 問題には解答番号の 1 、 2 、 3 、… が付いています。解答は、解答用紙にある同じ番号のところにマークしてください。
One of the row numbers 1, 2, 3 … is given for each question. Mark your answer in the same row of the answer sheet.

受験番号 Examinee Registration Number	

名 前 Name	

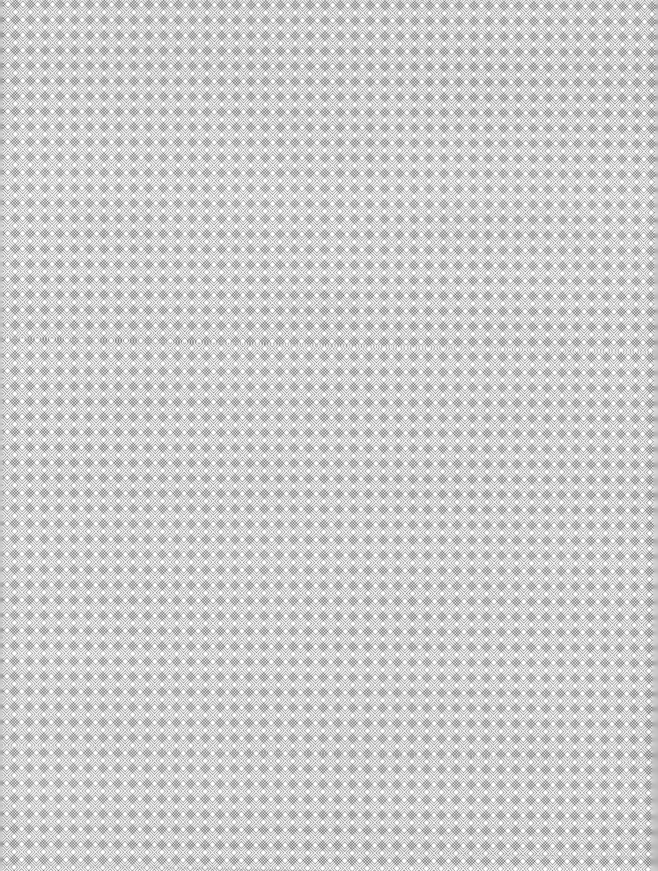

問題1 ＿＿＿＿の言葉の読み方として最もよいものを、1・2・3・4から一つ選びなさい。

1 地球温暖化への対策として様々な議論が交わされている。

1 おんたんか　2 おうだんか　3 おんだんか　4 おうたんか

2 彼女の部屋は何日間も掃除をしなかったようで、もので溢れていた。

1 みだれて　2 あふれて　3 おそれて　4 やぶれて

3 弟と比べて、私は運動神経が鈍い方だ。

1 あわい　2 にぶい　3 でかい　4 にくい

4 世の中は部下の手柄を平気で横取りする上司もいる。

1 しゅへい　2 しゅべい　3 てから　4 てがら

5 子供を3人も抱えて非常勤で働くのはかなり経済的に苦しい。

1 いかえて　2 だかえて　3 かかえて　4 つかえて

問題2　＿＿＿＿の言葉を漢字で書くとき、最もよいものを１・２・３・４から一つ選びなさい。

6　今のところ、週休二日制を<u>さいたく</u>していない会社はほとんどないと思う。

1　彩択　　　2　採択　　　3　彩沢　　　4　採沢

7　栄養のバランスをとるため、<u>こくもつ</u>の摂取量も減らさないようにしている。

1　殻物　　　2　款物　　　3　傲物　　　4　穀物

8　政府から<u>にんしょう</u>を受けるために必要なものは何ですか。

1　詔証　　　2　認証　　　3　詔請　　　4　認請

9　彼の<u>いだい</u>な功績は永遠に後世に残るはずだ。

1　違大　　　2　緯大　　　3　偉大　　　4　為大

10　今朝、名古屋高速道路で乗用車がトラックと<u>しょうとつ</u>する事故が発生した。

1　衝揆　　　2　衡揆　　　3　衡突　　　4　衝突

問題3 （　　　　）に入れるのに最もよいものを、1・2・3・4から一つ選びなさい。

11 警察はあの事件に関わる容疑者に対して（　　　　）調べを行った。

1 差し　　2 立ち　　3 引き　　4 取り

12 世の中には現代科学では解釈できない（　　　　）現象も起こるそうだ。

1 偽　　2 諸　　3 御　　4 怪

13 最近暑い日が続いて夏バテ（　　　　）になっています。

1 がち　　2 連れ　　3 切れ　　4 気味

問題４　（　　　　）に入れるのに最もよいものを、１・２・３・４から一つ選びなさい。

14 サービスに満足できないと、お客さんから（　　　　）を言われるときもある。

1　念願　　2　依頼　　3　苦情　　4　困難

15 人々は（　　　　）起きているこの二つの事件を不思議に思っているはずだ。

1　相次いで　　2　引き継いで　　3　打ち止めて　　4　差し支えて

16 地震で家がつぶれるのかと思ったら、生きた（　　　　）がしなかった。

1　機嫌　　2　気分　　3　心地　　4　気持ち

17 会社に大きな損害を与えてしまい、彼の立場も（　　　　）なった。

1　危うく　　2　不機嫌に　　3　不愉快に　　4　煩わしく

18 コンビニに行ったのに財布が見つからなくて（　　　　）した。

1　おめおめ　　2　ふわふわ　　3　ずきずき　　4　まごまご

19 彼の部屋には専攻に関する本が（　　　　）並べてあった。

1　きっかり　　2　ばっちり　　3　ぎっしり　　4　うっかり

20 彼は食事を済ましてから、レジに行って「お（　　　　）、お願いします。」と言った。

1　計算　　2　勘定　　3　会算　　4　既定

問題５　＿＿＿＿の言葉に意味が最も近いものを、１・２・３・４から一つ選びなさい。

21　10キロもやせたので、腕時計のバンドが緩くなった。

1　安らかに　　2　柔らかく　　3　きつくなく　　4　滑らかに

22　差し支えがなければその話を詳しく聞かせてほしい。

1　干渉　　2　不都合　　3　触り　　4　不満

23　入社してまもなく出張を命じられた。

1　すぐに　　2　もうすぐ　　3　いずれ　　4　この間

24　彼女は神経質で些細なことにもすぐに動揺してしまう。

1　退屈な　　2　ほんの少しの　　3　斜めな　　4　やかましい

25　いい年して泣いたりわめいたりするのはみっともないと思う。

1　ずうずうしい　　2　ひとしい　　3　恥ずかしい　　4　おとなしい

問題6　次の言葉の使い方として最もよいものを、1・2・3・4から一つ選びなさい。

26 今にも

1　私のふるさとは今にも年末に小豆もちを食べる習慣がある。

2　彼女は今にも泣き出しそうな顔で座っていた。

3　そんなに大急ぎだったら今にも行きます。

4　まだ遅れていないのなら今にも返事します。

27 朗らか

1　彼はいつも笑顔で明るくて朗らかな人だ。

2　沖縄は5月中旬から梅雨入りして、朗らかな天気が続いている。

3　他人に迷惑ばかりかけても、全然気にしないなんて、ずいぶん朗らかだね。

4　この歌を聞くたびに子供の時を思い出して、朗らかな気持ちになる。

28 ごまかす

1　落とし物を拾ったら、警察をごまかす必要がある。

2　彼女は相手に注意されたら、笑ってごまかす癖がある。

3　かわいいからと言って、いつまでも子供をごまかしてはいけない。

4　とんでもない罪をごまかして、罪悪感で苦しんでいた。

29 確か

1　送られた書類は確か受け取りました。

2　家を出るとき確か鍵はかけましたか。

3　その事件が起こったのは確か昨年の５月だったと思います。

4　浅田さんのことは確か覚えています。

30 怪しい

1　あの時は収入が少なくて生活が怪しかった。

2　怪しいメールは不用意に開かないようにしましょう。

3　彼の話を聞いていると、怪しく納得してしまう。

4　大勢の人の前で喧嘩をするなんて、怪しいね 。

問題７　次の文の(　　　　)に入れるのに最もよいものを、１・２・３・４から一つ選びなさい。

31 合格するかどうかは（　　　　）として、努力する人になりたい。

1　あくまで　　2　ともかく　　3　わりに　　4　ところに

32 駅に着くか着かないかの（　　　　）にわか雨が降った。

1　なかに　　2　ところに　　3　あげくに　　4　うちに

33 あの表情（　　　　）、何か隠しているに違いない。

1　のものから　　2　のことから　　3　からすると　　4　からよると

34 出生率の低下により子供の数が減っている（　　　　）、人口の減少が深刻化している。

1　あまり　　2　あまりにも　　3　ものから　　4　ことから

35 いつも食事の後、歯を磨いている（　　　　）、虫歯が一本もない。

1　だけで　　2　だけにも　　3　だけあって　　4　だけでも

36 わずかな金を（　　　　）、とてつもないことをやってしまった。

1　惜しいばかりで　　2　惜しいばかりに

3　惜しんだばかりで　　4　惜しんだばかりに

37 転職してからすぐ昇進できた彼女がうらやましくて（　　　　）。

1　なれない　　2　きりがない　　3　たまらない　　4　たえない

38 両親は80歳を過ぎてから、すっかり病気（　　　　）になった。

1　がち　　　2　かぎり　　　3　かけ　　　4　おそれ

39 この自動車は燃費性能（　　　　）、デザインも優れた評価を受けている。

1　もちろんで　　　2　はもちろんで　　　3　もとより　　　4　はもとより

40 新規事業の立ち上げるために、休日も休む（　　　　）仕事をしている。

1　ものなく　　　2　ことなく　　　3　ばかりでなく　　　4　だけでなく

41 幼い頃のアパートは狭い（　　　　）、みんなでいられて楽しかった。

1　ながらも　　　2　ながらが　　　3　ながらに　　　4　ながらで

42 彼が無免許だと（　　　　）、軽い気持ちでバイクを貸したのがいけなかった。

1　知ってつつ　　　2　知ってつつも　　　3　知りつつも　　　4　知ったつつ

問題８　次の文の＿＿★＿＿に入る最もよいものを、１・２・３・４から一つ選びなさい。

（問題例）

あそこで ＿＿＿＿ ＿＿＿＿ ＿＿★＿＿ ＿＿＿＿ は山田（やまだ）さんです。

1　テレビ　　2　見ている　　3　を　　4　人

（解答のしかた）

1　正しい文はこうです。

あそこで ＿＿＿＿ ＿＿＿＿ ＿＿★＿＿ ＿＿＿＿ は山田（やまだ）さんです。
1 テレビ　3 を　2 見ている　4 人

2　＿＿★＿＿　に入る番号を解答用紙にマークします。

（解答用紙）

（例）	①　●　③　④

---

43 インフルは子供 ＿＿＿＿ ＿＿＿＿ ＿＿★＿＿ ＿＿＿＿ 済んだ。

1　ずに　　2　移ら　　3　家族に　　4　だけで

44 相手を信じる ＿＿＿＿ ＿＿★＿＿ ＿＿＿＿ ＿＿＿＿ が言えるだろう。

1　本当の　　2　から　　3　こと　　4　こそ

2회

45 最近の円高は日本経済に ＿＿＿＿ ＿＿＿＿ ＿★＿ ＿＿＿＿ あると報告されている。

1　かねない　　2　問題で　　3　影響を　　4　与え

46 健康食品はたくさん食べれば ＿＿＿＿ ＿＿＿＿ ＿★＿ ＿＿＿＿ ではない。

1　いい　　2　と　　3　もの　　4　いう

47 食べている ＿＿＿＿ ＿＿＿＿ ＿＿＿＿ ＿★＿ 太るのだ。

1　不足　　2　しているから　　3　わりに　　4　運動が

問題9　次の文章を読んで、文章全体の内容を考えて、 48 から 51 の中に入る最もよいものを1・2・3・4から一つ選びなさい。

駅の前の駐車場で止めてあった愛用の自転車を盗まれてしまった。会社で初めてもらった給料で買ったもので、ちゃんと名前も書いていた。自転車で毎日通勤していて、私にとって自転車はライフスタイルそのものであり、いいパートナだったのに、取られてしまった。

自分は 48 で、たくさんの人が出入りする駐車場だからという安心感で時々鍵をかけずにいた。今まで何回か大事な物を無くしたことがあったが、いつも地元の警察から連絡があり、無事に戻ってきた。そのたびに自分は幸運に恵まれていると思った。

あまりにも自分をラッキーな人だと 49 。盗まれたのは悔しいけど、 50 これまでの呑気な自分に気づかせてくれた泥棒に感謝しなければ。けれども泥棒にこれだけは言いたい。

物を失って悲しかったり悔しかったりするのは、ただ物が無くなって心が傷づくのではなく、 51 ということを分かってほしい。

48

1 恥ずかしがり屋
2 うっかりもの
3 心配性
4 短気な人

49

1 大間違いしたのか
2 信頼しすぎたのか
3 妄信したのか
4 思い込んだのか

50

1 むしろ
2 なお
3 とうとう
4 ついに

51

1 盗難された持ち主の気持ちを考えてみるべきだ
2 自分がどれだけ悪いことをしたのか
3 大事なものを盗まれて、やる気を無くすからだ
4 その物と一緒だった大切な思い出が無くなるからだ

問題 10　次の(1)から(5)の文章を読んで、後の問いに対する答えとして最もよいものを、１・２・３・４から一つ選びなさい。

(1)

神奈川県横浜市と中国の上海は今年、友好都市として提携し、５０周年を迎える。古くから、国際航路で結ばれていた両都市は友好都市の締結以来、政治的要素を含まず、市民の交流や訪問団の相互派遣、スポーツ、文化、芸術、経済など幅広い分野で連携、協力してきた。５０周年の記念となる今年は本場の中国を体感できるイベントが横浜市で開催されることが決定した。伝統的な楽器の演奏を始め、中国茶の試飲、プロの歌手による中国語の歌のレッスンなど楽しいイベントが盛りだくさんだ。イベント開催時期は未定だが、後日ホームページにて詳細が公開される予定だ。

52　この文章の内容に合うものはどれか。

1　友好都市とは、政治だけではなく文化やスポーツの交流が多い都市のことだ。
2　開催日時はまだ決まっていないが、横浜市は中国関連のイベントを行う予定だ。
3　５０周年を記念して、上海から横浜に訪問団が来ることが決定した。
4　両都市は今年、上海で日本関連のイベントを開催することにした。

(2)

国際宇宙ステーションでは各国の宇宙飛行士に「宇宙食」を提供しているが、来年から多数の日本食が含まれることになる。宇宙航空研究開発機構は、おにぎりやカレー、サンマのかば焼きなど、２９品目の日本食を宇宙飛行士に提供すると発表した。

来年秋ごろに国際宇宙ステーションに滞在する日本人の宇宙飛行士らが、最初に食べることになる予定という。「宇宙食」に選ばれるためには、まず１年間の常温保存が効くこと、汁が飛び散らないこと、軽量で栄養が豊富であること、などの条件を満たさなければならない。また面白いことに、スペースシャトルで日本人宇宙飛行士が持参したカレーを食べた外国人宇宙飛行士らからも「日本のカレーを持ってきてほしい」との声が出ていたという。

53 「宇宙食」について正しいものはどれか。

1 外国人宇宙飛行士らの間では、日本食の評判があまりよくないようだ。

2 来年からは、国際宇宙ステーションで和風の食物も提供される予定だ。

3 国際宇宙ステーションへ提供する「宇宙食」は、長持ちしなくてもよい。

4 国際宇宙ステーションに載せる「宇宙食」は、重さとは関係ないようだ。

2회

(3)

労働者が女性で、会社の規模が大きいほど、安全意識と安全行動遵守率が高いことが分かった。厚生労働省は、「労働安全衛生問題のレポート」を通じて、性別や労働時間、安全管理者のリーダーシップなど8つの要素が事業場の安全や労働者の安全意識にどんな影響を及ぼすかを把握、発表した。分析の結果、管理者の労働安全指導レベルが高いほど、事業場の労働安全水準や、労働者の職場での労働安全意識が高いことが分かった。さらに性別からみると、男性よりは女性労働者が、会社の規模が大きいほど、また労働者の年齢が高いほど、労働安全に対する意識レベルと労働者の安全行動遵守率が高かった。労働者の教育水準や、労働時間、勤続年数などは、あまり影響を及ぼさないことも明らかになった。

54 この文章の内容に合わないものはどれか。

1　労働者の学歴が高いほど、労働安全意識が高いことがわかった。

2　大企業より中小企業の労働者の方が、労働安全意識が低いことがわかった。

3　労働者の中で年長者ほど、労働安全意識が高いことがわかった。

4　長年働いていたからといって、労働安全意識が高いとは限らない。

(4)

「米国栄養ジャーナル」は先月、じゃがいもを食べても減量ができると発表した。じゃがいも好きには朗報だ。研究の中心人物であるブリットマン博士は「じゃがいもはダイエットに向いていないとされていたが、今回の研究でじゃがいもを食べる食べないではなく、カロリーを減らすことが最も重要だ」と述べた。

研究内容は、９０人の肥満男女にじゃがいもと健康にいいレシピを提供し、１週間にじゃがいもを７個ほど摂取するように指示した。その後約３か月間、じゃがいもを食べ続け、どのような変化があったかというものであった。この結果、調査期間が終了した時には全員の体重が減っており、具体的にカロリー制限をしなくても食べる量が減り、減量できていたこともわかった。これにより、健康にいい方法で調理された場合、じゃがいもが体重増加の一つの原因になっているという証拠は見つからなかった。それどころか、ダイエットプログラムの一部に取り入れることが可能になったのだ。

またじゃがいもは栄養も豊富だ。約150ｇのじゃがいもは、バナナ1本分よりもカリウムが豊富で、一日のビタミンＣの摂取量の約半分を摂取することができる。今後減量予定の人には、ぜひ試してもらいたい食材だと述べた。

55 全員の体重が減っておりとあるが、その理由として考えられるのは何か。

1 じゃがいもを体にいい調理方法で食べた場合、体重増加にはつながらないため
2 低カロリーのじゃがいもをダイエットプログラムの一部に取り入れて食べるようにしたため
3 カロリーを制限して、カリウムが豊富なじゃがいもだけを食べていたため
4 じゃがいもを食べるとお腹がいっぱいになり、食べる量が減るため

(5)

人は新年を迎えるたびに、気分を新たにして何かに挑戦しようとする。今年こそはと思いつつも、結局は三日坊主(注)に終わり、なかなか続かないのが多い。たとえば、禁煙や禁酒、運動、ダイエットなどがあるが、その中の一つが日記だと思う。では、どうして日記は続かないのだろう。それはおそらく、紙の日記帳に日々の出来事を書き込むのは、意外と手間などがかかるためだろう。

そんな人には、スマホやタブレット端末用の日記アプリをおすすめしたい。スマホやタブレットなら、空き時間にその日の出来事を手軽に書き記すこともできるし、また撮影した写真も簡単な操作だけで挿入できるなど、スマホやタブレットならではの便利な機能が使える。日記アプリは、機能の豊富さもさることながら、複雑な操作を必要としない、手軽さの方がもっと重要だ。

また、個人ブログやＳＮＳで日記をつけているから、別に要らないと思う人もいるだろうが、誰も見られない自分だけの日記があってもいいと思う。

(注)三日坊主：物事に飽きやすく、長続きしないこと、その人

56 日記関連のアプリの説明として当てはまるのはどれか。

1　日記関連のアプリで１日の出来事を書き込むのは、手数がかかる。

2　日記関連のアプリでは、撮影した動画なども簡単に挿入できて便利だ。

3　日記関連のアプリで最も重要な要素は、書き込むのが容易なことだ。

4　日記関連のアプリを選ぶ際、一番重要な要素になるのは機能の豊富さだ。

問題 11　次の(1)から(3)の文章を読んで、後の問いに対する答えとして最もよいものを、1・2・3・4から一つ選びなさい。

(1)

ワインといえばやはりフランス。

ところがこのワインの本場で最近、若者のワイン離れが顕著になっているという。ビールやカクテルに好みが分散されていることが主な原因のようだが、この状況を打開するため、フランスのあるワインメーカーが、コーラ味のワイン「Rouge Sucette(赤いロリポップ)」の発売に踏み切る模様だ。コーラ味のワインを開発したのは、ワインメーカーのHausmannFamille。フランス人のワイン離れを食い止めることを目的に、特に若い顧客をターゲットにして開発されたそうだ。「Rouge Sucette」は75%はワイン、残りの25%は砂糖・水・コーラ風味でできているという。いわばワインベースのカクテルのようなものだ。アルコール度数はワインとほぼ同じ9%で、冷蔵庫で冷やして飲むのがお勧め。

ワインの本場フランスで、この「Rouge Sucette」が開発されるに至った背景には、ワインを飲む人の割合が激減しているという事情がある。1980年当時のフランスには、ワインをほぼ毎日堪能する人が、 成人全体のおよそ半分近くもいたが、現在その割合は17%にまで落ち込んでいる。一方で、ワインをまったく飲まないというフランス人の割合は以前の2倍に増加し、38%に上るという。このようにワイン離れが特に著しい若者をターゲットに開発された飲料が、今回発売される「Rouge Sucette」。若い人にも気軽に購入してもらえるよう価格も日本円にしておよそ400円ぐらいに抑えたという。メーカーは、“「Rouge Sucette」でワインに親しんだ若者が、将来本物のワインを飲むようになってほしい”と言っている。

57 若者のワイン離れが顕著になっている理由として考えられるものは何か。

1 最近、ワインの価格が大幅に値上げされたため
2 ワインを毎日飲むと、体に悪いと思うようになったため
3 ワイン以外の酒もよく飲むようになったため
4 本物のワインが75％しか入っていないため

58 ワインメーカーが、「Rouge Sucette」を発売するようになった理由は何か。

1 最近のフランスの若者が、ワインを遠ざけるようになったため
2 フランスの若者のアルコール依存症の拡散を防ぐため
3 お手頃価格のワインを、誰でも気軽に購入できるようにするため
4 最近のフランスの若者はコーラ味が好きで、よく売れると見込んだため

59 「Rouge Sucette」に関して正しいものはどれか。

1 フランスで、もっとも人気のあるワインは「Rouge Sucette」だ。
2 「Rouge Sucette」は温めるといっそうおいしく飲むことができる。
3 「Rouge Sucette」のアルコール度数は、ワインよりやや高めだ
4 「Rouge Sucette」は、将来のワインの消費を促すために作られた。

(2)

夏休みや冬休みなどの長期休みに、子どもがいる親の心配事といえば、「子どもがスマホなどのゲームをしすぎてしまわないか」ということだ。スマホやパソコンなどのメディアを避けることができない今、子どもがゲームに依存しないために親はどうすればよいだろうか。

ゲームに熱中し、利用時間などを自分でコントロールできず、日常生活に支障がでる状態を「ゲーム障害」という。ゲーム障害の人は、ゲームを見ると脳に異常な反応がみられる。脳に異常な反応が起こると、「ゲームをしたい」「遊びたい」などの衝動的な欲求に襲われ、ますます依存状態から抜け出せなくなるそうだ。このような依存状態が続くと、ゲームに対しての欲求がさらにエスカレートしていく。特に子どもたちは、前頭葉の働きが十分に発達していないため、ゲーム障害が起こりやすく、将来にわたって影響が続く可能性があると考えられている。絶えずゲームのことを気にしていたり、ゲームのことを注意すると激しく怒ったり、また使用時間や内容などについて嘘をついたりといった行動は見られる場合は要注意だ。また、画面を見すぎているせいで、目が疲れ、体調不良につながるケースがあることも無視できない。

このような状態にならないためには、保護者がしっかり管理してあげることだと専門家は話す。まず有効なのは、ゲームを始める年齢を遅くすることだ。しかしすでにゲームを始めている場合は、子どものゲームやスマホ、タブレットの使用状況を保護者がしっかり把握したうえで、使用目的や内容に応じて時間を調整、または制限してほしいという。1日の中で、ゲームをしてもいい時間やゲームができる時間帯、場所を明確に決め、その際には紙に書いて部屋に貼っておくことや、子どもの意向を取り入れることも大切だそうだ。

子どもがいる親は子どもの年齢や発達に合わせて、親子で使用ルールを見直し、家族でメディアやゲームと上手にかかわる方法をぜひ一緒に考えてほしい。

60 「ゲーム障害」とはどういう状態か。

1 ゲーム以外のことが考えられず、脳の発達に遅れが出てしまうこと

2 ゲームの世界と現実の世界の区別がつかなくなってしまうこと

3 ゲームの使用時間を自分で管理できず、常にゲームのことを気にしてしまうこと

4 ゲームのしすぎにより体調不良になり、脳に異常な反応が起こること

61 この文章の内容に合うものはどれか。

1 ゲームを始める年齢が遅ければ遅いほど、ゲーム障害になる可能性が高い。

2 ゲーム障害になった人は、ゲームをしたい欲求を自分で抑えることが難しい。

3 親がゲームをする時間や場所を決めれば、子どもはゲームをしなくなる。

4 子どもは自分自身でゲームの使用状況をしっかり把握しておくべきだ。

(3)

電子書籍とは、紙の代わりにスマホや専用タブレット端末などのデジタル機器の画面で本や雑誌を読めるようにしたもので、ネットを通じ、購入した本や漫画、雑誌などをダウンロードして読むのが一般的である。

近頃、出版社などを介せず、個人が直接この電子書籍で小説などを出版する、いわゆる「自己出版」が広がっている。「自己出版」とは、著者が本を制作して販売する形態のことである。低コストで、誰でも自分の意思で簡単に出版、販売できるのが魅力で電子書籍端末の普及につれ、ますます増えていくと予想されているが、今後は作品の宣伝などが電子書籍普及の①<u>カギ</u>になりそうだ。

ジャンルも紀行文や純文学からＳＦに至っているが、出版社の客観的な視点を欠いているので、自慢話や読者の興味を引きつけない内容になるおそれもある。それに「自己出版」の成功例は、ごく一部にすぎないのが②<u>現状</u>である。あるフリーライター(注)の女性は、自己出版だけではとうてい生計が立てられないとぐちる。実際、販売数が１桁にとどまる作品も珍しくないし、1,000部ぐらいの販売数なら、自己出版としては相当売れた方と言われている。

また電子書籍売上ランキングを見てみると、上位のほとんどは出版社を通して発行された作品である。これに関して電子書籍ガイドの下村直哉さんは、「出版社には、読者のニーズを吸い上げ、売り上げにつなげるノウハウを持っている専門家がいるが、自己出版の場合はこのようなノウハウや販売手法を持たない作家がほとんどで、多くの読者が共感できる作品を作り、販売ルートを確保することは容易ではない」と語る。

(注)フリーライター：フリーランスとしてWeb媒体や雑誌などに記事を書くライター

62 ①カギとあるが、そのカギと考えられるものはどれか。

1 もっと手軽に、誰でもダウンロードできるようにすること
2 出版社などを通さないで、個人が作品を出版できるようにすること
3 インターネットを通じても、書籍の購入ができるようにすること
4 電子書籍の広報の充実で、作品の存在を広く知ってもらうこと

63 ②現状は、どのような現状か。

1 他の仕事なしに、自己出版だけではとうてい生活できない現状
2 電子書籍の売れ行きが、思ったよりよくないという現状
3 自己出版の多くが、他の人の権利を侵害しているという現状
4 多くの出版社が、電子書籍事業に参入している現状

64 この文章の内容に合わないものはどれか。

1 電子書籍は、ネットを通じて購入した本などをダウンロードして読む。
2 電子書籍で自己出版して、富を築くことができた作家も大勢いる。
3 電子書籍の普及で、手軽に自己出版できるようになった。
4 出版社の多くは、本を売るノウハウなどをつかんでいるようである。

問題 12　次の文章は「幼少期の外国語学習」に関する主張である。二つの文章を読んで、後の問いに対する答えとして、最もよいものを1・2・3・4から一つ選びなさい。

A

私は、幼いころから外国語を習わせることに賛成だ。私には小学生の子どもが2人いるが、幼稚園の頃から英会話教室に通わせている。2人とも発音をネイティブのようにマスターし、会話もある程度はできるようになった。今では、英語のアニメを字幕なしで見ることもできるようになったため、「勉強」ではなく「楽しみ」として毎日英語に触れている。

ただ、親である私と夫は英語があまりできないので、子どもたちが話していることが何かわからない時があるが、それ以外には日本語でも英語でも意思疎通には問題ない。

今後グローバル化がすすみ、今以上に英語はもちろんそれ以外の外国語を習うのが当たり前の時代になってくる。子どもたちに外国語を習わせようと考えている親の方々には幼少期からの早めに始めることを積極的におすすめしたい。

B

グローバル社会において、外国語の習得は欠かせないものである。幼い子どもたちでさえ、英語を中心とした外国語を習うのが当たり前の時代になったが、私は幼いころから外国語を学習させることには反対だ。

一番の理由は母国語の習得を邪魔し、子どもがストレスを感じてしまうのではないかと心配だからだ。研究結果としては、「バイリンガルに育つことそのものが子どもの知的発達に悪影響を及ぼすことはない」と発表されてはいる。しかし、国際結婚をした知り合いの話によると、親がそれぞれ別の言葉で話しかけても子供はその言語に瞬時に反応できず、しかも話したい言葉がその言語で口からスムーズに出てこないため、子どもがイライラしてしまうことが多いというのだ。

外国語は今後、ますます必要になってくるとは思うが、子どもが少し成長した後から学ばせても遅いことはない。まずは、母国語をしっかり習得させてほしいと強く思う。

65 AとBのどちらの文章にも触れられていることは何か。

1 幼少期に外国語を習うことは、メリットのほうが多い。

2 外国語は、幼いうちから習い始めなくても習得が可能だ。

3 幼いうちからの外国語学習は子供の知的発達へ悪影響となる。

4 グローバル化により、外国語を習うのは当たり前の時代となっている。

66 AとBの内容として正しいのはどれか。

1 AもBも早いうちから外国語を習わせておくべきだと言っている。

2 AもBも早期外国語教育のデメリットについて述べている。

3 Aは子どもの外国語学習を積極的にすすめるといい、Bは成長してからでも遅くはないと言っている。

4 Aは外国語は勉強ではなく楽しみとして触れることが大切だといい、Bは子どもがイライラすることはさせるべきではないと言っている。

問題 13　次の文章を読んで、後の問いに対する答えとして最もよいものを、1・2・3・4から一つ選びなさい。

近頃、人脈や人的ネットワークが重要だという話をよく耳にするが、人とのネットワークとはいったいなんだろうか。よく著名な方の名刺や有名な取り引き先の名刺をもっていることを自慢げに見せる人がいるが、これは人的ネットワークとは言えないはずである。

私は学生時代からの交友関係と仕事は別の世界にしておきたかったし、社会に出てからも会社内での派閥や人脈作りというのにも全く興味はなく、距離を置いてきた。

その意識が変わったのは、キャリアに関心をもつようになった40代後半からだった。単に転職だけでなく、キャリア開発をしていく上でも日ごろから人的ネットワーク作りを地道に行うことの重要性に気づいたのだ。若いときからの交流を深めて、継続しておけばよかったと、今もしきりに反省し後悔している。

今日、年功序列、終身雇用が崩れつつある中、会社の外に出ても通用する実力をつけるために、講演会や交流会に積極的に参加する人が増えているようである。ところが講演会や交流会への参加で、単なる「知識吸収」だけを求めてはならない。常に参加者との交流を深めることを重視して、人的ネットワークの構築を心がけていなければならない。

人的ネットワークを作る機会が着実に増えているが、実際には、いろいろな会合に参加しても、どのようにしたら人脈を広げることができるのかわからない、と悩むサラリーマンも多い。

ではどうしたら人的ネットワークを充実、拡大できるか。まず大切なのは、現在の仕事に関連して自分の問題意識や考えを社内外のいろいろな人に対して表現していき、共感を得るとともに、相手の考え方にも共感していくことである。

また情報に関しては一方的にもらおうとするのではなく、自ら情報を発信していくこと。相手から何が得られるのかではなく、相手に何が提供できるのかという姿勢も必要だと思う。そのためにも日頃から自分の専門性を深めていく努力は欠かせない。

しかし、なにより大事な姿勢は、相手のことを本当に理解すること、理解しようと努めることに尽きると思う。相手の立場や主張を理解してあげようという気持ちがなければ、相手もこちらと一緒にやっていこうという気は起こらない。

このような信頼関係の上で、お互いを尊重する関係の構築が人的ネットワークの始まりであろう。人的ネットワークや人脈といってもそれは、人間関係そのもの以上でも以下でもない。他人から尊重されるような価値を自分に作ることが何より大切である。

67 今もしきりに反省し後悔しているとあるが何を反省し後悔しているのか。

1　もっと若いときから人との親睦を深めておくべきだった。

2　自分も著名な方の名刺をもらっておくべきだった。

3　４０代後半になる前に転職のことを考えるべきだった。

4　自分も会社内の派閥を作っておくべきだった。

68 筆者が考える人的ネットワーク構築の一番重要な要素は何か。

1　早くからキャリア開発に努めること

2　人的ネットワーク作りは地道で堅実に行うこと

3　常に相手の気持ちを察してあげること

4　講演会や交流会に積極的に参加すること

69 この文章の内容に合わないものはどれか。

1　単なる知り合いを作るのでは、人的ネットワークとは呼べない。

2　講演会や交流会では、知識の吸収だけに躍起になってはならない。

3　最近は会社の外でも通用する実力をつけようとする人が増えつつあるようだ。

4　自分の専門性を深めて一方的に情報を提供する人になるべきである。

問題 14　右のページは、青年海外協力隊募集の案内である。下の問いに対する答えとして、最もよいものを1・2・3・4から一つ選びなさい。

70 次の中で、青年海外協力隊募集の応募条件を満たしているのは誰か。

1　韓国に滞在しながら10月18日までに書類を送った20歳の日本人のAさん

2　2023年9月3日に日本国籍を取得する25歳のアメリカ人のBさん

3　書類を出す前に青年海外協力隊事務局に相談したがる21歳の二重国籍のCさん

4　2023年4月2日に健康診断を受けた30歳の日本人のDさん

71 文章の内容として正しいのはどれか。

1　日本生まれ日本育ちの人で、アメリカ国籍を取得した人も応募できる。

2　10月10日の夜7時に事務局に電話すれば、問い合わせることができない。

3　応募書類を直接青年海外協力隊事務局まで持っていけば受付できる。

4　アメリカ生れ日本育ちの日米二重国籍者は応募しても選ばれるかどうかわからない。

青年海外協力隊募集

募集要項

1. 応募資格：満20歳から満30歳(2023年2月1日時点)の日本国籍を持つ方。
   ＊以下の方は応募前に必ず青年海外協力隊事務局までご相談ください。
   ① 二重国籍の方② 裁判中の方③ 破産手続き中の方
2. 募集期間：2023年9月3日(月)～2023年10月12日(金)〔当日消印有効〕
   ＊海外から応募する場合は10月17日(水)必着
   ＊締切後の提出は一切認めません。
3. 応募方法
   ① 応募書類に必要事項を記入し、以下の宛先まで郵送してください。(2023年10月12日(金)当日消印有効)
   ② 海外から応募する場合は2023年10月17日(水)必着
   ③ 応募書類は郵送のみ受付。メール便、宅配便、持参不可。
   〒102-0082東京都台東区上野○○番地 ABC銀行ビル7階 社団法人 青年海外協力隊
   ＊封筒に「応募書類在中」とお書きください。応募方法の詳細はホームページをご覧ください。
4. 提出書類：応募者調書、応募用紙、職種別試験解答用紙(一部の方は不要)、語学力申告台紙
   健康診断書(健康診断は2023年4月3日(火)以降5月14日(月)までに受診したもののみが有効)
5. 受け入り国：アジア、アフリカ、中南米の約50カ国
6. 赴任形態：単身赴任
7. 派遣期間：原則として2年間（＊活動期間が1年未満の短期ボランティアもあります)
8. 待遇等：規程にもとづき往復航空券、現地生活費、住居費、国内手当等を支給。
9. お問い合せ：青年海外協力隊事務局　TEL：03-1234-5678
   E-mail：kaigai－boshu@go.jp

(お問い合せ時間：土・日・祝日を除く10：00～12：00、13：00～16：00)

＊ただし9月3日(月)～10月12日(金)の募集期間中は時間を延長して行います。

平日9：30～20：00　土日10：00～17：00（祝日は除く）

N2

聴解

（55分）

注　意
Notes

1. 試験が始まるまで、この問題用紙を開けないでください。
Do not open this question booklet until the test begins.

2. この問題用紙を持って帰ることはできません。
Do not take this question booklet with you after the test.

3. 受験番号と名前を下の欄（らん）に、受験票と同じように書いてください。
Write your examinee registration number and name clearly in each box below as written on your test voucher.

4. この問題用紙は、全部で13ページあります。
This question booklet has 13 pages.

5. この問題用紙にメモをとってもかまいません。
You may make notes in this question booklet.

受験番号 Examinee Registration Number	

名 前 Name	

問題1

問題1では、まず質問を聞いてください。それから話を聞いて、問題用紙の1から4の中から、最もよいものを一つ選んでください。

例

1 ホームページで児童書を検索する

2 ホームページで子供に読ませる本を検索する

3 子供も入館できる図書館を探す

4 子供が読める本がある図書館を探す

1番

1　海産物が入ったチラシ寿司と揚げ物

2　食べやすいサンドウィッチとチラシ寿司

3　チキンや天ぷらなどの揚げ物とケーキ

4　チラシ寿司と食後に食べるケーキ

2番

1　暖かそうな色のシルクのスカーフ

2　花柄の厚みのあるマフラー

3　肌触りのいい上質のマフラー

4　ふわふわしている青いスカーフ

3番(ばん)

1　電気屋(でんきや)

2　修理(しゅうり)センター

3　バッテリ専門店(せんもんてん)

4　日用品専門店(にちようひんせんもんてん)

4番(ばん)

1　明日(あした)の夜(よる)

2　明後日(あさって)の夜(よる)

3　三日後(みっかご)の夜(よる)

4　四日後(よっかご)の夜(よる)

5番

1　今すぐクローゼットの整理を始める

2　キッチンにある生ごみを捨てる

3　お風呂とトイレの掃除をする

4　洗剤とお昼ご飯を買いに行く

問題 2

問題 2 では、まず質問を聞いてください。そのあと、問題用紙のせんたくしを読んでください。読む時間があります。それから話を聞いて、問題用紙の 1 から 4 の中から、最もよいものを一つ選んでください。

例

1 材料は大きさを合わせて切ること

2 材料がそろった後に、はやく煮ること

3 野菜を先に炒めること

4 はやく済ませられるように材料をそろえること

1番

1　4時半ごろ

2　5時ごろ

3　5時半ごろ

4　6時ごろ

2番

1　案内

2　司会

3　スピーチ

4　通訳

3番

1　スポーツジムに通えなくなったから

2　体のために医者に勧められたから

3　画面の見すぎで、頭痛がひどいから

4　ダイエットと姿勢の改善したいから

2회

4番

1　全品１割引きの日だから

2　引っ越し祝いに行く人が多いから

3　テレビ番組で紹介されたから

4　プレゼントで買うには手軽だから

5番

1　このまま電話で商品の交換の手続きをしてほしい。

2　ホームページ上でまずは会員登録からしてほしい。

3　ホームページで会員登録をしてから電話をしてほしい。

4　ホームページ上の専用フォームから質問してほしい。

6番

1　売れ残った商品だから

2　賞味期限が短いから

3　陳列方法が違うから

4　大量に仕入れるから

問題 3

問題3では、問題用紙に何もいんさつされていません。この問題は、全体としてどんな内容かを聞く問題です。話の前に質問はありません。まず話を聞いてください。それから、質問とせんたくしを聞いて、1から4の中から、最もよいものを一つ選んでください。

― メモ ―

問題 4

問題４では、問題用紙に何もいんさつされていません。この問題は、まず文を聞いてください。それから、それに対する返事を聞いて、１から３の中から、最もよいものを一つ選んでください。

— メモ —

問題5

問題5では、長めの話を聞きます。この問題には練習はありません。

メモをとってもかまいません。

1番、2番

問題用紙に何もいんさつされていません。まず話を聞いてください。それから、質問とせんたくしを聞いて、１から４の中から、最もよいものを一つ選んでください。

— メモ —

3番

まず話を聞いてください。それから、二つの質問を聞いて、それぞれ問題用紙の1から4の中から、最もよいものを一つ選んでください。

質問 1

1　フレンチレストランのお食事券

2　遊園地の1日チケット

3　食器乾燥機

4　デパートの商品券

質問 2

1　フレンチレストランのお食事券

2　遊園地の1日チケット

3　食器乾燥機

4　デパートの商品券

실전모의고사
3회

N2

言語知識（文字・語彙・文法）・読解

（105分）

注意 Notes

1. 試験が始まるまで、この問題用紙を開けないでください。
Do not open this question booklet until the test begins.

2. この問題用紙を持って帰ることはできません。
Do not take this question booklet with you after the test.

3. 受験番号と名前を下の欄(らん)に、受験票と同じように書いてください。
Write your examinee registration number and name clearly in each box below as written on your test voucher.

4. この問題用紙は、全部で31ページあります。
This question booklet has 31 pages.

5. 問題には解答番号の 1 、 2 、 3 、… が付いています。解答は、解答用紙にある同じ番号のところにマークしてください。
One of the row numbers 1 , 2 , 3 … is given for each question. Mark your answer in the same row of the answer sheet.

受験番号 Examinee Registration Number	

名 前 Name	

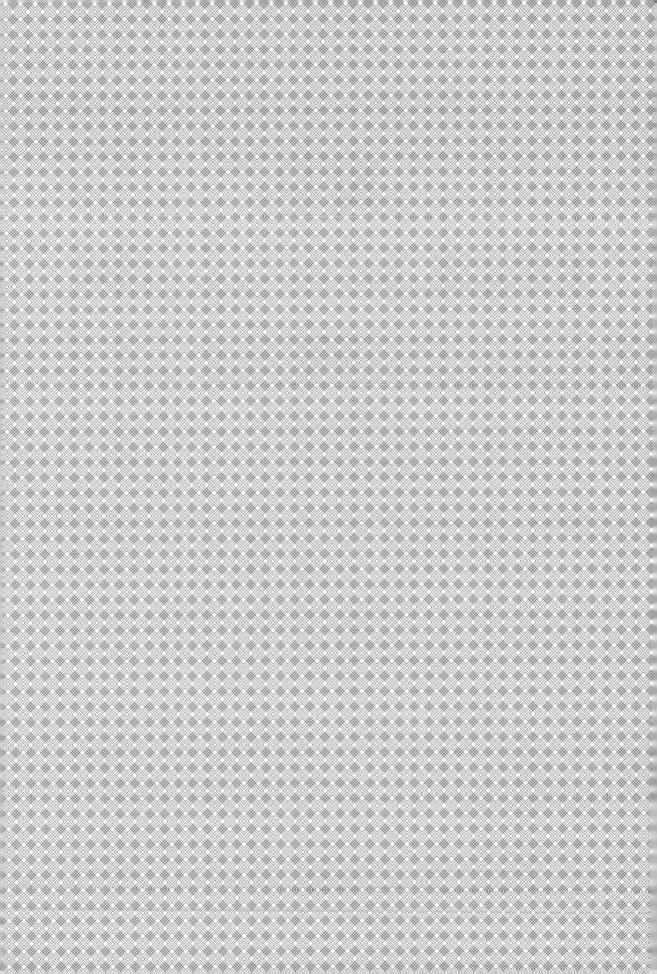

問題1　＿＿＿＿の言葉の読み方として最もよいものを、１・２・３・４から一つ選びなさい。

1　ビジネスパートナーと営業利益を等しく分けることにした。

1　ひとしく　　2　まずしく　　3　とぼしく　　4　むなしく

2　犯人を捕まえるために警察は建物の周りを囲んでいた。

1　はさんで　　2　つつんで　　3　いどんで　　4　かこんで

3　うちわをゆっくりおおきく扇ぐと、もっと涼しく感じられます。

1　しのぐ　　2　つなぐ　　3　あおぐ　　4　ゆらぐ

4　庭の雪の上に、動物の足跡が残っていた。

1　そくさき　　2　そくぜき　　3　あしと　　4　あしあと

5　毎月災害に備えた訓練が行われている。

1　そびえた　　2　そなえた　　3　ととのえた　　4　そろえた

問題2 ＿＿＿＿の言葉を漢字で書くとき、最もよいものを1・2・3・4から一つ選びなさい。

6 この料理はむしてて食べるのが一番おいしい。

1 炒して　2 煮して　3 蒸して　4 浄して

7 責任者ならその問題について、きちんと把握しておいた方がのぞましいだろう。

1 望ましい　2 好ましい　3 逞しい　4 喧しい

8 台風の方向に関してのかんそくをし続ける。

1 観測　2 観則　3 観即　4 観側

9 あとになってくやむようなことはしたくありません。

1 欠やむ　2 悔やむ　3 防やむ　4 成やむ

10 馬を訓練するときはステッキでいろいろなあいずを送るそうだ。

1 相図　2 合素　3 相素　4 合図

問題3　（　　　　）に入れるのに最もよいものを、１・２・３・４から一つ選びなさい。

11　この町は道路（　　　　）に木々が植えられている。

1　沿い　　2　付き　　3　流れ　　4　並び

12　薬の（　　　　）作用について患者や患者の家族に知らせるべきだ。

1　不　　2　補　　3　副　　4　無

13　私は、（　　　　）外国の予防接種制度に関する研究を行っています。

1　多　　2　複　　3　諸　　4　総

問題4 （　　　　）に入れるのに最もよいものを、１・２・３・４から一つ選びなさい。

14 この緊急事態を（　　　　）上司に報告しろ。

1　すなわち　　2　ただし　　3　ただちに　　4　さて

15 試験に合格できなくて落ち込んでいる彼を（　　　　）。

1　いいきかせた　　2　あこがれた　　3　おさめた　　4　なぐさめた

16（　　　　）なメールを受け取ったら、無視して開かないようにしましょう。

1　不信　　2　不審　　3　不知　　4　不当

17 令和4年調査によると、男の（　　　　）寿命は81.05歳だそうだ。

1　平凡　　2　平素　　3　平衡　　4　平均

18 気を抜いたら逆転されるよ。絶対に（　　　　）するな。

1　独特　　2　油断　　3　評価　　4　確保

19 AチームがBチームより（　　　　）強いというのは誰もが知っている。

1　くっきり　　2　はるかに　　3　とっくに　　4　にっこり

20 面接でうまく答えられなくて（　　　　）しまった。

1　揺らいで　　2　浮いて　　3　焦って　　4　陥って

問題５　＿＿＿＿の言葉に意味が最も近いものを、１・２・３・４から一つ選びなさい。

21 自分の長所は協調性があって、責任感が強いところだと思う。

1　好み　　2　取り得　　3　デメリット　　4　自慢

22 この問題を解決するためにはあらゆる角度から検討すべきだ。

1　多様な　　2　様々な　　3　あるかぎりの　　4　一切の

23 挑戦なくして成功はないから、失敗を恐れるな。

1　怖がる　　2　恥ずかしがる　　3　嘆く　　4　責める

24 みなさん、今日はこの辺で引き返しましょう。

1　戻りましょう　　2　あきらめましょう

3　終わりにしましょう　　4　休みましょう

25 この二つは長さと形が等しい。

1　同質だ　　2　同様だ　　3　同級だ　　4　同類だ

問題6　次の言葉の使い方として最もよいものを、１・２・３・４から一つ選びなさい。

26 締め切り

1　この言葉だけは一生締め切りで忘れません。

2　原稿の締め切りが近づいてきていらだっている。

3　日本で銀行の締め切りの時間は午後３時です。

4　公演の準備は締め切りでやってきた。

27 方針

1　私の今年の方針は、キャリアアップすることです。

2　この機能により、方針されているすべてのパスワードを安全に保護できる。

3　現在、警察は現場から逃げた男の方針を追っています。

4　文部科学省は、新学期からはマスク着用を求めない方針を固めた。

28 畳む

1　洗濯物は風通しの良いところに畳むと臭くなりにくい。

2　お風呂から上がったら、髪はしっかり畳んでください。

3　うちの子供は指を畳んで数える癖がある。

4　洗濯物はきれいに畳まないと、しわになってしまう。

29 預ける

1　家事は私にだけ預けて、いったい何をしているんだ。

2　荷物なら駅のコインロッカーに預けてもいい。

3　この企画の発表はすべて吉田さんに預けます。

4　あの日どんな事件が起こったか、あなたの想像に預ける。

30 真似

1　この話は真似にあまり知られていなかった。

2　今の世代が考える親真似というのは「プレゼントをする」ことだそうだ。

3　映画を観る時は、まず真似やレビューを読んでから観る。

4　彼は動物の鳴き声だけではなく芸能人の話し方も真似できる。

問題7　次の文の(　　　　)に入れるのに最もよいものを、1・2・3・4から一つ選びなさい。

31 彼女のため（　　　）、彼は何でもできる限りのことをするはずだ。

1　と言えば　　2　とあれば　　3　と言ったら　　4　とあったら

32 この大会は年齢や性別（　　　）どなたでもご参加いただけます。

1　をぬきに　　2　をめぐり　　3　を通じ　　4　を問わず

33 部下がやった（　　　）、その上司も責任は免れない。

1　として　　2　でしろ　　3　にせよ　　4　としたら

34 就職活動をがんばっている（　　　）、なかなかいい仕事が見つからない。

1　ものの　　2　もので　　3　ものが　　4　ものに

35 人は外見で判断する（　　　）ではない。内面も重要だ。

1　ばかり　　2　もの　　3　ほか　　4　わけ

36 給料は一向にあがらない（　　　）、支出はどんどん増えている。

1　一方で　　2　一方に　　3　一方には　　4　一方でも

37 田中さんは、自分が作ったごはんを、家族が「おいしい」と（　　　）、うれしくなり、料理人を目指したそうです。

1　食べてあげるたびに　　2　食べてあげることに

3　食べてくれるたびに　　4　食べてくれることに

3회

38 あの女優は40代（　　　）わりと若く見える。

1　としては　　2　にしては　　3　としても　　4　にしても

39 （会社で）

課長「田中君、顔色悪いけど大丈夫？今日はもう帰っていいよ。」

田中「ありがとうございます。今日は（　　　）。」

1　早退していただきます
2　早退していただいてもいいです
3　早退させていただきます
4　早退させられていただきます

40 アリバイが明確に（　　　）、彼が犯人だという疑いの目は避けられない。

1　なるかぎりでは
2　なるかぎり
3　ならないかぎりには
4　ならないかぎり

41 新入社員のみなさん、もしわからないことがあったら、わからない（　　　）、先輩に聞きましょう。

1　ままにせずに
2　だけあって
3　ようにすれば
4　ことになっても

42 （レストランで）

太田「6時に予約した太田ですが。」

店員「（　　　）ね。お席にご案内いたします。」

1　太田様でなさいます
2　太田様でいらっしゃいます
3　太田様でいたします
4　太田様でうかがいます

問題8　次の文の＿★＿に入る最もよいものを、1・2・3・4から一つ選びなさい。

（問題例）

あそこで ＿＿＿＿ ＿＿＿＿ ＿★＿ ＿＿＿＿ は山田（やまだ）さんです。

1　テレビ　　2　見ている　　3　を　　4　人

（解答のしかた）

1　正しい文はこうです。

あそこで ＿＿＿＿ ＿＿＿＿ ＿★＿ ＿＿＿＿ は山田（やまだ）さんです。
1 テレビ　3 を　2 見ている　4 人

2　＿★＿ に入る番号を解答用紙にマークします。

（解答用紙）

（例）	①　●　③　④

---

43 外国人は日本人が ＿＿＿＿ ＿＿＿＿、＿★＿ ＿＿＿＿、外国人と日本人の認識にやや差異があることがわかった。

1　困っておらず　　2　より

3　日常生活のルールに　　4　思っている

44 彼は駐在員として海外で働いた ＿＿＿＿ ＿★＿ ＿＿＿＿ ＿＿＿＿ 英語が流暢だ。

1　の　　2　あって　　3　だけ　　4　ことは

3회

45 彼に写真を ＿＿＿＿ ＿＿★＿＿ ＿＿＿＿ ＿＿＿＿ と証言した。

1　見せた　　2　間違いない　　3　犯人に　　4　ところ

46 上司の ＿＿＿＿ ＿＿＿＿ ＿＿★＿＿ ＿＿＿＿ できません。

1　もらってから　　2　許可を　　3　でないと　　4　契約は

47 新しい世界に入るのは決断が要るし、 ＿＿＿＿ ＿＿＿＿ ＿＿★＿＿ ＿＿＿＿ 努力も欠かせない。

1　一人前　　2　なる　　3　には　　4　に

問題9　次の文章を読んで、文章全体の内容を考えて、 48 から 51 の中に入る最もよいものを1・2・3・4から一つ選びなさい。

時代の変化とともにフレックス制やテレワークなど、働き方は変わっている。また、少子高齢化による労働力不足を解消するため、労働や雇用環境は改善を求められている。 このような理由で社員が自主的に判断して行動する「自律型人材」が注目されている。

「自律型人材」は強い責任感やはっきりした自分自身の価値観を持っている。また、自発的に働くことができるので、 48 、自分で何をするべきか考え、業務を行い、成果を導く。柔軟な発想で仕事を進めることで、自立性のある新しいアイデアが生まれやすくなる。「自律型人材」は何か問題が発生すると、自ら改善策を実践していくため、社員を管理する負担が少なくなり、業務を効率化することができる。

49 社員の自律性を養うためにどうすればいいのか。

まず、企業は社員の職場における心理的な安全性を確保するため、社員の挑戦を受け入れ、 50 が必要だろう。社員は自分が思ったことを自由に発言し、行動できることにより、自分の意見や価値観を仕事にうまく反映するからだ。それから部下に対しての的確なアドバイスや失敗してもフォローアップできる管理職のマネジメントスキルの向上も欠かせない。最後に社員に会社のビジョンや戦略などを深く理解させることも大切となる。企業にとって最適な選択とは何かを理解しないまま、ただ単に主体的に行動すればよいというわけではない。

今や、国家間の競争は激しくなっていて、お客さんのニーズも複雑で多様化している。今のビジネス環境で、企業が成長しつづけるためには、 51 多くの人材育成は不可欠なことだと言えるだろう。

48

1 上司の命令に従い
2 短期間で目標に達成し
3 ただの指示待ちの人間ではなく
4 業務提携の話を否めなく

49

1 直ちに
2 すなわち
3 ならば
4 それゆえに

50

1 失敗しても否定しない環境づくり
2 良い意味での社員同士の競争心
3 細かいアクションプラン
4 従業員の福祉の増進

51

1 目標達成のために必死になれる
2 仕事に対してのモチベーションが上がる
3 業績向上に繋がる
4 時代の流れに臨機応変に対応できる

問題 10　次の(1)から(5)の文章を読んで、後の問いに対する答えとして最もよいものを、1・2・3・4から一つ選びなさい。

(1)

三菱リサーチは、企業の女性社員を対象に「女性の管理職」についてアンケート調査を実施した。

この調査によると、女性が管理職になりたくない、なれない理由の一つは「ストレスや責任が増えるため」であった。また、女性は男性に比べて「仕事とプライベートの両立が難しいため」を理由にあげる割合が高いことがわかった。

しかし、これらの回答より多かったのは、「私には管理職になれる能力がない」といった言葉だった。十分能力は備わって(注)いるのに、多くの女性たちが自分を過小評価し、自信の低さを感じているのだ。

他にも「親の介護をしているので管理職になったら負担が大きい」、「子供に手がかかる」、「昇進しても給料に差がないから」という意見もあった。

社会は女性を活躍させようと様々な取り組みを行っているが、これらの意見を考えると、女性の管理職への登用は難しく、まだまだ課題が多く残されているようだ。

(注)備わる：準備ができている

52　この文章の内容に合うものはどれか。

1　給料が増えるなら管理職をしてもいいという女性が増えている。

2　男性より女性のほうが昇進に意欲的な時代になってきている。

3　自分の能力を低く評価し、管理職になれないと思っている女性が多い。

4　ほとんどの女性が仕事と家庭を両立しながら生活している。

(2)

「自家製スイーツ、お届けします」－素朴な手作りが自慢です。

パンフレットにある商品の中からご希望の商品をお選びの上、ご注文ください。聞き違いなどの恐れもございますので、出来ましたらFAXまたはEメールをご利用ください。また恐れ入りますが、製造場所ですので、作業中は電話に出られないことがございます。ご了承くださいませ。ご注文受付後2日以内に、ご注文確認の電話を差し上げています。

ご希望の商品はご注文受付後２～３日でお手元に届きますが、交通事情などにより、１週間ぐらいかかることもございます。(配達不可地域もございます)

送料は弊社にて負担いたしますが、商品の合計金額が5000円未満の場合は、ご負担いただきますのでご了承ください。(価格に消費税は含まれておりません)

53 この文章の内容に合わないものはどれか。

1　この商品は、海外を除く、日本全国どこにでも配達可能である。

2　3000円のと2500円の商品を同時に注文すると、送料は無料になる。

3　この商品の購入時、場合によっては送料を客が負担することもある。

4　交通事情などによって、配達まで1週間ぐらいかかることもある。

(3)

今時の子供の電話の使い方は、まったく理解に苦しむ。毎日学校で顔を合わせているはずなのに、電話でまた何時間もおしゃべりするのにはあきれてしまうとしか言いようがない。

また、電話をかけてくる時間もまったく気にしない。真夜中何時でも平気なようだ。わが子の友達のことを悪く言いたくはないが、礼儀をまったく無視しているとしか思えない。

私の世代は子供の頃、親から夜９時以降は緊急の場合を除いて、人の家に電話をかけるなと言われながら育った。それでか、今でも深夜に電話のベルが鳴ったりすると、何事かと思ってびっくりするのだ。

54 びっくりするとあるが、その理由は何か。

1 深夜に人の家に電話をかけるのは、失礼だと思っているから
2 深夜にかかってくる電話は、だいたい緊急の電話だから
3 子供の友達が、真夜中にも平気で電話をかけてくるから
4 深夜にかかってくる電話で、目が覚めてしまうから

(4)

結婚や出産を前にした若者に重くのしかかるのが、奨学金の返済だ。２人に１人の大学生が奨学金を借りており、その返済に苦しんでいる。

京都市在住のAさんは、現在３８歳。まだ独身だが、結婚願望があり、機会があれば子供を産み、育てることも希望している。一方で、それが困難であるという現実に直面している。

それはAさんの人生で大きな負荷となっている、学生時代に借りた多額の奨学金の存在だ。京都から上京し、都内の大学に入学して文学を専攻していたが、学費は利子付きの奨学金を月８万円借り、そこから支払った。研究が楽しく大学院まで進学し、奨学金は総額１０００万円になっていた。

現在は出版社で勤務し、毎月３万２千円ずつ返済している。約１０年で返済額は半分以下にはなったが、それでもまだ４００万円近い借金が残っている。交際中の男性との結婚を考えているが、相手に伝えるのはとても気が重く、また相手の両親がどう思うかを考えると言い出せない。結婚できたとしても子供を産むとしたら、さらに負担は大きくなる。奨学金を返済しながら、子育てができるのか。休職したとしてもまた職場に復帰できるのか。悩みはつきない。

このように２０代から３０代の世代にとって、学問のためにと借りた奨学金が人生における<u>心理的な障害</u>となっているのだ。

55 <u>心理的な障害</u>とあるが、その理由と思われるのはどれか。

1　勉強のために借りた奨学金の返済が、将来の負担になっているから

2　結婚するためには奨学金の返済を終わらせなければならないから

3　大手企業に就職しても、奨学金の返済が大変だからめ

4　生活に困るくらい、奨学金の総額が大きいから

(5)

物事を楽観的に考える人ほど、そうでない人よりもずっと健康な心臓を持っていることがわかった。アメリカのイリノイ大学の研究チームは、45歳から84歳までの成人5100人を対象に、心臓と精神の健康状態などを調べ、このような結論を導き出した。

研究チームは、実験参加者の心臓の状態を調べるために、血圧とボディマス指数(注)（BMI）、コレステロール、および空腹時血糖値、食物、身体活動、喫煙率などを項目別に分けて調査し、項目ごとに、0点（非常に悪い）、1点（中程度）、2点（理想的な状態）の点数をつけ、7つの項目の得点を合わせた。

その結果、参加者の年齢と人種、収入などにかかわらず、楽観的な心理状態が心の健康を維持するのに役立っていることが明らかになった。また最も楽観的なグループの人々が、健康な心臓を保っている確率は、最も悲観的なグループより2倍も高く、全体的に健康に生きていく確率も悲観的グループよりも55％高いことが分かった。

それから楽観主義者は、血糖値やコレステロール値などが悲観的なグループより良好、身体活動も活発で、BMI指数も理想的で、喫煙率も低かった。

研究チームは「心臓の健康は、死亡率と直結する」とし「国家が国民の心臓の健康を改善するためには、国民に心理的な安定感を与えることが重要である」と述べた。

(注)ボディマス指数：体重と身長の関係から算出される、人の肥満度を表す体格指数である。一般にBMI (Body Mass Index) と呼ばれる。

56 この文章の内容に合わないものはどれか。

1 個人の経済的能力と、健康状態とはあまり関係ないようである。

2 この研究によって、白人が黒人より健康な心臓を保っていることがわかった。

3 不安定な精神状態のグループの人ほど、平均寿命が短くなる危険性がある。

4 国民の健康を向上させるためにも、国家の政策はきちんと立てるべきである。

問題 11　次の(1)から(3)の文章を読んで、後の問いに対する答えとして最もよいものを、1・2・3・4から一つ選びなさい。

(1)

建築や外食、宅配、製造業、小売り、運輸など、実に幅広い業種に①人手不足問題が広がっている。働き手の減少や低賃金に加え、景気の回復でパート・アルバイトの奪い合いが起きているのが原因だ。時給アップに、ボーナスを支給したり、正社員化したりする企業も出てきた。東京都心にある牛丼チェーン店「ぎゅうどんいち」は、通常２４時間営業だが、７月下旬から午前10時～午後10時に短縮した。アルバイトが辞め、店を回せなくなったからだ。また居酒屋チェーン「②都民」を運営するトタミは、全店舗の約１割にあたる50店を今年度中に閉店、１店舗当たりの人員を増やし、職場環境改善を進める。長時間労働で、飲食業はもともと敬遠されがちだったが、景気が良くなり、バイトの条件が改善された他業種に人手を奪われている。

人手が足りないのは飲食業だけではない。総務省調査では、建設業の29歳以下の若者の就業比率は11.8％、全産業の平均比率17.3％を下回り、55歳以上の比率は32.8％と全産業平均を4％も上回っており高齢化が進んでいる。

またドライバーの人手不足と高齢化で、国土交通省は「物流2015年危機」を懸念している。トラックドライバーは、すでに40歳以上の割合が、普通車で50％強、大型車で約70％、けん引車で70％強となっており、高齢化が進んでいる。国土交通省の調査によると、2015年には14万人のドライバー不足となり、60歳未満の大型免許保有者も減少すると予測されている。その理由として、建築作業員もドライバーも重労働のわりに低賃金で残業が多いことなどが挙げられている。

57 ①人手不足問題が広がっているとあるが、その理由として合わないものは何か。

1　正社員として雇ってもらえない。

2　景気の回復によって仕事が増えた。

3　賃金に対する満足度が低い。

4　職に就こうとする人が減ってきた。

58 「②都民」は職場環境改善のために何をやったか。

1　バイトの時給を引き上げた。

2　店の営業時間を短縮した。

3　従業員にボーナスを支給した。

4　従業員の数を増やした。

59 この文章の内容に合うものはどれか。

1　経費節減のため、一部の店舗を閉鎖するチェーン店も出てきた。

2　建設業の若い労働者の割合は、全産業平均より少ない。

3　大型免許保有者は、今後さらに増えていくと予想される。

4　時給アップによって、人手不足問題はある程度解決された。

(2)

街から本屋が消えている。日本出版センターによると、ここ10年で書店の数は約3割減少した。人口減やインターネットの普及などが理由だ。住民からは「にぎわいの場」として必要という声が上がるが、客は減る一方だ。

経営者は工夫を凝らし、生き残りに必死だ。 福島県にある創業70年の「高山書籍」。店舗には書籍、雑誌、絵本がぎっしり並び、昔ながらの本屋さんを思わせる。本屋が消えていく中でこの書店は黒字経営が続いている。「店舗販売の売り上げは全体の1割にすぎない。9割は学校の図書室や公立の図書館に納入して利益を出している」と店主はいう。 日中、店番をパートの人に任せ、市内の学校や企業へ営業に出かける。店主は「（図書館などを運営する）地方自治体が、東京など他の地域の業者に頼らず、地元の書店から仕入れるようにすれば大きな助けになる。地方の書店が生き残るヒントになるのでは」と力を込めた。

だが地方書店の成功は一部にすぎない。2015年に町唯一の書店がなくなった富山県立山町。町は今年1月から新たな出店者を募集。担当者は「書店が町のにぎわいにとって必要不可欠との意見が多く挙がったため」と説明する。 ただ、廃業した書店の関係者は「人口も減って全然売れなくなって……。新たに出店しても難しいと思いますよ」と言葉少なだった。 別の県にある町唯一の書店の店主も「人口減で学校も少なくなって、正直言って閉店するしかない状況です」と話す。

少子化による教科書販売の減少も経営に影を落としている。人口減と活字離れに加え、雑誌を扱うコンビニの増加が書店の経営を圧迫し、さらには電子書籍やネット通販の台頭も影響する。地方のみならず、 今後、ますます書店数の減少により、読書人口が減って、悪循環に陥る可能性が高い。出版業界は全体で手を取り合って対策を考える段階に来ているのだ。

60 声とあるが、どのような声か。

1　本を実際手に取ってみる場所が必要だという声

2　図書館や学校へ本を納品する場所が必要だという声

3　教科書や参考書を買う場所が必要だという声

4　人々が集まって交流する場所として必要だという声

61 この文章の内容に合うものはどれか。

1　高山書籍では、従業員の営業によって経営が続けられている。

2　人口が減っても本の需要は増えているので、書店は経営が可能だ。

3　コンビニが増えたことも書店経営を圧迫している原因の一つだ。

4　書店が生き残るためにはネット販売が必要不可欠だ。

(3)

季節を問わず、今の時代「日焼け対策」は当たり前となっている。ところが、紫外線が肌にはよくないとわかってはいても、「少しの外出なら大丈夫だろう」と対策をしない人は少なくない。実はこの①ちょっとした油断が肌にとっては大きなリスクとなるのだ。そこで、日焼けをしてしまった後にはどのように対処すればいいのか、アフターケアについて紹介しようと思う。

日焼けした後にまずすべきことは、日焼けした部分を冷水や保冷アイテムでしっかり冷やすことだ。日焼けは軽いやけどと同じで、肌は炎症を起こした状態だ。この炎症により日焼けの原因であるメラニン色素が増えてしまうので、まずは冷やして炎症の進行を止めるようにしなければならない。

次に、十分に保湿をすることだ。紫外線を浴びると、肌は乾燥状態になってしまう。化粧水や美容液などをたっぷり塗って保湿をし、日焼けによって傷ついた肌を保護することが重要だ。

そして最後に、水分やビタミンなどを十分に補給することだ。日焼けによってダメージを受けた肌には、②外側からのケアだけではなく、内側からのケアも必要であるため、食事やサプリメントでビタミンを積極的に摂取するように心がけてほしい。

このようなアフターケアはあくまでも日焼け後に行う応急処置であるため、基本的には、日焼け対策をしっかり行うことが大切だ。「日傘や帽子、衣類などで肌に紫外線が触れないようにする」「日焼け止めクリームをしっかり塗る」「紫外線量が多い時間帯や場所を避ける」といったことは、1年を通して心がけたい習慣である。紫外線をまったく浴びないということは不可能であるため、少しでも紫外線による肌のダメージを抑えるためにも、日焼け後のアフターケアはもちろん、日ごろから外出前には様々な対策をすることが重要だ。

62 ①ちょっとした油断とはどのようなことか。

1　短い時間なら日焼け対策をせずに外出しても大丈夫だろうという油断
2　紫外線量が少ない時間なら肌の炎症はひどくならないだろうという油断
3　長袖さえ着ていれば紫外線が肌に触れることはないだろうという油断
4　日焼けした後にしっかり冷やせば日焼け対策はしなくてもいいだろうという油断

63 ②外側からのケアとは何か。

1　外出するときは日焼け止めクリームをしっかり塗ること
2　日傘や帽子を活用し、紫外線を浴びないようにすること
3　日焼けした後は化粧水や美容液などでしっかり保湿すること
4　紫外線を浴びたら水分をしっかりとって肌が乾燥しないようにすること

64 この文章の内容に合うものはどれか。

1　少しの外出は紫外線を浴びる量が少ないため、日焼けをする可能性が低い。
2　日焼けはやけどと同じであるため、肌を冷やした後は病院で処置してもらったほうがいい。
3　紫外線が強い日には、食事やサプリメントでビタミンをしっかり摂取しなければならない。
4　日焼けによる肌へのダメージを少なくするためにも日ごろから日焼け対策をしておくことが大事だ。

問題 12　次の文章は、「クレジットカード」に関する相談と、それに対するAとBからの回答である。三つの文章を読んで、後の問いに対する答えとして、最もよいものを１・２・３・４から一つ選びなさい。

男子大学生です。みなさんは、クレジットカードは生涯持たなくても問題なく生活できると思いますか。将来は持った方が良いと言われたのですが、私は正直、クレジットカードは要らないと思っています。

A

クレジットカードは、できれば持たない方がいいと思いますが、社会人になれば、持たざるをえない場合もあります。

私は今まで、買い物の支払いは現金で一括払いを貫いてきましたが、現実にはそうはいかない場合も増えてきました。現在、私が所有しているクレジットカードは、自分の意思で持っているのではなく、勤務先で必要なクレジットカード機能がついた社員カードです。社員食堂での支払いや出張の旅費など、すべてクレジットカード払いと決まっているため、カードは必須となりました。

またプライベートでも、ネットショッピングでしか購入できない商品、たとえばＰＣソフトの有料ダウンロードなども多くなりました。クレジットカードは、必需品ではありませんが、確かに持っておくと何かと便利だと思います。ただし利用は必要最小限にとどめ、注意して利用することが大切です。

B

クレジットカードが必要かどうかは、今後の人生、出来事次第です。ですが私はクレジットカードがなくても生活は可能だと思います。

たとえば、買い物の支払いは現金で、通信販売での支払いは着払いか振込みで、海外旅行も現金とトラベラーズチェックなどで、面倒と感じることがあるかもしれませんが、なんとかなるでしょう。

周りの人がカードで買い物して、ポイントがたまって有名レストランの食事券や無料航空券などをもらったなどと言っていても、気にしなければいいし、車を運転するなら、高速道路も料金所で止まって現金で支払いをすればいいだけのことです。このように、いつでも現金決済をすればクレジットカードは要らないと思います。

65 「クレジットカード」に対するAとBの話として正しいのはどれか。

1 Aは、「クレジットカード」は、状況が変われば必要な場合もあると述べている。

2 Bは、「クレジットカード」は、あってもなくても関係ないと述べている。

3 Aは、「クレジットカード」は、現代人に不可欠なものだと述べている。

4 Bは、「クレジットカード」は、面倒だが持っていた方がいいと述べている。

66 AとBの内容として正しいのはどれか。

1 Aは社会人になれば必ず「クレジットカード」を作るべきだと言い、Bはどうしても必要なら作ってもいいと言っている。

2 AもBも、現代社会は「クレジットカード」なしの生活はできないと述べている。

3 Aは「クレジットカード」がなければ面倒なことが多いと言い、Bはなくてもさしつかえないと述べている。

4 AもBも、「クレジットカード」がなければ面倒なことが多いと述べている。

問題 13　次の文章を読んで、後の問いに対する答えとして最もよいものを、1・2・3・4から一つ選びなさい。

eメールで繊細な内容を伝えたり、感じやすい人たちと連絡をとる際の危険性について考えたいと思います。

eメールを利用している人たちの多くもそうだと思いますが文字が表示されるだけのeメールには、こちらの声のトーンだったりアイコンタクトだったり相手を思いやる気持ちを分かってあげようという気持ちや、人としての気遣いなどが表現できないという事を私達は時々忘れてしまいます。eメールだと「こうです」と言い切るような感じになってしまいます。自分の考えをキーボードで入力し「送信」ボタンを押す。このような作業をしていると、このメッセージを読んで相手はどのように感じるか、そんな考えは頭に浮かびません。端的過ぎたり、ぶっきらぼうであったり、相手に対して失礼に当たるような直接的な言い回しだったり、そのような事を気にかけなくなってしまいます。

そこで皆さんにお教えします。eメールでは、大切な内容や繊細な内容は伝えない。これは鉄則です。

実際に自分で文章を書き、切手を貼り郵便ポストの所まで行っていた時代を考えると全てがスローで時代遅れのような気がします。しかし、全てを終えるためには時間がかかります。昔は、思慮を欠いたコミュニケーションのせいで、窮地に陥るような事は今のようには起きてはいませんでした。

「送信」ボタンを押さなければよかったと後悔したことはありますか？

皆さんにはもっと意識してほしいと思います。せっかちに話をしたり、あまり考えずに発言してしまったり、その言葉を相手がどう解釈するのか考えなかったりしているとクライアントや友人や大切な人との関係を壊してしまいます。

すぐにメールで返事ができる世界に、私たちは今生きています。メールでいつでもやりとりできる。でも今まで、すぐに返事を出してしまい困った経験がありませんか。何か気持ちが落ち着いていない時は、1日あけてもう一度自分のメールを読みます。そうすれば、もっと穏やかな、受け入れやすい文章が書けます。

または、受話器を取って実際に電話をして、心と心で話をしましょう。気持ちを落ち着け、理性的な状態で状況を判断できるようになるまで待とう。それから電話で問題について話をしようと。

67 そのような事とは、どのようなことか。

1 メッセージに事実だけを明確に伝える努力をすること

2 自分の考えが相手に伝わるように表現に気を使うこと

3 メッセージを受け取った相手の反応を気づかうこと

4 相手に好感を持ってもらうようにきれいな言葉を使うこと

68 筆者は、eメールで問題が起きてしまうのはなぜだと言っているか。

1 相手への配慮のし過ぎで、誤解が生じるから

2 送信や受信にかかる時間が早すぎるから

3 受信者への配慮や気づかいを忘れがちだから

4 送受信の際、時々エラーが発生するから

69 筆者の考え方と違うものはどれですか。

1 誤解を生じやすい内容を伝える時は電話がよい。

2 eメールは一方的な伝達方法になりやすい。

3 繊細な内容は時間をおいてから、送信した方が良い。

4 eメールは、今のような忙しい時代に最適な伝達手段だ。

問題 14　右のページは、旅館の利用案内である。下の問いに対する答えとして、最もよいものを１・２・３・４から一つ選びなさい。

70　山本さんは自分の両親と、小学１年生の娘と4人で日帰り温泉旅行に行き、個室を利用しようと思っている。この場合、料金は全部でいくらになるか。

1　18,000円
2　19,500円
3　22,500円
4　24,000円

71　文章の内容として正しいのはどれか。

1　貸切風呂を利用する場合は、料金を支払わなければならない。
2　祝日もこのプランを利用することが可能だ。
3　支払いはネットでのカード決済しかできない。
4　このプランでは追加料金を払うと宿泊することも可能だ。

箱根でゆっくり温泉日帰り旅行

素晴らしい景色とともに、露天風呂を堪能できる、平日限定、昼食付のプラン！

1.プラン特徴

① おひとり様5,000円!!平日限定の最安値プランでございます。お子様料金は下記をご覧ください。(夏限定の特別プランですので、ご予約はお早めに。)

② 大浴場には、最高の景色を堪能できる露天風呂がついております。また、ご希望の方には無料で貸切風呂もご利用可能ですので、ご予約の際にお申し付けください。

③ 大浴場で汗を流したあとは、ゆっくり休める個室のご利用も可能です。追加料金は、おひとり様につき1,500円となっております。ご予約の際にお申し付けください。(ただし、小学生までのお子様は追加料金がございません。)

④ 当温泉まで、最寄りの駅から無料のシャトルバスを運行しております。ぜひご利用ください。

2.お食事

昼食：全国各地より厳選された旬の素材を使用した本格懐石料理

① ※メインのお料理は「牛炭火焼き、しゃぶしゃぶ、すきやき」よりお選びください。

② 食事場所：またはレストラン名陽の個室にてお召し上がりくださいませ。個室をご利用の方はお部屋でのお食事も可能となっております。

3. お支払い方法：当プランはオンラインでのカード決済のみ、承っております。現金払いや当温泉でのお支払いはできませんので、あらかじめご了承くださいませ。

4. 予約上の注意事項

① 5名様以上でご利用の場合は、個室のご利用はできません。

② アレルギーや苦手な食材がございましたら、ご予約の際、お知らせください。

③ 休前日、祝祭日はプラン除外となります。

5. 子ども料金：お子様の料金は下記をご覧ください。

区分	内容	料金
小学校高学年	温泉の利用と大人に準じた食事の提供	大人料金×80%
小学校低学年	温泉の利用とお子様用食事(お子様ランチ等)の提供	大人料金×60%
0歳～6歳	温泉の利用（食事の提供はございません）	1500円

N2

聴解

（55分）

注 Notes 意

1. 試験が始まるまで、この問題用紙を開けないでください。
Do not open this question booklet until the test begins.

2. この問題用紙を持って帰ることはできません。
Do not take this question booklet with you after the test.

3. 受験番号と名前を下の欄（らん）に、受験票と同じように書いてください。
Write your examinee registration number and name clearly in each box below as written on your test voucher.

4. この問題用紙は、全部で13ページあります。
This question booklet has 13 pages.

5. この問題用紙にメモをとってもかまいません。
You may make notes in this question booklet.

受験番号 Examinee Registration Number	

名 前 Name	

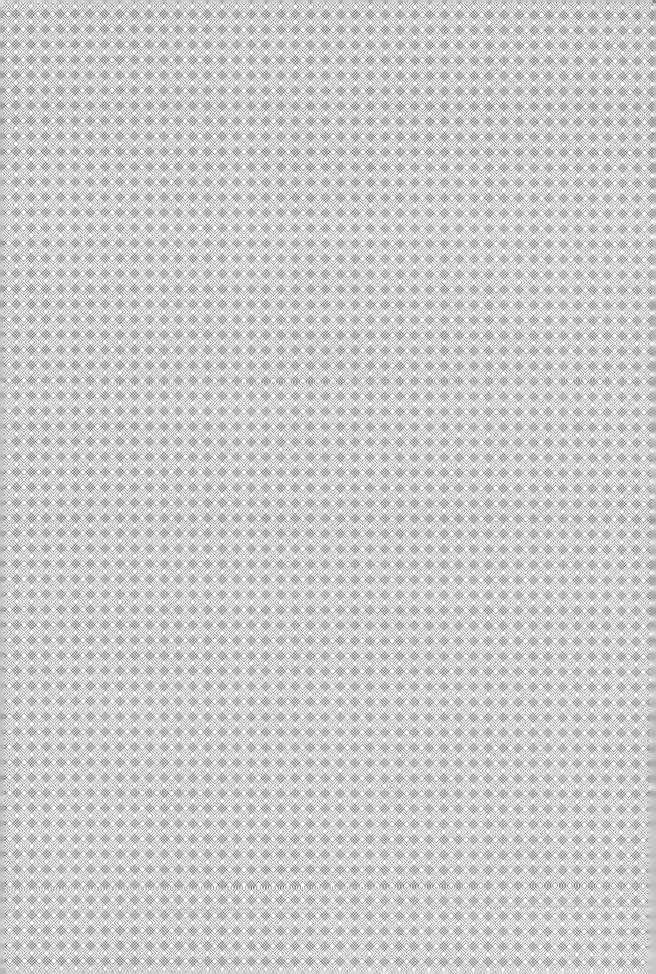

問題 1

問題１では、まず質問を聞いてください。それから話を聞いて、問題用紙の１から４の中から、最もよいものを一つ選んでください。

例

1　ホームページで児童書を検索する

2　ホームページで子供に読ませる本を検索する

3　子供も入館できる図書館を探す

4　子供が読める本がある図書館を探す

1番

1　13日、水曜日、10時

2　13日、火曜日、13時

3　15日、木曜日、11時

4　15日、金曜日、14時

2番

1　娘の身分証明書を作って今日中に銀行に行く

2　自分の身分証明書のコピーを銀行に提出する

3　書類に名前などの必要なことを記入する

4　印鑑を持って再度銀行に行って手続きをする

3番

1 薬を飲むときは必ず空腹を避けること

2 薬は毎日同じ時間に服用すること

3 朝起きてすぐ水を飲んでから薬を飲むこと

4 薬を飲む時間にアラームをセットしておくこと

3회

4番

1 政府からの援助金が出たら、子供を産む

2 企業からの休暇があったら、子供を産む

3 主人が育児の休暇が取れたら、子供を産む

4 育児は夫婦の共同責任だというような認識になったら、子供を産む

5番

1　自分にできる仕事をよく考えて、それに当てはまる会社を探す

2　自分の専攻や能力を生かし、自分の将来の分野を決定する

3　企業の研究のため、支援する会社をたくさんは選ばない

4　熱意を持って仕事が出来るように優秀な会社を探す

問題 2

問題 2 では、まず質問を聞いてください。そのあと、問題用紙のせんたくしを読んでください。読む時間があります。それから話を聞いて、問題用紙の 1 から 4 の中から、最もよいものを一つ選んでください。

例

1 材料は大きさを合わせて切ること

2 材料がそろった後に、はやく煮ること

3 野菜を先に炒めること

4 はやく済ませられるように材料をそろえること

1番

1　買ったばかりなのにテレビが故障していたため

2　ケーブルテレビの線が接続されていなかったため

3　台風のせいで、家のテレビのアンテナが壊れたため

4　A社のアンテナが台風の影響で壊れたため

2番

1　面接時間の変更はできない

2　面接の日時を月曜日午後3時に変えてほしい

3　この後すぐ面接にきてほしい

4　変更した面接の日程をメールで送る

3番

1 色々なチョコレートが売られているから

2 義理であげれば、必ずお返しが来るから

3 人間関係を良くするのに役立つから

4 義理であげないと、後で文句が来るから

4番

1 燃えるゴミと燃えないゴミの日が前と違うから

2 ゴミの分別方法が前の地域より複雑だから

3 ゴミの回収方法が前の地域と全く違うから

4 ゴミの分別方法を間違えると苦情がくるから

5番

1　近くのコンビニまで散歩をするため

2　お弁当のおかずになるものを買いに行くため

3　明日の朝ご飯をコンビニで買うため

4　スーパーで明日の昼に食べるお弁当を買うため

6番

1　子供の熱が下がったら

2　お母さんが退院したら

3　来週の週末あたりに

4　家庭状況が安定したら

問題 3

問題 3 では、問題用紙に何もいんさつされていません。この問題は、全体としてどんな内容かを聞く問題です。話の前に質問はありません。まず話を聞いてください。それから、質問とせんたくしを聞いて、１から４の中から、最もよいものを一つ選んでください。

— メモ —

問題 4

問題４では、問題用紙に何もいんさつされていません。この問題は、まず文を聞いてください。それから、それに対する返事を聞いて、１から３の中から、最もよいものを一つ選んでください。

― メモ ―

問題 5

問題５では、長めの話を聞きます。この問題には練習はありません。

メモをとってもかまいません。

１番、２番

問題用紙に何もいんさつされていません。まず話を聞いてください。それから、質問とせんたくしを聞いて、１から４の中から、最もよいものを一つ選んでください。

― メモ ―

3番

まず話を聞いてください。それから、二つの質問を聞いて、それぞれ問題用紙の1から4の中から、最もよいものを一つ選んでください。

質問1

1 Aランチ

2 Bランチ

3 Cランチ

4 Dランチ

質問2

1 Aランチ

2 Bランチ

3 Cランチ

4 Dランチ

실전모의고사 4회

N2

言語知識（文字・語彙・文法）・読解

（105分）

注意 Notes

1. 試験が始まるまで、この問題用紙を開けないでください。
   Do not open this question booklet until the test begins.
2. この問題用紙を持って帰ることはできません。
   Do not take this question booklet with you after the test.
3. 受験番号と名前を下の欄(らん)に、受験票と同じように書いてください。
   Write your examinee registration number and name clearly in each box below as written on your test voucher.
4. この問題用紙は、全部で31ページあります。
   This question booklet has 31 pages.
5. 問題には解答番号の 1 、 2 、 3 、… が付いています。解答は、解答用紙にある同じ番号のところにマークしてください。
   One of the row numbers 1, 2, 3 … is given for each question. Mark your answer in the same row of the answer sheet.

受験番号 Examinee Registration Number	

名 前 Name	

問題１　＿＿＿＿＿の言葉の読み方として最もよいものを、１・２・３・４から一つ選びなさい。

1　６歳<u>未満</u>の児童は入場料が無料になっています。

1　びばん　　2　びまん　　3　みまん　　4　みばん

2　学校側は、必要な<u>措置</u>をとらなければならない。

1　そち　　2　そうち　　3　しょち　　4　しょうち

3　この機械は正確な血圧を<u>測定</u>するのに使う。

1　そくじょう　　2　そくじょ　　3　そくてい　　4　そくて

4　<u>安易</u>な考えで行動するのはよくない。

1　やすいき　　2　やすい　　3　あんいき　　4　あんい

5　<u>険しい</u>山道を歩いていった。

1　くるしい　　2　さびしい　　3　ひとしい　　4　けわしい

問題2　＿＿＿＿の言葉を漢字で書くとき、最もよいものを1・2・3・4から一つ選びなさい。

6 一定のかんかくをあけてお並びください。

1　感覚　　2　間隔　　3　感格　　4　間格

7 新製品の開発で見事なぎょうせきをあげたのが認められて昇進する。

1　業責　　2　業積　　3　業績　　4　業蹟

8 税金を支払うのはすべての国民のぎむである。

1　儀務　　2　義務　　3　議務　　4　犠務

9 きれいな海ほどあざやかな青色に見える。

1　穏やか　　2　速やか　　3　平やか　　4　鮮やか

10 新年度が始まり、あわただしい毎日を送っている。

1　懐ただしい　　2　慌ただしい　　3　輝ただしい　　4　細ただしい

問題3　(　　　　)に入れるのに最もよいものを、１・２・３・４から一つ選びなさい。

11 勤務時間に応じて残業（　　　　）が発生する。

1　金　　2　代　　3　費　　4　賃

12 発電（　　　　）は、エンジンを動かすことで電気を作り出す。

1　台　　2　器　　3　元　　4　機

13（　　　　）愛想な人は、周りの人とのコミュニケーションが苦手だ。

1　非　　2　無　　3　否　　4　不

問題4 (　　　)に入れるのに最もよいものを、1・2・3・4から一つ選びなさい。

14 貯金は（　　　）少ししかない。

1　だいぶ　　2　相当　　3　ほんの　　4　かなり

15 人を（　　　）際、経営者が押さえなければならないポイントは何がありますか。

1　取り上げる　　2　受け入れる　　3　雇う　　4　抱える

16 彼女は緊張したせいなのか、声が（　　　）いた。

1　揺れて　　2　振って　　3　震えて　　4　及んで

17 これはお米や透明な水、菜食でがんを（　　　）した人の話です。

1　克服　　2　克明　　3　解放　　4　解除

18 この地域ではタクシー台数が供給（　　　）となっている。

1　過失　　2　過剰　　3　通過　　4　過密

19 台風の影響で関東地方は天気が（　　　）可能性があるという。

1　はずれる　　2　みだれる　　3　おこたる　　4　くずれる

20 息子は（　　　）ゲーム機をテレビに接続した。

1　器用に　　2　朗らかに　　3　派手に　　4　素直に

問題５　＿＿＿＿の言葉に意味が最も近いものを、１・２・３・４から一つ選びなさい。

21 日本の治安はしだいに悪くなっている。

1　急激に　　2　だんだん　　3　微妙に　　4　めっきり

22 年末の大掃除をすました。

1　終えた　　2　始めた　　3　やめた　　4　たのんだ

23 親の希望に逆らって、明日から歌手としてデビューする。

1　順応して　　2　適応して　　3　反抗して　　4　逆行して

24 私はそのニュースを聞いてほっとしました。

1　驚きました　　2　失望しました

3　悲しくなりました　　4　安心しました

25 このズボンはぶかぶかだ。

1　とても小さい　　2　とても高い

3　とても大きい　　4　とても安い

問題６　次の言葉の使い方として最もよいものを、１・２・３・４から一つ選びなさい。

26 違反

1　子どもは思春期になると、親や教師に対し違反的な態度をとることが多くなる。

2　地元の住民たちは、原子力施設の設置に違反の声を上げている。

3　最近、自転車の信号無視などのルール違反による事故があとを絶たない。

4　厚労省の調べでは、働く女性の多くは自分の希望に違反して仕事を辞めている。

27 思わず

1　滝を眺めていると、思わず流れているはずの水が、止まっているように見えた。

2　「放射線」という言葉を聞いて、思わず福島の原発事故が頭に浮かんだ。

3　真夏になると気温は30度を超え、体はぐったりして水が思わず必要になる。

4　学力テストの内容や活用方法は、思わず検証を続けていく必要がある。

28 たまる

1　人はストレスがたまっても、親しい人のそばにいるだけで心理的に安定する。

2　この地域は冬になると大雪がたまってしまいます。

3　彼の書斎は専攻に関する本がぎゅうぎゅうたまっていた。

4　経験がたまればいつかは必ず成功するに決まっている。

29 惜しい

1　店舗によって価格が異なる場合がございます。惜しくはこちらをご覧ください。

2　小さい頃からかわいがってくれた祖母が亡くなって、とても惜しかった。

3　待っている時間が惜しくて、ケータイでニュースを見た。

4　昨日の試合は引き分けに終わってしまい、とても惜しい気分だ。

30 温暖

1　じゃがいもを温暖なうちにつぶして、牛乳、塩を加えて混ぜれば出来上がり。

2　今日は、寒い冬でも室内を温暖に保つコツなどについてご紹介します。

3　課長は普段は温暖な性格の人だが、本気で怒ると本当に怖い。

4　この県は、気候も比較的温暖で、災害が少なく、自然環境にも恵まれている。

問題７　次の文の(　　　　)に入れるのに最もよいものを、１・２・３・４から一つ選びなさい。

31 円高は留学生（　　　　）、大きな負担になる。

1　にとって　　2　のとって　　3　に対して　　4　の対して

32 国際結婚（　　　　）、異文化理解に関する論議が行われた。

1　にめぐって　　2　をめぐって　　3　のおいて　　4　において

33 最近は大人（　　　　）おもちゃもよく売れているそうだ。

1　を向けた　　2　を向いた　　3　の向きの　　4　向けの

34 オリンピックを迎えて、５年間（　　　　）工事が行われる予定だ。

1　のかけては　　2　のおいては　　3　にわたって　　4　にかかって

35 この機器の操作はマニュアルの内容（　　　　）正しく行ってください。

1　の沿って　　2　に沿って　　3　の従って　　4　を従って

36 最初はつまらない小説だと思ったが、（　　　　）おもしろくなってきて一気に最後まで読みきった。

1　読んでいってでも　　2　読むのに反して

3　読まないうちに　　4　読んでいくうちに

37 祖父は１週間（　　　　）病院に行っています。

1　たびに　　2　おきに　　3　ぶりに　　4　ことに

4회

38 会社側は事故原因について、「調査結果を待っており、現時点では（　　　）」と述べた。

1　コメントしかねる　　2　コメントしかねない

3　コメントしうる　　4　コメントしかけない

39 その商業施設は非常に広くて、一日では（　　　）ほどであった。

1　回れる　　2　回りがちな　　3　回りきれない　　4　回りかけない

40 田中部長は退職あいさつで、「この仕事を（　　　）本当に良かった」と言っていた。

1　やってもらって　　2　やらせてもらって

3　やってあげて　　4　やらせてあげて

41 クリスマスケーキとおせち料理の予約注文（　　　）。

1　申し上げます　　2　お越しになります

3　ご覧になります　　4　うけたまわります

42 あんな無礼な人と二度と口をきく（　　　）。

1　ものか　　2　ことではない　　3　わけか　　4　はずではない

問題８　次の文の＿＿★＿＿に入る最もよいものを、１・２・３・４から一つ選びなさい。

（問題例）

あそこで ＿＿＿＿ ＿＿＿＿ ＿＿★＿＿ ＿＿＿＿ は山田（やまだ）さんです。

１　テレビ　　２　見ている　　３　を　　４　人

（解答のしかた）

１　正しい文はこうです。

あそこで ＿＿＿＿ ＿＿＿＿ ＿＿★＿＿ ＿＿＿＿ は山田（やまだ）さんです。
１ テレビ　３ を　２ 見ている　４ 人

２　＿＿★＿＿ に入る番号を解答用紙にマークします。

（解答用紙）

（例）	①　●　③　④

43　インターネットの ＿＿＿＿ ＿＿＿＿、＿＿★＿＿ ＿＿＿＿ を誰でも簡単に入手することができるようになった。

１　あらゆる　　２　により　　３　普及　　４　情報

44　毎日、＿＿＿＿ ＿＿＿＿ ＿＿★＿＿ ＿＿＿＿ が続いている。

１　家に帰っても　　２　生活　　３　残業続きで　　４　寝るだけの

4회

45 健康的に働けることは、 ＿＿＿＿ ＿＿＿＿ ＿★＿ ＿＿＿＿ 最低限必要な労働条件である。

1 とともに　2 だけの　3 賃金　4 生活できる

46 私がその資格をとったなんて、 ＿＿＿＿ ＿＿＿＿ ＿★＿ ＿＿＿＿ なかった。

1 その　2 たとえ　3 うれしさは　4 ようが

47 子供では ＿＿＿＿ ＿★＿ ＿＿＿＿ ＿＿＿＿ ほどがある。

1 まいし　2 わがままを　3 ある　4 言うのも

問題9　次の文章を読んで、文章全体の内容を考えて、[48]から[51]の中に入る最もよいものを1・2・3・4から一つ選びなさい。

社会人留学

最近、社会人の留学が増えているそうだが、留学は学生や若者だけのものではなく、[48]価値のあるすばらしい体験だと思う。社会人で仕事をやめて留学を決める理由は人それぞれで、「英語が話せるようになりたい」、「海外で生活してみたい」[49]イメージを抱いている人が多いようだ。それも一つの目的で、決して間違いではない。ただ、より明確な目的を持って留学すると、海外生活で困ったことが起きたり、不満や不安が生まれたりしたときに、「何のために留学に来たのか」初心にもどってモチベーションを保つことができる。そのため、留学をする前に、具体的な目標設定をすることが望ましい。

留学する目的としてもっとも多くあげられるのは、[50]英語力の向上だ。特に日本人の多くは、スピーキングに対し苦手意識をもっていて、実用的なスピーキング機会を得られる留学で、英語力を伸ばしたいという人が多いようだ。

近年では、日本企業でも英語の需要が高まり、社内の公用語として使用している会社が増えている。また外国人労働者を積極的に採用する企業も増え、英語ができて当たり前の時代になっているので、実際に使えるビジネス英語を身につけておいたほうがいい。

若い人にとっては、失敗も大切な勉強で社会経験の一部で、ネガティブな影響は少ない。しかし、社会人なら失敗は最小限にとどめ、充実した留学生活を[51]。もし社会人留学を望む人がいるなら、社会人としての経験を生かして、充実した留学生活をぜひ実現してほしい。

48

1　社会人になるために　　2　社会人だけの
3　社会人になってからも　　4　社会人にかぎって

49

1　らしい　　2　といった　　3　からには　　4　たびに

50

1　さらに　　2　やはり　　3　そこで　　4　もしくは

4회

51

1　送りたいものだ　　2　送るばかりだ
3　送るかのようだ　　4　送るわけではない

問題 10　次の(1)から(5)の文章を読んで、後の問いに対する答えとして最もよいものを、1・2・3・4から一つ選びなさい。

(1)

子ども向けサイトを運営しているサンライト株式会社は、小中学生を中心とした子どもたち1500人を対象に、お小遣いをもらっているか、お小遣いをもらう頻度や金額などについてアンケートを実施した。

調査によると、お小遣いをもらっている小中学生は80％で、ほとんどの子どもたちがお小遣いをもらっていることが分かった。お小遣い制度がある学生のうちの75％が「お小遣いを定期的にもらっている」と回答。次いで「お手伝いした時にもらっている」が10％、「必要な時だけもらっている」が8％であった。

また、お小遣いの金額については、約40%の小中学生が「501～1,000円」をもらっており、1ヶ月この金額で過ごすことは難しく、お小遣いの値段をあげてほしいとの声もあった。

お金の使い道については、第1位が「貯金」で約6割を占め、次いで「本・雑誌」「おかしやジュースなど」「文房具」という結果だった。

今年から食料品や日用品などさまざまな商品が値上げされたため、普段の買い物で値上げを実感している子どもたちが3割ほどいることもわかった。

52 この文章の内容に合うものはどれか。

1　必要な時だけお小遣いをもらっている学生は全体の1割にも満たない。

2　欲しいものを買うときはお小遣いと貯金を合わせて買う子どもが多い。

3　様々な商品が値上げされたため、子どもたちのお小遣いも上がった。

4　1,000円で1か月過ごすには難しいと感じている学生は、親に追加でもらっている。

(2)

きのう政府は、今年度の「輸出振興政策」の原案を発表した。日本企業の輸出力を回復するためには、高度なロボットを開発して工場などで活用することや、特定の分野で高い世界占有率を持つ中小企業への支援が必要だと強調している。

特に原案では、かつて日本企業が世界市場を席巻した「電気製品」の昨年の貿易黒字が10年前と比べると、約70％も減少したことに危機感を示した。スマートフォンや太陽光パネルなどが海外から大量に輸入されていることが原因だと分析した。日本企業の生産工場の海外移転などで、日本からの輸出が増えにくくなった構造の問題も指摘している。

さらに日本企業の輸出力の回復策としては、ロボットを工場に導入して生産効率の向上を図る必要性があると強調した。

53 「輸出振興政策」の原案の内容として正しくないものはどれか。

1　日本企業の未来のためにも、ロボット開発は欠かせない。

2　「電気製品」の貿易黒字幅の激減は日本経済にとって望ましくない。

3　生産工場の海外移転は、日本経済によくない影響を与えている。

4　生産効率を高めるためには、優秀な人材の確保が不可欠である。

(3)

よく行く近所のスーパーは、毎日タイムセールを行っている。タイムセールは毎日午後4時に日替わりで商品が割引になるのだが、このチャンスを逃さないようにといつもたくさんの人が並ぶ。

先日はたまごが割引になる日だった。先着順なので早くからお客さんが並ぶことは予想していたが、この日はいつも以上にお客さんがいっぱいだった。私はほかの買い物もあったので、30分前くらいにスーパーに到着したのだが、その時点ですでにかなりのお客さんが並んでいた。「最後尾(注1)はこちらです！」という店員さんの声を聞き、焦った私は、他の買い物は後回し(注2)にしてたまごをもらうために最後尾のほうへ向かった。続々とお客さんが並び、タイムセールが始まる前にはたまごを待つ人たちであふれていた。

やっとタイムセールが始まり、一人一パックずつ配られていく。棚に積んであるたまごのパックがどんどんなくなっていくのが見えていた私は、自分までもらえるか心配しながらも前に進んだ。そして、やっと私の番。たまごを受け取ったその時、「本日のタイムセールは終了です！」と店員さんの声が響いた。ギリギリだった。あと1分遅かったら、私まではもらえてなかっただろう。その日は何か大きなことをやり遂げた達成感で満たされた1日だった。

(注1)最後尾(さいごうび)：行列や、長くつながっているものなどのいちばん後
(注2)後回し：順番や優先順位をあとに遅らせること

54 この文章の内容に合うものはどれか。

1　このスーパーでは毎日たまごの割引セールが開催されている。
2　この人はタイムセールに並んだが、たまごを買えずに帰った。
3　このスーパーではたまごが割引の時だけお客さんがたくさん並ぶ。
4　この人の後ろに並んだ人は割引でたまごを買うことができなかった。

(4)

一般のレストランで提供するご飯の量は平均で約200g（336kcal）だが、大阪のある事務機器会社の社員食堂では、1回の食事で提供するご飯の量を、100gに抑え(注1)ている。その理由は、ご飯を100gにすることで、カロリーを過剰に摂取しないようにするためだと言っている。

はじめは「ちょっと足りない」と言う声も聞こえたが、同社の関係者は、ちょっと工夫すれば満腹感(注2)を感じることができると言っている。

まずは、メニューを定食スタイルにすること。ご飯やみそしる、多種多様な惣菜などで構成された定食スタイルにすることで、満足感を得ることができる。二つ目は、よくかんで、ゆっくり食べること。野菜を大きく切ったり、固めにゆでるなどの工夫をして、満腹感を感じやすくする。三つ目は塩分や調味料などを抑えること。味が濃いと、ご飯を食べすぎてしまうことがあるので、薄味で食材本来の味を楽しみながら食べる。

こうすれば、カロリーを抑えながらも腹持ちもよく、おかずとご飯をバランスよく食べることができるので、満足感もアップすると言っている。

(注1)抑える：ここでは、ある水準以上に高まらないようにする
(注2)満腹感：食物を十分摂取することによって生じる感覚

55 この文章の内容に合うものはどれか。

1　この会社の食堂で100gのご飯を提供するのには、経費の問題が背景にある。
2　この会社の食堂では、肉を提供して満腹感を与えようとしている。
3　この会社の食堂は、ご飯の量は少ないがさまざまな副食を提供している。
4　この会社の食堂では、社員各人でご飯の量を調整するようにしている。

4회

(5)

プロスポーツ選手として活躍している男性とオスのチンパンジーが腕相撲をすれば誰が勝つだろうか。チンパンジーのオスは、成長しても身長は約90cm、体重は約40kgしかなく、小学校低学年ぐらい。まさか人間が負けるかと思うだろうが、100%チンパンジーの勝ち。チンパンジーをはじめとするすべての霊長類は、非常に強い筋肉を持っていて、人間のパワーよりも2、3倍も強いからという。

人間が力が弱いのは、脳のために体力を犠牲にしたためだ。ゴリラの脳神経は約33億個、チンパンジーは28億個なのに対して、人間は約86億個の脳神経を持っているが、脳神経の数が多いほど、脳が大きく、エネルギーもたくさん費やすという。通常脊椎動物は、摂取カロリーの約2%のみ脳で使い、霊長類の場合、総エネルギーの9%を消費する。ところが、人間の脳は、摂取する総エネルギーの20%を消費してしまう。すなわち、人間の脳が発達すればするほど、人間の体力はますます弱まっていくということになる。

56 この文章の内容に合わないものはどれか。

1　霊長類の体力は、人間に比べ非常に優れている。

2　脳の大きさは、脳神経の数によって変わる。

3　人類は脳のために、体力の方はあきらめた。

4　脳のカロリーの消耗が激しいほど、パワーは強くなる。

問題 11　次の(1)から(3)の文章を読んで、後の問いに対する答えとして最もよいものを、1・2・3・4から一つ選びなさい。

(1)

「6時間睡眠を2週間続けると、2日連続で徹夜をした時の状態と同じ状態になる」ということを聞いたことがあるだろうか。

6時間睡眠と聞くと、「自分は他の人に比べて寝ている方だ」と感じる方が多いかと思うが、じつは知らず知らずのうちに2日徹夜した時と同じ状態に陥っている可能性があるのだ。

アメリカのペンシルベニア大学とワシントン大学がおこなった実験によってこのような①結果が導きだされた。実験内容は「普段7〜8時間の睡眠をとる48人の健康的な男女」を、「8時間睡眠を2週間続けるグループ」と、「6時間睡眠を2週間続けるグループ」に分け、彼らのたちの身体的、および精神的パフォーマンスをテストするというものだった。

このテストの結果、8時間睡眠のグループは、実験期間中、認知機能の低下や、注意力の減退、運動能力の低下は見られなかった。一方6時間睡眠のグループは、日に日にパフォーマンスが低下していき、2週間後には、連続2日間睡眠をとらなかった時と同じ程度まで低下していたのだ。

また、別の実験では、起床後15時間経過した脳の状態は“酒気帯び運転”と同じくらいに能力が低下している状態だということもわかった。つまり、朝6時に起きた人が9時から18時の定時の後、残業をして21時を過ぎるとお酒を飲んでいなくても、“酒気帯び運転”と同じ能力になってしまうというのだ。

これらの実験を見ると、会社での残業時間が、いかに効率が悪い時間ということが分かるのではないか。残業時間は極端にいうと、「酒気帯び運転」と同じパフォーマンスしかできない社員に割り増しをつけて給与を支払っているということになるのだ。社員たちの睡眠時間を確保し、無意味な残業コストを削減する意味でも、企業として長時間労働に②メスを入れる(注)必要があるように思う。

(注)メスを入れる：ここでは、問題を解決するために思い切った手段を取ること

57 ①結果の内容として正しいものはどれか。

1　２日連続で徹夜すると、仕事のパフォーマンス能力が低下してしまうということ

2　６時間睡眠を続けると日を追うごとに仕事のパフォーマンス能力が下がっていくということ

3　８時間睡眠をつづけると、脳が動かず、心と体の健康バランスが悪くなるということ

4　２週間６時間睡眠を続けると、人間は精神的に落ち込んだ状態になると言うこと

58 ②メスを入れる必要があるとあるが、企業は何をする必要があるのか。

1　社員の睡眠時間を確保するために、仕事の量を減らす。

2　仕事のパフォーマンスを下げないために、残業代を上げる。

3　長時間労働が当たり前の環境を見直す。

4　社員たちがいい仕事をするために健康管理のサポートをする。

59 この文章の内容に合うものはどれか。

1　残業は、飲酒運転と同じなので、残業時間を法的にしっかり決めた方が良い。

2　会社員たちは仕事の効率をあげるためにも８時間睡眠をとるべきである。

3　２日連続徹夜したら、当然注意力も減退するし、運動能力も低下する。

4　飲酒運転と同じパフォーマンスしかできない残業に払うお金は無意味だ。

(2)

日本の中高年のおじさん族の間で、静かにピアノのブームが始まっている。あるピアノ製造会社によると、同社が全国で開いている約120ヶ所のピアノ教室にここ数年、40、50代を中心に男性の入会者増加が目立っているという。特に一昨年秋からスタートした「大人のピアノ教室」は、最初約100人ほどしかいなかったおじさん族の会員が、昨年末は約1500人ぐらいに急増した。新規会員の半数が45歳以上の男性で、入会の順番待ちをする人も出るくらい。今月から通いはじめた54歳の大久保さんは、「僕たちの世代は、ピアノを習う余裕なんかなかったよ。でもピアノを弾く自分の姿を、若い時からずっと夢見ていた。その夢がこの年になってやっとかなった。」という。

おじさん族は、ピアノの基礎の練習から始まるのではなく、まず自分の好きな一曲をものにすることを目標にしている。「ピアノ自体を楽しめるレベルというには、まだ程遠い腕前ですよ」という会社員の川人さんは、ビリー・ジョエルの「ピアノ・マン」のマスターを目標にと今年1月から教室に通い始め、週２回のレッスンを受けている。いつまで続けるかわからないが、家族と周りの応援のおかげで、家でも毎日1時間の練習を欠かしたことがないという。レストラン経営の石川さんは、娘が結婚して弾き手のいなくなったピアノが家に残ったことがレッスンのきっかけだそうだ。仕事などでたまったストレスの解消にもなると言っている。

ピアノ教室の広報部は「中高年の世代には、ピアノをはじめ、楽器に対する憧れが潜んでいる。それに年を重ねるにつれて、金銭的に余裕ができて教室に通いはじめる人が多くなったのではないか」とブームの背景を分析している。

60 なぜ中年以上になってからピアノ教室に通うようになったと考えられるか。

1　もしこれ以上年をとったら、ピアノ教室に通えなくなると思ったから
2　順番待ちをするほど人気があるのを見て、自分も習いたくなったから
3　ピアノが弾けたらという思いがあって、経済的にも豊かになったから
4　せっかく家にピアノがあるのに、遊ばせるのはもったいないと思ったから

61 この文章の内容に合わないものはどれか。

1　このピアノブームは、中高年のおじさん族の夢の現われでもあると言える。
2　ピアノ教室の新規会員のほとんどは40、50代で、特に男性が多くなった。
3　ピアノ教室の新規会員に、おじさん族が増えはじめたのはここ数年である。
4　中高年という年齢からみて、やはり基礎過程からしっかり踏まえた方がいい。

(3)

ホテル宿泊客が、客室の使い捨て製品などを使用しなかった場合、ホテルがその分の金額を、環境保護団体に寄付する「森作り運動」が広がっている。

ホテルは、使い捨て製品などを大量に使用するため、環境に負荷をかける産業と批判されてきた。ところが最近、環境に配慮した社会への関心が高まり、宿泊客の意識も変化している。

①このような意識の変化から生まれたのが、この「森作り運動」で、ホテルで毎日、大量に使われている歯ブラシやかみそりなど、使い捨て製品の使用量を削減することにより、身近なところから「森作り運動」に貢献することを目的とする。自分の洗面用品などを使った客に、客室に置いた専用のカードやクーポンを出してもらい、寄付額を集計する②仕組みが多い。

福岡にある「ミレニアムホテル福岡」は、客室に「エコカード」を置く。使い捨て製品を使わなかった客に、カードをフロントに出してもらい、枚数に応じ、「森作り運動」協会に寄付する。ホテル側によると、出張のビジネスマンが「客室の洗面用品を使わなかったから」と、協力してくれることも多く、これまで約３４０万円を寄付した。

また「西急ホテルズ」は、全国の西急ブランドのホテルに、同様の「グリーンクーポン」を導入した。「森作り運動」協会を通じ、アジアの子どもが植える苗木の費用や、子どもを日本に招待して交流や見学をする費用などに充てている。

さらに寄付を組み込むプランもある。広島市の「ホテルHIROSHIMA」は、連泊した場合の客室の清掃を２日に１回に減らす代わり、通常料金の60％の「エコロジー連泊ステイ」を発売。宿泊客１人につき600円を「森作り運動」協会に寄付している。

近年、環境に配慮した持続可能な社会への関心が高まっており、このように宿泊客の意識もまた、「ぜいたくな楽」から「環境に優しくしたい」に変化していると見られる。

62 ①このような意識の変化とあるが、どのように変化したか。

1 日本で、使い捨て製品などの生産を増やさなくてはいけないと考えるようになった。
2 ホテルに限らず、生活の中で使い捨て製品を使わないことを心がけるようになった。
3 ホテルで、客室の洗面用品などの使用を許可してはいけないと思うようになった。
4 ホテルで消費される使い捨て製品は、ホテルが直接生産すべきだと思うようになった。

63 ②仕組みは、どのような仕組みか。

1 客室の洗面用品などを使った客が、客室に置いてあるクーポンなどを出し、ホテル側が合計して寄付する。
2 客が出した宿泊料の一部をホテルが「森作り運動」協会に寄付して、他の国の子どもとの交流などを図る。
3 ホテル宿泊客が、客室の洗面用品などを使用した場合、その分の金額をホテル代に足して請求する。
4 客室の洗面用品ではなく自分のを使った客が、専用のカードなどを出し、ホテル側が合計して寄付する。

64 この文章の内容に合うものはどれか。

1 「森作り運動」協会は、地域市民活動団体の協力と金銭的援助で運営されている。
2 「森作り運動」は、政府が主導的な役割を果たして定着でき、大きな成果を上げている。
3 「森作り運動」協会の活動は、日本国内だけのもので、海外での活動はまったくない。
4 「森作り運動」が根付いたのは、環境に対する人々の意識の変化によるところが大きい。

問題 12　次の文章は、「結婚式」に関する文章である。二つの文章を読んで、後の問いに対する答えとして、最もよいものを１・２・３・４から一つ選びなさい。

A

私は32才の男性で、来春結婚することになっている。しかし私は、婚姻届の提出だけにして結婚式、特に披露宴はしたくない。まず自分が見せ物にされるようで、お金ももったいない。そんなお金があれば、新婚生活に回して、家電や家具を揃えたり、将来子どものための資金に使いたい。

ところで私がもっとも嫌なのは、式に呼ぶ呼ばないで、友人関係がもつれることだ。人数の関係で友人を「線引」しなくてはならないことは、考えるだけでもつらくなる。式を挙げなければ、こんなに人間関係に気を使わなくて済む。

また手間と時間がかからない。周囲への報告という手間はかかるだろうが、結婚式のプランを立てるほどの大きな負担にはならない。

またこれは私の結婚観かもしれないが、私は結婚式をしたいのではなく、好きな女性と社会的、法律的に家族になって、ずっと一緒にいたいだけ。

ところが、親戚や職場の上司、友人などへのごあいさつなどが一度にできる結婚式という形もいいかなと思うこともある。

でも、結婚式や披露宴は、本当に必要かどうか、いまだに疑問に思っている。

B

費用など、金銭的問題で結婚式を挙げたくないという人も多いようだが、私は反対だ。

結婚式のメリットはまず、お互いの「価値観」がよくわかることだ。結婚式という大切な一日のために、１つずつ決めていくうちにお互いの価値観を理解する作業にもなると思う。お互いの価値観、考えを理解することは、時間がかかるかもしれないが、一緒に生きていく上で、とても大切なヒントとなることだろう。

そして、お互いの金銭感覚がよくわかるようになる。限りある予算の中で必要なものをしぼって手配し、どこにどのくらいの費用をかけるかは、お互いの金銭感覚がわかるのに役立つことだろう。お金の問題は結婚生活に常に付きまとうもの。結婚式の準備段階でお互いの金銭感覚をきちんと把握しておくことは、それだけ重要なことだと思える。

またあいさつが一度で済ませられること。案内状を送るという手間はかかるが、結婚式という儀式一つで、結婚したことを知らせることができる。

そして基本的に親というものは、自分の子供の結婚式を楽しみにしているもの。そんな意味で結婚式は、いわば一種の親孝行にもなると思う。

このように考えてみると、やはり結婚式は挙げた方がいいと思う。

65 AとBの文章に共通に触れられていることは何か。

1 結婚式は下手をすると、人間関係をややこしくするおそれがある。
2 披露宴は結婚式に欠かせない重要な行事で、友人は全員参加すべきだ。
3 結婚式の準備過程で、相手のことをもっとよくわかるきっかけになる。
4 結婚式を挙げることで、周りの人に手軽に結婚のあいさつができる。

66 AとBの内容として正しいのはどれか。

1 Aは基本的には結婚式を挙げることに賛成だが、結婚式の否定的な面も考慮している。
2 Bは基本的には結婚式を挙げることに賛成だが、結婚式の否定的な面も考慮している。
3 Aは基本的には結婚式を挙げることに反対だが、結婚式の肯定的な面も考慮している。
4 Bは基本的には結婚式を挙げることに反対だが、結婚式の肯定的な面も考慮している。

問題 13　次の文章を読んで、後の問いに対する答えとして最もよいものを、1・2・3・4から一つ選びなさい。

我が家のマンションの駐車場は20台駐車可能な機械式のパーキングだ。３階建である。

ある日、車を出そうとしたら、欧米系の旅行者らしき若い男性が、その立体駐車場の前で、カメラを構えていた。ちょっとびっくりした私は、「こんな立体駐車場の写真を撮って面白いのかな？」と思って、男性に近づいた。英語で「興味があるんですか？」と聞いたら、「はい、すごいですね！初めて見ました。」と英語で答えが反ってきた。男性の国はイギリスだそうで、「日本では、こんな駐車場がたくさんあるのですか？」と、さらに聞かれたので、「そうですね・・・？　土地が狭くて駐車スペースがとれない所は、こんな風に立体にして多くの車がおけるようにしていますが、すごくたくさんはないと思います」と答えた。

男性は、何枚か写真を撮ったあと、「他の立体駐車場も、見たい」と言って、立ち去った。「へぇー！　イギリス人には珍しんだな・・・。」と私は、思った。

かくいう私も、12，3年前に首都圏から関西のここ、奈良に来て、こんな立体駐車場を初めて見た。

初めは、車を入れるのも、出すのも、置いておくのも　怖かった。「途中で、止まったらどうしようか？」とか、「地震がきたらどうなるのか？」とか、「雨で、鉄が錆びたりしないのかな？」などと不安だった。

地震も、関西地方は、関東地方よりも圧倒的に少ないから、立体駐車場は関西の方が多いかもしれない。発明者は、大阪の方(かた)で、1929年に今の立体駐車場の原型が考案されたそうだが、そのころの日本は車の保有台数が少なく、この発明が現実化され始めたのは、1960年以降だそうだ。もう半世紀以上の歴史があるということだ。

最初、心配したが、メンテナンスも、2，3か月に1回ぐらいはしているようだし、12，3年の利用期間中に、トラブルは2～3回ぐらいだったと思う。緊急連絡先に電話をしても、修理に来てもらうまで、1時間半も2時間も待たなければならなかった。修理に時間がかかって、つくづく、急いでいる時は困るなと思った。

だが、日本のように狭い土地に多くの人が車を保有しているところには、うってつけの駐車場なのだなと感心してしまう。そして、外国人からみたら、「狭い国土を有効利用する素晴らしい技術」なのだろう。

67 イギリス人が「日本では、こんな駐車場はたくさんあるのですか？」と聞いた理由は何か。

1 自分の国では見たことがないし、車が落ちてきたら怖いと思ったから
2 自分の国でもあったが、外観が良くないので設置は禁止されたから
3 自分の国では見たことがないし、車は地上に止めるものだと思っていたから
4 自分の国で廃止された立体駐車場の写真をぜひ日本で撮りたかったから

68 筆者は、この駐車場の安全性に関して今はどのように感じているか。

1 地上に降りる途中で止まったり、故障が多いので怖いと感じている。
2 関西は関東に比べて地震が多いので、早急な安全対策が必要だと感じている。
3 故障などの修理に時間がかかる場合を除いて、安全なので感心している。
4 もちろん故障などの不都合はあるが、思ったより安全だと感じている。

69 筆者はこの駐車場が外人にとって素晴らしいのは何だと考えているか。

1 車の保有台数を補うため狭い土地を活用する日本人の知恵と技術
2 地震が多いのにも関わらず、駐車場を立体にする日本人の勇気
3 故障や事故が多いのにも関わらず、改善を続ける日本人の根気
4 地上よりも安全性の高い立体駐車場を設置する日本人の機械技術

問題 14　右のページは、中野小学校プール施設の開放の案内である。下の問いに対する答えとして、最もよいものを１・２・３・４から一つ選びなさい。

70　次のうち、中野小学校のプール施設を利用できない時間帯はどれか。

1　月曜日　午後3時から午後4時まで
2　水曜日　午後7時から午後8時まで
3　金曜日　午前11時から午後1時まで
4　土曜日　午後2時から午後3時まで

71　文章の内容として正しくないのはどれか。

1　事前に申し込む必要はなく、施設で個人情報を記入する。
2　小学3年生以下は一人でプールに入ることはできない。
3　熱中症予防のため、帽子は必ず持っていかなければならないい。
4　プールでの負傷をした場合は、学校側は責任をとってくれない。

中野小学校夏休みプールの開放

1.開放の目的：夏休み中、子どものたちの運動・活動場所となるよう小学校のプールを開放します。このプール開放は、学校で行う水泳指導とは異なり、教育委員会事務局が学校施設開放の一環として行うものです。

2.開放期間

夏休み期間、7月20日～8月31日までの朝9時から午後5時まで。

・土曜日は午前9時から午前11時30分まで、日曜日と祝日は開放しません。

・入場は終了時間の30分までとします。

・毎週水曜日は夜間開放として午後6時から午後9時まで開放します。

3.利用対象者：

市内に在住の幼児（3歳以上・おむつがとれていること）・小学生

・小学3年生以下は、入水可能な付き添いの高校生以上の保護者同伴時のみ、利用可能

・夜間開放は保護者の付き添いが可能な子どもたちに限ります。

4.利用方法

事前に申し込みする必要はありません。直接会場へお越しください。ただし会場に入る前、入口でお名前と連絡先を記入していただきます。

5.持ち物：水着、水泳帽(名前付きのもの)、ゴーグル、タオル、飲料水(熱中症防止のため)※貴重品は持ち込めません。※浮き輪は持ち込みが可能です。（大きな浮き具・ボールは不可）

6.使用料：無料

7.その他注意事項

・屋外プールのため、天候・気温により開放を中止する場合があります。

・混雑時には利用者の安全を確保するため、入場を規制する場合があります。

・熱中症予防のため、こまめな水分補給をお願いします。

・使用中の事故については、個人の責任とし、中野小学校はその責任を負いかねます。

N2

聴解

（55分）

注　意
Notes

1. 試験が始まるまで、この問題用紙を開けないでください。
Do not open this question booklet until the test begins.

2. この問題用紙を持って帰ることはできません。
Do not take this question booklet with you after the test.

3. 受験番号と名前を下の欄(らん)に、受験票と同じように書いてください。
Write your examinee registration number and name clearly in each box below as written on your test voucher.

4. この問題用紙は、全部で13ページあります。
This question booklet has 13 pages.

5. この問題用紙にメモをとってもかまいません。
You may make notes in this question booklet.

受験番号 Examinee Registration Number	

名 前 Name	

問題 1

問題 1 では、まず質問を聞いてください。それから話を聞いて、問題用紙の 1 から 4 の中から、最もよいものを一つ選んでください。

例

1　ホームページで児童書を検索する

2　ホームページで子供に読ませる本を検索する

3　子供も入館できる図書館を探す

4　子供が読める本がある図書館を探す

1番

1　地味で目立たないスーツスタイル

2　アクセサリーを少し足した黒いワンピース

3　昨日履いていたピンクのスカート

4　いつもと同じようなカジュアル服装

2番

1　彼女と会い、銀行で結婚費用を借りられる方法を相談する

2　彼女と会い、招待客を減らす方法を見つけ出す

3　両家が話し合い、招待客の人数などを事前に決める

4　両家が結婚費用の内訳を話し合う

3番

1　アプリ側の仕組みなので、エラーの解決はできない

2　アプリケーションの管理を行い、アプリをアップデートする

3　不足している容量を確保するため、新しくアプリを 設定する

4　組織の許可を得るためにアプリを再起動する

4番

1　今日の家事を終わらせてから、明日ロボットを買いに行く

2　毎日家事を手伝って、お小遣いをあげてもらう

3　週末だけ家事を手伝って、平日は何もしない

4　ロボットに頼るのはやめて、自分が家事をすべてする

5番

1　スーツにふさわしいゴージャス系のネックレス

2　職場の雰囲気を考えた、あまり華やかじゃないブレスレット

3　気分転換のためにつけられるネックレス

4　普段の気分を変えられるようなブレスレット

問題 2

問題 2 では、まず質問を聞いてください。そのあと、問題用紙のせんたくしを読んでください。読む時間があります。それから話を聞いて、問題用紙の 1 から 4 の中から、最もよいものを一つ選んでください。

例

1 材料は大きさを合わせて切ること

2 材料がそろった後に、はやく煮ること

3 野菜を先に炒めること

4 はやく済ませられるように材料をそろえること

4회

1番

1 価格の割に高級感に欠けるから

2 対象としている世代には高いから

3 他社のものよりデザインが劣るから

4 消費者は価格の安い製品を買うから

2番

1 商品は高目だが、種類が多いこと

2 オーナーが親切でハンサムなこと

3 商品が安くて、機能的なこと

4 他の客とも情報交換ができること

3番

1　面接で黙ってしまったから

2　面接中にお腹が痛くなったから

3　練習は十分したが、緊張しすぎたから

4　面接中に途中退席してしまったから

4番

1　他のことを考えるから

2　車酔いするから

3　人間観察するから

4　外の景色を見るから

5番

1　登録されている住所が違うから

2　注文された商品が売り切れたから

3　商品が返品されてしまったから

4　引っ越す日時が決まっていないから

6番

1　受取人の氏名や部屋番号が分からないから

2　差出人が受取人の部屋番号を書かないから

3　受取人側が郵便物の受け取りを断るから

4　差出人も受取人も個人情報を隠したがるから

問題3

問題3では、問題用紙に何もいんさつされていません。この問題は、全体としてどんな内容かを聞く問題です。話の前に質問はありません。まず話を聞いてください。それから、質問とせんたくしを聞いて、1から4の中から、最もよいものを一つ選んでください。

— メモ —

問題 4

問題４では、問題用紙に何もいんさつされていません。この問題は、まず文を聞いてください。それから、それに対する返事を聞いて、１から３の中から、最もよいものを一つ選んでください。

— メモ —

4회

問題 5

問題 5 では、長めの話を聞きます。この問題には練習はありません。

メモをとってもかまいません。

1 番、 2 番

問題用紙に何もいんさつされていません。まず話を聞いてください。それから、質問とせんたくしを聞いて、1 から 4 の中から、最もよいものを一つ選んでください。

— メモ —

3番

まず話を聞いてください。それから、二つの質問を聞いて、それぞれ問題用紙の1から4の中から、最もよいものを一つ選んでください。

質問1

1　Aプラン

2　Bプラン

3　Cプラン

4　Dプラン

質問2

1　Aプラン

2　Bプラン

3　Cプラン

4　Dプラン

실전모의고사 5회

N2

言語知識（文字・語彙・文法）・読解

（105分）

注意 Notes

1. 試験が始まるまで、この問題用紙を開けないでください。
   Do not open this question booklet until the test begins.
2. この問題用紙を持って帰ることはできません。
   Do not take this question booklet with you after the test.
3. 受験番号と名前を下の欄（らん）に、受験票と同じように書いてください。
   Write your examinee registration number and name clearly in each box below as written on your test voucher.
4. この問題用紙は、全部で31ページあります。
   This question booklet has 31 pages.
5. 問題には解答番号の 1 、 2 、 3 、… が付いています。解答は、解答用紙にある同じ番号のところにマークしてください。
   One of the row numbers 1, 2, 3 … is given for each question. Mark your answer in the same row of the answer sheet.

受験番号 Examinee Registration Number	

名前 Name	

問題1 ＿＿＿＿の言葉の読み方として最もよいものを、1・2・3・4から一つ選びなさい。

1 馬が走っているのを見るとすっきりした気分になる。これが競馬に夢中になる理由じゃないでしょうか。

1 むじゅう　2 むうじゅう　3 むちゅう　4 むうちゅう

2 貧困問題の解決のために、わたしたちにできることを考えてみよう。

1 ひこん　2 びこん　3 ひんこん　4 びんこん

3 不況で広告予算を削られた。

1 あたられた　2 けずられた　3 のこられた　4 さわられた

4 何かを決めるとき、他人の意見に左右されやすい。

1 ひだりみぎ　2 ざゆう　3 さゆう　4 さう

5 A国の経済発展は著しい。

1 あつかましい　2 ひとしい　3 なつかしい　4 いちじるしい

問題２　＿＿＿＿の言葉を漢字で書くとき、最もよいものを１・２・３・４から一つ選びなさい。

6 最近は育児に参加する男性もめずらしくない。

1　減しく　　2　細しく　　3　珍しく　　4　厳しく

7 展示会では作品にさわらないように気をつけてください。

1　障らない　　2　触らない　　3　拭らない　　4　投らない

8 彼はその主張をひていした。

1　不正　　2　不定　　3　否正　　4　否定

9 ほがらかな人の特徴は何ですか。

1　朗らかな　　2　明らかな　　3　喜らかな　　4　嬉らかな

10 このきょうそう社会で生き残るために、必要なリーダーシップとは何でしょうか。

1　脅浄　　2　脅争　　3　競浄　　4　競争

問題3 (　　　　)に入れるのに最もよいものを、1・2・3・4から一つ選びなさい。

11 スマホのタッチパネルが（　　　　）作動を起こした。

1 未　　2 非　　3 誤　　4 不

12 私の将来の夢は弁護（　　　　）になることです。

1 師　　2 士　　3 事　　4 司

13 政府は、来年度予算（　　　　）を決定した。

1 網　　2 期　　3 訳　　4 案

問題4 （　　　）に入れるのに最もよいものを、1・2・3・4から一つ選びなさい。

14 仕事ばかりの毎日を送っていたら、人生は（　　　）と思いがちだ。

1　手ごろだ　　2　単純だ　　3　退屈だ　　4　地味だ

15 彼の新作は、前作をはるかに超える内容に（　　　）。

1　しあがった　　2　うたがった　　3　つぶれた　　4　あらそった

16 （　　　）ですが、本題へ入らせていただきます。

1　わざと　　2　たいてい　　3　さっそく　　4　しばしば

17 空き部屋を（　　　）して書斎を作ろうとしている。

1　建築　　2　再建　　3　改造　　4　改装

18 ネクタイが（　　　）息苦しい。

1　きっかりして　　2　きっちりして　　3　するどくて　　4　きつくて

19 町を歩いていると、まったく（　　　）ところで楽しさを発見することがあります。

1　思い浮かぶ　　2　思い上がる　　3　思いつかない　　4　思いがけない

20 資料の（　　　）期限を守ってご利用ください。

1　返済　　2　返却　　3　返事　　4　返答

問題5 ＿＿＿＿の言葉に意味が最も近いものを、1・2・3・4から一つ選びなさい。

21 この書類は、部長に<u>じかに</u>渡してください。

1 あとで　2 そっと　3 全部　4 直接

22 朝から頭がずきんずきんする。<u>どうやら</u>風邪を引いたようだ。

1 どうしても　2 どうも　3 何とか　4 何とも

23 私は彼の姿を見て、<u>おきのどくだ</u>と思った。

1 かっこいい　2 なさけない　3 かわいそうだ　4 おそろしい

24 彼女は何でも<u>大げさに</u>言う癖がある。

1 過大に　2 過小に　3 穏やかに　4 おしゃれに

5회

25 田中さんは<u>かつて</u>長崎に住んでいた。

1 ずっと　2 以前　3 ちょっとだけ　4 確か

問題6　次の言葉の使い方として最もよいものを、１・２・３・４から一つ選びなさい。

26 解約

1 仕事で旅行に行けなくなり、ホテルの宿泊予約を解約した。

2 政府は、飲食店の営業制限を、段階的に解約する方針を明らかにした。

3 月々の保険料の支払いが困難になったため、保険の解約を考えている。

4 父の仕事は、機械や設備を解約して、清掃や部品交換などを行うことだ。

27 見込み

1 海外旅行に先立って、経費の見込みをしている。

2 この建物の屋上から見える見込みはまさにすばらしい。

3 お互いの意見が違い、来月までに合意することが困難な見込みとなった。

4 いきなり私の顔を見込みすると驚くでしょう。

28 見当

1 人間の活動によって、世界の海洋の40％以上が重大な見当を受けている。

2 今夜から明日にかけて九州は、雪となるところがある見当です。

3 今話したことは、あくまでも私の個人的な見当です。

4 今回の大地震による経済的被害は、まだ見当もつかないほどだ。

29 燃やす

1 肉を燃やしすぎて食べられなくなってしまった。

2 ここで木を燃やすことは禁じられている。

3 夏休みに海に行って太陽に燃やされて肌がひりひりする。

4 電車の時間に間に合いそうになくて心が燃やされている。

30 単なる

1 会社は、人材を単なる労働力ではなく、大切な資源として考えるべきである。

2 鈴木選手はファンや監督にとって、単なる存在になっている。

3 公的年金というのは、お金を集めて高齢者に配るという単なる構造だ。

4 医師不足問題は、政府が主導すればすぐに解消できるほど単なる問題ではない。

問題7　次の文の(　　　　)に入れるのに最もよいものを、1・2・3・4から一つ選びなさい。

31 5時間に及ぶ激しい議論（　　　　）、ようやく結論に達した。

1　に対して　　2　を含めて　　3　の末に　　4　をめぐって

32 A市は、駅前広場工事が（　　　　）、安全性が確保されているかどうかを確認すると発表した。

1　終わった以上　　2　終わらないからには

3　終わっていては　　4　終わり次第

33 理不尽な相手に言いたい文句、言える（　　　　）言ってみたい。

1　ことなら　　2　ものなら　　3　ことか　　4　ものか

34 国連は、A国は様々な問題を抱えており、再び外国からの援助に（　　　　）だろうと指摘した。

1　頼るわけにはいかない　　2　頼らざるを得ない

3　頼るわけがない　　4　頼らないに違いない

35 首相は記者会見で、「人道的な観点から、外国人に対する差別と権利の侵害を放置して（　　　　）」と述べた。

1　おくわけにはいかない　　2　おかずにはいられない

3　おくよりほかない　　4　おいてもかまわない

36 （　　　）、彼女は10種類の資格を持っているそうだ。

1　驚くことに　　2　驚いたことに

3　驚くばかりか　　4　驚いたばかりか

37 彼は最近休み（　　　）働いているので、疲れがたまるのは当然だ。

1　せずに　　2　せずには　　3　なしに　　4　なしには

38 昨日は、A高校のみなさんが職業体験学習のため、本社の工場見学に（　　　）。

1　お越しいたしました　　2　お越しさしあげました

3　お越しいただきました　　4　お越しくださいました

39 彼女は先日、彼氏の親に無理やり（　　　）落ち込んでいる。

1　別れて　　2　別れられて　　3　別れさせて　　4　別れさせられて

40 今後の努力（　　　）、目標の大学の合格も夢ではない。

1　従って　　2　の従って　　3　次第で　　4　の次第で

41 工事をしている（　　　）事故まで起こって、高速走路は大変混雑していた。

1　うえに　　2　うえで　　3　からには　　4　からでは

42 タバコは体に悪いと（　　　）、いやなことがあったらつい吸ってしまう。

1　思いつつある　　2　思いつつ

3　思いつつでも　　4　思いつつにも

問題8　次の文の＿＿★＿＿に入る最もよいものを、1・2・3・4から一つ選びなさい。

（問題例）

あそこで ＿＿＿＿ ＿＿＿＿ ＿＿★＿＿ ＿＿＿＿ は山田（やまだ）さんです。

1　テレビ　　2　見ている　　3　を　　4　人

（解答のしかた）

1　正しい文はこうです。

あそこで ＿＿＿＿ ＿＿＿＿ ＿＿★＿＿ ＿＿＿＿ は山田（やまだ）さんです。 1 テレビ　3 を　2 見ている　4 人

2　＿＿★＿＿ に入る番号を解答用紙にマークします。

（解答用紙）

（例）	①　●　③　④

---

43 まだ判断力がないと思い、＿＿＿＿ ＿＿＿＿ ＿＿＿＿ ＿＿★＿＿ とした。

1　我々は　　2　行かせ　　3　彼を　　4　まい

44 ＿＿＿＿ ＿＿＿＿ ＿＿★＿＿ ＿＿＿＿ でも楽しく観戦できる方法はないでしょうか。

1　スポーツ　　2　ルール　　3　知らない　　4　さえ

5회

45 今までどんなにがんばってきた ＿＿＿＿ ＿＿＿＿ ＿＿＿＿ ＿＿★＿＿ までだ。

1　それ　　2　ここで　　3　としても　　4　諦めれば

46 あしたテストなのに ＿＿＿＿ ＿＿＿＿ ＿＿★＿＿ ＿＿＿＿、夜中に目が覚めて、途方に暮れている。

1　まま　　2　眠ってしまい　　3　しない　　4　なんの準備も

47 社会の多様な問題は、対話を ＿＿＿＿ ＿＿＿＿ ＿＿★＿＿ ＿＿＿＿ 解決できないと思います。

1　始める　　2　しか　　3　よって　　4　ことに

問題9　次の文章を読んで、文章全体の内容を考えて、［48］から［51］の中に入る最もよいものを1・2・3・4から一つ選びなさい。

塩分は私たちの体にとって欠かせない成分の一つで、特に夏場など、大量に汗をかいた場合においては塩分の摂取が重要となる。しかし塩分のとり過ぎは、高血圧［48］さまざまな病気の原因になるため、注意が必要だ。［49］10年間の調査結果をみると、日本人の塩分摂取量は減少傾向にあるのは確かだが、世界保健機関では、成人1日当たり5g以下を勧めており、日本人は世界基準の約2倍も塩分を摂取していることが問題となっている。また年齢別にみた場合、最も塩分摂取量が多いのは男女共に60代だそうだ。

食事の塩分を減らすために、まずは普段の食事に含まれている塩分量を把握することから始めよう。食品表示ラベルに［50］栄養成分表示を確かめるなど、食品に含まれている塩分量を確認し、外食をする場合も、塩分の表示があれば確認してみよう。それから食卓のすぐ手が届くところに、塩やしょうゆなど、塩分が含まれる調味料を置かないことも塩分を減らすための第一歩となる。

このように、塩分を多く含む食品を避けることは、食事の塩分を減らす最も簡単な方法だ。塩分を多く含む食品には、漬け物や加工食品、ドレッシングなどがある。［51］ラーメンやうどんといっためん類も塩分を多く含んでいるので、めん類を食べる場合は、スープを残すことで塩分の摂取量を減らすことができる。

48

1　をめぐって　　2　をはじめとした

3　を問わず　　4　をきっかけに

49

1　この　　2　その　　3　あの　　4　どの

50

1　書いている　　2　書いてある

3　書かれておく　　4　書かれてある

51

1　その反面　　2　ところが　　3　つまり　　4　また

問題 10　次の(1)から(5)の文章を読んで、後の問いに対する答えとして最もよいものを、1・2・3・4から一つ選びなさい。

(1)

子供のころに身につく習慣のうち、一生続くものは読書の習慣だと思っている。もちろん、やはり子供だから漫画や童話などを好むのは当然だろう。ところが、漫画であれ童話であれ、とにかく活字の多い本を子供のときから読んで、読書の楽しみを知ることは、子供の知的発達の面から考えて大変望ましい。

もちろん精読(注1)や熟読(注2)も重要だが、子供のころはそれよりも、読む本のジャンルが様々な分野にわたっていることが最も重要だ。たとえば、偉人伝や科学技術、歴史、文学、政治など、常に様々な分野の本を次々と読んでいく。すると子供は読書に夢中になって、またそれが一生続くはずだ。

(注1)精読(せいどく)：細かいところまでていねいに読むこと
(注2)塾読(じゅくどく)：文章の意味をよく考えながらじっくり読むこと

52　この文章の内容に合うものはどれか。

1　子供のころについた習慣の多くは、大人になると要らなくなる。
2　子供のころの読書は、多岐にわたっているのが望ましい。
3　子供の読書は、まず本に夢中にならないと習慣になりかねる。
4　子供に漫画や童話などは、できるだけ読ませない方がいい。

(2)

営業部会のお知らせ

営業部員各位

いつもお世話になっております。営業本部長の佐藤です。新年度がスタートし、はや２週間が経ちました。各営業部に配属された新入社員もそろそろ社の雰囲気に慣れ、営業部としての新体制ができたころと思います。

そこで新年度の社の営業目標、営業部課ごとの戦略などについて会議を行います。顧客アポイントメントのない方は全員参加が原則ですので、必ず出席してください。（ただしやむを得ない事情により出席できない場合は前日までに各営業部長まで連絡しておくこと。）

日時：令和５年６月８日（木）午前１０時～

場所：本社１６階　大会議室

議題：① 新年度営業目標の決定　② 各営業課の営業戦略表　③ 新体制の問題点

※各営業部長は、前日まで企画書を下記メールあてに送信してください。

東横株式会社

営業本部長：佐藤　茂

E-mail: shigerusato@touyoko.co.jp

TEL: 03-1234-5566

53 このメールを受け取った人は何をしなければならないか。

1　本社16階の大会議室を手配しなければならない。

2　出席できない場合は、直接営業本部長に連絡しなければならない。

3　各営業部は営業戦略をまとめておかなければなければならない。

4　各営業部長は企画書を前日までに本部長に持っていかなければならない。

5회

(3)

野原や林などの野外で未就学児童を保育する「森の幼稚園」が全国各地で増えている。なかでも長野県は正式認定を受けるため本格的に動き始めている。長野県では、全国で最も多い16団体が活動しているという。「森の幼稚園」は、自然の中で幼児を思い切り遊ばせて、幼児の健全な成長を促すためのものだが、これまではほとんどの団体が認可外の活動だった。県の正式認可が得られることで、この活動はより活発になりそうだ。デンマークのお母さんが自分の子供と隣の子供を森の中で保育したのが始まりだと言われているこの「森の幼稚園」は、北欧やドイツなどに広まっており、デンマークやドイツ、韓国では行政が支援している。

54 この文章の内容に合うものはどれか。

1 日本ではまだ「森の幼稚園」に対する行政の支援が行われていない。

2 長野県ではすでに「森の幼稚園」に対する正式認可が下りている。

3 「森の幼稚園」の目的は、自然の大切さを伝えるためだ。

4 「森の幼稚園」は、もはや世界中に拡大し、根付いている。

(4)

東京にあるスカイ印刷は、本をパラパラめくるだけで電子書籍がつくれる装置を、A大と共同で開発したと発表した。この装置はページを破ることなく、1分間に約200ページが読み取れる。来年度の実用化を目指すという。

3年前、動画サイト「ユーチューブ」に公開された試作品を、たまたまスカイ印刷の研究者が見つけ、共同開発を提案して研究が始まった。本のページは機械が自動でめくる。特殊カメラで、ページがめくれるときに生じる紙の形を認識し、撮影する。即座に補正処理し、記録する。

約2年間にわたる共同開発で、画像の精度が5倍ほど高まり、絵や写真でも原本通りに認識できるようになった。開発した機械は「オートYOMI」と名づけられ、昨年11月に横浜で開かれた図書館総合展フォーラムではじめて公開された。まずは来年度、スカイ印刷の工場内に導入し、図書館や研究機関の蔵書を電子書籍化するサービスに使う。これまで本すべてを印刷するには手間と時間がかかったが、この装置なら短時間で電子化できる。

55 この文章の内容に合うものはどれか。

1 オートYOMIはスカイ印刷の単独開発によって作られた。

2 オートYOMIは10分間で約500ページぐらい読み取れる。

3 オートYOMIで印刷にかかる手間と時間を省けそうだ。

4 オートYOMIは今年度中に一般ユーザーに公開される。

(5)

「人間関係というのは濃さや深さが大事だ」と思っている人は少なくないだろう。しかし、人間関係というのは表面上の付き合いでも十分だとある精神科医は言う。

もちろん、濃密な人間関係を否定するわけではないが、現実的に職場の人や近所の人とそんなに深く付き合いができるものではない。付き合うことの労力を考えれば、どうしても表面上の付き合いにならざるを得ないのだ。

カナダのある大学の研究チームは、２００名を超える学生に授業前後にクラスの人とどのくらいおしゃべりするかを記録しておくように伝え、それによりどのくらい幸せを感じるのかを実験した。

その結果、講義の前後に少しクラスメートとおしゃべりするだけでも、幸せを感じることが分かった。親友でもなく、深い関係でもない表面上の人とでも、私たちの幸福感は高まり、それなりに幸せを感じられるのだ。

親しく付き合う友人がいないからといって悲しむ必要はない。また、長く話す必要もなければ相談に乗る必要もない。顔見知りの人に会ったら、あいさつをするだけで充分なのだ。

56 この文章の内容に合わないものはどれか。

1 人間関係は深く付き合うことが重要だというわけではない。

2 うわべだけの付き合いでも人間は幸せを感じられる。

3 顔見知りの人に挨拶するだけでも、人間関係は十分成り立つ。

4 友人とは無理してでも毎日話したほうがいい。

問題 11　次の(1)から(3)の文章を読んで、後の問いに対する答えとして最もよいものを、1・2・3・4から一つ選びなさい。

(1)

日本の町中どこでも見かけることができる猫は、日本人にはもっとも親しまれている動物である。「招き猫」は、前足を挙げて人を呼ぶ猫という意味で幸運を象徴する。また、日本で人気のあるお守りの一つに、猫のキャラクター「ハローキティ」が描かれたものがある。これは、日本人の間で縁起の良いことや運が向いてくることを象徴するお守りとされている。

このように猫に対する愛の格別な日本に、人よりも猫の方が多い「猫の島」がある。日本の本州北東部、太平洋に面した田代島の住民の数は約60人余り。平均年齢は65歳であり、ほとんど漁業に従事している。この島が本来の名前よりも「猫の島」で知られているのは、この島に住んでいる猫の数が数百匹に達するからである。住民の数よりも猫の数がはるかに多いわけである。

もともと田代島の住民の多くは、カイコを育て、絹を織る仕事に携わっていたが、ねずみによる被害が絶えなかった。それでねずみからカイコを守るために住民たちは猫を島に持ち込んだ。ところが、カイコ産業は衰退しはじめ、多くの住民が島を離れ、人口は急激に減ったが、住民の手が届かなくなった猫の数だけは爆発的に増加した。

それでも、地元の住民たちは猫の世話をし続け、エサも与えてきた。それは島に幸運がめぐってくると信じていたからである。半径11km程度に過ぎない小さな島だが、猫のための神社が10カ所もあるのもそのためである。

現在この猫の島は、このようなユニークな環境のために観光地として脚光を浴びているが、この島に入るのに絶対守らなければならないルールが一つだけある。それは、猫を刺激するおそれがあるため、絶対この島に犬は持ち込むことはできないことである。

57 田代島が「猫の島」と呼ばれるようになったのはなぜか。

1 猫のための神社が多く、お守りとしても住民に人気があるため

2 人に世話してもらっている猫の方が、住民の数を超えているため

3 この島の住民の多くは、猫がこの島を守ってくれると信じているため

4 この島で猫の人気キャラクターが発生したため

58 田代島に猫が入ってくるようになった理由は何か。

1 住民の中に猫の好きな人が多かったため

2 住民のほとんどがこの島を離れるようになって寂しくなったため

3 一時的ではあるが、猫のキャラクターがブームになったため

4 住民の生計を立てるために、猫の存在が必要になったため

59 この文章の内容に合うものはどれか。

1 田代島の住民には高齢者が多く、多くは漁業に従事している。

2 田代島のカイコ産業は、今も盛んである。

3 田代島では、猫以外のどんな動物も飼うことができない

4 田代島の住民のほとんどは、カイコ産業に携わっている。

(2)

最近、医療現場での人手不足が浮き彫りになっている。専門的な国家資格－たとえば、看護士や介護士など－を持ちながら、結婚や出産などで離職せざるを得ない女性は多いためだ。こうした「潜在有資格者」の復職を促す支援が活発だが、労働環境の整備などの課題も多く、復職はそう簡単ではない。

復職の一番の難題はやはり空白期間。特に看護士の場合は医療現場の変化が激しいため、ブランクが長くなるほど、看護技術や知識を忘れてしまい、新しいものについていけるか不安になり、①復職への自信がなくなるという。

そこで東京都看護協会は、「潜在看護師」向けの無料研修を主催し、看護の最新看護技術の教育や病院実習を実施している。自治体や病院が独自に主催する研修もあるが、受講生のうち約４割以上が研修後に再就職に成功したという。

また労働条件で復職できない例も多い。「子育てと両立できる就職先」が第一の条件であるが、これがなかなか②大変だ。たとえば、パートでもいいから子供が保育園や幼稚園に行っている時間だけ働きたいという母親が多いが、企業側は早朝や夜も働ける人を募集しているところがほとんど。東京都は、「フレックスタイム制を取り入れるなどして、パート勤務を希望する人も採用してほしい」と企業側に求めている。

それに賃金の問題も大きい。特に介護や医療、保育の分野では、「仕事がきつい割には給料が安い」という声が聞こえる。そのため、専門的な資格を持ちながらも、待遇のことで資格とまったく関係のない仕事に就く人も多い。社会から必要とされる仕事だが、やりがいや犠牲だけに頼るのは限界がある。待遇改善が不可欠になるわけだ。もっと柔軟な働き方ができれば、離職者の減少はもとより、再就職もしやすくなり、ひいては日本の人手不足問題解決にもつながると思える。

60 ①復職への自信がなくなるというとあるが、その理由と考えられるものはどれか。

1　長期間休んだあとの再就職は、非常に難しいため
2　子供を育てている女性の再就職は、非常に難しいため
3　医療現場の仕事が、どれだけきついかよく知っているため
4　離職の間、さまざまな最新看護技術などができたため

61 ②大変とあるが、どうしてか。

1　働く時間を自由に決めたいが、思いどおりにいかないので
2　企業側は、24時間働ける人だけを募集しているので
3　子育てをしている女性が、再就職するのは困難であるので
4　日本の社会は、まだ男女平等が実現されていないので

5회

62 この文章の内容に合わないものはどれか。

1　せっかく国家資格をとったのに、遊ばせている人が多いようである。
2　専門的な国家資格を持っている人は、その分野の仕事にしか就けない。
3　離職した女性の復職を促す背景には、人手不足の問題があるようである。
4　仕事がきついのに、それに見合った報酬を受け取れないのも問題である。

(3)

夏になると、私たちの頭を悩ますのが蚊の存在だ。蚊に刺されるだけならまだ我慢できても、そのあとにかゆくなり、大きく腫れると、不快でならない。虫よけ対策をしていたとしても、どこからかやってきて毎年体のどこか一部分を必ず刺し、その存在をアピールする。

しかし、近年温暖化のせいで、４０度近くまで気温が上がり、人間だけではなく蚊も暑さにやられてしまっているようなのだ。都市ではもうめったに見なくなったといってもいい。蚊は２５度から２８度ぐらいが適温だが、３０度を超えると暑くて活動できないのだそうだ。

また、ある日の新聞記事では、遺伝子組み換えだけで蚊を絶滅させられる方法を開発したと書かれていた。「致死遺伝子」を組み込んだオスを大量に放ち、このオスと交尾したメスが産んだ卵は、この遺伝子の影響で成虫になる前に死ぬという仕組みだ。これによりいずれは蚊という存在自体を駆除(注)できるそうなのだ。

このような状況により蚊の居場所がなくなってきている。人間の立場からすると害虫以外の何ものでもないため、ありがたいとさえ思う状況だが、実は蚊がいなくなってしまうと生態系に大きな影響が出るという。人間からすると血を吸われて嫌な蚊であっても、他の生物にとってはエサとなるため、必要な存在なのだ。

その点、昔は蚊にとっては天国だった。川が多く、繁殖する場所には困らないし、森や木も多かったため気温も２５度程度、人間の肌も適度に露出しており、蚊にとっては過ごしやすい環境だった。

蚊に限らず昔は虫が多かった。虫と共存する生活だったといっても過言ではない。最近はあまり見ないからかえって嫌悪感が強いのではないだろうか。 温暖化が進みすぎて虫も住めない国になってしまったら、人間も住めなくなるような気がする。うちわや打ち水で暑さをしのぐような風情ある夏はもう来ないであろう。

最近、ジカ熱やデング熱のウイルスを媒介する蚊のことで人類の安全が脅かされているというのに、地球の生態系や環境のために蚊の存在が必要だというのは、まさに滑稽としか言いようがない。

(注)駆除：害虫などを退治すること

63 ①<u>新聞記事</u>とあるが、どんな記事だったのか。

1 温暖化が深刻で、蚊も人間も住みにくくなってきているという記事
2 遺伝子組み換えにより、蚊を絶滅させられるという記事
3 都市では蚊を絶滅させるための取り組みが行われているという記事
4 遺伝子組み換えした蚊を放つことで、蚊に限らず虫が増えてきているという記事

64 この文章の内容に合うものはどれか。

1 遺伝子組み換えされた蚊のオスは寿命が短いため、蚊の増加を防ぐことができるようだ。
2 昔は人間も虫も過ごしやすく、互いに共存する生活だったため、人間が虫を嫌がることが全くなかった。
3 人間からすると嫌悪感しかない存在でも、生態系のバランスのためには欠かせない存在のようだ。
4 もし蚊が絶滅しても生態系に及ぼす影響はなく、むしろ人間にとっては快適に過ごせるようになる。

問題 12　次の文章は、「動物園の存続」に関する文章である。二つの文章を読んで、後の問いに対する答えとして、最もよいものを1・2・3・4から一つ選びなさい。

A

私は動物園はやはり存続させるべきだと思う。

動物園はただ、動物を見せるためにあるわけではない。動物の行動や生活ぶりなどを多くの人が見て考える場所で、特に子供たちにとってはもっと意味のある場所だと思う。

また人間は、環境破壊や乱獲などといった、人間のせいで犠牲となった動物を保護し、あとの世代に残していく義務も担っていると思う。実際、外国には乱獲や森林伐採により親をなくした動物の保護施設もあるし、日本にも佐渡に、トキの野生復活のために設けられたセンターがある。最近は一般動物園でも、絶滅の危機に立たされる動物を展示、保護、繁殖を行い、その種の存続のための研究などを行っている。

よく「動物がかわいそう」という人もいるが、動物園の動物のほとんどは動物園生まれ動物園育ちだ。そのまま野生に帰したところで、野生になじめず、エサもろくにとれないだろう。また野生に帰すにはその数が少なすぎるし、環境破壊による生息地の減少や天敵など、多くの問題を抱えている。人間によってその存続を脅かされている動物を保護し、その大切さやすばらしさを多くの人に知ってもらうためにも、やはり動物園の存在は欠かせないと思う。

B

そもそも動物園の存在する理由とは何だろうか。まず子供をはじめ、多くの人に動物を見てもらうことだというが、ただ見せるだけなら、映像でも十分なはずだ。つまり現在の動物園は、この存在の一番の意義を果たしていないので廃止して当然だと思う。

また今では、動物園で生まれた動物も多いが、その親は野生で捕まえてきた動物だ。そこまでして動物を見せる意味があるだろうか？ やはり動物の居場所は自然の中ではないか？ そんなことをするよりは、絶滅の恐れのある動物を保護する目的の場所を提供した方がいいと思う。

さらに動物の一般大衆への公開や長距離の移動などは、動物に過度なストレスを与えかねない。実際、長距離移動で衰弱死したというニュースを耳にしたこともある。また、生活環境が変わることによってもたらされる動物のストレスや被害なども無視できない。

このように動物園は、人間の利己心で多くの動物に大きな負担をかけながら運営されているところだ。つまり動物園は、その存在自体がまさに動物虐待なので、全世界的に廃止すべきだと思う。動物に大きな負荷をかけてまで、人間のためだけに動物園を存続させる必要はないのだ。

65 「動物園」に対するAとBの主張として正しいのはどれか。 **5회**

1 Aは、「動物園」が必要になったのは、あくまでも人間のせいだと述べている。

2 Aは、人間は動物のために、野生適応訓練を行うべきだと述べている。

3 Bは、映像で見るより、「動物園」で本物の動物を見た方がいいと述べている。

4 Bは、「動物園」の運営はかなり厳しくなり、当然廃止すべきだと述べている。

66 AとBの内容として正しいのはどれか。

1 AもBも、絶滅の危機に立たされている動物のことを心配しているようだ。

2 AもBも、野生に適応できない動物のために「動物園」が必要だと言っている。

3 AもBも、動物は動物らしく、自然の中で生きるべきだと考えているようだ。

4 AもBも、感情的にならず、冷静に「動物園」の存続を考えてほしいと言っている。

問題 13　次の文章を読んで、後の問いに対する答えとして最もよいものを、1・2・3・4から一つ選びなさい。

今、世の中は自己啓発ブームとなっている。様々な要因で著しく変化していく社会において、「このままでいいのだろうか？」と不安に感じる人が増えていることが原因の1つだ。

自己啓発とは、勉強や訓練、講師からの指導によって、能力開発をしたり精神的な成長・向上を目標とすることを指す。具体的には、自己啓発本を読むことやセミナーへの参加、講師からの指導をうけるコーチングなどがあるが、自己啓発で最も重要なのは学ぶ姿勢だ。誰かに勉強を押し付けられたり、無理やり教えられたりしても、それは自己啓発とは呼べない。大切なのは自ら学ぶ姿勢であり、自分から成長したいと望み、そのために自分から学ぶ意欲をもって取り組むことが自己啓発といえる。

最近ではビジネスの世界でも自己啓発が注目され、企業は金銭的な支援を行い、従業員に自己啓発をさせている。なぜなら、環境が大きく変化し、先の予測できない状態が長く続いているからだ。能力やスキルがあっても、変化が激しい中ではいつ役立たなくなってしまうかわからない。そのため、従業員には常に継続して学び続けてもらう必要がある。それも意欲的に学んでもらうことが重要になるため、自己啓発の支援を行っているのだ。

自己啓発の効果を高めるにはまず、自分が達成したい目標を明確にすることが重要だ。進むべき方向があやふやなまま自己啓発をしたとしても、遠回りをしたり寄り道をしてしまい、効率が悪い。また、自己啓発の方法として、書籍を読んだりセミナーに参加することもあるが、いろんな方法を試して、自分に合うものを見つけることが重要だ。

しかし最も重要なのは、毎日継続して自己啓発に取り組むことだ。「継続は力なり」という言葉があるが、毎日習慣的に行うことで、能力が身に付き、自己の成長につながるのだ。

自己啓発はあなたの可能性を引き出すための効果的な方法だ。また、企業は常に優秀な人材を求めており、環境の変化に対応できなければ仕事で活躍することはできない。 だからこそ、自己啓発により自分の能力を伸ばし、最大限まで活用して行く必要があるのだ。

67 今の世の中は自己啓発ブームとなっているとあるが、なぜか。

1 自己啓発をサポートしてくれる会社が増えているから

2 変わりつつ社会の中で不安を感じる人が多くなっているから

3 自分の能力を伸ばし、成功させることで、会社での評価が上がるから

4 自己啓発をしなければ、会社での存在価値がなくなるから

68 筆者の考える自己啓発で大切なことは何だと言っているか。

1 成長したいと望み、自ら意欲を持って取り組もうとする姿勢

2 自己啓発の専門講師からの指導をしっかり聞く姿勢

3 能力を開発のために勉強会やセミナーなどに欠かさず参加する姿勢

4 時代とともに変化が大きい社会に対応していく姿勢

69 筆者は自己啓発の効果を高めるために最も重要なことは何だと考えているか。

1 自分が達成したい目標をはっきりさせること

2 本を読んだり、セミナーに参加したりして情報を得ること

3 途中でやめることなく、毎日続けて取り組むこと

4 自己啓発の専門家からやり方を学ぶこと

問題 14　右のページは、さくら市の休日保育サービス案内である。下の問いに対する答えとして、最もよいものを1・2・3・4から一つ選びなさい。

70　由美ちゃんの母親は、4月5日からさくら市の休日サービスを受けようとしている。いつから登録・申し込みができるか。

1　3月5日から
2　3月10日から
3　3月15日から
4　3月20日から

71　文章の内容として正しいのはどれか。

1　子供が3人以上でないと、このサービスが受けられない。
2　満11か月の子供は、このサービスが利用できない。
3　このサービスでは、平日も子供を預かってくれる。
4　保護者負担金は、クレジットカードでも支払える。

さくら市の休日保育サービス案内

1.さくら市の休日保育事業

さくら市では、保護者の就労、病気、けが、リフレッシュ等により、土日と祝日にご家庭で保育できない場合に、保育園でお子さんをお預かりします。

2.利用できる児童：次の1から3のすべての要件を満たす児童

①満1歳から就学前までの児童

②健康で集団保育が可能な児童

③さくら市内在住の児童

3.休日保育実施施設

実施施設	所在地	電話番号	定員	対象児童
さくら保育園	さくら町7-12	012-345-6789	30名	満１歳から

4.利用日および利用時間：1月4日から12月28日までの土日と祝日 ／ 午前7時00分から午後7時30分まで

(保育時間は就労時間+通勤時間を原則とします)

5.保護者負担金：1日につき3,000円

(注)申込み時に現金でお支払いください。なお、お支払いいただいた負担金は、お返しできません。

6.申し込み・登録

申込書に必要事項を記入し、利用日の1か月前から前日までに申し込みをしてください。

また、事前に登録が必要です。児童登録カードにご記入の上、さくら保育園にお子さんの健康保険証・乳幼児医療証（お持ちの方）のコピーと母子健康手帳をご持参ください。

7.受付時間：さくら保育園 午前9時30分から午後5時まで（平日のみ）

N2

聴解

(55分)

注 Notes 意

1. 試験が始まるまで、この問題用紙を開けないでください。
Do not open this question booklet until the test begins.

2. この問題用紙を持って帰ることはできません。
Do not take this question booklet with you after the test.

3. 受験番号と名前を下の欄(らん)に、受験票と同じように書いてください。
Write your examinee registration number and name clearly in each box below as written on your test voucher.

4. この問題用紙は、全部で13ページあります。
This question booklet has 13 pages.

5. この問題用紙にメモをとってもかまいません。
You may make notes in this question booklet.

受験番号 Examinee Registration Number	

名 前 Name	

問題 1

問題 1 では、まず質問を聞いてください。それから話を聞いて、問題用紙の 1 から 4 の中から、最もよいものを一つ選んでください。

例

1　ホームページで児童書を検索する

2　ホームページで子供に読ませる本を検索する

3　子供も入館できる図書館を探す

4　子供が読める本がある図書館を探す

1番

1　フライパンで野菜を炒める

2　肉と野菜を混ぜ合わせる

3　料理に使う野菜を切る

4　肉を丸めて形を作る

2番

1　正規雇用になるまで、家族の理解を求める

2　正式な社員になるまで、もうしばらくフリーターの生活を楽しむ

3　常勤の社員になるまで、支出が多くならないように節約する

4　家族に心配かけないように派遣社員として努力する

3番

1 鈴木さんに連絡して、ライブのチケットを送ってもらう

2 鈴木さんに電話して、ライブ会場の場所をきく

3 鈴木さんと連絡が取れるまで電話をし続ける

4 ネットでチケットの再発行ができるか調べる

5회

4番

1 物に執着する習慣を直し、要らないものは捨てる

2 物にこだわらないで、これからは何かを購入するとき、自分に本当に必要なものかよく考える

3 要らない物にお金を使うのをやめ、これからも部屋を片付ける

4 何を捨て、何を残すか分かるまで、処分してみる

5番

1　離乳食

2　肉が入ったパスタ

3　とりのから揚げ

4　スープ

問題 2

問題 2 では、まず質問を聞いてください。そのあと、問題用紙のせんたくしを読んでください。読む時間があります。それから話を聞いて、問題用紙の 1 から 4 の中から、最もよいものを一つ選んでください。

例

1 材料は大きさを合わせて切ること

2 材料がそろった後に、はやく煮ること

3 野菜を先に炒めること

4 はやく済ませられるように材料をそろえること

1番

1　何をするにも、お金がかかるから

2　お金があれば、何でも買えるから

3　生活するのに、お金がかかるから

4　お金があれば、働かなくてもいいから

2番

1　健康的な体になりたいから

2　新しいズボンを買いたいから

3　ズボンがはけなくなったから

4　女の人にもてたいから

3番

1　賞味期限が切れていたから

2　全商品にカビの発生が確認されたから

3　消費期限が切れていたから

4　一部の商品にカビが発生していたから

4番

1　クーポンがもらえるから

2　店員の態度がよくなかったから

3　料理がおいしかったから

4　店員がしっかり謝罪してくれたから

5番

1　ペットを飼い始めたため

2　朝寝坊しないようにするため

3　健康のために運動するため

4　早起きを習慣にするため

6番

1　接客が多く、集中できないため

2　パソコンの調子が悪いため

3　体の調子が悪く、疲れているため

4　他の仕事も頼まれているため

問題3

問題3では、問題用紙に何もいんさつされていません。この問題は、全体としてどんな内容かを聞く問題です。話の前に質問はありません。まず話を聞いてください。それから、質問とせんたくしを聞いて、１から４の中から、最もよいものを一つ選んでください。

― メモ ―

問題 4

問題４では、問題用紙に何もいんさつされていません。この問題は、まず文を聞いてください。それから、それに対する返事を聞いて、１から３の中から、最もよいものを一つ選んでください。

― メモ ―

問題5

問題5では、長めの話を聞きます。この問題には練習はありません。

メモをとってもかまいません。

1番、2番

問題用紙に何もいんさつされていません。まず話を聞いてください。それから、質問とせんたくしを聞いて、1から4の中から、最もよいものを一つ選んでください。

— メモ —

3番

まず話を聞いてください。それから、二つの質問を聞いて、それぞれ問題用紙の1から4の中から、最もよいものを一つ選んでください。

質問1

1　内科

2　耳鼻咽喉科

3　消化器内科

4　外科

質問2

1　内科

2　耳鼻咽喉科

3　消化器内科

4　外科

memo

절취선

N2 第１回 日本語能力試験 模擬テスト 解答用紙

言語知識(文字・語彙・文法)・読解

受験番号 Examinee Registration Number	

名前 Name	

〈ちゅうい Notes〉

1. くろいえんぴつ (HB、No.2) でかいてください。(ぺんやボールペンではかかないでください。)
   Use a black medium soft (HB or No.2) pencil.
   (Do not use any kind of pen.)
2. かきなおすときは、けしゴムできれいにけしてください。
   Erase any unintended marks completely.
3. きたなくしたり、おったりしないでください。
   Do not soil or bend this sheet.
4. マークれい　Marking Examples

よいれい Correct Example	わるいれい Incorrect Examples
●	⊗ ◯ ◯ ⓪ ◯ ◯ ●

問題 1				
1	①	②	③	④
2	①	②	③	④
3	①	②	③	④
4	①	②	③	④
5	①	②	③	④
問題 2				
6	①	②	③	④
7	①	②	③	④
8	①	②	③	④
9	①	②	③	④
10	①	②	③	④
問題 3				
11	①	②	③	④
12	①	②	③	④
13	①	②	③	④
問題 4				
14	①	②	③	④
15	①	②	③	④
16	①	②	③	④
17	①	②	③	④
18	①	②	③	④
19	①	②	③	④
20	①	②	③	④

問題 5				
21	①	②	③	④
22	①	②	③	④
23	①	②	③	④
24	①	②	③	④
25	①	②	③	④
問題 6				
26	①	②	③	④
27	①	②	③	④
28	①	②	③	④
29	①	②	③	④
30	①	②	③	④
問題 7				
31	①	②	③	④
32	①	②	③	④
33	①	②	③	④
34	①	②	③	④
35	①	②	③	④
36	①	②	③	④
37	①	②	③	④
38	①	②	③	④
39	①	②	③	④
40	①	②	③	④
41	①	②	③	④
42	①	②	③	④

問題 8				
43	①	②	③	④
44	①	②	③	④
45	①	②	③	④
46	①	②	③	④
47	①	②	③	④
問題 9				
48	①	②	③	④
49	①	②	③	④
50	①	②	③	④
51	①	②	③	④
問題 10				
52	①	②	③	④
53	①	②	③	④
54	①	②	③	④
55	①	②	③	④
56	①	②	③	④

問題 11				
57	①	②	③	④
58	①	②	③	④
59	①	②	③	④
60	①	②	③	④
61	①	②	③	④
62	①	②	③	④
63	①	②	③	④
64	①	②	③	④
問題 12				
65	①	②	③	④
66	①	②	③	④
問題 13				
67	①	②	③	④
68	①	②	③	④
69	①	②	③	④
問題 14				
70	①	②	③	④
71	①	②	③	④

N2 第1回 日本語能力試験 模擬テスト 解答用紙

聴解

受験番号 Examinee Registration Number	

名前 Name	

〈ちゅうい Notes〉

1. くろいえんぴつ（HB、No.2）でかいてください。（ぺんやボールペンではかかないでください。）
   Use a black medium soft（HB or No.2）pencil.
   (Do not use any kind of pen.)
2. かきなおすときは、けしゴムできれいにけしてください。
   Erase any unintended marks completely.
3. きたなくしたり、おったりしないでください。
   Do not soil or bend this sheet.
4. マークれい Marking Examples

よいれい Correct Example	わるいれい Incorrect Examples
●	⊗ ◎ ⊘ ⓪ ⊖ ◐ ●

問題 1				
例	①	②	③	●
1	①	②	③	④
2	①	②	③	④
3	①	②	③	④
4	①	②	③	④
5	①	②	③	④

問題 2				
例	●	②	③	④
1	①	②	③	④
2	①	②	③	④
3	①	②	③	④
4	①	②	③	④
5	①	②	③	④
6	①	②	③	④

問題 3				
例	①	●	③	④
1	①	②	③	④
2	①	②	③	④
3	①	②	③	④
4	①	②	③	④
5	①	②	③	④

問題 4			
例	①	②	●
1	①	②	③
2	①	②	③
3	①	②	③
4	①	②	③
5	①	②	③
6	①	②	③
7	①	②	③
8	①	②	③
9	①	②	③
10	①	②	③
11	①	②	③

問題 5					
1		①	②	③	④
2		①	②	③	④
3	(1)	①	②	③	④
	(2)	①	②	③	④

절취선

N2 第２回 日本語能力試験 模擬テスト 解答用紙

言語知識(文字・語彙・文法)・読解

受験番号 Examinee Registration Number	

名前 Name	

〈ちゅうい Notes〉

1. くろいえんぴつ（HB、No.2）でかいてください。（ぺんやボールペンではかかないでください。）
   Use a black medium soft (HB or No.2) pencil.
   (Do not use any kind of pen.)
2. かきなおすときは、けしゴムできれいにけしてください。
   Erase any unintended marks completely.
3. きたなくしたり、おったりしないでください。
   Do not soil or bend this sheet.
4. マークれい Marking Examples

よいれい Correct Example	わるいれい Incorrect Examples
●	⊗ ◎ ◎ ⓪ ⊖ ◐ ●

問題 1				
1	①	②	③	④
2	①	②	③	④
3	①	②	③	④
4	①	②	③	④
5	①	②	③	④
問題 2				
6	①	②	③	④
7	①	②	③	④
8	①	②	③	④
9	①	②	③	④
10	①	②	③	④
問題 3				
11	①	②	③	④
12	①	②	③	④
13	①	②	③	④
問題 4				
14	①	②	③	④
15	①	②	③	④
16	①	②	③	④
17	①	②	③	④
18	①	②	③	④
19	①	②	③	④
20	①	②	③	④

問題 5				
21	①	②	③	④
22	①	②	③	④
23	①	②	③	④
24	①	②	③	④
25	①	②	③	④
問題 6				
26	①	②	③	④
27	①	②	③	④
28	①	②	③	④
29	①	②	③	④
30	①	②	③	④
問題 7				
31	①	②	③	④
32	①	②	③	④
33	①	②	③	④
34	①	②	③	④
35	①	②	③	④
36	①	②	③	④
37	①	②	③	④
38	①	②	③	④
39	①	②	③	④
40	①	②	③	④
41	①	②	③	④
42	①	②	③	④

問題 8				
43	①	②	③	④
44	①	②	③	④
45	①	②	③	④
46	①	②	③	④
47	①	②	③	④
問題 9				
48	①	②	③	④
49	①	②	③	④
50	①	②	③	④
51	①	②	③	④
問題 10				
52	①	②	③	④
53	①	②	③	④
54	①	②	③	④
55	①	②	③	④
56	①	②	③	④

問題 11				
57	①	②	③	④
58	①	②	③	④
59	①	②	③	④
60	①	②	③	④
61	①	②	③	④
62	①	②	③	④
63	①	②	③	④
64	①	②	③	④
問題 12				
65	①	②	③	④
66	①	②	③	④
問題 13				
67	①	②	③	④
68	①	②	③	④
69	①	②	③	④
問題 14				
70	①	②	③	④
71	①	②	③	④

N2 第２回 日本語能力試験 模擬テスト 解答用紙

聴 解

受験番号 Examinee Registration Number	

名前 Name	

〈ちゅうい Notes〉

1. くろいえんぴつ（HB、No.2）でかいてください。（ぺんやボールペンではかかないでください。）
   Use a black medium soft (HB or No.2) pencil. (Do not use any kind of pen.)
2. かきなおすときは、けしゴムできれいにけしてください。
   Erase any unintended marks completely.
3. きたなくしたり、おったりしないでください。
   Do not soil or bend this sheet.
4. マークれい Marking Examples

よいれい Correct Example	わるいれい Incorrect Examples
●	⊗ ◎ ⓞ ◍ ◐ ●

問題1

例	①	②	③	●
1	①	②	③	④
2	①	②	③	④
3	①	②	③	④
4	①	②	③	④
5	①	②	③	④

問題2

例	●	②	③	④
1	①	②	③	④
2	①	②	③	④
3	①	②	③	④
4	①	②	③	④
5	①	②	③	④
6	①	②	③	④

問題3

例	①	●	③	④
1	①	②	③	④
2	①	②	③	④
3	①	②	③	④
4	①	②	③	④
5	①	②	③	④

問題4

例	①	②	●
1	①	②	③
2	①	②	③
3	①	②	③
4	①	②	③
5	①	②	③
6	①	②	③
7	①	②	③
8	①	②	③
9	①	②	③
10	①	②	③
11	①	②	③

問題5

1		①	②	③	④
2		①	②	③	④
3	(1)	①	②	③	④
	(2)	①	②	③	④

절취선

N2 第3回 日本語能力試験 模擬テスト 解答用紙

言語知識(文字・語彙・文法)・読解

受験番号 Examinee Registration Number	

名前 Name	

〈ちゅうい Notes〉

1. くろいえんぴつ（HB、No.2）でかいてください。（ぺんやボールペンではかかないでください。）
   Use a black medium soft (HB or No.2) pencil.
   (Do not use any kind of pen.)
2. かきなおすときは、けしゴムできれいにけしてください。
   Erase any unintended marks completely.
3. きたなくしたり、おったりしないでください。
   Do not soil or bend this sheet.
4. マークれい Marking Examples

よいれい Correct Example	わるいれい Incorrect Examples
●	⊗ ◯ ◯ ⓪ ⊖ ◐ ●

問題 1				
1	①	②	③	④
2	①	②	③	④
3	①	②	③	④
4	①	②	③	④
5	①	②	③	④

問題 2				
6	①	②	③	④
7	①	②	③	④
8	①	②	③	④
9	①	②	③	④
10	①	②	③	④

問題 3				
11	①	②	③	④
12	①	②	③	④
13	①	②	③	④

問題 4				
14	①	②	③	④
15	①	②	③	④
16	①	②	③	④
17	①	②	③	④
18	①	②	③	④
19	①	②	③	④
20	①	②	③	④

問題 5				
21	①	②	③	④
22	①	②	③	④
23	①	②	③	④
24	①	②	③	④
25	①	②	③	④

問題 6				
26	①	②	③	④
27	①	②	③	④
28	①	②	③	④
29	①	②	③	④
30	①	②	③	④

問題 7				
31	①	②	③	④
32	①	②	③	④
33	①	②	③	④
34	①	②	③	④
35	①	②	③	④
36	①	②	③	④
37	①	②	③	④
38	①	②	③	④
39	①	②	③	④
40	①	②	③	④
41	①	②	③	④
42	①	②	③	④

問題 8				
43	①	②	③	④
44	①	②	③	④
45	①	②	③	④
46	①	②	③	④
47	①	②	③	④

問題 9				
48	①	②	③	④
49	①	②	③	④
50	①	②	③	④
51	①	②	③	④

問題 10				
52	①	②	③	④
53	①	②	③	④
54	①	②	③	④
55	①	②	③	④
56	①	②	③	④

問題 11				
57	①	②	③	④
58	①	②	③	④
59	①	②	③	④
60	①	②	③	④
61	①	②	③	④
62	①	②	③	④
63	①	②	③	④
64	①	②	③	④

問題 12				
65	①	②	③	④
66	①	②	③	④

問題 13				
67	①	②	③	④
68	①	②	③	④
69	①	②	③	④

問題 14				
70	①	②	③	④
71	①	②	③	④

N2 第３回 日本語能力試験 模擬テスト 解答用紙

聴　解

受験番号 Examinee Registration Number	

名前 Name	

〈ちゅうい Notes〉

1. くろいえんぴつ（HB、No.2）でかいてください。（ぺんやボールペンではかかないでください。）
   Use a black medium soft (HB or No.2) pencil.
   (Do not use any kind of pen.)
2. かきなおすときは、けしゴムできれいにけしてください。
   Erase any unintended marks completely.
3. きたなくしたり、おったりしないでください。
   Do not soil or bend this sheet.
4. マークれい　Marking Examples

よいれい Correct Example	わるいれい Incorrect Examples
●	⊗ ◯ ◯ ◯ ◯ ◯ ●

問題1

例	①	②	③	●
1	①	②	③	④
2	①	②	③	④
3	①	②	③	④
4	①	②	③	④
5	①	②	③	④

問題2

例	●	②	③	④
1	①	②	③	④
2	①	②	③	④
3	①	②	③	④
4	①	②	③	④
5	①	②	③	④
6	①	②	③	④

問題3

例	①	●	③	④
1	①	②	③	④
2	①	②	③	④
3	①	②	③	④
4	①	②	③	④
5	①	②	③	④

問題4

例	①	②	●
1	①	②	③
2	①	②	③
3	①	②	③
4	①	②	③
5	①	②	③
6	①	②	③
7	①	②	③
8	①	②	③
9	①	②	③
10	①	②	③
11	①	②	③

問題5

1		①	②	③	④
2		①	②	③	④
3	(1)	①	②	③	④
	(2)	①	②	③	④

절취선

N2 第４回 日本語能力試験 模擬テスト 解答用紙

言語知識(文字・語彙・文法)・読解

受験番号 Examinee Registration Number	

名前 Name	

〈ちゅうい Notes〉

1. くろいえんぴつ（HB、No.2）でかいてください。（ぺんやボールペンではかかないでください。）
   Use a black medium soft (HB or No.2) pencil.
   (Do not use any kind of pen.)
2. かきなおすときは、けしゴムできれいにけしてください。
   Erase any unintended marks completely.
3. きたなくしたり、おったりしないでください。
   Do not soil or bend this sheet.
4. マークれい Marking Examples

よいれい Correct Example	わるいれい Incorrect Examples
●	⊗ ◯ ⊖ ⓪ ⊜ ◐ ●

問題 1				
1	①	②	③	④
2	①	②	③	④
3	①	②	③	④
4	①	②	③	④
5	①	②	③	④
問題 2				
6	①	②	③	④
7	①	②	③	④
8	①	②	③	④
9	①	②	③	④
10	①	②	③	④
問題 3				
11	①	②	③	④
12	①	②	③	④
13	①	②	③	④
問題 4				
14	①	②	③	④
15	①	②	③	④
16	①	②	③	④
17	①	②	③	④
18	①	②	③	④
19	①	②	③	④
20	①	②	③	④

問題 5				
21	①	②	③	④
22	①	②	③	④
23	①	②	③	④
24	①	②	③	④
25	①	②	③	④
問題 6				
26	①	②	③	④
27	①	②	③	④
28	①	②	③	④
29	①	②	③	④
30	①	②	③	④
問題 7				
31	①	②	③	④
32	①	②	③	④
33	①	②	③	④
34	①	②	③	④
35	①	②	③	④
36	①	②	③	④
37	①	②	③	④
38	①	②	③	④
39	①	②	③	④
40	①	②	③	④
41	①	②	③	④
42	①	②	③	④

問題 8				
43	①	②	③	④
44	①	②	③	④
45	①	②	③	④
46	①	②	③	④
47	①	②	③	④
問題 9				
48	①	②	③	④
49	①	②	③	④
50	①	②	③	④
51	①	②	③	④
問題 10				
52	①	②	③	④
53	①	②	③	④
54	①	②	③	④
55	①	②	③	④
56	①	②	③	④

問題 11				
57	①	②	③	④
58	①	②	③	④
59	①	②	③	④
60	①	②	③	④
61	①	②	③	④
62	①	②	③	④
63	①	②	③	④
64	①	②	③	④
問題 12				
65	①	②	③	④
66	①	②	③	④
問題 13				
67	①	②	③	④
68	①	②	③	④
69	①	②	③	④
問題 14				
70	①	②	③	④
71	①	②	③	④

N2 第４回 日本語能力試験 模擬テスト 解答用紙

聴 解

受験番号 Examinee Registration Number	

名前 Name	

〈ちゅうい Notes〉

1. くろいえんぴつ（HB、No.2）でかいてください。（ぺんやボールペンではかかないでください。）
   Use a black medium soft (HB or No.2) pencil.
   (Do not use any kind of pen.)
2. かきなおすときは、けしゴムできれいにけしてください。
   Erase any unintended marks completely.
3. きたなくしたり、おったりしないでください。
   Do not soil or bend this sheet.
4. マークれい Marking Examples

よいれい Correct Example	わるいれい Incorrect Examples
●	⊗ ◯ ◯ ◎ ◯ ◯ ●

問題1				
例	①	②	③	●
1	①	②	③	④
2	①	②	③	④
3	①	②	③	④
4	①	②	③	④
5	①	②	③	④

問題2				
例	●	②	③	④
1	①	②	③	④
2	①	②	③	④
3	①	②	③	④
4	①	②	③	④
5	①	②	③	④
6	①	②	③	④

問題3				
例	①	●	③	④
1	①	②	③	④
2	①	②	③	④
3	①	②	③	④
4	①	②	③	④
5	①	②	③	④

問題4			
例	①	②	●
1	①	②	③
2	①	②	③
3	①	②	③
4	①	②	③
5	①	②	③
6	①	②	③
7	①	②	③
8	①	②	③
9	①	②	③
10	①	②	③
11	①	②	③

問題5					
1		①	②	③	④
2		①	②	③	④
3	(1)	①	②	③	④
	(2)	①	②	③	④

절취선

N2 第５回 日本語能力試験 模擬テスト 解答用紙

言語知識(文字・語彙・文法)・読解

受験番号 Examinee Registration Number	

名前 Name	

〈ちゅうい Notes〉

1. くろいえんぴつ（HB、No.2）でかいてください。（ぺんやボールペンではかかないでください。）
   Use a black medium soft (HB or No.2) pencil. (Do not use any kind of pen.)
2. かきなおすときは、けしゴムできれいにけしてください。
   Erase any unintended marks completely.
3. きたなくしたり、おったりしないでください。
   Do not soil or bend this sheet.
4. マークれい Marking Examples

よいれい Correct Example	わるいれい Incorrect Examples
●	⊗ ◯ ◯ ⓪ ⊖ ◯ ●

問題 1				
1	①	②	③	④
2	①	②	③	④
3	①	②	③	④
4	①	②	③	④
5	①	②	③	④
問題 2				
6	①	②	③	④
7	①	②	③	④
8	①	②	③	④
9	①	②	③	④
10	①	②	③	④
問題 3				
11	①	②	③	④
12	①	②	③	④
13	①	②	③	④
問題 4				
14	①	②	③	④
15	①	②	③	④
16	①	②	③	④
17	①	②	③	④
18	①	②	③	④
19	①	②	③	④
20	①	②	③	④

問題 5				
21	①	②	③	④
22	①	②	③	④
23	①	②	③	④
24	①	②	③	④
25	①	②	③	④
問題 6				
26	①	②	③	④
27	①	②	③	④
28	①	②	③	④
29	①	②	③	④
30	①	②	③	④
問題 7				
31	①	②	③	④
32	①	②	③	④
33	①	②	③	④
34	①	②	③	④
35	①	②	③	④
36	①	②	③	④
37	①	②	③	④
38	①	②	③	④
39	①	②	③	④
40	①	②	③	④
41	①	②	③	④
42	①	②	③	④

問題 8				
43	①	②	③	④
44	①	②	③	④
45	①	②	③	④
46	①	②	③	④
47	①	②	③	④
問題 9				
48	①	②	③	④
49	①	②	③	④
50	①	②	③	④
51	①	②	③	④
問題 10				
52	①	②	③	④
53	①	②	③	④
54	①	②	③	④
55	①	②	③	④
56	①	②	③	④

問題 11				
57	①	②	③	④
58	①	②	③	④
59	①	②	③	④
60	①	②	③	④
61	①	②	③	④
62	①	②	③	④
63	①	②	③	④
64	①	②	③	④
問題 12				
65	①	②	③	④
66	①	②	③	④
問題 13				
67	①	②	③	④
68	①	②	③	④
69	①	②	③	④
問題 14				
70	①	②	③	④
71	①	②	③	④

N2 第5回 日本語能力試験 模擬テスト 解答用紙

聴解

受験番号 Examinee Registration Number	

名前 Name	

〈ちゅうい Notes〉

1. くろいえんぴつ（HB、No.2）でかいてください。（ぺんやボールペンではかかないでください。）
   Use a black medium soft (HB or No.2) pencil.
   (Do not use any kind of pen.)
2. かきなおすときは、けしゴムできれいにけしてください。
   Erase any unintended marks completely.
3. きたなくしたり、おったりしないでください。
   Do not soil or bend this sheet.
4. マークれい Marking Examples

よいれい Correct Example	わるいれい Incorrect Examples
●	⊗ ◯ ◯ ⓪ ◯ ◯ ◯

問題1				
例	①	②	③	●
1	①	②	③	④
2	①	②	③	④
3	①	②	③	④
4	①	②	③	④
5	①	②	③	④

問題2				
例	●	②	③	④
1	①	②	③	④
2	①	②	③	④
3	①	②	③	④
4	①	②	③	④
5	①	②	③	④
6	①	②	③	④

問題3				
例	①	●	③	④
1	①	②	③	④
2	①	②	③	④
3	①	②	③	④
4	①	②	③	④
5	①	②	③	④

問題4			
例	①	②	●
1	①	②	③
2	①	②	③
3	①	②	③
4	①	②	③
5	①	②	③
6	①	②	③
7	①	②	③
8	①	②	③
9	①	②	③
10	①	②	③
11	①	②	③

問題5					
1		①	②	③	④
2		①	②	③	④
3	(1)	①	②	③	④
	(2)	①	②	③	④

절취선

N2 日本語能力試験 模擬テスト 解答用紙（練習用）

言語知識（文字・語彙・文法）・読解

受験番号 Examinee Registration Number	

名前 Name	

〈ちゅうい Notes〉
1. くろいえんぴつ（HB、No.2）でかいてください。（ぺんやボールペンではかかないでください。）
   Use a black medium soft (HB or No.2) pencil. (Do not use any kind of pen.)
2. かきなおすときは、けしゴムできれいにけしてください。
   Erase any unintended marks completely.
3. きたなくしたり、おったりしないでください。
   Do not soil or bend this sheet.
4. マークれい　Marking Examples

よいれい Correct Example	わるいれい Incorrect Examples
●	⊗ ◯ ◯ ⓪ ⊖ ◐ ●

問題 1				
1	①	②	③	④
2	①	②	③	④
3	①	②	③	④
4	①	②	③	④
5	①	②	③	④

問題 2				
6	①	②	③	④
7	①	②	③	④
8	①	②	③	④
9	①	②	③	④
10	①	②	③	④

問題 3				
11	①	②	③	④
12	①	②	③	④
13	①	②	③	④

問題 4				
14	①	②	③	④
15	①	②	③	④
16	①	②	③	④
17	①	②	③	④
18	①	②	③	④
19	①	②	③	④
20	①	②	③	④

問題 5				
21	①	②	③	④
22	①	②	③	④
23	①	②	③	④
24	①	②	③	④
25	①	②	③	④

問題 6				
26	①	②	③	④
27	①	②	③	④
28	①	②	③	④
29	①	②	③	④
30	①	②	③	④

問題 7				
31	①	②	③	④
32	①	②	③	④
33	①	②	③	④
34	①	②	③	④
35	①	②	③	④
36	①	②	③	④
37	①	②	③	④
38	①	②	③	④
39	①	②	③	④
40	①	②	③	④
41	①	②	③	④
42	①	②	③	④

問題 8				
43	①	②	③	④
44	①	②	③	④
45	①	②	③	④
46	①	②	③	④
47	①	②	③	④

問題 9				
48	①	②	③	④
49	①	②	③	④
50	①	②	③	④
51	①	②	③	④

問題 10				
52	①	②	③	④
53	①	②	③	④
54	①	②	③	④
55	①	②	③	④
56	①	②	③	④

問題 11				
57	①	②	③	④
58	①	②	③	④
59	①	②	③	④
60	①	②	③	④
61	①	②	③	④
62	①	②	③	④
63	①	②	③	④
64	①	②	③	④

問題 12				
65	①	②	③	④
66	①	②	③	④

問題 13				
67	①	②	③	④
68	①	②	③	④
69	①	②	③	④

問題 14				
70	①	②	③	④
71	①	②	③	④

N2 日本語能力試験 模擬テスト 解答用紙（練習用）

聴 解

受 験 番 号 Examinee Registration Number	

名 前 Name	

〈ちゅうい Notes〉

1. くろいえんぴつ（HB、No.2）でかいてください。（ぺんやボールペンではかかないでください。）
Use a black medium soft (HB or No.2) pencil.
(Do not use any kind of pen.)
2. かきなおすときは、けしゴムできれいにけしてください。
Erase any unintended marks completely.
3. きたなくしたり、おったりしないでください。
Do not soil or bend this sheet.
4. マークれい Marking Examples

よいれい Correct Example	わるいれい Incorrect Examples
●	⊗ ◯ ◯ ◯ ◯ ◯ ◯

問題 1				
例	①	②	③	●
1	①	②	③	④
2	①	②	③	④
3	①	②	③	④
4	①	②	③	④
5	①	②	③	④

問題 2				
例	●	②	③	④
1	①	②	③	④
2	①	②	③	④
3	①	②	③	④
4	①	②	③	④
5	①	②	③	④
6	①	②	③	④

問題 3				
例	①	●	③	④
1	①	②	③	④
2	①	②	③	④
3	①	②	③	④
4	①	②	③	④
5	①	②	③	④

問題 4			
例	①	②	●
1	①	②	③
2	①	②	③
3	①	②	③
4	①	②	③
5	①	②	③
6	①	②	③
7	①	②	③
8	①	②	③
9	①	②	③
10	①	②	③
11	①	②	③

問題 5					
1		①	②	③	④
2		①	②	③	④
3	(1)	①	②	③	④
	(2)	①	②	③	④

동양북스 채널에서 더 많은 도서
더 많은 이야기를 만나보세요!

유튜브

인스타그램

블로그

포스트

페이스북

카카오뷰

최신개정판

일단 합격 JLPT

실전 모의고사 N2

박영미, 황요찬, 오카자키 마이 지음

해설서

동양북스

실전모의고사 1회

실전모의고사 2회

실전모의고사 3회

실전모의고사 4회

실전모의고사 5회

나의 점수는?

총 문제 정답

혹시 부족한 점수라도 실망하지 말고 해설을 보며 다시 확인하고 틀린 문제를 다시 풀어보세요. 실력이 점점 쌓여갈 것입니다.

JLPT N2 제1회 실전모의고사 정답

1회

1교시 언어지식(문자·어휘)

- 문제 1　[1] 2　[2] 1　[3] 1　[4] 3　[5] 4
- 문제 2　[6] 3　[7] 1　[8] 3　[9] 3　[10] 4
- 문제 3　[11] 2　[12] 2　[13] 3
- 문제 4　[14] 2　[15] 1　[16] 3　[17] 2　[18] 4　[19] 3　[20] 1
- 문제 5　[21] 4　[22] 2　[23] 4　[24] 1　[25] 2
- 문제 6　[26] 3　[27] 4　[28] 3　[29] 4　[30] 4

1교시 언어지식(문법)

- 문제 7　[31] 3　[32] 2　[33] 1　[34] 2　[35] 4　[36] 1　[37] 1　[38] 3　[39] 4　[40] 2　[41] 1　[42] 3
- 문제 8　[43] 3　[44] 1　[45] 3　[46] 3　[47] 4
- 문제 9　[48] 4　[49] 1　[50] 4　[51] 2

1교시 언어지식(독해)

- 문제 10　[52] 1　[53] 2　[54] 3　[55] 1　[56] 3
- 문제 11　[57] 1　[58] 4　[59] 2　[60] 3　[61] 3　[62] 2　[63] 3　[64] 4
- 문제 12　[65] 4　[66] 2
- 문제 13　[67] 2　[68] 1　[69] 3
- 문제 14　[70] 3　[71] 1

2교시 청해

- 문제 1　[1] 4　[2] 4　[3] 1　[4] 3　[5] 4
- 문제 2　[1] 1　[2] 3　[3] 3　[4] 2　[5] 3　[6] 4
- 문제 3　[1] 3　[2] 1　[3] 2　[4] 4　[5] 1
- 문제 4　[1] 1　[2] 3　[3] 1　[4] 1　[5] 3　[6] 1　[7] 2　[8] 3　[9] 2　[10] 3　[11] 2
- 문제 5　[1] 3　[2] 4　[3] 1 1　2 4

1회 실전모의고사 해설

1교시 언어지식(문자·어휘)

문제 1 ________의 단어의 읽는 법으로 가장 적당한 것을 1 · 2 · 3 · 4에서 하나 고르세요.

1 救急隊員は全力を尽くし、雪に埋もれた人たちを救助した。
1 さもれた　2 うもれた　3 いずもれた　4 かずもれた
구급대원은 최선을 다하여, 눈에 묻힌 사람들을 구조했다.

어휘 救急隊員 구급 대원 | 救助 구조
+ '(눈이나 흙 등으로) 묻히다'라는 뜻은 아래의 단어 모두가 그 뜻을 가지고 있다.
埋まる, 埋まる, 埋もれる, 埋もれる

2 彼は何でもすぐ飽きてしまう性格なので、困る。
1 あきて　2 こきて　3 しきて　4 いきて
그는 뭐든지 금방 질려버리는 성격이라 곤란하다.

어휘 飽きる 질리다 | 性格 성격

3 彼は運動選手なので、食物の栄養素を細かくチェックしている。
1 えいようそ　2 えようそ　3 えいよぞ　4 えようぞ
그는 운동선수이므로 음식물의 영양소를 꼼꼼하게 체크하고 있다

어휘 食物 음식물 | 栄養素 영양소 ▶ 栄養失調 영양실조, 栄養成分 영양성분

4 彼女はあまり悪い感情を表に出さない穏やかな性格だ。
1 にぎやかな　2 まろやかな　3 おだやかな　4 すこやかな
그녀는 별로 나쁜 감정을 겉으로 드러내지 않는 온화한 성격이다.

어휘 感情 감정 | 表 겉, 표면 | 穏やかだ 온화하다, 평온하다 | まろやかだ 부드럽다, 원만하다 | すこやかだ 건강하다, 튼튼하다

5 万が一のために、救急箱を用意しておきたい。
1 きゅうきゅはこ　2 きゅうきゅうはこ　3 きゅきゅうばこ　4 きゅうきゅうばこ
만일을 위해 구급상자를 준비해 두고 싶다.

어휘 万が一 만일 | 救急箱 구급상자 ▶ 救急車 구급차, 救助 구조, 救援 구원

문제 2 ______의 단어를 한자로 쓸 때, 가장 적당한 것을 1 · 2 · 3 · 4에서 하나 고르세요.

6 なぜ彼が行方不明になったのか、まったくけんとうがつかない。

1 健当　2 検討　3 見当　4 権討

왜 그가 행방불명이 되었는지, 전혀 짐작이 안 간다.

어휘 行方不明 행방불명 | まったく 전혀, 완전히, 전적으로 | 見当がつく 짐작이 가다

7 この店はゆにゅう食品をたくさん扱って、日本にいながら海外気分を味わえる。

1 輸入　2 軫入　3 輔入　4 輪入

이 가게는 수입식품을 많이 취급하고 있어, 일본에 있으면서도 해외 기분을 맛볼 수 있다.

어휘 食品 식품 | 扱う 다루다, 취급하다 | 海外気分を味わう 해외 기분을 맛보다 ▶ 輸出 수출, 密輸 밀수, 輪 : 바퀴 륜

8 ようじというのは、満1歳から就学前の子どものことを指します。

1 幻兒　2 幻児　3 幼児　4 幼兒

유아라고 하는 것은, 만 1세부터 취학 전의 아이를 가리킵니다.

어휘 満1歳 만 1세 | 就学 취학 | 指す 가리키다 ▶ 幼稚園 유치원, 児童 아동

9 AチームはBチームとのサッカー試合で５－０とあっしょうを収めた。

1 庄勝　2 庒勝　3 圧勝　4 压勝

A팀은 B팀과의 축구시합에서 5-0으로 압승을 거두었다.

어휘 圧勝を収める 압승을 거두다 ▶ 利益を収める 이익을 거두다, 成果を収める 성과를 거두다

10 いまだにその事件に対し、ぎもんが残るのは隠せない。

1 偽門　2 偽問　3 疑門　4 疑問

아직도 그 사건에 대하여, 의문이 남는 것은 숨길 수 없다.

어휘 いまだに 아직도, 아직껏 | 事件 사건 | ～に対して ~에 대하여 | 疑問 의문 | 残る 남다 | 隠す 숨기다

문제 3 (　　　) 안에 들어갈 가장 적당한 것을 1 · 2 · 3 · 4에서 하나 고르세요.

11 最近の若者は米を食べない米（　　　）が止まらないようだ。

1 去り　　2 離れ　　3 切れ　　4 過ぎ

요즘 젊은이들은 쌀을 먹지 않는 쌀을 기피하는 현상이 멈추지 않는 것 같다.

어휘 若者(わかもの) 젊은이 | ～離れ(ばなれ) ①흥미나 관심을 잃음 ②일빈적인 정도의 일탈 ③독립을 나타냄 ▶ 政治離れ(せいじばなれ) 정치에 관심이 없음, 世間離れ(せけんばなれ) 세상의 상식이나 기준에서 벗어나 초연해 있음, 親離れ(おやばなれ) 부모로부터 독립함 | 止(と)まる 멎다, 그치다

12 この作品で彼が描きたかったのは、（　　　）現実的な、夢のような世界だった。

1 再　　2 超　　3 諸　　4 無

이 작품에서 그가 그리고 싶었던 것은, 초현실적인, 꿈같은 세계였다.

어휘 作品(さくひん) 작품 | 描(えが)く 그리다 | 超現実的(ちょうげんじつてき) 초현실적 | 夢(ゆめ) 꿈 ▶ 超高速(ちょうこうそく) 초고속 | 超満員(ちょうまんいん) 초만원

13 私はA社の面接後に、（　　　）採用と伝えられました。

1 半　　2 準　　3 仮　　4 反

나는 A사의 면접 후, 가채용이라고 전달받았습니다.

어휘 仮採用(かりさいよう) 가채용 ▶ 仮条約(かりじょうやく) 정식 조약(본 조약)이 체결될 때까지의 일시적 조약 | 仮免許(かりめんきょ) 임시 운전면허증

문제 4 (　　　) 안에 들어갈 가장 적당한 것을 1 · 2 · 3 · 4에서 하나 고르세요.

14 急用で彼を訪ねたが、（　　　）席を外していた。

1 思いもよらず　　2 あいにく　　3 次第に　　4 まもなく

급한 용무로 그를 찾아갔지만, 공교롭게도 부재중이었다.

어휘 急用(きゅうよう) 급한 용무 | 訪(たず)ねる 방문하다 | あいにく 공교롭게 | 席(せき)を外(はず)す 자리를 비우다 | 思(おも)いもよらず 생각지도 않게 | 次第(しだい)に 차츰, 점차 | まもなく 머지않아, 이윽고

15 （　　　）な考え方を持っていると、トラブルが起こっても冷静に考えられる。

1 柔軟　　2 卑怯　　3 曖昧　　4 肯定

유연한 생각을 가지고 있으면, 문제가 일어나도 냉정하게 생각할 수 있다.

어휘 柔軟(じゅうなん)だ 유연하다 | 冷静(れいせい)だ 냉정하다 | 卑怯(ひきょう)だ 비겁하다 | 曖昧(あいまい)だ 애매하다 | 肯定(こうてい) 긍정 ▶ 肯定的(こうていてき)な 긍정적인

16 怪我はちょっとした（　　　）がもたらすから、気を緩めてはいけないと思う。

1 判決　　2 判断　　3 油断　　4 区別

상처는 자그마한 방심이 가져오니까, 마음을 놓아서는 안된다고 생각한다.

어휘 怪我(けが) 상처 | ちょっとした 대단치 않은, 별 것 아닌 | 油断(ゆだん) 방심, 부주의 | もたらす 가져오다, 초래하다 | 気(き)を緩(ゆる)める 마음을 놓다 | 判決(はんけつ) 판결 | 判断(はんだん) 판단 | 区別(くべつ) 구별

17 この地域は工場からの煙で空気が（　　　）いる時が多い。

1 汚して　　2 濁って　　3 詰まって　　4 苦しんで

이 지역은 공장으로부터의 연기로 공기가 탁해져 있을 때가 많다.

어휘 地域(ちいき) 지역 | 工場(こうじょう) 공장 | 煙(けむり) 연기 | 空気(くうき) 공기 | 汚(よご)す 더럽히다 | 濁(にご)る 탁해지다, 흐려지다 | 詰(つ)まる 꽉차다, 막히다 | 苦(くる)しむ 괴로워하다

18 あなたに（　　　）未来が訪れるように、お祈りいたします。

1 懐かしい　　2 賢い　　3 怪しい　　4 輝かしい

당신에게 빛나는 미래가 찾아오기를 기원하겠습니다.

어휘 訪(おとず)れる 찾아 오다 | 祈(いの)り 기원, 기도 | 懐(なつ)かしい 그립다 | 賢(かしこ)い 현명하다 | 怪しい 의심스럽다, 수상쩍다 | 輝(かがや)かしい 눈부시다, 빛나다

19 カビが生えないように風呂場の掃除は（　　　）しています。

1 きっかり　　2 すっきり　　3 きっちり　　4 さっぱり

곰팡이가 생기지 않도록 목욕탕 청소는 철저히 하고 있습니다.

어휘 カビが生(は)える 곰팡이가 나다(생기다) | 風呂場(ふろば) 목욕탕 | きっちり 느슨함이나 빈틈이 없는 모양, 수량에 과부족이 없는 모습 | きっかり 시간이나 수량 등이 정확한 모양 | すっきり 산뜻하고 후련한 모양 | さっぱり 상쾌하고 깔끔한 모양

20 （　　　）を振るうというのは物理的なだけではなく、心理的な問題も含まれる。

1 暴力　　2 乱暴　　3 暴走　　4 暴行

폭력을 휘두른다고 하는 것은 물리적인 것뿐만 아니라, 심리적인 문제도 포함된다.

어휘 暴力(ぼうりょく)を振(ふ)るう 폭력을 휘두르다 | 物理的(ぶつりてき) 물리적 | 心理的(しんりてき) 심리적 | 含(ふく)む 포함하다 | 乱暴(らんぼう) 난폭 | 暴走(ぼうそう) 폭주 | 暴行(ぼうこう) 폭행

문제 5 ________의 단어의 의미가 가장 가까운 것을 1・2・3・4에서 하나 고르세요.

21 彼はいつも私の耳元で愛をささやいてくれた。

1 ぶつぶつ話して 2 すらすら話して 3 はきはき話して 4 ひそひそ話して

그는 항상 내 귓가에 사랑을 속삭여 주었다.

어휘 耳元(みみもと) 귓전, 귓가 | 愛(あい)をささやく 사랑을 속삭이다 | ぶつぶつ 투덜투덜 | すらすら 척척, 술술, 거침없이 | はきはき 시원시원, 또렷또렷 | ひそひそ 소곤소곤

22 飲みすぎで夕べのことはさっぱり覚えていない。

1 ばったり 2 まるっきり 3 すっきり 4 あっさり

과음으로 어젯밤 일은 전혀 기억이 안 난다.

어휘 飲(の)みすぎ 과음 | さっぱり～ない 전혀~하지 않다 | ばったり ①갑자기 쓰러지거나 떨어지는 모습, 푹 ②우연히 만나는 모습, 딱 | まるっきり 전혀 | すっきり 후련하거나 시원한 모습 | あっさり 깨끗이, 산뜻하게

23 人のことにいちいち口を出すなんて、余計なお世話だよ。

1 しつこい 2 騒々しい 3 大げさな 4 不要な

다른 사람의 일에 일일이 말참견하다니 쓸데없는 참견이야.

어휘 口(くち)を出(だ)す 말참견을 하다 | なんて ~하다니 | 余計(よけい)だ 쓸데없다 | 世話(せわ) 돌봄, 신세, 귀찮은 것 | 余計(よけい)なお世話(せわ) 상대방이 필요없는 것에 말참견 등을 하여 이쪽 입장에서는 불필요한 참견이라는 뜻 | しつこい 끈질기다 | 騒々(そうぞう)しい 떠들썩하다, 소란하다 | 大(おお)げさだ 과장하다, 허풍떨다 | 不要(ふよう)だ 불필요하다

24 夜遅く暗い道を一人で歩く時は、用心してください。

1 気を付けて 2 気になって 3 気にして 4 気を使って

밤늦게 어두운 길을 혼자 걸을 때는 조심하세요.

어휘 用心(ようじん) 조심, 주의 | 気(き)を付(つ)ける 조심하다, 주의하다 | 気(き)になる 불안한 마음에 신경이 쓰이다, 매력 등을 느껴서 관심이 가다 | 気(き)にする 신경쓰다, 걱정하다 | 気(き)を使(つか)う 배려하다

25 Aデパートに有名な菓子店ができたことで、人々はたちまちどっと集まった。

1 かつて 2 さっそく 3 たまたま 4 もはや

A백화점에 유명한 과자점이 생기면서 사람들은 금세 우르르 모였다.

어휘 菓子店(かしてん) 과자점 | たちまち 금방, 순식간에 | どっと 우르르 | 集(あつ)まる 모이다 | かつて 예로부터, 일찍이 | さっそく 즉시, 당장 | たまたま 우연히, 마침 | もはや 이제는, 이미

문제 6 다음 단어의 사용법으로서 가장 적당한 것을 1 · 2 · 3 · 4에서 하나 고르세요.

26 あくび 하품

1 お腹を壊してあくびしてしまう。
2 人は何かに感動したときにあくびが出るものだ。
3 ゆうべ眠れなかったせいなのか、授業中にあくびが出る。
4 驚いてもあくびを出してはいけない。

1 배탈이 나서 하품이 나와버린다.
2 사람은 무언가에 감동했을 때 하품을 하는 법이다.
3 어젯밤 잠을 잘 못 잔 탓인지, 수업 중에 하품이 나온다.
4 놀라도 하품을 해서는 안 된다.

해설 「あくびが出る 하품이 나오다」와 「あくびをする 하품을 하다」는 관용적으로 쓰인다. 1번은 「げりをする 설사를 하다」, 2번은 「涙が出る 눈물이 나오다」, 4번은 「大声を出してはいけない 소리를 질러서는 안된다」로 수정하는 것이 자연스럽다.

어휘 お腹を壊す 배탈이 나다 | 驚く 놀라다

27 揺れる 흔들리다

1 海に揺れているプラスチックごみの量は年々増加していくそうだ。
2 家族のみんなは手を揺れて彼女を見送っていた。
3 人生に揺れたとき時、後悔しない決断をするのは難しい。
4 台風の影響で船は大きく揺れている。

1 바다에 흔들리고 있는 플라스틱 쓰레기의 양은 해마다 증가해 간다고 한다.
2 가족 모두는 손을 흔들려서 그녀를 배웅하고 있었다.
3 인생에 흔들렸을 때 후회하지 않는 결단을 내리는 것은 어렵다.
4 태풍의 영향으로 배는 크게 흔들리고 있다.

해설 1번은 「海に浮かんでいるプラスチックごみ 바다에 떠 있는 플라스틱 쓰레기」, 2번은 「手を振って彼女を見送っていた 손을 흔들며 그녀를 배웅하고 있었다」, 3번은 「人生に迷ったとき 인생에서 고민하거나 헤맬 때」라고 바꾸면 좋다.

어휘 揺れる 흔들리다 | プラスチックごみ 플라스틱 쓰레기 | 量 양 | 年々 해마다 | 見送る 배웅하다 | 後悔 후회 | 決断 결단 | 影響 영향

28 しつこい 끈질기다,집요하다

1 この紐はしつこくて切れにくい。
2 あんな大事故で助かるとは命がしつこい人だ。
3 会社の男の人にしつこく口説かれて困っている。
4 どんなことがあっても諦めないでしつこくがんばりましょう。

1 이 끈은 끈질겨서 잘 안 끊어진다.
2 그러한 큰사고에서 살아남다니, 목숨이 집요한 사람이다.

3 회사의 남자 사원이 끈질기게 구애를 해서 곤란해하고 있다.

4 어떠한 일이 있어도 체념하지 말고, 끈질기게 분발합시다.

해설 「しつこい」는 '끈질기다'는 의미로 '사람을 따라다녀서 귀찮다'라는 의미로 쓰인 3번이 정답이다. 1번은 「紐が硬い 실이 단단하다」가 적당하며, 2번은 「命が長い 명이 길다」, 4번은 「どんなことがあっても諦めないで、(最後まで)がんばりましょう 어떤 일이 있어도 포기하지 말고 (마지막까지) 분발합시다」가 적당하다.

어휘 紐 끈 | 助かる 살아나다 | 口説く 몇 번이고 말하다, 끈질기게 말하다 | 諦める 포기하다

29 効く (약 등이) 효과나 효능이 있다

1 成功しようとする彼の努力は全然効かなかった。
2 医者になろうとする彼女の夢が効いてしまった。
3 仕事は思うままに効いてとても順調です。
4 この薬はのどの痛みによく効きます。

1 성공하려고 하는 그의 노력은 전혀 효과가 없었다.

2 의사가 되려고 하는 그녀의 꿈이 효과가 있게 되었다.

3 일은 생각하는 대로 효과가 있어서 매우 순조롭습니다.

4 이 약은 목의 통증에 잘 듣습니다.

해설 1번은 「努力が無駄になる 노력이 헛되게 되다」라는 표현을 쓰는 것이 적당하며, 2번의 '꿈이 이루어지다'는 「夢が叶う」라고 한다. 3번은 「思うままに進む 일이 생각하는 대로 진행되다」를 사용하는 것이 적당하다.

어휘 成功 성공 | 思うまま 생각대로, 뜻대로 | 順調 순조 | 痛み 아픔, 통증

30 華やかな 화려한

1 私は目立たない華やかな服装をする人が好きです。
2 ディナーはフォアグラやマツタケなど、ずいぶん華やかな食材を使っている。
3 身だしなみが整っている人は、華やかなイメージがある。
4 あの華やかな色のスカーフは、とても彼女に似合っている。

1 저는 눈에 띄지 않는 화려한 복장을 하는 사람을 좋아합니다.

2 디너는 푸아그라나 송이버섯 등 상당히 화려한 식재료를 사용하고 있다.

3 몸가짐이 단정한 사람은 화려한 이미지가 있다.

4 저 화려한 색의 스카프는 매우 그녀에게 어울린다.

해설 1번은 「目立たない地味な服装 눈에 띄지 않는 수수한 복장」, 2번은 푸아그라나 송이버섯 등은 고급 식재료이므로 「高級食材を使っている 고급 식재료를 사용하고 있다」, 3번은 「清潔なイメージ 청결한 이미지」라고 바꾸면 좋다.

어휘 華やかだ 화려하다 | 目立つ 눈에 띄다 | 服装 복장 | フォアグラ 푸아그라 | マツタケ 송이버섯 | 食材 식재 | 身だしなみ 상대방에게 불쾌감을 주지 않는 복장이나 행동 | 整う 정돈되다, 잘 갖추어 지다 | 似合う 어울리다

1교시 언어지식(문법)

1회

문제 7 다음 문장의 ( ) 안에 들어갈 가장 적당한 것을 1 · 2 · 3 · 4에서 하나 고르세요.

31 経営悪化でこの企業が倒れる可能性は（ ）。

1 高まりにかけている　2 高まってばかりだ
3 高まりつつある　4 高まりに際している

경영악화로 이 기업이 도산할 가능성은 높아지고 있다.

문법포인트! ✓ ます형+つつある : ~해지고 있는 중이다, ~가 진행 중이다
✓ 동사て형+ばかりだ : ~하기만 하다 (같은 동작을 몇 번이나 할 때, 항상 같은 동작을 할 때 사용)

어휘 経営悪化(けいえいあっか) 경영악화 | 倒(たお)れる 쓰러지다, 도산하다 | 際(さい)する 어떤 상태나 상황이 되다 (「～に際(さい)して」의 형태로 쓰인다)

32 彼女は集中力がある（ ）実行力もあって、上司に認められた。

1 うえは　2 うえに　3 うえで　4 うえでは

그녀는 집중력이 있는 데다가 실행력도 있어서 상사에게 인정받았다.

문법포인트! ✓ ～うえ(に) : ~인데다가

어휘 集中力(しゅうちゅうりょく) 집중력 | 実行力(じっこうりょく) 실행력 | 認(みと)める 인정하다

33 壊れた掃除機を修理に出そうと（ ）、正常に動き出した。

1 思ったら　2 決めてから　3 思うが早いか　4 決めたところ

고장 난 청소기를 수리 보내려고 했더니, 정상적으로 움직이기 시작했다.

문법포인트! ✓ ～たら : ~하자, 했더니(뒷문장에는 몰랐던 사실, 의외의 사실, 뜻밖의 결과 등이 나온다.)

어휘 掃除機(そうじき) 청소기 | 修理(しゅうり) 수리 | 正常(せいじょう) 정상

34 父親が（ ）になってから、私は10年も介護を続けてきた。

1 寝て以来　2 寝たきり　3 寝たこと　4 寝るだけ

아버지가 완전히 병상에 눕고 나서, 나는 10년이나 간호를 계속해 왔다.

문법포인트! ✓ ～て以来(いらい) : ~한 이래 ✓ ～たきり : 무언가를 한 후 상황이 바뀌지 않음, 그것이 마지막임, ~한 채
✓ 寝(ね)たきりになる : 병 등으로 누워만 있게 되다

어휘 介護(かいご) 간호

35 相談に乗った（　　　）、相手の立場になって考えてほしい。
1 からで　2 からに　3 からでは　4 からには
상담에 응한 이상에는 상대의 입장이 되어 생각해 주었으면 한다.

문법포인트! ~からには / からは : ~한 이상에는, ~할 바에는

어휘 相談(そうだん)に乗(の)る 상담에 응하다 | 立場(たちば) 입장

36 冷蔵庫に飲み（　　　）のコーヒーを入れっぱなしにしないでください。
1 かけ　2 たて　3 あまり　4 のこり
냉장고에 마시다만 커피를 넣은 채로 두지 말아 주세요.

문법포인트! ます형+かけの : ~하다 만 ます형+たて : 갓 ~해서 새로움, 신선함 ます형+っぱなし : ~한 채로 방치함, ~한 채로 둠(부정적인 의미로 사용)

어휘 冷蔵庫(れいぞうこ) 냉장고

37 留学の計画を親に相談した（　　　）、簡単に賛成してくれた。
1 ところ　2 ところを　3 ところで　4 ところへ
유학 계획을 부모님께 상담했더니, 쉽게 찬성해 주었다.

문법포인트! ~たところ : ~했더니

어휘 計画(けいかく) 계획 | 賛成(さんせい) 찬성

38 新製品の発売（　　　）、新聞広告を検討しているところだ。
1 を際して　2 の際して　3 にあたって　4 のあたって
신제품의 발매에 즈음하여, 신문 광고를 검토하고 있는 중이다.

문법포인트! ~にあたって / ~にあたり : ~할 때, ~하는 기회에(이와 유사한 표현으로 「~に際(さい)して / 際(さい)し / 際(さい)しての」도 있다.)

어휘 発売(はつばい) 발매 | 広告 광고 | 検討(けんとう) 검토

39 初めてカナダに行ったときは知り合いもいなくて、どんなに寂しかった（　　　）。
1 ということか　2 というものか　3 ところか　4 ことか
처음 캐나다에 갔을 때는 아는 사람도 없고, 얼마나 외로웠는지.

문법포인트! ～ことか : ~던가, 인지(감정을 강조함)

어휘 知り合い 아는 사람

40 この承認（　　　　）、国民の皆様からのご意見を集めています。

1 の先立って　　2 に先立って　　3 をきっかけに　　4 にきっかけに

이 승인에 앞서서, 국민 여러분들로부터의 의견을 모으고 있습니다.

문법포인트! ～に先立ち / に先立って : ~하기 앞서서, ~하기 전에 ～をきっかけに : ~을 계기로

어휘 承認 승인

41 悩みに悩んだ（　　　　）、その提案を断ることにした。

1 あげく　　2 あげくで　　3 一方　　4 一方で

고민에 고민을 거듭한 끝에, 그 제안을 거절하기로 했다.

문법포인트! ～あげく : ~한 끝에 동사사전형+一方(で) : ~하는 한편(으로), A하는 면도 있지만, 그와는 반대로 B하는 면도 있다

어휘 悩む 고민하다 | 提案 제안 | 断る 거절하다

42 私の話を聞いて、楽し（　　　　）笑っていたことが忘れられない。

1 ふうで　　2 気味に　　3 げに　　4 がちに

나의 이야기를 듣고, 즐거운 듯이 웃고 있었던 것을 잊을 수 없다.

문법포인트! イ형용사い/ナ형용사だ+げ : ~한 듯함, ~한 듯한 모양 ます형 / 명사+気味 : ~한 기운, 기미, 기색 ます형 / 명사+がち : 자주 ~함

문제 8 다음 문장의 ＿★＿에 들어갈 가장 적당한 것을 1 · 2 · 3 · 4 에서 하나 고르세요.

43 希望する大学に行ける ＿＿ ＿＿ ＿★＿ ＿＿ だ。

1 次第　　2 あなた　　3 の努力　　4 かどうかは

희망하는 대학에 갈 수 있는지 어떤지는 당신이 노력하기 나름이다.

정답문장 希望する大学に行けるかどうかはあなたの努力次第だ。

문법포인트! 명사+次第だ(で) : ~하기 나름이다, ~에 달렸다(~에 따라서)

어휘 希望 희망

44 彼と喧嘩 ＿＿ ＿★＿ ＿＿ ＿＿ をしていない。

1 以来　2 仲直り　3 して　4 未だに

그와 싸운 이래 아직도 화해를 안 하고 있다.

정답문장 彼と喧嘩して以来、未だに仲直りをしていない。

문법포인트! ⊘ 명사＋以来 / ～て以来 : ~한 이래

어휘 仲直り 화해 | 未だに 아직껏, 이제껏

45 わが社は年齢や ＿＿ ＿★＿ ＿＿ ＿＿ 採用する予定です。

1 人材を　2 優秀な　3 問わず　4 性別を

저희 회사는 연령이나 성별을 불문하고 우수한 인재를 채용할 예정입니다.

정답문장 わが社は年齢や性別を問わず、優秀な人材を採用する予定です。

문법포인트! ⊘ ～を問わず : ~을 불문하고

어휘 わが社 우리 회사 | 年齢 연령 | 性別 성별 | 優秀 우수 | 人材 인재 | 採用 채용

46 病気を治すには ＿＿ ＿＿ ＿★＿ ＿＿ 自身の意志も大事です。

1 医者の　2 患者さん　3 もとより　4 治療は

병을 고치기 위해서는 의사의 치료는 물론이고, 환자 자신의 의지도 중요합니다.

정답문장 病気を治すには医者の治療はもとより患者さん自身の意志も大事です。

문법포인트! ⊘ ～はもとより/はもちろん～も : ~은 물론이고(당연하고) ~도 ⊘ 동사사전형＋には:~하기 위해서는, ~하려면

어휘 治療 치료

47 急な用事が ＿＿ ＿＿ ＿★＿ ＿＿ 会議には参加できない。

1 しまった　2 入って　3 だから　4 もの

급한 용무가 생겨버려서 회의에는 참가할 수 없다.

정답문장 急な用事が入ってしまったものだから、会議には参加できない。

문법포인트! ⊘ ～ものだから : ~이기 때문에

어휘 急だ 급하다 | 用事 볼 일, 용건

문제 9 다음 글을 읽고, 글 전체의 내용을 생각해서, [48] ~ [51] 안에 들어갈 가장 적당한 것을 1・2・3・4에서 하나 고르세요.

나의 주변에는 필요 없는 것을 끝까지 버리지 못하고[48], 고민하고 있는 사람이 많이 있습니다. 언젠가는 사용할 것이라고 생각하여, 벌써 몇 년이나 사용하지 않은 채 집안에 쌓아 두는 것입니다.

어린 아이를 키우는 어머니의 경우, 아이가 입지 않는 옷이나 사용하지 않는 장난감, 식기가 늘어나 고민하고 있습니다. 연배가 있는 사람은 더 심하여, 자신의 인생과 함께[49] 사 둔 물건을 좀처럼 버리지 않습니다. 확실히 윗세대는 물건을 버리는 것은 자신의 재산이 주는 것 같은 생각이 들어 쓸쓸하다고 느낄지도 모르겠네요. 또는 지금의 젊은 세대는 물건의 소중함을 모르고 돈낭비만 하고 있다고 생각하기 십상입니다.

그렇다고 해서[50] 이러한 물건, 정말로 사용합니까? 물건에 휘둘리지 말고 과감히 손을 놓아 봅시다[51]. 만약 가족의 누군가가 물건을 쌓아두는 습관이 있다면, 본인에게 아무 말 하지 말고 버리는 것이 좋은 방법이라고 생각합니다. 버리는 광경이 보여지면, 강하게 반항하고, 소중한 물건이 눈 앞에서 사라지는듯해서 불안감이나 인생의 허무함마저 들지도 모르므로, 묻지 말고 조금씩 처분해 갑시다.

어휘 周(まわ)り 주위, 주변 | 悩(なや)む 고민하다 | 大勢(おおぜい) (사람이) 많음, 많이 | 積(つ)む 쌓다 | 育(そだ)てる 키우다 | 食器(しょっき) 식기 | 年配(ねんぱい) 연배 | 人生(じんせい) 인생 | 確(たし)かに 확실히 | 世代(せだい) 세대 | 財産(ざいさん) 재산 | 無駄遣(むだづか)い 헛되이 사용함 | ます형+がち ~한 경향이 있음 | 振(ふ)り回(まわ)す 휘두르다, 남용하다 | 思(おも)い切(き)って 과감히 | 手放(てばな)す 손에서 놓다 | 習慣(しゅうかん) 습관 | 黙(だま)る 잠자코 있다, 아무 말 안 하다 | 方法(ほうほう) 방법 | 反抗(はんこう) 반항 | 不安感(ふあんかん) 불안감 | むなしい 허무하다 | 処分(しょぶん) 처분

[48] 1 買い込んで　2 集め出して　3 入り続けて　4 捨て切れず

문법포인트! ⊘ ます형+切(き)れない : 끝까지 ~할 수 없다, 전부 ~할 수 없다 ⊘ ます형+出す : ~하기 시작하다
▶ 捨(す)てきれない 전부 버릴 수 없다, 捨(す)てきれず 전부 버리지 못하고, 買(か)い込(こ)む 대량으로 사다

[49] 1 とともに　2 に従って　3 に応えて　4 の上で

문법포인트! ⊘ ～とともに : ~와 함께 ⊘ ～に従(したが)って : ~함에 따라서 ⊘ ～に応(こた)えて : ~에 부응하여
⊘ ～の上(うえ)で : ~하고 나서, ~한 후

[50] 1 しかも　2 ついては　3 かつ　4 だからといって

문법포인트! ⊘ だからといって 그렇다고 해서 ⊘ しかも 게다가 ⊘ ついては 따라서 ⊘ かつ 게다가, 또한

[51] 1 思う存分捨てましょう　2 思いきって手放しましょう　3 きっちり処分しましょう　4 徹底的に片づけましょう

해설 여기에서는 그동안 쌓아 놓고 있었던 안 쓰는 물건은 과감히 손에서 놓자, 즉 버리자는 문장이 가장 자연스러우므로 2번이 정답이다.

문법포인트! ⊙ 思う存分(おもうぞんぶん) 마음껏, 실컷 ⊙ きっちり 빈틈없이, 정확하게 ⊙ 処分(しょぶん) 처분 ⊙ 徹底的に(てっていてきに) 철저히

문제 10 다음 (1)~(5)의 문장을 읽고, 뒤에 나오는 질문에 대한 답으로서. 가장 적당한 것을 1 · 2 · 3 · 4 중에서 하나 고르세요.

(1)

후쿠오카에 본사가 있는 '다루마 편의점'은 41~54세의 사원의 아이디어를 채택한 도시락을 다음 달부터 발매하기로 했다. 편의점 도시락의 주된 구매자라고 하면, 역시 젊은 층이지만, 앞으로는 중년세대도 편의점 도시락을 사 줄 것이라는 목적으로 개발한 상품이다.

우선, 밥의 양을 젊은 층 대상 상품의 70% 정도로 줄이고, 반찬도 튀김 등 기름진 것을 넣지 않고, 무나 배추 등 채소 반찬을 6종류로 하여, 칼로리나 영양의 밸런스 등을 배려했다. 반찬의 종류가 많은 만큼, 가격은 800엔으로 다소 비싸지만, '다루마 편의점'은 '중년세대의 취향에 맞추어, 어머니의 맛을 이미지화하여 만든 도시락'이라고 말한다. 게다가 매달 한 종류씩 이 시리즈의 신제품을 내놓을 것이라고 한다.

52 이 도시락에 대하여 올바른 것은 어느 것인가?

1 이 도시락의 반찬으로, 튀김 등은 들어있지 않는 듯하다.
2 밥의 양은 보통의 도시락과 별로 차이는 없지만, 반찬은 많다.
3 회사의 젊은 층 사원의 아이디어로 완성된 도시락이다.
4 이 도시락은 이번 달 한정의 것으로, 다음 달부터는 판매하지 않는다.

어휘 本社 본사 | 採用 채용 | 発売 발매 | 主な 주된 | 買い手 사는 사람, 구매자 | ~といえば ~로 말할 것 같으면, ~에 대하여 말하자면 | 若年層 약년층, 청년층 | 中年世代 중년세대 | 狙い 노림, 목적 | 開発 개발 | 商品 상품 | 量 양 | ~向け 행선지나 목적지, 대상을 나타내는 말(~용) | 程度 정도 | 減らす 줄이다 | おかず 반찬 | 揚げ物 튀긴 것 | 油っこい 기름지다, 느끼하다 | 大根 무 | 白菜 배추 | 種類 종류 | 栄養 영양 | 配慮 배려 | 価格 가격 | やや 약간, 조금 | 高め 비싼듯함 | 好みに合わせる 취향에 맞추다 | おふくろ 어머니 | 語る 말하다 | 新製品 신제품 | 通常 통상, 보통 | 若手 젊은 사람 | 限り 한 함, 한정 | 販売 판매

해설 「おかずも揚げ物など油っこいのを入れずに」라는 말이 본문에 나와 있으므로 '튀김 등을 넣지 않은 것 같다'인 1번이 정답이다. 밥의 양은 보통 도시락의 70%정도로 줄이고, 41~54세 사원의 아이디어며, 다음 달부터 판매해 나가기로 했다.

(2)

식사를 빨리할수록 살찌기 쉽다는 연구결과가 나왔다. 연구에 따르면, 비만인 사람이 마른 사람보다, 남성이 여성보다 빨리 먹는다는 것을 알았다.

이것은 영국의 연구팀이 발표한 연구결과로 연구팀의 마이클교수는 '남성이 여성보다 훨씬 빨리 먹는 것에 놀랐다'라고 하며, '성별에 의한 차이가 명확히 나타났다'고 말했다.

연구팀은 식사의 속도와 식사량의 관계를 조사하기 위해 두 가지 연구를 했다. 첫 번째 연구에서는 빨리 먹는 사람은 1분에 88g, 보통 속도의 사람은 71g, 느린 사람은 57g을 먹고 있었다. 또한 남성은 1분당 80칼로리를, 여성은 52칼로리를 섭취하고 있었다. 교수는 '흥미롭게도, 천천히 먹는다고 대답한 남성의 속도가, 빨리 먹는다고 대답한 여성의 속도와 같았다'라고 말했다. 또 다음의 연구에서는 (주)체질량지수가 높은 사람일수록 빨리 먹는 것도 확인.

'빨리 먹는 습관은 고칠 수 있는가'라고 하는 질문에 교수는 '식사의 속도는 태생적인 것으로, 고치는 것은 쉽지 않다'고 말했다. 그러나 시도해 볼 가치는 충분히 있다. 교수는 '음식이 입안에서 보다 오래 머무르도록 하면, 포만감도 느끼기 쉬워진다'고 하며, '자신이 무엇을 먹고 있는지 입으로 파악하고, 삼킨 음식이 위에 도착한 후, 다음 음식을 입에 넣도록'이라고 조언했다.

(주) 체질량지수 : 체중과 신장의 관계로 산출된다. 인간의 비만도를 나타내는 체격지수이다. 일반적으로 BMI (Body Mass Index)라고 불린다.

53 이 글의 내용으로서 올바르지 않는 것은 어느 것인가?

1 이 연구에 따르면, 다이어트를 위해서는 천천히 먹는 것이 최고인 것 같다.
2 인간의 식사 속도는 태어나 자란 가정환경에 따라 결정된다.
3 여성은 남성에 비해, 먹는 속도가 느린 것이 분명해졌다.
4 음식을 잘 씹으면, 배가 부르다고 느끼기 쉽다.

어휘 肥満(ひまん) 비만 | 発表(はっぴょう) 발표 | 早食(はやぐ)い 빨리 먹음 | 驚(おどろ)く 놀라다 | 性別(せいべつ) 성별 | 差(さ) 차이 | 明確(めいかく) 명확 | 現(あらわ)れる 나타나다 | 述(の)べる 말하다, 서술하다 | 普通(ふつう) 보통 | 速度(そくど) 속도 | ～につき ~당 | 摂取(せっしゅ) 섭취 | 興味深(きょうみぶか)い 흥미 깊다 | ～ことに ~하게도 | 指数(しすう) 지수 | 確認(かくにん) 확인 | 癖(くせ) 습관 | 問(と)い 질문 | 生(う)まれつき 태생, 타고 남 | 容易(ようい) 용이함, 쉬움 | 試(ため)す 시험하다 | 価値(かち) 가치 | とどまる 머무르다 | 満腹感(まんぷくかん) 포만감 | 把握(はあく) 파악 | 胃袋(いぶくろ) 위, 위장 | 助言(じょげん) 조언 | ～に限(かぎ)る ~가 최고이다 | 生(う)まれ育(そだ)つ 태어나 자라다 | ～次第(しだい) ~에 따름 | 明(あき)らかだ 분명하다 | 噛む 씹다

해설 식사의 속도는 자란 가정환경에 따라 결정되는 것이 아닌 태생적인 것이라고 했으므로 정답은 2번이다. 4번은 본문에서 음식을 입안에서 보다 오래 머물도록 하면 포만감을 느끼기 쉬워진다고 했는데 그 방법 중 하나가 여러번 잘 씹는 것도 해당되니 본문의 내용이라고 볼 수 있다.

(3)

최근 물가가 급등하고 있는데, 특히 휘발유 가격은 상승세가 이어지고 있다. 휘발유 가격은 원유 생산량이나, 수요와 공급의 균형 등 여러 요소에 의해 결정되는데 휘발유 가격의 상승은 왜 발생하는 것일까?

가장 큰 이유는 원유가격이 비싼 것에 의한다. 원유 공급이 너무 많으면 원유의 가격이 싸지게 되는데, 그 상태를 피하기 위해 OPEC(석유수출기구)는 원유 생산량을 일부러 줄이는 전략을 펴고 있다. 이에 따라 원유의 가격은 높아지고 있는 것이다.

또한 엔화 약세도 영향을 미치고 있다. 원유 결제는 달러로 이뤄지기 때문에 원유가격이 상승하면 거래하는 양은 변하지 않아도 매입 가격이 필연적으로 비싸진다.

게다가, 대형 허리케인이 미국 남부를 강타함에 따라, 멕시코만 유전시설이 피해를 본 것도 영향을 미치고 있다는 것이다.

앞으로 어디까지 기름값이 오를지는 모르지만, '차를 타지 않겠다'는 선택은 좀처럼 할 수 있는 것이 아니다. 휘발유 외에 새로운 비용이 들지 않도록 유지비를 절약하여, 이 시기를 극복하는 수밖에 방법이 없는 것이다.

54 휘발유 가격이 오른 원인으로 생각되는 것은 무엇인가?

1 정부가 원유가격을 설정하고 있기 때문에

2 원유 결제를 엔화로 하고 있으니까

3 원유 생산량을 줄이고 있기 때문에

4차를 타지 않는 사람들이 늘어났기 때문에

어휘 物価 물가 | 高騰 물가가 크게 뛰어오름, 폭등 | 上昇 상승 | 価格 가격 | 原油生産量 원유생산량 | 需要 수요 | 供給 공급 | 要素 요소 | 値上がり 가격 상승 | 避ける 피하다 | わざと 일부러, 고의로 | 減らす 줄이다 | 戦略 전략 | 円安 엔저 | 影響する 영향을 주다 | 決済 결제 | 取引 거래 | 仕入れる 매입하다, 사들이다 | 必然的 필연적 | さらに 게다가, 그 위에, 더 한층 | 大型 대형 | 南部 남부 | 直撃 직격 | メキシコ湾 멕시코만 | 油田施設 원유시설 | 被害を受ける 피해를 입다 | 今後 앞으로 | 費用 비용 | 維持費 유지비 | 節約 절약 | 乗り切る 극복하다, 난국을 돌파하다 | 設定 설정

해설 원유 공급이 너무 많으면 원유의 가격이 싸지는데, 그것을 피하기 위해 OPEC(석유수출기구)는 원유 생산량을 일부러 줄이는 전략을 펴고 있어 유가가 상승하는 것이므로 정답은 3번이다.

(4)

취업활동을 하고 있는 사람이 반드시라고 해도 좋을 만큼 경험하는 것이 서류전형과 면접이다. 이 두 가지를 무사히 마치고 기업에 채용되기 위해 주의해야만 하는 것은 무엇일까?

먼저, 서류전형의 경우인데 요즘은 컴퓨터로 서류를 작성하는 사람이 대부분이다. 이때 주의하지 않으면 안 되는 것이 지원 동기를 여기저기 사용하는 것이다. 응모하는 기업의 업종이나 직종이 비슷하기 때문에 사명이나 부서명을 고쳐 쓰면 괜찮다고 생각할지 모르지만 기업 인사담당자는 세세한 부분까지 확인하고 있다. 조금이라도 부자연스러운 부분이 있으면 채용되지 않기 때문에 제대로 확인해야만 한다.

다음으로 면접의 경우인데 담당자는 복장이나 말투, 표정은 물론 '이 사람이 사풍에 맞는지', '실제 업무에 맞는지'를 판단 재료로 삼는 경우가 많다. 자신을 잘 보이려고 해서 과장된 이야기 하거나, 정확하게 대답하지 않으면 담당자에게 불신감이나 잘못된 인상을 주기 때문에, 면접을 볼 때 매뉴얼 등은 참고하지 말고 하고 싶은 이야기를 자신의 말로 준비한 뒤, 거짓말하지 말고 솔직하게 답하도록 하자.

55 이 문장의 내용에 맞지 않는 것은 무엇인가?

1 서류는 컴퓨터를 사용하여 정성스럽게 써야만 한다.

2 같은 업종이나 직종이라도 지원동기는 여기저기 사용하지 않는 것이 좋다.

3 면접에서는 하고 싶은 말을 스스로 제대로 생각하여 준비하는 것이 좋다.

4 면접 담당자는 복장이나 얼굴 표정도 채용의 판단 재료로 삼고 있다.

어휘 就職活動 취직활동 | 書類選考 서류전형 | 無事に 무사히 | 企業 기업 | 採用 채용 | 作成 작성 | 志望動機 지원 동기 | 使い回し 하나의 것을 여러가지로 사용함 | 応募 응모 | 業種 업종 | 職種 직종 | 社名 사명 | 部署名 부서명 | 書き換える 바꿔 쓰다(적다) | 人事 인사 | 担当者 담당자 | 細かい 꼼꼼하다, 세세하다 | 不自然 부자연 | 不採用 채용이 안 됨 | 服装 복장 | 言葉遣い 언어 사용 | 社風 사풍 | 業務 업무 | 判断 판단 | 材料 재료 | 大げさ 실제보다 정도를 심하게 표현하는 모습 | 不信感 불신감 | 誤る 잘못되다, 그르치다 | 印象

인상 | マニュアル 매뉴얼 | 参考(さんこう) 참고 | ~上(うえ)で ~한 후에 | 嘘(うそ) 거짓말 | 素直(すなお)だ 솔직하다 | 丁寧(ていねい)だ 공손하다, 정중하다 | しっかり 제대로, 확실히

해설 요즘은 컴퓨터로 서류를 작성하는 사람이 대부분이라고 했지, 서류를 컴퓨터로 정성스럽게 작성해야만 한다라는 내용은 없으므로, 정답은 1번이다.

(5)

일본전자정보기술산업협회가 어제 발표한 작년도 PC 국내출하대수는, 전년대비 4.1% 감소하여 1275만대였다. 작년도의 상반기는, 전년 같은 달 대비 14% 증가하는 성장을 기록했지만, 7월 이후부터는 6개월 연속 전년 대비 하락하였다. 출하대수가 크게 증가와 감소를 반복한 것은, 작년 4월에 미국 마이크로유닛의 기본 소프트 '윈도우 AZ8.0'의 서포트가 종료해서 새 것으로 다시 사는 수요가 증가했지만, 그것이 잠잠해지자 이번에는, 소비세율 인상 전에 서둘러 사 두자는 수요가 증가하여, 하반기에는 그 반동으로 수요가 감소한 것이 요인이다. 일본전자정보기술산업협회는 '이 경향은 당분간 지속된다'고 보고 있다.

한편, PC와 경합하고 있는 태블릿PC는 시간이 지날수록 출하대수가 늘어가는 모습이 계속되고 있다. 어떤 조사회사에 따르면, 작년도 상반기의 국내 출하대수는 전년도 같은 기간대비 18% 증가하여 536만대. 작년도 1년 동안에만 전년대비 19% 증가하여 975만대였다.

56 작년도 PC 국내출하대수에 대하여 올바른 것은 어느 것인가?

1 1년 동안 커다란 증감이 없는 안정된 판매량을 기록했다.
2 출하대수의 증감은, 일본국내 이외의 사정과는 관계가 없는 것 같다.
3 작년도 상반기는, 전년도 같은 달 대비 두 자릿수의 성장을 기록했다.
4 태블릿 PC에 비하여, 전체적으로 봐서 출하대수가 늘었다고 말할 수 있다.

어휘 情報(じょうほう) 사정, 정보 | 産業(さんぎょう) 산업 | 協会(きょうかい) 협회 | 発表(はっぴょう) 발표 | 出荷(しゅっか) 출하 | 台数(だいすう) 대수 | 前年比(ぜんねんひ) 전년대비 | 上半期(かみはんき) 상반기 | 同月比(どうげつひ) 같은 달 대비 | 伸(の)び 성장함, 늘어남 | 記録(きろく) 기록 | 連続(れんぞく) 연속 | 割(わ)れ (시세가 어떤 값 이하로) 떨어짐 | 繰(く)り返(かえ)す 반복하다 | 終了(しゅうりょう) 종료 | 買(か)い替(か)え 새 것으로 사서 바꿈 | 需要(じゅよう) 수요 | おさまる 수습되다, 안정된 상태가 되다 | 消費税率(しょうひぜいりつ) 소비세율 | 引(ひ)き上(あ)げ 인상 | 駆(か)け込(こ)み 뛰어듦, 서두름 | 下半期(しもはんき) 하반기 | 反動(はんどう) 반동 | 要因(よういん) 요인 | 傾向(けいこう) 경향 | 当面(とうめん) 당면 | 競合(きょうごう) 경합 | 端末(たんまつ) 단말 | 右肩上(みぎかたあ)がり(꺾은선 그래프에서 오른쪽으로 갈수록 올라가는 것에서) 시간이 지날수록 수량이 늘어가는 모습 | 명사(시제)+を通(とお)して 명사(시제) 내내 | 事情(じじょう) 사정 | けた 자릿수

해설 작년도 PC 국내출하대수는 증가와 감소를 반복했으며, 미국 마이크로유닛의 기본 소프트 '윈도우 AZ8.0'의 서포트가 종료하자 소비자는 새 것으로 샀고, 태블릿PC는 시간이 지날수록 수량이 늘어가는 모습이 계속되고 있으나 PC는 7월부터 감소추세에 있다. 따라서 정답은 작년 상반기에 14% 성장했다는 내용이 있는 3번이 정답이다.

문제 11 **다음의 (1)~(3)의 문장을 읽고, 뒤에 나오는 질문에 대한 답으로서. 가장 적당한 것을 1·2·3·4 중에서 하나 고르세요.**

(1)

어느 대학의 교수가 학생들에게 '①여러분은 소설을 읽을 때, 어떤 방법으로 읽습니까?'라고 질문해 보았다. 감정이입을 하면서 천천히 읽는 사람도 있다면, 주인공 같은 것에 감정이입을 안 하고, 평범하게 이야기를 따라가는 느낌으로 읽는 사람도 있었다. 또한 드라마나 영화를 보는 것처럼 정경을 떠올리면서 문체를 맛보는 사람도 있어서 책을 즐기는 방법은 여러가지였다.

이 교수는 연간 약 100권의 소설을 읽는다. 마찬가지로 독서를 좋아하는 지인과 이야기하던 중, 책을 읽는 방법이 다르다는 것을 처음으로 알았다고 한다. 지인은 '문장을 읽을 때, 드라마나 영화와 같이 정경을 생각하면서 문체를 음미한다'임에 반해, 교수는 '완전히 주인공이 되어서, 감정을 이입하면서 읽는다. 영상이나 정경은 거의 떠오르지 않는다'라고 한다.

그래서 다른 사람은 어떻게 책을 읽는가에 관심이 생겨서, 학생들에게 질문을 던졌더니, ②정경을 떠올리면서 읽는 유형이 가장 많았다. '등장인물이 드라마나 영화와 같이 돌아다닌다' '집의 방 배치나 방의 레이아웃까지 상세히'라고 장면을 상상하며 읽은 사람이 눈에 띄었다. '리얼한 이미지가 떠오르기 때문에, 공포 소설은 읽지 않는다'라고 고민하는 사람도 있었다.

또한 '뜨겁다, 가볍다, 시끄럽다와 같은 체험'이나 '음식 냄새나 번화가의 소음'까지 떠오르는 사람도 있는 등 영상만이 아니다.

같은 책을 여러 번 읽는 사람도 있었다. '처음에는 속독으로, 두 번째는 차분하게 다시 읽는다'라는 대답도. '어린 시절에 읽은 책을 어른이 되어 다시 읽고, 또 새로운 발견을 할 수 있는 것에 깜짝 놀랐다'라는 대답도 있다. 경험과 연륜을 쌓았기 때문에 책의 인상도 달라지는 것 같다.

57 '①여러분은 소설을 읽을 때, 어떤 방법으로 읽습니까?'라고 묻게 된 계기는 무엇인가?

1 다른 사람의 책을 즐기는 방법이 궁금했다.
2 영화의 정경을 떠올리면서 소설을 읽고 싶었다.
3 소설을 더 즐길 수 있는 방법을 알고 싶었다.
4 자신도 소설의 주인공이 되고 싶었다.

해설 지인과 자신의 책을 읽는 방법이 다른 점에서 다른 사람은 어떻게 책을 읽는가에 관심이 생기고, 학생들에게 질문을 던진 것이므로 정답은 1번이다.

58 ②정경을 떠올리면서 읽는 유형에 보이는 특징이 아닌 것은 무엇인가?

1 방의 상세한 구조까지 마음속에 그려진다.
2 등장 인물이 마치 살아있는 것처럼 생각한다.
3 마치 드라마라도 보고 있는 것처럼 느낀다.
4 문자 자체가 직접 마음에 전해져 오는 것 같은 생각이 든다.

해설 '등장인물이 드라마나 영화와 같이 돌아다닌다', '집의 방 배치나 방의 레이아웃까지 상세히'라고 장면을 상상하며 읽은 사람도 있을 정도이지만, 문자 자체가 직접 마음에 전달된다는 내용은 없었으므로 정답은 4번이다.

59 이 글의 내용과 맞지 않는 것은 어느 것인가?

1 자신이 완전히 등장 인물이 되어서, 책을 즐기는 사람도 있는 것 같다.
2 문장을 읽으면, 영상이나 정경 이외의 것은 떠오르지 않는 것 같다.
3 구체적인 광경을 떠올리는 것도 책을 즐기는 방법 중 하나이다.
4 재독하여, 작품의 새로운 가치를 알 때도 있다.

해설 본문에 보면 '뜨겁다, 가볍다, 시끄럽다와 같은 체험'이나 '음식 냄새나 번화가의 소음'까지 떠오르는 사람도 있는 등 영상만이 아니라고 했으므로 정답은 2번이다.

어휘 尋ねる 질문하다 | 感情 감정 | 移入 이입 | 主人公 주인공 | 普通 보통 | 物語 이야기 | 追う 쫓다 | 情景 정경 | 思い浮かべる 마음 속에 그려보다 | 文体 문체 | 味わう 맛보다, 음미하다 | 同じく 마찬가지로 | ます형+つつ ~하면서 | ~に対して ~한데 반하여 | ます형+きる 끝까지 완전히 ~하다 | 映像 영상 | 浮かぶ 떠오르다, 생각나다 | そこで 그래서 | 興味がわく 흥미가 생기다 | 投げかける 던지다 | ~たところ ~했더니 | 登場人物 등장인물 | 歩き回る 걸어 돌아 다니다 | 間取り 방 배치 | 詳細 상세 | 恐怖 공포 | 体験 체험 | 繁華街 번화가 | 騒音 소음 | 速読 속독 | じっくり 차분하게, 곰곰이 | 年齢 연령 | 重ねる 겹치다, 거듭하다 | 印象 인상 | 構造 구조 | 具体的に 구체적으로 | 光景 광경 | 再読 재독, 다시 읽음 | 価値 가치

(2)

돈은 생활에 빠뜨릴 수 없는 것이다. 돈을 쓰지 않으면 생활할 수 없다. 그러나 그중에는 필요한 경우에도 ①돈을 별로 쓰고 싶어 하지 않는 인색한 사람들도 있다. 그래서 그런 사람에게는 어떤 특징이 있는지 알아보려고 한다.

우선 첫 번째 특징으로 거론되는 것은 '돈이 없다', '아깝다'가 입버릇이 돼 있다는 것이다. 인색한 사람들은 돈을 지불하는 것이 무엇보다 싫기 때문에 주위에도 '돈을 지불하고 싶지 않다'는 어필을 하며 쓸데없는 지출을 하지 않도록 자신을 연출하고 있는 것이다.

두 번째로 거론되는 것은 돈을 모으는 것이 취미가 되고 있다는 것이다. 정말로 저축을 잘하는 사람은 쓰는 돈과 쓰지 않는 돈을 확실히 구별하고, 게다가 저축도 제대로 하지만, 인색한 사람은 특별한 목적 없이 그저 저축액이 늘어나는 것을 즐기기만 하는 사람이 많은 것 같다.

그리고 세 번째로 거론되는 것은 주위 사람들에게 식사를 대접하는 일은 절대 하지 않는다는 것이다. 인색한 사람들은 ②손득으로 움직이기 때문에 '이 사람이나 물건에 돈을 써서 본전을 찾을 수 있는가' '유익한가'를 항상 생각하고 있다. 그 때문에 조금 돈에 여유가 있어도 자신으로부터 대접하는 일은 일체 없다. 상대방에게 대접을 받았으니, 그 보답이라는 생각도 없는 것이다.

이런 사람들이 있는가 한 편, 잘 아끼고 자신이 쓸 수 있는 돈 속에서 여유를 만들어 생활하고 있는 사람도 있다. 그저 단지 돈을 쓰지 않겠다는 것이 아니라, 어디에 돈을 투자해야만 하는지, 어디에 돈을 들이지 않는지를 확실히 파악하여 능숙하게 돈과 어울려 가는 것이 중요하다고 생각한다.

60 ①돈을 별로 사용하고 싶어하지 않는 인색한 사람들이 있는데, 이 특징에 맞지 않는 사람은 누구인가?

1 주변 사람들에게 자신이 돈이 없다는 것을 어필하고 있는 사람
2 저축할 목적은 없고, 단지 돈이 늘어나는 것을 즐기고 있는 사람
3 친구나 지인에게 답례나 감사라는 의미로 대접하는 사람
4 조금 돈에 여유가 있어도, 다른 사람에게 돈을 쓰는 일이 없는 사람

해설 돈을 별로 쓰고 싶어하지 않는 인색한 사람은 조금 돈에 여유가 있어도 자신으로부터 대접하는 일은 일체 없으며, 상대방에게 대접받았으니 그 보답이라는 생각도 없다고 했으니 정답은 3번이다.

61 ②손익으로 움직인다고 되어 있는데, 이 예로서 적당하지 않은 것은 어느 것인가?

1 자신에게 있어서 메리트가 없기 때문에 친구와의 술자리에는 참석하지 않는다.
2 영업 성적을 올리기 위해 꺼려하는 손님을 접대하다.
3 자원봉사로 외국인 아이에게 일본어를 가르치다.
4 뷔페에서 본전을 뽑기 위해 요리를 무리하게 주문하다.

해설 1번은 쓸데없는 지출이 되어 자신에게 손해이므로 안 갈 것이고, 2,4는 자신에게 이득이 되므로 실행하지만, 3번은 그 어느 쪽도 속하지 않으므로 정답이다.

62 이 문장의 내용에 맞는 것은 어느 것인가?

1 아깝다는 말을 자주 하는 사람은 제대로 절약하고 있는 사람이다.
2 저축을 잘하는 사람은 쓰는 돈과 쓰지 않는 돈을 분명히 나누고 있다.
3 장래를 위해서라도 저금액은 확실히 파악해 두어야 한다.
4 인색한 사람이라도 돈에 여유가 있을 때는 친구에게 식사를 사준다.

해설 돈에 인색한 사람은 제대로 절약하거나 저축하는 것이 아닌, 그저 저축액이 늘어나는 것을 즐기기만 하는 사람이라고 했으며, 3번의 내용은 본문에 없었고, 조금 돈에 여유가 있어도 자신으로부터 대접하는 일은 일체 없다고 했으니 정답은 2번이다.

어휘 欠(か)かす 빠뜨리다 | ケチ 쓸데없이 금품을 아낌, 그런 사람, 인색함 | 特徴(とくちょう) 특징 | 挙(あ)げる 들다, 열거하다 | もったいない 아깝다 | 口癖(くちぐせ) 입버릇 | 周囲(しゅうい) 주위 | 無駄(むだ) 쓸데 없음 | 出費(しゅっぴ) 지출 | 演出(えんしゅつ) 연출 | お金(かね)を貯(た)める 돈을 모으다 | 貯金(ちょきん) 저금 | はっきり 분명히 | 区別(くべつ) 구별 | そのうえで 그 위에, 게다가 | 貯蓄(ちょちく) 저축 | しっかり 제대로 | 貯金額(ちょきんがく) 저금액 | ごちそうする 대접하다 | 損得(そんとく) 손득(손해와 이득) | 元(もと)を取(と)る 본전을 뽑다 | 有益(ゆうえき) 유익 | 常(つね)に 항상 | 余裕(よゆう) 여유 | 一切(いっさい) 일체, 전혀 | おごる 한 턱 내다 | お返(かえ)し 답례 | 一方(いっぽう)で ~하는 한 편(반면) | 節約(せつやく) 절약 | ただ 단지, 그저 | 単(たん)に 단순히 | 投資(とうし) 투자 | 把握(はあく) 파악 | 付(つ)き合(あ)う 어울리다, 교제하다, 함께하다 | 当(あ)てはまる 해당하다, 적합하다 | お礼(れい) 감사하는 것, 감사의 인사, 감사의 선물 | 営業成績(えいぎょうせいせき) 영업성적 | 接待(せったい) 접대 | ボランティア 자원봉사 | 食(た)べ放題(ほうだい) 뷔페 | 無理(むり)やり 무리하게, 억지로 | 将来(しょうらい) 장래

(3)

최근 친환경과 패션, 디자인 관련 분야에서 볼 수 있게 된 '업 사이클'이라는 말이 있다. 업 사이클이라는 것은 폐품 및 사용하지 않는 것을 새로운 소재나 더 나은 제품으로 변환하여 가치를 높이는 것을 말한다. 폐품 이용은 오래 전부터 있었지만, 의외의 소재가 갖는 화제성이 최근 특징으로, 환경 보호의 관점에서 새로운 문화로 자리 잡을 것도 기대되고 있다.

상품은 다채롭다. 예를 들어 오래된 옷의 재활용. 종래대로라면, 걸레로 만들었을 것이다. 그렇다면 걸레는 의류에 비해 가치가 떨어지게 된다. 이렇게 재활용으로 물건의 가치가 떨어지는 것을 '다운 사이클'이라고 한다. 한편, 그 오래된 옷의 천을 활용하여 세련된 가방이나 액세서리를 만들었다 하자. 오래된 옷으로서의 가치가 하락했던 것이 재탄생하여 새로운 가치가 생긴다. 이런 것을 업 사이클이라고 부르는 것이다. 또한 헌옷의 버튼으로 만든 자석이나 전원 플러그를 활용 한 열쇠고리 등도 제조되고 있다. 설명을 읽지 않으면,

원래의 소재가 무엇인지 알 수 없는 것까지 있다.

구미의 상점에는 재활용이라고는 생각되지 않는, 오히려 재활용이기에 세련되고 귀여운 '업 사이클' 상품이 줄지어있다. 자원을 낭비하지 않고 환경을 보호하는 관점에서 업 사이클 제품을 선택하는 것이 이미 일반적으로 되어 있다고 한다. 미래를 위해, 일본에서도 더 확산되어 정착하길 바란다.

63 '업 사이클'에 대한 설명으로 옳은 것은 무엇인가?

1 '업 사이클'은 주로 새로운 소재를 사용하여 제품을 만든다.
2 '업 사이클'은 자연환경을 해치기 때문에 중단해야만 한다.
3 '업 사이클'은 재활용으로 인해 물건의 가치를 올린다.
4 '업 사이클'은 새 옷으로 걸레 등을 만든다.

해설 본문에 '업 사이클이라는 것은 폐품 및 사용하지 않는 것을 새로운 소재나 더 나은 제품으로 변환하여 가치를 높이는 것을 말한다'라는 내용이 있으므로 정답은 3번이다.

64 이 글의 내용과 맞는 것은 어느 것인가?

1 이전에는 옷을 재활용하여 정장을 만드는 것이 보통이었다.
2 폐품 이용도 좋지만, 환경 보호를 위해 장려할 수 없다.
3 업 사이클은 이미 일본에 뿌리를 내렸다고 말할 수 있다.
4 재활용으로 원래 상품 이상의 가치를 만들어 낼 수도 있다.

해설 종래대로라면 옷을 걸레로 만드는 정도이며, 폐품 이용은 환경보호에 도움이 되고, 일본에서도 앞으로 정착하기를 바란다고 했으므로 정답은 4번이다.

어휘 関連 관련 | 廃物 폐품 | 素材 소재 | 変換 변환 | 高める 높이다 | 指す 가리키다 | 意外だ 의외이다 | 話題性 화제성 | 特徴 특징 | 環境 환경 | 保護 보호 | 観点 관점 | 定着 정착 | 期待 기대 | 多彩 다채 | 従来 종래 | 雑巾 걸레 | 比べる 비교하다 | 布 천 | 生まれ変わる 다시 태어나다 | 新ただ 새롭다 | 古着 낡은 옷 | マグネット 자석 | 製造 제조 | 欧米 구미 | むしろ 오히려 | 資源 자원 |無駄使い 낭비 | 一般的 일반적 | 広がる 넓어지다, 확산되다, 퍼지다 | 主に 주로 | 損なう 파손하다, 해치다 | 新品 새 것, 새 제품 | 勝る 뛰어나다, 우수하다 | 劣る 뒤떨어지다 | 等しい 동등하다 | 普通 보통 | 奨める 장려하다 | すでに 이미 | 根付く 뿌리를 내리다 | もと 원래 | 作り出す 만들어내다

문제 12 다음 문장은 '수업 중 컴퓨터 사용'에 관한 주장이다. 두 문장을 읽고 뒷 질문에 대한 답으로 가장 좋은 것을 1·2·3·4 중 하나 고르세요.

A

최근에는 대학 수업에서도 노트에 쓰지 않고, 컴퓨터나 태블릿에 직접 입력하는 사람들이 늘고 있는데, 개인적인 의견으로는 기록하기 위해서만 수업 중 컴퓨터를 사용하는 것은 금해 주길 바란다고 생각하고 있다.

가장 큰 이유는 타이핑 소리가 시끄러워서 수업에 집중할 수 없기 때문이다. 이전에 수업 중에 옆 학생이 컴퓨터를 사용하고 있었는데, 수업 중 '탁탁'하고 컴퓨터 치는 소리가 들려 그 소리가 신경 쓰여 수업 내용이 전혀 머리에 들어오지 않았던 적이 있었다. 종이에 쓰는 것과 마찬가지로 컴퓨터로 노트하고 있다는 것은 이해할 수 있지만, 아무래도 타이핑 소리에 정신이 팔려 버린다.

물론 수업 자료를 파일로 확인할 수 있고 교수가 지시한 동영상 등을 그 자리에서 볼 수 있다는 장점은 있다. 하지만 타이핑소리로 인해 수업 내용이 들리지 않고, 수업을 방해하게 되어 버리는 경우가 많기 때문에 [수업 중에는 컴퓨터 사용을 금지한다]는 규칙을 만들어야 한다고 생각한다.

B

나는 수업 중에 컴퓨터를 사용하여 노트하고 있다. 타이핑 소리는 조금 시끄러울 수 있지만, 내가 듣는 수업에서는 대부분의 학생들이 그렇게 하기 때문에 특별히 신경 쓰이지 않는다.

대학생이 되고 나서 이렇게 하기 시작했는데 종이 노트보다 관리하기 쉬운 게 가장 큰 장점이다. 수업마다 만든 노트를 일부러 가지고 다니지 않아도 되고, 보관이나 두는 장소도 곤란하지 않다. 그리고 열화 되는 일도 없고 데이터로서 반영구적으로 보관이 가능한 것이다.

또, 최근의 수업에서는 수업 중의 프린트도 파일로서 배포하는 일도 많다. 그 파일에는 컴퓨터로 직접 입력이 가능하기 때문에 수업 내용을 입력하는 것으로, 그대로 자료로서 저장할 수 있고 편집이나 수정도 간단하게 할 수 있기 때문에 편리한 일뿐이다.

직접 펜으로 쓰면서 노트하는 편이 이해하기 쉽다는 사람도 있겠지만, 나는 이 편리함을 맛보고 나서는 직접 문자를 쓰고 노트하는 일이 없어졌다. 앞으로 이런 학생들은 점점 늘어날 것이다.

65 '수업 중 컴퓨터 사용'에 관한 A와 B의 주장으로 옳은 것은 어느 것인가?

1 A는 컴퓨터로 노트하고 있는 사람들은 수업에 집중을 못하고 있다고 서술하고 있다.

2 B는 타이핑 소리가 시끄러워서 컴퓨터로 노트 필기하는 것을 그만뒀다고 서술하고 있다.

3 A는 수업 중 컴퓨터 사용은 자료를 파일로 확인하거나 동영상을 보거나 할 수 있기 때문에 장점이 많다고 서술하고 있다.

4 B는 수업 내용을 데이터로 남길 수 있기 때문에 관리와 보관이 편하다고 서술하고 있다.

해설 1, 2번의 내용은 본문에 없었으며, 3번의 내용은 B의 주장이므로 정답은 4번이다.

66 A와 B의 내용으로 옳은 것은 어느 것인가?

1 A는 수업 중 컴퓨터 사용은 금지해야 한다고 하고, B는 타이핑 소리가 시끄러우므로 수업 중에는 사용을 삼가하는 것이 좋다고 서술하고 있다.

2 A는 타이핑 소리에 정신이 팔려 수업에 집중할 수 없다고 하고, B는 대부분의 학생들이 타이핑을 하기 때문에 신경이 쓰이지 않는다고 서술하고 있다.

3 A도 B도 컴퓨터로 노트하면, 저장이나 관리가 편하기 때문에 적극적으로 해야 한다고 서술하고 있다.

4 A도 B도 컴퓨터를 사용함으로써 글자를 쓰는 일이 적어지는 학생들이 늘어날 것이라고 서술하고 있다.

해설 기본적으로 A는 수업 시간에 컴퓨터로 노트하는 것을 반대, B는 찬성하는 입장이다. 따라서 1번은 A의 주장에 가까우며, 3번과 4번은 B의 주장에 가까우므로 정답은 2번이다.

어휘 文章 문장 | 使用 사용 | ~に関する ~에 관하다, ~에 관한 | 主張 주장 | 問い 질문 | 最も 가장 | タブレット 태블릿 PC | 直接 직접 | 入力 입력 | 個人的 개인적 | 記録 기록 | 禁止 금지 | 集中 집중 | カタカタ 단단한 것과 맞닿을 때 내는 가벼운 느낌의 소리를 나타내는 말 | パソコンを打つ PC를 치다 | 気になる 신경 쓰이다 | 全く 전혀 | ノートをとる 노트하다, 적다 | どうしても ①무슨 일이 있어도 ②아무리 해도 | 気を取られる 주의를 뺏기다 | 指示 지시 | 動画 동영상 | その場で 그 자리에서 | メリット 장점 | 邪魔 방해 | ~べきだ ~해야만 하다 | 管理 관리 | ~ごとに ~마다 | 持ち歩く 가지고 다니다 | ~ずにすむ ~하지 않고 끝나다, 해결되다 | 保管 보관 | 置き場所 놓는 장소 | 劣化 시간이 지남에 따라 품질 · 성능이 떨어지는 것 | 半永久的 반영구적 | 配布 배부, 배포 | 可能 가능 | 打ち込む PC에 (워드 등을) 쳐서 넣다, 필기해 넣다 | 保存 보존 | 編集 편집 | 修正 수정 | 味わう 맛보다 | ますます 점점 더 | 述べる 기술하다, 서술하다 | 控える 삼가다 | 積極的 적극적

문제 13 다음의 문장을 읽고, 뒤에 나오는 질문에 대한 답으로서. 가장 적당한 것을 1 · 2 · 3 · 4중에서 하나 고르세요.

미용 의식이 높아짐에 따라 (주1)제모 관리가 일반화되고 저연령화가 진행되고 있다. 최근에는 저렴한 가격으로 시술을 받을 수 있게 된 것도 있어서, 초등학생을 대상으로 한 살롱이나 클리닉도 늘어나 자녀 제모를 생각하는 부모도 많다.

아이가 제모하는 주된 장점은 (주2)콤플렉스로부터 해방된다는 것이다. (주3)사춘기가 되면 외모에 신경을 쓰기 시작하는 것이 많아진다. '눈썹이 연결돼 있어 부끄럽다', '다른 사람보다 털이 진해서 싫다'와 같은 털로 인한 정신적 스트레스를 느끼고 있다면, 제모를 하나의 선택지로 생각하는 것도 나쁘지는 않다.

또 아이 때부터 제모를 해두면 스스로 처리하는 것으로 인한 피부 트러블을 피할 수도 있다. 스스로 처리하면 출혈이 생기거나 가려워지거나 심할 경우 염증이 발생하는 일도 있지만, 제모를 함에 따라 자기가 처리하는 횟수가 줄어들기 때문에, 피부 트러블을 줄이고 깨끗한 피부를 유지할 수 있다. 그 때문에, 일찍부터 시작해 두어서 손해는 없는 것이다.

이러한 장점은 있지만 전문가들은 초등학생을 대상으로 하는 시술은 신중하게 생각해 달라고 말한다. 왜냐하면 아이들은 체육 수업이나 야외 놀이가 많기 때문에 햇볕에 그을릴 기회가 많기 때문이다. 햇볕에 그을렸다는 것은 피부가 가벼운 염증을 일으키고 있는 상태이며, 시술함으로써 그 염증이 악화되는 경우가 있다. 또한 사용하는 기계에 따라서는 화상을 입을 가능성도 있기 때문에 주의해야 한다.

또 아이 피부는 어른보다 민감하기 때문에 어른이라면 문제없는 시술도 아이 피부의 경우는 붉어지거나 통

증을 강하게 느끼거나 하는 경우도 있다. 모처럼 예뻐지려고 생각해서 제모를 했는데 피부가 상할 수 있어서, 아이가 정신적으로도 상처를 받게 되는 경우도 있기 때문이다.

살롱 중에는 '아이라도 의료나 레이저 제모를 할 수 있다', '아이의 제모는 요금이 싸다'는 것을 세일즈포인트로 삼고 있는 곳도 있지만, 명확하게는 알 수 없다. 적절한 시술을 받기 위해서라도 실상을 제대로 파악하고 나서 자녀 제모를 검토해 주길 바란다고 생각한다.

(주1) 제모 : 털을 제거하는 것
(주2) 콤플렉스 : 자기자신의 싫어하는 점, 열등감
(주3) 사춘기 : 2차 성징이 나타나 신체나 정신적으로도 큰 변화가 나타나는 시기

67 아이가 제모하는 장점이 아닌 것은 어느 것인가?

1 외견적 콤플렉스에서 해방된다.
2 가려움이나 염증 등 피부 트러블을 없앨 수 있다.
3 자기가 처리하는 횟수가 줄어 피부 트러블이 적어진다.
4 피부를 깨끗한 상태로 유지할 수 있다.

해설 가려움이나 염증 등 피부 트러블을 없애기 위해 제모하는 것이 아니라, 제모를 함으로써의 후유증이므로 2번이 정답이다.

68 전문가들이 자녀 제모는 신중하게 생각해 주길 바란다고 말하는 이유는 무엇인가?

1 햇볕에 타는 일이 많은 아이들은 제모기구에 의해 화상을 입을 가능성이 있으니까
2 아이는 어른보다 피부가 예민하기 때문에 제모 중 반드시 강한 통증을 느끼게 되 버리니까
3 아이의 제모는 요금이 싸기 때문에 어른들과 똑같이 시술 받을 수 없으니까
4 아이가 제모를 한 후에는 가벼운 염증을 일으켜 버려서 피부가 상하니까

해설 2번의 햇볕에 탄 상태에서 제모를 하면 통증을 강하게 느끼는 경우도 있다고 했지, 반드시 강한 통증을 느끼는 것은 아니고, 4번은 제모를 한 후에는 가벼운 염증을 일으키는 것이 아니라 햇볕에 피부가 탄 것이 이미 가벼운 염증이 일어난 상태라고 했으니 정답은 1번이다.

69 이 문장의 내용에 맞는 것은 어느 것인가?

1 제모 케어의 저연령화로 인해, 초등학생을 대상으로 한 제모 살롱이 계속 늘고 있다.
2 살롱에서 시술하는 것보다 스스로 제모를 하는 것이 피부 트러블은 적다.
3 부모는 살롱의 실정을 제대로 파악하고 나서, 아이에게 제모를 시킬지를 생각해 주기 바란다.
4 아이의 피부는 어른보다 민감하지 않기 때문에 일찍부터 제모를 해 두어야만 한다.

해설 초등학생을 대상으로 한 제모 살롱이 계속 늘고 있다고는 하지 않았으며, 살롱에서 시술하는 것이 피부 트러블이 적으며, 아이의 피부는 어른보다 민감하므로 정답은 3번이다.

어휘 美容意識(びよういしき) 미용 의식 | 高(たか)まる 높아지다 | 脱毛(だつもう)ケア 제모 케어 | 一般化(いっぱんか) 일반화 | 低年齢化(ていねんれいか) 저연령화 | 低価格(ていかかく)

저렴한 가격 | 施術 시술 | 対象 대상 | 解放 해방 | 思春期 사춘기 | 外見 외견, 외모 | 気にする 신경 쓰다 | 眉毛 눈썹 | つながる 연결되다, 이어지다 | 恥ずかしい 부끄럽다 | 濃い 진하다 | 精神的 정신적 | 選択肢 선택지 | 処理 처리 | 肌トラブル 피부 트러블 | 回避 회피 | 可能 가능 | 出血 출혈 | かゆい 가렵다 | 炎症が起きる 염증이 일어나다 | 回数 횟수 | 維持 유지 | 損 손해 | 専門家 전문가 | 慎重 신중함 | 体育 체육 | 外遊び 밖에서 놀기 | 日焼けをする 햇볕에 타다 | 悪化 악화 | 使用 사용 | 機械 기계 | やけどをする 화상을 입다 | 敏感 민감 | 痛み 통증 | 傷つく 상처가 되다, 상하다 | 医療 의료 | 売りにする 세일즈 포인트로 삼다 | 明確 명확 | 実情 실정 | しっかり 제대로, 확실히 | 把握 파악 | 検討 검토 | 器具 기구 | ます형+つつある 계속 한 방향으로 변화하고 있다

문제 14 **다음은 통신 판매 이용 안내이다. 아래의 질문에 대한 대답으로 가장 적당한 것을 1 · 2 · 3 · 4에서 하나 고르세요.**

70 이 사이트에서 상품을 주문할 때, 배달일을 지정할 수 있는 것은 어느 것인가?

1 5월 15일에 먹기 위하여 5월 11일에 주문한다.
2 7월 3일에 먹기 위하여 6월 29일에 주문한다.
3 9월 21일에 먹기 위하여 9월 12일에 주문한다.
4 12월 11일에 먹기 위하여 12월 9일에 주문한다.

해설 배송 희망일이 있다면 1주일 이상 전으로 지정해 달라고 했으므로 7일 이상의 여유를 갖고 있는 3번이 정답이다.

71 문장의 내용으로 올바른 것은 어느 것인가?

1 운송업자에게 상품 대금과 배송료를 전달하고 상품을 받을 수 있다.
2 반품을 원하는 경우 4일 이후에 응할 수 있다.
3 이 사이트에서는 상품의 배송료는 지역마다 다르다.
4 해동된 제품은 오래가므로, 일주일 이내로 먹으면 된다.

해설 지불 방법 중 상품이 자택에 도착 후 지불하는 「商品代引」가 있다. 반품을 원하면 상품도착 후 3일 이내라고 했으며, 배송료는 전국 동일, 해동된 제품은 당일 중으로 드셔야 한다고 했으므로 정답은 1번이다.

통신 판매 – 장어 구이 (국내산)

1. 내용량 : 장어 구이 200g×3, 특제 소스 (100ml) ×3

2. 유통기한 ① 냉장 또는 해동된 경우 : 당일에 드세요.
② 냉동실에 저장하는 경우 : 제조일로부터 10일 이내에 드세요.

※ 배송 희망 일이 있으시면 저희 영업일 일정을 확인 후, 일주일 이상 전 날에 날짜를 지정해 주십시오.

3. 정상 판매 가격 : 10,300엔(세금 포함, 100 포인트 적립)

4. 이용 가이드

(1) 지불 방법 : 지불 방법은 아래와 같은 지불 방법을 이용하실 수 있습니다.

① 은행 입금(선불)

② 상품이 자택에 도착 후 지불

③ 신용 카드 결제

④ 편의점 결제(선불)

(2) 반품에 대해

반품 · 교환을 희망하시는 경우에는 아래의 주의 사항을 확인하신 후, 상품 도착 후 3일 이내에 전화 또는 문자로 당사로 연락 주시기 바랍니다. 상품 도착 후 4일 이후의 반품 · 교환은 응하지 않으므로 주의하시기 바랍니다. 그 외의 기타 상담에 대해서는 당사로 연락 주십시오.

(3) 배송에 대해

ABC 운수 주식회사(아이스팩과 아이스박스로 신선배송)로 상품 배송을 실시하고 있습니다. **배송료는 전국 일률적으로 800 엔입니다.**

5. 연락처

◆ 상품에 관한 문의 TEL : 0120-1234-56
Mail : kabayaki@kabayaki.co.jp

◆ 기타 문의 TEL : 0120-1234-67

어휘 通信 통신 | 販売 판매 | うなぎ 장어 | かばやき 몸이 긴 생선에서 뼈를 발라 양념을 발라 꼬챙이에 꿰어 구운 일본 요리 | 国内産 국내산 | 内容量 내용량 | 特製 특제 | タレ 소스, 요리에 사용하는 조미료 | 賞味期限 유통기한 | 冷蔵 냉장 | もしくは 혹은 | 解凍 해동 | 当日中 당일 중 | 召し上がる 드시다, 잡수시다 | 冷凍庫 냉동고, 냉동실 | 保存 보존, 저장 | 届ける 상대편에 보내다, 배달하다 | 希望日 희망일 | ござる「ある」의 정중어 | 弊社 당사 | 営業日 영업일 | 確認 확인 | 指定 지정 | 通常 통상 | 税込 세금 포함 | 獲得 획득 | 下記 하기 | 振込 입금 | 前払い 선불 | 商品代引 상품이 자택에 도착 후 상품의 가격을 지불 | 決済 결제 | 返品 반품 | 交換 교환 | 注意事項 주의사항 | 応じる 응하다 | ます형+かねる ~할 수 없다 | ~につきまして ~에 대해서는 | 配送 배송 | 運輸 운수 | 株式会社 주식회사 | クール便 아이스팩과 아이스박스로 신선하게 배송함 | ~にて ~로(수단, 도구, 재료) | 送料 배송료 | 一律 일률 | お問い合わせ 문의

문제 1 문제1에서는 먼저 질문을 들으세요. 그리고 이야기를 듣고 문제지의 1~4 중에서 가장 적당한 것을 하나 고르세요.

例 Track 1-1-00

男の人と女の人が探している本について話しています。女の人はこれからどうしますか。

男：はい、桜市立図書館です。

女：もしもし、そちらの利用がはじめてなんですが、そちらの蔵書について電話で伺ってもいいですか？

男：はい。本の題名を教えてくだされば、検索いたします。

女：それが本じゃなくて、外国の新聞とか雑誌なんです。

男：はい、当館では外国の新聞約５０種、雑誌を約100種所蔵しております。

女：へえ、すごいですね。

男：詳しくは当ホームページの検索でご確認できます。

女：そうですか。はい、やってみます。あと、私は子供がいて一緒に行きたいんですが、入るとき、年齢の制限とかはありますか。

男：どなたでも自由に入館できます。ただ、当館では児童書は扱っておりません。

女：あ、そうですか。残念ですね。私はぜひ子供に本を読ませたいんですが。

女の人はこれからどうしますか。

1　ホームページで児童書を検索する。
2　ホームページで子供に読ませる本を検索する。
3　子供も入館できる図書館を探す。
4　子供が読める本がある図書館を探す。

예

남자와 여자가 찾고 있는 책에 대해 이야기하고 있습니다. 여자는 앞으로 어떻게 합니까?

남 : 네, 사쿠라 시립 도서관입니다.

여 : 여보세요, 그쪽의 이용이 처음입니다만, 그쪽의 장서에 대해 전화로 여쭤봐도 될까요?

남 : 네. 책 제목을 알려 주시면 검색해 드리겠습니다.

여 : 그게 책이 아니고, 외국 신문이나 잡지예요.

남 : 네, 저희 도서관에서는 외국 신문 50종, 잡지 100종을 소장하고 있습니다.

여 : 와우, 대단하네요.

남 : 자세한 내용은 저희 홈페이지의 검색에서 확인하실 수 있습니다.

여 : 그래요? 네, 해 보겠습니다. 그리고, 저는 아이가 있어서 함께 가고 싶은데 들어갈 때 나이 제한 같은 건 있나요?

남 : 누구나 자유롭게 출입할 수 있습니다. 단, 저희 도서관에서는 아동서는 취급하지 않습니다.

여 : 아, 그래요? 유감이네요. 저는 꼭 아이에게 책을 읽게 하고 싶은데요.

여자는 앞으로 어떻게 합니까?

1 홈페이지에서 동화책을 검색한다.
2 홈페이지에서 아이에게 읽게 할 책을 검색한다.
3 아이도 입장 할 수 있는 도서관을 찾는다.
4 아이가 읽을 수 있는 책이 있는 도서관을 찾는다.

1番 Track 1-1-01

女の人が会議の準備について男の人と話しています。男の人は最後に何をチェックしなければなりませんか。

女：来週の会議のことですが、会議の内容や日程は全員に伝えてありますか。
男：はい、全員にEメールで送りました。
女：プロジェクターやLAN設備に不具合があることもあるので、事前に確認してください。あと、司会者も遅れないように注意してください。
男：はい、司会者も会議の時間どおり来ることになっています。
女：何を言ってるんですか。司会者は他の参加者よりも早く会場に来なきゃいけないんですよ。
男：すみません。気が付きませんでした。

男の人は最後に何をチェックしなければなりませんか。

1 会議の開始時間
2 会議するときの設備
3 参加者が会場に来る時間
4 司会者が会場に来る時間

1번

여자가 회의 준비에 대해 남자와 이야기하고 있습니다. 남자는 마지막에 무엇을 체크하지 않으면 안됩니까?

여 : 다음 주 회의에 관한 말입니다만, 회의의 내용이나 일정은 전원에게 전달되어져 있습니까?
남 : 네, 전원에게 E메일로 전송했습니다.
여 : 프로젝터나 LAN 설비에 상태가 안 좋을 때도 있으므로 사전에 확인해 주세요. 또한 사회자도 늦지 않도록 주의해 주세요.
남 : 네, 사회자도 회의 시간에 맞추어 오기로 되어 있습니다.
여 : 무슨 말을 하시는 건가요? 사회자는 다른 참가자보다 빨리 회의 장소에 와야만 해요.
남 : 죄송합니다. 미쳐 몰랐습니다.

남자는 마지막에 무엇을 체크하지 않으면 안됩니까?

1 회의의 개시 시간
2 회의할 때의 설비
3 참가자가 회의 장소에 오는 시간
4 사회자가 회의 장소에 오는 시간

해설 마지막에 여자의 말을 보면 참가자는 다른 참가자보다 빨리 회의 장소에 와야 한다고 했으므로 정답은 4번이다.

어휘 日程 일정 | 設備 설비 | 不具合 상태가 안 좋음 | 事前 사전 | 司会者 사회자 | 時間どおり 시간에 딱 맞춤, 시간대로임 | 参加者 참가자 | 会場 회장, 모이는 장소 | 気が付く 알아차리다, 눈치채다

2番 Track 1-1-02

女の人が来週のキャンプについて男の人と話しています。女の人は何を持っていきますか。

女：来週のキャンプ、何か持っていくものある？
男：そうだなあ。道具はほとんどキャンプ場にあるし、それ以外の物はほとんど僕たちが用意するから、特にないと思うよ。

2번

여자가 다음 주 캠프에 대해 남자와 이야기하고 있습니다. 여자는 무엇을 가지고 갑니까?

여 : 다음 주 캠프, 뭔가 가져갈 거 있어?
남 : 글쎄. 도구는 대부분 캠핑장에 있고 그 외의 것은 거의 우리들이 준비하니까 딱히 없다고 생각해.

女：でも何も持って行かないのは申し訳ないよ。ビールとか飲み物は？

男：それは当日の朝、買いに行くから大丈夫だよ。本当に何もいらないから、気軽に来てよ。

女：うーん。そしたら、花火はどう？バーベキューの後にみんなで花火したら楽しそうじゃない？

男：そうだなあ。でも確か今度行くキャンプ場は花火禁止だった気がする。

女：そっか。なんかいいものないかな。

男：あっ、そしたら、みんなで食べられそうなデザートでも買ってきてよ。ケーキとかアイスクリームとか何でもいいからさ。

女：それいいわね。近くにおいしいケーキ屋さんがあるのよ。人数分買っていくわね。

여 : 하지만 아무것도 가져가지 않는 것은 미안해. 맥주라던가 음료수는?

남 : 그건 당일 아침에 사러 가니까 괜찮아. 진짜 아무것도 필요 없으니까 마음 편히 와.

여 : 음. 그렇다면 불꽃놀이는 어때? 바베큐 후에 다같이 불꽃놀이 하면 즐거울 것 같지 않아?

남 : 그러네. 하지만 아마 이번에 가는 캠핑장은 불꽃놀이가 금지였던 것 같은 생각이 들어.

여 : 그렇구나. 뭔가 좋은 거 없나?

남 : 아, 그러면 다같이 먹을 수 있는 듯한 디저트라도 사와. 케이크라든지 아이스크림이라든지 뭐든 좋으니까.

여 : 그거 좋네. 근처에 맛있는 케이크 가게가 있어. 인원수만큼 사 갈게.

女の人は何を持っていきますか。

1　キャンプに必要な道具
2　バーベキューに必要な食料品
3　みんなで遊ぶための花火
4　みんなで食べるためのケーキ

어자는 무엇을 가지고 갑니까?

1 캠핑에 필요한 도구
2 바베큐에 필요한 식료품
3 다 함께 놀기 위한 불꽃놀이
4 다 함께 먹기 위한 케이크

해설 대화의 마지막에 다 같이 먹을 수 있는 디저트라도 사오라고 했으므로 정답은 4번이다.

어휘 道具 도구 | 気軽 마음이 부담스럽지 않음 | 確か 1)확실함, 정확함 2) 아마, 틀림없이 | 気がする ~한 생각이 들다 | 人数分 인원수 분 | 食料品 식료품

3番 Track 1-1-03

女の人が男の人と話しています。男の人は最後に何を薦めていますか。

女：「読書の秋」って言うから、私も何か買って読んでみようかな。

男：どんな本がいい？何か好みある？

女：そうね、私特に好みとかなくて…。受付の人に相談しようかな。

男：ああ、でも見て。すごい人が並んでいるよ。最近話題のＳＦ小説なんかどう？

女：ＳＦ？うーん、そういうのはあまり興味ないかな。

3번

여자가 남자와 이야기하고 있습니다. 남자는 마지막에 무엇을 권유하고 있습니까?

여 : '가을은 독서의 계절'이라고 하는데 나도 뭔가 사서 읽어 볼까?

남 : 어떤 책이 좋아? 뭔가 취향이 있어?

여 : 글쎄, 나는 특별히 취향 같은 것은 없고…. 접수처의 직원에게 상담할까?

남 : 아, 하지만 봐봐. 많은 사람이 줄을 서 있어. 최근 화제작인 SF소설 같은 것은 어때?

여 : SF? 음, 그런 건 그다지 흥미 없어.

男：だったらこのエッセイは？この前この作家の作品がいいって言ってたでしょう。
女：でも本が厚すぎ。私最近、残業続きで帰りの時間が遅いから、もっと読みやすくて軽い方がいいかな。
男：だったら、ホームページで、ベストセラーの一覧を見てから決めるのはどう？
女：そうした方がいいかもね。

男の人は最後に何を薦めていますか。

1 ホームページで調べたよく売れている本
2 話題のエッセイ
3 好きな作家の作品
4 軽い気分で読める本

남：그렇다면 이 에세이는? 요전 날 이 작가의 작품이 좋다고 말했었잖아.
여：하지만 책이 너무 두꺼워. 나 요즘 야근이 계속돼서 귀가 시간이 늦으니까 좀 더 읽기 쉽고 가벼운 쪽이 좋으려나?
남：그렇다면, 홈페이지에서 베스트셀러의 일람을 보고 나서 결정하는 건 어떨까?
여：그러는 편이 좋을지도 모르겠다.

남자는 마지막에 무엇을 권유하고 있습니까?

1 홈페이지에서 조사한 잘 팔리는 책
2 화제작인 에세이
3 좋아하는 작가의 작품
4 가벼운 기분으로 읽을 수 있는 책

해설 맨 마지막 대화를 보면 홈페이지에서 어떤 베스트셀러가 있는지 보고 결정하자고 했으므로 정답은 1번이다. 선택지 4번에서 두꺼운 책보다 가볍게 읽을 수 있는 책이 좋다고 말한 것은 여자임에 주의하자.

어휘 薦める 권유하다, 추천하다 | 好み 취향 | 受付 접수 | 話題 화제 | 随筆 수필 | 残業 잔업 | 一覧 일람

4番 Track 1-1-04

女の人と男の人が話しています。男の人は何を買いますか。

女：うわ～どれもかわいい。ほしいものがたくさん。
男：一部のグッズは今日で品切れになるかもしれないって言うから、早くゲットしないとね。
女：どれがいい？このバッグチャームとストラップセットはどう？一つずつ買おうよ。
男：えー、そんなの要らないよ。僕はこのマフラータオルやバッジセットかな。
女：そんなタオルはたくさん持っているじゃない？そのバッジも子どもっぽいよ。
男：自分だって子どもっぽいの選んだくせに。
女：まあ、何を買うかは個人の自由だから。お互い好きなようにしようか。
男：そうだね。僕はコーヒーをよく飲むから、これも買おう。

男の人は何を買いますか。

4번

여자와 남자가 이야기하고 있습니다. 남자는 무엇을 삽니까?

여：와~ 모두 귀엽다. 갖고 싶은 것이 많네.
남：일부 상품은 오늘로 품절이 될지도 모른다고 하니까 빨리 사야겠다.
여：어느 것이 좋아? 이 가방에 다는 액세서리과 스트랩 세트는 어때? 하나씩 사자.
남：에이, 그런 건 필요 없어. 나는 이 머플러 타월이나 배지 세트로 할까?
여：그런 타월은 많이 갖고 있잖아? 그 배지도 애들 같아.
남：자기도 애들 같은 것 골라놓고.
여：뭐, 무엇을 살지는 개인의 자유니까, 서로 좋을 대로 할까?
남：그래. 나는 커피를 자주 마시니까 이것도 사자.

남자는 무엇을 삽니까?

1　バッグチャームとストラップセット
2　バッグチャームとコーヒーカップ
3　バッジセットとマグカップ
4　バッジセットとバッグチャーム

1 가방에 다는 액세서리과 스트랩 세트
2 가방에 다는 액세서리와 커피 컵
3 배지 세트와 머그컵
4 배지 세트와 가방에 다는 액세서리

해설 남자는 일단 머플러 타월과 배지 세트를 골랐고, 커피를 자주 마셔서 이게 좋겠다고 했으므로 정답은 3번이다.

어휘 **グッズ** 상품 | **品切れ** 품절 | **バッグチャーム** 가방에 다는 스트랩 형식의 액세서리 | **～っぽい** ~의 경향이 강함 | **～くせに** ~한 주제에 | **お互い** 서로, 상호간

5番 Track 1-1-05

女の人と男の人が新製品のデザインについて話しています。二人はどのデザインにしますか。

女：今回の新製品は爆発的なヒット商品となることが目標ですが、鍵となるのはやはりデザインですね。
男：ぼくの考えでは、誰の目にもとまるように、色鮮やかなデザインが良いと思います。
女：そうですか。私は誰にでも受け入れやすいシンプルなデザインが良いと思いますが…。
男：それじゃ、製品として無難すぎませんか。宣伝するとしてもアピールする部分がなければ。
女：だからといってあまりにも派手すぎると、お客様は手に取ってくれません。万人受けするようなデザインのほうが利益は見込めると思います。
男：まあ、一理ありますけど。そしたらシンプルなデザインに緑の木のマークを入れるのはどうでしょうか？今回の製品は環境に優しい素材で作られていますし、アピールポイントにもなると思います。
女：確かに今回のコンセプトにぴったりですね。
男：それではこのデザインで発注しましょう。

二人はどのデザインにしますか。

1　カラフルで宣伝しやすいデザイン
2　シンプルで無難なデザイン
3　木のマークがない色鮮やかなデザイン
4　木のマークが入ったシンプルなデザイン

5번

여자와 남자가 신제품 디자인에 대해서 이야기하고 있습니다. 두 사람은 어느 디자인으로 합니까?

여：이번 신제품은 폭발적인 히트상품이 되는 것이 목표입니다만, 포인트가 되는 것은 역시 디자인이지요.
남：제 생각에는, 누구의 눈에도 머무르도록 색이 선명한 디자인이 좋다고 생각합니다.
여：그렇습니까? 저는 누구에게나 받아들이기 쉬운 심플한 디자인이 좋다고 생각합니다만.
남：그럼, 제품으로서 너무 무난하지 않습니까? 선전한다고 해도 어필할 부분이 없으면.
여：그렇다고 해서 너무 화려하면 하면, 손님은 손에 들어주지 않습니다. 모든 사람들이 받아들일 것 같은 디자인 쪽이 이익을 기대할 수 있다고 생각합니다.
남：뭐, 일리가 있습니다만. 그렇다면 심플한 디자인에 녹색 나무 마크를 넣는 것은 어떨까요? 이번 제품은 친환경적인 소재로 만들어져 있고, 어필하는 포인트로도 될 것이라고 생각합니다.
여：확실히 이번 콘셉트에 딱 맞네요.
남：그럼 이 디자인으로 발주합시다.

두 사람은 어느 디자인으로 합니까?

1 컬러풀하고 선전하기 쉬운 디자인
2 심플하고 무난한 디자인
3 나무 마크가 없는 색이 선명한 디자인
4 나무 마크가 들어간 심플한 디자인

해설 대화의 마지막 부분에서 심플한 디자인에 녹색 나무 마크를 넣는 것에 여자도 동의했으므로 4번이 정답이다.

어휘 爆発的 폭발적 | 鍵となる 열쇠(포인트)가 되다 | 色鮮やかだ 컬러풀하다, 색체가 선명하다 | 受け入れる 받아 들이다 | 無難 무난 | 宣伝 선전 | 手に取る 손에 들다(쥐다) | 万人受け 많은 사람들에게 받아 들여지는 것 | 利益 이익 | 見込む 내다보다, 기대하다 | 一理ある 일리 있다 | 環境 환경 | 素材 소재 | 確かに 확실히 | ぴったり 빈틈없이 밀착해 있는 모습, 사물이 적중하거나 어울리는 모습 | 発注 발주

1회

문제 2 문제2에서는 우선 질문을 들으세요. 그 후 문제지를 보세요. 읽을 시간이 있습니다. 그리고 이야기를 듣고 문제지의 1~4 중에서 가장 적당한 것을 하나 고르세요.

例 Track 1-2-00

男の人と女の人が料理を作りながら話しています。男の人は何に注意しますか。

男：寒くなってきたな。食べると体が温まって、簡単でおいしい料理、何かないかな。

女：そうね。うちは家族みんなでよく豚汁食べるけど。作り方教えようか。

男：へえ、どんな料理？ 僕は一人暮らしだから、なるべくはやく済ませられる料理がいいけど。

女：すごく簡単だよ。材料は豚肉と大根、じゃがいも、にんじん、みそだけあればいいよ。長さ３センチぐらいに全部の材料を切ってね。まず豚肉を炒めてから野菜を入れて、さらに炒める。

男：順番なんかいいだろう。何を先に炒めようが。

女：よくない。必ず肉を先に炒めてね。それから全体に油がまわったら、水を加え、１０分煮る。そこにみそを溶かすとできあがり。

男：へえ。簡単だね。でもさっきの３センチって面倒くさいから、適当に切っていいだろう。

女：でも早く済ませたいんでしょう。材料は大きさをそろえたら、煮やすくなるのよ。

男の人は何に注意しますか。

1 材料は大きさを合わせて切ること
2 材料がそろった後に、はやく煮ること
3 野菜を先に炒めること
4 はやく済ませられるように材料をそろえること

예

남자와 여자가 요리를 만들면서 이야기하고 있습니다. 남자는 무엇에 주의합니까?

남 : 추워졌네. 먹으면 몸이 따뜻해지고 간단하고 맛있는 요리 뭔가 없을까?

여 : 글쎄. 우리는 가족 모두가 자주 돼지고기 된장국 먹고 있는데. 만드는 법 가르쳐 줄까?

남 : 와우, 어떤 요리? 나는 혼자 사니까 가급적 빨리 끝마칠 수 있는 요리가 좋은데.

여 : 아주 간단해. 재료는 돼지고기와 무, 감자, 당근, 된장만 있으면 돼. 길이 3센티 정도로 모든 재료를 썰어. 먼저 돼지고기를 볶은 후 채소를 넣고 더 볶아.

남 : 순서 따위는 아무래도 상관없잖아. 무엇을 먼저 볶든.

여 : 상관 있어. 반드시 고기를 먼저 볶아 줘. 그리고 나서 전체에 기름이 돌면 물을 넣고 10분 익혀. 거기에 된장을 풀면 완성!

남 : 오, 간단하구나. 하지만 아까 3센티라는 건 귀찮으니까 적당하게 자르면 되겠지.

여 : 빨리 끝내고 싶지? 재료는 크기를 맞추면 쉽게 익어.

남자는 무엇에 주의합니까?

1 재료는 크기를 맞추어 자를 것
2 재료가 갖추어진 후에 빨리 익힐 것
3 채소를 먼저 볶을 것
4 빨리 끝낼 수 있도록 재료를 갖출 것

1番 Track 1-2-01

会社で男の人と女の人が話しています。取引先に対する心配は何ですか。

男：新しい取引先には、もう注文いれたの？

女：それがね。最初に電話を入れて、その後すぐメール添付で「新規お取引申込書」と「注文書」を送ったんだけど、戻ってきちゃったのよ。

男：え、サーバーエラーかな？ファックスでは送ってみたの？

女：ええ、でもファックスも送信できないのよ。だからもう一度電話してみたのよ。

男：そう、どうだったの？

女：今度は、電話も通じないのよ。

男：それは、困ったね。たまたまかな？ 少人数の会社だろうけど、心配だね。

女：そうなのよ。うちは至急の細かい注文も多いでしょ。それにすぐ対応してくれる所でないとね。

男：今日中に返事がないようだったら新規取引は考え直した方がいいかもしれないね。

取引先に対する二人の心配は何ですか。

1 急ぎの注文への対応
2 通信機器の性能
3 注文品の在庫量
4 従業員の対応

1번

회사에서 남자와 여자가 이야기하고 있습니다. 거래처에 대한 걱정은 무엇입니까?

남 : 새로운 거래처에는 이미 주문 넣었어?

여 : 그게 말야. 처음에 전화를 넣고, 그 후 바로 메일 첨부로 '신규 거래 신청서'와 '주문서'를 보냈지만, 되돌아와 버렸어.

남 : 어? 서버 오류인가? 팩스로는 보내 봤어?

여 : 응, 하지만 팩스도 송신할 수 없더라구. 그래서 다시 한번 전화해 봤어.

남 : 그래? 어땠어?

여 : 이번에는 전화도 안 되더라구.

남 : 그것 참 곤란하네. 우연일까? 소규모 회사겠지만, 걱정이네.

여 : 그러게 말야. 우리는 시급하고 세세한 주문도 많잖아? 그것에 즉시 대응해주는 곳이 아니면.

남 : 오늘 중에 답장이 없을 것 같으면 신규 거래는 다시 생각하는 것이 좋을지도 모르겠네.

거래처에 대한 두 사람의 걱정은 무엇입니까?

1 급한 주문에 대한 대응
2 통신 기기의 성능
3 주문 제품의 재고량
4 종업원의 대응

해설 두 사람은 급하지만 세세한 주문도 빨리 대응해 줄 수 있는 회사를 찾고 있으므로 정답은 1번이다.

어휘 添付 첨부 | 新規 신규 | 申込書 신청서 | 通じる 통하다 | 至急 시급, 지극히 급함 | 通信機器 통신 기기 | 在庫量 재고량 | 従業員 종업원

2番 Track 1-2-02

電話で男の人と女の人が話しています。女の人はどうして男の人に電話してきましたか。

女：もしもし、今井さん、お久しぶり。

2번

전화로 남자와 여자가 이야기하고 있습니다. 여자는 왜 남자에게 전화했습니까?

여 : 여보세요, 이마이 씨, 오랜만이네.

男：あ、かおるさん、ほんとに久しぶり。今日はどうしたの。

女：うん、ちょっと今井さんに聞きたいことがあるの。

男：うん、何？

女：実は、新しいエアコンを買おうと思っているんだけど。今井さん、今までに、テレビショッピングのＪネットで、買い物したことあったわよね。

男：うん、小型のテレビを買ったけど。エアコンは買ったことはないな。

女：そう。今エアコンのこと、いろいろ調べているんだけど、Ｊネットが一番安いのよ。でも、修理が必要になったときとか大丈夫かなと思って。

男：ぼくがＪネットで買った商品は修理したことがなかったけど、メーカー品だし、問題ないんじゃない。

女：そうよね。ただ、ネットショッピングと同じでテレビショッピングも実際に本物が見られないからちょっと心配なのよね。

男：それはそうだね。でも、ぼくの買った商品も問題はなかったよ。

남 : 아, 카오루 씨, 정말 오랜만이야. 오늘은 어쩐 일이야?

여 : 응, 조금 이마이 씨에게 묻고 싶은 것이 있어.

남 : 응, 뭔데?

여 : 사실 새로운 에어컨을 사려고 생각하고 있는데. 이마이 씨, 지금까지 TV 홈쇼핑의 J넷에서 쇼핑한 적이 있었지?

남 : 응, 소형 TV를 샀지만. 에어컨은 산 적이 없는데.

여 : 그래? 지금 에어컨에 대해, 여러 가지 알아보고 있는데, J넷이 가장 싸더라구. 하지만 수리가 필요할 때라든지 괜찮을까 해서.

남 : 내가 J넷에서 구입한 제품은 수리한 적이 없었지만, 메이커 제품이고, 문제없지 않을까?

여 : 그렇겠지? 단, 인터넷 쇼핑과 마찬가지로 TV 홈쇼핑도 실제로 물건을 볼 수 없기 때문에 조금 걱정이네.

남 : 그건 그래. 하지만 내가 산 상품도 문제는 없었어.

女の人はどうして男の人に電話してきましたか。

1 男の人が電気製品に詳しいから
2 男の人がＪネットの社員だから
3 男の人がＪネットの利用者だから
4 男の人が電気製品の修理者だから

여자는 왜 남자에게 전화했습니까?

1 남자가 전기 제품을 잘 알아서
2 남자가 J넷의 사원이라서
3 남자가 J넷의 이용자이라서
4 남자가 전기 제품을 수리하는 사람이라서

해설 여자는 남자가 J넷에서 상품을 구매해 본 적이 있어서 상담을 하고 있으므로 정답은 3번이다.

어휘 小型 소형(↔大型 대형) | 修理 수리 | メーカー品 브랜드 제품 | 詳しい 상세하다, 자세하다

3番 Track 1-2-03

会社で部長と部下が話しています。部長が部下に返事することは何ですか。

男1：部長、エース商事の打ち合わせ、無事終わりました。

3번

회사에서 부장과 부하가 이야기하고 있습니다. 부장이 부하에게 답변할 것은 무엇입니까?

남1 : 부장님, 에이스상사와의 협의, 무사히 끝났습니다.

男2：ああ、ご苦労様。どうだった？

男1：それが・・・。契約の条件については、大丈夫だったんですが、担当者は山田さんにお願いしたいとのことです。

男2：そうか。困ったな。彼はまだ入院中で、復帰にはまだ時間がかかりそうなんだよ。

男1：あのう、部長。このような状況でお話しにくいのですが、実は私も少しお休みをいただきたいのですがよろしいでしょうか…。

男2：え！君が？どうしたの？どこか具合でも悪いのかね。

男1：いえ、それが先日子供が産まれまして、育児休暇を申請させていただきたいんです。妻１人で子育てをするのは大変みたいで…。

男2：そうだったのか。それはおめでとう。しかしいつから休めるか即答は難しいな。

男1：では今週中にご返事いただけますか。

男2：うん。わかった。人事と相談してみるよ。

部長が部下に返事することは何ですか。

1 病気の社員の復帰について
2 今やっている仕事をどうするかについて
3 育児休暇がいつからとれるかについて
4 人事からの相談内容について

남2 : 아, 수고했어. 어땠어?

남1 : 그게...계약의 조건에 대해서는 괜찮았습니다만, 담당자는 야마다 씨에게 부탁하고 싶디고 합니다.

남2 : 그렇구나. 곤란하군. 그는 아직 입원 중이고, 복귀하려면 아직 시간이 걸릴 것 같아.

남1 : 저기, 부장님. 이런 상황에서 말씀드리기 어렵습니다만, 실은 저도 조금 쉬었으면 합니다만, 괜찮을까요?

남2 : 뭐! 자네가? 무슨 일 있어? 어디 몸상태라도 안 좋은 거야?

남1 : 아니요, 그게 얼마 전에 아이가 태어나서 육아휴직을 신청하고 싶습니다. 아내 혼자서 아이를 키우는 것은 힘들 것 같아서...

남2 : 그랬구나. 그건 축하해. 하지만 언제부터 쉴 수 있을지 즉답은 어렵네.

남1 : 그럼 이번 주 중에 답변해 주실 수 있을까요?

남2 : 응. 일았네. 인사(과)와 상의해 볼게.

부장이 부하에게 답장하는 것은 무엇입니까?

1 병든 사원의 복귀에 대해서
2 지금 하고 있는 일을 어떻게 할 지에 대해서
3 육아휴직을 언제부터 얻을 수 있는지에 대해
4 인사과로부터의 상담 내용에 대하여

해설 육아휴직을 언제부터 쓸 수 있을지 인사과와 상의해 본다고 했으니 정답은 3번이다.

어휘 打ち合わせ 미리 상의하는 것, 협의 | 契約 계약 | 条件 조건 | 担当者 담당자 | 復帰 복귀 | 産まれる 태어나다 | 育児休暇 육아휴직 | 申請 신청 | 子育て 아이를 키움 | 即答 즉답 | 返事 대답, 답장 | 人事 인사과

4番 Track 1-2-04

ネイルショップで店員と女の人が話しています。担当だった店員さんがやめた理由は何ですか。

女1：いらっしゃいませ。本日はよろしくお願いいたします。

女2：こちらこそよろしくお願いします。あれ？秋山さんはいらっしゃらないんですか？

4번

네일숍에서 점원과 여자와 이야기하고 있습니다. 담당했던 점원이 그만둔 이유는 무엇입니까?

여1 : 어서오세요. 오늘은 잘 부탁드립니다.

여2 : 저야말로 잘 부탁드립니다. 어? 아키야마 씨는 안 계신가요?

女1：秋山は先月末に退職いたしまして、本日から私が担当させていただくことになりました。突然なことでお客様にご迷惑をおかけして申し訳ありません。

女2：いえいえ。秋山さん、どこか具合でも悪いんですか？もしかして入院とか…。

女1：え？そんなことはないと思いますけど…。

女2：前回、ネイルのケアをしてもらったときに持病の喘息が悪化したとおっしゃっていたのでもしかしたらと思って。

女1：そうでしたか。実は、彼女結婚することになったんですよ。

女2：それはおめでたいですね！直接お祝いを言いたかったなあ。結婚してもお仕事は続けるんですかね？

女2：そうみたいです。でも、ご主人の仕事の関係で、東京を離れて北海道に住むらしく、そっちで自分のお店を開くことにしたそうですよ。

女1：そうなんですね。秋山さんに「おめでとうございます」とお伝えくださいね。

担当だった店員さんがやめた理由は何ですか。

1　持病の治療で長期間入院するため
2　結婚して、北海道に住むことになったため
3　北海道にあるネイルショップに異動するため
4　結婚後、東京で自分のお店を開くため

여1 : 아키야마 씨는 지난달 말에 퇴사하여, 오늘부터 제가 담당하게 되었습니다. 갑작스러운 일로 고객님께 폐를 끼쳐드려 죄송합니다.

여2 : 아니요, 아니요. 아키야마 씨, 어디 몸상태라도 안 좋은 가요? 혹시 입원이라도….

여1 : 네? 그런 일은 없다고 생각합니다만….

여2 : 지난번에 네일 케어를 받았을 때 지병인 천식이 악화되었다고 말씀하셔서 혹시나 해서요.

여1 : 그랬습니까? 실은, 그녀(아키야마 씨) 결혼하게 되었거든요.

여2 : 그것 참 경사스럽네요! 직접 축하의 말을 하고 싶었는데. 결혼해도 일은 계속하나요?

여2 : 그런 것 같습니다. 하지만 남편 일의 관계로, 도쿄를 떠나 홋카이도에 산다는 것 같고, 그쪽에서 자기 가게를 열기로 했다고 해요.

여1 : 그렇군요. 아키야마 씨에게 '축하합니다'라고 전해주세요.

담당했던 점원이 그만둔 이유는 무엇입니까?

1 지병의 치료로 장기간 입원하기 때문에
2 결혼해서 홋카이도에 살게 되었기 때문에
3 홋카이도에 있는 네일샵으로 이동하기 때문에
4 결혼 후 도쿄에서 직접 가게를 열기 때문에

해설 결혼을 하여 남편을 따라 홋카이도로 가게 된 것이 퇴사의 원인이며, 홋카이도에서는 자기 가게를 열기로 했다고 했으니 정답은 2번이다.

어휘 **突然** 돌연, 갑작스러움 | **もしかして** 혹시, 어쩌면 | **持病** 지병 | **喘息** 천식 | **悪化** 악화 | **めでたい** 경사스럽다, 축하할 만 하다 | **お祝いを言う** 축하의 말을 하다 | **店を開く** 가게를 열다, 차리다 | **治療** 치료 | **長期間** 장기간

5番 Track 1-2-05

日本人の学生と外国人の学生が話しています。外国人の学生が日本のホームステイ先で慣れないことは何ですか。

5번

일본인 학생과 외국인 학생이 이야기하고 있습니다. 외국인 학생이 일본의 홈스테이 하는 곳에서 익숙하지 않은 것은 무엇입니까?

男：キャシーさん、ホームステイはどう？ もう慣れた？

女：そうね。家族もみんな親切で、いい人なんだけど、一つ慣れないことがあるのよ。

男：へぇー、どんなこと？

女：日本の家庭のお風呂の入り方かしら。日本人って、バスタブのお湯を流さないでしょ。

男：うん、そういえば、そうだね。同じお湯に入るね。

女：私の国では、ほとんどシャワーだけだし、バスタブにお湯を入れたとしても、自分が使ったら、そのお湯は流してしまうから。

男：ああ、キャシーさんの国では、体はバスタブの中で洗うんだよね。

女：まあ、そうね。その後のお湯は汚れるから、捨てちゃうし。

男：ああ、そうか。日本では、バスタブは、湯船っていうんだけど、湯船の外で体を洗ってから入るからね。そのお湯は清潔だから、皆で入っても問題ないんだよ。

女：ああ、そうか…。でも、ちょっとその習慣にはまだ慣れないわね。

男：そう。じゃ、キャシーさんはシャワーだけにすればいいよ。

外国人の学生が日本のホームステイ先で慣れないことは何ですか。

1　バスタブのお湯を時々捨てないこと
2　バスタブのお湯を使って体を洗うこと
3　家族で同じバスタブのお湯につかること
4　家族によってお風呂の入り方が違うこと

남 : 캐시 씨 홈스테이는 어때? 이제 익숙해졌어?

여 : 글쎄. 가족도 모두 친절하고 좋은 사람인데, 하나 익숙하지 않는 것이 있어.

남 : 오, 어떤 거?

여 : 일본의 가정의 목욕하는 방법이라고 할까? 일본인은 욕조의 물을 흘려보내지 않잖아?

남 : 그래, 그러고 보니 그러네. 같은 물에 들어가지.

여 : 우리나라에서는 대부분 샤워뿐이고, 욕조에 물을 넣는다고 해도 자신이 사용하면, 그 물은 버려 버리니까.

남 : 아, 캐시 씨의 나라에서는 몸은 욕조 안에서 씻지?

여 : 뭐, 그렇지. 그 후의 물은 더러워져 있으니까 버려 버리고.

남 : 아, 그렇구나. 일본에서 욕조는 '유부네'라고 하는데, '유부네' 밖에서 몸을 씻고 나서 안으로 들어가니까. 그 물은 깨끗해서, 모두가 들어가도 문제없어.

여 : 아, 그렇구나…. 하지만 조금 그 습관에는 아직 익숙하지를 않네.

남 : 그래. 그럼 캐시 씨는 샤워만 하면 돼.

외국인 학생이 일본의 홈스테이 하는 곳에서 익숙하지 않은 것은 무엇입니까?

1 욕조의 물을 때때로 버리지 않는 것
2 욕조의 물을 사용하여 몸을 씻는 것
3 가족끼리 같은 욕조의 물에 들어가는 것
4 가족에 따라서 목욕하는 방법이 다른 것

해설 캐시 씨의 나라에서는 목욕을 하고 욕조의 물을 버리는 데, 일본에서는 가족 모두 같은 욕조물을 사용하는 것이 익숙하지 않다고 했으므로 정답은 3번이다.

어휘 慣れる 익숙해지다 | バスタブ 배스터브, 욕조 | 流す 흘리다 | 汚れる 더러워지다 | 習慣 습관 | 湯船 욕조 | 清潔 청결

6番 Track 1-2-06

大学で女の学生と男の学生が話しています。男の学生はどんな授業の時に前の席に座りますか。

女：山田さんは、現代文の講義の時は教室のどこに座っているの？

男：現代文の時？ ああ、寝てしまうかもしれないからいつも後ろの方の席だね。

女：そうでしょうね。山田さんのこと、見かけたことないものね。

男：川上さんは、いつも前の方の席で熱心に聞いているよね。現代文が好きなの。

女：そうね。授業内容も興味深くて面白いからかな。山田さんも、心理学の時はいつも前の席に座っているじゃない。

男：うん、心理学の授業の時は眠くならないからね。

女：へえー、心理学に興味があったの？

男：そうだね。心理学に興味があるというより、先生が好きなのかな。若くて、きれいだし。

女：じゃ、ノートをとらないで、いつも顔ばかりみているの。

男：そんなことないよ。先生の顔をみながら、ノートもちゃんと取ってるよ。

男の学生はどんな授業の時に前の席に座りますか。

1 受講中に寝てしまう授業
2 自分の学習意欲が高い授業
3 ノートを取る必要がない授業
4 好きな先生が担当する授業

6번

대학에서 여학생과 남학생이 이야기하고 있습니다. 남학생은 어떤 수업 시간에 앞자리에 앉습니까?

여 : 야마다 씨는 현대문 강의 때는 교실 어디에 앉아?

남 : 현대문 때? 아, 자버릴지도 모르니까 항상 뒤쪽 자리지.

여 : 그렇구나. 야마다 씨를 본 적이 없어요.

남 : 가와카미 씨는 항상 앞쪽의 자리에서 열심히 듣고 있지? 현대문을 좋아해?

여 : 그래. 수업 내용도 흥미롭고 재미있으니까. 야마다 씨도 심리학 때는 항상 앞자리에 앉아 있지 않아?

남 : 응, 심리학 수업 때는 안 졸리니까.

여 : 오~, 심리학에 관심이 있었어?

남 : 글쎄. 심리학에 관심이 있다기보다는 선생님을 좋아한다고 해야할까? 젊고, 예쁘고.

여 : 그럼 필기는 안하고 항상 얼굴만 보는 거야?

남 : 그렇지 않아. 선생님의 얼굴을 보면서, 필기도 제대로 하고 있지.

남학생은 어떤 수업 시간에 앞자리에 앉습니까?

1 수강 중에 자버리는 수업
2 자신의 학습 의욕이 높은 수업
3 필기할 필요가 없는 수업
4 좋아하는 선생님이 담당하는 수업

해설 심리학 수업은 선생님이 젊고 예뻐서 앞자리에 앉아 졸지 않고 필기를 한다고 했으므로 정답은 4번이다.

어휘 見かける 발견하다 | 熱心に 열심히 | 興味深い 흥미 깊다 | 学習意欲 학습의욕 | ノートをとる 필기하다

문제3 문제3에서는, 문제 용지에 아무것도 인쇄되어 있지 않습니다. 이 문제는, 전체로써 어떤 내용인가를 묻는 문제입니다. 이야기 앞에 질문은 없습니다. 먼저, 이야기를 들어주세요. 그리고 질문과 선택지를 듣고, 1~4 중에서, 가장 적당한 것을 하나 고르세요.

例 Track 1-3-00

コーヒーについて男の人と女の人が話しています。

男：ナナエちゃん、ちょっとコーヒー飲みすぎじゃない。いったい、一日何杯飲んでいるの。

女：そうね。私の大好物だから、一日４杯ぐらいかな。

男：へえ、それ胃痛になったりしない。僕なんか１杯から２杯飲んでるけど、２杯飲んでも胃が痛いときあるよ。

女：私は全然平気。ある研究によると、コーヒーは脳や肌にもすばらしい効用があるって。

男：まあ、確かに目は覚めるね。

女：あと、コーヒーには抗酸化物質が含まれているけど、その吸収率が果物や野菜より高いそうよ。

男：抗酸化物質？ そのためにたくさん飲んでるの。僕も量を増やしてみるか。もっと若く見えるのかな。

女：違うよ。コーヒーの効用なんて私はどうでもいいよ。本当は香りが好きなんだ。香りをかぐだけで、幸せな気分になれるし、ストレスも無くなる感じもするの。

男：うん、確かにコーヒーの香りが嫌だという人は今の時代にはいないかもね。

女の人はコーヒーについてどう思っていますか。

1 たくさん飲んでも胃痛はないから、どんどん飲む量を増やしたいと思う。
2 体に与えるいい効果より、いい気分になれるから飲みたいと思う。
3 コーヒーが体にいい効果をもたらすので、そのために飲むべきだと思う。
4 ストレスが無くなる効果があるので、そのために飲むべきだと思う。

예

커피에 대해 남자와 여자가 이야기하고 있습니다.

남 : 나나에, 좀 커피 너무 많이 마시는 거 아냐? 도대체 하루 몇 잔 마시고 있는 거야?

여 : 글쎄. 내가 좋아하는 거라서 하루 4잔 정도일까?

남 : 우와, 그거 위통 일어나지 않아? 나 같은 경우는, 1잔에서 2잔 마시고 있는데, 2잔 마셔도 위가 아플 때가 있어.

여 : 나는 전혀 아무렇지도 않아. 어떤 연구에 따르면 커피는 두뇌와 피부에 놀라운 효용이 있대.

남 : 음, 확실히 잠은 깨지.

여 : 또 커피에는 항산화 물질이 포함되어 있는데, 그 흡수율이 과일과 채소보다 높다고 해.

남 : 항산화 물질? 그것 때문에 많이 마시고 있는 거야? 나도 양을 늘려 볼까? 더 젊어 보일까?

여 : 아니야. 커피의 효용 같은 건, 나는 아무래도 상관없어. 사실은 향기를 좋아해. 향기를 맡는 것 만으로 행복한 기분이 들 수 있고, 스트레스도 없어지는 느낌도 들어.

남 : 응, 확실히 커피 향이 싫다는 사람은 지금 시대는 없을 지도.

여자는 커피에 대해 어떻게 생각합니까?

1 많이 마셔도 위통이 없으므로 점점 마시는 양을 늘리고 싶다고 생각한다.
2 인체에 미치는 좋은 효과보다, 좋은 기분이 들 수 있으니까 마시고 싶다고 생각한다.
3 커피가 몸에 좋은 효과를 가져오므로, 그 때문에 마셔야만 한다고 생각한다.
4 스트레스가 없어지는 효과가 있으므로, 그 때문에 마셔야만 한다고 생각한다.

1番 Track 1-3-01

女の人がレストランに電話をしています。

男：はい、レストラン「ふじ」でございます。

女：私、ＡＢＣ商事の山田と申します。ちょっと予約の件でお電話しました。

男：ああ、今日７時からのご予約でございますね。

女：はい、実は６名でお願いしておりましたが、３名増えまして。

男：９名様にご変更ですね。そうすると今ご予約いただいているお部屋はちょっと狭いかと思われます。

女：あ、そうですか。では、もう少し広いお部屋を用意していただけますか。

男：少々お待ちください。そちらのお部屋ですと、６時までふさがっておりますが、問題ないと思います。

女：そうですか。じゃ、７時過ぎに伺ったほうがいいですね。

男：そうしてくださると助かります。

女：はい、じゃ、それで予約変更お願いいたします。

女の人が変更したのは何ですか。

1　人数と時間
2　部屋と時間
3　人数と部屋
4　部屋と料理

1번

여자가 레스토랑에 전화를 하고 있습니다.

남 : 네, 레스토랑 '후지'입니다.

여 : 저는, ABC 상사의 야마다라고 합니다. 예약 건으로 좀 전화드렸습니다.

남 : 아, 오늘 7시부터 예약이시죠?

여 : 네, 실은 6명으로 부탁했습니다만, 3명 늘어서요.

남 : 9명으로 변경이군요. 그렇다면 지금 예약하신 방은 조금 좁을거라 생각됩니다.

여 : 아, 그래요? 그럼, 좀 더 넓은 객실을 준비해 주실 수 있을까요?

남 : 잠시만 기다려주십시오. 그 방이라면 6시까지 예약이 꽉 차 있습니다만, 문제 없다고 생각합니다.

여 : 그래요? 그럼 7시 이후에 방문하는 편이 좋겠네요.

남 : 그렇게 해 주시면 감사하겠습니다.

여 : 네, 그럼 그렇게 예약 변경 부탁드립니다.

여자가 변경한 것은 무엇입니까?

1 인원수와 시간
2 방과 시간
3 인원수와 방
4 방과 요리

해설 원래 예약은 6명이었으나, 9명으로 변경했고 방을 조금 더 넓은 곳으로 바꿨기 때문에 정답은 3번이다.

어휘 用意 준비 | ふさがる 막히다, 다른 곳에 쓰이고 있어 쓸 수 없다 | 助かる 구조되다, 살다 | 変更 변경

2番 Track 1-3-02

女の人が男の人にモニター調査の結果を話しています。

女：部長、先日のモニター調査の結果がでました。

男：そう、結果はどうだったの？

女：はい、新製品のアロマ入浴剤は大好評でしたよ。

2번

여자가 남자에게 모니터 조사 결과를 이야기하고 있습니다.

여 : 부장님 일전의 모니터 조사 결과가 나왔습니다.

남 : 그래, 결과는 어땠어?

여 : 네, 신제품 아로마 입욕제는 대호평이었어요.

男：そう、それはよかった。モニターさんたちは満足したんだな。

女：ええ、でもいろいろ意見がでましたよ。

男：へぇー、例えば、どんなこと。

女：もっと、香りの種類を増やしてほしいとか、容器をもっとおしゃれにしてほしいとか、値段は、もう少し安くしてくれればリピートするなどですね。

男：そうか、満足してもらっても、我々には課題は多いってことだな。

남 : 그래? 그거 잘 되었네. 모니터들은 만족했구나.

여 : 네, 하지만 여러 의견이 나왔어요.

남 : 음~, 예를 들어, 어떤 것?

여 : 좀 더 향기의 종류를 늘려 주었으면 하거나 용기를 더 세련되게 해달라든지, 가격은 좀 더 저렴하게 해 주면 재구매하겠다는 등이네요.

남 : 그래? 만족시켜도 우리에게는 과제가 많다는 거네.

女の人はモニター調査の何について話していますか。

1 新製品の要望
2 新製品の使い心地
3 新製品の安全性
4 新製品の満足度

여자는 모니터 조사의 무엇에 대하여 말하고 있습니까?

1 신제품의 요구사항
2 신제품의 사용 감상
3 신제품의 안전성
4 신제품의 만족도

해설 모니터들이 신제품을 사용하고 앞으로 향기의 종류를 늘려주었으면 좋겠다라든가, 용기를 더 세련되게 해달라든가 하는 것은 신제품에 대한 요구사항이므로 정답은 1번이다.

어휘 **入浴剤** 입욕제 | **大好評** 대호평 | **容器** 용기 | **リピートする** 반복하다, 같은 물건을 다시 사다 | **課題** 과제 | **要望** 요구하고 바람 | **使い心地** 실제로 사용해 본 감상(장점이나 단점 등) | **満足度** 만족도

3番 Track 1-3-03

テレビで女の人がカカオの木について話しています。

女：チョコレートやココアの原料であるカカオ。ではこのカカオの木は日本で育つことができるのでしょうか。結論から言うと、育ちません。カカオの木は平均27度以上、年間を通じて気温の差があまりなく、高温多湿であるという、非常に限定された条件のもとでしか育ちません。また雨の量も関係してくるため、四季がある日本では条件が合わないのです。これらの限定された条件をクリアできる地域は赤道近くに位置している地域、すなわち西アフリカや東南アジア、中南米ということになります。カカオの生産の80％はこれらの地域で行われているのです。

3번

TV에서 여자가 카카오나무에 대해 이야기하고 있습니다.

여 : 초콜릿이나 코코아의 원료인 카카오. 그럼 이 카카오 나무는 일본에서 자랄 수 있는 것일까요? 결론부터 말하자면, 자라지 않습니다. 카카오나무는 평균 27도 이상, 일 년 내내 기온차가 별로 없고 고온다습하다는 매우 한정된 조건 하에서만 자랍니다. 또 비의 양도 관계되기 때문에, 사계절이 있는 일본에서는 조건이 맞지 않는 것입니다. 이러한 한정된 조건을 충족시킬 수 있는 지역은 적도 부근에 위치하고 있는 지역, 즉 서아프리카나 동남아시아, 중남미라고 하는 것이 됩니다. 카카오 생산의 80%는 이들 지역에서 이루어지고 있는 것입니다.

女の人はカカオの木の何について説明していますか。

1　チョコレートの生産方法
2　カカオの栽培に適した地域
3　日本でのカカオの栽培と収穫
4　中南米と日本のカカオの違い

여자는 카카오나무의 무엇에 대해 설명하고 있습니까?

1 초콜릿의 생산방법
2 카카오 재배에 적합한 지역
3 일본에서의 카카오 재배와 수확
4 중남미와 일본 카카오의 차이

해설　카카오 나무가 성장할 수 있는 조건과 그에 해당하는 지역을 말했으므로 정답은 2번이다.

어휘　原料 원료 | 結論 결론 | 平均 평균 | 年間を通じて 1년 내내 | 高温多湿 고온다습 | 限定 한정 | 条件のもと 조건 하(아래) | 四季 사계절 | 地域 지역 | 赤道 적도 | 位置 위치 | すなわち 즉 | 中南米 중남미 | 生産 생산 | 栽培 재배 | ～に適する ~에 적합하다, 알맞다 | 収穫 수확

4番 Track 1-3-04

会社で女の人と男の人が話しています。

女：川上さん、東京貿易の山本さんという方がお見えですが。

男：あ、３時の約束だったな。今、ちょっと手がはなせないんだよ。

女：じゃ、ひとまず、応接室にお通しして、少しお待ちいただきましょうか。

男：そうだな。でも、ちょっと時間がかかりそうだな。

女：どのくらいですか。

男：３０分はかからないと思う。近くだから、また来てもらおうかな。

女：それは、ちょっと失礼じゃないですか。

男：そうだな。要件は君でも十分わかることなんだけどな。ぼくの代わりに話していてくれるかな。

女：え！ 少しならいいですけど。川上さんは後でいらっしゃるんですよね。

男：うん。急いで終わらせて、行くから。それまでよろしく頼んだよ。

男の人が女の人にしてほしいことは何ですか。

1　お客様に失礼にならないように、要件を話すこと
2　自分のかわりに来客と本格的な商談に入ること

4번

회사에서 여자와 남자가 이야기하고 있습니다.

여 : 가와카미 씨, 도쿄 무역의 야마모토 씨라는 분이 오셨습니다만.

남 : 아, 3시 약속이었지. 지금 하던 일이 있어서 갈 수가 없어.

여 : 그럼 일단 응접실로 안내하고, 잠시 기다려달라고 할까요?

남 : 그래. 하지만 시간이 좀 걸릴 것 같은데.

여 : 어느 정도입니까?

남 : 30분은 안 걸릴라고 생각해. 가까우니까 다시 와 달라고 할까?

여 : 그것은 조금 실례이지 않을까요?

남 : 그러게. 용건은 자네도 충분히 알 수 있는 것이긴 한데. 내 대신 이야기해 주겠나?

여 : 네? 조금이라면 괜찮지만. 가와카미 씨는 나중에 오시는 거죠?

남 : 응. 서둘러 끝내고 갈 테니까. 그때까지 잘 부탁해.

남자가 여자에게 해달라고 하는 것은 무엇입니까?

1 손님에게 실례되지 않도록 용건을 말하는 것
2 자기 대신에 방문객과 본격적인 사업 이야기에 들어가는 것

3　来客に約束時間の変更を伝えること 4　しばらく、お客様の相手をすること	3 오신 손님에게 약속 시간 변경을 전달하는 것 4 잠시 손님을 상대하는 것

해설 남자는 자기 대신 손님과 이야기를 해 줄 수 있냐고 물었고, 여자는 조금이라면 상관 없지만, 나중에 남자가 와 줄 것을 요구했다. 따라서 남자가 바라는 것은 여자가 자기 대신 본격적인 사업 이야기를 해달라는 것이 아닌 손님 상대라고 봐야 하므로 정답은 4번이다.

어휘 **見える** 오시다 | **手が離せない** 하던 일이 있어서 다른 일을 할 수 없다 | **ひとまず** 일단, 우선 | **応接室に通す** 응접실로 안내하다 | **要件** 중요한 용건 | **来客** 방문객 | **本格的** 본격적 | **商談** 장사나 거래를 성사시키기 위한 대화 | **変更** 변경

5番 Track 1-3-05

女の人が優勝した野球チームの監督にインタビューしています。

女：2年連続日本一、おめでとうございます！今の感想をお聞かせください。

男：ありがとうございます。今年も優勝できるとは夢にも思っていませんでした。監督として、いいマネージメントができていたかどうかはわかりませんが、調子のいい選手をどんどん使って、全員で勝つというプレースタイルを目指して今日までやってきました。その結果が優勝という形で現れたのだと思います。選手たちはプレッシャーも大きい中でよくやってくれました。来年は三連覇を目指して頑張りたいと思います。今後とも応援、よろしくお願いします。

今回の優勝に関して、監督はどのように感じていますか。

1　まさか優勝できるとは思っていなかった。
2　記録のために目指していた優勝だった。
3　必ず優勝できると信じていた。
4　監督として最後に優勝できてよかった。

5번

여자가 우승한 야구팀 감독에게 인터뷰를 하고 있습니다.

여 : 2년 연속으로 일본 1위, 축하합니다! 지금의 감상을 들려 주십시오.

남 : 감사합니다. 올해도 우승할 거라고는 꿈에도 생각하지 못했습니다. 감독으로서, 좋은 매니지먼트를 할 수 있었는지 어떤지 모르겠습니다만, 상태가 좋은 선수를 계속 사용해서, 전원이 이긴다는 플레이 스타일을 목표로 하여 오늘까지 해 왔습니다. 그 결과가 우승이라는 형태로 나타난 것이라고 생각합니다. 선수들은 부담감도 큰 가운데 잘해(싸워) 주었습니다. 내년에는 3연패를 목표로 노력하고 싶습니다. 앞으로도 응원 잘 부탁드립니다.

이번 우승에 관해 감독은 어떻게 느끼고 있습니까?

1 설마 우승할 수 있으리라고는 생각하지 못했다.
2 기록을 위해서 목표로 하고 있던 우승이었다.
3 반드시 우승할 수 있다고 믿고 있었다.
4 감독으로서 마지막에 우승할 수 있어서 좋았다.

해설 올해도 우승할 거라고는 꿈에도 생각하지 못했다고 했으니 1번이 정답이다.

어휘 **監督** 감독 | **連続** 연속 | **日本一** 일본 제일(1위) | **感想** 감상 | **どんどん** 사물이 기세 좋게 진행되는 모습, 자꾸자꾸, 계속 | **目指す** 목표로 하다 | **形** 형태 | **現れる** 나타나다 | **プレッシャー** 정신적인 압박(프레셔) | **三連覇** 3연패 | **今後とも** 앞으로도 | **まさか** 설마

문제4 **문제4에서는, 문제 용지에 아무것도 인쇄되어 있지 않습니다. 먼저 이야기를 들으세요. 그 뒤 그에 대한 대답을 듣고 1~3 중에서 가장 적당한 것을 하나 고르세요.**

例 Track 1-4-00

男：彼女の言い方には人の心を和らげる何かがあるね。

女：1　私もその何かがずっと気になっていました。

2　ほんとうですね。人の心はわからないですね。

3　そうですね。聞いたら優しい気持ちになりますね。

예

남 : 그녀의 말투는 사람의 마음을 온화하게 하는 무언가가 있네.

여 : 1 저도 그 무언가가 계속 신경 쓰이고 있었습니다.

2 정말 그러네요. 사람의 마음은 모르겠네요.

3 그러네요. 들으면 상냥한 기분이 드네요.

1番 Track 1-4-01

男：前もって連絡してくれないと困ります。

女：1　今度からは事前にするようにします。

2　連絡してもむだでした。

3　前をよく見なかったもので。

1번

남 : 미리 알려주지 않으면 곤란합니다.

여 : 1 지금부터 미리 하도록 하겠습니다.

2 연락해도 소용 없었습니다.

3 앞을 잘 보지 않았기 때문에.

해설 '미리 알려주지 않으면 곤란해요'라는 말에 '앞으로는 미리하겠다'라고 답하는 대화가 자연스럽다.

어휘 前もって 미리 | 事前に 사전에 | もので ~라서(원인, 이유를 나타냄)

2番 Track 1-4-02

男：明日からまた禁煙することにしたんだ。

女：1　確か、決まってたはずだけど…。

2　もうやめたの？それは幸いだったね。

3　え、やめてたんじゃなかったの？

2번

남 : 내일부터 또 금연하기로 했어.

여 : 1 아마 정해져 있었을 건데….

2 벌써 그만뒀어? 그것 참 다행이였네.

3 어, 끊은 거 아니었어?

해설 남자가 또 금연하기로 했다는 말을 했다는 것은 이전에도 금연하겠다고 선언한 적이 있다는 것이다. 여자는 그 말을 듣고 '이미 담배를 끊은 거 아니였어?'라고 대답하는 대화, 3번이 자연스럽다.

어휘 確か (부사) 틀림없이, 아마 | はずだ 반드시 ~할 것이다 | 幸いだ 다행이다, 행복하다

3番 Track 1-4-03

女：今日はこの辺で帰らせていただきます。

男：1　もう帰るんですか。まだいいんじゃないですか。

2　それじゃ私も帰っていただきます。

3　たしかこの辺だったと思いますが。

3번

여 : 오늘은 이쯤에서 돌아가겠습니다.

남 : 1 벌써 돌아가세요? 아직 괜찮지 않습니까?

2 그럼 나도 돌아감을 받겠습니다.

3 분명히 이 근처였다고 생각합니다만.

해설 손님 등이 왔다가 이제 돌아가겠다고 하면 아직 더 있어도 괜찮지 않느냐라는 말로 흔히 권유를 한다.

어휘 ~(さ)せていただく '(상대방이 허락하시면) ~하겠다'라는 표현으로 화자의 의지를 표현한 말 중 가장 공손한 표현

4番 Track 1-4-04

女：円高もだいぶ落ち着いてきましたね。

男：1　いや、まだわからないですよ。

2　いいえ、見通しは明るいですよ。

3　そうですね、まだ落ちてないんですよ。

4번

여 : 엔고도 상당히 안정되었네요.

남 : 1 아니, 아직 모르는 거죠.

2 아니요, 전망은 밝아요.

3 그러네요, 아직 안 떨어졌어요.

해설 엔고가 안정이 되었다는 말에 아직 알 수 없다고 말한 1번이 정답이다.

어휘 だいぶ 상당히, 꽤 | 落ち着く 안정이 되다, 침착하다 | 見通し 전망, 꿰뚫어 봄

5番 Track 1-4-05

女：実は私、ペーパードライバーなんです。

男：1　えっ、まだ免許とってないんですか。

2　週末ドライブにでも行きましょうか。

3　そういう人けっこう多いですよね。

5번

여 : 실은 나, 장롱면허야.

남 : 1 어, 아직 면허 안 땄나요?

2 주말 드라이브라도 갈까요?

3 그런 사람 꽤 많지요.

어휘 ペーパードライバー(일본에서 만든 영어: paper driver) 장롱면허 | 免許をとる 면허를 따다

6番 Track 1-4-06

女：よかった。チケット取れないかと思ってたよ。

男：1　うん、ついてるよね。

2　チケット取れたらよかったのに。

3　わざわざチケット取るんじゃなかったね。

6번

여 : 다행이야. 티켓 못 구하는 줄 알았어.

남 : 1 응, 운이 좋네.

2 티켓을 구했더라면 좋았을 텐데.

3 일부러 티켓을 끊지 말걸 그랬네.

해설 '티켓을 못 구하는 줄 알았다(그래서 불안했다)'라는 말에 '그러네. 운이 좋네'라고 대답한 1번이 정답이다.

어휘 チケットを取る 티켓을 구하다, 예매하다, 끊다 | つく (「ついている」의 형태로) 운이 좋다 | わざわざ 일부러

7番 Track 1-4-07

男：佐藤さんまだですかね。9時に集合って言ったはずなのに。

女：1　すみません。朝寝坊してしまって。

2　そうですね。電話してみましょうか。

3　9時に家を出たら、間に合いませんね。

7번

남 : 사토 씨 아직인가요? 9시에 집합이라고 했을 텐데.

여 : 1 죄송합니다. 늦잠을 자 버려서.

2 그렇네요. 전화해 볼까요?

3 9시에 집을 나서면, 시간에 맞출 수 없네요.

해설 9시에 집합인데 사토씨 아직 안 와서 '전화해 볼까요?'라고 대답한 2번이 정답이다.

어휘 集合 집합 | 朝寝坊する 늦잠을 자다 | 間に合う 1) 시간에 대다 2) 정해진 시각 · 기한에 늦지 않다

8番 Track 1-4-08

男：本当に助かったよ。ありがとう。

女：1　やっぱり彼は役に立ちますね。

2　先日は助けてくださってありがとうございます。

3　いえいえ、私でよければいつでもお呼びください。

8번

남 : 정말로 도움이 되었어.고마워.

여 : 1 역시 그는 도움이 되네요.

2 지난 번에는 도와 주셔서 감사합니다.

3 아뇨, 아뇨, 저라도 괜찮으시다면 언제든지 불러 주십시오.

해설 남자가 도움이 되었어라고 하자, 여자가 나로 괜찮다면 언제든지 불러달라는 공손한 말투로 대응하는 3번이 정답이다.

어휘 助かる 1.(위기나 죽음에서) 살아남다 2.(노력 · 비용 등이 덜어져) 도움이 되다 | 助ける 돕다, 살리다 | 先日 지난 번

9番 Track 1-4-09

男：すみません。シャッター押してもらえませんか。

女：1　もうお店閉めますか。早いですね。

2　ここを押せばいいんですね。

3　そんなに押さないでくださいよ。

9번

남 : 죄송합니다. 셔터를 눌러 주실 수 없을까요?

여 : 1 벌써 가게 닫나요? 빠르네요.

2 여기를 누르면 되는 거죠?

3 그렇게 누르지 마세요.

해설 사진을 찍어달라고 부탁하는 장면이므로 정답은 2번이다. 가게의 덧문을 내리다는「シャッターをおろす」라고 한다.

10番 Track 1-4-10

女：高橋さん、会議室の電気つけっぱなしになってましたよ。

男：1　そうか、電気つけなきゃいけないんだ。

2　あれ、電気消えちゃった。停電かな…。

3　あっ、いけない。うっかりしちゃって…。

10번

여 : 다카하시 씨 회의실 전깃불 켜진 채였어요.

남 : 1 그런가, 전깃불을 켜지 않으면 안 되는구나.

2 어? 전깃불 꺼졌다. 정전일까….

3 앗, 이런…. 깜박해버려서….

어휘 ます형+っぱなし ~한 채로 방치함 | 停電 정전 | いけない 상태가 안 좋다, 거북하다, 곤란하다 | うっかりする 깜빡하다

11番 Track 1-4-11

女：田中さんって、顔が広いのね。

男：1　最近太り気味だからダイエットしなきゃ。

2　芸能人の知り合いまでいるらしいよ。

3　しょうがないよ。もう若くないから。

11번

여 : 다나카 씨는 발이 넓네.

남 : 1 요즘 살찐 듯 해서 다이어트 해야 해.

2 연예인 지인까지 있는 것 같아.

3 어쩔 수 없어. 이제 젊지 않으니까.

해설 연예인까지 알고 있을 정도로 발이 넓다는 대화 내용을 이해해야 한다. 정답은 2번이다.

어휘 顔が広い 1) 발이 넓다 2) 교제 범위가 넓다 | ます형+気味だ/명사+気味 조금 ~하다고 느끼는 상태, 모습

문제5 문제5에서는, 긴 이야기를 듣습니다. 이 문제에는 연습은 없습니다. 메모를 해도 좋습니다.

1번, 2번

문제 용지에는 아무것도 인쇄되어 있지 않습니다. 먼저 이야기를 들으세요. 그리고 질문과 선택지를 듣고 1~4 중에서 가장 적당한 것을 하나 고르세요.

1番 Track 1-5-01

会社で男の人と女の人が話しています。

男：佐藤さん、観光エキスポの会場まで行くのにどんな方法がある？

女：ええと、大阪から新幹線で東京駅に着かれるんですよね。

男：うん、そう。だから東京駅から千葉の会場までの行き方だね。あ、秋葉原でちょっと用事があるから、秋葉原からでもいいよ。

1번

회사에서 남자와 여자가 이야기하고 있습니다.

남 : 사토 씨, 관광 엑스포 행사장까지 가는데 어떤 방법이 있지?

여 : 음, 오사카에서 신칸센으로 도쿄역에 도착하시는 거죠?

남 : 응, 그래. 그래서 도쿄역에서 치바 행사장까지 가는 방법말야. 아, 아키하바라에서 조금 용무가 있으니까 아키하바라부터라도 상관없어.

女：はい、４つの方法があります。一つ目は東京駅からバスで、５０分かかりますが、会場の前まで行きます。二つ目の方法は、東京駅から急行電車に２５分乗って、会場までは徒歩１０分です。

男：ふ～ん、急行電車で２５分は早いね。歩くのも１０分ぐらいなら苦にならないしね。

女：はい、そうですね。

男：あと、２つの行き方は？

女：はい、３つ目の方法ですが、秋葉原から会場までバスが出ています。こちらは７０分かかります。東京駅を経由していきますから、降りるところは同じ会場の前です。

男：ああ、秋葉原が始発なんだね。

女：はい、そうですね。最後の４つ目の行き方ですが、電車に４０分乗って、バスに乗り換える方法です。バスに２０分ほど乗ってから、会場まで５分歩きます。

男：うん、この方法はちょっとぼくには複雑な気がするな。

女：あれ、大川さん、東京は不慣れなんですか？

男：うん、一年に１回ぐらいしか出張しないからね。時間も急がないし、簡単な方法がいいな。

女：それなら、ちょっと時間がかかりますが、この行き方が一番確実ですね。

男：そうだね。じゃ、用事を済ませてから、一本で行けるこの方法にするよ。

男の人は、どの方法で会場まで行きますか。

1　１番目の行き方
2　２番目の행き方
3　３番目の行き方
4　４番目の行き方

여 : 네, 4가지 방법이 있습니다. 첫 번째는 도쿄역에서 버스로 50분 걸리지만, 행사장 앞까지 갑니다. 두 번째 방법은 도쿄역에서 급행 열차로 25분 타고 행사장까지 도보 10분입니다.

남 : 음…, 급행 전철로 25분은 빠르네. 걷는 것도 10분 정도라면 부담도 안 되고.

여 : 네, 그러네요.

남 : 나머지 두 가지 방법은?

여 : 네, 세 번째 방법입니다만, 아키하바라에서 행사장까지 버스가 운행되고 있습니다. 이쪽은 70분 걸립니다. 도쿄역을 경유해 가기 때문에, 내리는 곳은 같은 행사장 앞입니다.

남 : 아, 아키하바라에서부터 출발하는구나.

여 : 네, 그러네요. 마지막 네 번째 방법인데, 전철로 40분 타고, 버스로 갈아 타는 방법입니다. 버스로 20분 정도 타고나서, 행사장까지 5 분 걷습니다.

여 : 음, 이 방법은 조금 나에게는 복잡하다는 생각이 드네.

여 : 어, 오카와 씨, 도쿄는 익숙하지 않으신가요?

남 : 응, 일년에 한 번 정도 밖에 출장 안 가니까. 시간도 안 급하고, 간단한 방법이 좋겠네.

여 : 그렇다면, 조금 시간이 걸리지만, 이 방법이 가장 확실하네요.

남 : 그러네. 그럼, 용무를 마치고 나서 한 번에 갈 수 있는 이 방법으로 할게.

남자는 어떤 방법으로 행사장까지 갑니까?

1 첫 번째 방법
2 두 번째 방법
3 세 번째 방법
4 네 번째 방법

해설 용무를 마치고 한 번에 갈 수 있는 방법으로 한다고 했으니, 아키하바라에서 용무를 마치고 버스 한 번으로 행사장까지 가는 3번이 정답이 된다.

어휘 徒歩 도보 | 苦になる 마음에 걸리다, 부담으로 생각되다 | 経由 경유 | 始発 시발 | 不慣れ 익숙하지 않음 | 済ませる(=済ます) 끝내다, 마치다

2番 Track 1-5-02

男の人と女の人が花のプレゼント用のカタログを見ています。

男：ゆきさん、ちょっといいかな。

女：うん、なあに？

男：先輩の木村さんが今度、絵の個展をやることになってね。

女：ああ、あの木村さんね、カラフルな絵を描く人よね。

男：うん、それでお祝いに、花を贈ろうと思っているんだよ。どんなのがいいかな？

女：そうね。このカタログでは、お祝い用のお花は４つ紹介されているのね。

男：うん、１番目の花は高さが７０センチぐらいで、白い花がメインのアレンジだね。
２番目の花は、高さは５０センチぐらいで、ピンク系の花だね。

女：２番目のは、かわいらしいわね。その個展の会場は広いの？

男：いいや、個人の展覧会だし、狭い会場だと思う。

女：そう、じゃ、あまり高さはない方がいいかもね。

男：そうだね。３番目のは白と赤と黄色い花のアレンジでこれも高さは５０センチ。
４番目のは、薄いピンク系の花に小さい黄色の花が入ってるんだね。

女：これも、高さは５０センチぐらいってあるわね。予算はどうなの。

男：うん、１万円ぐらいかな。ここにのっているのは全部１万円のだよ。

女：ああ、そうね。絵にいろいろな色を使っていてきれいだから、絵より目立たない花のほうがいいと思うけど。

男：それも、そうだね。じゃ白いのにしようか？

女：白だけ一色とか同じような色だけだとさびしいし、あまり色の種類が多いのもちょっとね。

男：じゃ、このアレンジにしよう。

女：そうね。それがいいと思うわ。

2번

남자와 여자가 꽃 선물용 카탈로그를 보고 있습니다.

남 : 유키 씨, 잠깐 시간 돼?

여 : 응, 뭔데?

남 : 선배인 기무라 씨가 이번 그림의 개인전을 하게 되어서.

여 : 아, 그 기무라 씨? 컬러풀한 그림을 그리는 사람이지?

남 : 응, 그래서 축하하는 의미로 꽃을 선물하려고 하는데, 어떤 것이 좋을까?

여 : 글쎄. 이 카탈로그에서는 축하용 꽃은 4개 소개되어 있네.

남 : 그래, 첫 번째 꽃은 높이가 70센티미터 정도이고 흰색 꽃이 중심에 놓여있네.
두 번째 꽃은 높이 50센티 정도이고, 핑크 계열의 꽃이네.

여 : 두 번째 것은 예쁘네. 그 개인전 장소는 넓어?

남 : 아니, 개인 전람회고, 좁은 장소라고 생각해.

여 : 그래? 그럼 너무 높지 않은 것이 좋을지도.

남 : 그래. 세 번째는 흰색과 빨간색과 노란색 꽃이 장식되어 있고, 이것도 높이는 50 센티미터.
네 번째는 옅은 핑크 계열의 꽃에 작은 노란색 꽃이 들어 있네.

여 : 이것도 높이는 50 센티 정도 되네. 예산은 얼마 정도 생각해?

남 : 음, 1만엔 정도일까. 여기에 실려있는 것은 모두 만엔짜리 것이야.

여 : 아, 그렇구나. 그림에 다양한 색깔을 사용하고 있어 예쁘니까, 그림보다 눈에 띄지 않는 꽃인 편이 좋다고 생각하는데.

남 : 그것도 그러네. 그럼 흰색으로 할까?

여 : 흰색 일색이라든가, 비슷한 색상뿐이라면 허전하고, 너무 색의 종류가 많은 것도 조금 그러네.

남 : 그럼 이 장식으로 하자.

여 : 그래. 그게 좋다고 생각해.

男の人はどの花をプレゼントすることにしましたか。	남자는 어떤 꽃을 선물하기로 했습니까?
1　1番目の花	1 첫 번째 꽃
2　2番目の花	2 두 번째 꽃
3　3番目の花	3 세 번째 꽃
4　4番目の花	4 네 번째 꽃

해설 개인전이 열리는 장소라 협소하므로 꽃의 높이는 높지 않는 것이 좋다고 했으니 첫 번째 꽃은 제외된다. 그림보다 너무 화려한 색의 꽃도 제외하고, 한 색으로만 되어 있는 꽃도 허전하다고 했으므로 정답은 4번이다.

어휘 かわいらしい 귀엽다, 사랑스럽다 | 個展 개인전 | 目立つ 눈에 띄다 | アレンジする 어레인지하다, 정돈하다

3번

먼저 이야기를 들으세요. 그리고 두 개의 질문을 듣고, 각각 문제 용지의 1에서 4중에서 가장 적당한 것을 하나 고르세요.

3番 Track 1-5-03

男の学生と女の学生が話しています。

男：ねぇ、田中さん、今度の週末短期アルバイトしてみようと思うんだけど一緒にどう？
女：よさそうね。週末なら、時間あるし。
男：ネットで探してみたらいろんなおもしろいバイトがあるんだよ。
女：へぇー！例えば？
男：僕がいいなと思ったのは４つあるんだけど１つ目はペットとのお散歩。朝と昼に、１時間ずつで時給1500円。２つ目は、お買い物代行で、必要なものをお客さんの代わりに買って届けるみたい。これは時給が高くて2000円だよ。
女：2000円！それはいいわね。
男：３つ目は今度の日曜日に花火大会があるでしょ？そこのスタッフだけど、6時間で8000円、最後は子どもと遊ぶバイトで小学生の子供たちと公園で遊ぶみたい。これが一番時給が安くて800円だって。僕は動物好きだからこれがいいんだけどどう？
女：わたし動物アレルギーがあるからペットはちょっと無理なのよ。わたしは保育士をめざしてるし、これやってみたいわ。

3번

남학생과 여학생이 이야기하고 있습니다.

남 : 저기, 다나카 씨, 이번 주말 단기 아르바이트 해보려고 하는데 함께 어때?
여 : 좋은 것 같아. 주말이면, 시간이 있고.
남 : 인터넷으로 찾아보니 여러 가지 재미있는 아르바이트가 있어.
여 : 이야~! 예를 들면?
남 : 내가 좋다고 생각한 것은 4가지가 있는데, 첫 번째는 애완동물과의 산책. 아침과 점심에 1시간씩이고 시급 1500엔. 두번째는 구매 대행으로, 필요한 것을 손님 대신에 사서 건네 주는 것 같아. 이것은 시급이 비싸서 2000엔이야.
여 : 2000엔! 그거 좋네.
남 : 세 번째는 이번 일요일에 불꽃대회가 있지? 거기 스텝인데, 6시간에 8000엔, 마지막은 아이들과 노는 아르바이트로 초등학생 아이들과 공원에서 노는 것 같아. 이게 제일 시급이 싸서 800엔이래. 나는 동물을 좋아하니까 이게 좋은데 어때?
여 : 나 동물 알레르기가 있어서 애완동물은 좀 무리야. 나는 보육사를 목표로 하고 있고, 이거 해 보고 싶어.

男：僕は子どもはちょっと・・・。それに時給も安いし。

女：うーん。でもこのお買い物は大変そうじゃない？

男：そうだよね。重い荷物をもって届けるなら車が必要だろうし。

女：そしたら、仕方ないけど２人ともできるのはこれしかなさそうね。

男：そうだね。まぁでもお金も稼ぎながら夏を楽しめるし最高じゃない！

女：そうね。じゃあ、当日会場で会うことにしよう！

남：나는 아이들은 좀...게다가 시급도 싸고.

여：음. 하지만 이 쇼핑은 힘들 것 같지 않아?

남：그렇지. 무거운 짐을 들고 건네주려면 차가 필요할 테고.

여：그렇다면, 어쩔 수 없지만 우리 둘 다 할 수 있는 것은 이것밖에 없을 것 같네.

남：그러네. 뭐 하지만 돈도 벌면서 여름을 즐길 수 있고 최고 잖아!

여：그래. 그럼 당일 행사장에서 만나기로 하자!

質問１

男の学生は、どのアルバイトをしたいと言っていますか。

1　1番目のアルバイト
2　2番目のアルバイト
3　3番目のアルバイト
4　4番目のアルバイト

질문1

남학생은 어떤 아르바이트를 하고 싶다고 말하고 있습니까?

1 첫 번째 아르바이트
2 두 번째 아르바이트
3 세 번째 아르바이트
4 네 번째 아르바이트

学生

女の学生は、どのアルバイトをしたいと言っていますか。

1　1番目のアルバイト
2　2番目のアルバイト
3　3番目のアルバイト
4　4番目のアルバイト

질문2

여학생은 어떤 아르바이트를 하고 싶다고 말하고 있습니까?

1 첫 번째 아르바이트
2 두 번째 아르바이트
3 세 번째 아르바이트
4 네 번째 아르바이트

해설 질문 1：남학생은 동물을 좋아한다고 했으니 애완동물을 산책시키는 1번 아르바이트가 좋다고 말했다.
질문 2：여학생은 동물 알레르기가 있다고 했으니 첫 번째 아르바이트는 무리이고 보육사를 목표로 하고 있으니 아이들과 공원에서 노는 4번째 아르바이트가 좋다고 말했다.

어휘 **買い物代行** 구매 대행 | **代わりに** 대신하여 | **届ける** 물건을 가지고 가서 상대방에게 건네주다 | **保育士** 보육사(아동복지시설에서 아이의 보육을 행하는 사람) | **目指す** 목표로 하다, 노리다 | **仕方ない** 어쩔 수 없다 | **稼ぐ** 돈을 벌다 | **会場** 회장, 집회 장소

memo

나의 점수는?

총 ______ 문제 정답

혹시 부족한 점수라도 실망하지 말고 해설을 보며 다시 확인하고 틀린 문제를 다시 풀어보세요. 실력이 점점 쌓여갈 것입니다.

JLPT N2 제2회 실전모의고사 정답

2회

1교시 언어지식(문자·어휘)

문제 1	1	3	2	2	3	2	4	4	5	3				
문제 2	6	2	7	4	8	2	9	3	10	4				
문제 3	11	4	12	4	13	4								
문제 4	14	3	15	1	16	3	17	1	18	4	19	3	20	2
문제 5	21	3	22	2	23	1	24	2	25	3				
문제 6	26	2	27	1	28	2	29	3	30	2				

1교시 언어지식(문법)

문제 7	31	2	32	4	33	3	34	4	35	3	36	4	37	3	38	1	39	4
	40	2	41	1	42	3												
문제 8	43	2	44	4	45	1	46	4	47	2								
문제 9	48	2	49	4	50	1	51	4										

1교시 언어지식(독해)

문제 10	52	2	53	2	54	1	55	1	56	3						
문제 11	57	3	58	1	59	4	60	3	61	2	62	4	63	1	64	2
문제 12	65	4	66	3												
문제 13	67	1	68	3	69	4										
문제 14	70	3	71	4												

2교시 청해

문제 1	1	1	2	3	3	2	4	3	5	4								
문제 2	1	2	2	4	3	4	4	3	5	2	6	3						
문제 3	1	3	2	4	3	2	4	2	5	1								
문제 4	1	2	2	1	3	1	4	2	5	3	6	1	7	1	8	2	9	1
	10	3	11	1														
문제 5	1	1	2	4	3	1 1 2 4												

2회 실전모의고사 해설

1교시 언어지식(문자·어휘)

문제 1 ________의 단어의 읽는 법으로 가장 적당한 것을 1 · 2 · 3 · 4에서 하나 고르세요.

1 地球温暖化への対策として様々な議論が交わされている。

1 おんたんか　2 おうだんか　3 おんだんか　4 おうたんか

지구 온난화에 대한 대책으로 여러 가지 의론이 거론되고 있다.

어휘 地球温暖化(ちきゅうおんだんか) 지구온난화 ▶ 温度計(おんどけい) 온도계, 暖房(だんぼう) 난방 | 交(か)わす 주고 받다, 교차하다, 나누다

2 彼女の部屋は何日間も掃除をしなかったようで、もので溢れていた。

1 みだれて　2 あふれて　3 おそれて　4 やぶれて

그녀의 방은 며칠이나 청소를 하지 않은 듯, 물건으로 넘쳐나고 있었다.

어휘 溢(あふ)れる 넘쳐 흐르다 | 乱(みだ)れる 흐트러지다 | 恐(おそ)れる 두려워하다 | 破(やぶ)れる 찢어지다

3 弟と比べて、私は運動神経が鈍い方だ。

1 あわい　2 にぶい　3 でかい　4 にくい

남동생에 비해, 나는 운동신경이 둔한 편이다.

어휘 運動神経(うんどうしんけい) 운동신경 | 鈍(にぶ)い 둔하다 | 淡(あわ)い (빛깔이) 옅다, (맛이) 담백하다 | でかい 〈속어〉 크다

4 世の中は部下の手柄を平気で横取りする上司もいる。

1 しゅへい　2 しゅべい　3 てから　4 てがら

이 세상은 부하의 공을 아무렇지 않게 가로채는 상사도 있다.

어휘 手柄(てがら) 공적 ▶ 手本(てほん) 모범, 기준, 본보기, 手土産(てみやげ) 남의 집에 방문할 때 들고 가는 소소한 선물 | 平気(へいき)だ 아무렇지도 않다 | 横取(よこど)りする 가로채다, 빼앗다

5 子供を3人も抱えて非常勤で働くのはかなり経済的に苦しい。

1 いかえて　2 だかえて　3 かかえて　4 つかえて

아이를 3명이나 떠안고, 비정규직으로 일하는 것은 상당히 경제적으로 힘들다.

어휘 抱(かか)える 안다, (어려움이나 부담을) 책임지다, 거느리다 | 非常勤(ひじょうきん) 비정규직 | 経済的(けいざいてき) 경제적

+ 「抱(かか)える」 외에도 한국어의 '안다'라는 의미에는 「抱(だ)く」, 「抱(いだ)く」도 있다

문제 2 ＿＿＿＿의 단어를 한자로 쓸 때, 가장 적당한 것을 1 · 2 · 3 · 4에서 하나 고르세요.

6 今のところ、週休二日制を<u>さいたく</u>していない会社はほとんどないと思う。
1 彩択　　2 採択　　3 彩沢　　4 採沢
요즘은 주 5일 근무제를 채택하고 있지 않은 회사는 거의 없다고 생각한다.

어휘 今のところ 현단계에서는 | 週休二日制 주 5일 근무제 | 採択 채택

7 栄養のバランスをとるため、<u>こくもつ</u>の摂取量も減らさないようにしている。
1 殼物　　2 款物　　3 傚物　　4 穀物
영양의 밸런스를 맞추기 위해 곡물의 섭취량을 줄이지 않도록 하고 있다.

어휘 栄養 영양 | バランスをとる 균형을 맞추다 | 穀物 곡물 | 摂取量 섭취량

8 政府から<u>にんしょう</u>を受けるために必要なものは何ですか。
1 詔証　　2 認証　　3 3詔請　　4 認請
정부로부터 인증을 받기 위해 필요한 것은 무엇입니까?

어휘 政府 정부 | 認証を受ける 인증을 받다 ▶ 認定 인정, 証拠 증거, 請求 청구

9 彼の<u>いだい</u>な功績は永遠に後世に残るはずだ。
1 違大　　2 緯大　　3 偉大　　4 為大
그의 위대한 공적은 영원히 후세에 남을 것이다.

어휘 偉大 위대 | 功績 공적 | 永遠 영원 | 後世 후세

10 今朝、名古屋高速道路で乗用車がトラックと<u>しょうとつ</u>する事故が発生した。
1 衝揬　　2 衝揬　　3 衝突　　4 衝突
오늘 아침 나고야 고속도로에서 승용차가 트럭과 충돌하는 사고가 발생했다.

어휘 高速道路 고속도로 | 乗用車 승용차 | 衝突 충돌 ▶ 衝撃 충격, 突然 돌연, 갑자기 | 発生 발생

문제 3 (　　　) 안에 들어갈 가장 적당한 것을 1 · 2 · 3 · 4에서 하나 고르세요.

11 警察はあの事件に関わる容疑者に対して（　　　）調べを行った。

1 差し　　2 立ち　　3 引き　　4 取り

경찰은 그 사건에 연루된 용의자에 대해 조사를 실시했다.

어휘 警察 경찰 | ～に関わる ~에 관하다 | 容疑者 용의자 | 取り調べ 조사, 문초 ▶ 取り合わせ 배합 | 取り寄せ 인터넷에서 식품을 주문하여 배송하는 것

12 世の中には現代科学では解釈できない（　　　）現象も起こるそうだ。

1 偽　　2 諸　　3 御　　4 怪

이 세상에는 현대과학으로는 해석할 수 없는 괴현상도 일어난다고 한다.

어휘 怪現象 괴현상 ▶ 怪文書 괴문서, 怪人物 괴이한 인물, 怪事件 괴이한 사건 | 解釈 해석

13 最近暑い日が続いて夏バテ（　　　）になっています。

1 がち　　2 連れ　　3 切れ　　4 気味

최근 더운 날이 계속되어 더위를 먹은 느낌이 듭니다.

어휘 夏バテ 여름 더위에 지침 | ます형/명사＋気味 ~한 경향(느낌)이 있음 ▶ 風邪気味 감기기운, 疲れ気味 피곤한 기색, 寝不足気味 잠이 부족한 느낌

문제 4 (　　　) 안에 들어갈 가장 적당한 것을 1 · 2 · 3 · 4에서 하나 고르세요.

14 サービスに満足できないと、お客さんから（　　　）を言われるときもある。

1 念願　　2 依頼　　3 苦情　　4 困難

서비스에 만족 못 하면, 손님으로부터 불평을 들을 때도 있다.

어휘 満足 만족 | 苦情を言う 불평을 말하다 | 念願 염원 | 依頼 의뢰 | 困難 곤란

15 人々は（　　　）起きているこの二つの事件を不思議に思っているはずだ。

1 相次いで　　2 引き継いで　　3 打ち明けて　　4 差し支えて

사람들은 연달아 일어나고 있는 이 두 사건을 이상하게 생각하고 있을 것이다.

어휘 相次ぐ 잇따르다 | 引き継ぐ 인계하다, 인계 받다 | 打ち明ける 털어놓다, 고백하다 | 差し支える 지장이 있다

2회

16 地震で家がつぶれるのかと思ったら、生きた（　　　）がしなかった。

1 機嫌　2 気分　3 心地　4 気持ち

지진으로 집이 무너지는가 생각하면 살아있는 기분이 들지 않았다.

어휘 つぶれる 무너지다, 붕괴되다 | 生きた心地がしない : 살아있는 기분이 들지 않는다 ✚ 거의 관용구처럼 사용하며, 気持ち나 気分으로 대체하면 부자연스럽다 | 機嫌 표정이나 태도로 나타나는 기분의 좋고, 나쁨 ✚ 보통 機嫌がいい 기분이 좋다, 機嫌が悪い 기분이 나쁘다 형식으로 많이 사용한다.

17 会社に大きな損害を与えてしまい、彼の立場も（　　　）なった。

1 危うく　2 不機嫌に　3 不愉快に　4 煩わしく

회사에 큰 손해를 끼쳐 버려서, 그의 입장도 위험해졌다.

어휘 損害を与える 손해를 주다 | 立場 입장 | 危うい 위태롭다, 위험하다 | 不機嫌だ 기분이 좋지 않다 | 不愉快だ 불쾌하다 | 煩わしい 번거롭다

18 コンビニに行ったのに財布が見つからなくて（　　　）した。

1 おめおめ　2 ふわふわ　3 ずきずき　4 まごまご

편의점에 갔는데 지갑을 못 찾아서 우물쭈물했다.

어휘 まごまご 우물쭈물, 망설이는 모양 | おめおめ 뻔뻔스럽게, 염치없이, 뻔뻔스러운 모양 | ふわふわ 둥실둥실, 가볍게 떠다니는 모양 | ずきずき 욱신욱신, 지끈지끈, 쑤시면서 아픈 모양

19 彼の部屋には専攻に関する本が（　　　）並べてあった。

1 きっかり　2 ばっちり　3 ぎっしり　4 うっかり

그의 방에는 전공에 관련된 책이 빽빽이 늘어서 있었다.

어휘 専攻 전공 | ぎっしり 가득 들어 있어서 여유가 없는 모습 | きっかり 시간이나 수량이 정확하여 부족함이 없는 모습 | ばっちり 빈틈이 없고 완벽한 모습, 준비 등이 충분한 모습 | うっかり 멍하니 주의가 부족한 모습

20 彼は食事を済ましてから、レジに行って「お（　　　）、お願いします。」と言った。

1 計算　2 勘定　3 会算　4 既定

그는 식사를 마치고 나서 계산대로 가서 '계산해 주세요'라고 말했다.

어휘 ✚ 식사를 하고 나서 음식값을 계산해 달라고 할 때는 「(お会計 또는 お勘定)、お願いします」라고 하면 된다. 이때 한국어의 '계산' 그대로 「計算」을 사용하지 않는 것에 주의한다. | 済ます 마치다, 끝내다 | 既定 기정

문제 5 ______의 단어의 의미가 가장 가까운 것을 1・2・3・4에서 하나 고르세요.

21 10キロもやせたので、腕時計のバンドが緩くなった。

1 安らかに　2 柔らかく　3 きつくなく　4 滑らかに

10kg이나 말랐더니 손목시계 밴드가 느슨해졌다.

어휘 腕時計(うでどけい) 손목시계 | 緩い(ゆるい) 느슨하다 | 安らかだ(やすらかだ) 편안하다, 평온하다 | 柔らかい 부드럽다 | きつい 꽉 죄다, 고되다 | 滑らかだ(なめらかだ) 매끈하다, 반들반들하다

22 差し支えがなければその話を詳しく聞かせてほしい。

1 干渉　2 不都合　3 触り　4 不満

지장이 없으면 그 이야기를 자세히 들려주길 바란다.

어휘 差し支え(さしつかえ) 지장, 장애 | 詳しい(くわしい) 상세하다 | 干渉(かんしょう) 간섭 | 不都合(ふつごう) 난처함, 곤란함 | 触り(さわり) 촉감, 감촉 | 不満(ふまん) 불만

23 入社してまもなく出張を命じられた。

1 すぐに　2 もうすぐ　3 いずれ　4 この間

입사하고 나서 얼마 되지 않아 출장을 명령받았다.

어휘 まもなく 머지않아, 이윽고 | 命じる(めいじる) 명하다 | すぐに 금방 | もうすぐ 이제 곧(과거형과는 접속불가) | いずれ 언젠가 | この間(あいだ) 요전 날

24 彼女は神経質で些細なことにもすぐに動揺してしまう。

1 退屈な　2 ほんの少しの　3 斜めな　4 やかましい

그녀는 신경질적이어서 사소한 것에도 금방 동요해 버린다.

어휘 神経質(しんけいしつ) 신경질 | 些細だ(ささいだ) 사소하다, 하찮다 | 動揺(どうよう) 동요 | 退屈だ(たいくつだ) 지루하다 | ほんの少し(すこし) 아주 조금 | 斜めだ(ななめだ) 비스듬하다 | やかましい 시끄럽다, 까다롭다

25 いい年して泣いたりわめいたりするのはみっともないと思う。

1 ずうずうしい　2 ひとしい　3 恥ずかしい　4 おとなしい

나이는 먹어서 울거나 소리지르거나 하는 것은 꼴불견이라고 생각한다.

어휘 いい年(とし)して 나이를 먹고(어떤 언행에 대하여 그런 것을 할 연령이 아닌데라는 의미) | わめく 소리지르다 | みっともない 꼴불견이다, 꼴사납다 | 図々しい(ずうずうしい) 뻔뻔스럽다 | 等しい 동등하다 | 恥ずかしい(はずかしい) 부끄럽다, 창피하다 | 大人しい 얌전하다

문제 6 **다음 단어의 사용법으로서 가장 적당한 것을 1・2・3・4에서 하나 고르세요.**

26 今にも 지금이라도, 당장에라도

1 私のふるさとは今にも年末に小豆もちを食べる習慣がある。
2 彼女は今にも泣き出しそうな顔で座っていた。
3 そんなに大急ぎだったら今にも行きます。
4 まだ遅れていないのなら今にも返事します。

1 내 고향은 지금이라도 연말에 팥떡을 먹는 습관이 있다.
2 그녀는 금방이라도 울 것 같은 얼굴로 앉아 있었다.
3 그렇게 매우 급하다면 당장에라도 가겠습니다.
4 아직 늦지 않다면 당장에라도 답장하겠습니다.

해설 「今(いま)にも」는 「今(いま)にも壊(こわ)れそうな建物(たてもの) 지금이라도 무너질 것 같은 건물」처럼 '눈 앞에 무언가가 일어날 것 같은 모습'에 많이 사용한다. 따라서 정답은 2번이다. 1번은 「今(いま)も」, 3번과 4번은 「今(いま)すぐ」가 적당하다.

어휘 ふるさと 고향 | 小豆(あずき)もち 팥떡 | 泣(な)き出(だ)す 울음을 터뜨리다 | 大急(おおいそ)ぎ 아주 급함 | 返事(へんじ) 답장

27 朗らか 명랑함

1 彼はいつも笑顔で明るくて朗らかな人だ。
2 沖縄は5月中旬から梅雨入りして、朗らかな天気が続いている。
3 他人に迷惑ばかりかけても、全然に気にしないなんて、ずいぶん朗らかだね。
4 この歌を聞くたびに子供の時を思い出して、朗らかな気持ちになる。

1 그는 언제나 웃는 얼굴로 밝고 명랑한 사람이다.
2 오키나와는 5월 중순부터 장마철에 접어들어 명랑한 날씨가 계속되고 있다.
3 남에게 폐만 끼쳐도 전혀 신경 쓰지 않다니 꽤 명랑하구나.
4 이 노래를 들을 때마다 어릴 적 생각이 나서 명랑한 기분이 든다.

해설 2번은 장마철이 되어 계속 비가 내리는 날씨의 경우 「うっとうしい天気(てんき) 울적한(찌무룩한) 날씨」라는 표현을 많이 쓴다. 3번은 남에게 피해를 주고도 그것을 신경 쓰지 않으므로 「ずいぶんずうずうしい 상당히 뻔뻔하다」 라는 표현을 쓰면 되고, 4번은 어렸을 때가 그립나는 느낌이 적당하므로 「懐(なつ)かしい気持(きも)ちになる 그리운 기분이 든다」 라고 바꾸면 좋다.

어휘 朗(ほが)らかだ 명랑하다 | 笑顔(えがお) 웃는 얼굴 | 中旬(ちゅうじゅん) 중순 | 梅雨入(つゆい)りする 장마철에 들어서다 | 気(き)にする 신경 쓰다 | ～たびに ~할 때마다 | 思(おも)い出(だ)す 생각해내다

28 ごまかす 얼버무리다

1 落とし物を拾ったら、警察をごまかす必要がある。
2 彼女は相手に注意されたら、笑ってごまかす癖がある。
3 かわいいからと言って、いつまでも子供をごまかしてはいけない。
4 とんでもない罪をごまかして、罪悪感で苦しんでいた。

1 분실물을 주우면, 경찰을 속일 필요가 있다.

2 그녀는 상대방에게 주의를 받으면, 웃고 얼버무리는 버릇이 있다.

3 귀엽다고 해서, 언제까지나 아이를 속여서는 안 된다.

4 터무니없는 죄를 속이고, 죄책감에 시달리고 있었다.

해설 1번은 분실물은 경찰에 가져다 줘야 하므로「警察に届ける 경찰에 가져다 주다」가 자연스럽고, 3번은 '아이가 귀엽다고 해서' 뒤에는「いつまでも子供を甘やかしてはいけない 언제까지나 아이의 응석을 받아주어서는 안 된다」가 적당하며, 4번은「とんでもない罪を犯して 터무니 없는 죄를 저질러서」라고 수정하면 좋다.

어휘 ごまかす 얼버무리다 | 落とし物 잃어버린 물건, 분실물 | 拾う 줍다 | 警察 경찰 | 癖 습관, 버릇 | とんでもない 터무니없다, 가당찮다 | 罪 죄 | 罪悪感 죄책감 | 苦しむ 괴로워하다

29 確か (자신의 기억에 따르면) 일단, 확실히, 아마(상당히 믿을 만한 판단이나 추측에 사용)

1 送られた書類は確か受け取りました。

2 家を出るとき確か鍵はかけましたか。

3 その事件が起こったのは確か昨年の5月だったと思います。

4 浅田さんのことは確か覚えています。

1 보내진 서류는 확실히 받았습니다.

2 집을 떠날 때 확실히 문은 잠갔습니까?

3 그 사건이 일어난 것은 아마 지난해 5월이었다고 생각합니다.

4 아사다 씨의 일은 확실히 기억하고 있습니다.

해설 「確か」는 자신의 기억력에 따르면 확실하다고 믿는 '아마'로 해석되는 것이 무난하므로 정답은 3번이다. 나머지는「確かに」를 넣어야 자연스럽다.

어휘 受け取る 수취하다, 받다 | 鍵をかける 잠그다, 자물쇠를 채우다

30 怪しい 수상하다

1 あの時は収入が少なくて生活が怪しかった。

2 怪しいメールは不用意に開かないようにしましょう。

3 彼の話を聞いていると、怪しく納得してしまう。

4 大勢の人の前で喧嘩をするなんて、怪しいね。

1 그때는 수입이 적어서 생활이 수상했다.

2 수상한 메일은 부주의하게 열지 않도록 합시다.

3 그의 이야기를 듣고 있으면 수상하게 납득하게 되어 버린다.

4 많은 사람들 앞에서 싸우다니, 수상하네.

해설 1번은「収入が少なくて生活が苦しかった 수입이 적어서 생활이 힘들었다」가 적당하며, 3번은「彼の話を聞いていると、妙に納得してしまう 그의 이야기를 듣고 있으면 묘하게 납득되어 버린다」가 적당하다. 4번은 많은 사람들이 있는 곳에서 싸웠으므로「恥ずかしい 창피하다, みっともない 꼴불견이다, 見苦しい 보기 흉하다」 등의 표현이 적당하다.

어휘 怪しい 수상하다, 수상쩍다 | 収入 수입 | 不用意だ 부주의하다, 조심성이 없다 | 開く 열다 | 納得 납득 | 大勢の人 많은 사람 | 喧嘩をする 싸우다

1교시 언어지식(문법)

문제 7 다음 문장의 (　　　) 안에 들어갈 가장 적당한 것을 1 · 2 · 3 · 4에서 하나 고르세요.

31 合格するかどうかは（　　　）として、努力する人になりたい。

1 あくまで　2 ともかく　3 わりに　4 ところに

합격할지 어떨 지는 차지하고, 노력하는 사람이 되고 싶다.

문법포인트! ~はともかく(として) : ~은 차지하고 (그렇다 치고) あくまで : 어디까지나 ~わりに(は) : ~에 비해서는 ~ところに : ~하는 참에

어휘 合格 합격 | 努力 노력

32 駅に着くか着かないかの（　　　）にわか雨が降った。

1 なかに　2 ところに　3 あげくに　4 うちに

역에 도착하자마자 소나기가 내렸다.

문법포인트! ~か~ないかのうちに : ~하자마자 ~ところに : ~한 참에 ~あげく : ~한 끝에

어휘 にわか雨 소나기

33 あの表情（　　　）、何か隠しているに違いない。

1 のものから　2 のことから　3 からすると　4 からよると

저 표정으로 보아, 뭔가 숨기고 있는 것이 틀림없다.

문법포인트! ~からすると / ~からすれば : ~로 보아 ~ことから : ~로 인해, 때문에

어휘 表情 표정 | 隠す 숨기다 | ~に違いない ~임에 틀림없다

34 出生率の低下により子供の数が減っている（　　　）、人口の減少が深刻化している。

1 あまり　2 あまりにも　3 ものから　4 ことから

출생률의 저하로 인해 아이의 수가 줄어들고 있기 때문에 인구 감소가 심각화하고 있다.

문법포인트! ✓ A ことから B : A 가 이유, 원인으로 B

어휘 出生率(しゅっしょうりつ) 출생율 | 低下(ていか) 저하 | 深刻化(しんこくか) 심각화

35 いつも食事の後、歯を磨いている（　　　　）、虫歯が一本もない。

1 だけで　　2 だけにも　　3 だけあって　　4 だけでも

언제나 식사 후 양치질을 하고 있는 만큼 충치가 하나도 없다.

문법포인트! ✓ A だけあって / だけに / だけの B : A 하니까(~한 만큼) B

어휘 歯(は)を磨(みが)く 이를 닦다 | 虫歯(むしば) 충치

36 わずかな金を（　　　　）、とてつもないことをやってしまった。

1 惜しいばかりで　　2 惜しいばかりに

3 惜しんだばかりで　　4 惜しんだばかりに

약간의 돈을 아낀 탓에 터무니없는 일을 저지르고 말았다.

문법포인트! ✓ Aばかりに : A만이 이유 · 원인으로 나쁜 결과가 되어 버렸다, ~한 탓에

✚ 문장 안에 목적어가 있으므로 동사가 와야 하고 과거형이어야 한다.

어휘 わずかだ 얼마 안 되다, 조금이다 | 惜(お)しむ 아쉬워하다, 아끼다 | とてつもない 터무니없다, 당치도 않다

37 転職してからすぐ昇進できた彼女がうらやましくて（　　　　）。

1 なれない　　2 きりがない　　3 たまらない　　4 たえない

이직하고 나서 바로 승진할 수 있었던 그녀가 부러워서 견딜 수가 없다.

문법포인트! ✓ ~てたまらない : ~해서 견딜 수가 없다, 너무 ~하다 ✓ きりがない 끝이 없다

어휘 転職(てんしょく) 전직, 이직 | 昇進(しょうしん) 승진

38 両親は80歳を過ぎてから、すっかり病気（　　　　）になった。

1 がち　　2 かぎり　　3 かけ　　4 おそれ

부모님은 80세가 지나고서부터 완전히 병치레가 잦아졌다.

문법포인트! ✓ 동사ます형 / 명사＋がち : 자주 ~함, 좋지 않은 의미로 자주 사용됨 ✓ ~かぎり : ~하는 한

어휘 過(す)ぎる 지나다, 넘다 | すっかり 완전히, 모두 | 恐(おそ)れ 두려움, 공포, 걱정

39 この自動車は燃費性能（　　　）、デザインも優れた評価を受けている。

1 もちろんで　2 はもちろんで　3 もとより　4 はもとより

이 자동차는 연비 성능은 물론 디자인도 뛰어난 평가를 받고있다.

문법포인트! ✓ A はもとより / はもちろん B : A 는 물론 , 당연하고 B 도

어휘 燃費性能(ねんぴせいのう) 연비성능 | 優(すぐ)れる 뛰어나다 | 評価(ひょうか) 평가

40 新規事業の立ち上げるために、休日も休む（　　　）仕事をしている。

1 ものなく　2 ことなく　3 ばかりでなく　4 だけでなく

신규 사업을 시작하기 위해 휴일에도 쉬지 않고 일을 하고 있다.

문법포인트! ✓ ～ことなく : 하지 않고 ✓ ～ばかりでなく : ~뿐만 아니라 ✓ ～だけでなく : ~뿐만 아니라

어휘 新規事業(しんきじぎょう) 신규사업 | 立(た)ち上(あ)げる 조직·기업 등을 새롭게 시작하다 | 休日(きゅうじつ) 휴일

41 幼い頃のアパートは狭い（　　　）、みんなでいられて楽しかった。

1 ながらも　2 ながらが　3 ながらに　4 ながらで

어린 시절의 아파트는 좁았지만, 다 같이 있을 수 있어서 즐거웠다.

문법포인트! ✓ A ながらも (B) : A 이지만 B(역접)

유사문법 : Aつつも(역접)

어휘 幼(おさな)い 어리다

42 彼が無免許だと（　　　）、軽い気持ちでバイクを貸したのがいけなかった。

1 知ってつつ　2 知ってつつも　3 知りつつも　4 知ったつつ

그가 무면허라는 것을 알면서도 가벼운 마음으로 오토바이를 빌려준 것이 잘못되었다.

문법포인트! ✓ ～つつ : ① ~하면서 (동작의 동시진행) ② ~하지만(역접) ✓ ～つつも : 하지만(역접)

어휘 無免許(むめんきょ) 무면허

문제 8 다음 문장의 ＿＿★＿＿에 들어갈 가장 적당한 것을 1 · 2 · 3 · 4 에서 하나 고르세요 .

43 インフルは子供 ＿＿＿ ＿＿＿ ＿★＿ ＿＿＿ 済んだ。

1 ずに　2 移ら　3 家族に　4 だけで

독감은 아이만 걸렸을 뿐, 가족에게 옮기지 않고 끝났다.

정답문장 インフルは子供だけで、家族に移らずに済んだ。

문법포인트! ~ずに済む/~ないで済む：~않고 끝나다(해결되다)

어휘 インフル(エンザ) 독감 | 移る 자리를 옮기다, 병이 옮다 | 済む 끝나다, 해결되다

44 相手を信じる ＿＿＿ ＿★＿ ＿＿＿ ＿＿＿ が言えるだろう。

1 本当の　2 から　3 こと　4 こそ

상대를 믿으니까 사실을 말 할 수 있는 거겠지.

정답문장 相手を信じるからこそ、本当のことが言えるだろう。

문법포인트! 보통형＋～からこそ：~하니까, 하기 때문에 (강조를 나타냄)

어휘 相手 상대

45 最近の円高は日本経済に ＿＿＿ ＿＿＿ ＿★＿ ＿＿＿ あると報告されている。

1 かねない　2 問題で　3 影響を　4 与え

최근의 엔고는 일본경제에 영향을 미칠 수도 있는 문제라고 보고되고 있다.

정답문장 最近の円高は日本経済に影響を与えかねない問題であると報告されている。

문법포인트! ます형＋かねない：~할지도 모른다, ~하지 않는다고는 말할 수 없다

어휘 影響を与える 영향을 미치다 | 報告 보고

46 健康食品はたくさん食べれば ＿＿＿ ＿＿＿ ＿★＿ ＿＿＿ ではない。

1 いい　2 と　3 もの　4 いう

건강식품은 많이 먹으면 된다라는 것은 아니다. (많이 먹는다고 해서 능사는 아니다.)

정답문장 健康食品はたくさん食べればいいというものではない。

문법포인트! ~というものではない：~라는 것은 아니다(~라고 말할 수 없다)

어휘 健康食品 건강식품

47 食べている ＿＿＿ ＿＿＿ ＿＿＿ ＿★＿ 太るのだ。

1 不足　2 しているから　3 わりに　4 運動が

먹고 있는 것에 비해, 운동이 부족하니까 살찌는 것이다.

정답문장 食べているわりに運動が不足しているから太るのだ。

문법포인트! ~わりに：~에 비해

어휘 不足 부족

문제 9 **다음 글을 읽고, 글 전체의 내용을 생각해서, [48] ~ [51] 안에 들어갈 가장 적당한 것을 1·2·3·4에서 하나 고르세요.**

역 앞 주차장에 세워져 있던 애용하는 자전거를 도난당해 버렸다. 회사에서 처음으로 받은 월급에서 구입한 것으로, 제대로 이름도 쓰여져 있다. 자전거로 매일 출퇴근하고 있어서, 나에게 자전거는 라이프스타일 그 자체이며, 사이좋은 파트너였는데 도둑맞아버렸다.

나는 좀 자주 깜박하는 성격[48]이라서 많은 사람들이 드나드는 주차장이니까 라는 안도감으로 가끔 자물쇠를 채우지 않고 있었다. 지금까지 몇 번 소중한 것을 잃어버린 적이 있었지만, 언제나 현지 경찰로부터 연락이 와서, 무사히 돌려받았다. 그때마다 자신은 운이 좋다고 생각했다.

너무나도 자신을 행운아라고 굳게 믿었던 걸까[49]? 도난당한 것은 분하지만 도리어[50] 지금까지의 안일한 자신을 일깨워 준 도둑에 감사해야지. 그러나 도둑에게 이것만은 말하고 싶다.

물건을 잃어버리고 슬프거나 억울한 것은 단지 물건이 없어져서 마음에 상처를 입은 것이 아닌 그 물건과 함께였던 소중한 추억이 없어지기 때문이라는[51] 것을 알아주길 바란다.

어휘 仲間(なかま) 동료, 동지 | 駐車場(ちゅうしゃじょう) 주차장 | 安心感(あんしんかん) 안도감 | 地元(じもと) 현지, (자신의) 생활 근거지| 幸運(こううん) 행운 | 恵(めぐ)まれる 축복받다 | 悔(くや)しい 억울하다 | 呑気(のんき)だ 무사태평하다 | 泥棒(どろぼう) 도둑 | 傷(きず)つく 상처를 입다

[48] 1 恥ずかしがり屋 2 うっかりもの 3 心配性 4 短気な人

문법포인트!
- 恥(は)ずかしがり屋(や) : 부끄럼을 잘 타는 사람
- うっかりもの : 부주의한 사람, 자주 멍하니 있는 사람
- 心配性(しんぱいしょう) : 사소한 일에도 고민하거나 걱정하는 성질
- 短気(たんき)な人(ひと) : 성격이 급한 사람

[49] 1 大間違いしたのか 2 信頼しすぎたのか 3 妄信したのか 4 思い込んだのか

해설 '중요한 것을 잃어버릴 때마다 돌아와서 자신을 행운아라고 굳게 믿고 있었다'라는 의미의 4번이 정답이다.

문법포인트!
- 大間違(おおまちが)い 큰 착각
- 信頼(しんらい)しすぎる 지나치게 신뢰하다
- 妄信(もうしん) 맹신
- 思(おも)い込(こ)む 그렇다고 굳게 믿다

[50] 1 むしろ 2 なお 3 とうとう 4 ついに

해설 오히려 자신의 안일함을 일깨워 주어서 감사하다는 내용이므로 정답은 1번이다.

문법포인트!
- むしろ 도리어, 오히려
- なお 또한, 덧붙여 말하면
- とうとう 결국
- ついに 마침내

51 1 盗難された持ち主の気持ちを考えてみるべきだ 도난당한 주인의 기분을 생각해봐야 한다

2 自分がどれだけ悪いことをしたのか 자신이 얼마나 나쁜 짓을 했는지

3 大事なものを盗まれて、やる気を無くすからだ
소중한 것을 도난당해 의욕이 사라지기 때문이다

4 その物と一緒だった大切な思い出が無くなるからだ
그 물건과 함께했던 소중한 추억이 없어지기 때문이다

해설 앞 문장에서 나에게 자전거는 라이프스타일 그 자체이며 사이좋은 파트너라고 했으니 이 사람은 자전거에 대한 소중한 추억이 있다. 따라서 '물건이 없어져서 슬프거나 억울한 것은 그 물건과 함께했던 소중한 추억이 없어지기 때문이다'라는 4번이 정답이 된다.

문제 10 **다음 (1)~(5)의 문장을 읽고, 뒤에 나오는 질문에 대한 답으로서. 가장 적당한 것을 1·2·3·4중에서 하나 고르세요.**

(1)

가나가와 현 요코하마 시와 중국 상해는 올해 우호도시로서 제휴한 지, 50주년을 맞는다. 예로부터 국제항로로 묶여 있었던 두 도시는 우호도시 체결 이래 정치적 요소를 포함하지 않고 시민 교류나 방문단의 상호 파견, 스포츠, 문화, 예술, 경제 등 폭넓은 분야에서 연계, 협력해 왔다. 50주년을 기념하는 올해는 본고장 중국을 체감할 수 있는 이벤트가 요코하마 시에서 개최되는 것이 결정되었다. 전통 악기 연주를 비롯해 중국차 시음, 프로 가수들에 의한 중국어 노래 레슨 등 재미있는 이벤트가 풍성하다. 행사 개최 시기는 미정이지만, 후일 홈페이지에서 자세한 내용이 공개될 예정이다.

52 이 문장의 내용에 맞는 것은 어느 것인가?

1 우호도시라고 하는 것은, 정치뿐만 아니라 문화나 스포츠 교류가 많은 도시를 말한다.
2 개최 날짜는 아직 정해지지 않았지만, 요코하마시는 중국 관련 이벤트를 시행할 예정이다.
3 50주년을 기념하여, 상해에서 요코하마로 방문단이 오기로 결정되었다.
4 두 도시는 올해 상해에서 일본 관련 이벤트를 개최하기로 했다.

어휘 上海 상해 | 友好都市 우호도시 | 提携 제휴 | 周年 주년 | 迎える 맞이하다 | 古くから 옛 부터 | 国際航路 국제항로 | 結ぶ 묶다, 잇다 | 両都市 두 도시 | 締結 체결 | 政治的 정치적 | 要素 요소 | 含む 포함하다 | 交流 교류 | 訪問団 방문단 | 相互派遣 상호파견 | 芸術 예술 | 経済 경제 | 幅広い 폭넓다 | 分野 분야 | 連携 연계 | 協力 협력 | 本場 본고장 | 体感 체험 | 開催 개최 | 決定 결정 | 伝統的 전통적 | 楽器 악기 | 演奏 연주 | 試飲 시음 | 盛りだくさん 많이 담고 있는 모습, 종류가 풍부하고 내용이 충실한 모습 | 時期 시기 | 未定 미정 | 後日 후일 | ～にて 시간, 장소, 수단, 이유, 자격, 상태를 나타내는 조사 | 詳細 상세 | 公開 공개 | 日時 일시 | 関連 관련

해설 1번은 정치적인 요소를 포함하지 않는다고 했으므로 오답, 3번의 내용은 본문에 없으며, 4번은 요코하마시에서 중국을 체감할 수 있는 이벤트가 열리므로, 정답은 2번이다.

(2)

국제 우주 정거장에서는 각국의 우주 비행사에 '우주 식품'을 제공하고 있는데 내년부터 다수의 일식이 포함되게 된다. 우주 항공 연구 개발기구는 주먹밥과 카레, 꽁치 구이 등 29 품목의 일본 음식을 우주 비행사에게 제공한다고 발표했다.

내년 가을 쯤에 국제 우주 정거장에 체류하는 일본인 우주 비행사들이 가장 먼저 먹게 될 예정이라고 한다. '우주 식품'에 선정되기 위해서는 먼저 1년간 상온 보존의 효과가 있을 것, 국물이 튀지 않을 것, 가볍고 영양이 풍부할 것 등의 조건을 충족하여야만 한다. 또한 재밌게도 우주 왕복선에서 일본인 우주 비행사가 지참한 카레를 먹은 외국인 우주 비행사들로부터도 '일본의 카레를 갖다 달라'는 의견이 나오고 있었다고 한다.

53 '우주 식품'에 대해 옳은 것은 어느 것인가?

1 외국인 우주 비행사들 사이에서는 일식의 평판이 그다지 좋지 않은 것 같다.
2 내년부터 국제 우주 정거장에서 일본식 음식도 제공될 예정이다.
3 국제 우주 정거장에 제공하는 '우주 식품'은 장기보존 되지 않아도 좋다.
4 국제 우주 정거장에 올리는 '우주 식품'은 무게와는 관계없는 것 같다.

어휘 国際宇宙 국제 우주 | 宇宙飛行士 우주비행사 | 宇宙食 우주식 | 提供 제공 | 多数 다수 | 含む 포함하다 | 宇宙航空研究開発機構 우주항공 연구개발기구 | サンマ 꽁치 | かば焼き 생선에 양념을 발라 구운 것 | 品目 품목 | 発表 발표 | 滞在 체재 | 常温保存 상온보존 | 効く 효과가 있다 | 飛び散る 흩날리다, 튀다 | 軽量 경량 | 栄養 영양 | 豊富 풍부 | 満たす 채우다 | 持参 지참 | 評判 평판 | 和風 일본풍 | 食物 음식, 식품 | 長持ち 오래감 | 載せる 싣다, 얹다

해설 일본인 우주비행사가 지참한 카레를 먹고 일본 카레를 가져다 달라는 의견이 이미 나오고 있었다고 했으므로 일식에 대한 평판은 좋은 듯 하며, 우주식품은 장기 보존되어야 하고 가벼워야 하므로 정답은 2번이다.

(3)

노동자가 여성으로, 회사의 규모가 클수록 안전 의식과 안전 행동 준수율이 높은 것을 알 수 있었다. 후생노동성은 '노동 안전 위생 문제 보고서'를 통해 성별이나 노동 시간, 안전 관리자의 리더십 등 8가지 요소가 사업장의 안전이나 근로자의 안전 의식에 어떤 영향을 미치는지를 파악하여 발표했다. 분석 결과, 관리자의 노동 안전지도 수준이 높을수록, 사업장의 노동 안전 수준이나 근로자의 직장에서의 노동 안전 의식이 높다는 것을 알 수 있었다. 또한 성별로 보면 남성보다는 여성 노동자가, 회사의 규모가 클수록, 또한 근로자의 연령이 높을수록, 노동 안전에 대한 의식 수준과 근로자의 안전 행동 준수율이 높았다. 노동자의 교육 수준이나 노동 시간, 근속연수 등은 별로 영향을 미치지 않는 것도 밝혀졌다.

54 이 글의 내용과 맞지 않는 것은 어느 것인가?

1 근로자의 학력이 높을수록 노동 안전 의식이 높은 것을 알 수 있었다.
2 대기업보다 중소기업의 노동자 쪽이 노동 안전 의식이 낮은 것을 알 수 있었다.
3 노동자 중 연장자일수록 노동 안전 의식이 높은 것을 알 수 있었다.
4 장기 근무했다고 해서, 노동 안전 의식이 높다고는 한정 지을 수 없다.

어휘 労働者 노동자 | 規模 규모 | 安全意識 안전의식 | 安全行動遵守率 안전행동준수율 | 厚生労働省 후생노동성 | 労働安全衛生問題 노동안전위생문제 | 通じる 통하다 | 性別 성별 | 安全管理者 안전관리자 | 事業場 사업장 | 安全意識 안전의식 | 影響を及ぼす 영향을 미치다 | 把握 파악 | 発表 발표 | 分析 분석 | 管理者 관리자 | 労働安全指導 노동안전지도 | 事業場労働安全水準 사업장노동안전수준 | 勤続年数 근속연수 | 明らかだ 분명하다 | 中小企業 중소기업 | 年長者 연장자 | ～とは限らない ~라고는 한정 지을 수 없다

해설 노동안전 의식에 근로자의 교육수준, 즉 학력과는 상관없으므로, 정답은 1번이다.

(4)

미국 영양저널은 지난달 감자를 먹어도 체중 감량할 수 있다고 발표했다. 감자를 좋아하는 사람들에게는 희소식이다. 연구의 중심인물인 브릿먼 박사는 '감자는 다이어트에 적합하지 않은 것으로 여겨졌지만, 이번 연구에서 감자를 먹는다, 안 먹는다가 아닌, 칼로리를 줄이는 것이 가장 중요하다'고 말했다.

연구 내용은 90명의 비만 남녀에게 감자와 건강에 좋은 레시피를 제공하고, 일주일에 감자를 7개 정도 섭취하도록 지시했다. 그 후 약 3개월간 감자를 계속 먹어 어떤 변화가 있었는가 하는 것이었다. 이 결과 조사기간이 종료됐을 때는 전원의 체중이 줄었고, 구체적으로 칼로리 제한을 하지 않아도 먹는 양이 줄어 감량할 수 있었던 것도 알았다. 이로 인해 건강에 좋은 방법으로 조리된 경우, 감자가 체중 증가의 한 원인이 되고 있다는 증거는 발견되지 않았다. 그러기는 커녕 다이어트 프로그램의 일부에 도입하는 것이 가능해진 것이다.

또한 감자는 영양도 풍부하다. 약 150g의 감자는 바나나 1개 분량보다도 칼륨이 풍부하며, 하루 비타민C 섭취량의 약 절반을 섭취할 수 있다. 향후 감량 예정인 사람들은 꼭 시도해 봤으면 하는 식재료라고 말했다.

55 전원의 체중이 줄었고 라고 되어 있는데, 그 이유로써 생각할 수 있는 것은 무엇인가?

1 감자를 몸에 좋은 조리 방법으로 먹었을 경우, 체중 증가로 이어지지 않기 때문에
2 저칼로리 감자를 다이어트 프로그램의 일부에 도입하여 먹도록 했기 때문에
3 칼로리를 제한하고 칼륨이 풍부한 감자만 먹었기 때문에
4 감자를 먹으면 배가 불러서 먹는 양이 줄기 때문에

어휘 米国(べいこく) 미국 | 栄養(えいよう) 영양 | 減量(げんりょう) 감량 | 朗報(ろうほう) 좋은 소식 | 博士(はかせ) 박사 | ~に向(む)いている ~에 적합하다 | 述(の)べる 말하다, 서술하다 | 肥満(ひまん) 비만 | 男女(だんじょ) 남녀 | 提供(ていきょう) 제공 | 摂取(せっしゅ) 섭취 | 指示(しじ) 지시 | 調査期間(ちょうさきかん) 조사기간 | 終了(しゅうりょう) 종료 | 体重(たいじゅう) 체중 | 具体的(ぐたいてき) 구체적 | 制限(せいげん) 제한 | 健康(けんこう) 건강 | 調理(ちょうり) 조리 | 増加(ぞうか) 증가 | 原因(げんいん) 원인 | 証拠(しょうこ) 증거 | 見(み)つかる 발견되다 | それどころか 그러기는 커녕 오히려 | 取(と)り入(い)れる ①(세탁물, 농작물 등을) 거두어들이다 ②받아들이다 ③도입하다 | 可能(かのう) 가능 | 豊富(ほうふ)だ 풍부하다 | 摂取量(せっしゅりょう) 섭취량 | 約半分(やくはんぶん) 약 절반 | 今後(こんご) 향후, 앞으로 | ぜひ 꼭 | 試(ため)す 시험해 보다 | 食材(しょくざい) 식재 | つながる 연결되다 | 低(てい)カロリー 저칼로리

해설 다이어트 프로그램에서 감자와 건강에 좋은 레시피를 제공하고, 일주일간 섭취하도록 했지, 2번의 저칼로리 감자에 대한 내용은 본문에 없으며, 3번의 경우 감자에는 칼륨이 풍부하다고는 했지만, 칼륨이 풍부한 감자만 먹었다는 내용은 없다. 4번은 감자와 건강에 좋은 레시피를 3개월간 유지했더니 먹는 양이 줄었다고 했지, 감자를 먹고 배불러서 먹는 양이 줄었다는 내용은 아니므로 주의해야 한다. 정답은 1번이다.

(5)

사람들은 새해를 맞이할 때마다 기분을 새롭게 하고 뭔가에 도전하려고 한다. 올해야말로라고 생각하면서도 결국은 (주)작심삼일로 끝나고, 좀처럼 지속되지 않을 때가 많다. 예를 들어, 금연이나 금주, 운동, 다이어트 등이 있는데 그중 하나가 일기라고 생각한다. 그러면 왜 일기는 지속되지 않는 것인가. 그것은 아마 종이 일기장에 나날의 사건을 기록하는 것은 의외로 시간이 걸리기 때문일 것이다.

그런 사람에게는 스마트폰과 태블릿용의 일기 어플을 추천하고 싶다. 스마트폰이나 태블릿이라면 여유 시간에 그날의 사건을 간편하게 기록할 수도 있고, 또한 촬영한 사진도 간단한 조작만으로 삽입할 수 있는 등 스마트폰이나 태블릿만의 편리한 기능을 사용할 수 있다. 일기 어플은 기능이 풍부함은 물론이거니와 복잡한 작업을 필요로 하지 않는 간편한 쪽이 더 중요하다.

또한 개인 블로그나 SNS에 일기를 적고 있기 때문에, 따로 필요 없다고 생각하는 사람도 있겠지만, 아무도 볼 수 없는 나만의 일기가 있어도 좋다고 생각한다.

(주) 작심삼일 : 모든 일에 쉽게 질리고 길게 이어나가지 못하는 것, 그런 사람

56 일기 관련 어플 설명으로 맞는 것은 어느 것인가?

1 일기 관련 어플로 하루의 사건을 기록하는 것은 수고가 든다.
2 일기 관련 어플에서는, 촬영한 동영상 등을 쉽게 삽입할 수 있어 편리하다.
3 일기 관련 어플에서 가장 중요한 요소는 적어 넣는 것이 간단한 것이다.
4 일기 관련 어플을 선택할 때 가장 중요한 요소가 되는 것은 기능의 풍부함이다.

어휘 新年(しんねん)を迎(むか)える 신년을 맞이하다 | 新(あら)たにする 새롭게 하다 | 挑戦(ちょうせん) 도전 | ます형+つつ(も) ~하면서(도), ~하지만 | 三日坊主(みっかぼうず) 작심삼일 | 禁煙(きんえん) 금연 | 禁酒(きんしゅ) 금주 | おそらく 아마, 필시 | 日記帳(にっきちょう) 일기장 | 日々(ひび) 매일 | 出来事(できごと) 사건 | 書(か)き込(こ)む 적어 넣다 | 意外(いがい) 의외 | 手間(てま)がかかる 시간이 걸리다 | 端末用(たんまつよう) 단말용 | すすめる 추천하다 | 空(あ)き時間(じかん) 빈 시간 | 手軽(てがる)に 손쉽게, 가볍게 | 書(か)き記(しる)す 적다, 기록하다 | 撮影(さつえい) 촬영 | 操作(そうさ) 조작 | 挿入(そうにゅう) 삽입 | 機能(きのう) 기능 | 豊富(ほうふ)さ 풍부함 | さることながら 물론이거니와 | 個人(こじん) 개인 | 手数(てすう)がかかる 수고가 들다 | 動画(どうが) 동영상 | 要素(ようそ) 요소 | 容易(ようい)だ 용이하다

해설 종이로 된 일기장에 적는 것이 수고스러운 것이며, 쉽게 삽입하는 것은 사진으로 동영상 얘기는 나오지 않았으며, 일기앱에서 가장 중요한 것은 간단하게 조작할 수 있어야 하는 것이라고 했으므로 정답은 3번이다.

문제 11 다음의 (1)~(3)의 문장을 읽고, 뒤에 나오는 질문에 대한 답으로서. 가장 적당한 것을 1 · 2 · 3 · 4중에서 하나 고르세요.

(1)

와인이라고 하면 역시 프랑스.

그런데 이 와인의 본고장에서 최근 젊은이의 와인 이탈이 두드러지고 있다고 한다. 맥주와 칵테일로 분산되고 있는 것이 주된 원인인 것 같지만, 이 상황을 타개하기 위해 프랑스의 어느 와인 제조업체가 콜라 맛의 와인 'Rouge Sucette(빨간 막대 사탕)'의 발매를 단행하는 모양이다. 콜라 맛의 와인을 개발한 것은 와인의 제조업체인 HausmannFamille. 프랑스인의 와인 이탈을 막는 것을 목적으로, 특히 젊은 고객을 대상으로 개발되었다고 한다. 'Rouge Sucette'는 75%는 와인, 나머지 25%는 설탕 · 물 · 콜라의 풍미로 만들어져 있다고 한다. 말하자면 와인베이스 칵테일 같은 것이다. 알코올 도수는 와인과 거의 비슷한 9%로 냉장고에 차게 해서 마실 것을 권한다.

와인의 본고장 프랑스에서, 이 'Rouge Sucette'가 개발되기에 이른 배경으로는 와인을 마시는 사람의 비율이 급감하고 있다는 사정이 있다. 1980년 당시 프랑스에는 와인을 거의 매일 즐기는 사람이 전체 성인의 약 절반 가까이나 있었지만, 현재 그 비율은 17%까지 떨어져 있다. 한편, 와인을 전혀 마시지 않는다는 프랑스인의 비율은 이전의 2배로 증가하여, 38%에 달한다고 한다. 이처럼 와인 이탈이 특히 현저한 젊은 층을 대상으로 개발된 음료가 이번에 발매되는 Rouge Sucette이다. 젊은 사람도 부담 없이 구매할 수 있도록 가격도 일본 엔으로 하여 약 400엔 정도로 낮췄다고 한다. 제조 업체는 "'Rouge Sucette'으로 와인에 친숙해진 젊은이들이 장래 정통 와인을 마실 수 있게 되었으면 좋겠다"고 말하고 있다.

57 젊은이의 와인 이탈이 두드러지고 있는 이유로서 생각되는 것은 무엇인가?

1 최근 와인의 가격이 대폭 인상 되었기 때문에
2 와인을 매일 마시면 몸에 나쁘다고 생각하게 되었기 때문에
3 와인 이외의 술도 자주 마시게 되었기 때문에
4 진짜 와인이 75 % 밖에 들어 있지 않기 때문에

해설 맥주나 칵테일로 취향이 분산되었기 때문이라고 했으므로 정답은 3번이다.

58 와인 메이커가 'Rouge Sucette'를 발매하게 된 이유는 무엇인가?

1 최근 프랑스의 젊은이가 와인을 멀리하게 되었기 때문에
2 프랑스 젊은이의 알코올 중독의 확산을 막기 위해
3 적당한 가격의 와인을 누구나 부담 없이 구입할 수 있도록 하기 위해
4 최근 프랑스 젊은이는 콜라 맛을 좋아하여, 잘 팔릴 것으로 예상했기 때문에

해설 'Rouge Sucette'가 개발되기에 이른 배경으로는 '와인을 마시는 사람의 비율이 급감하고 있다는 사정이 있다'라고 했으므로 정답은 1번이다.

59 'Rouge Sucette'에 관하여 옳은 것은 어느 것인가?

1 프랑스에서 가장 인기 있는 와인은 'Rouge Sucette'이다.
2 'Rouge Sucette'는 데우면 한층 더 맛있게 마실 수 있다.
3 'Rouge Sucette'의 알코올 도수는 와인보다 조금 높다.
4 'Rouge Sucette'는 장래의 와인 소비를 촉진하기 위해 만들어졌다.

해설 'Rouge Sucette'가 가장 인기가 있다는 내용은 본문에 없었고, 냉장고에 차게 해서 마실 것을 권했으며, 알코올 도수는 일반 와인과 거의 같다고 했으므로 정답은 4번이 된다.

어휘 ～といえば ~로 말할 것 같으면 | 本場(ほんば) 본 고장 | 顕著(けんちょ) 현저 | 分散(ぶんさん) 분산 | 打開(だかい) 타개 | 踏(ふ)み切(き)る 단행하다, 과감하게 착수하다 | 模様(もよう) 모양 | ロリポップ 막대사탕 | 食(く)い止(と)める 막다, 방지하다 | 顧客(こきゃく) 고객 | 風味(ふうみ) 풍미 | いわば 말하자면 | ほぼ 거의, 대략 | 冷(ひ)やす 차게하다 | ～に至(いた)る ~에 이르다 | 背景(はいけい) 배경 | 激減(げきげん) 격감 | 事情(じじょう) 사정 | 堪能(たんのう)する 충분히 만족하다 | およそ 대략 | 落(お)ち込(こ)む 나쁜 상태가 되다, 의기소침하여 우울해지다 | まったく 전혀 | 割合 비율 | ～に上(のぼ)る (수량 등이) ~에 달하다 | 著(いちじる)しい 현저하다 | 飲料(いんりょう) 음료 | 気軽(きがる)に 부담없이 | 購入(こうにゅう) 구입 | 親(した)しむ 친숙하다 | 大幅(おおはば) 큰 폭 | 遠(とお)ざける 멀리하다 | 依存症(いぞんしょう) 의존증 | 拡散(かくさん) 확산 | 防(ふせ)ぐ 막다 | 手頃(てごろ) 적당함 | 見込(みこ)む 전망하다, 예상하다 | 温(あたた)める 데우다, 따뜻하게 하다 | 促(うなが)す 촉구하다

(2)

여름방학이나 겨울방학 등 장기 방학에, 아이가 있는 부모의 걱정거리라고 하면, 「아이가 스마트폰 등의 게임을 너무 많이 하지 않을까」라고 하는 것이다. 스마트폰이나 PC 등 미디어를 피할 수 없는 지금, 자녀가 게임에 의존하지 않기 위해 부모는 어떻게 하면 좋을까?

게임에 열중하여 이용시간 등을 스스로 통제하지 못하고, 일상생활에 지장이 생기는 상태를 「게임 장애」라고 한다. 게임장애가 있는 사람은 게임을 보면 뇌에 이상반응이 보여진다. 뇌에 이상 반응이 일어나면 '게임을

하고 싶다', '놀고 싶다' 등의 충동적인 욕구에 사로잡혀, 점점 의존상태에서 빠져나올 수 없게 된다고 한다. 이런 의존 상태가 지속되면 게임에 대한 욕구가 더욱 커져간다. 특히 아이들은 전두엽의 기능이 충분히 발달하지 않았기 때문에, 게임 장애가 발생하기 쉽고 미래에 걸쳐 영향이 지속될 가능성이 있는 것으로 생각된다. 끊임없이 게임에 신경을 쓰거나 게임하는 것으로 주의를 주면, 격하게 화를 내거나 또한 사용시간이나 내용 등에 대해 거짓말을 하거나 하는 행동이 보이는 경우 주의가 필요하다. 또 화면을 너무 많이 보는 탓에 눈이 피로해지고 컨디션 불량으로 이어지는 경우가 있다는 것도 무시할 수 없다.

이런 상태가 되지 않기 위해서는 보호자가 제대로 관리해주어야 할 것이라고 전문가들은 말한다. 우선 유효한 것은 게임을 시작하는 연령을 늦추는 것이다. 그러나 이미 게임을 시작한 경우에는 자녀의 게임이나 스마트폰, 태블릿 사용 상황을 보호자가 제대로 파악한 후에, 사용 목적이나 내용에 따라 시간을 조정 또는 제한해 주길 바란다고 한다. 하루 중 게임을 해도 되는 시간이나 게임을 할 수 있는 시간대, 장소를 명확하게 정하고, 그때는 종이에 적어 방에 붙여 두거나 아이의 의향을 받아들이는 것도 중요하다고 한다.

자녀가 있는 부모는 자녀의 연령이나 발달에 맞춰 부모와 자녀가 사용하는 규칙을 재검토하고 가족이 미디어나 게임과 능숙하게 관계되는 방법을 꼭 함께 생각해 주기 바란다.

60 '게임 장애'란 어떤 상태인가?

1게임 이외의 것을 생각할 수 없고, 뇌 발달에 지연이 생겨 버리는 것
2 게임 세계와 현실의 세계의 구별이 안 되게 되어 버리는 것
3 게임의 사용 시간을 스스로 관리할 수 없고, 항상 게임에 대한 것을 신경 써 버리는 것
4 지나치게 게임을 하는 것으로 인해 몸 상태가 나빠져 뇌에 이상한 반응이 일어나는 것

해설 게임을 지나치게 한다고 해서 뇌발달이 지연된다는 내용이나, 게임과 현실 세계를 구분 못한다는 내용, 뇌에 이상한 반응이 일어난다는 내용은 본문에 없으므로 정답은 3번이다.

61 이 문장의 내용에 맞는 것은 어느 것인가?

1 게임을 시작하는 나이가 늦으면 늦을수록 게임 장애가 될 가능성이 높다.
2 게임 장애가 된 사람은 게임을 하고 싶은 욕구를 스스로 억제하기 어렵다.
3 부모가 게임을 하는 시간이나 장소를 정하면 아이는 게임을 하지 않게 된다.
4 아이는 자기자신이 게임의 사용 상황을 확실히 파악해 두어야 한다.

해설 게임을 시작하는 연령대를 늦추는 것이 좋다고 했지, 1번의 내용은 본문에 없다. 3번의 내용도 본문에 없으며, 자녀의 게임 사용 상황을 보호자가 제대로 파악한 후에, 게임시간대를 조정해 주라고 했으니 정답은 2번이다.

어휘 心配事(しんぱいごと) 걱정거리 | ～といえば ~로 말하자면 | 避(さ)ける 피하다 | 依存(いぞん) 의존 | 熱中(ねっちゅう) 열중 | 支障(ししょう) 지장 | 障害(しょうがい) 장애 | 脳(のう) 뇌 | 異常(いじょう) 이상 | 反応(はんのう) 반응 | 衝動的(しょうどうてき) 충동적 | 欲求(よっきゅう) 욕구 | 襲(おそ)う (달갑잖은 것이) 덮치다, 습격하다 | ますます 점점, 더욱 더 | 抜(ぬ)け出(だ)す 빠져 나오다 | エスカレート 단계에 따라 확대·증가·격화하는 것 | ～にわたって (시간, 장소, 범위)에 걸쳐서 | 絶(た)えず 끊임없이, 항상 | 激(はげ)しい 격렬하다 | 嘘(うそ)をつく 거짓말을 하다 | 行動(こうどう) 행동 | 要注意(ようちゅうい) 요주의 | 画面(がめん) 화면 | 体調不良(たいちょうふりょう) 몸상태 불량 | ～につながる ~로 이어지다, 연결되다 | 無視(むし) 무시 | 保護者(ほごしゃ) 보호자 | 専門家(せんもんか) 전문가 | 有効(ゆうこう) 유효 | 年齢(ねんれい) 연령 | 把握(はあく) 파악 | ～たうえで ~한 후에 | 使用目的(しようもくてき) 사용목적 | ～に応(おう)じて ~에 응하여, ~에 맞추어 | 調整(ちょうせい) 조정 | 制限(せいげん) 제한 | 時間帯(じかんたい) 시간대 | 明確(めいかく)だ 명확하다 | 貼(は)る 붙이다 | 意向(いこう) 의향 | 取(と)り入(い)れる (세탁물이나 농작물 등을) 거두어들이다, 받아들이다

| 見直(みなお)す 다시 보다, 재검토하다 | かかわる 관계되다, 상관하다 | 区別(くべつ)がつく 구별이 되다 | 管理(かんり) 관리 | 常(つね)に 항상 | 監視(かんし) 감시 | 抑(おさ)える 움직임을 봉쇄하다, 어떤 수준 이상으로 높아지지 않도록 하다

(3)

전자책이라고 하는 것은 종이 대신 스마트폰이나 전용 태블릿 PC 등의 디지털 기기의 화면에서 책이나 잡지를 읽을 수 있도록 한 것으로, 인터넷을 통해 구입한 책이나 만화, 잡지 등을 다운로드하여 읽는 것이 일반적이다.

최근, 출판사 등을 통하지 않고 개인이 직접 전자책으로 소설 등을 출판하는 이른바 '자가 출판'이 확산되고 있다. '자가 출판'이라고 하는 것은 저자가 책을 제작하고 판매하는 형태의 것이다. 저렴한 비용으로 누구나 자신의 의사로 쉽게 출판, 판매할 수 있는 것이 매력으로 전자책 단말기의 보급에 따라 점점 늘어날 것으로 예상되고 있지만, 앞으로는 작품의 선전 등이 전자책 보급의 ①열쇠가 될 것 같다.

장르도 기행문이나 순수 문학에서 SF에 이르고 있지만, 출판사의 객관적인 관점이 결여되어 있기 때문에 자기 자랑과 독자의 관심을 끌지 못하는 내용이 될 우려도 있다. 게다가 '자가 출판'의 성공 사례는 극히 일부에 불과한 것이 ②현재 상황이다. 어느 여성 (주)프리랜서 작가는 자가 출판만으로는 도저히 생계를 세울 수 없다고 푸념. 실제 판매량이 한 자릿수에 머무는 작품도 드물지 않고 1,000부 정도의 판매량이라면 자가 출판으로서는 상당히 팔린 편이라고 일컬어지고 있다.

또한 전자책 매출 순위를 보면 상위의 대부분은 출판사를 통해 발행된 작품이다. 이와 관련해 전자책 가이드의 시모무라 나오야 씨는 '출판사는 독자의 요구를 흡수하여 매출로 연결시키는 노하우를 가지고 있는 전문가가 있지만, 자가 출판의 경우는 이러한 노하우와 판매 기법이 없는 작가가 대부분으로, 많은 독자가 공감할 수 있는 작품을 만들고, 판매 루트를 확보하는 것은 쉽지 않다'고 말했다.

(주) 프리랜서 작가 : 프리랜서로 인터넷 매체나 잡지 등에 기사를 쓰는 작가

62 ①열쇠라고 되어 있는데 그 열쇠라고 생각할 수 있는 것은 어느 것인가?

1 더 간편하게, 누구나 다운로드 할 수 있도록 하는 것
2 출판사 등을 통하지 않고 개인이 작품을 출판할 수 있도록 하는 것
3 인터넷을 통해서도, 도서 구입을 할 수 있게 하는 것
4 전자책의 홍보를 충실히 하고, 작품의 존재를 널리 알리는 것

해설 '저자가 저렴한 비용으로 자신의 작품을 홍보하는 것이 전자책의 보급으로 이어진다'라는 내용이 있으므로 정답은 4번이다.

63 ②현재 상황이란 어떤 상황인가?

1 다른 일 없이 자가 출판만으로는 도저히 생활할 수 없는 상황

2 전자책 매출이 생각보다 좋지 않다는 상황

3 자가 출판의 대부분이 다른 사람의 권리를 침해하고 있다는 상황

4 많은 출판사가 전자책 사업에 참가하고 있는 상황

해설 자가 출판의 성공 사례는 극히 일부로 자가 출판만으로는 생계를 꾸며나갈 수 없다는 것이 실정이므로 정답은 1번이다.

64 이 글의 내용과 맞지 않는 것은 어느 것인가?

1 전자책은 인터넷을 통해 구입한 책 등을 다운로드하여 읽는다.

2 전자책으로 자가 출판하여 부를 축적할 수 있었던 작가도 많이 있다.

3 전자책의 보급으로 간편하게 자가 출판 할 수 있게 되었다.

4 출판사의 대부분은 책을 판매하는 노하우 등을 파악하고 있는 것 같다.

해설 자가 출판만으로는 생계를 꾸려나가기가 힘들 정도라고 했으므로 2번은 맞지 않는 내용이다.

어휘 書籍 서적 | 専用 전용 | 端末 단말 | 機器 기기 | 画面 화면 | 通じる 통하다 | 購入 구입 | 一般的 일반적 | 近頃 요즘 | 出版社 출판사 | 介する 중간에 서다, 사이에 두다 | 個人 개인 | いわゆる 이른바 | 広がる 넓어지다 | 著者 저자 | 制作 제작 | 形態 형태 | 魅力 매력 | 普及 보급 | ～につれ ~함에 따라서 | ますます 점점, 더욱더 | 宣伝 선전 | 紀行文 기행문 | 純文学 순수문학 | 客観的 객관적 | 視点 시점 | 欠く 필요한 것이 갖추어지지 않다, 부족하다 | 自慢話 자기 자랑이야기 | 読者 독자 | 引きつける 끌어당기다 | おそれ 우려 | ごく 극히 | ～にすぎない ~에 지나지 않다 | とうてい 도저히 | 生計 생계 | ぐちる 푸념하다 | 桁 숫자의 자릿수 | ～にとどまる ~에 그치다 | 上位 상위 | 吸い上げる 빨아 올리다, (의견 등을) 잘 반영하다 | つなげる 연결하다 | 手法 수법 | 共感 공감 | 確保 확보 | 容易 용이 | 語る 말하다 | 手軽 손쉬움, 간단함 | 通す 통하게 하다, 침투시키다 | 広報 홍보 | 充実 충실 | 存在 존재 | 売れ行き 팔림새, 매상 | 権利 권리 | 侵害 침해 | 参入 참가 | 富を築く 부를 쌓다 | つかむ 잡다, 파악하다

문제 12 다음 문장은 '유소년기의 외국어 학습'에 관한 주장이다. 두 문장을 읽고, 다음의 물음에 대한 대답으로 가장 적당한 것을 1 · 2 · 3 · 4 중에서 하나 고르세요.

A

나는 어릴 때부터 외국어를 배우게 하는 것에 찬성한다. 나에게는 초등학생 아이가 2명 있는데 유치원 때부터 영어회화 학원에 보내고 있다. 둘 다 발음을 원어민처럼 마스터해 대화도 어느 정도 할 수 있게 됐다. 지금은 영어 애니메이션을 자막 없이 볼 수 있게 됐기 때문에 공부가 아닌 즐거움으로 매일 영어를 접하고 있다.

다만 부모인 나와 남편은 영어를 잘 못하기 때문에 아이들이 하는 말이 뭔지 모를 때가 있지만 그 외에는 일본어든 영어든 의사소통에는 문제가 없다.

앞으로 세계화가 진행되어 지금 이상으로 영어는 물론 그 이외의 외국어를 배우는 것이 당연한 시대가 된다. 자녀들에게 외국어를 배우게 하려는 부모들에게는 어린 시절부터 일찍 시작하는 것을 적극적으로 추천하고 싶다.

B

글로벌 사회에서 외국어 습득은 필수불가결한 것이다. 어린아이들조차 영어 위주의 외국어를 배우는 것이 당연한 시대가 됐지만 나는 어려서부터 외국어를 배우게 하는 것은 반대다.

가장 큰 이유는 모국어 습득을 방해해 아이가 스트레스를 받을까 봐 걱정되기 때문이다. 연구 결과로는 이중언어로 자라는 것 자체가 아이의 지적 발달에 악영향을 끼치는 일은 없다고 발표되기는 했다. 그러나 국제결혼을 한 지인의 말에 따르면 부모가 각자 다른 말로 말을 걸어도 아이는 그 언어에 즉각적으로 반응하지 못하고, 게다가 하고 싶은 말이 그 언어로 입에서 원활하게 나오지 않아 아이가 짜증을 내는 경우가 많다는 것이다.

외국어는 앞으로 점점 더 필요해지겠지만 아이가 조금 성장한 뒤부터 배우게 해도 늦지 않다. 우선 모국어를 제대로 습득시켜 줬으면 하는 생각이 강하게 든다.

65 A와 B의 두 문장에 언급되고 있는 점은 무엇인가?

1 유소년기에 외국어를 배우는 것은 장점이 더 많다.
2 외국어는 어릴 때부터 배우기 시작하지 않아도 습득이 가능하다.
3 어릴 때부터 외국어 학습은 아이의 지적 발달에 악영향을 준다.
4 세계화로 외국어를 배우는 것은 당연한 시대가 되었다.

해설 1번의 내용은 A에서만 다루고 있으며, 2번은 B가 언급하였다. 3번은 A와 B 모두 언급하지 않았다. 4번의 내용에 관해서 A는 앞으로 세계화가 진행되어 외국어를 배우는 것이 당연한 시대라고 말하고 있고 B는 글로벌 사회에서 외국어 습득은 필수불가결한 것이라고 했으므로 A와 B 모두 언급하고 있는 내용이 된다.

66 A와 B의 내용으로 옳은 것은 어느 것인가?

1 A도 B도 빠른 시일 내에 외국어를 배우게 해야 한다고 말하고 있다.
2 A도 B도 조기 외국어 교육의 단점에 대해 말하고 있다.
3 A는 자녀의 외국어 학습을 적극 권장한다고 하며, B는 성장하고 나서라도 늦지 않다고 말하고 있다.
4 A는 외국어는 공부가 아닌 즐거움으로 접하는 것이 중요하다고 하고, B는 는 아이가 짜증 나는 일은 시켜서는 안 된다고 말하고 있다.

해설 B는 어린 시절 외국어 학습에 반대하고 있으므로 1번은 오답, 2번은 B에서만 언급한 내용이므로 역시 오답이다. A는 어느 정도 영어 수준이 오른 아이들이 즐겁게 영어를 접한다고 했지 외국어는 공부가 아닌 즐거움으로 접하는 것이 중요하다고 하지 않았고, B는 언어 습득이 제대로 되지 않은 아이들이 짜증 내는 경우가 있다고 했지 아이에게 짜증 나는 일을 시키면 안 된다고 하지 않았으므로 4번도 오답이다. AB 각각의 취지에 가장 부합하는 내용은 3번이다.

어휘 幼い 어리다 | 習う 배우다 | 賛成 찬성 | 幼稚園 유치원 | 英会話教室 영어회화 교실 | 通う 다니다 | 発音 발음 | ネイティブ 네이티브, 원어민 | マスター 마스터 | 程度 정도 | 字幕 자막 | ～なしで ~없이 | 楽しみ 즐거움 | 触れる 접하다 | ただ 다만, 단지 | 親 부모 | 夫 남편 | 意思疎通 의사소통 | グローバル化 글로벌화 | 進む 진행되다 | 幼少期 유소년기 | 早めに 일찍이 | 積極的に 적극적으로 | おすすめしたい 추천하고 싶다 | ～において ~에서 | 習得 습득 | 欠かせない 필수불가결하다 | ～でさえ ~조차, ~마저 | 学習 학습 | 反対 반대 | 母国語 모국어 | 邪魔 방해 | ストレスを感じる 스트레스를 느끼다 | 研究結果 연구 결과 | バイリンガル 바이링궐, 2개국어를 구사하는, 이중언어 | 育つ 자라다 | 知的発達 지적발달 | 悪影響 악영향 | 及ぼす

미치다 | ~ことはない ~할 것은 없다 | 発表(はっぴょう) 발표 | 国際結婚(こくさいけっこん) 국제결혼 | 知り合い(しりあい) 아는 사이 | 瞬時に(しゅんじに) 즉각적으로 | 反応(はんのう) 반응 | スムーズに 순조롭게 | イライラする 짜증내다, 초조해하다 | 成長(せいちょう) 성장 | 学ぶ(まなぶ) 배우다 | しっかり 제대로, 확실히

문제 13 다음의 문장을 읽고, 뒤에 나오는 질문에 대한 답으로서. 가장 적당한 것을 1·2·3·4중에서 하나 고르세요.

최근 인맥과 인적 네트워크가 중요하다는 이야기를 자주 듣지만, 사람과의 네트워크란 도대체 무엇일까. 자주 저명한 분들의 명함이나 유명한 거래처의 명함을 가지고 있는 것을 자랑스럽게 보이는 사람이 있는데 이것은 인적 네트워크라고는 말할 수 없을 것이다.

나는 학창 시절부터의 교우 관계와 일은 다른 세계에 두고 싶었고, 사회에 나와서도 회사에서 파벌과 인맥 만들기라고 하는 것에도 전혀 관심이 없었고, 거리를 두어 왔다.

그 의식이 바뀐 것은 경력에 관심을 갖게 된 40대 후반부터였다. 단순히 전직뿐만 아니라 경력 개발을 해가는데 있어서도 평소 인적 네트워크 구축을 착실하게 수행하는 것이 중요하다는 것을 인식한 것이다. 젊었을 때부터 깊은 교류를 갖고 지속해 왔더라면 좋았을걸 하며 지금도 계속 반성하고 후회하고 있다.

오늘날 연공 서열, 종신 고용이 무너지고 있는 가운데, 회사 밖에 나가서도 통용되는 실력을 익히기 위하여 강연회나 교류회에 적극적으로 참여하는 사람이 증가하고 있는듯하다. 그러나 강연회나 교류회에 참가하는 것으로 단순한 '지식 흡수'만을 추구해서는 안 된다. 항상 참가자와의 깊은 교류를 갖는 것을 중시하고 인적 네트워크 구축에 유의해야 한다.

인적 네트워크를 만들 기회가 꾸준히 증가하고 있지만, 실제로는 여러 가지 모임에 참가해도 어떻게 하면 인맥을 넓힐 수 있는지 모르겠다고 고민하는 샐러리맨도 많다.

그럼 어떻게 하면 인적 네트워크를 충실히 확대할 수 있는가? 우선 중요한 것은 현재의 직업과 관련하여 자신의 문제 의식이나 생각을 회사 안팎의 다양한 사람들에게 표현해 나가며, 공감을 얻음과 동시에, 상대의 사고방식에 공감해 나가는 것이다.

또한 정보에 관련해서는 일방적으로 받으려고 하는 것이 아니라 스스로 정보를 발신해 나갈 것. 상대로부터 무엇을 얻을 수 있는지가 아니라 상대에게 무엇을 제공할 수 있는가 하는 자세도 필요하다고 생각한다. 그러기 위해서라도 평소부터 자신의 전문성을 심화해가려는 노력은 필수적이다.

그러나 무엇보다 중요한 자세는 상대를 정말 이해하는 것, 이해하려는 노력을 다하는 것이라고 생각한다. 상대의 입장이나 주장을 이해해주려고 하는 마음이 없으면, 상대방도 나와 함께 해나가자는 생각은 생기지 않는다.

이러한 신뢰 관계 속에서 서로를 존중하는 관계의 구축이 인적 네트워크의 시작일 것이다. 인적 네트워크나 인맥이라고 해도 그것은, 인간 관계 자체이며 그 이상도 그 이하도 아니다. 타인으로부터 존중 받을 수 있는 가치를 스스로 만드는 것이 무엇보다 중요하다.

67 지금도 계속 반성하고 후회하고 있다고 되어 있는데 무엇을 반성하고 후회하고 있는 것인가?

1 더 젊었을 때부터 사람과의 친목을 강화해 두었어야 했다.
2 자신도 저명한 분들의 명함을 받아 두었어야 했다.
3 40대 후반이 되기 전에 전직을 생각했어야 했다.
4 자신도 회사내 파벌을 만들어 두었어야 했다.

해설 바로 앞에서 '젊었을 때부터 깊은 교류를 지속해 왔다면 좋았을걸'이라고 했고, 40대 후반부터 단순히 전직뿐만 아니라 경력 개발을 해가는데 있어서도 평소 인적 네트워크 구축을 착실하게 수행하는 것이 중요하다는 것을 인식하면서 드는 후회이므로 정답은 1번이다.

68 필자가 생각하는 인적 네트워크 구축의 가장 중요한 요소는 무엇인가?

1 일찍부터 경력 개발에 노력할 것

2 인적 네트워크 구축은 착실하고 성실하게 할 것

3 항상 상대의 마음을 헤아려 줄 것

4 강연회나 교류회에 적극적으로 참여할 것

해설 인적 네트워크 구축의 확대를 위하여 무엇보다 중요한 자세는 '상대를 정말 이해하는 것, 이해하려고 노력을 다할 것'이라고 했으므로 정답은 3번이다.

69 이 글의 내용과 맞지 않는 것은 어느 것인가?

1 단순한 지인을 만드는 것을 인적 네트워크라고는 부를 수 없다.

2 강연회나 교류회에서는 지식의 흡수에만 혈안이 되어서는 안 된다.

3 최근에는 회사 밖에서도 통용되는 실력을 익히려고 하는 사람이 계속 늘고 있는 것 같다.

4 자신의 전문성을 심화하여 일방적으로 정보를 제공하는 사람이 되어야 한다.

해설 정보에 관련해서는 상대로부터 무엇을 얻을 수 있는지가 아니라 상대에게 무엇을 제공할 수 있는가 하는 자세도 필요하다고 했으며, 일방적으로 제공하라는 의미는 아니므로 정답은 4번이다.

어휘 近頃 근래 | 人脈 인맥 | 人的ネットワーク 인적 네트워크 | 著名 저명 | 名刺 명함 | 自慢げに 자랑하는 듯이 | 交友 교우 | 派閥 파벌 | 距離 거리 | 日ごろ 평소 | 地道に 착실하게 | 交流 교류 | 深める 심화하다 | 継続 계속 | しきりに 계속, 줄곧 | 後悔 후회 | 年功序列 연공 서열 | 終身雇用 종신 고용 | 崩れる 무너지다 | ます형+つつある 계속 ~하고 있다 | 通用 통용 | 講演会 강연회 | 交流会 교류회 | 積極的に 적극적으로 | 単なる 단순한 | 知識吸収 지식흡수 | 求める 구하다, 요청하다 | 常に 항상 | 重視 중시 | 構築 구축 | 心がける 유념하다 | 着実に 착실히 | 会合 모임 | 広げる 넓히다, 확대시키다 | 充実 충실 | 拡大 확대 | 意識 의식 | 表現 표현 | 共感を得る 공감을 얻다 | ～とともに ~와 함께 | 情報 정보 | 一方的に 일방적으로 | 発信 발신 | 提供 제공 | 姿勢 자세 | 欠かす 빠뜨리다, 거르다 | 努める 노력하다 | 尽きる 다하다, 끝나다 | 立場 입장 | 主張 주장 | 信頼関係 신뢰관계 | 尊重 존중 | 価値 가치 | 親睦 친목 | 要素 요소 | 堅実 견실, 성실 | 察する 헤아리다, 살피다 | 躍起になる 기를 쓰다, 혈안이 되다

문제 14 다음은 청년 해외 협력대 모집 안내이다. 아래의 질문에 대한 대답으로 가장 적당한 것을 1 · 2 · 3 · 4에서 하나 고르세요.

70 다음 중 청년해외협력대 모집 응모 요건을 충족한 사람은 누구인가?

1 한국에 체류하며 10월 18일까지 서류를 보낸 20세 일본인 A씨

2 2023년 9월 3일 일본 국적을 취득하는 25세 미국인 B씨

3 서류를 내기 전 청년해외협력대 사무국에 상담하고 싶어하는 21세 이중국적 C씨

4 2023년 4월 2일 건강검진을 받은 30세 일본인 D씨

해설 해외에서 응모하는 경우는 10월 17일까지 서류가 반드시 도착해야 하고, 2023년 2월1일 현재 일본국적을 가진 사람이어야 하며, 건강검진은 2023년 4월3일~5월14일까지 진료한 것만 유효하다. 따라서 이중국적을 가졌지만, 서류를 내기 전에 청년해외협력대 사무국과 상담을 원하는 3번이 정답이다.

71 문장의 내용으로 옳은 것은 어느 것인가?

1 일본에서 태어나 일본에서 자란 사람으로, 미국 국적을 취득한 사람도 응모할 수 있다.

2 10월 10일 저녁 7시 사무국에 전화하면 문의할 수 없다.

3 응모 서류를 직접 청년 해외 협력대 사무국까지 가져가면 접수할 수 있다.

4 미국에서 태어나 일본에서 자란 미일 이중 국적자는 응모해도 선정될지 어떨지 모른다.

해설 이중국적자는 응모 전에 문의가 필요하다고 했고, 10월 10일(수요일)에 문의 가능한 시간은 9:30~20:00까지이므로 밤 7시에는 문의할 수 있다. 또한 모집 기간 중에는 서류는 지참 불가로 우편으로만 접수가 가능하다. 따라서 정답은 4번이다.

청년 해외 협력대 모집

모집 요강

1. 응모 자격 : 만 20세에서 만 30세 (2023년 2월 1일 현재) 일본 국적을 가진 분.

*이하의 분은 응모 전에 반드시 청년 해외 협력대 사무국으로 문의하시기 바랍니다.

① 이중 국적자

② 재판 중인 자

③ 파산 절차 중인 자

2. 모집 기간 : 2023년 9월 3일 (월) ~ 2023년 10월 12일 (금) [당일 소인 유효]

*해외에서 응모하는 경우 10 월 17 일 (수) 필착

*마감 후 제출은 일절 인정하지 않습니다.

3. 응모 방법

① 신청서류에 필요 사항을 기입하여 다음 주소로 우송해 주십시오. (2023년 10월 12일 (금) 당일 소인 유효)

② 해외에서 응모하는 경우 2023년 10월 17일(수) 필착

③ 응모 서류는 우편만 접수. 메일 서비스, 택배, 지참 불가
〒102-0082 도쿄도 다이토구 우에노 ○○ 번지 ABC 은행 빌딩 7층 사단법인 청년 해외 협력대
＊봉투에 '응모 서류 재중'이라고 적어주십시오. 응모 방법은 홈페이지를 참조하십시오.

4. 제출 서류 : 지원자 조서, 응모 용지, 직종별 시험 답안지 (일부 사람은 제외), 어학 신고용지
건강 진단서 (건강 진단은 2023년 4월 3일(화)부터 5월 14일(월)까지 진료한 것만 유효)

5. 파견국 : 아시아, 아프리카, 중남미의 50개국

6. 부임 형태 : 단신 부임

7. 파견 기간 : 원칙적으로 2 년간 (＊활동 기간이 1 년 미만의 단기 자원 봉사도 있습니다)

8. 대우 등 : 규정에 의거하여, 왕복 항공권, 현지 생활비, 주거비 국내 수당 등을 지급.

9. 문의 : 청년 해외 협력대 사무국 TEL : 03-1234-5678
E-mail : kaigai-boshu@go.jp
(문의 시간 : 토 · 일 · 공휴일 제외 10 : 00 ~ 12 : 00, 13 : 00 ~ 16 : 00)
＊ 그러나 9 월 3 일(월) ~ 10 월 12 일(금) 모집 기간 중은 시간을 연장합니다.
평일 9 : 30 ~ 20 : 00　토 10 : 00 ~ 17 : 00 (공휴일 제외)

어휘 青年 청년 | 協力隊 협력대(원) | 募集 모집 | 応募 응모 | 受付 접수 | 消印 소인(우표와 엽서에 찍는 날짜 도장) | 届く 도착하다, 닿다 | 育つ 자라다 | 国籍 국적 | 取得 취득 | 問い合わせる 문의하다 | 二重 이중 | 募集要項 모집요강 | 資格 자격 | 満 만 | 裁判 재판 | 破産 파산 | 手続き 수속, 절차 | 有効 유효 | 必着 필착 | 締切 마감 | 提出 제출 | 一切 일체 | 認める 인정하다 | 事項 사항 | 記入 기입 | 宛先 수신인, 수신처 | 郵送 유송 | ~のみ ~만, 뿐 | 宅配便 택배편 | 持参 지참 | 不可 불가 | 封筒 봉투 | 在中 재중 | 詳細 상세 | 調書 조서 | 用紙 용지 | 職種別 직종별 | 解答 해답 | 用紙 용지 | 申告 신고 | 台紙 물건을 두거나 사진, 그림 등을 붙이기 위한 종이 | 健康診断書 건강진단서 | 受診 진료를 받음 | 受け入れ国 파견국, 주둔국 | 中南米 중남미 | 赴任 부임 | 形態 형태 | 単身 단신 | 派遣 파견 | 原則 원칙 | 活動 활동 | 未満 미만 | 短期 단기 | ボランティア 자원봉사 | 待遇 대우 | 規程 규정 | ~にもとづき ~에 근거하여 | 往復 왕복 | 航空券 항공권 | 現地 현지 | 住居費 주거비 | 手当 수당 | 支給 지급 | 除く 제외하다 | 延長 연장 | 祝日 경축일 | 除く 제외하다 | 応募条件 응모조건 | 満たす 채우다, 충족시키다 | 滞在 체재, 체류 | 取得 취득

2교시 청해 

문제 1 문제1에서는 먼저 질문을 들으세요. 그리고 이야기를 듣고 문제지의 1~4 중에서 가장 적당한 것을 하나 고르세요.

例 Track 2-1-00

男の人と女の人が探している本について話しています。女の人はこれからどうしますか。

男：はい、桜市立図書館です。

女：もしもし、そちらの利用がはじめてなんですが、そちらの蔵書について電話で伺ってもいいですか？

男：はい。本の題名を教えてくだされば、検索いたします。

女：それが本じゃなくて、外国の新聞とか雑誌なんです。

男：はい、当館では外国の新聞約５０種、雑誌を約100種所蔵しております。

女：へえ、すごいですね。

男：詳しくは当ホームページの検索でご確認できます。

女：そうですか。はい、やってみます。あと、私は子供がいて一緒に行きたいんですが、入るとき、年齢の制限とかはありますか。

男：どなたでも自由に入館できます。ただ、当館では児童書は扱っておりません。

女：あ、そうですか。残念ですね。私はぜひ子供に本を読ませたいんですが。

女の人はこれからどうしますか。

1 ホームページで児童書を検索する。
2 ホームページで子供に読ませる本を検索する。
3 子供も入館できる図書館を探す。
4 子供が読める本がある図書館を探す。

예

남자와 여자가 찾고 있는 책에 대해 이야기하고 있습니다. 여자는 앞으로 어떻게 합니까?

남 : 네, 사쿠라 시립 도서관입니다.

여 : 여보세요, 그쪽의 이용이 처음입니다만, 그쪽의 장서에 대해 전화로 여쭤봐도 될까요?

남 : 네. 책 제목을 알려 주시면 검색해 드리겠습니다.

여 : 그게 책이 아니고, 외국 신문이나 잡지예요.

남 : 네, 저희 도서관에서는 외국 신문 50종, 잡지 100종을 소장하고 있습니다.

여 : 와우, 대단하네요.

남 : 자세한 내용은 저희 홈페이지의 검색에서 확인하실 수 있습니다.

여 : 그래요? 네, 해 보겠습니다. 그리고, 저는 아이가 있어서 함께 가고 싶은데 들어갈 때 나이 제한 같은 건 있나요?

남 : 누구나 자유롭게 출입할 수 있습니다. 단, 저희 도서관에서는 아동서는 취급하지 않습니다.

여 : 아, 그래요? 유감이네요. 저는 꼭 아이에게 책을 읽게 하고 싶은데요.

여자는 앞으로 어떻게 합니까?

1 홈페이지에서 동화책을 검색한다.
2 홈페이지에서 아이에게 읽게 할 책을 검색한다.
3 아이도 입장 할 수 있는 도서관을 찾는다.
4 아이가 읽을 수 있는 책이 있는 도서관을 찾는다.

1番 Track 2-1-01

男の人と女の人が話しています。女の人はどんな料理を作ることにしましたか。

男：ねえ、今度の日曜日、田中さんの引っ越し祝いだけど、何持っていくかもう決まってる？

女：まだよ。何か手作り料理を持っていこうと思うんだけど、手にとって食べやすいサンドウィッチとかは、どう？

男：人数が多いから作るの大変じゃない？手間もかかりそうだし。

女：そうよね・・・。チラシ寿司はどうかしら？彩りもいいし、みんなで食べるにはぴったりじゃない？

男：いいね。海産物とか野菜とかたっぷりのせたらおいしそう。

女：あとは、揚げ物も作ろうかしら。チキンとか天ぷらとか。

男：でも行くまでに時間がかかるから冷めるんじゃない？せっかくなら温かいうちに食べたいよ。

女：それもそうね。でもチラシ寿司だけじゃ物足りないから作っていくことにするわ。誠くんはどうするの？

男：僕は料理できないからケーキとか甘いものでも買っていくよ。

女：それが一番楽ね。

女の人はどんな料理を作ることにしましたか。

1　海産物が入ったチラシ寿司と揚げ物
2　食べやすいサンドウィッチとチラシ寿司
3　チキンや天ぷらなどの揚げ物とケーキ
4　チラシ寿司と食後に食べるケーキ

1번

남자와 여자가 이야기하고 있습니다. 여자는 어떤 요리를 만들기로 했습니까?

남 : 있잖아, 이번 일요일, 다나카 씨의 이사를 축하하는데, 무엇을 가져갈지 이미 정했어?

여 : 아직이야. 뭔가 손수 만든 요리를 가지고 가려고 하는데, 손에 들고 먹기 좋은 샌드위치 같은 건 어때?

남 : 인원수가 많으니 만들기 힘들지 않아? 수고스러울 것 같고.

여 : 그렇네…. 치라시 초밥은 어떨까? 색 배합도 좋고, 다 같이 먹기에는 딱이지 않을까?

남 : 좋네. 해산물이라던가 야채라던가 듬뿍 얹으면 맛있을 것 같아.

여 : 나머지는, 튀김 요리도 만들까? 치킨이라든가 튀김이라든가.

남 : 하지만 가기까지 시간이 걸리니까 식지 않을까? 모처럼이라면 따뜻할 때 먹고 싶어.

여 : 그것도 그렇네. 하지만 치라시 초밥만으로는 뭔가 부족하니까 만들어 가기로 할게. 마코토 군은 어떻게 할 거야?

남 : 나는 요리를 못하니까 케이크라던지 달달한 것이라도 사 갈게.

여 : 그것이 가장 편하지.

여자는 어떤 요리를 만들기로 했습니까?

1 해산물이 들어간 치라시 초밥과 튀긴 음식
2 먹기 좋은 샌드위치와 치라시 초밥
3 치킨이나 튀김 등의 튀김요리와 케이크
4 치라시 초밥과 식후에 먹을 케이크

해설 샌드위치는 수고스러울 것 같다고 했고 케이크는 남자가 준비한다. 여자는 치라시초밥과 튀김 요리 1번이 정답이다.

어휘 **祝い** 축하(축하의 말, 선물) | **手作り料理** 손수 만든 요리 | **手にとる** 손에 들다 | **人数** 인원수 | **手間がかかる** 노력이나 시간이 걸리다 | **チラシ寿司** 초밥 위에 해물이나 지단 등의 속재료를 얹은 초밥의 일종 | **彩り** 채색, 색의 배합 | **ぴったり** ①접합부에 빈틈이나 어긋남이 없이 밀착해 있는 모양 ②사물이 어울리거나 적중한 모양 | **海産物** 해산물 | **たっぷり** 듬뿍 | **のせる** 태우다, 싣다, 얹다 | **揚げ物** 튀김 | **冷める** 식다 | **せっかく** 모처럼 | **物足りない** 약간 부족하다, 어딘가 아쉽다

2番 Track 2-1-02

男の人が店員と話しています。男の人は何を買いますか。

男：あの～ 彼女にあげるスカーフを買いたいんですが。

女：プレゼントですか。こちらがこの冬の新商品でございますが、いかがでしょうか。

男：花柄はあまり喜びそうにないですね。

女：では、この青い方はいかがでしょうか。シンプルなデザインでよく売れていますよ。しかも上質なシルクでできております。

男：冬なのに青い色で、しかもこんなに薄かったら、ちょっと寒そうですね。

女：あ、いろいろな色で、ウールでできているマフラーもございます。またちょっとちくちくしているのがいやなら、カシミアの素材もございます。

男：そうですか。クリスマスにあげたいから、ちょっと厚みがあって、ふわふわしている感じがいいと思います。うん……。彼女は肌も敏感のほうなので、これにします。

男の人は何を買いますか。

1　暖かそうな色のシルクのスカーフ
2　花柄の厚みのあるマフラー
3　肌触りのいい上質のマフラー
4　ふわふわしている青いスカーフ

2번

남자가 점원과 이야기하고 있습니다. 남자는 무엇을 삽니까?

남 : 저~, 여자친구에게 줄 스카프를 사고 싶은데요.

여 : 선물인가요? 이쪽이 이번 겨울 신상품입니다만, 어떠신지요?

남 : 꽃무늬는 별로 기뻐할 것 같지 않네요.

여 : 그럼 이 파란 쪽은 어떻습니까? 심플한 디자인으로 잘 팔리고 있어요. 게다가 고급 실크로 되어 있습니다.

남 : 겨울인데 푸른색이고, 게다가 이렇게 얇으면, 조금 추울 것 같네요.

여 : 아, 여러 가지 색으로 울로 만들어진 머플러도 있습니다. 또 조금 까끌까끌 하는 것이 싫으면 캐시미어 소재도 있습니다.

남 : 그래요? 크리스마스에 주고 싶으니까, 조금 두께가 있고 푹신푹신한 느낌이 좋다고 생각합니다. 음…. 여자친구는 피부도 민감한 편이므로 이것으로 하겠습니다.

남자는 무엇을 삽니까?

1 따뜻해 보이는 색상의 실크 스카프
2 꽃무늬의 두께감이 있는 머플러
3 피부에 닿는 촉감이 좋은 고급 머플러
4 푹신푹신한 느낌의 푸른 스카프

해설 여자친구가 꽃무늬는 별로 기뻐할 것 같지 않고, 겨울인데 푸른색은 추워 보인다고 했다. 두께감이 있고 푹신한 느낌이면 좋겠고, 여자친구는 피부가 민감한 편이라고 했으므로 정답은 3번이다.

어휘 **上質** 상질, 질이 좋음 | **ちくちくする** 따끔따끔하다, 까끌까끌하다 | **厚み** 두께 | **ふわふわ** 부드럽게 부풀어 있는 모양 | **肌触り** 피부에 닿는 감촉, 촉감

3番 Track 2-1-03

女の人と男の人が海外旅行の計画を立てています。男の人は明日どこに行きますか。

女：タイ旅行まで後、一週間か。楽しみだな。何もかも準備が大切だから何を持っていくか考えておこう。

男：一週間も残っているのに、荷物をもうまとめるの？

女：私、旅行に行く前に余裕をもって準備したいのよ。現地に着いて「あ、あれ忘れた」というの、一番嫌い。

男：そうか。まあ、直前になって慌てるよりはいいか。

女：私は日用品や洗面用具などをまとめるから、あなたは電子機器などを細かくチェックして。

男：うん。カメラの電池、充電器、電気プラグアダプター…。あれ？このカメラなんかおかしい、なんで電源が入らないんだろう。

女：ほんと？ バッテリーが切れているんじゃないの 。

男：いや、三日前に新しいのを入れ替えたばかりだから、それは違うと思うよ。とにかく早く見てもらったほうがいいね。

男の人は明日どこに行きますか。

1 電気屋
2 修理センター
3 バッテリー専門店
4 日用品専門店

3번

여자와 남자가 해외 여행 계획을 세우고 있습니다. 남자는 내일 어디에 갑니까?

여 : 태국 여행까지 앞으로 일주일인가? 기대되네. 무엇이든 준비가 중요하니까 무엇을 가져갈지 생각해 두자.

남 : 일주일이나 남아 있는데, 챙겨갈 물건을 벌써 챙기는 거야?

여 : 나는 여행을 떠나기 전에 여유를 가지고 준비하고 싶어. 현지에 도착해서 '아, 그거 깜박했네'라고 하는 것 제일 싫어.

남 : 그래? 뭐, 직전이 되어 당황하기보단 좋은가?

여 : 나는 일용품과 세면 도구 등을 챙길테니, 당신은 전자 기기 등을 꼼꼼하게 확인해 줘.

남 : 응. 카메라 배터리, 충전기, 전기 플러그 어댑터…. 어? 이 카메라 왠지 이상한데, 왜 전원이 켜지지 않는 거지?

여 : 정말? 배터리가 나간 것은 아닐까?

남 : 아니, 사흘 전에 새로운 것을 갈아 끼운지 얼마 안 됐으니까 그것은 아닐 거라고 생각해. 어쨌든 빨리 봐 달라고 하는 것이 좋겠다.

남자는 내일 어디에 갑니까?

1 가전제품 판매점
2 수리 센터
3 배터리 전문점
4 일용품 전문점

해설 배터리는 갈아 끼운지 얼마 안 됐으니 전원이 안 들어오는 문제는 수리센터에 맡겨 봐 달라고 요청한다는 의미이므로 정답은 2번이다. 카메라의 어디가 고장 난 것을 봐 달라고 했으니, 가전제품을 새로 사는 1번이 아님에 주의하자.

어휘 まとめる 뿔뿔히 흩어져 있던 것을 하나로 모으다 | 慌てる 당황하다 | 細かい 세세하다, 꼼꼼하다 | 切れる (물건 등이) 다 떨어지다 | 入れ替える 바꿔 넣다

4番 Track 2-1-04

男の人と女の人が話しています。二人はいつ写真展に行きますか。

男：この前話してた池田さんの写真展いつ行こうか。今週の日曜日までだそうだから、急ぎましょう。

女：そうね。今日が火曜日だからあと5日か…。私、混むのいやだから、ゆったり見られる土曜日とか日曜日の朝はどう？

男：週末の朝？ ちょっと週末くらいゆっくり寝たいよ。平日の夜はどう？

女：佐藤君、平日はいつも帰り遅いでしょう。一日だけ早起きしてよ、日曜日にゆっくり寝ればいいんじゃない？

男：無理、最近疲れているよ。じゃ、木曜日の夜はどう？

女：残念だけど、今週の木曜日の夜はすでに予定が入っているの。

男：あ、まいったな。明日は残業で、金曜日は営業で外回りだから……。

女：やっぱり週末しかないってば。

男：いや、ちょっと待って。僕、外勤の日程を調節してみるよ。

女：あ、そう？分かった。その代り、遅れないでね。

二人はいつ写真展に行きますか。

1　明日の夜
2　明後日の夜
3　三日後の夜
4　四日後の夜

4번

남자와 여자가 이야기하고 있습니다. 두 사람은 언제 사진전에 갑니까?

남 : 요전에 얘기했던 이케다 씨의 사진전 언제 갈까? 이번 주 일요일까지라고 하니까 서두르자.

여 : 그러네. 오늘이 화요일이니까 앞으로 5일 남았나? 나는 붐비는 거 싫으니까 느긋하게 볼 수 있는 토요일이나 일요일 아침은 어때?

남 : 주말 아침? 주말 정도는 조금 느긋하게 자고 싶어. 평일 저녁은 어때?

여 : 사토 군, 평일은 항상 늦게 돌아오잖아. 하루만 일찍 일어나, 일요일에 느긋하게 자면 되잖아?

남 : 그건 무리, 요즘 피곤해. 그럼 목요일 저녁은 어때?

여 : 유감스럽지만, 이번 주 목요일 저녁은 이미 약속이 잡혀 있어.

남 : 아, 난처하네. 내일은 야근이고, 금요일은 영업으로 외근이니까….

여 : 역시 주말 밖에 없다니깐.

남 : 아니, 잠깐만. 나는 외근 일정을 조정해 볼게.

여 : 아, 그래? 알겠어. 대신, 늦지마.

두 사람은 언제 사진전에 갑니까?

1 내일 밤
2 모레 밤
3 삼일 후 밤
4 사일 후 밤

해설 오늘은 화요일이고 전시회는 앞으로 5일 뒤, 일요일이다. 결국 금요일 외근 일정을 조정하여 만나기로 했으므로 정답은 3번이다.

어휘 ゆったり 느긋하게 | まいる 질리다, 곤란하다 | ～てば ~라니깐(주의를 촉구하거나 강조하는 느낌) |

2회

5番 Track 2-1-05

女の人と男の人が話しています。男の人はこれから何をしますか。

女：あなた！掃除始めるわよ！私はキッチンをするから、あなたは、クローゼットの整理をしてくれる？

男：わかった。もう着ない服はごみ袋に入れればいいよね。

女：うん、まとめたら明日すぐ捨てられるように玄関のところに置いておいて。

男：わかった。あとはお風呂とトイレの掃除か。今日中に終わらせたいから、急いでやらないとな！洗剤はどこにあるんだっけ？

女：あっ、そうだ。お風呂掃除用の洗剤が切れてて買い置きがなかったんだ。どうしよう。

男：そしたら僕が今から買いに行ってこようか？ついでにお昼ご飯も買ってくるよ。

女：そうしてくれると助かる！じゃあ、よろしくね。

男の人はこれから何をしますか。

1 今すぐクローゼットの整理を始める。
2 キッチンにある生ごみを捨てる。
3 お風呂とトイレの掃除をする。
4 洗剤とお昼ご飯を買いに行く。

5번

여자와 남자가 이야기하고 있습니다. 남자는 이제부터 무엇을 합니까?

여 : 여보! 청소 시작해요! 나는 부엌을 할 테니까, 당신은 옷장 정리를 해 줄래?

남 : 알았어. 이제 안 입는 옷은 쓰레기봉투에 넣으면 되지?

여 : 응, 정리하면 내일 바로 버릴 수 있도록 현관 쪽에 놓아줘.

남 : 알았어. 나머지는 욕실과 화장실 청소인가? 오늘 중으로 끝내고 싶으니까, 서둘러야겠네! 세제는 어디 있던가?

여 : 아, 맞다. 욕실 청소용 세제가 다 떨어져서 사 둔 것이 없어. 어쩌지?

남 : 그렇다면 내가 지금부터 사러 갈까? 간 김에 점심도 사 올게.

여 : 그렇게 해주면 고맙겠어! 그럼 잘 부탁해.

남자는 이제부터 무엇을 합니까?

1 지금 바로 옷장 정리를 시작한다.
2 주방에 있는 음식물 쓰레기를 버린다.
3 욕실과 화장실 청소를 한다.
4 세제와 점심을 사러 간다.

해설 욕실 청소용 세제가 다 떨어져서 사러 나가는 김에 점심도 사 온다고 했으니 4번이 정답이다.

어휘 **クローゼット** 옷장 | **整理** 정리 | **まとめる** 제 각각이었던 것을 하나의 정돈된 상태로 하다, 한데 모으다 | **洗剤** 세제 | **～っけ** 화자가 기억을 못하는 것을 상대방에게 묻는 표현, ~이던가? 이더라? | **切れる** 베이다, 끊어지다, 떨어지다 | **買い置き** (많이) 사 놓는 것, 또는 그런 물건 | **ついでに** ~하는 김에 | **生ごみ** 음식물 쓰레기

문제 2 문제2에서는 우선 질문을 들으세요. 그 후 문제지를 보세요. 읽을 시간이 있습니다. 그리고 이야기를 듣고 문제지의 1~4 중에서 가장 적당한 것을 하나 고르세요.

例 Track 2-2-00

男の人と女の人が料理を作りながら話しています。男の人は何に注意しますか。

男：寒くなってきたな。食べると体が温まって、簡単でおいしい料理、何かないかな。

女：そうね。うちは家族みんなでよく豚汁食べるけど。作り方教えようか。

男：へえ、どんな料理？ 僕は一人暮らしだから、なるべくはやく済ませられる料理がいいけど。

女：すごく簡単だよ。材料は豚肉と大根、じゃがいも、にんじん、みそだけあればいいよ。長さ３センチぐらいに全部の材料を切ってね。まず豚肉を炒めてから野菜を入れて、さらに炒める。

男：順番なんかいいだろう。何を先に炒めようが。

女：よくない。必ず肉を先に炒めてね。それから全体に油がまわったら、水を加え、１０分煮る。そこにみそを溶かすとできあがり。

男：へえ。簡単だね。でもさっきの３センチって面倒くさいから、適当に切っていいだろう。

女：でも早く済ませたいんでしょう。材料は大きさをそろえたら、煮やすくなるのよ。

男の人は何に注意しますか。

1　材料は大きさを合わせて切ること
2　材料がそろった後に、はやく煮ること
3　野菜を先に炒めること
4　はやく済ませられるように材料をそろえること

예

남자와 여자가 요리를 만들면서 이야기하고 있습니다. 남자는 무엇에 주의합니까?

남 : 추워졌네. 먹으면 몸이 따뜻해지고 간단하고 맛있는 요리 뭔가 없을까?

여 : 글쎄. 우리는 가족 모두가 자주 돼지고기 된장국 먹고 있는데. 만드는 법 가르쳐 줄까?

남 : 와우, 어떤 요리? 나는 혼자 사니까 가급적 빨리 끝마칠 수 있는 요리가 좋은데.

여 : 아주 간단해. 재료는 돼지고기와 무, 감자, 당근, 된장만 있으면 돼. 길이 3센티 정도로 모든 재료를 썰어. 먼저 돼지고기를 볶은 후 채소를 넣고 더 볶아.

남 : 순서 따위는 아무래도 상관없잖아. 무엇을 먼저 볶든.

여 : 상관 있어. 반드시 고기를 먼저 볶아 줘. 그리고 나서 전체에 기름이 돌면 물을 넣고 10분 익혀. 거기에 된장을 풀면 완성!

남 : 오, 간단하구나. 하지만 아까 3센티라는 건 귀찮으니까 적당하게 자르면 되겠지.

여 : 빨리 끝내고 싶지? 재료는 크기를 맞추면 쉽게 익어.

남자는 무엇에 주의합니까?

1 재료는 크기를 맞추어 자를 것
2 재료가 갖추어진 후에 빨리 익힐 것
3 채소를 먼저 볶을 것
4 빨리 끝낼 수 있도록 재료를 갖출 것

1番 Track 2-2-01

会社で女の人と男の人が話しています。女の人は何時ごろ会社を出ると言っていますか。

女：課長、今日、５時半になったらすぐ帰らせていただいてもよろしいでしょうか。

男：ああ、もちろんいいけど、何かあるの。

1번

회사에서 여자와 남자가 이야기하고 있습니다. 여자는 몇 시경 회사를 나간다고 말하고 있습니까?

여 : 과장님 오늘 5시 반이 되면 바로 퇴근해도 괜찮을까요?

남 : 아, 물론 괜찮지만, 무슨 일 있나?

女：はい、今日が３Ｄホームシアター体験イベントの最終日なんです。
男：ああ、そうだったね。５時半で間に合うかな？イベント会場までは１時間はみたほうがいいよ。
女：えーと、ホームシアターの体験時間は３０分ですよね。７時で終了だから、大丈夫でしょう。
男：うん、だけど、その前に３０分説明があるから、ぎりぎりだよ。もう３０分早く出れば。
女：すみません。じゃ、そうさせていただきます。

女の人は何時ごろ会社を出ると言っていますか。

1　4時半ごろ
2　5時ごろ
3　5時半ごろ
4　6時ごろ

여 : 네, 오늘이 3D 홈 시어터 체험 행사의 마지막 날이에요.
남 : 아, 그랬었지. 5시 반이면 그 시간까지 맞출 수 있을까? 행사장까지는 1시간은 걸린다고 보는 편이 좋아.
여 : 음~, 홈 시어터 체험 시간은 30분이죠? 7시에 종료니까 괜찮겠죠.
남 : 응, 하지만 그 전에 30분 설명이 있으니까 빠듯해. 30분 더 일찍 나가지 그래?
여 : 죄송합니다. 그럼 그렇게 하겠습니다.

여자는 몇 시경 회사를 나간다고 말하고 있습니까?

1 4시 반경
2 5시경
3 5시 반경
4 6시경

해설 처음에 여자는 5시반에 나간다고 했지만 과장님은 30분 더 일찍 회사를 나갈 것을 권유했으므로 정답은 2번이다.

어휘 体験 체험 | 最終日 최종일, 마지막 날 | 終了 종료

2番 Track 2-2-02

男の学生と女の学生が話しています。女の学生は何を頼まれましたか。

男：ミカさん、今週の日曜日は時間がある？
女：うん、一日暇だけど、何かあるの？
男：あれ、案内いかなかった？ 外国人留学生との交流会があるんだよ。
女：ああ、そうだったんだ。
男：それで、木村さんが司会をやって、ぼくはちょっと短いスピーチをすることになったんだよ。
女：へぇー、日本語で？ それとも英語で？
男：英語でできればいいんだけどね。そこで、ぼくのスピーチを君に訳してもらいたいんだよ。
女：頑張って英語でやればいいのに。でも、わかったわ。前もって原稿見せてね。
男：もちろん。ありがとう。助かったよ。

2번

남학생과 여학생이 이야기하고 있습니다. 여학생은 무엇을 부탁받았습니까?

남 : 미카 씨, 이번 일요일 시간 있어?
여 : 응, 하루종일 한가한데, 무슨 일 있어?
남 : 어, 안내 안 갔어? 외국인 유학생과의 교류회가 있어.
여 : 아, 그랬구나.
남 : 그래서 기무라 씨가 사회를 보고, 나는 좀 짧은 연설을 하기로 되었어.
여 : 오~, 일본어로? 아니면 영어로?
남 : 영어로 할 수 있다면 좋겠지만. 그래서 나의 연설을 네가 통역해 주었으면 해.
여 : 분발해서 영어로 하면 좋을 텐데. 하지만, 알겠어. 미리 원고 보여줘.
남 : 물론이지. 고마워. 덕분에 살았어.

女の学生は何を頼まれましたか。

1 案内
2 司会
3 スピーチ
4 通訳

여학생은 무엇을 부탁받았습니까?

1 안내
2 사회
3 연설
4 통역

해설 남자가 하는 스피치를 통역해 달라고 했으므로 정답은 4번이다.

어휘 交流会 교류회 | 司会 사회 | 訳す 통역하다, 번역하다 | 前もって 미리 | 原稿 원고

3番 Track 2-2-03

男の人が女の人と話しています。女の人がヨガクラスに行きはじめた理由はなんですか。

男：ユミさん、先月入会したスポーツジム、まだ行ってる？
女：それが合わなくてすぐ辞めちゃったの。でも今、週に2回、ヨガのクラスに行ってるわよ。
男：そうだったんだ。でも何でヨガを始めたの?
女：友達がヨガを始めてから3か月で10キロやせたって言ってたのよ。このところ太り気味だし、それにヨガをしたら姿勢もよくなるかなと思ってね。
男：そうだったんだ。それで、どう？効果は出てきた？
女：まだ始めたばかりだから、体重はそんなに変わらないんだけど、姿勢がよくなったおかげで肩こりとか頭痛がなくなったの。
男：それはすごいね。ぼくも最近パソコンとかスマホの見すぎで頭痛がひどいんだよ。
女：誠くんも何か体を伸ばす運動が必要だと思うわよ。一緒にヨガやってみない？
男：そうだね。まずは体験で一度行ってみることにするよ。

女の人がヨガクラスに行きはじめた理由はなんですか。

1 スポーツジムに通えなくなったから
2 体のために医者に勧められたから
3 画面の見すぎで、頭痛がひどいから
4 ダイエットと姿勢の改善したいから

3번

남자와 여자가 이야기하고 있습니다. 여자가 요가 클래스에 가기 시작한 이유는 무엇입니까?

남 : 유미 씨, 지난달 가입한 스포츠센터 아직 가고 있어?
여 : 그게 맞지 않아서 바로 그만둬 버렸어. 하지만 지금 일주일에 2번, 요가 수업에 가고 있어.
남 : 그랬구나. 근데 왜 요가를 시작했어?
여 : 친구가 요가를 시작하고 나서 3개월에 10킬로그램이 빠졌다고 말했어. 요즘 살찌는 느낌이고, 게다가 요가를 하면 자세도 좋아질까 싶어서.
남 : 그랬구나. 그래서 어때? 효과는 나왔어?
여 : 아직 시작한지 얼마 안 돼서, 체중은 그렇게 변함이 없지만, 자세가 좋아진 덕분에 어깨 결림이나 두통이 없어졌어.
남 : 그거 굉장하네. 나도 요즘 컴퓨터나 스마트폰을 너무 많이 봐서 두통이 심해.
여 : 마코토 군도 뭔가 몸을 늘리는 운동이 필요하다고 생각해. 같이 요가 해보지 않을래?
남 : 그러네. 우선은 체험으로 한번 가 보기로 할께.

여자가 요가 클래스에 가기 시작한 이유는 무엇입니까?

1 스포츠센터에 다닐 수 없게 되었으니까
2 몸을 위해서 의사에게 권유 받았으니까
3 화면을 너무 많이 봐서 두통이 심하니까
4 다이어트와 자세를 개선하고 싶으니까

해설 요즘 살찌는 느낌이고 요가를 하면 자세가 좋아질 거라고 생각해서 시작했다고 했으니 4번이 정답이다.

어휘 명사/동사ます형＋気味 조금 ~한 느낌이 있음, ~한 상태에 가까움 | 姿勢 자세 | 効果 효과 | 肩こり 어깨 결림 | 頭痛 두통 | 伸ばす 늘리다, 펴게 하다 | 体験 체험 | 勧める 권유하다

4番 Track 2-2-04

ケーキ屋で店長とアルバイト店員が話しています。今日、ケーキがよく売れた主な理由は何ですか。

男：あれ！田村さん、ケーキがもう２個しかのこってないけど、どうしたの。
女：そうなんです。次から次へと売れちゃってびっくりです。
男：まだお昼すぎなのに。何かお祝いをする人が多いのかな。誕生日とか、引っ越し祝いとか。プレゼントで買っていくには手軽だしね。
女：それにしても今日はよく売れるので、私も気になってお客さんに聞いてみたんです。
男：そう。なんだって？
女：昨日、バラエティー番組で有名な俳優が、うちのケーキが毎日でも食べたいくらいおいしいって宣伝してくれたそうなんです。中には一気に５個買ってくれた方もいました。
男：そうだったのか。テレビの影響ってすごいな。
女：しかも今日は１０％オフの日なので、これからもお客さんは増えると思います。
男：そうだね。午後の分は多めに作っておくことにするよ。

今日、ケーキがよく売れた主な理由は何ですか。

1 全品１割引きの日だから
2 引っ越し祝いに行く人が多いから
3 テレビ番組で紹介されたから
4 プレゼントで買うには手軽だから

4번

케이크 가게에서 점장과 아르바이트 점원이 이야기하고 있습니다. 오늘 케이크가 잘 팔린 주된 이유는 무엇입니까?

남：어라! 다무라 씨, 케이크가 벌써 2개밖에 남지 않았는데 무슨 일이야?
여：그렇습니다. 계속해서 팔려서 깜짝 놀랐습니다.
남：아직 점심이 지났는데. 뭔가 축하를 하는 사람이 많은가? 생일이라던가, 이사를 한다던가. 선물로 사가기에는 간편하지.
여：그렇다 치더라도 오늘은 잘 팔려서, 저도 신경이 쓰여 손님에게 물어보았습니다.
남：그래? 뭐래?
여：어제 버라이어티 프로그램으로 유명한 배우가 우리 케이크를 매일이라도 먹고 싶을 정도로 맛있다고 선전해 주었다고 합니다. 그중에는 한번에 5개 사 주신 분도 있었습니다.
남：그랬구나. TV의 영향은 굉장하네.
여：게다가 오늘은 10% 할인되는 날이라서, 앞으로도 손님은 늘어날 것이라고 생각해요.
남：그러네. 오후 분량은 넉넉하게 만들어 두도록 할께.

오늘 케이크가 잘 팔린 주된 이유는 무엇입니까?

1 전품목 10%할인이 되는 날이니까
2 이사를 축하하러 가는 사람이 많으니까
3 TV프로그램에서 소개되었으니까
4 선물로 사기에는 간편하니까

해설 버라이어티 프로그램으로 유명한 배우가 케이크를 선전해 준 영향이 가장 크므로 3번이 정답이다.

어휘 主な 주된 | 次から次へと 연달아, 잇달아 | お祝いをする 축하를 하다 | 手軽だ 손쉽다, 간단하다 | それにしても 그건 그렇다 하더라도 | ～って (종조사) ~래 | 俳優 배우 | 宣伝 선전 | 형용사의 어간＋め 그러한 성질이나 경향을 가짐 | 割引き 할인

5番 Track 2-2-05

男の人と女の人が電話で話しています。男の人は女の人にこの後どうしてほしいと言っていますか。

男：はい、ネットショップドリーム山田が承ります。

女：あの。そちらで買った服のサイズが合わなくて返品したいのですが。

男：どのような商品でしょうか。

女：セール品で買った花柄のワンピースです。

男：大変申し訳ございませんが、セール品は交換のみ可能でございまして、返品はいたしかねます。

女：そうなんですね。そしたら交換します。

男：かしこまりました。商品の交換はお電話では受け付けておりません。弊社、ホームページからお手続きをお願いします。

女：どうすればいいでしょうか。

男：ホームページ上の「商品の返品交換」というページに詳細はのっていますが、会員登録はされていますか。

女：いえ、まだしてません。

男：それでしたら、まずはそちらからお願いします。何かご質問がございましたら、専用フォームからお送りください。

女：はい、わかりました。とりあえずやってみます。

男の人は女の人にこの後どうしてほしいと言っていますか。

1 このまま電話で商品の交換の手続きをしてほしい。

2 ホームページ上でまずは会員登録からしてほしい。

3 ホームページで会員登録をしてから電話をしてほしい。

4 ホームページ上の専用フォームから質問してほしい。

5번

남자와 여자가 전화로 이야기하고 있습니다. 남자는 여자에게 이후, 어떻게 해달라고 말하고 있습니까?

남 : 네, 넷샵 드림 야마다가 받습니다.

여 : 저기, 그쪽에서 산 옷 사이즈가 맞지 않아서 반품하고 싶은데요.

남 : 어떤 상품일까요?

여 : 세일 제품으로 산 꽃무늬 원피스입니다.

남 : 대단히 죄송합니다만, 세일제품은 교환만 가능하며, 반품은 해드릴 수 없습니다.

여 : 그렇군요. 그러면 교환하겠습니다.

남 : 알겠습니다. 상품교환은 전화로는 접수하고 있지 않습니다. 당사 홈페이지에서 수속을 부탁드립니다.

여 : 어떻게 하면 좋을까요?

남 : 홈페이지상의 '상품의 반품교환'이라는 페이지에 상세한 내용이 실려 있습니다만, 회원등록은 하셨나요?

여 : 아니요, 아직 안 했습니다.

남 : 그렇다면 우선 그 쪽부터 부탁드립니다. 뭔가 질문이 있으시면, 전용 양식으로 보내주십시오.

여 : 네, 알겠습니다. 우선 해보겠습니다.

남자는 여자에게 이 후에 어떻게 해 주길 바란다고 말하고 있습니까?

1 이대로 전화로 상품 교환의 수속을 해 주길 바란다.

2 홈페이지 상에서 우선 회원등록부터 해 주길 바란다.

3 홈페이지에서 회원 등록을 하고나서 전화를 해 주길 바란다.

4 홈페이지 상의 전용 양식으로 질문해 주길 바란다.

해설 상품의 반품교환을 위해 가장 먼저 할 일은 회원등록이므로 정답은 2번이다. 회원등록을 하고 전화해 달라는 말은 없었으므로, 3번이 정답이 아님에 주의하자.

어휘 承る 듣다, 받다의 겸양어 | 返品 반품 | 花柄 꽃 무늬 | 大変 대단히, 매우 | 交換 교환 | のみ 만, 뿐 | 可能 가능 | ます형+かねる ~하는 것은 힘들다, 할 수 없다 | かしこまりました 알겠습니다 | 受け付け 접수 | 弊社 자신의 회사를 낮춘 말 | 手続き 절차, 수속 | 詳細 상세 | 載る 실리다 | 会員登録 회원등록 | 専用 전용 | とりあえず 일단, 우선

6番 Track 2-2-06

男の人と女の人が話しています。女の人は、Bスーパーのお菓子はどうして安いと言っていますか。

男：彩さん、チョコレート食べない。今そこのコンビニで買ってきたから。

女：ありがとう。私もよくこれ買うのよ。

男：そう、おいしいよね。

女：うん、そこのコンビニだと、このチョコレート一箱２００円ぐらいするでしょ。

男：そうだね。消費税を入れて、そのぐらいかな。

女：Ｂスーパーで買えば１７０円ぐらいで買えるわよ。

男：３０円も安いのか。このチョコレートだけ？

女：ううん、お菓子は全般に他の所より安いわよ。

男：ふ～ん、売れ残りだとか、賞味期限が近いとかじゃないの？

女：ううん、違うと思う。他のお店は、仕入れた商品を箱から出して並べるでしょ。

男：うん、そこは違うの？大量に仕入れているからじゃないの？

女：仕入れの量じゃないと思う。そこでは仕入れた箱を開けるだけで、そのまま並べているのよ。

男：ということは、人件費を節約しているってことかな。

女の人は、Bスーパーのお菓子はどうして安いと言っていますか。

1 売れ残った商品だから
2 賞味期限が短いから
3 陳列方法が違うから
4 大量に仕入れるから

6번

남자와 여자가 이야기하고 있습니다. 여자는 B슈퍼의 과자는 왜 싸다고 말하고 있습니까?

남 : 아야 씨, 초콜릿 안 먹을래? 지금 요 앞 편의점에서 사왔거든.

여 : 고마워. 나도 이거 자주 사.

남 : 그래? 맛있지.

여 : 응, 요 앞의 편의점라면 이 초콜릿 한 상자 200엔 정도하지?

남 : 그래. 소비세 포함, 그 정도일걸?

여 : B슈퍼에서 사면 170엔 정도로 살 수 있어.

남 : 30엔이나 싸네? 이 초콜릿만?

여 : 아니, 과자는 전반적으로 다른 곳보다 싸.

남 : 음, 팔다 남은 거라든가 유통기한이 얼마 안 남았다라든가 그런 거 아냐?

여 : 아니, 그렇지 않다고 생각해. 다른 가게는 구매한 제품을 상자로부터 꺼내 진열하잖아?

남 : 응, 거기는 달라? 대량으로 구매해서 그런 거 아냐?

여 : 구매하는 양이 아니라고 생각해. 거기서는 구매한 상자를 열기만 해서 그대로 진열하거든.

남 : 그렇다는 것은 인건비를 절약하고 있다는 걸까?

여자는 B슈퍼의 과자는 왜 싸다고 말하고 있습니까?

1 팔다 남은 상품이기 때문에
2 유통기한이 짧기 때문에
3 진열 방법이 다르기 때문에
4 대량으로 매입하기 때문에

해설 요 앞 편의점은 다른 가게와 달리 물건을 사서 상자를 열기만 하고 상자 밖으로 물건을 꺼내지 않는다고 했으므로 정답은 3번이다.

어휘 消費税(しょうひぜい) 소비세 | 売れ残り(うれのこり) 팔다 남음 | 賞味期限(しょうみきげん) 유통기한 | 仕入れる(しいれる) 매입하다, 사들이다 | 人件費(じんけんひ) 인건비 | 節約(せつやく) 절약 | 陳列(ちんれつ) 진열

문제3 **문제3에서는, 문제 용지에 아무것도 인쇄되어 있지 않습니다. 이 문제는, 전체로써 어떤 내용인가를 묻는 문제입니다. 이야기 앞에 질문은 없습니다. 먼저, 이야기를 들어주세요. 그리고 질문과 선택지를 듣고, 1~4 중에서, 가장 적당한 것을 하나 고르세요.**

例 Track 2-3-00

コーヒーについて男の人と女の人が話しています。

男：ナナエちゃん、ちょっとコーヒー飲みすぎじゃない。いったい、一日何杯飲んでいるの。

女：そうね。私の大好物だから、一日４杯ぐらいかな。

男：へえ、それ胃痛になったりしない。僕なんか１杯から２杯飲んでるけど、２杯飲んでも胃が痛いときあるよ。

女：私は全然平気。ある研究によると、コーヒーは脳や肌にもすばらしい効用があるって。

男：まあ、確かに目は覚めるね。

女：あと、コーヒーには抗酸化物質が含まれているけど、その吸収率が果物や野菜より高いそうよ。

男：抗酸化物質？ そのためにたくさん飲んでるの。僕も量を増やしてみるか。もっと若く見えるのかな。

女：違うよ。コーヒーの効用なんて私はどうでもいいよ。本当は香りが好きなんだ。香りをかぐだけで、幸せな気分になれるし、ストレスも無くなる感じもするの。

男：うん、確かにコーヒーの香りが嫌だという人は今の時代にはいないかもね。

女の人はコーヒーについてどう思っていますか。

1 たくさん飲んでも胃痛はないから、どんどん飲む量を増やしたいと思う。

2 体に与えるいい効果より、いい気分になれるから飲みたいと思う。

3 コーヒーが体にいい効果をもたらすので、そのために飲むべきだと思う。

예

커피에 대해 남자와 여자가 이야기하고 있습니다.

남 : 나나에, 좀 커피 너무 많이 마시는 거 아냐? 도대체 하루 몇 잔 마시고 있는 거야?

여 : 글쎄. 내가 좋아하는 거라서 하루 4잔 정도일까?

남 : 우와, 그거 위통 일어나지 않아? 나 같은 경우는, 1잔에서 2잔 마시고 있는데, 2잔 마셔도 위가 아플 때가 있어.

여 : 나는 전혀 아무렇지도 않아. 어떤 연구에 따르면 커피는 두뇌와 피부에 놀라운 효용이 있대.

남 : 음, 확실히 잠은 깨지.

여 : 또 커피에는 항산화 물질이 포함되어 있는데, 그 흡수율이 과일과 채소보다 높다고 해.

남 : 항산화 물질? 그것 때문에 많이 마시고 있는 거야? 나도 양을 늘려 볼까? 더 젊어 보일까?

여 : 아니야. 커피의 효용 같은 건, 나는 아무래도 상관없어. 사실은 향기를 좋아해. 향기를 맡는 것 만으로 행복한 기분이 들 수 있고, 스트레스도 없어지는 느낌도 들어.

남 : 응, 확실히 커피 향이 싫다는 사람은 지금 시대는 없을 지도.

여자는 커피에 대해 어떻게 생각합니까?

1 많이 마셔도 위통이 없으므로 점점 마시는 양을 늘리고 싶다고 생각한다.

2 인체에 미치는 좋은 효과보다, 좋은 기분이 들 수 있으니까 마시고 싶다고 생각한다.

3 커피가 몸에 좋은 효과를 가져오므로, 그 때문에 마셔야만 한다고 생각한다.

4　ストレスが無くなる効果があるので、そのために飲むべきだと思う。

4 스트레스가 없어지는 효과가 있으므로, 그 때문에 마셔야만 한다고 생각한다.

1番 Track 2-3-01

ビジネスマナーの講師が転職活動の話をしています。

男：転職活動をする際、在職中の場合は、休みをとって面接をうけなければなりません。転職活動が長期に及んでしまうと仕事との両立は難しくなります。また仕事をしていない場合は離職期間の長さがデメリットとなる可能性があるため、転職活動は、あらかじめスケジュールを立てておくことが大事です。新しい会社への返事も期限があるため、活動時期を決めて、入社企業を検討できる時間が十分にとれることが、転職活動で後悔をしない秘訣です。

講師は転職活動の何について話をしていますか。

1　仕事との両立の難しさ
2　仕事をしていない期間のデメリット
3　活動時期を決めておくことの重要性
4　休みを取ることの大変さ

1번

비즈니스 매너 강사가 전직(이직) 활동 이야기를 하고 있습니다.

남 : 이직활동을 할 때 재직 중인 경우에는 휴가를 받아서 면접을 봐야 합니다. 이직 활동이 장기에 이르러 버리면, 일과의 양립은 어려워집니다. 또 일을 하고 있지 않은 경우는 이직 기간의 길이가 단점이 될 가능성이 있기 때문에, 이직 활동은, 미리 스케줄을 세워 두는 것이 중요합니다. 새로운 회사로 보내는 답장도 기한이 있기 때문에, 활동 시기를 정해 입사 기업을 검토할 수 있는 시간을 충분히 가질 수 있는 것이, 이직 활동에서 후회를 하지 않는 비결입니다.

강사는 이직 활동의 무엇에 대해 이야기를 하고 있습니까?

1 일과의 양립의 어려움
2 일을 하지 않은 기간의 단점
3 활동 시기를 정해 두는 것의 중요성
4 휴식을 취하는 것의 어려움

해설 전직 활동은 미리 스케줄을 세워 활동 시기는 정하는 것이 중요하다고 했으니 3번이 정답이다.

어휘 講師 강사 | 転職活動 전직(이직) 활동 | 在職中 재직 중 | 長期 장기 | 及ぶ 이르다, 미치다 | 両立 양립 | 離職 이직 | デメリット 단점 | 可能性 가능성 | あらかじめ 미리 | 期限 기한 | 検討 검토 | 後悔 후회 | 秘訣 비결

2番 Track 2-3-02

日本人の女子学生と男の留学生が話しています。

女：あら、キムさん、先週先生のお宅に遊びに行ったんですってね。
男：うん、そうなんだ。
女：どうだったの？
男：うん、楽しかったよ。でも、その時、ちょっと疑問に思ったことがあったんだよ。

2번

일본인 여학생과 남자 유학생이 이야기하고 있습니다.

여 : 어머, 김 씨 지난 주 선생님 댁에 놀러갔다면서요?
남 : 응, 그래.
여 : 어땠어?
남 : 응, 즐거웠어. 하지만 그때 조금 의문인 점이 있었어.

女：へぇー、そう。どんなこと？
男：帰る時ね、ぼくのくつの向きが、出口の方を向いていたんだよ。
女：ああ、日本では帰りにくつを履きやすいように、くつの先を出口に向けるのよ。
男：そうなんだ。ぼくは、早く帰ってほしいという意味かと誤解しちゃったよ。
女：とんでもない。帰るときも、スッとくつがはけるようにという日本人の配慮よ。
男：そうなの…。じゃ、くつを脱いで部屋に入るときも自分でくつを外にむけて脱いだほうがいいの？
女：そうね。そうすれば、マナーがいい人だと思われるかもね。

男の留学生は先生の家で、何について疑問に感じましたか。

1　靴をはく時の注意
2　靴を脱ぐ時の姿勢
3　靴をはく時の順序
4　脱いだ靴の置き方

여 : 오~, 그래? 어떤 것?
남 : 돌아갈 때, 내 구두의 방향이 출구 쪽을 향하고 있더라고.
여 : 아, 일본에서는 돌아갈 때 구두를 신기 쉽도록, 구두의 앞을 출구 쪽으로 향하게 해 .
남 : 그렇구나. 나는 빨리 돌아가 달라는 의미인가하고 오해해 버렸어.
여 : 말도 안 돼. 돌아갈 때도 쓱 신발을 신을 수 있도록 하는 일본인의 배려야.
남 : 그런건가…. 그럼 신발을 벗고 방에 들어갈 때도 스스로 신발을 밖으로 향해 벗는 쪽이 좋아?
여 : 그렇지. 그러면 매너가 좋은 사람이라고 생각될지도 모르겠네.

남자 유학생은 선생님 집에서 무엇에 대해 의문을 느꼈습니까?

1 신발을 신을 때의 주의점
2 신발을 벗을 때의 자세
3 신발을 신을 때의 순서
4 벗은 신발의 놓는 방법

해설 남자 유학생은 집에 돌아갈 때 보니 신발이 자신이 벗은 방향과는 반대로 출구 쪽으로 놓여 있던 것이 의문이라고 했으므로 정답은 4번이다.

어휘 **向き** 향함 | **向ける** (어느 방향으로)향하게 하다, 돌리다 | **誤解** 오해 | **とんでもない** 말도 안되다, 터무니 없다 | **配慮** 배려 | **姿勢** 자세 | **順序** 순서

3番 Track 2-3-03

テレビで女の人が、ランニングシューズの宣伝をしています。

女：毎日の運動におすすめなのが、10分のランニングです。そして毎日楽しく走り続けるためにランニングシューズは欠かせません。今日ご紹介するランニングシューズは着地した時の衝撃からひざを守るだけでなく、クッションがしっかりしているため、走りながらぐんぐん前へ進める感覚を得ることができます。また、普段でも履けるようにおしゃれなデザインになっているため、

3번

TV에서 여자가 러닝화 선전을 하고 있습니다.

여 : 매일의 운동에 추천하는 것이, 10분 달리기입니다. 그리고 매일 즐겁게 계속 달리기 위해서는 러닝화를 빠트릴 수 없습니다. 오늘 소개할 러닝화는 착지했을 때의 충격으로부터 무릎을 보호할 뿐만 아니라, 쿠션이 제대로 되어있기 때문에 달리면서 쭉쭉 앞으로 나아가게 하는 감각을 얻을 수 있습니다. 또, 평소에도 신을 수 있도록 세련된 디자인으로 되어 있기 때문에,

運動のモチベーションも上がると思います。飽きずに走り続けるためにも、ぜひご購入を検討してみてくださいね。

운동의 동기부여도 올라갈 것이라고 생각합니다. 질리지 않고 계속 달리기 위해서라도, 꼭 구입을 검토해 봐 주세요.

何の話をしていますか。

1 10分のランニングと健康の関係
2 ランニングシューズの特徴
3 運動を続けるためのモチベーション
4 ランニングシューズの購入方法

무슨 이야기를 하고 있습니까?

1 10분간의 달리기와 건강의 관계
2 러닝화의 특징
3 운동을 계속하기 위한 동기부여
4 런닝화 구입법

해설 선전하고 있는 런닝화가 어떤 특징을 가지고 있는지 소개하고 있으므로 2번이 정답이다.

어휘 宣伝 선전 | すすめる 추천하다 | 欠かす 빠뜨리다 | 着地 착지 | 衝撃 충격 | ひざ 무릎 | しっかり 제대로, 확실히 | ぐんぐん 사물이 기세 좋게 진행하는 모습, 쭉쭉, 무럭무럭 | 感覚 감각 | 得る 얻다 | 普段 평소 | モチベーション 동기부여 | 飽きる 질리다 | 購入 구입

4番 Track 2-3-04

女の人と年配の男の人が話しています。

女：最近、本当に暑いですね。今日も３５度ありますよ。
男：クーラーがなかったら、どうなっちゃうんでしょうね。
女：そうですね。特に、この地域は盆地だから、暑いですよね。
男：ああ、そうですかね。
女：私は東京からこちらに引っ越してきて、こっちはつくづく暑いなって感じますよ。
男：そうですか？ まあ、盆地のせいもあるけど、ぼくが子供の頃はこんなに暑くなかったと思います。
女：こちらでも、そうでしたか。
男：はい、扇風機しかなかったけど、それで十分暑さをしのげたと思います。
女：じゃ、やっぱり、地球温暖化のせいでしょうか。
男：うん、そう思いますね。
女：人間が暑さをつくりだしているってことかしらね。
男：そういうことですね。

4번

여자와 중년의 남자가 이야기하고 있습니다.

여 : 요즘 정말 덥네요. 오늘도 35도나 되요.
남 : 에어컨이 없었다면 어떻게 될까요?
여 : 그러네요. 특히 이 지역은 분지라서 더워요.
남 : 아, 그런가요?
여 : 저는 도쿄에서 이곳으로 이사를 와서, 여기는 정말 덥다고 느껴요.
남 : 그래요? 뭐, 분지인 탓도 있지만, 내가 어렸을 때는 이렇게 덥지 않았다고 생각해요.
여 : 이쪽도 그랬습니까?
남 : 네, 선풍기밖에 없었지만, 그것으로 충분히 더위를 견딜 수 있었다고 생각해요.
여 : 그럼, 역시 지구 온난화의 탓일까요?
남 : 네, 그렇게 생각해요.
여 : 인간이 더위를 만들어 내고 있다는 걸까요?
남 : 그런 셈이죠.

男の人はこの暑さについてどう思っていますか。

1 山に囲まれた盆地の暑さだ。
2 暑さの原因は人間にある。
3 扇風機だけでしのげる暑さだ。
4 人間の身体に耐えられない暑さだ。

남자는 이 더위에 대해 어떻게 생각하고 있습니까?

1 산으로 둘러싸인 분지의 더위다.
2 더위의 원인은 인간에게 있다.
3 선풍기만으로 견딜 수 있는 더위다.
4 인간의 몸으로는 견딜 수 없는 더위다.

해설 남자는 자신이 어렸을 때는 이렇게 안 더웠다. 인간이 더위를 만들어 내고 있는 셈이라고 했으므로 정답은 2번이다.

어휘 ある ~되다(수량) | 盆地 분지 | つくづく 절실히, 정말(깊이 느끼는 모양) | 扇風機 선풍기 | しのぐ 참고 견디다, 극복하다 | 地球温暖化 지구 온난화 | 耐える 견디다

5番 Track 2-3-05

男の人と女の人が話しています。

男：岡田さん、ギターの演奏旅行には、来られなかったんだね。
女：ええ、ちょっと用事が重なって家をあけられなくて。
男：それは、残念だったね。すごく盛り上がったよ。
女：へぇー。仙台のギタークラブの方達とジョイントコンサートをしたんですよね。
男：うん、そう。練習時間が足りなくて、演奏はあまり満足のいく出来ではなかったんだけどね。
女：そうでしたか。じゃ、交流会で盛り上がったんですか。
男：そうだね。仙台のクラブの方達が、地元の人しか知らない場所に案内してくれたりしてね。
女：え！それはラッキーでしたね。
男：うん。それに、地元の美味しいお酒と特産品を食べられるお店にも連れて行ってもらってね。
女：へぇー、それはうらやましいですね。
男：うん。ギターの演奏さえうまくできてたら、言う事なしの旅行だったんだけど。

男の人は、ギターの演奏旅行はどうだったと言っていますか。

5번

남자와 여자가 이야기하고 있습니다.

남 : 오카다 씨, 기타 연주 여행은 못 왔죠?
여 : 네, 조금 용무가 겹쳐 집을 비울 수 없어서.
남 : 그것참 유감이네요. 굉장히 분위기가 고조됐었어요.
여 : 와~. 센다이의 기타 클럽 분들과 조인트 콘서트를 한 거죠?
남 : 응, 그래요. 연습 시간이 모자라서, 연주는 그다지 만족할 만한 완성도는 아니었지만.
여 : 그랬습니까? 그럼 교류회에서 분위기가 좋았나요?
남 : 그랬지. 센다이의 클럽 분들이 현지인밖에 모르는 곳으로 안내해 주거나 해서.
여 : 와! 그것은 행운이었네요.
남 : 응. 게다가 현지의 맛있는 술과 특산품을 먹을 수 있는 가게에도 데려다줘서.
여 : 와~, 그거 부럽네요.
남 : 응. 기타 연주만 잘 되었더라면, 더없이 좋은 여행이었겠지만.

남자는 기타 연주 여행은 어땠다고 말하고 있습니까?

1 演奏はあまり良くなかったが、有意義な旅行だった。
2 演奏もかなりのできだったし、宴会も楽しかった。
3 演奏は満足できなかったが、有名な観光地に行けた。
4 演奏もまあまあだったし、交流の時間も少なかった。

1 연주는 그다지 좋지 않았지만 유익한 여행이었다.
2 연주도 상당히 잘 했고, 연회도 즐거웠다.
3 연주는 만족스럽지 않았지만, 유명한 관광지에 갈 수 있었다.
4 연주도 그저 그랬고, 교류의 시간도 적었다.

해설 연습할 시간이 부족해서 연주는 그다지 잘 완성되지 않았다고 했으나, 유명한 곳이 아닌 현지인만이 아는 곳으로 안내를 받거나, 현지의 맛있는 술과 특산물을 먹을 수 있는 곳으로 안내를 받아서 교류회도 분위기가 좋았다고 했으므로 정답은 1번이다.

어휘 演奏 연주 | 空ける 비우다 | 盛り上がる 고조되다 | 出来 완성된 상태, 결실 | 地元 생활근거지, 그 고장 | 特産品 특산품 | 有意義 유익함, 의의가 있음 | 宴会 연회, 파티

문제4 문제4에서는, 문제 용지에 아무것도 인쇄되어 있지 않습니다. 먼저 이야기를 들으세요. 그 뒤 그에 대한 대답을 듣고 1~3 중에서 가장 적당한 것을 하나 고르세요.

例 Track 2-4-00

男：彼女の言い方には人の心を和らげる何かがあるね。
女：1 私もその何かがずっと気になっていました。
2 ほんとうですね。人の心はわからないですね。
3 そうですね。聞いたら優しい気持ちになりますね。

예

남 : 그녀의 말투는 사람의 마음을 온화하게 하는 무언가가 있네.
여 : 1 저도 그 무언가가 계속 신경 쓰이고 있었습니다.
2 정말 그러네요. 사람의 마음은 모르겠네요.
3 그러네요. 들으면 상냥한 기분이 드네요.

1番 Track 2-4-01

男：しまった、課長に企画書渡すの忘れちゃった。
女：1 課長は本当に忘れっぽいから仕方ありません。
2 落ち着いてください。鈴木君が提出しました。
3 すみません。これから気をつけます。

1번

남 : 아뿔사! 과장님께 기획서 전달하는 것 깜박해버렸네.
여 : 1 과장님은 정말 걸핏하면 깜빡해서 어쩔 수 없습니다.
2 침착하세요. 스즈키 군이 제출했습니다.
3 죄송합니다. 앞으로 조심하겠습니다.

해설 과장님에게 기획서 전달하는 것을 깜박했다고 하자, 스즈키 군이 대신해서 제출했다고 안심시키는 2번이 정답이다.

어휘 **しまった** 아차, 아뿔사 | 명사 · 동사의 **ます형+っぽい** ~의 경향이 강하다 예 **怒りっぽい** 자주 화를 내다, **飽きっぽい** 자주 질려 하다, **子供っぽい** 아이 같다, **大人っぽい** 어른스럽다 | **落ち着く** 침착하다, 안정되다

2番 Track 2-4-02

女：あれ？森本君がいないけど。

男：1　来るはずだったんだけど、風邪ひいちゃったんだって。

　　2　3時までには必ず行くから待っててね。

　　3　急いでいけばギリギリ間に合うと思うよ。

2번

여 : 어? 모리모토군이 없는데.

남 : 1 오기로 했는데, 감기에 걸려 버렸대.

2 3시까지는 꼭 갈 거니까 기다려줘.

3 서둘러 가면, 빠듯하게 시간을 맞출 수 있을 거라고 생각해.

해설 「~はずだった」는 화자가 예상했던 일이 일어나지 않은 것에 대한 유감을 표시하는 말로 원래는 오기로 했는데 감기에 걸려 못 왔다는 1번이 정답이 된다.

어휘 **~って** ~래, 라고 한다 | **ギリギリ** 최대 또는 최소의 한도에서, 그 이상 여유가 없는 모양, 빠듯함

3番 Track 2-4-03

男：福岡出張、いつからだったっけ？

女：1　来月の下旬になると思います。

　　2　今度の出張先は福岡です。

　　3　出張費はあとで精算してください。

3번

남 : 후쿠오카 출장 언제부터였더라?

여 : 1 다음 달 하순이 될 거라고 생각합니다.

2 이번 출장지는 후쿠오카입니다.

3 출장비는 나중에 정산해 주세요.

해설 출장 시기를 물었으므로 다음 달 하순이라고 답한 1번이 정답이다.

어휘 **下旬** 하순(↔**上旬** 상순·**中旬** 중순) | **~っけ** ~더라?, ~던가?(잊었던 기억이나 불확실한 기억을 상대방에게 묻는 표현) | **精算** 정산

4番 Track 2-4-04

男：退社する前にこの仕事片付けよう。

女：1　え、会社辞めるんですか。どうして急に……。

　　2　明日やってもいいですよ。そんなに急がなくても……。

　　3　食器を先に片付けてください。

4번

남 : 퇴근하기 전에 이 일 정리하자.

여 : 1 어? 회사 그만두나요? 왜 갑자기….

2 내일 해도 돼요. 그렇게 서두르지 않아도….

3 식기를 먼저 정리해주세요.

해설 「退社する」는 '퇴근한다'와 '퇴직한다'는 의미가 있다. 이 문장에서는 퇴근 전에 빨리 이 일을 마무리하자는 의미로 동료에게 쓰는 느낌이므로 정답은 2번이다.

어휘 **退社** 퇴근(↔ **出社** 출근) + 퇴직=**退職** (↔ **就職** 취직) | **食器** 식기

5番 Track 2-4-05

女：昨日のコンサート、行かなきゃよかった。

男：1　へえ～、そんなによかったの？予想通りだな……。

2　そう？私も行けばよかったな。

3　そんなにつまらなかったの？意外だな……。

5번

여 : 어제 콘서트, 가지 말걸 그랬어.

남 : 1 와~, 그렇게 좋았어? 예상대로네… .

2 그래? 나도 가면 좋았을 걸… .

3 그렇게 재미없었어? 의외네… .

해설 「～(なきゃ)なければよかった(↔ ～ばよかった) 하지 말걸 그랬어, 하지 않았더라면 좋았다(↔ 할걸 그랬다)」라는 말에 주의하자. 후회의 의미가 담겨 있으므로 3번이 정답이다.

어휘 명사+通り ~대로 **예** 計画通り 계획대로 | 時間通り 시간대로 | 予想通り 예상대로 | 注文通り 주문대로

6番 Track 2-4-06

男：今の時間渋滞ひどいから電車で行きましょう。

女：1　でも荷物がこんなにたくさんあるのに……。

2　それじゃ車で一緒に行きましょうよ。

3　やっぱり車で行った方がはやいですよ。

6번

남 : 지금 시간은 정체가 심하니까 전철로 갑시다.

여 : 1 하지만 짐이 이렇게 많은데….

2 그럼 차로 함께 가요.

3 역시 차로 가는 편이 빨라요.

해설 지금 시간은 길이 많이 막히니까 전철로 가자고 말했지만, 짐이 많아서 그건 좀 곤란하다는 뉘앙스의 대답인 1번이 정답이다.

어휘 渋滞 정체

7番 Track 2-4-07

男：はあ、ケータイ落として画面が割れちゃったよ。

女：1　それなら早く修理に出さなくちゃ。

2　それなら早く受け取りに行かなくちゃ。

3　それなら割れた部分をよく見なくちゃ。

7번

남 : 하아, 핸드폰을 떨어뜨려서 하면이 깨졌어.

여 : 1 그렇다면 빨리 수리하러 보내야겠다.

2 그렇다면 빨리 받으러 가야겠다.

3 그렇다면 깨진 부분을 잘 봐야겠다.

해설 휴대폰을 떨어뜨려 화면이 깨졌으니 수리하러 보내라는 대답인 1번이 정답이 된다.

어휘 画面 화면 | 割れる 깨지다, 갈라지다 | それなら 그렇다면 | 修理に出す 수리하러 (보)내다 | 受け取る 수취하다, 받다

8番 Track 2-4-08

男：なんか焦げ臭くない？

女：1　あっ、水入れすぎちゃった。

2　あっ、火止めるの忘れてた。

3　あっ、お皿割っちゃった。

8번

남 : 뭔가 탄내가 나지 않아?

여 : 1 앗, 물이 너무 많이 넣어 버렸어.

2 앗, 불 끄는 거 깜박했다.

3 앗, 접시 깨 버렸어.

해설 뭔가 타는 냄새가 난다는 말에 불 끄는 것을 깜박했다는 2번이 정답이다.

어휘 焦げ臭い 타는 냄새가 나다 | 火を止める 불을 끄다 | 割る 쪼개다, 깨다, 나누다

9番 Track 2-4-09

男：毎日暑くてたまらないですよ。

女：1　今年は猛暑らしいですよ。

2　暑さは我慢しなければなりません。

3　何がたまらないんですか。

9번

남 : 매일 더워 참을 수 없어.

여 : 1 올해는 무척 덥다는 것 같아요.

2 더위는 참아야 합니다.

3 무엇이 참을 수 없나요?

해설 이 문제는 「猛暑 심한 더위」라는 단어를 알아야 정답을 맞출 수 있다. 정답은 1번이다.

어휘 ~てたまらない 참을 수 없을 만큼 ~하다 | 我慢 참음

10番 Track 2-4-10

男：部長は若い女性社員に甘いよね。

女：1　部長、健康を考えて甘いものは控えた方がいいですよ。

2　私は甘いものはあまり好きではないんですが。

3　そうですね。もっと厳しくした方がいいと思いますが……。

10번

남 : 부장님은 젊은 여직원에게 약하네요.

여 : 1 부장님, 건강을 생각해서 단것은 삼가는 것이 좋아요.

2 나는 단것을 별로 좋아하지 않는데요.

3 그러네요. 더 엄격하게 하는 편이 좋다고 생각합니다만….

해설 여기서의 「甘い」는 '달다'가 아닌 '엄격함이 부족한 모습, 무르다'라는 뜻이다. 따라서 정답은 3번이 된다.
예 子供に甘い親 아이에게 엄하지 못한 부모

어휘 控える 삼가다

11番 Track 2-4-11

男：週末釣りに行くけど、付き合わない？

女：1　すみません。今週末は先約があるので。

2　すみません。私付き合ってる人がいるので。

3　すみません。私他に好きな人がいるので。

11번

남 : 주말에 낚시하러 갈 건데, 같이 안 갈래?

여 : 1 죄송합니다. 이번 주말은 선약이 있어서.

2 죄송합니다. 저 사귀고 있는 사람이 있어서.

3 죄송합니다. 저 달리 좋아하는 사람이 있어서.

2회

해설 여기서의「付き合う」는 '사귀다, 교제하다'가 아닌 '행동을 같이 하다'라는 의미이므로 정답은 1번이다.

어휘 釣り 낚시

문제5 **문제5에서는, 긴 이야기를 듣습니다. 이 문제에는 연습은 없습니다. 메모를 해도 좋습니다.**

1번, 2번

문제 용지에는 아무것도 인쇄되어 있지 않습니다. 먼저 이야기를 들으세요. 그리고 질문과 선택지를 듣고 1에서 4중에서 가장 적당한 것을 하나 고르세요.

1番 Track 2-5-01

会社で社長と人事課長が新入社員の面接について話しています。

女：社長、最終選考に４人が残りました。

男：そう。学歴とか留学経験なんかはいいから、自分をアピールする部分があっただろう。そこを教えてくれるかな。

女：はい、わかりました。まず、一人目の鈴木さんですが、「何事にも、熱意をもって、意欲的に取り組みます。」とあります。二人目の川上さんですが、「どの団体の中でも上手くやっていける協調性があります。」と。

男：ほぉー、一人目の鈴木さんは大学でサッカー部に在籍か。二人目の川上さんは女性らしい感性の持ち主みたいだね。協調性は社会では重視されるからね。二人ともよさそうだな。

女：そうですね。三人目の田中さんですが、「自分は行動力なら誰にも負けません。」とあります。

1번

회사에서 사장과 인사 과장이 신입 사원 면접에 대해 이야기하고 있습니다.

여 : 사장님, 최종전형에 4명이 남았습니다.

남 : 그래. 학력이나 유학 경험 같은 것은 됐으니까, 자신을 어필하는 부분이 있었겠지? 그 점을 가르쳐 주겠나?

여 : 네, 알겠습니다. 먼저 첫 번째 스즈키 씨입니다만, '매사에 열정을 가지고 의욕적으로 임하겠습니다.'라고 합니다. 두 번째 가와카미 씨입니다만, '어떤 단체 속에서도 잘 해나갈 수 있는 협조성이 있습니다.'라고 되어 있고.

남 : 오~, 첫 번째의 스즈키 씨는 대학 축구부에 재적되어 있나? 두 번째 가와카미 씨는 여성다운 감성의 소유자인 것 같네. 협조성은 사회에서 중시되니까. 둘 다 좋은 것 같네.

여 : 그러네요. 세 번째 다나카 씨입니다만, '자신은 행동력이라면 누구에게도 지지 않습니다.'라고 합니다.

男：ほぉー、たいしたもんだね。期待できそうだな。

女：はい、そうですね。最後、四人目の佐藤さんですが、「自分は論理的に物事を考えてから、行動に移すタイプです。」とあります。

男：ほぉー、頭脳明晰で、慎重な人物のようだな。でも、うちが今ほしい人材は、意欲的に熱く行動できる人物だから、まず最初に会うのはこの体育会系の人にしよう。

女：はい、わかりました。

社長は最初にどの人に会うと言っていますか。

1　一人目の人
2　二人目の人
3　三人目の人
4　四人目の人

남 : 오~ 대단한데! 기대할 수 있을 것 같군.

여 : 네, 그러네요. 마지막 네 번째 사토 씨입니다만, '자신은 논리적으로 사물을 생각하고 나서 행동으로 옮기는 타입입니다.'라고 합니다.

남 : 오~ 두뇌 명석하고 신중한 인물일 것 같네. 하지만 우리가 지금 원하는 인재는 의욕적으로 뜨겁게 행동할 수 있는 사람이니까 먼저 처음 만나는 것은 이 체육회계 사람으로 하자.

여 : 네, 알겠습니다.

사장님은 처음에 어느 사람을 만나겠다고 합니까?

1 첫 번째 사람
2 두 번째 사람
3 세 번째 사람
4 네 번째 사람

해설 마지막 대화에서 가장 처음 만나는 사람은 체육회계 사람으로 하자고 했으므로 축구부에 가입해 있는 첫 번째 사람, 스즈키 씨인 1번이 정답이다.

어휘 **学歴** 학력 | **熱意** 열의 | **意欲的** 의욕적 | **取り組む** 진지하게 대처하다 | **協調性** 협조성 | **在籍** 재적 | **行動力** 행동력 | **頭脳明晰** 두뇌명석 | **慎重** 신중 | **人材** 인재 | **体育会系** 대학 등에서 과외(**課外**) 활동 분류 중 하나로, 일반적으로 스포츠 활동부가 해당 됨.

2番 Track 2-5-02

家族3人が夏休みの旅行について話しています。

男1：ねえねえ、今年の夏休みはどこに連れて行ってくれるの？

女　：そうねえ。ヒロシはどこに行きたいの。

男1：う～ん、そうだな…。山でキャンプはどうかな。

女　：そうね。でも、キャンプは学校で行くと思うわよ。

男1：ああ、そうか。

女　：ねえ、お父さんは、どうなの？

男2：そうだな、遊園地はどうかな？

男1：遊園地？ そこでも、ぼくはいいけど。お父さんは、遊園地に行きたいの？

男2：そういうわけじゃないんだけど、電車の中の広告で、「富士遊園地、1万発の華麗な花火！」ってあったからね…。

2번

가족 3명이 여름 휴가 여행에 대해 이야기하고 있습니다.

남1 : 있잖아, 올해 여름 휴가는 어디에 데려다 줄거야?

여　: 글쎄. 히로시는 어디로 가고 싶어?

남1 : 음, 글쎄…. 산에서 캠프는 어떨까?

여　: 그래. 하지만 캠프는 학교에서 갈 거라고 생각해.

남1 : 아, 그런가?

여　: 저기, 당신은 어때?

남2 : 글쎄, 놀이공원은 어떨까?

남1 : 놀이공원? 거기라도 나는 괜찮지만. 아빠는 놀이공원에 가고 싶어?

남2 : 그런 건 아니지만, 전철 안 광고에서 '후지 놀이공원, 1만발의 화려한 불꽃 놀이!'라고 되어 있어서….

女　：へぇー、お父さんは花火を見たいのね。それなら、川に行きましょうよ。
男1：えぇ！ 花火をする川は、有名な大きい川でしょ。やだよ、そんな川は人が多くて混雑しているから。
女　：じゃ、海にしない。夜に花火が上がるところはたくさんあるわよ。
男1：うん、ぼくは、川よりそっちがいいな。花火がよく見える旅館に泊まろうよ。
男2：う～ん、海は暑そうだな…。
女　：夏なんだから、しょうがないでしょ。
男2：わかりました。しょうがない、妥協するよ。

여　：아~ 당신은 불꽃 놀이를 보고 싶은 거구나? 그렇다면 강으로 갑시다.
남1：어! 불꽃 놀이를 하는 강은 유명한 큰 강이잖아? 싫어, 그런 강은 사람이 많아서 혼잡하니까.
여　：그럼 바다로 안 할래? 밤에 불꽃놀이를 하는 곳은 많이 있어.
남1：음, 나는 강보다 그쪽이 좋아. 불꽃이 잘 보이는 여관에서 묵자.
남2：음…, 바다는 더울 거 같은데….
여　：여름이니까, 어쩔 수 없잖아.
남2：알겠어. 어쩔 수 없네. 타협할게.

どこに行くことに決めましたか。

1　山に行く。
2　遊園地に行く。
3　川に行く。
4　海に行く。

어디로 가기로 결정했습니까?

1 산에 간다.
2 놀이동산으로 간다.
3 강에 간다.
4 바다에 간다.

해설 엄마는 바다로 갈 것을 권유했고, 아들은 강보다는 바다가 좋다고 했다. 아버지도 처음에는 더울 것 같아 꺼리다가 마지막에 타협한다고 했으므로 정답은 4번이다.

어휘 遊園地 유원지 | 広告 광고 | 華麗だ 화려하다 | 旅館 여관 | 泊まる 머무르다, 숙박하다 | 妥協 타협

3번

먼저 이야기를 들으세요. 그리고 두 개의 질문을 듣고, 각각 문제 용지의 1~4 중에서 가장 적당한 것을 하나 고르세요.

3番 Track 2-5-03

女の人と男の人がインターネットを見ながら、交換できる商品について話しています。

女：ねえ、見てみて！東京デパートのポイント1万円分たまったの！すごいでしょ。
男：もうそんなにたまったのか。そのポイントで何ができるの？
女：デパートのホームページにある今月の商品と交換できるみたい。ちょっと見てみようか。
男：それはいいね。どんな商品がある？

3번

여자와 남자가 인터넷을 보면서 교환할 수 있는 상품에 대해 이야기하고 있습니다.

여：있잖아 봐봐! 도쿄백화점 포인트 1만엔어치 쌓였어! 굉장하지?
남：벌써 그렇게 쌓였나? 그 포인트로 뭘 할 수 있어?
여：백화점 홈페이지에 있는 이번 달 상품과 교환할 수 있는 것 같아. 좀 봐 볼까?
남：그거 좋네. 어떤 상품이 있어?

女：うーん、ちょっとまって。今月は、４つの商品があるみたい。一つ目は有名フレンチレストランのお食事券。二つ目は遊園地の1日チケットだって。このフレンチレストラン、この間テレビで紹介されてて、行ってみたかったのよね。

男：フレンチレストランかー。たまには行ってみるのもよさそうだね。三つ目は、食器乾燥機か。そういえば皿洗いが面倒だからほしいっていってなかった？

女：そうなんだけど…。せっかくならポイントを使ってぜいたくしたいわ。四つ目はデパートの商品券だって。

男：商品券もいいね。どうしようか。応募できるのは１回だけ？

女：ううん、私たちはポイント数が多いから２回できるわよ。

男：そうか。君は何にする？

女：私はやっぱりおいしいものを食べたいからこれにするわ。あなたは？

男：うーん、実用的なのもいいけど、自分で選んで買いたいから、これにするよ。

女：いいわね。届いたら、私にも何か買ってね。

여 : 음, 잠깐만 기다려. 이번 달은 4개의 상품이 있는 것 같아. 첫 번째는 유명 프렌치 레스토랑의 식사권. 두 번째는 놀이공원의 1일 티켓이래. 이 프렌치 레스토랑, 얼마 전 TV에 소개되어서, 가보고 싶었어.

남 : 프렌치 레스토랑인가? 가끔은 가보는 것도 좋을 것 같네. 세 번째는, 식기 건조기인가? 그러고 보니 설거지하기가 귀찮아서 갖고 싶다고 하지 않았어?

여 : 그렇지만...모처럼이라면 포인트를 써서 사치하고 싶어. 네 번째는 백화점의 상품권이래.

남 : 상품권도 좋네. 어떡할까? 응모할 수 있는 건 한 번뿐이야?

여 : 아니, 우리들은 포인트 수가 많으니까 두 번 할 수 있어.

남 : 그렇구나. 너는 무엇으로 할래?

여 : 나는 역시 맛있는 것을 먹고 싶으니까 이걸로 할래. 당신은?

남 : 음, 실용적인 것도 좋지만, 스스로 골라서 사고 싶으니까 이걸로 할게.

여 : 좋네. 도착하면 나도 뭔가 사줘.

質問１

女の人はどのプレゼントに応募したいと言っていますか。

1　フレンチレストランのお食事券
2　遊園地の1日チケット
3　食器乾燥機
4　デパートの商品券

질문1

여자는 어떤 선물에 응모하고 싶다고 말하고 있습니까?

1 프렌치 레스토랑의 식사권
2 놀이공원의 1일 티켓
3 식기 건조기
4 백화점의 상품권

質問２

男の人はどのプレゼントに応募したいと言っていますか。

1　フレンチレストランのお食事券
2　遊園地の1日チケット
3　食器乾燥機
4　デパートの商品券

질문2

남자는 어떤 선물에 응모하고 싶다고 말하고 있습니까?

1 프렌치 레스토랑의 식사권
2 놀이공원의 1일 티켓
3 식기 건조기
4 백화점의 상품권

해설 질문 1 : 여자는 역시 맛있는 것을 먹고 싶다고 했으니 1번이 정답이다.
질문 2 : 남자는 실용적인 것도 좋지만, 물건을 스스로 골라서 사고 싶다고 했으니 4번이 정답이 된다.

어휘 交換(こうかん) 교환 | ポイントがたまる 포인트가 쌓이다 | 食器乾燥機(しょっきかんそうき) 식기건조기 | そういえば 그러고 보니 | 面倒(めんどう)だ 귀찮다 | せっかく 모처럼 | 商品券(しょうひんけん) 상품권 | 応募(おうぼ) 응모 | 実用的(じつようてき) 실용적 | 届(とど)く 보낸 물건이 상대방 쪽에 도착하다

나의 점수는?

총 　　　 문제 정답

혹시 부족한 점수라도 실망하지 말고 해설을 보며 다시 확인하고 틀린 문제를 다시 풀어보세요. 실력이 점점 쌓여갈 것입니다.

JLPT N2 제3회 실전모의고사 정답

1교시 언어지식(문자·어휘)

문제 1	1	1	2	4	3	3	4	4	5	2				
문제 2	6	3	7	1	8	1	9	2	10	4				
문제 3	11	1	12	3	13	3								
문제 4	14	3	15	4	16	2	17	4	18	2	19	2	20	3
문제 5	21	2	22	3	23	1	24	1	25	2				
문제 6	26	2	27	4	28	4	29	2	30	4				

1교시 언어지식(문법)

문제 7	31	2	32	4	33	3	34	1	35	2	36	1	37	3	38	2	39	3
	40	4	41	1	42	2												
문제 8	43	3	44	1	45	4	46	3	47	2								
문제 9	48	3	49	3	50	1	51	4										

1교시 언어지식(독해)

문제 10	52	3	53	1	54	2	55	1	56	2				
문제 11	57	1	58	4	59	2	60	4	61	3	62	1	63	3	64	4
문제 12	65	1	66	3										
문제 13	67	3	68	3	69	4								
문제 14	70	3	71	3										

2교시 청해

문제 1	1	1	2	4	3	2	4	3	5	1								
문제 2	1	4	2	4	3	3	4	2	5	2	6	4						
문제 3	1	1	2	2	3	3	4	4	5	1								
문제 4	1	2	2	3	3	2	4	3	5	1	6	3	7	1	8	2	9	3
	10	3	11	1														
문제 5	1	1	2	4	3	1 1 2 4												

3회

3회 실전모의고사 해설

1교시 언어지식(문자·어휘)

문제 1 ______의 단어의 읽는 법으로 가장 적당한 것을 1 · 2 · 3 · 4에서 하나 고르세요.

1 ビジネスパートナーと営業利益を等しく分けることにした。

1 ひとしく　2 まずしく　3 とぼしく　4 むなしく

비즈니스 파트너와 영업이익을 똑같이 나누기로 했다.

어휘 営業利益(えいぎょうりえき) 영업이익 | 等(ひと)しい 동등하다 | 貧(まず)しい 가난하다 | 乏(とぼ)しい 부족하다, 모자라다 | 空(むな)しい 허무하다

2 犯人を捕まえるために警察は建物の周りを囲んでいた。

1 はさんで　2 つつんで　3 いどんで　4 かこんで

범인을 잡기 위해 경찰은 건물 주위를 에워싸고 있었다.

어휘 犯人(はんにん)を捕(つか)まえる 범인을 붙잡다 | 警察(けいさつ) 경찰 | 周(まわ)りを囲(かこ)む 주위를 둘러싸다 | 挟(はさ)む 끼우다, 끼다 | 包(つつ)む 싸다 | 挑(いど)む 도전하다

3 うちわをゆっくりおおきく扇ぐと、もっと涼しく感じられます。

1 しのぐ　2 つなぐ　3 あおぐ　4 ゆらぐ

부채를 천천히 크게 부채질하면 더욱 시원하게 느껴집니다.

어휘 うちわ 부채 | 扇(あお)ぐ 부채질 하다 | しのぐ 참고 견디다, 극복하다 | 繋(つな)ぐ 잇다, 연결하다 | 揺(ゆ)らぐ 흔들리다, 동요되다

4 庭の雪の上に、動物の足跡が残っていた。

1 そくさき　2 そくぜき　3 あしと　4 あしあと

마당의 눈 위에 동물 발자국이 남아 있었다.

어휘 足跡(あしあと) 발자국 ▶ 雨跡(あめあと) 빗자국, 痕跡(こんせき) 흔적

5 毎月災害に備えた訓練が行われている。

1 そびえた　2 そなえた　3 ととのえた　4 そろえた

매월 재해에 대비한 훈련이 이루어지고 있다.

어휘 災害(さいがい)に備(そな)える 재해에 대비하다 | 訓練(くんれん) 훈련 | そびえる 높이 우뚝 솟다 | 整(ととの)える 정돈하다, 가다듬다 | 揃(そろ)える 맞추다, 가지런히하다

문제 2 ________의 단어를 한자로 쓸 때, 가장 적당한 것을 1・2・3・4에서 하나 고르세요.

6 この料理はむして食べるのが一番おいしい。

1 炒して　2 煮して　3 蒸して　4 揚して

이 요리는 쪄서 먹는 것이 가장 맛있다.

어휘 蒸(む)す 찌다 ▶ 炒(いた)める 볶다, 煮(に)る 삶다, 조리다, 익히다, 焼(や)く 굽다, 揚(あ)げる 튀기다

7 責任者ならその問題について、きちんと把握しておいた方がのぞましいだろう。

1 望ましい　2 好ましい　3 逞しい　4 喧しい

책임자라면 그 문제에 대해 제대로 파악해 두는 편이 바람직할 것이다.

어휘 責任者(せきにんしゃ) 책임자 | きちんと 깔끔히(잘 정돈되어 있어 흐트러짐이 없는 모습), 정확히 | 把握(はあく) 파악 | 望(のぞ)ましい 바람직하다 | 好(この)ましい (성질・태도 등이) 좋다, 바람직하다 | 逞(たくま)しい 늠름하다 | 喧(やかま)しい 시끄럽다, 까다롭다

8 台風の方向に関してのかんそくをし続ける。

1 観測　2 観則　3 観即　4 観側

태풍의 방향에 관한 관측을 계속한다.

어휘 観測(かんそく) 관측 ✚ 測 헤아릴 측 : 測量(そくりょう) 측량, 測定(そくてい) 측정 / 則 곧 즉, 법 칙 : 規則(きそく) 규칙, 法則(ほうそく) 법칙
側 곁 측 : 側面(そくめん) 측면

9 あとになってくやむようなことはしたくありません。

1 欠やむ　2 悔やむ　3 防やむ　4 成やむ

나중에 후회할 일은 하고 싶지 않습니다.

어휘 あとになって 나중에 | 悔(く)やむ후회하다 ▶ 後悔(こうかい) 후회 | 悔(くや)しい 분하다, 억울하다

10 馬を訓練するときはステッキでいろいろなあいずを送るそうだ。

1 相図　2 合素　3 相素　4 合図

말을 훈련할 때는 스틱으로 여러 가지 신호를 보낸다고 한다.

어휘 訓練(くんれん) 훈련 | ステッキ 스틱, 막대기 | 合図(あいず) 신호, 사인 ▶ 待合室(まちあいしつ) 대합실 , 具合(ぐあい) 상태 , 割合(わりあい) 비율

문제 3 (　　　　) 안에 들어갈 가장 적당한 것을 1・2・3・4에서 하나 고르세요.

11　この町は道路（　　　　）に木々が植えられている。

1 沿い　　2 付き　　3 流れ　　4 並び

이 마을은 도로를 따라서 많은 나무가 심어져 있다.

어휘 道路 도로 | 명사 + 沿い : ~을 따라 이어지거나 진행됨 ▶ 川沿い 강을 따라서, 線路沿い 선로를 따라서 | 木々 많은 나무 | 植える 심다

12　薬の（　　　　）作用について患者や患者の家族に知らせるべきだ。

1 不　　2 補　　3 副　　4 無

약의 부작용에 대해 환자와 환자의 가족에게 알려야 한다.

어휘 副作用 부작용 | ～べきだ ~해야 마땅하다 ▶ 副社長 부사장, 副知事 부지사, 副委員長 부위원장

13　私は、（　　　　）外国の予防接種制度に関する研究を行っています。

1 多　　2 複　　3 諸　　4 総

저는 여러 나라의 예방접종제도에 관한 연구를 행하고 있습니다.

어휘 諸外国 여러 나라 ▶ 諸問題 여러 문제, 諸形式 여러 형식 | 予防 예방 | 接種 접종 | 制度 제도 | 研究 연구 | 行う 행하다, 실행하다

문제 4 (　　　　) 안에 들어갈 가장 적당한 것을 1・2・3・4에서 하나 고르세요.

14　この緊急事態を（　　　　）上司に報告しろ。

1 すなわち　　2 ただし　　3 ただちに　　4 さて

이 긴급 사태를 즉시 상사에게 보고하라.

어휘 緊急事態 긴급사태 | 上司 상사 | 報告 보고 | すなわち 즉, 다시말하면 | ただし 단지, 다만 | ただちに 즉시 | さて 그런데, 그건 그렇고

15　試験に合格できなくて落ち込んでいる彼を（　　　　）。

1 いいきかせた　　2 あこがれた　　3 おさめた　　4 なぐさめた

시험에 합격 못해서 낙담하고 있는 그를 위로했다.

어휘 落ち込む 낙담하다 | 言い聞かせる 타이르다 | 憧れる 동경하다 | 治める ①다스리다 ②(병을) 치료하다 | 慰める 위로하다

16 (　　　) なメールを受け取ったら、無視して開かないようにしましょう。

1 不信　　2 不審　　3 不知　　4 不当

의심스러운 메일을 받으면 무시하고 열리지 않도록 합시다.

어휘 不審だ 의심스럽다, 수상하다 | 受け取る 받다, 수취하다 | 無視 무시 | 開く 열리다, 열다 | 不信 불신 | 不知 부지함, 모름 | 不当だ 부당하다

17 令和4年調査によると、男の (　　　) 寿命は81.05歳だそうだ。

1 平凡　　2 平素　　3 平衡　　4 平均

2022년 조사에 따르면 남성의 평균수명은 81.05세라고 한다.

어휘 調査 조사 | 寿命 수명 | 平凡 평범 | 平素 평소 | 平衡 평형 | 平均 평균

18 気を抜いたら逆転されるよ。絶対に (　　　) するな。

1 独特　　2 油断　　3 評価　　4 確保

방심하면 역전당한다. 절대 방심하지 마라.

어휘 気を抜く 방심하다, 긴장을 늦추다 | 逆転 역전 | 絶対に 절대(로) | 油断する 방심하다 ▶ 油断大敵 방심은 금물 | 独特だ 독특하다 | 評価 평가 | 確保 확보

19 AチームがBチームより (　　　) 強いというのは誰もが知っている。

1 くっきり　　2 はるかに　　3 とっくに　　4 にっこり

A팀이 B팀보다 훨씬 강하다는 것은 누구나 알고 있다.

어휘 はるかに 훨씬 | くっきり 선명히, 또렷이 | とっくに 훨씬 이전에, 벌써 | にっこり 생긋, 방긋

20 面接でうまく答えられなくて (　　　) しまった。

1 揺らいで　　2 浮いて　　3 焦って　　4 陥って

면접에서 대답을 잘 못해서 초조해져 버렸다.

어휘 焦る 조급하게 굴다, 안절부절 못하다 | 揺らぐ 흔들리다 | 浮く 뜨다 | 陥る 빠지다, 함락되다

3회

문제 5 ＿＿＿＿의 단어의 의미가 가장 가까운 것을 1・2・3・4에서 하나 고르세요.

21 自分の長所は協調性があって責任感が強いところだと思う。
1 好み　2 取り得　3 デメリット　4 自慢
자신의 장점은 협조성이 있고 책임감이 강한 점이라고 생각한다.

어휘 長所(ちょうしょ) 장점 | 協調性(きょうちょうせい) 협조성 | 責任感(せきにんかん) 책임감 | 好(この)み 취향 | 取(と)り得(え) 쓸모, 장점 | デメリット 단점 | 自慢(じまん) 자만

22 この問題を解決するためにはあらゆる角度から検討すべきだ。
1 多様な　2 様々な　3 あるかぎりの　4 一切の
이 문제를 해결하기 위해 모든 각도에서 검토해야 한다.

어휘 解決(かいけつ) 해결 | あらゆる 모든 | 角度(かくど) 각도 | 検討(けんとう) 검토 | 多様(たよう)だ 다양하다 | 様々(さまざま) 여러 가지, 가지각색 | あるかぎり 있는 한, 모든 | 一切(いっさい) 일체, 일절

23 挑戦なくして成功はないから、失敗を恐れるな。
1 怖がる　2 恥ずかしがる　3 嘆く　4 責める
도전 없이는 성공할 수 없으니 실패를 두려워하지 마라.

어휘 挑戦(ちょうせん) 도전 | 명사＋なくして ~가 없다면, 없이는 | 成功(せいこう) 성공 | 失敗(しっぱい) 실패 | 恐(おそ)れる 두려워하다 | 怖(こわ)がる 무서워하다 | 恥(は)ずかしがる 부끄러워하다 | 嘆(なげ)く 비탄하다, 개탄하다 | 責(せ)める 나무라다, 책망하다

24 みなさん、今日はこの辺で引き返しましょう。
1 戻りましょう　2 あきらめましょう　3 終わりにしましょう　4 休みましょう
여러분, 오늘은 이쯤에서 돌아가도록 합시다.

어휘 この辺(へん) 이쯤 | 引(ひ)き返(かえ)す 되돌아가다, 오다 | 戻(もど)る 되돌아가다, 오다 | あきらめる 포기하다

25 この二つは長さと形が等しい。
1 同質だ　2 同様だ　3 同級だ　4 同類だ
이 두 가지는 길이와 형태가 동일하다.

어휘 形(かたち) 형태 | 等(ひと)しい 동일하다, 마찬가지이다 | 同質(どうしつ) 동질 | 同様(どうよう)だ 마찬가지이다 | 同級(どうきゅう) 동급 | 同類(どうるい) 동류, 같은 종류

문제 6 다음 단어의 사용법으로서 가장 적당한 것을 1・2・3・4에서 하나 고르세요.

26 締め切り 마감(미리 정해진 종료의 기간)

1 この言葉だけは一生締め切りで忘れません。
2 原稿の締め切りが近づいてきていらだっている。
3 日本で銀行の締め切りの時間は午後3時です。
4 公演の準備は締め切りでやってきた。

1 이 말만은 평생 마감으로 잊지 않겠습니다.
2 원고 마감일이 다가와서 초조해하고 있다.
3 일본에서 은행 마감 시간은 오후 3시입니다.
4 공연 준비는 마감으로 해왔다.

3회

해설 1번은 「締め切り」를 생략해도 되고, 3번은 은행의 영업시간을 의미하므로 「銀行の窓口の営業時間は午前9時から午後3時です」라고 표현하는 것이 적당하며, 4번은 「こつこつ 꾸준히」로 바꾸는 것이 적당하다.

어휘 一生 평생 | 原稿 원고 | 近づく 다가오(서)다, 접근하다 | いらだつ 초조해지다 | 公演 공연 | 準備 준비

27 方針 방침

1 私の今年の方針は、キャリアアップすることです。
2 この機能により、方針されているすべてのパスワードを安全に保護できる。
3 現在、警察は現場から逃げた男の方針を追っています。
4 文部科学省は、新学期からはマスク着用を求めない方針を固めた。

1 저의 올해 방침은, 커리어업하는 것입니다.
2 이 기능에 의해, 방침되어 있는 모든 암호를 안전하게 보호할 수 있다.
3 현재, 경찰은 현장에서 도망친 남자의 방침을 쫓고 있습니다
4 문부과학성은, 새 학기부터는 마스크 착용을 요구하지 않는 방침을 정했다.

해설 「方針」은 '방침'이란 뜻으로 가장 정확하게 쓰인 문장은 4번인데, 「方針を固める 방침을 굳히다」로 잘 쓰이니 관용표현으로 기억해 주기 바란다. 1번은 「目標 목표」, 2번은 「保存 보존」, 3번은 「行方 행방」가 들어가야 자연스럽다.

어휘 機能 기능 | すべての~ 모든~ | 保護 보호 | 現在 현재 | 現場 현장 | 逃げる 도망치다 | 追う 쫓다 | 文部科学省 문부과학성 | 新学期 신학기 | 着用 착용 | 求める 요구하다 | 固める 굳히다

28 畳む 접다, 개다

1 洗濯物は風通しの良いところに畳むと臭くなりにくい。
2 お風呂から上がったら、髪はしっかり畳んでください。
3 うちの子供は指を畳んで数える癖がある。
4 洗濯物はきれいに畳まないと、しわになってしまう。

1 세탁물은 통풍이 잘되는 곳에 개면 냄새가 잘 나지 않는다.
2 목욕을 마치면, 머리는 제대로 접으세요.

3 우리 아이는 손가락을 개서 세는 버릇이 있다.

4 세탁물은 깨끗이 접지 않으면 주름이 생겨 버린다.

해설 1번은「洗濯物(せんたくもの)は風通(かぜとお)しの良(よ)いところに干(ほ)すと臭くなりにくい 세탁물은 통풍이 잘되는 곳에 널면 냄새가 잘 나지 않는다」로 바꾸며, 2번은「髪(かみ)はしっかり乾(かわ)かしてください 머리를 제대로 말려 주세요」로 수정한다, 3번은「指(ゆび)を折(お)って数(かぞ)える 손가락을 접으면서 세다」로 바꾸면 된다.

어휘 畳(たた)む 접다, 개다 | 風通(かぜとお)し 바람이 통함 | 臭(くさ)い 고약한 냄새가 나다 | お風呂(ふろ)から上(あ)がる 목욕을 끝내고 욕조에서 나오다 | 髪(かみ) 머리 | しっかり 제대로, 확실히 | 折(お)る 접다, 꺾다, 부러뜨리다 | 癖(くせ) 습관, 버릇 | しわ 주름

[29] 預(あず)ける 맡기다(금품이나 신분을 남에게 맡기어, 그 보관이나 돌봄을 부탁하다)

1 家事は私にだけ預けて、いったい何をしているんだ。

2 荷物なら駅のコインロッカーに預けてもいい。

3 この企画の発表はすべて吉田さんに預けます。

4 あの日どんな事件が起こったか、あなたの想像に預ける。

1 가사는 나에게만 맡기고, 도대체 뭘하고 있는 거야.

2 짐이라면 역의 코인 로커에 맡겨도 좋다.

3 이 기획의 발표는 모두 요시다 씨에게 맡기겠습니다.

4 그날 어떤 사건이 있었는지, 당신의 상상에 맡긴다.

해설 1, 3, 4번은「任(まか)せる 일 등을 남에게 일임하다, 상대방이 좋을대로 하게하다」로 바꿔야 자연스럽다.

어휘 いったい 도대체 | 企画(きかく) 기획 | 発表(はっぴょう) 발표 | 想像(そうぞう) 상상

[30] 真似 흉내

1 この話は真似にあまり知られていなかった。

2 今の世代が考える親真似というのは「プレゼントをする」ことだそうだ。

3 映画を観る時は、まず真似やレビューを読んでから観る。

4 彼は動物の鳴き声だけではなく芸能人の話し方も真似できる。

1 이 이야기는 흉내로 잘 알려지지 않았다.

2 요즘 세대가 생각하는 부모 흉내라는 것은 '선물하기'라고 한다.

3 영화를 볼 때는, 먼저 흉내나 리뷰를 읽고 나서 본다.

4 그는 동물의 울음소리뿐만 아니라 연예인의 말투도 흉내 낼 수 있다.

해설 1번은「この話(はなし)は世間(せけん)にあまり知(し)られていなかった 이 이야기는 세상에 잘 알려져 있지 않았다」로 수정하면 좋고, 2번은 요즘 세대들이 생각하는 효도이므로「親孝行(おやこうこう)」로 교체하면 자연스럽다. 그리고 3번은 줄거리나 리뷰를 먼저 읽고 나서 영화를 본다는 의미이므로「あらすじ 줄거리」라고 교체하면 된다.

어휘 真似(まね) 흉내 | 知(し)られる 알려지다 | 世代(せだい) 세대 | レビュー 리뷰 | 鳴(な)き声(ごえ) 우는 소리 | 芸能人(げいのうじん) 연예인

문제 7 다음 문장의 (　　　　) 안에 들어갈 가장 적당한 것을 1 · 2 · 3 · 4에서 하나 고르세요.

31 彼女のため（　　　　）、彼は何でもできる限りのことをするはずだ。

1 と言えば　2 とあれば　3 と言ったら　4 とあったら

그녀를 위해서라면, 그는 무슨 일이든 그가 할 수 있는 한 최선을 다할 것이다.

문법포인트! ~と言えば : ~라고 하면(연상되는 사항을 말할 때)
주로 頼み·명사のため+とあれば : ~라면(~의 부탁이라면, ~을 위해서라면)

어휘 できる限り 할 수 있는 한

32 この大会は年齢や性別（　　　　）どなたでもご参加いただけます。

1 をぬきに　2 をめぐり　3 を通じ　4 を問わず

이 대회는 연령이나 성별을 불문하고 누구라도 참가하실 수 있습니다.

문법포인트! ~を問わず : ~을 불문하고 ~を通じて : 을 통해서 ~をめぐり : ~을 둘러싸고

어휘 年齢 연령 | 性別 성별

33 部下がやった（　　　　）、その上司も責任は免れない。

1 として　2 でしろ　3 にせよ　4 としたら

부하가 했다하더라도, 그 상사도 책임은 면할 수 없다.

문법포인트! ~として : ~로써 ~にせよ / ~にしろ : 설령 ~라 하더라도 ~としたら : ~라고 가정하면

어휘 責任 책임 | 免れる 모면하다, 피하다

34 就職活動をがんばっている（　　　　）、なかなかいい仕事が見つからない。

1 ものの　2 もので　3 ものが　4 ものに

취업활동을 분발하고 있지만, 좀처럼 좋은 일을 찾을 수 없다.

문법포인트! ~ものの : ~하지만, ~이지만(역접) ~もので : ~이므로, 하므로(이유, 원인)

어휘 就職活動 취업활동 | 見つかる 발견되다, 찾게 되다

35 人は外見で判断する（　　　）ではない。内面も重要だ。

1 ばかり　　2 もの　　3 ほか　　4 わけ

사람은 외모로 판단하는 것이 아니다. 내면도 중요하다.

문법포인트! ⊘ ～ものだ/～ものではない : (당연히, 일반적으로) ~하는 법이다/~하는 게 아니다

어휘 外見(がいけん) 외견, 외모 | 判断(はんだん) 판단 | 内面(ないめん) 내면

36 給料は一向に上がらない（　　　）、支出はどんどん増えている。

1 一方で　　2 一方に　　3 一方には　　4 一方でも

월급은 전혀 오르지 않는 한편, 지출은 자꾸자꾸 늘어간다.

문법포인트! ⊘ ～一方（で）: ~하는 한편(으로)

어휘 一向(いっこう)に～ない 전혀 ~하지 않다 | 支出(ししゅつ) 지출 | どんどん 점점, 자꾸자꾸

37 田中さんは、自分が作ったごはんを、家族が「おいしい」と（　　　）、うれしくなり、料理人を目指したそうです。

1 食べてあげるたびに　　2 食べてあげることに

3 食べてくれるたびに　　4 食べてくれることに

다나카 씨는 자신이 만든 밥을 가족들이 "맛있다"라고 먹어줄 때마다 기분이 좋아져서 요리사를 목표로 했다고 합니다.

문법포인트! ⊘ 食べてあげる : '남이 만든 음식을 내가 먹어 준다'는 의미
⊘ 食べてくれる : '내가 만든 음식을 남이 먹어준다'는 의미
문제에서는 '다나카 씨'의 기준에서 생각해야 하고, 가족들이 '내(다나카)가 만든 음식을 먹어 준다'는 내용이므로 3번이 정답이다.
⊘ ～たびに : ~할 때마다

어휘 ～たびに ~할 때마다 | 料理人(りょうりにん) 요리사 | 目指(めざ)す 목표로 하다, 지향하다

38 あの女優は40代（　　　）わりと若く見える。

1 としては　　2 にしては　　3 としても　　4 にしても

저 여배우는 40대 치고는 비교적 젊어 보인다.

문법포인트! ⊘ 명사＋にしては : ~치고는 ⊘ 명사＋としては : ~로서는 ⊘ 명사＋としても : ~로서도
⊘ 명사＋にしても : ~이라 해도

어휘 女優(じょゆう) 여배우 | わりと 비교적 | 若(わか)い 젊다

39 (会社で)

課長「田中君、顔色悪いけど大丈夫？今日はもう帰っていいよ。」

田中「ありがとうございます。今日は（　　　　）。」

1 早退していただきます　　2 早退していただいてもいいです

3 早退させていただきます　　4 早退させられていただきます

과장 「다나카 군, 안색이 좋지 않은데 괜찮나? 오늘은 이만 돌아가도 좋아.」
다나카「감사합니다. 오늘은 조퇴하겠습니다.」

문법포인트! ⊘ ~(さ)せていただきます : 상대가 허락하면 화자가 '~하겠다'는 의사를 공손하게 하는 표현. 안색이 좋지 않은 부하직원에게 과장이 돌아가도 좋다고 허락을 하였고, 이 말에 다나카는 공손하게 조퇴하겠다는 자신의 의사를 전하고 있다.

⊘ 早退していただきます : '조퇴해 받겠습니다', 즉 상대에게 조퇴하라는 뜻이니 혼동하지 않도록 주의하기 바란다.

어휘 顔色(かおいろ)が悪(わる)い 안색이 나쁘다 | 早退(そうたい) 조퇴

40 アリバイが明確に（　　　　）、彼が犯人だという疑いの目は避けられない。

1 なるかぎりでは　　2 なるかぎり

3 ならないかぎりには　　4 ならないかぎり

알리바이가 명확해지지 않는 이상, 그가 범인이라고 하는 의심의 눈길은 피할 수 없다.

문법포인트! ⊘ ~ないかぎり : ~하지 않는 한

어휘 明確(めいかく)だ 명확하다 | 疑(うたが)い 의심 | 避(さ)ける 피하다

41 新入社員のみなさん、もしわからないことがあったら、わからない（　　　　）、先輩に聞きましょう。

1 ままにせずに　　2 だけあって　　3 ようにすれば　　4 ことになっても

신입사원 여러분, 혹시 모르는 게 있으면, 모르는 채로 있지 말고, 선배에게 물어봅시다.

문법포인트! ⊘ ~ままにせずに : 「まま(~인 채)」에 「せずに(하지 말고)」가 접속하면, '~인 채로 있지 말고, ~인 채로 두지 말고'란 문형이 된다. 참고로 「せずに」는 「しないで」의 문어체 표현이다.

예 「不安(ふあん)を抱(かか)えたままにせず、誰(だれ)かに相談(そうだん)しましょう。 불안을 안은 채로 있지 말고, 누군가에게 상의합시다.」

어휘 新入社員(しんにゅうしゃいん) 신입사원 | 先輩(せんぱい) 선배

42 (レストランで)
太田「6時に予約した太田ですが。」
店員「(　　　　)ね。お席にご案内いたします。」

1 太田様でなさいます　　2 太田様でいらっしゃいます
3 太田様でいたします　　4 太田様でうかがいます

다나카 「6시에 예약한 오타입니다만.」
점원 「오타 님이시군요. 자리로 안내해 드리겠습니다.」

문법포인트! ~でいらっしゃいますか : '~이십니까?'라는 뜻으로, 상대를 높여 부르는 존경표현. 식당 등에서 손님의 이름 등을 확인할 때 사용하기도 하며, 비즈니스 관계에서도 많이 사용하는 표현이다. 예「山田社長でいらっしゃいますか。(야마다 사장님이십니까?)」

어휘 予約(よやく) 예약 | 店員(てんいん) 점원 | なさる 하시다,「する」의 존경어 | いたす 하다,「する」의 겸사말 | うかがう 여쭙다,「聞く」의 겸사말

문제 8 다음 문장의 ＿★＿에 들어갈 가장 적당한 것을 1・2・3・4에서 하나 고르세요.

43 外国人は日本人が ＿＿ ＿＿、＿★＿ ＿＿、外国人と日本人の認識にやや差異があることがわかった。

1 困っておらず　2 より　3 日常生活のルールに　4 思っている

외국인은 일본인이 생각하고 있는 것보다, 일상생활의 룰에 곤란을 겪고 있지 않으며, 외국인과 일본인의 인식에 다소 차이가 있는 것으로 밝혀졌다.

정답문장 外国人(がいこくじん)は日本人(にほんじん)が思(おも)っているより、日常生活(にちじょうせいかつ)のルールに困(こま)っておらず、外国人(がいこくじん)と日本人(にほんじん)の認識(にんしき)にやや差異(さい)があることがわかった。

문법포인트! ~ておらず : ~하고 있지 않으며

어휘 日常生活(にちじょうせいかつ) 일상생활 | 認識(にんしき) 인식 | やや 다소, 약간 | 差異(さい) 차이

44 彼は駐在員として海外で働いた ＿＿ ＿★＿ ＿＿ ＿＿ 英語が流暢だ。

1 の　2 あって　3 だけ　4 ことは

그는 (과연) 주재원으로서 해외에서 일했던 만큼 영어가 유창하다.

정답문장 彼(かれ)は駐在員(ちゅうざいいん)として海外(かいがい)で働(はたら)いただけのことはあって英語(えいご)が流暢(りゅうちょう)だ。

문법포인트! ~だけあって/~だけのことはあって : ~에 적합한 정도(가치, 능력)이 있어서 (좋은 평가에 사용)

어휘 駐在員(ちゅうざいいん) 주재원 | 流暢(りゅうちょう) 유창

45 彼に写真を ＿＿ ＿★＿ ＿＿ ＿＿ と証言した。

1 見せた　2 間違いない　3 犯人に　4 ところ

그에게 사진을 보여줬더니, 범인임에 틀림없다고 증언했다.

정답문장 彼に写真を見せたところ、犯人に間違いないと証言した。

문법포인트! ～たところ : ~하자, 했더니

어휘 証言 증언

46 上司の ＿＿ ＿＿ ＿★＿ ＿＿ できません。

1 もらってから　2 許可を　3 でないと　4 契約は

상시의 허기를 받고 나서기 아니면 계약할 수 없습니다.

정답문장 上司の許可をもらってからでないと契約はできません。

문법포인트! ～て(からでないと/からでなければ) : ~하고 나서가 아니면 ~할 수 없다

어휘 上司 상사 | 許可 허가 | 契約 계약

47 新しい世界に入るのは決断が要るし、＿＿ ＿＿ ＿★＿ ＿＿ 努力も欠かせない。

1 一人前　2 なる　3 には　4 に

새로운 세계로 들어가는 것은 결단이 필요하고, 한 사람 몫이 되려면 노력도 빼놓을 수 없다.

정답문장 新しい世界に入るのは決断が要るし、一人前になるには努力も欠かせない。

문법포인트! 동사＋には : ~하려면, ~하기 위해서는(목적의 의미)

어휘 世界 세계 | 決断 결단 | 要る 필요하다 | 一人前 다른 사람의 도움 없이 혼자 일 처리할 수 있는 능력을 가진 사람, 한 사람 몫 | ～には ~하려면 | 努力 노력 | 欠かす 빼놓다, 빠뜨리다

문제 9 다음 글을 읽고, 글 전체의 내용을 생각해서, 48 ~ 51 안에 들어갈 가장 적당한 것을 1·2·3·4에서 하나 고르세요.

시대의 변화와 함께 플렉스타임제나 재택근무 등 일하는 방식은 바뀌고 있다. 또 저출산 고령화로 인한 노동력 부족을 해소하기 위해 노동이나 고용환경은 개선이 요구되고 있다. 이런 이유로 사원들이 자주적으로 판단하고 행동하는 '자율형 인재'가 주목받고 있다.

자율형 인재는 강한 책임감과 분명한 자기 자신의 가치관을 갖고 있다. 또한 자발적으로 일할 수 있으므로 단지, 지시를 기다리는 인간이 아닌,[48] 스스로 무엇을 해야 할지 생각하고, 업무를 수행하며, 성과를 이끌어 낸다. 유연한 발상으로 일을 진행시키므로 자립성 있는 새로운 아이디어가 생기기 쉬워진다. '자율형 인재'는 뭔가 문제가 발생하면 스스로 개선책을 실천해 나가기 때문에 직원을 관리하는 부담이 적어지고 업무를 효율화할 수

있다.

그렇다면 사원의 자율성을 기르기 위해서는 어떻게 하면 좋은가?
49

우선, 기업은 사원의 직장에서의 심리적 안전성을 확보하기 위해 사원의 도전을 받아들이고 실패해도 부정하지 않는 환경을 조성하는 것이 필요할 것이다. 사원들은 자신이 생각한 바를 자유롭게 발언하고, 행동할 수 있는 것으로 인해 자신의 의견이나 가치관을 일에 잘 반영하기 때문이다. 그리고 부하에 대한 정확한 어드바이스나 실패해도 후속 조치를 취할 수 있는 관리직의 매니지먼트 스킬 향상도 빠놓을 수 없다. 마지막으로 사원에게 회사의 비전이나 전략 등을 깊이 이해시키는 것도 중요하다. 기업에 있어서 최적의 선택이 무엇인지 이해하지 못한 채, 단순히 주체적으로 행동하면 되는 것은 아니다.
50

이제 국가 간의 경쟁은 치열해지고 있고, 고객의 요구도 복잡하고 다양해져 있다. 지금의 비즈니스 환경에서 기업이 계속 성장하기 위해서는 시대의 흐름에 임기응변으로 대응할 수 있는 많은 인재육성은 불가결하다고 말할 수 있을 것이다.
51

어휘 時代 시대 | 変化 변화 | ～とともに ~와 함께 | フレックス制 플렉스타임제(주일 안에 규정된 노동 시간만 채운다면 출근 시간과 퇴근 시간은 사원 스스로 자유롭게 운용할 수 있는 근무 제도) | テレワーク 재택근무 | 少子高齢化 저출산 고령화 | 労働力不足 노동력 부족 | 解消 해결 | 労働 노동 | 雇用環境 고용환경 | 改善 개선 | 求める 요청하다, 구하다 | 自主的判断 자주적 판단 | 行動 행동 | 自律型人材 자율형 인재 | 注目 주목 | 責任感 책임감 | はっきり 분명히, 뚜렷이 | 自分自身 자기자신 | 価値観 가치관 | 自発的 자발적 | 業務 업무 | 成果 성과 | 導く 이끌다, 안내하다 | 柔軟 유연 | 発想 발상 | 自立性 자립성 | 発生 발생 | 自ら 스스로, 자기자신 | 改善策 개선책 | 実践 실천 | 管理 관리 | 負担 부담 | 効率化 효율화 | 養う 기르다, 배양하다 | 企業 기업 | 職場 직장 | 心理的 심리적 | 安全性 안전성 | 確保 확보 | 挑戦 도전 | 受け入れる 받아들이다 | 発言 발언 | 反映 반영 | 的確 적확, 정확 | 失敗 실패 | フォローアップ 어떤 일의 실시 · 상황 등에 대해 나중에 거듭 조사 · 보완하는 것 | 管理職 관리직 | マネジメントスキル 매니지먼트 스킬 | 向上 향상 | 欠かす 빠뜨리다, 거르다 | 戦略 전략 | 理解 이해 | ～にとって ~에 있어서 | 最適 최적 | 選択 선택 | 主体的 주체적 | 今や 바야흐로, 이제는 | 国家間 국가간 | 競争が激しい 경쟁이 치열하다 | 多様化 다양화 | 環境 환경 | 成長 성장 | 不可欠 불가결

48	1 上司の命令に従い	상사의 명령에 따르고
	2 短期間で目標に達成し	단기간에 목표에 달성하고
	3 ただの指示待ちの人間ではなく	그저 지시를 기다리는 인간이 아니라
	4 業務提携の話を否めなく	업무제휴 이야기를 부정할 수 없고

해설 자율적인 인재란 자발적으로 일하기 때문에 회사나 상사의 지시를 그저 기다리는 것이 아니라 스스로 생각하고 업무를 수행하므로 3번이 정답이다.

어휘 命令 명령 | 従う 따르다 | 短期間 단기간 | 目標 목표 | 達成 달성 | ただ 그저, 단지 | 指示待ち 지시를 기다림 | 業務提携 업무제휴 | 否む 부정하다, 거부하다

49 1 直ちに 2 すなわち 3 ならば 4 それゆえに

해설 시대의 변화와 함께 자율형인재 주목을 받고 있는데, 그렇다면 기업은 사원의 자율성을 기르기 위해서는 어떻게 하면 좋은가라는 문장 흐름이 자연스러우므로 3번이 정답이다.

어휘 直(ただ)ちに 바로, 곧, 즉시 | すなわち 즉 | ならば 그렇다면 | それゆえに 그런 까닭에, 그런 이유로

50
1 失敗しても否定しない環境づくり　실패해도 부정하지 않는 환경 조성
2 良い意味での社員同士の競争心　좋은 의미에서의 사원끼리 경쟁심
3 細かいアクションプラン　세세한 액션 플랜
4 従業員の福祉の増進く　종업원의 복지 증진

해설 기업은 사원의 직장에서의 안정성 확보를 위해 사원의 도전을 받아들이고, 그 도전이 실패해도 부정하지 않는 분위기를 만들어야 한다는 의미이므로 1번이 정답이다.

어휘 失敗(しっぱい) 실패 | 否定(ひてい) 부정 | 環境(かんきょう)づくり 환경조성 | 同士(どうし) ~끼리 | 競争心(きょうそうしん) 경쟁심 | 細(こま)かい 꼼꼼하다, 세세하다 | アクションプラン 액션플랜 | 従業員(じゅうぎょういん) 종업원 | 福祉(ふくし) 복지 | 増進(ぞうしん) 증진

51
1 目標達成のために必死になれる　목표 달성을 위해 필사적으로 될 수 있는
2 仕事に対してのモチベーションが上がる　일에 대한 동기부여가 오르는
3 業績向上に繋がる　업무향상으로 이어지는
4 時代の流れに臨機応変に対応できる　시대의 흐름에 임기응변으로 대응할 수 있는

해설 국가 간의 경쟁은 치열해지고, 고객의 요구도 복잡하고 다양한 지금의 비즈니스 환경에서는 시대의 흐름에 임기응변으로 대응할 수 있는 많은 인재육성이 필요 불가결하다는 문장 흐름이 자연스러우므로 4번이 정답이다.

어휘 目標達成(もくひょうたっせい) 목표달성 | 必死(ひっし)に 필사적으로 | モチベーション 동기부여 | 業績(ぎょうせき) 업적 | 向上(こうじょう) 향상 | 繋(つな)がる 연결되다 | 臨機応変(りんきおうへん) 임기응변 | 対応(たいおう) 대응

문제 10 다음 (1)~(5)의 문장을 읽고, 뒤에 나오는 질문에 대한 답으로서. 가장 적당한 것을 1·2·3·4중에서 하나 고르세요.

(1)

미쓰비시 리서치는, 기업의 여성 사원을 대상으로 「여성의 관리직」에 대해 앙케트 조사를 실시했다.

이 조사에 따르면 여성이 관리직이 되고 싶지 않은, 될 수 없는 이유 중 하나는 '스트레스나 책임이 늘어나기 때문'이었다. 또한 여성은 남성에 비해 '일과 사생활의 양립이 어렵기 때문'을 이유로 드는 비율이 높은 것을 알 수 있었다.

그러나 이들 응답보다 많았던 것은, '내가 관리직이 될 능력이 없다'는 말이었다. 충분히 능력은 (注)갖추고 있는데 많은 여성들이 자신을 과소평가하고 자신감이 낮음을 느끼고 있는 것이다.

이외에도 '부모를 돌보고 있는데 관리직이 되면 부담이 크다', '아이에게 손이 많이 간다', '승진해도 월급에 차이가 없으니까'라는 의견도 있었다.

사회는 여성을 활약시키기 위해 다양한 대처를 하고 있지만, 이러한 의견을 생각하면, 여성의 관리직 등용은 어렵고, 아직 과제가 많이 남아 있는 것 같다.

(注) 갖추다 : 준비가 되어있다

52 이 문장의 내용에 맞는 것은 어느 것인가?

1 월급이 늘어난다면 관리직을 해도 좋다는 여성이 늘고 있다.
2 남성보다 여성 쪽이 승진에 의욕적인 시대가 되고 있다.
3 자신의 능력을 낮게 평가해 관리직이 될 수 없다고 생각하는 여성이 많다.
4 대부분의 여성이 일과 가정을 양립하면서 생활하고 있다.

어휘 三菱(みつびし) 일본의 기업 명 | 企業(きぎょう) 기업 | 対象(たいしょう) 대상 | 管理職(かんりしょく) 관리직 | 実施(じっし) 실시 | 責任(せきにん) 책임 | 両立(りょうりつ) 양립 | 割合(わりあい) 비율 | 回答(かいとう) 회답, 답변 | 十分(じゅうぶん) 충분히 | 備(そな)わる 필요한 것이 갖추어져 있다, 설비나 장비 등이 준비되어 있다 | 過小評価(かしょうひょうか) 과소평가 | 介護(かいご) 간호와 돌봄 | 負担(ふたん) 부담 | 手(て)がかかる (수고나 시중이) 필요하다 | 昇進(しょうしん) 승진 | 活躍(かつやく) 활약 | 取(と)り組(く)み 대처함 | 登用(とうよう) 등용 | 課題(かだい) 과제 | 残(のこ)す 남기다 | 意欲的(いよくてき) 의욕적

해설 앙케트 조사에 따른, 여성이 관리직이 되고 싶지 않은, 될 수 없는 이유를 말하고 있다. 승진을 해도 월급에는 차이가 없다고 했고, 2번의 내용은 본문에 없으며, 여성이 남성에 비해 일과 사생활의 양립이 어렵다는 것을 이유로 드는 비율이 높았다고 했으니 정답은 3번이다.

(2)

'수제 디저트를 전달해 드립니다' – 소박한 핸드 메이드가 자랑입니다.

팸플릿에 있는 상품 중에서 원하시는 상품을 선택하신 후 주문해 주십시오. 잘못 들어서 주문의 오류가 생길 수 있으므로, 가능하면 FAX 또는 E메일을 이용해 주십시오. 또한 죄송합니다만, 제조 장소이므로 작업하는 동안 전화를 받지 못 하는 일이 있습니다. 부디 양해해주십시오. 주문 접수 후 2일 이내에 주문 확인 전화를 드리고 있습니다.

원하시는 상품은 주문 접수 후 2~ 3일 정도에 받아 보실 수 있습니다만, 교통 사정 등에 따라 1주일 정도 걸

릴 수도 있습니다. (배달 불가 지역도 있습니다)

배송비는 당사에서 부담하겠습니다만, 상품의 합계 금액이 5000엔 미만의 경우는 (고객님이) 부담하셔야 하오니 양해 바랍니다. (가격에 소비세는 포함되어 있지 않습니다)

53 이 글의 내용과 맞지 않는 것은 어느 것인가?

1 이 제품은 해외를 제외한 일본 전국 어디든지 배송 가능하다.
2 3000엔 그리고 2500엔의 상품을 동시에 주문하면 배송료는 무료이다.
3 이 제품 구입시, 경우에 따라 배송료를 고객이 부담할 수도 있다.
4 교통 사정 등에 따라 배송까지 1주일 정도 걸릴 수도 있다.

3회

어휘 自家製(じかせい) 자가제작, 자기 집에서 만든 것 | スイーツ (케이크나 과자 등)단 것 | 届(とど)ける 보내다, 배달하다 | 素朴(そぼく) 소박 | 自慢(じまん) 자랑 | 希望(きぼう) 희망 | 聞(き)き違(ちが)い 잘못 들음 | 恐(おそ)れ 우려 | 恐(おそ)れ入(い)ります 죄송합니다 | 製造(せいぞう) 제조 | 作業中(さぎょうちゅう) 작업 중 | 了承(りょうしょう) 양해 | 手元(てもと) 곁, 수중 | 交通事情(こうつうじじょう) 교통사정 | 配達(はいたつ) 배달 | 不可(ふか) 불가 | 地域(ちいき) 지역 | 送料(そうりょう) 배송료 | 弊社(へいしゃ) 자기회사의 낮춤말 | 負担(ふたん) 부담 | 合計(ごうけい) 합계 | 金額(きんがく) 금액 | 未満(みまん) 미만 | 消費税(しょうひぜい) 소비세 | 含(ふく)む 포함하다 | 除(のぞ)く 제외하다 | 同時(どうじ) 동시 | 購入(こうにゅう) 구입

해설 배달 불가 지역도 있으므로 일본 전국 배송 가능한 것은 아니므로 정답은 1번이다. 또한 배송료는 5000엔을 초과하면 당사에서 부담하지만, 그 미만이면 고객 부담이 된다.

(3)

요즘 아이들의 전화 사용 방식은 전혀 이해할 수 없다. 매일 학교에서 얼굴을 맞대고 있는데, 전화로 또 몇 시간씩 수다를 떠니 질려버린다고 밖에 말할 수 없다.

또한 전화를 걸어오는 시간도 전혀 신경 쓰지 않는다. 한밤중 몇 시라도 괜찮은 것 같다. 우리 아이의 친구를 나쁘게 말하고 싶지는 않지만, 예의를 완전히 무시하고 있다고 밖에 생각되지 않는다.

내 세대는 어린 시절, 부모로부터 밤 9시 이후에는 긴급한 경우를 제외하고 남의 집에 전화를 걸지 말라고 들으면서 자랐다. 그래서인지 지금도 심야에 전화 벨이 울리거나 하면 무슨 일일까하고 생각하며 놀라는 것이다.

54 놀라다라고 되어 있는데 그 이유는 무엇인가?

1 심야에 남의 집에 전화를 거는 것은 실례라고 생각하고 있기 때문
2 심야에 걸려 오는 전화는 대체로 긴급 전화이니까
3 아이의 친구가 한밤중에 아무렇지도 않게 전화를 걸어 오기 때문에
4 심야에 걸려 오는 전화로 잠이 깨버리기 때문에

어휘 今時(いまどき) 요즘, 오늘날 | 苦(くる)しむ 시달리다, 고민하다 | 顔(かお)を合(あ)わせる 얼굴을 마주하다 | あきれる 질리다 | まったく 완전히, 전혀 | 真夜中(まよなか) 한밤중 | 平気(へいき)だ 아무렇지도 않다 | わが子(こ) 우리 아이 | 礼儀(れいぎ) 예의 | 思(おも)える 생각되다, 여겨지다 | 世代(せだい) 세대 | 緊急(きんきゅう) 긴급 | 除(のぞ)く 제외하다 | 育(そだ)つ 자라다 | 深夜(しんや) 심야 | 鳴(な)る 울리다 | 目(め)が覚(さ)める 잠이 깨다

해설 글쓴이는 어렸을 때 긴급한 상황을 제외하고는 남의 집에 밤 9시 넘어서는 전화걸지말라고 배웠기 때문에 밤늦은 시간에 걸려 오는 전화는 위급한 상황이라는 인식이 있다. 따라서 정답은 2번이다.

(4)

결혼과 출산을 앞둔 젊은이들을 무겁게 덮쳐 누르는 것이 장학금 변제이다. 2명 중 1명의 대학생이 장학금을 빌렸으며, 그 변제에 힘들어하고 있다.

교토시에 거주하는 A 씨는 현재 38세. 아직 독신이지만 결혼을 희망하며, 기회가 있으면 아이를 낳고 키우는 것도 희망하고 있다. 한편, 그것이 곤란하다는 현실에 직면해 있다.

그것은 A 씨의 인생에서 큰 부담이 되고 있는, 학창 시절에 빌린 거액의 장학금의 존재다. 교토에서 상경하여 도쿄 내 대학에 입학해 문학을 전공했는데, 학비는 이자가 포함된 장학금을 매달 8만 엔 빌려, 그것으로 지불했다. 연구가 재미있어 대학원까지 진학하여, 장학금은 총액 1000만 엔이 되었다.

현재는 출판사에 근무하며 매달 3만 2천 엔씩 변제하고 있다. 약 10년 만에 변제액은 절반 이하가 되기는 했지만, 그래도 아직 400만 엔 가까운 빚이 남아 있다. 교제 중인 남성과의 결혼을 생각하고 있지만, 상대에게 전하는 것은 몹시 마음이 무겁고, 또 상대의 부모가 어떻게 생각할지를 생각하면 말을 꺼내지 못한다. 결혼했다고 해도 아이를 낳는다고 한다면 더욱 부담은 커진다. 장학금을 변제하면서 육아를 할 수 있을까? 휴직했다고 해도 다시 직장에 복귀할 수 있을까? 고민은 끝이 없다.

이처럼 20대에서 30대 세대에게 있어, 학문을 위해서라며 빌린 장학금이 인생의 심리적 장애가 되어 있는 것이다.

55 심리적 장애라고 했는데, 그 이유라고 생각되는 것은 무엇인가?

1 공부를 위해 빌린 장학금 변제가, 장래의 부담이 되고 있으니까
2 결혼하기 위해서는 장학금 변제를 끝내야 하니까
3 대기업에 취직해도 장학금 변제가 힘드니까
4 생활이 곤란할 정도로 장학금 총액이 크니까

어휘 出産 출산 | 若者 젊은이 | のしかかる 덮쳐누르다 | 奨学金 장학금 | 返済 변제 | 借りる 빌리다 | 苦しむ 괴로워하다 | 在住 거주 | 現在 현재 | 独身 독신 | 結婚願望 결혼희망 | 機会 기회 | 産む 낳다 | 育てる 키우다 | 希望 희망 | 一方で 한편 | 困難 곤란 | 現実 현실 | 直面 직면 | 人生 인생 | 負荷 부하, 부담 | 多額 거액 | 存在 존재 | 上京 상경 | 都内 도쿄내 | 文学 문학 | 専攻 전공 | 学費 학비 | 利子付き 이자포함 | 支払う 지불하다 | 研究 연구 | 大学院 대학원 | 進学 진학 | 総額 총액 | 出版社 출판사 | 勤務 근무 | 返済額 변제액 | 半分 절반 | 交際中 교제 중 | 相手 상대 | 伝える 전하다 | 気が重い 마음이 무겁다 | 言い出す 말을 꺼내다 | さらに 더욱 | 負担 부담 | 子育て 육아 | 休職 휴직 | 職場 직장 | 復帰 복귀 | 悩み 고민 | つきる 다하다, 끝나다 | 世代 세대 | ～にとって ~에게 있어 | 学問 학문 | ～における ~의 | 心理的 심리적 | 障害 장애 | 大手企業 대기업

해설 바로 앞단락에 힌트가 있다. 장학금 변제문제가 결혼, 자녀, 직장 등 젊은 세대가 직면하고 있는 인생의 중요한 일들에 부담을 주고 있다고 했으니, 가장 적당한 답은 1번이 된다.

(5)

매사를 낙관적으로 생각하는 사람일수록 그렇지 않은 사람보다 훨씬 건강한 심장을 가지고 있는 것으로 나타났다. 미국 일리노이 대학 연구팀은 45세에서 84세까지의 성인 5100명을 대상으로 심장과 정신의 건강 상태 등을 조사해서 이와 같은 결론을 이끌어 냈다.

연구팀은 실험 참가자의 심장 상태를 조사하기 위해 혈압과 (주)체질량 지수(BMI), 콜레스테롤 및 공복시 혈당치, 음식물, 신체 활동, 흡연율 등을 항목별로 나누어 조사하여 항목별로 0점(아주 나쁨), 1점(보통), 2점(이

상적인 상태)의 점수를 매겨 7가지 항목의 득점을 맞췄다.

그 결과, 참가자의 연령과 인종, 소득 등에 상관없이 낙관적인 심리 상태가 마음의 건강을 유지하는 데 도움이 되는 것으로 밝혀졌다. 또한 가장 낙관적인 그룹의 사람들이 건강한 심장을 유지하고 있는 확률은 가장 비관적인 그룹보다 2배나 높아서, 전반적으로 건강하게 살아갈 확률도 비관적 그룹보다 55% 높은 것으로 나타났다.

그리고 낙관주의자는 혈당치나 콜레스테롤 수치 등이 비관적인 그룹보다 양호하고, 신체 활동도 활발하고, BMI지수도 이상적이고, 흡연율도 낮았다.

연구팀은 '심장 건강은 사망률과 직결된다'며 '국가가 국민의 심장 건강을 개선하기 위해서는 국민에게 심리적 안정감을 주는 것이 중요하다'고 말했다.

(주) 체질량 지수 : 체중과 신장의 관계에서 산출되는, 사람의 비만도를 나타내는 체질량 지수이다. 일반적으로 BMI (Body Mass Index)라고 불린다.

3회

56 이 글의 내용과 맞지 않는 것은 어느 것인가?

1 개인의 경제적 능력과 건강 상태와는 별로 관계없는 것처럼 보인다.
2 이 연구에 의해, 백인이 흑인보다 건강한 심장을 유지하고 있는 것으로 나타났다.
3 불안정한 정신 상태의 그룹의 사람일수록 평균 수명이 단축될 위험이 있다.
4 국민의 건강을 향상시키기 위해서라도 국가의 정책은 제대로 세워야 한다.

어휘 物事 매사, 세상사 | 楽観的 낙관적 | 心臓 심장 | 精神 정신 | 導く 이끌다, 유도하다 | 実験 실험 | 参加者 참가자 | 血圧 혈압 | ボディマス指数 체질량지수 | および 및 | 空腹時 공복 시 | 血糖値 혈당치 | 食物 음식물 | 身体活動 신체활동 | 喫煙率 흡연율 | 項目別 항목별 | 調査 조사 | ～ごとに ~마다 | 非常に 상당히 | 中程度 중간정도, 보통 | 理想的 이상적 | 得点 득점 | 年齢 연령 | 人種 인종 | 収入 수입 | ～にかかわらず ~에 상관없이, 관계없이 | 維持 유지 | 明らか 분명함 | 保つ 유지하다, 지탱하다 | 確率 확률 | 悲観的 비관적 | 楽観主義者 낙관주의자 | 良好 양호 | 活発 활발 | 死亡率 사망율 | 直結 직결 | 国家 국가 | 改善 개선 | 心理的 심리적 | 安定感 안정감 | 体重 체중 | 身長 신장, 키 | 算出 산출 | 肥満度 비만도 | 体格指数 체격지수 | 一般に 일반적으로 | 白人 백인 | 黒人 흑인 | 不安定 불안정 | 平均寿命 평균수명 | 危険性 위험성 | 向上 향상 | 政策 정책 | きちんと 제대로, 확실히

해설 연구 결과에 따르면 연령, 인종, 수입에 상관없이 낙관적인 심리상태가 심장의 건강유지에 도움이 된다고 하였으므로 정답은 2번이다.

문제 11 다음의 (1)~(3)의 문장을 읽고, 뒤에 나오는 질문에 대한 답으로서. 가장 적당한 것을 1·2·3·4 중에서 하나 고르세요.

(1)

건축과 외식, 택배, 제조업, 소매, 운송 등 실로 폭넓은 업종에 ①일손 부족 문제가 확산되고 있다. 일꾼의 감소와 낮은 임금과 더불어 경기 회복으로 파트 타임 아르바이트의 쟁탈전이 벌어지고 있는 것이 원인이다. 시급인상에 보너스를 지급하거나 정규직화하거나 하는 기업도 나왔다. 도쿄 도심에 있는 규동 체인점 '규동이치'는 일반적으로 24시간 영업이지만, 7월 하순부터 오전 10시~오후 10시로 단축했다. 아르바이트생이 그만두어 가게를 돌릴 수 없게 되었기 때문이다. 또한 선술집 체인점인 「②도민」을 운영하는 토타미는 전체

매장의 약 10%에 해당하는 50점포를 올해 안에 폐점하고, 한 점포당 인원을 늘려 직장 환경 개선을 추진한다. 장시간 노동으로 음식업은 원래 경원되기 십상이었지만, 경기가 좋아져 아르바이트의 조건이 개선된 다른 업종에 일손을 빼앗기고 있다.

일손이 부족한 것은 음식업뿐만이 아니다. 총무성 조사에서는 건설업의 29세 이하 젊은이의 취업 비율은 11.8%, 전체 산업의 평균 비율 17.3%를 밑돌고 있고, 55세 이상의 비율은 32.8%로 전체 산업 평균을 4%나 웃돌고 있어 고령화가 진행되고 있다.

또한 운전사의 일손 부족과 고령화로 국토교통성은 '물류 2015년 위기'를 우려하고 있다. 트럭 운전사는 이미 40세 이상의 비율이 승용차에서 50% 이상, 대형차에서 약 70%, 견인차에서 70% 이상이 되어 있어, 고령화가 진행되고 있다. 국토교통성 조사에 따르면, 2015년에는 14만 명의 운전자가 부족해지고, 60세 미만의 대형 면허 보유자도 감소할 것으로 예측되고 있다. 그 이유로는 건축 노동자도 운전자도 중노동에 비해 낮은 임금에 잔업이 많은 것 등을 들 수 있다.

57 ①일손 부족 문제가 확산되고 있다라고했는데, 그 이유로 맞지 않는 것은 무엇인가?

1 정사원으로 고용되지 않는다.
2 경기 회복에 따라 일이 늘었다.
3 임금에 대한 만족도가 낮다.
4 취업하려고 하는 사람이 줄어들었다.

해설 바로 뒤에 힌트가 있다. 일손 부족의 원인은 일꾼 감소, 낮은 임금, 경기 회복이라고 하였으므로 정답은 1번이다.

58 '②도민'은 직장 환경 개선을 위해 무엇을 했는가?

1 아르바이트의 시급을 인상했다.
2 가게의 영업 시간을 단축했다.
3 종업원에게 보너스를 지급했다.
4 종업원의 수를 늘렸다.

해설 한 점포당 인원을 늘려 직장 환경 개선을 추진했다고 했으므로 정답은 4번이다.

59 이 글의 내용과 맞는 것은 어느 것인가?

1 경비 절감을 위해 일부 점포를 폐쇄하는 체인점도 나왔다.
2 건설업의 젊은 노동자 비율은 전체 산업 평균보다 적다.
3 대형 면허 소지자는 앞으로 더욱 늘어날 것으로 예상된다.
4 시급인상으로 인해, 일손부족 문제는 어느 정도 해결됐다.

해설 경비절감을 위해서가 아니라 일손부족으로 일부 점포를 폐쇄하는 체인점이 나온 것이고 대형 면허 소지자는 앞으로도 감소할 것으로 예상되며, 시급인상으로 일손부족 문제가 어느 정도 해결되었다는 내용도 없으므로 정답은 2번이다.

어휘 建築(けんちく) 건설 | 外食(がいしょく) 외식 | 宅配(たくはい) 택배 | 製造業(せいぞうぎょう) 제조업 | 小売(こう)り 소매 | 運輸(うんゆ) 운수 | 幅広(はばひろ)い 폭넓다 | 業種(ぎょうしゅ) 업종 | 人手不足(ひとでぶそく) 일손부족 | 広(ひろ)がる 확대되다 | 働(はたら)き手(て) 일하는 사람, 일꾼 | 減少(げんしょう) 감소 | 低賃金(ていちんぎん) 저임금 | ~に加(くわ)え ~

와 더불어, ~에 추가하여 | 景気 경기 | 回復 회복 | 奪い合い 서로 빼앗음 | 原因 원인 | 時給 시급 | 支給 지급 | 正社員化 정사원화 | 都心 도심 | 牛丼 소고기 덮밥 | 通常 통상 | 営業 영업 | 下旬 하순 | 短縮 단축 | 運営 운영 | 全店舗 전 점포 | あたる 해당되다 | 閉店 폐점 |〜当たり ~당 | 人員 인원 | 職場環境 직장환경 | 改善 개선 | 進める 추진하다 | 長時間 장시간 | 労働 노동 | 飲食業 음식업 | もともと 원래, 본디 | 敬遠 경원(사람이나 사물을 피함) | ~がち ~하는 경향이 있음 | 条件 조건 | 他業種 타업종 | 奪う 빼앗다 | 飲食業 음식업 | 総務省 총무성 | 調査 조사 | 建設業 건설업 | 若者 젊은이 | 比率 비율 | 産業 산업 | 平均 평균 | 下回る 밑돌다 | 上回る 웃돌다 | 高齢化 고령화 | 進む 진행되다 | 国土交通省 국토교통성 | 物流 물류 | 危機 위기 | 懸念 걱정, 근심 | 割合 비율 | 普通車 보통차 | 強 실제로는 그 수보다 조금 많음을 나타냄 | 大型車 대형차 | けん引車 견인차 | 未満 미만 | 免許 면허 | 保有者 보유자 | 予測 예측 | 作業員 작업자, 일하는 사람 | 重労働 중노종 | ~わりに ~에 비해 | 挙げる 들다, 거론하다 | 雇う 고용하다 | 回復 회복 | 賃金 임금 | 満足度 만족도 | 職に就く 취업하다 | 引き上げる 인상하다 | 従業員 종업원 | 経費節減 경비절감 | 閉鎖 폐쇄 | さらに 더욱더

(2)

거리에서 서점이 사라지고 있다. 일본 출판 센터에 따르면, 최근 10년간 서점의 수는 약 30% 감소했다. 인구 감소와 인터넷 보급 등이 이유다. 주민들로부터는 '북적거리는 장소'로서 필요하다는 목소리가 높지만, 손님은 점점 줄어만 간다.

경영자는 여러 가지 구색을 해보며 살아남기에 필사적이다. 후쿠시마현에 있는 창업 70년의 '다카야마 서적'. 점포에는 서적, 잡지, 그림책이 빼곡히 진열되어, 옛날 그대로의 서점을 생각나게 한다. 서점이 사라지는 가운데 이 서점은 흑자경영이 이어지고 있다. "점포 판매 매출은 전체의 10%에 불과하다. 90%는 학교의 도서실이나 공립 도서관에 납입해 이익을 내고 있다"라고 점주는 말한다. 낮에는 가게 지키는 것을 파트타임 하는 사람에게 맡기고, 시내의 학교나 기업에 영업하러 나간다. 점주는 "(도서관 등을 운영하는) 지방자치단체가 도쿄 등 다른 지역 업자에 의존하지 말고 그 고장 서점에서 매입하도록 하면 큰 도움이 된다. 지방 서점이 살아남을 힌트가 되지 않겠느냐"고 힘주었다(힘주며 말했다).

하지만 지방 서점의 성공은 일부에 지나지 않는다. 2015년에 마을 유일의 서점이 없어진 도야마현 타테야마 마치. 마을은 올해 1월부터 새로운 출점자를 모집. 담당자는 「서점이 마을을 활기차게 하는데 있어서 필요 불가결하다는 의견이 많이 제시되었기 때문」이라고 설명한다. 단지, 폐업한 서점의 관계자는 "인구도 줄어 전혀 안 팔리게 되어…. 새로 출점해도 어렵다고 생각해요"라며 발언을 삼갔다. 다른 현에 있는 마을의 유일한 서점 주인도 "인구 감소로 학교도 적어져서 솔직히 말해서 폐점할 수밖에 없는 상황입니다"라고 이야기한다.

저출산에 따른 교과서 판매 감소도 경영에 영향을 주고 있다. 인구 감소와 활자 이탈 현상에 더해, 잡지를 취급하는 편의점의 증가가 서점의 경영을 압박하고, 게다가 전자책이나 인터넷 판매의 대두도 영향을 미친다. 지방뿐만 아니라 앞으로 점점 더 서점 수의 감소로 인해, 독서 인구가 줄어 악순환에 빠질 가능성이 높다. 출판업계는 전체적으로 서로 손을 잡고 대책을 고민할 단계에 와 있는 것이다.

60 목소리가 있는데, 어떤 목소리인가?

1 책을 실제로 손에 들고 보는 장소가 필요하다는 목소리
2 도서관이나 학교에 책을 납품할 장소가 필요하다는 목소리
3 교과서나 참고서를 살 장소가 필요하다는 목소리
4 사람들이 모여 교류하는 장소로서 필요하다는 목소리

해설 마을 사람들로 북적이는 장소로서 필요하다고 했으니 정답은 4번이다.

61 이 문장의 내용에 맞는 것은 어느 것인가?

1 다카야마 서적에서는, 종업원의 영업에 의해서 경영이 계속되고 있다.
2 인구가 줄어도 책 수요는 늘고 있기 때문에 서점은 경영이 가능하다.
3 편의점이 늘어난 것도 서점 경영을 압박하고 있는 원인 중 하나다.
4 서점이 살아남기 위해서는 인터넷 판매가 필요불가결하다.

해설 1번 시내의 학교나 기업에 영업하러 나가는 것은 점주이며, 2번 인구가 줄면 책 수요도 준다. 4번 인구감소나 인터넷 보급 등으로 서점 수가 줄고 있는 것이며, 잡지를 취급하는 편의점의 증가가, 서점의 경영을 압박하는 하나의 요인이므로 정답은 3번이다.

어휘 出版(しゅっぱん) 출판 | 書店(しょてん) 서점 | 数(かず) 숫자 | ～割(わり) ~할(1할=10%) | 人口減(じんこうげん) 인구 감소 | 普及(ふきゅう) 보급 | 賑(にぎ)わう 북적거리다, 번창하다 | 声(こえ)が上(あ)がる 목소리가 나오다 (군중의 누군가가 감탄하거나 고함을 지르는 것) | 一方(いっぽう)だ 상태나 상황이 점점 ~하는 방향으로 진행되고 있다 | 経営者(けいえいしゃ) 경영자 | 工夫(くふう)を凝(こ)らす 이것저것 궁리하다, 여러 가지 구색을 해보다 | 生(い)き残(のこ)り 살아 남음 | 必死(ひっし) 필사(적) | 創業(そうぎょう) 창업 | 書籍(しょせき) 서적 | 店舗(てんぽ) 점포 | 絵本(えほん) 그림책 | ぎっしり 빈틈없이 가득 차 있는 모습 | 昔(むかし)ながら 예전 그대로 조금도 변함이 없음 | 黒字(くろじ) 흑자 | 販売(はんばい) 판매 | 売(う)り上(あ)げ 매상 | ～にすぎない ~에 지나지 않다 | 納入(のうにゅう) 납입 | 店主(てんしゅ) 점주 | 日中(にっちゅう) 정오, 한 낮 | 店番(みせばん) 가게를 지킴 | 任(まか)せる 맡기다 | 運営(うんえい) 운영 | 地方自治体(ちほうじちたい) 지방자치단체 | 業者(ぎょうしゃ) 업자 | 地元(じもと) 자기의 생활 본거지, 그 고장, 그 지방 | 仕入(しい)れる 사들이다, 매입하다 | 力(ちから)を込(こ)める 힘을 세게 주다 | 唯一(ゆいいつ) 유일 | 出店者(しゅってんしゃ) 출점자 | 募集(ぼしゅう) 모집 | 必要不可欠(ひつようふかけつ) 필요불가결 | 意見(いけん)が挙(あ)がる 의견이 제시되다 | 廃業(はいぎょう) 폐업 | 言葉少(ことばずく)な 삼가하며 말을 많이 하지 않는 모습 | 正直(しょうじき) 정직, 솔직 | 閉店(へいてん) 폐점 | 少子化(しょうしか) 저출산 | 教科書(きょうかしょ) 교과서 | 経営(けいえい) 경영 | 影(かげ)を落(お)とす 영향을 주다 | 活字離(かつじばな)れ 글자를 잘 안 읽는 현상 | ～に加(くわ)え ~에 추가하여 | 圧迫(あっぱく) 압박 | 電子書籍(でんししょせき) 전자서적 | 通販(つうはん) 소비자에게 카탈로그 · 텔레비전 · 웹사이트 등을 통해 상품을 홍보하고 통신 주문을 받아 우편이나 택배로 상품을 배송하는 판매 방식 | 台頭(たいとう) 대두(머리를 치켜드는 것, 세력을 얻어오는 것) | 読書(どくしょ) 독서 | 悪循環(あくじゅんかん)に陥(おち)る 악순환에 빠지다 | 手(て)を取(と)る 손을 쥐다 | 対策(たいさく) 대책 | 段階(だんかい) 단계 | 手(て)に取(と)る 들다, 손에 쥐다 | 納品(のうひん) 납품 | 交流(こうりゅう) 교류 | 常連(じょうれん) 단골 | 種類(しゅるい) 종류 | 圧倒的(あっとうてき) 압도적 | 従業員(じゅうぎょういん) 종업원 | 需要(じゅよう) 수요 | 必要不可欠 필요불가결

(3)

계절을 불문하고 요즘 '자외선 차단 대책'은 당연해졌다. 그런데 자외선이 피부에는 좋지 않다는 것을 알고는 있어도 '잠깐의 외출이라면 괜찮겠지'하며 케어를 하지 않는 사람들이 적지 않다. 사실 이 ①잠깐의 방심이 피부에 있어서는 큰 위험이 되는 것이다. 그래서 햇볕에 그을린 후에는 어떻게 대처해야 하는지 애프터 케어에 대해 소개하려고 한다.

햇볕에 탄 후 가장 먼저 해야 할 일은 햇볕에 탄 부분을 찬물이나 보냉 아이템으로 제대로 식히는 것이다. 햇볕에 타는 것은 가벼운 화상과 같아서 피부는 염증을 일으킨 상태다. 이 염증으로 인해 햇볕에 타는 원인인 멜라닌 색소가 늘어나게 되므로 우선 식혀서 염증 진행을 멈추도록 해야 한다.

다음으로 충분히 보습을 해야 한다. 자외선을 쬐면 피부는 건조한 상태가 돼 버린다. 화장수나 에센스 등을 듬뿍 발라 보습을 하고 햇볕에 그을려 손상된 피부를 보호하는 것이 중요하다.

그리고 마지막으로 수분과 비타민 등을 충분히 공급하는 것이다. 햇볕에 그을려 손상을 입은 피부에는 ②바깥 피부 케어뿐만 아니라 피부 속 케어도 필요하므로 식사나 건강 보충제로 비타민을 적극 섭취하도록 유의하기 바란다.

이 같은 애프터 케어는 어디까지나 햇볕에 그을린 후 시행하는 응급처치이기 때문에 기본적으로 자외선 차단 대책을 제대로 하는 것이 중요하다. '양산이나 모자, 의류 등으로 피부에 자외선이 닿지 않도록 한다', '자외선 차단제를 잘 바른다', '자외선양이 많은 시간대나 장소를 피한다' 등은1년 내내 유념했으면 하는 습관이다. 자외선을 절대 쬐지 않는다는 것은 불가능하기 때문에 조금이라도 자외선으로 인한 피부 손상을 줄이기 위해서라도 햇볕에 그을린 후 애프터 케어는 물론 평소 외출 전에는 다양한 대책을 세우는 것이 중요하다.

62 ①잠깐의 방심이란 어떤 것인가?

1 짧은 시간이면 자외선 차단제 없이 외출해도 괜찮겠지 하는 방심

2 자외선양이 적은 시간이면 피부 염증이 심하지 않을 것이라는 방심

3 긴팔만 입으면 자외선이 피부에 닿지 않을 것이라는 방심

4 햇볕에 탄 후에 제대로 식히면 자외선 차단제는 하지 않아도 된다는 방심

해설 바로 앞에 '피부에 좋지 않다는 것을 알고 있으면서 잠깐 외출은 괜찮을 거라 생각하고 케어를 하지 않는다'는 내용이 들어가 있는 1번이 정답이다.

63 ②바깥 피부 케어란 무엇인가?

1 외출할 때는 자외선 차단제를 꼼꼼히 바르는 것

2 양산이나 모자를 활용하여 자외선을 받지 않도록 하는 것

3 햇볕에 탄 후에는 스킨이나 에센스 등으로 보습을 확실히 하는 것

4 자외선을 받으면 수분을 잘 섭취해 피부가 건조해지지 않도록 하는 것

해설 바깥 피부 케어에 대한 설명은 바로 위단락에 나와 있다. 햇볕에 그을린 후의 대처법으로 건조함을 방지하기 위해 화장수나 에센스를 발라 충분히 보습해야 한다고 했으므로 정답은 3번이다.

64 이 글의 내용에 맞는 것은 무엇인가?

1 잠깐의 외출은 자외선을 쬐는 양이 적기 때문에 햇볕에 탈 가능성이 낮다.

2 햇볕에 탄 피부는 화상과 같기 때문에 피부를 식힌 후에는 병원에서 처치를 받는 것이 좋다.

3 자외선이 강한 날에는 식사나 보충제로 비타민을 잘 섭취해야 한다.

4 햇볕에 탄 것으로 인한 피부 손상을 줄이기 위해서라도 평소 자외선 차단 대책을 세워 두는 것이 중요하다.

해설 결론적으로 필자가 말하고 싶은 것은 '햇볕에 그을린 후 애프터 케어는 물론 평소 외출 전에는 다양한 대책을 세우는 것이 중요하다'이므로 정답은 4번이다.

어휘 季節(きせつ) 계절 | ～を問(と)わず ~을 불문하고 | 今(いま)の時代(じだい) 최근, 요즘 | 日焼(ひや)け 햇볕에 탐 | 対策(たいさく) 대책 | 当(あ)たり前(まえ)だ 당연하다 | ところが 그런데 | 紫外線(しがいせん) 자외선 | 肌(はだ) 피부 | 少(すこ)しの外出(がいしゅつ) 잠깐의 외출 | 大丈夫(だいじょうぶ)だ 괜찮다 | 少(すく)なくない 적지 않다 | 実(じつ)は 실은 | ちょっとした 잠깐, 조금 | 油断(ゆだん) 방심 | にとっては ~에 있어서는 | 大(おお)きな 큰 | リスク 리스크, 위험 | そこで 그래서 | 対処(たいしょ) 대처 | アフターケア 애프터 케어 | について ~에 관해서 | 紹介(しょうかい) 소개 | べきことは ~해야 하는 것은 | 部分(ぶぶん) 부분 | 冷水(れいすい) 냉수 | 保冷(ほれい) 보냉 | アイテム 아이템 | しっかり 제대로, 확실히 | 冷(ひ)やす 식히다 | 軽(かる)い 가볍다 | やけど 화상 | ～と同(おな)じで ~과 마찬가지로 | 炎症(えんしょう) 염증 | 起(お)こす 일으키다 | 状態(じょうたい) 상태 | ～により ~에 의해 | 原因(げんいん) 원인 | メラニン色素(しきそ) 멜라닌 색소 | 増(ふ)える 늘다, 증가하

다 | 進行 진행 | 止める 멈추다, 세우다 | 次に 다음으로 | 十分に 충분히 | 保湿 보습 | ことだ ~해야 한다 | ～を浴びる ~을 쬐다 | 乾燥 건조 | 化粧水 화장수 | 美容液 에센스 | たっぷり 듬뿍 | 塗る 바르다 | 保湿 보습 | 傷つく 상처입다 | 保護 보호 | 重要だ 중요하다 | 最後に 마지막으로 | 水分 수분 | ビタミン 비타민 | 補給 보급 | ダメージを受ける 손상(손해)를 입다 | 外側 바깥쪽 | ケア 케어 | だけではなく ~뿐만 아니라 | 内側 안쪽 | 必要だ 필요하다 | 食事 식사 | サプリメント 건강보조제 | ビタミン 비타민 | 積極的に 적극적으로 | 摂取 섭취 | 心がけ 유의, 주의 | ～てほしい ~해 주었으면 하다 | アフターケア 애프터 케어 | あくまでも 어디까지나 | 行う 행하다, 실시하다 | 応急 응급 | 処置 처치 | 基本的に 기본적으로 | 大切だ 중요하다 | 日傘 양산 | 帽子 모자 | 衣類 의류 | 触れる 닿다 | 日焼け止めクリーム 자외선 차단 크림 | 紫外線量 자외선양 | 時間帯 시간대 | 場所 장소 | 避ける 피하다 | ～を通して ~을 통해, (기간) 내내 | 習慣 습관 | まったく 정말, 절대 | 不可能だ 불가능하다 | 少しでも 조금이라도 | ダメージを抑える 손상을 줄이다 | 日ごろ 평소 | 外出前 외출전 | 様々な 다양한 | 重要だ 중요하다

문제 12 다음 문장은 '신용카드'에 관한 상담과 그에 대한 A와 B의 답변이다. 세 문장을 읽고 다음의 물음에 대한 대답으로 가장 적당한 것을 1 · 2 · 3 · 4에서 하나 고르세요.

남자 대학생입니다. 여러분은 신용카드는 평생 없어도 문제없이 생활할 수 있다고 생각하십니까? 앞으로는 가지는 것이 좋다고들 하는데, 저는 솔직히 신용카드는 필요 없다고 생각합니다.

A

신용카드는 가능하면 없는 것이 좋다고 생각합니다만, 사회인이 되면 가질 수밖에 없는 경우도 있습니다.

저는 지금까지, 쇼핑의 지불은 현금으로 일시불을 관철해 왔지만, 현실은 그렇게 되지 않는 경우도 많아졌습니다. 현재 제가 소유하고 있는 신용카드는 자신의 의사로 갖고 있는 것이 아니라, 직장에서 필요한 신용카드 기능이 있는 사원 카드입니다. 직원 식당에서의 지불이나 출장 여비 등 모두 신용카드 지불 이라고 정해져 있기 때문에 카드는 필수가 되었습니다.

또한 개인적으로도 인터넷 쇼핑몰에서밖에 구입할 수 없는 상품, 예를 들어 PC 소프트 유료 다운로드도 많아졌습니다. 신용카드는 필수품은 아니지만, 확실히 가지고 있으면 여러 가지로 편리하다고 생각합니다. 다만 이용은 필요최소한으로 하고 주의해서 이용하는 것이 중요합니다.

B

신용카드가 필요한지 여부는 앞으로의 인생, 앞으로 어떤 일이 벌어지는가에 달려있습니다. 그렇지만 저는 신용카드가 없어도 생활은 가능하다고 생각합니다.

예를 들어, 쇼핑 결제는 현금, 통신 판매의 지불은 착불 또는 송금으로, 해외 여행도 현금과 여행자 수표 등으로, 귀찮다고 느끼는 일도 있을지도 모르지만, 어떻게든 될 것입니다.

주위 사람들이 카드로 쇼핑하고 포인트가 쌓여 유명 레스토랑의 식사권이나 무료 항공권 등을 받았다라는 등의 말을 하더라도 신경 쓰지 않으면 그만이고, 차를 운전한다면, 고속도로도 요금소에서 멈춰 현금 결제를 하면 될 뿐입니다. 이처럼 언제든지 현금 결제를 하면 신용카드는 필요 없다고 생각합니다.

65 '신용카드'에 대한 A와 B의 이야기로 올바른 것은 어느 것인가?

1 A는 '신용카드'는 상황이 바뀌면 필요한 경우도 있다고 말하고 있다.
2 B는 '신용카드'는 있어도 없어도 상관없다고 말하고 있다.
3 A는 '신용카드'는 현대인에게 필수적인 것이라고 말하고 있다.
4 B는 '신용카드'는 귀찮지만 가지고 있는 것이 좋다고 말하고 있다.

해설 B는 신용카드는 없어도 된다고 했으며 A는 자신의 의지와 상관없이 가지게 되는 경우도 있다고 했고, 필요하게 되는 경우도 있다고 했지만 필수적이라고 하지는 않았으므로 정답은 1번이다.

66 A와 B의 내용으로 옳은 것은 어느 것인가?

1 A는 사회인이되면 반드시 '신용카드'를 만들어야 한다고 말하고, B는 꼭 필요한 경우라면 만들어도 좋다고 말하고 있다.
2 A도 B도 현대 사회는 '신용카드' 없이 생활할 수 없다고 말하고 있다.
3 A는 '신용카드'가 없으면 번거로운 일이 많다고 하고, B는 없어도 지장이 없다고 말하고 있다.
4 A도 B도 '신용카드'가 없으면 번거로운 일이 많다고 말하고 있다.

해설 A는 사회인이 되면 반드시 만들어야 한다고 말하고 있는 것이 아니다. 단, 자신의 의사와는 달리 만들어야 할 때도 있고, 또 신용카드가 있으면 여러모로 편리하므로 필요최소한으로 주의하여 사용하자라는 의견이고, B는 절대적으로 현금만으로 아무 문제가 없다는 생각이므로 정답은 3번이다.

어휘 回答(かいとう) 회답 | 生涯(しょうがい) 생애 | 正直(しょうじき) 솔직 | ～ざるをえない ~하지 않을 수 없다 | 支払(しはら)い 지불 | 現金(げんきん) 현금 | 一括払(いっかつばら)い 일시불 | 貫(つらぬ)く 관철하다 | 所有(しょゆう) 소유 | 勤務先(きんむさき) 근무지 | 機能(きのう) 기능 | 必須(ひっす) 필수 | 購入(こうにゅう) 구입 | 有料(ゆうりょう) 유료 | 必需品(ひつじゅひん) 필수품 | 最小限(さいしょうげん) 최소한 | とどめる 멈추다, 정지시키다 | 出来事(できごと) 사건 | ～次第(しだい) ~나름, ~여하임 | 通信販売(つうしんはんばい) 통신판매 | 着払(ちゃくばら)い 착불 | 振込(ふりこ)み 송금 | トラベラーズチェック 여행자 수표 | 面倒(めんどう)だ 귀찮다, 번거롭다 | たまる 쌓이다 | 高速道路(こうそくどうろ) 고속도로 | 決済(けっさい) 결제 | 不可欠(ふかけつ) 불가결 | さしつかえる 지장이 있다, 방해가 되다

문제 13 다음의 문장을 읽고, 뒤에 나오는 질문에 대한 답으로서. 가장 적당한 것을 1·2·3·4중에서 하나 고르세요.

e메일로 섬세한 내용을 전달하거나 예민한 사람들과 연락할 때의 위험성에 대해 생각해 보고 싶습니다.

e메일을 이용하고 있는 사람들의 대다수가 그렇다고 생각합니다만, 그저 문자가 표시되어 있기만 한 e메일로는, 이쪽의 목소리 톤이나 눈맞춤, 상대방을 헤아리는 마음을 알아주려고 하는 기분이나, 사람으로서의 배려를 표현할 수 없다는 것을 우리는 때때로 잊어버립니다. e메일로는 '이렇습니다'라고 단언하는 것 같은 느낌이 되어 버립니다. 자신의 생각을 키보드로 입력하고 '전송' 버튼을 누릅니다. 이 같은 작업을 하고 있으면, 이 메시지를 읽고 상대는 어떻게 느끼는지, 그런 생각은 머리에 떠오르지 않습니다. 지나치게 단정적이거나, 퉁명스럽거나 상대방에 대한 실례되는 듯한 직접적인 표현이거나, 그런 것을 신경 쓰지 않게 되어버립니다.

그래서 여러분에게 가르쳐 드립니다. e메일은 중요한 내용이나 섬세한 내용은 전하지 않는다. 이것은 철칙입니다.

실제로 스스로 글을 쓰고, 우표를 붙여 우체통이 있는 곳까지 갔었던 시절을 생각하면 모든 것이 느려서 시대에 뒤쳐지는 것 같은 생각이 듭니다. 그러나 모든 것을 끝내기 위해서는 시간이 걸립니다. 옛날에는 사려가 부족한 커뮤니케이션이라는 이유로 궁지에 빠지는 것 같은, 지금과 같은 일은 일어나지는 않았습니다.

3회

'전송' 버튼을 누르지 않았더라면 좋았다고 후회한 적이 있습니까?

여러분은 더 의식해 주었으면 합니다. 조급하게 말을 하거나 너무 생각없이 발언해 버리거나 그 말을 상대가 어떻게 해석하는지 생각하지 않는다면, 고객이나 친구, 또는 소중한 사람과의 관계를 망가뜨려 버립니다.

즉시 문자로 답변할 수 있는 세계에 우리가 지금 살고 있습니다. 문자로 언제든지 주고받을 수 있다. 하지만 지금까지 즉시 답장을 보내버려서 곤란했던 경험은 없습니까? 뭔가 마음이 진정되지 않을 때는 하루를 두고 다시 한 번 자신의 문자를 읽습니다. 그러면 더 온화한, 받아들이기 쉬운 문장을 쓸 수 있습니다.

또는 수화기를 들어 실제로 전화를 해서 마음과 마음으로 이야기를 합시다. 마음을 안정시키고, 이성적인 상태에서 상황을 판단할 수 있을 때까지 기다립시다. 그리고 전화로 문제에 대해 이야기를 합시다.

67 그런 것에는 어떤 것이 있습니까?

1 메시지에 사실만을 명확하게 전달하는 노력을 하는 것
2 자신의 생각이 상대에게 전달되도록 표현에 신경을 쓰는 것
3 메시지를 받은 상대방의 반응을 배려하는 것
4 상대방이 호감을 갖도록 예쁜 말을 사용하는 것

해설 본문에서 '그런 것'이란 e메일을 읽고 상대는 어떻게 느끼는지, 지나치게 단정적이거나, 퉁명스럽거나 상대방에 대한 실례되는 듯한 직접적인 표현 등을 사용하지는 않았는지에 대한 것이므로 정답은 3번이다.

68 필자는 e메일로 문제가 발생해 버리는 이유는 무엇이라고 하는가?

1 상대방에 대한 지나친 배려로, 오해가 생기기 때문에
2 전송 및 수신에 걸리는 시간이 너무 빠르기 때문에
3 받는 사람에 대한 배려나 헤아림을 잊기 쉽기 때문에
4 송수신시 때때로 오류가 발생하기 때문에

해설 e메일로 문제가 발생하는 것은 이메일을 받은 상대방이 어떻게 느끼는지에 대한 헤아림이나 배려의 부족으로 발생하므로 정답은 3번이다.

69 필자의 생각과 다른 것은 무엇인가?

1 오해를 일으키기 쉬운 내용을 전할 때는 전화가 좋다.
2 e메일은 일방적인 전달 방법이 되기 쉽다.
3 섬세한 내용은 시간을 두었다가 보내는 것이 좋다.
4 e메일은 지금처럼 바쁜 시대에 최적의 전달 수단이다.

해설 섬세한 내용을 전하거나 오해를 일으킬 수 있는 내용은 전화로 마음과 마음으로 이야기하자고 했다. 이메일은 단언하는 듯한 느낌이며 자신의 생각을 쓰니 일방적인 전달 방법이 될 수 있고, 마음이 안정되어 있지 않을 때는 하루가 지나고나서 쓰면 온화하거나 받아들여지기 쉬운 문장을 쓸 수 있다고 했으며, e메일이 최적의 수단이라는 말은 없으므로 정답은 4번이다.

어휘 繊細(せんさい) 섬세 | 危険性(きけんせい) 위험성 | アイコンタクト 눈맞춤 | 思(おも)いやる 배려하다 | 気遣(きづか)い 배려, 신경씀 | 言(い)い切(き)る 단언하다 | 入力(にゅうりょく) 입력 | 頭(あたま)に浮(う)かぶ 머리에 떠오르다 | ぶっきらぼう 무뚝뚝함, 퉁명스러움 | 言(い)い回(まわ)し 표

현 | 鉄則 철칙 | 切手を貼る 우표를 붙이다 | 時代遅れ 시대에 뒤쳐짐 | 思慮 사려, 배려 | 欠く 없다, 부족하다 | 窮地に陥る 궁지에 빠지다 | せっかちに 조급하게 | 解釈 해석 | 関係を壊す 관계를 망가뜨리다 | やりとり 주고 받음 | 空ける 비우다 | 穏やかだ 온화하다, 평온하다 | 受話器 수화기 | 受け取る 수취하다, 받다 | 好感 호감 | 配慮 배려 | 誤解が生じる 오해가 발생하다 | 伝達手段 전달수단

문제 14 오른쪽 페이지는 여관 이용 안내이다. 아래 질문에 대한 답으로 가장 좋은 것을 1 · 2 · 3 · 4 중 하나 고르시오.

70 야마모토 씨는 자신의 부모님과 초등학교 1학년 딸과 4명이서 당일치기 온천여행을 가서 개인실을 이용하려고 생각하고 있다. 이 경우 요금은 모두 얼마가 되는가?

1 18,000엔
2 19,500엔
3 22,500엔
4 24,000엔

해설 성인 1인당 5천엔 요금이며, 초등학교 저학년은 성인의 60% 요금이므로 3천엔이 된다. 여기에 개인실을 사용하려면 성인 1인당 1,500엔이 추가(초등학생까지는 추가 요금 없음)된다고 했으니 6,500엔*3인=19,500엔+어린이 요금3,000엔=22,5000엔, 정답은 3번이다.

71 문장의 내용으로 옳은 것은 어느 것인가?

1 전세 목욕탕을 이용할 경우는, 요금을 지불하지 않으면 안 된다.
2 공휴일에도 이 플랜을 이용하는 것이 가능하다.
3 지불은 인터넷으로 카드 결제밖에 할 수 없다.
4 이 플랜에서는 추가 요금을 지불하면 숙박하는 것도 가능하다.

해설 전세 목욕탕은 무료로 이용 가능하며, 휴일 전날, 공휴일은 이 플랜이 적용되지 않으며, 이 플랜은 당일치기 여행이므로 3번이 정답이다.

하코네에서 느긋하게 온천 당일치기 여행

* 멋진 경치와 함께 노천탕을 즐길 수 있는 평일 한정, 점심 식사가 포함된 플랜! 노천탕에 들어가 평소의 피로를 풀지 않겠습니까?

1. 플랜 특징
① 1인당 5,000엔!! 평일 한정 최저가 요금제입니다. 어린이 요금은 아래를 봐 주십시오.
(여름 한정 특별 플랜이므로 예약은 일찌감치)
② 대욕장에는 최고의 경치를 즐길 수 있는 노천탕이 딸려 있습니다. 또한 희망하시는 분에게는 무료로 전세 목욕도 이용 가능하므로 예약하실 때 주문해 주십시오.
③ 대욕탕에서 땀을 흘린 후에는 푹 쉴 수 있는 개인실 이용도 가능합니다. 추가요금은 1인당 1,500엔입니다. 예약하실 때 주문해 주십시오.
(단, 초등학생까지의 어린이는 추가요금이 없습니다.)
④ 저희 온천까지 가장 가까운 역에서 무료 셔틀버스를 운행하고 있습니다. 꼭 이용해 주십시오.

2. 식사

점심 : 전국 각지에서 엄선된 제철 소재를 사용한 본격 가이세키 요리

① * 메인 요리는 '소고기 숯불구이, 샤브샤브, 스키야키'에서 선택해 주십시오.

② 식사 장소 : 또는 레스토랑 메이요의 개인실에서 드십시오. 개인실을 이용하시는 분은 객실에서 식사도 가능합니다.

3. 결제방법 : 본 플랜은 온라인에서의 카드결제만 받고 있습니다. 현금 지불이나 저희 온천에서의 지불은 불가능하오니 미리 양해해 주시기 바랍니다.

4. 예약상 주의사항

① 5인 이상 이용하시는 경우에는, 개인실 이용은 불가합니다.

② 알레르기나 싫어하는 식재료가 있으시면 예약 시 알려주십시오.

③ 휴일 전날, 공휴일은 플랜에서 제외됩니다.

5. 어린이 요금 : 어린이 요금은 아래를 참조하십시오.

구분	내용	요금
초등학교 고학년	온천 이용과 성인에 준한 식사 제공	성인요금×80%
초등학교 저학년	온천 이용과 어린이 식사(어린이 점심 등) 제공	성인요금×60%
0세~6세	온천 이용(식사제공은 없습니다)	1500엔

어휘 日帰り 당일치기 | 個室 개인실 | 貸切 전세, 모두 빌림 | 支払う 지불하다 | 祝日 공휴일 | 決済 결제 | 追加 추가 | 宿泊 숙박 | 景色 경치 | ～とともに ~와 함께 | 露天風呂 노천탕 | 堪能 충분이 만족함, 납득함 | 限定 한정 | 日ごろ 평소 | 癒す 1.병이나 상처를 치료하다 2.굶주림이나 마음의 고민 등을 해소하다 | 特徴 특징 | 最安値 최저가 | 下記 하기 | 早めに 일찌감치 | 大浴場 대욕장 | 希望 희망 | 申し付け 명령, 분부, 주문 | 最寄り 가장 가까움 | 運行 운행 | 各地 각지 | 厳選 엄선 | 旬 제철, 적기 | 素材 소재 | 本格 본격 | 懐石料理 다도(茶道)에서 차를 내놓기 전에 내는 간단한 음식 | 炭火 숯불 | ～にて 시간, 장소, 이유(원인), 수단(재료) 등을 나타내는 조사 | のみ ~만, 뿐 | 承る 듣다, 받다의 겸양어 | 現金 현금 | あらかじめ 미리 | 了承 승낙, 양해 | 注意事項 주의사항 | 食材 식재 | 休前日 휴일 전날 | 祝祭日 축일(祝日)과 제일(祭日) | 除外 제외 | 準じる 준하다, 비례하다 | 提供 제공

문제 1 **문제1에서는 먼저 질문을 들으세요. 그리고 이야기를 듣고 문제지의 1~4 중에서 가장 적당한 것을 하나 고르세요.**

例 Track 3-1-00

男の人と女の人が探している本について話しています。女の人はこれからどうしますか。

男：はい、桜市立図書館です。

女：もしもし、そちらの利用がはじめてなんですが、そちらの蔵書について電話で伺ってもいいですか？

男：はい。本の題名を教えてくだされば、検索いたします。

女：それが本じゃなくて、外国の新聞とか雑誌なんです。

男：はい、当館では外国の新聞約５０種、雑誌を約100種所蔵しております。

女：へえ、すごいですね。

男：詳しくは当ホームページの検索でご確認できます。

女：そうですか。はい、やってみます。あと、私は子供がいて一緒に行きたいんですが、入るとき、年齢の制限とかはありますか。

男：どなたでも自由に入館できます。ただ、当館では児童書は扱っておりません。

女：あ、そうですか。残念ですね。私はぜひ子供に本を読ませたいんですが。

女の人はこれからどうしますか。

1 ホームページで児童書を検索する。
2 ホームページで子供に読ませる本を検索する。
3 子供も入館できる図書館を探す。
4 子供が読める本がある図書館を探す。

예

남자와 여자가 찾고 있는 책에 대해 이야기하고 있습니다. 여자는 앞으로 어떻게 합니까?

남 : 네, 사쿠라 시립 도서관입니다.

여 : 여보세요, 그쪽의 이용이 처음입니다만, 그쪽의 장서에 대해 전화로 여쭤봐도 될까요?

남 : 네. 책 제목을 알려 주시면 검색해 드리겠습니다.

여 : 그게 책이 아니고, 외국 신문이나 잡지예요.

남 : 네, 저희 도서관에서는 외국 신문 50종, 잡지 100종을 소장하고 있습니다.

여 : 와우, 대단하네요.

남 : 자세한 내용은 저희 홈페이지의 검색에서 확인하실 수 있습니다.

여 : 그래요? 네, 해 보겠습니다. 그리고, 저는 아이가 있어서 함께 가고 싶은데 들어갈 때 나이 제한 같은 건 있나요?

남 : 누구나 자유롭게 출입할 수 있습니다. 단, 저희 도서관에서는 아동서는 취급하지 않습니다.

여 : 아, 그래요? 유감이네요. 저는 꼭 아이에게 책을 읽게 하고 싶은데요.

여자는 앞으로 어떻게 합니까?

1 홈페이지에서 동화책을 검색한다.
2 홈페이지에서 아이에게 읽게 할 책을 검색한다.
3 아이도 입장 할 수 있는 도서관을 찾는다.
4 아이가 읽을 수 있는 책이 있는 도서관을 찾는다.

1番 Track 3-1-01

学生と先生が話しています。学生はいつまでにレポートを提出すればいいですか。

男：先生、今回のレポートのことですが、体の具合が悪くて期間内に出せそうにありません。お医者さんに急性胃炎だと言われました。夜も胃が痛くてよく眠れなくて…。

女：あ、そうですか。それはいけませんね。

男：そういうことで、レポートの提出期間を2週間ぐらい延長していただけませんか。

女：そうですね。でも2週間は遅すぎます。他の学生のことを考えたら、それは平等ではありませんね。

男：けれども、病気のため何を書けばいいのか、ぜんぜん頭に思い浮かばないんです。

女：だからと言って、個人的な理由で２週間も延ばしてあげる、特別待遇はありません。これから５日間でまとめてください。

男：そうですか、わかりました。だったら、今日が８日金曜日で……。あ、土、日は先生が研究室にいらっしゃらないから、その延長期間から除きますね。

女：いいえ、含まれます。後、その日は学会があるので、午後からは席を外しています。

男：はい、わかりました。どうも申し訳ありません。

学生はいつまでにレポートを提出すればいいですか。

1　13日、水曜日、10時
2　13日、火曜日、13時
3　15日、木曜日、11時
4　15日、金曜日、14時

1번

학생과 선생님이 이야기하고 있습니다. 학생은 언제까지 보고서를 제출하면 됩니까?

남 : 선생님, 이번 보고서말입니다만, 몸이 안 좋아서 기간 내에 제출할 수 없을 것 같습니다. 의사가 급성 위염이라고 말했습니다. 밤에도 위가 아파서 잠을 잘 못자서….

여 : 아, 그래요? 그것 참 안 됐네요.

남 : 그러한 이유로, 보고서의 제출 기간을 2주 정도 연장하여 주실 수 없을까요?

여 : 글쎄요. 하지만 2주는 너무 늦습니다. 다른 학생의 입장을 생각하면, 그것은 평등하지 않네요.

남 : 그러나 병으로 무엇을 쓰면 좋을지, 전혀 머리에 떠오르지 않아요.

여 : 그렇다고 개인적인 이유로 2주간이나 늘려주는 특별 대우는 없습니다. 앞으로 5일 동안 정리해 주세요.

남 : 그렇습니까? 알겠습니다. 그렇다면 오늘이 8일 금요일로…. 아, 토요일, 일요일은 선생님이 연구실에 계시지 않기 때문에, 그 연장 기간에서 제외하는 거죠?

여 : 아니, 포함됩니다. 또한 그날은 학회가 있으므로 오후부터는 자리를 비웁니다.

남 : 네, 알겠습니다. 정말 죄송합니다.

학생은 언제까지 보고서를 제출하면 됩니까?

1 13일, 수요일, 10시
2 13일, 화요일, 13시
3 15일, 목요일, 11시
4 15일, 금요일, 14시

해설 오늘은 8일 금요일이다. 앞으로 5일 안에 제출하라고 했고, 주말도 연장기간에 포함된다고 했으며, 오후에는 부재라고 오전중에 제출해야 하므로 정답은 13일 수요일 10시가 된다.

어휘 提出 제출 | 急性胃炎 급성위염 | 延長 연장 | 平等 평등 | 思い浮かぶ 생각이 떠오르다 | 個人的 개인적 | 特別待遇 특별대우 | まとめる 흩어져 있던 것을 하나로 모으다, 종합하다 | 除く 제외하다 | 含む 포함하다

2番 Track 3-1-02

女の人と男の人が銀行で話しています。女の人はこれからどうすればいいですか。

男：お待たせいたしました。本日はどのようなご用件でしょうか。
女：あの、娘名義の通帳を作りたいのですが。
男：かしこまりました。それでは、お客様の身分証明書と、お子様の身分証明書を拝見できますか。
女：パスポートでも大丈夫ですか。
男：はい、ありがとうございます。それでは、こちらの書類にお名前とご住所などをご記入いただけますか。それから、本日は印鑑も必要ですが、お持ちでしょうか。
女：え？印鑑も必要なんですか…。今日は持ってきていないのですが…。
男：そうですか。印鑑がないと口座を開設することができませんので、大変申し訳ございませんが、後日、改めてご来店いただいてもよろしいでしょうか。
女：わかりました。

女の人はこれからどうすればいいですか。

1 娘の身分証明書を作って今日中に銀行に行く。
2 自分の身分証明書のコピーを銀行に提出する。
3 書類に名前などの必要なことを記入する。
4 印鑑を持って再度銀行に行って手続きをする。

2번

여자와 남자가 은행에서 이야기하고 있습니다. 여자는 이제부터 어떻게 하면 됩니까?

남 : 오래 기다리셨습니다. 오늘은 어떤 용건이신지요?
여 : 저, 딸 명의의 통장을 만들고 싶은데요.
남 : 알겠습니다. 그럼, 고객님의 신분증과 자녀분의 신분증을 볼 수 있을까요?
여 : 여권으로도 괜찮습니까?
남 : 네, 감사합니다. 그럼, 이쪽의 서류에 성함과 주소 등을 기입해 주시겠습니까?
그리고 오늘은 인감도 필요합니다만, 가지고 계신가요?
여 : 네? 인감도 필요합니까…? 오늘은 가지고 오지 않았습니다만….
남 : 그렇습니까? 인감이 없으면 계좌를 개설할 수 없기 때문에, 대단히 죄송합니다만, 나중에 다시 내점하셔도 괜찮으실까요?
여 : 알겠습니다.

여자는 이제부터 어떻게 하면 됩니까?

1 딸의 신분증을 만들어 오늘 중으로 은행에 간다.
2 자신의 신분증 사본을 은행에 제출하다.
3 서류에 이름 등 필요한 것을 기입한다.
4 인감을 가지고 다시 은행에 가서 절차를 밟는다.

해설 계좌를 개설하기 위해서는 반드시 인감이 필요하므로 인감을 가지고 다시 은행에 방문하면 된다. 정답은 4번이다.

어휘 本日 금일, 오늘 | 用件 용건 | 名義 명의 | 通帳 통장 | かしこまりました 알겠습니다 | 身分証明書 신분증 | 拝見する [보다]의 겸양어 | 印鑑 인감, 도장 | 口座 계좌 | 開設 개설 | 後日 후일 | 改めて 다른 기회에, 다시 | 来店 내점 | 提出 제출 | 再度 다시 | 手続き 수속, 절차

3番 Track 3-1-03

薬局で男の人と女の人が話しています。女の人が一番気を付けなければならないのはどれですか。

男：こちらのお薬ですが、1か月分となっています。必ず空腹時に飲んでください。

3번

약국에서 남자와 여자가 이야기하고 있습니다. 여자가 가장 주의해야 하는 것은 무엇입니까?

남 : 이 약은 한달치로 되어 있습니다. 반드시 공복 시에 드십시오.

3회

女：空腹ってことは、お腹がすいているときってことですよね？食前でも大丈夫ですか？

男：食前の場合は30分以上何も飲んだり食べたりしてない状態で薬を飲んでください。時間の調節が難しいと思うので、朝起きてすぐ飲むのが一番いいと思います。

女：そうですか。朝はバタバタしていて忘れちゃうかもしれないから心配で・・・。薬は毎日同じ時間に飲んだほうがいいですか？

男：そうですね。そのほうが、薬の効果がありますので、可能ならば、そうしてください。薬を飲む時間にアラームをセットしておくのもいい方法ですよ。

女：はい、わかりました。

女の人が一番気を付けなければならないのはどれですか。

1 薬を飲むときは必ず空腹を避けること
2 薬は毎日同じ時間に服用すること
3 朝起きてすぐ水を飲んでから薬を飲むこと
4 薬を飲む時間にアラームをセットしておくこと

여 : 공복이라는 것은 배 고플 때를 말하는 거지요? 식전이라도 괜찮습니까?

남 : 식전일 경우에는 30분 이상 아무 것도 마시거나 먹지 않은 상태에서 약을 드세요. 시간 조절이 어려울 테니, 아침에 일어나 바로 먹는 것이 가장 좋을 겁니다.

여 : 그래요? 아침에는 정신이 없어서 잊어버릴지도 모르니까 걱정되네요…. 약은 매일 같은 시간에 먹는 편이 좋습니까?

남 : 그렇습니다. 그 편이 약 효과가 있기 때문에, 가능하다면 그렇게 해 주세요. 약을 먹을 때마다 알람을 맞춰 두는 것도 좋은 방법이에요.

여 : 네, 알겠습니다.

여자가 가장 주의해야 하는 것은 무엇입니까?

1 약을 먹을 때는 반드시 공복을 피하는 것
2 약은 매일 같은 시간에 복용하는 것
3 아침에 일어나 바로 물을 마시고나서 약을 먹는 것
4 약을 먹을 시간에 알람을 맞춰 두는 것

해설 약사가 약을 건네주면서 복용 시 주의사항에 대해 이야기하고 있다. 우선 반드시 공복에 복용하라고 하며, 약의 효과를 위해 매일 같은 시간에 복용하라고 했으니, 여자가 가장 주의해야 하는 것은 2번이다.

어휘 薬局 약국 | 薬 약 | 必ず 반드시 | 空腹時 공복 시 | お腹がすいている 배고프다 | 食前 식전 | 状態 상태 | 調節 조절 | バタバタ 분주한 모습 | 効果 효과 | 可能 가능 | ～ならば ~하다면 | アラームをセットする 알람을 맞추다 | 方法 방법 | 避ける 피하다 | 服用 복용

4番 Track 3-1-04

女の人と男の人が話しています。女の人はどんな状況になったら出産のことを考えてみますか。

女：少子化、少子化ってうるさいけど、私だって子供がほしいとはまだ思えないよ。

男：だめだよ、出産率が低下すると、社会保障だけでなく、経済全般にも影響があるんだから。

4번

여자와 남자가 이야기하고 있습니다. 여자는 앞으로 어떤 상황이 되면 출산을 생각해 봅니까?

여 : 저출산, 저출산이라고 말들이 많은데, 나도 아이를 원한다고 아직 생각되지 않아.

남 : 안 돼. 출산율이 저하되면 사회 보장뿐만 아니라 경제 전반에 영향이 있으니까.

女：一郎君は男だから、簡単にそんなこと言えるかもしれないけど、今の社会の育児はまだ母の責任という認識が残っているからだめなんだよね。子育ては親の共同責任なのに。
男：じゃ、だったら、ナナコちゃんはもし結婚して旦那さんが家事をよく手伝ってくれれば子供を産むつもり？
女：ただ、手伝ってくれるという約束だけじゃ足りないわ。政府や企業からの援助も必要だと思うよ。
男：そしたら援助金のことを言ってるの？
女：そういうことじゃなくて、父親の方に確実に子育てに協力してもらえるよう、休暇をもらってほしいね。なら、まあ、私も子供のことを考えてみようかな。

女の人はこれから、どんな状況になったら出産のことを考えてみますか。

1 政府からの援助金が出たら、子供を産む。
2 企業からの休暇があったら、子供を産む。
3 主人が育児の休暇が取れたら、子供を産む。
4 育児は夫婦の共同責任だというような認識になったら、子供を産む。

여 : 이치로 군은 남자니까 쉽게 그런 것을 말할 수 있을지도 모르지만, 지금 사회의 육아는 아직 어머니의 책임이라는 인식이 남아 있기 때문에 안되는 거야. 육아는 부모의 공동 책임인데.
남 : 그렇다면, 나나코는 만약 결혼하고 남편이 집안일을 잘 도와주면 아이를 낳을 거야?
여 : 그저 도와준다는 약속만으로는 부족해. 정부나 기업의 지원도 필요하다고 생각해.
남 : 그렇다면 보조금을 말하는 거야?
여 : 그런 것이 아니고, 아버지 쪽이 확실하게 육아에 도움을 줄 수 있도록 휴가를 줬으면 좋겠어. 그렇다면 뭐, 나도 아이를 생각해 볼까?

여자는 어떤 상황이 되면 출산을 생각해 봅니까?

1 정부로부터 보조금이 나오면, 아이를 낳는다.
2 기업에서의 휴가가 있으면, 아이를 낳는다.
3 남편이 육아 휴가를 얻을 수 있으면, 아이를 낳는다.
4 육아는 부부의 공동 책임이라고 하는 인식이 되면 아이를 낳는다.

해설 여자가 바라는 것은 육아는 부부 공동의 몫이니 남자 회사가 육아휴직을 주었으면 좋겠다는 것이 포인트이므로 정답은 3번이다.

어휘 少子化 저출산 | 出産率 출산율 | 低下 저하 | 社会保障 사회 보장 | 全般 전반 | 育児 육아 | 認識 인식 | 共同 공동 | 援助 원조

5番 Track 3-1-05

男の人と女の人が話しています。男の人は自分の目指している企業に就職するために何をしますか。

男：就活はうまくいってるの？
女：わたし最近夜更かししながら、履歴書ばかり書いているの。20個所ぐらい応募する予定だから、すごい時間かかるの。
男：え？20個所の履歴書を全部書くの。大変だね。僕は5個所ぐらいだけ書くつもりなんだ。

5번

남자와 여자가 이야기하고 있습니다. 남자는 자신이 목표로 하는 기업에 취직하기 위해 무엇을 합니까?

남 : 취업 준비는 잘 되고 있어?
여 : 나, 최근 늦게까지 안 자면서 이력서만 쓰고 있어. 20군데 정도 응모 할 예정이여서 상당한 시간이 걸려.
남 : 어? 20군데의 이력서를 다 쓰는 거야? 힘들겠네. 나는 5곳 정도만 쓸 생각이야.

新聞で読んだら、どうせ採用担当者が履歴書を読む時間は長くても5分や10分だと言ってるし。

女：え？ 5分や10分？ひどい。人がせっかく書いたのに。でも、5分読んで人を選べるのかな。

男：だから、5分や10分で自分をアピールしなきゃ。

女：わかるけど、そこ落ちたらどうするの、やっぱりみんな不安だからたくさん書いとくんでしょう。

男：結局、企業が求めている人材って、ただ英語の点数がよくて、いい大学を出た人より、熱意を持って自分の仕事をやれる人だと思う。だから、僕は自分にできる分野を決めて、その企業だけ狙って研究するつもり。

女：ふーん、自信満々だね。

男の人は自分の目指している企業に就職するために何をしますか。

1 自分にできる仕事をよく考えて、それに当てはまる会社を探す。
2 自分の専攻や能力を生かし、自分の将来の分野を決定する。
3 企業の研究のため、支援する会社をたくさんは選ばない。
4 熱意を持って仕事が出来るように優秀な会社を探す。

신문에서 읽었더니, 어차피 채용 담당자가 이력서는 읽는 시간은 길어도 5분이나 10분이라고 하고.

여 : 뭐? 5분이나 10분? 심하다. 남이 애써서 썼는데. 하지만 5분 읽고 사람을 선택할 수 있나?

남 : 그러니까, 5분이나 10분만에 자신을 어필 해야지.

여 : 알지만, 거기 떨어지면 어떻게 할 거야? 역시 모두 불안하니까 많이 써 두는 거지.

남 : 결국 기업이 요구하는 인재는, 단지 영어 점수가 좋고, 좋은 대학을 나온 사람보다 열정을 가지고 자신의 일을 할 수 있는 사람이라고 생각해. 그래서 나는 내가 할 수 있는 분야를 정해서, 그 기업만 노리고 연구할 거야.

여 : 흠, 자신 만만하네.

남자는 자신이 목표로 하는 기업에 취직하기 위해 무엇을 합니까?

1 자신이 할 일을 잘 생각하여 그에 적합한 회사를 찾는다.
2 자신의 전공과 능력을 살려 자신의 미래 분야를 결정한다.
3 기업의 연구를 위해 지원하는 회사를 많이 선택하지 않는다.
4 열정을 가지고 일을 할 수 있도록 우수한 회사를 찾는다.

해설 대화의 맨 마지막에도 나와 있듯이 자신이 할 수 있는 분야를 정해서 그 기업만을 노려서 연구한다고 했으므로 정답은 1번이다.

어휘 就活「就職活動 취업활동」의 준말 | 夜更かし 밤늦게까지 자지 않음 | 応募 응모 | 熱意 열의 | 狙う 목표로 하다, 노리다 | 当てはまる 적합하다 | 生かす(＝活かす) 살리다 | 将来 장래

문제 2 **문제2에서는 우선 질문을 들으세요. 그 후 문제지를 보세요. 읽을 시간이 있습니다. 그리고 이야기를 듣고 문제지의 1~4 중에서 가장 적당한 것을 하나 고르세요.**

例 Track 3-2-00

男の人と女の人が料理を作りながら話しています。男の人は何に注意しますか。

예

남자와 여자가 요리를 만들면서 이야기하고 있습니다. 남자는 무엇에 주의합니까?

男：寒くなってきたな。食べると体が温まって、簡単でおいしい料理、何かないかな。
女：そうね。うちは家族みんなでよく豚汁食べるけど。作り方教えようか。
男：へえ、どんな料理？ 僕は一人暮らしだから、なるべくはやく済ませられる料理がいいけど。
女：すごく簡単だよ。材料は豚肉と大根、じゃがいも、にんじん、みそだけあればいいよ。長さ３センチぐらいに全部の材料を切ってね。まず豚肉を炒めてから野菜を入れて、さらに炒める。
男：順番なんかいいだろう。何を先に炒めようが。
女：よくない。必ず肉を先に炒めてね。それから全体に油がまわったら、水を加え、１０分煮る。そこにみそを溶かすとできあがり。
男：へえ。簡単だね。でもさっきの３センチって面倒くさいから、適当に切っていいだろう。
女：でも早く済ませたいんでしょう。材料は大きさをそろえたら、煮やすくなるのよ。

男の人は何に注意しますか。

1 材料は大きさを合わせて切ること
2 材料がそろった後に、はやく煮ること
3 野菜を先に炒めること
4 はやく済ませられるように材料をそろえること

남 : 추워졌네. 먹으면 몸이 따뜻해지고 간단하고 맛있는 요리 뭔가 없을까?
여 : 글쎄. 우리는 가족 모두가 자주 돼지고기 된장국 먹고 있는데. 만드는 법 가르쳐 줄까?
남 : 와우, 어떤 요리? 나는 혼자 사니까 가급적 빨리 끝마칠 수 있는 요리가 좋은데.
여 : 아주 간단해. 재료는 돼지고기와 무, 감자, 당근, 된장만 있으면 돼. 길이 3센티 정도로 모든 재료를 썰어. 먼저 돼지고기를 볶은 후 채소를 넣고 더 볶아.
남 : 순서 따위는 아무래도 상관없잖아. 무엇을 먼저 볶든.
여 : 상관 있어. 반드시 고기를 먼저 볶아 줘. 그리고 나서 전체에 기름이 돌면 물을 넣고 10분 익혀. 거기에 된장을 풀면 완성!
남 : 오, 간단하구나. 하지만 아까 3센티라는 건 귀찮으니까 적당하게 자르면 되겠지.
여 : 빨리 끝내고 싶지? 재료는 크기를 맞추면 쉽게 익어.

남자는 무엇에 주의합니까?

1 재료는 크기를 맞추어 자를 것
2 재료가 갖추어진 후에 빨리 익힐 것
3 채소를 먼저 볶을 것
4 빨리 끝낼 수 있도록 재료를 갖출 것

3회

1番 Track 3-2-01

女の人が家電量販店に電話をしています。女の人のテレビの調子が悪い原因は何ですか。

男：はい、サクラ電気、サービスセンターの山本でございます。
女：あの、そちらで先月テレビを購入した川田と申しますが。
男：はい、ありがとうございます。本日は、どのようなご用件でしょうか。
女：実は、先週Ａ社のケーブルテレビを契約して接続したんですが、テレビの映りが悪いんです。

1번

여자가 가전양판점에 전화를 하고 있습니다. 여자의 텔레비전 상태가 나쁜 원인은 무엇입니까?

남 : 네, 사쿠라전기, 서비스센터 야마모토입니다.
여 : 저기, 그쪽에서 지난달 TV를 구입한 가와다라고 합니다만….
남 : 네, 감사합니다. 오늘은 어떤 용건이신지요?
여 : 실은 저번 주 A사의 케이블TV를 계약해서 접속했는데, TV가 잘 안 나옵니다.

男：そうですか。ケーブルテレビの線はしっかり接続されていますか？
女：はい、大丈夫だと思います。
男：そうですか…。それでしたらこちらで原因をお調べしますので、少々お待ちください。
…
男：お待たせいたしました。先ほど確認したところ、先日の台風でA社のアンテナが壊れたようで、そちらとご契約された方は映りが悪いようなんです。
女：え！そうなんですね。そしたら、直るまではこのままということですか？
男：そういうことになりますね。

女の人のテレビの調子が悪い原因は何ですか。

1 買ったばかりなのにテレビが故障していたため
2 ケーブルテレビの線が接続されていなかったため
3 台風のせいで、家のテレビのアンテナが壊れたため
4 A社のアンテナが台風の影響で壊れたため

남 : 그렇습니까? 케이블 TV의 선은 제대로 접속되어 있습니까?
여 : 네, 괜찮다고 생각해요.
남 : 그렇습니까…그렇다면 이쪽에서 원인을 조사할 테니, 잠시만 기다려 주십시오.
…
남 : 오래 기다리셨습니다. 좀 전 확인했더니, 요전 날의 태풍으로 A사의 안테나가 망가진 것 같아서, 그쪽과 계약하신 분은 TV가 잘 안 나오는 것 같습니다.
여 : 아! 그렇군요. 그러면 고쳐질 때까지는 이대로라는 건가요?
남 : 그렇게 되네요.

여자의 텔레비전 상태가 나쁜 원인은 무엇입니까?

1 산 지 얼마 안 되는 텔레비전이 고장 났기 때문에
2 케이블 TV의 선이 접속되어 있지 않았기 때문에
3 태풍의 바람 탓에, 집의 텔레비전 안테나가 부서졌기 때문에
4 A사의 안테나가 태풍의 영향으로 부서졌기 때문에

해설 전날의 태풍으로 A사의 안테나가 망가졌기 때문에 텔레비전 상태가 나쁜 것이므로 정답은 4번이다.

어휘 家電量販店 주로 가전제품을 싸게 파는 대형 소매점 | 購入 구입 | 契約 계약 | 接続 접속 | 映り 비침,영상 | しっかり 제대로, 확실히 | 先ほど 좀 전 | ～たところ ~하다, 했더니 | 故障 고장

2番 Track 3-2-02

男の人と女の人が電話で話しています。男の人は、面接について女の人にどう言っていますか。

男：はい、SBC貿易、採用担当の中村でございます。
女：私、先週そちらの事務のお仕事に応募させていただきました佐藤と申します。
男：あ、佐藤様ですね。本日は、何かお問い合わせでしょうか。
女：はい、実は来週月曜日に面接をさせていただく予定でしたが、急用ができてしまい、変更をお願いしたいと思い、お電話いたしました。

2번

남자와 여자가 전화로 이야기하고 있습니다. 남자는 면접에 대해 여자에게 어떻게 말하고 있습니까?

남 : 네, SBC무역, 채용 담당자 나카무라입니다.
여 : 저는 지난주에 귀사 사무직에 응모한 사토라고 합니다.
남 : 아, 사토 님이시군요. 오늘은 뭔가 문의하실 게 있을까요?
여 : 네, 실은 다음 주 월요일에 면접할 예정이었습니다만, 급한 일이 생겨서, 변경을 부탁드리고 싶어서 전화 드렸습니다.

男：あ、そうでございますか。佐藤様の下のお名前を教えていただけますか。

女：「真由美」と申します。

男：「佐藤真由美」様ですね。少々お待ちいただけますでしょうか。

女：はい、お願いいたします。

・・・・

男：お待たせいたしました。「佐藤真由美」さまですね。確かに来週月曜日午後２時に面接となっております。ご変更とのことですが、ご希望の日時はございますか。

女：来週の金曜日はお時間いかがでしょうか？時間は御社のご都合に合わせます。

男：それでしたら、来週の金曜日、午後３時はいかがでしょうか？その時間でしたら担当の者も空いておりますので。

女：はい、お願いいたします。お手数をおかけして申し訳ありません。

男：いえ、それでは後程確認メールを送らせていただきますね。

男の人は、面接について女の人にどう言っていますか。

1　面接時間の変更はできない。
2　面接の日時を月曜日午後3時に変えてほしい。
3　この後すぐ面接にきてほしい。
4　変更した面接の日程をメールで送る。

남 : 아, 그렇습니까? 사토 님의 이름을 가르쳐 주시겠습니까?

여 : "마유미"라고 합니다.

남 : "사토 마유미" 님이시군요. 잠시만 기다려 주시겠습니까?

여 : 네, 부탁드립니다.

...

남 : 오래 기다리셨습니다. "사토 마유미" 님이시지요. 확실히 다음 주 월요일 오후 2시에 면접이 되어 있습니다. 변경하겠다고 하셨는데, 희망하시는 날이 있습니까?

여 : 다음 주 금요일은 시간 어떠실런지요? 시간은 귀사의 사정에 맞추겠습니다.

남 : 그렇다면 다음 주 금요일 오후 3시는 어떻습니까? 그 시간이라면 담당자도 시간이 비어 있거든요.

여 : 네, 부탁드립니다. 번거롭게 해드려 죄송합니다.

남 : 아니요, 그럼 나중에 확인 메일을 보내드리겠습니다.

남자는 면접에 대해 여자에게 어떻게 말하고 있습니까?

1 면접시간 변경은 불가능하다.
2 면접하는 날을 월요일 오후 3시로 바꾸기 바란다.
3 이 후 바로 면접하러 오기 바란다.
4 변경한 면접 일정을 메일로 보낸다.

해설 급한 볼일이 생겨 면접 날짜를 변경하고 싶다는 여자의 문의에 남자는 월요일에서 금요일로 변경해주며, 시간도 2시에서 3시로 변경해주고 있다. 따라서 1번은 오답. 2번은 월요일 오후 3시가 아니므로 오답, 3번도 지금 당장 오라는 말이 아니므로 오답, 마지막 대화에서 '나중에 확인 메일을 보내 드리겠습니다'라고 했으니 답은 4번이다.

어휘 面接 면접 | 貿易 무역 | 採用 채용 | 担当 담당 | ～でございます ~です의 정중어 | 事務 사무 | 応募 응모 | ～させていただきました ~하였습니다 | ～と申します ~라고 합니다 | 本日 오늘 | 問い合わせ 문의 | 実は 실은 | 予定 예정 | 急用ができる 급한 볼일이 생기다 | 変更 변경 | 下のお名前 (성은 뺀) 이름 | 希望 희망 | 日時 날짜 | 御社 귀사 | 都合 형편, 사정 | 合わせる 맞추다 | 担当の者 담당자 | 空く 비다 | 手数をかける 번거롭게 하다 | 後程 나중에 | 確認 확인 | 送る 보내다 | 変える 바꾸다 | 日程 일정

3회

3番 Track 3-2-03

外国人留学生と日本人の女子学生が話しています。日本人はどうして義理でチョコレートをあげると言っていますか。

女1：２月１４日のバレンタインデーが近づくと、チョコレート売り場は大賑わいね。

女2：そうね。もう、完全に国民的行事に定着したって感じね。

女1：ミカさんは、何人くらいの人にチョコレートをあげるの？

女2：そうね。１０人くらいかな…。

女1：えぇ！１０人も好きな人がいるの？

女2：ううん、本命は一人よ。後は、ほとんど「義理チョコ」かしらね。

女1：「義理チョコ」って、よく聞くけど…？愛情や好きな気持ちがない人にも義理でチョコレートをあげるってことでしょ。

女2：うん、そう。「愛の告白」では、ないのよ。でもね、いつもお世話になっている人や、これからお世話になりそうな人などに感謝を込めて、贈るのよ。私は結構好きよ、この習慣。

女1：へぇー、「これからもよろしくお願いします。」って感じかしら。

女2：うん、そうね。キャサリンさんにも、あげるわね。

女1：ホントに、うれしい！

日本人はどうして義理でチョコレートをあげると言っていますか。

1 色々なチョコレートが売られているから
2 義理であげれば、必ずお返しが来るから
3 人間関係を良くするのに役立つから
4 義理であげないと、後で文句が来るから

3번

외국인 유학생과 일본인 여학생이 이야기하고 있습니다. 일본인은 왜 의리로 초콜릿을 준다고 말하고 있습니까?

여1 : 2월 14일 발렌타인데이가 다가오면 초콜릿 매장은 엄청 북적이네.

여2 : 그래. 이제 완전히 국민적 행사로 정착한 느낌이네.

여1 : 미카 씨는 몇 명 정도의 사람에게 초콜릿을 줄거야?

여2 : 글쎄. 10명 정도일까….

여1 : 뭐? 10명이나 좋아하는 사람이 있어?

여2 : 아니, 진짜는 한 명이지. 나머지는 대부분 '의리 초콜릿'이라고 해야 하나?

여1 : '의리 초콜릿'이라는 말 자주 듣는데…? 애정이나 좋아하는 마음이 없는 사람에게도 의리로 초콜릿을 준다는 거지?

여2 : 응, 그래. '사랑 고백'이 아니야. 하지만, 언제나 신세를 지고 있는 사람이나 앞으로 신세를 질 것 같은 사람 등에게 감사의 마음을 담아 선물하는 거야. 나는 꽤 좋아해, 이런 습관.

여1 : 오~, '앞으로도 잘 부탁합니다.'라는 느낌일까?

여2 : 응, 그래. 캐서린 씨에게도 줄게.

여1 : 정말? 신난다!

일본인은 왜 의리로 초콜릿을 준다고 말하고 있습니까?

1 다양한 초콜릿이 판매되고 있으니까
2 의리로 주면 반드시 보답이 오니까
3 인간 관계를 좋게 하는 데 도움이 되니까
4 의리로 주지 않으면 나중에 불평을 들으니까

해설 언제나 신세를 지고 있는 사람이나 앞으로 신세를 질 것 같은 사람 등에게 감사를 선물하는 거라고 했으니 정답은 3번이다.

어휘 **大賑わい** 엄청 북적임 | **行事** 행사 | **定着** 정착 | **本命** (경마 등에서) 우승 후보의 말 · 선수, (비유적으로)가장 유력한 사람 | **感謝を込める** 감사를 담다 | **贈る** 선물하다 | **お返し** 답례, 보답 | **文句** 불평, 불만

4番 Track 3-2-04

女の人と男の人が話しています。男の人は、どうしてゴミの捨て方が大変だと言っていますか。

女：もう、新しい地域には慣れた？
男：うん、そうだね。でもゴミ捨てが大変で、やんなっちゃうよ。
女：え、どうして？
男：マキさんの地域は、燃えるゴミにお菓子の袋とかプラスチックの容器とか混ぜてもいいの？
女：そうね。ペットボトルはもちろん別だけどね。ビニール袋とか、お菓子の袋とかでしょ。うん、一緒にして出しているけど、ヒロシさんの所は別々にしないといけないの？
男：そうなんだよ。別々にして、プラスチックゴミの日に出さなくちゃいけないんだ。
女：え！ それは、面倒くさそうね。
男：そうだろ。前、住んでいた所は一緒に出してよかったから、ついつい一緒にして燃えるゴミの日に出しちゃうんだよね。そうすると、回収されないんだ。いつまでも、ぼくのゴミだけ残っている。
女：ふ～ん、そうなの。地域によって、ゴミの捨て方が違うのね。早く慣れないとね。

男の人は、どうしてゴミの捨て方が大変だと言っていますか。

1 燃えるゴミと燃えないゴミの日が前と違うから
2 ゴミの分別方法が前の地域より複雑だから
3 ゴミの収集日が前の地域と全く違うから
4 ゴミの分別方法を間違えると苦情がくるから

4번

여자와 남자가 이야기하고 있습니다. 남자는 왜 쓰레기를 버리는 방법이 힘들다고 말하고 있습니까?

여 : 이제 새로운 지역에 익숙해졌어?
남 : 응, 그래. 하지만 쓰레기 버리는게 힘들어서 짜증이 나.
여 : 어, 왜?
남 : 마키 씨 지역은 타는 쓰레기에 과자 봉지라든지 플라스틱 용기라든지 섞어도 돼?
여 : 글쎄. 페트병은 물론 따로지만. 비닐 봉투라든지, 과자 봉지 같은 것을 말하는 거지?
그래, 같이 해서 내놓고 있지만, 히로시 씨의 곳은 따로 따로 분리하지 않으면 안 돼?
남 : 그래. 별도로 해서 플라스틱 버리는 날에 내놓지 않으면 안 돼.
여 : 뭐! 그것은 귀찮겠네.
남 : 그렇지? 전에 살았던 곳은 함께 내놓아도 괜찮았으니까, 나도 모르게 같이 해서 타는 쓰레기 분리하는 날에 내놓아 버렸거든. 그랬더니 회수되지 않더라고. 끝까지 내 쓰레기만 남아 있어.
여 : 음~ 그래? 지역에 따라 쓰레기 버리는 방법이 다르구나. 빨리 익숙해져야겠네.

남자는 왜 쓰레기 버리는 방법이 힘들다고 말하고 있습니까?

1 타는 쓰레기와 타지 않는 쓰레기의 날이 이전과 다르기 때문에
2 쓰레기 분리 수거 방법이 이전 지역보다 복잡하기 때문에
3 쓰레기 수거일이 이전 지역과 전혀 다르기 때문에
4 쓰레기 분리 수거 방법을 제대로 못하면, 불만이 나오니까

3회

해설 이전에 살던 곳은 과자 봉지나 플라스틱류는 타는 쓰레기와 같이 내놓았지만, 지금은 따로 분리해야 해서 번거롭다는 내용이므로 정답은 2번이다. 쓰레기 버리는 방법이 달라서 힘들다고 했지 수거일이 달라서 힘들다는 말은 하지 않았으므로 3번은 오답이다.

어휘 燃える 불타다 | 容器 용기 | 混ぜる 섞다 | 面倒だ 귀찮다, 번거롭다 | ついつい 나도 모르게 그만 | 回収 회수 | 分別 분별, 분리 | 苦情 불평, 불만

5番 Track 3-2-05

男の人と女の人が話しています。女の人はどうして夜遅くに出かけますか。

男：ちょっと、こんな時間にどこ行くの？

女：散歩がてら、近くのコンビニに行こうと思ってるんだけど、何か必要なものある？

男：いや、特にはないけど・・・。こんな夜遅くに一人で出かけるなんて危ないよ。明日にしたら？

女：そうしたいんだけど、明日、誠の小学校で給食が出ないみたいで、急にお弁当が必要だって言われたのよ。

男：え？そうなの？給食が出ないなんて珍しいね。何かあったのかな。

女：それが、今月から学校で毎月1回は「お弁当の日」っていうのがあるらしいのよ。誠、そんなこと私には何も教えてくれなかったし、明日がその日だなんて知らなくて・・・。

男：そうだったのか。冷蔵庫には何もないんだっけ？

女：明日スーパーに行こうと思ってたからお弁当にいれるものなんて何もないのよ。しょうがないから、おかずになりそうなものを買ってこようと思ってね。

男：僕も一緒に行こうか？車で行ったら早いから、送っていくよ。

女：ううん、大丈夫よ。それよりも洗濯物を干しておいてくれる？あと10分くらいで終わるはずだからよろしくね。

男：うん、わかった。

女の人はどうして夜遅く出かけますか。

1 近くのコンビニまで散歩をするため
2 お弁当のおかずになるものを買いに行くため
3 明日の朝ご飯をコンビニで買うため
4 スーパーで明日の昼に食べるお弁当を買うため

5번

남자와 여자가 이야기하고 있습니다. 여자는 왜 밤늦게 외출합니까?

남 : 잠깐, 이 시간에 어디 가?

여 : 산책 겸 근처 편의점에 가려고 하는데, 뭐 필요한 거 있어?

남 : 아니, 딱히 없지만…. 이런 밤 늦게 혼자 외출하다니 위험해. 내일 가지 그래?

여 : 그러고 싶지만, 내일, 마코토 초등학교에서 급식이 나오지 않는 것 같아서, 갑자기 도시락이 필요하다고 했어.

남 : 어? 그래? 급식이 안 나온다니 웬일이래. 무슨 일 있었나?

여 : 그게, 이번 달부터 매달 한 번은 "도시락의 날"이란 게 있는가 봐. 마코토는 나한테 아무 것도 알려주지도 않아서, 내일이 그날인 줄도 모르고….

남 : 그랬구나. 냉장고에는 아무것도 없어?

여 : 내일 슈퍼에 가려고 했기 때문에 도시락에 넣을 게 아무것도 없어. 어쩔 수 없으니까, 반찬이 될 만한 것을 사오려고 했지.

남 : 나도 같이 갈까? 차로 가면 빠르니까 데려다 줄게.

여 : 아니, 괜찮아. 그것보다 빨래를 널어 주겠어? 앞으로 10분정도면 끝날 테니 잘 부탁해.

남 : 응, 알았어.

여자는 어째서 밤 늦게 외출합니까?

1 근처 편의점까지 산책을 하기 위해
2 도시락의 반찬이 될 것을 사러 가기 위해
3 내일 아침을 편의점에서 사기 위해
4 슈퍼마켓에서 내일 점심에 먹을 도시락을 사기 위해

해설 아내는 자녀 학교에서 급식이 나오지 않아 밤 늦은 시간에 편의점에 가려고 하고 있다. 그리고 급식이 나오지 않는 이유는 '도시락의 날'이기 때문인데, 마코토가 아무 것도 알려 주지 않았고 뒤늦게 이를 알고 도시락에 담을 반찬거리를 사러 가려는 것이다. '도시락에 넣을 게 아무것도 없어. 어쩔 수 없으니까, 반찬이 될 만한 것을 사오려고 했지'가 결정적 힌트이며 답은 2번이 된다.

어휘 夜遅くに 밤늦게 | 出かける 외출하다 | 散歩 산책 | ~がてら ~겸 | 近く 근처 | 危ない 위험하다 | 給食 급식 | 急に 갑자기 | 珍しい 드물다, 진귀하다 | しょうがない 어쩔 수 없다 | おかず 반찬 | 送る 바래다 주다 | 洗濯物 빨래 | 干す 말리다, 널다

6番 Track 3-2-06

韓国語のクラスで、男の先生と女の人が話しています。女の人はいつプサンに行きますか。

男：北村さん、先週はお休みでしたね？

女：ああ、申し訳ありませんでした。ちょっと子供が熱を出してしまって。

男：そうですか。もう大丈夫ですか？

女：はい、今日は学校に行きましたから。

男：先週のクラスの時に、プサンの観光案内のカタログとか、美味しい魚介類のお店の情報などを準備してきたんですけどね。

女：え、そうだったんですか。先生、ありがとうございます。

男：たしか、今週末から韓国に行くんですよね。

女：はい、その予定だったんですが、母の具合が悪かったりで、延期したんです。

男：ああ、そうでしたか。プサンは近いのでいつでもいけますからね。

女：はい、ちょっと家庭の事情が落ち着いたら、行くつもりです。その時はまたいろいろ教えてください。

女の人はいつプサンに行きますか。

1 子供の熱が下がったら
2 お母さんが退院したら
3 来週の週末あたりに
4 家庭状況が安定したら

6번

한국어 클래스에서 남자 선생님과 여자가 이야기하고 있습니다. 여자는 언제 부산에 갑니까?

남 : 기타무라 씨, 지난주 수업을 쉬었죠?

여 : 아, 죄송했습니다. 조금 아이가 열이 나서.

남 : 그래요? 이제 괜찮습니까?

여 : 네, 오늘은 학교에 갔으니까요.

남 : 지난 수업 시간에 부산 관광 안내 카탈로그라든지, 맛있는 어패류 가게 정보 등을 준비 해왔었는데요.

여 : 네, 그랬습니까? 선생님, 감사합니다.

남 : 아마, 이번 주말부터 한국에 갈 거죠?

여 : 네, 그럴 예정이었지만, 어머니의 몸 상태가 나쁘기도해서 연기했습니다.

남 : 아, 그랬습니까? 부산은 가까워서 언제든지 갈 수 있으니까요.

여 : 네, 조금 집안 사정이 안정되면, 갈 생각입니다. 그 때는 또 여러 가지 가르쳐 주세요.

여자는 언제 부산에 갑니까?

1 아이의 열이 내려 가면
2 어머니가 퇴원하면
3 다음 주 주말쯤에
4 가정 상황이 안정되면

해설 지난주에는 아이가 열이 났고, 요즘은 어머니의 몸이 안 좋은 등의 이유로 못 갔고, 집안 사정이 안정되면 간다고 했으므로 정답은 4번이다.

어휘 魚介類 어패류 | 家庭 가정 | 事情 사정

문제3 문제3에서는, 문제 용지에 아무것도 인쇄되어 있지 않습니다. 이 문제는, 전체로써 어떤 내용인가를 묻는 문제입니다. 이야기 앞에 문제는 없습니다. 먼저, 이야기를 들어주세요. 그리고 질문과 선택지를 듣고, 1~4 중에서, 가장 적당한 것을 하나 고르세요.

例 Track 3-3-00

コーヒーについて男の人と女の人が話しています。

男：ナナエちゃん、ちょっとコーヒー飲みすぎじゃない。いったい、一日何杯飲んでいるの。

女：そうね。私の大好物だから、一日４杯ぐらいかな。

男：へえ、それ胃痛になったりしない。僕なんか１杯から２杯飲んでるけど、２杯飲んでも胃が痛いときあるよ。

女：私は全然平気。ある研究によると、コーヒーは脳や肌にもすばらしい効用があるって。

男：まあ、確かに目は覚めるね。

女：あと、コーヒーには抗酸化物質が含まれているけど、その吸収率が果物や野菜より高いそうよ。

男：抗酸化物質？ そのためにたくさん飲んでるの。僕も量を増やしてみるか。もっと若く見えるのかな。

女：違うよ。コーヒーの効用なんて私はどうでもいいよ。本当は香りが好きなんだ。香りをかぐだけで、幸せな気分になれるし、ストレスも無くなる感じもするの。

男：うん、確かにコーヒーの香りが嫌だという人は今の時代にはいないかもね。

女の人はコーヒーについてどう思っていますか。

1 たくさん飲んでも胃痛はないから、どんどん飲む量を増やしたいと思う。

2 体に与えるいい効果より、いい気分になれるから飲みたいと思う。

3 コーヒーが体にいい効果をもたらすので、そのために飲むべきだと思う。

4 ストレスが無くなる効果があるので、そのために飲むべきだと思う。

예

커피에 대해 남자와 여자가 이야기하고 있습니다.

남 : 나나에, 좀 커피 너무 많이 마시는 거 아냐? 도대체 하루 몇 잔 마시고 있는 거야?

여 : 글쎄. 내가 좋아하는 거라서 하루 4잔 정도일까?

남 : 우와, 그거 위통 일어나지 않아? 나 같은 경우는, 1잔에서 2잔 마시고 있는데, 2잔 마셔도 위가 아플 때가 있어.

여 : 나는 전혀 아무렇지도 않아. 어떤 연구에 따르면 커피는 두뇌와 피부에 놀라운 효용이 있대.

남 : 음, 확실히 잠은 깨지.

여 : 또 커피에는 항산화 물질이 포함되어 있는데, 그 흡수율이 과일과 채소보다 높다고 해.

남 : 항산화 물질? 그것 때문에 많이 마시고 있는 거야? 나도 양을 늘려 볼까? 더 젊어 보일까?

여 : 아니야. 커피의 효용 같은 건, 나는 아무래도 상관없어. 사실은 향기를 좋아해. 향기를 맡는 것 만으로 행복한 기분이 들 수 있고, 스트레스도 없어지는 느낌도 들어.

남 : 응, 확실히 커피 향이 싫다는 사람은 지금 시대는 없을 지도.

여자는 커피에 대해 어떻게 생각합니까?

1 많이 마셔도 위통이 없으므로 점점 마시는 양을 늘리고 싶다고 생각한다.

2 인체에 미치는 좋은 효과보다, 좋은 기분이 들 수 있으니까 마시고 싶다고 생각한다.

3 커피가 몸에 좋은 효과를 가져오므로, 그 때문에 마셔야만 한다고 생각한다.

4 스트레스가 없어지는 효과가 있으므로, 그 때문에 마셔야만 한다고 생각한다.

1番 Track 3-3-01

試験会場で試験官が説明しています。

男：皆さん、ペットボトルの飲み物はカバンの中にしまってください。許可されるものは鉛筆、鉛筆けずり、消しゴム、腕時計だけです。携帯電話やスマートフォンを時計代わりにしてはいけません。電源は必ず切ってください。音がでない腕時計だけです。あと、受験票を机の右側に置いてください。テッシュペーパーもダメです。目薬なども置かないでください。目薬を使いたい時やトイレに行きたい時は、手をあげてください。

試験官は何についての注意をしていますか。

1　机の上に置いてもよいもの
2　カバンの中に入れるもの
3　トイレに行きたくなった場合
4　携帯電話の電源について

1번

시험장에서 시험관이 설명하고 있습니다.

남 : 여러분, 페트병 음료수는 가방 속에 넣어주십시오. 허용되는 것은 연필, 연필 깎기, 지우개, 손목시계 뿐입니다. 휴대전화나 스마트폰을 시계 대신 사용해서는 안됩니다. 전원은 반드시 끄십시오. 소리가 나지 않는 손목시계 뿐입니다. 또한 수험표를 책상 오른쪽에 놓아 주십시오. 티슈도 안됩니다. 안약 등도 놓지 마십시오. 안약을 사용하고 싶을 때나 화장실에 가고 싶을 때는 손을 들어주십시오.

시험관은 무엇에 대해 주의를 하고 있습니까?

1 책상 위에 두어도 좋은 것
2 가방 속에 넣을 것
3 화장실에 가고 싶어졌을 경우
4 휴대전화의 전원에 대해

해설 책상에 둘 것은 연필, 연필 깎기, 지우개, 손목 시계라고 했다. 티슈나 안약도 책상 위에 둘 수 없음을 이야기했으므로 정답은 1번이다.

어휘 削る 깎다 | 電源 전원 | 受験票 수험표 | 目薬 안약

2番 Track 3-3-02

男の人と女の人が注文した弁当のことを電話で話しています。

男：はい、東京食品、ケータリング部の佐々木でございます。
女：あ、私、世田谷貿易の井上ですが、お弁当の注文のことでお電話いたしました。
男：この度はご注文ありがとうございます。数は１００個でしたね。
女：はい、そのうちの三分の一ほどをベジタリアン用のお弁当にしていただきたいのですが。
男：はあ…。私どもでは、ベジタリアン用のお弁当をご用意した経験がないのですが。

2번

남자와 여자가 주문한 도시락에 대하여 전화로 이야기하고 있습니다.

남 : 네, 도쿄 식품, 케터링부의 사사키입니다.
여 : 아, 저는, 세타가야 무역의 이노우에입니다만, 도시락 주문 건으로 전화드렸습니다.
남 : 이번에 주문을 해 주셔서 감사합니다. 수는 100개였죠?
여 : 네, 그 중 삼분의 일 정도를 채식주의자용 도시락으로 만들어 주셨으면 합니다만.
남 : 아…. 저희는 채식주의자용 도시락을 준비한 경험이 없습니다만.

女：え！ そうでしたか…。大丈夫です。お肉やお魚を入れずに、作っていただければ結構なんです。

男：それでは、野菜だけ入れればよろしいでしょうか。

女：そうですね。お肉やお魚を使えないので、代わりにタンパク質を補えるものを使っていただきたいのです。

男：はあ、では、豆腐の加工食品とか、豆類を入れたらよろしいでしょうか。

女：そうですね。一度試作品を作っていただけますか？

男：はい、やってみます。

ベジタリアン用弁当の何について話していますか。

1　弁当の数量
2　弁当の食材
3　食材の栄養
4　弁当の試作

여 : 앗! 그랬습니까…. 괜찮습니다. 고기나 생선을 넣지 말고, 만들어 주시면 됩니다.

남 : 그럼, 채소만 넣으면 될까요?

여 : 그렇습니다. 고기나 생선을 사용할 수 없으니까, 대신에 단백질을 보충할 수 있는 것을 사용해 주셨으면 합니다.

남 : 아, 그럼 두부 가공 식품이나 콩류를 넣으면 될까요?

여 : 그래요. 일단 샘플을 만들어 주실 수 있나요?

남 : 네, 해 보겠습니다.

채식주의자용 도시락의 무엇에 대하여 말하고 있습니까?

1 도시락의 수량
2 도시락 식재료
3 식재료의 영양
4 도시락 샘플

해설 채식주의자용 도시락에는 고기나 생선을 넣지 말고 대신 단백질을 보충할 수 있는 식재료를 이용하여 샘플을 만들어 달라고 했으므로, 정답은 2번이다.

어휘 ケータリング (catering) 고객이 지정하는 장소로 와서 식사를 제공하는 서비스 | たんぱく質 단백질 | 補う 보충하다 | 豆腐 두부 | 加工 가공 | 豆類 콩류 | 試作 시험삼아 만든 제품 | 数量 수량

3番 Track 3-3-03

男の人と女の人が、新規取引に関して電話で話しています。

男：はい、グリーンプロダクト、大木でございます。

女：こちらは、桜クリニックの田村と申します。新規で卸売取引の書類をいただいた者です。

男：はい、ありがとうございます。

女：そちらのお取引条件を読ませて頂きましたが、一つご検討をお願いしたいことがございます。

男：はい、何でしょうか？

女：そちらのお取り扱い商品は種類が多く、うちが必要としているものが多いので、一回の購入額は5万円以上になると思います。

3번

남자와 여자가 신규 거래에 대해 전화로 이야기하고 있습니다.

남 : 네, 그린프로덕트, 오기입니다.

여 : 이쪽은 사쿠라 클리닉의 다무라라고 합니다. 신규로 도매 거래의 서류를 받은 사람입니다.

남 : 네, 감사합니다.

여 : 그쪽의 거래 조건을 읽었습니다만, 하나 검토를 부탁드리고 싶은 것이 있습니다.

남 : 네, 뭔가요?

여 : 그쪽의 취급 상품은 종류가 많고, 저희가 필요로 하고 있는 것이 많기 때문에, 한 번의 구매액은 5만엔 이상이 될 것으로 생각합니다.

男：ああ、そうでございますか。

女：お宅様の卸の値段は商品によって、２割引きだったり、３割引きだったりしておりますが、全商品を６掛けでやっていただくわけにはいかないでしょうか？

男：６掛けですか…？ 商品によって、こちらも仕入れの値段が変わりますので…。

女：もし、そうしてくだされば、毎月５万円以上の注文をいたします。

男：そうですか。では、ちょっと検討させてください。

女の人は、取引の何について検討してほしいと言っていますか。

1　商品の購入額
2　購入商品の保証
3　商品の割引率
4　商品の納入期限

남 : 아, 그렇습니까?

여 : 귀사의 도매 가격은 상품에 따라 20% 할인이거나, 30% 할인이거나 한데, 전상품을 40%할인된 가격으로 해 주실 수는 없을까요?

남 : 40%할인된 가격 말인가요…? 상품에 따라 이쪽도 구매 가격이 다르기 때문에….

여 : 만약 그렇게 해주시면 매월 5만엔 이상 주문해 드리겠습니다.

남 : 그렇습니까? 그럼 잠시 검토하겠습니다.

여자는 거래의 무엇에 대해 검토해 달라고 말하고 있습니까?

1 상품 구입액
2 구매 상품의 보증
3 상품의 할인율
4 상품의 납입 기한

해설 전 상품을 60% 가격으로 해준다면 매달 5만엔 이상 주문하겠다고 했으므로 정답은 3번이다.

어휘 新規 신규 | 卸売 도매 | 取り扱い 취급 | 購入額 구입액 | ～掛け 본래의 가격에 대한 할인율(「6掛け」라고 하면 본래의 가격에 0.6을 곱하여 계산한다. 예를 들어 1000엔짜리 상품을 「6掛け」로 달라고 하면 1000엔x0.6=600엔이므로 40%할인에 해당한다) | 仕入れる 사들이다, 매입하다 | 保証 보증 | 納入期限 납입 기한

4番 Track 3-3-04

レポーターが女の人にベビーフードについて聞いています。

男：こんにちは。かわいい赤ちゃんですね。よくこちらのお店にベビーフードを買いに来られるんですか。

女：そうですね。ここで買い始めたのはまだ１か月くらいですね。基本的には自分で離乳食を作るんですが、毎日は大変なので、ときどきネットで注文したり、近くのスーパーで購入したりしていました。

男：そうなんですね。こちらのお店に変えてから何か変わりましたか。

4번

리포터가 여자에게 베이비 푸드에 대해 묻고 있습니다.

남 : 안녕하세요. 귀여운 아기네요. 이 가게에 자주 베이비 푸드를 사러 오시나요?

여 : 그렇네요. 여기서 구입하기 시작한 것은 아직 한 달 정도네요. 기본적으로는 스스로 이유식을 만듭니다만, 매일은 힘들어서, 때때로 인터넷으로 주문하거나 가까운 슈퍼에서 구입하거나 하고 있었습니다.

남 : 그렇군요. 이 가게로 바꾸고 나서 뭔가 바뀌었습니까?

女：そうですね。ここの商品に変えてから、よく食べてくれるようになりました。前はあまり食べなくて、口に入れても吐き出すことが多かったんです。食べる量が少ないので、心配していましたが、今では私が作ったものより食べてくれるので、うれしい反面ちょっと寂しいですね。

男：そうなんですね。それぐらいここのベビーフードが体によくておいしいっていうことなんでしょうね。

女：そうですね。しかも、ここのベビーフードに変えてから、子どもの体調がとてもいいんです。病院に行くこともあまりありません。

男：それはすごいですね。ただ、こちらのベビーフードは他のお店より値段が割高だと思いますが、その辺はいかがですか？

女：そうですね。でもその代わり、子どもが健康に育ってくれているので満足してます。もう少し大きくなるまではここのベビーフードを食べさせたいと思います。

女の人はここのベビーフードに変えてから、どう思っていますか。

1　病院に行く回数が増えて困っている。
2　子どもがあまり食べてくれないので心配だ。
3　値段が高いので、経済的に負担だ。
4　子どもの体調も良くしっかり成長しているので満足だ。

여：글쎄요. 여기 상품으로 바꾸고 나서, (아기가) 잘 먹어주게 되었습니다. 전에는 별로 먹지 않아서, 입에 넣어도 토하는 경우가 많았습니다. 먹는 양이 적기 때문에, 걱정하고 있었습니다만, 지금은 제가 만든 것보다 먹어 줘서, 기쁜 반면 좀 서운하죠.

남：그렇군요. 그 정도로 여기의 베이비 푸드가 몸에 좋고 맛있다는 거겠죠.

여：그래요. 게다가, 여기 베이비 푸드로 바꾸고 나서, 아이의 몸 상태가 매우 좋습니다. 병원에 갈 일도 별로 없습니다.

남：그거 굉장하네요. 단, 여기 베이비 푸드는 다른 가게보다 가격이 비교적 비싸다고 생각합니다만, 그 부분은 어떠신가요?

여：그렇죠. 하지만 그 대신, 아이가 건강하게 자라주고 있기 때문에 만족하고 있습니다. 조금 더 커질 때까지는 이곳의 베이비 푸드를 먹이고 싶다고 생각합니다.

여자는 여기의 베이비 푸드로 바꾸고 나서, 어떻게 생각하고 있습니까?

1 병원에 가는 횟수가 늘어서 곤란하다.
2 아이들이 별로 먹어주지 않아서 걱정이다.
3 값이 비싸기 때문에, 경제적으로 부담이다.
4 아이들의 몸 상태도 좋고 제대로 성장하고 있기 때문에 만족한다.

해설 여기 베이비푸드로 바꾸고 나서 아이의 몸 상태가 매우 좋고, 건강하게 자라고 있기 때문에 만족한다고 했으니 정답은 4번이다.

어휘 **基本的** 기본적 | **離乳食** 이유식 | **購入** 구입 | **吐き出す** ①토해 내다 ②내뱉다 | **反面** ~한 반면 | **割高** 품질이나 분량에 비해 고가인 것 | **その辺** 그 근처, 근방 | **いかがですか** 어떠신가요? | **回数** 횟수 | **成長** 성장 | **満足** 만족

5番 Track 3-3-05

ビジネスマナーの研修会で講師が話しています。

女：ビジネスマナーは、社会人が働くうえで必要とされる重要なマナーです。例えば「挨拶をする」「時間を守る」「公私混同をしない」などがあげられますが、ビジネスマナーを知らないと、仕事で関わる相手を不愉快にさせ、悪い印象を与えてしまうことがあります。そうなると、商談がうまくまとまらなかったり、社内であっても協力を得られなかったりと、業務を円滑に進めるうえで多くの不都合が生じる可能性があります。トラブルを避け、業務がスムーズに進むようにしっかりビジネスマナーを身に付けましょう。

何について話していますか。

1 ビジネスマナーの重要性
2 ビジネスマナーの種類
3 ビジネスマナーの基礎知識
4 ビジネスマナーの実践方法

5번

비즈니스 매너 연수회에서 강사가 이야기하고 있습니다.

여 : 비즈니스 매너는, 사회인이 일하는 데 필요로 하는 중요한 매너입니다. 예를 들면 '인사하기' '시간 지키기' '공사 혼동하지 않기' 등을 들 수 있습니다만, 비즈니스 매너를 모르면, 업무에 관련된 상대를 불쾌하게 만들어, 나쁜 인상을 주는 경우가 있습니다. 그렇게 되면, 상담이 잘 정리되지 않거나, 사내라고 해도 협력을 얻지 못하거나 하여, 업무를 원활하게 진행하는데 많은 불편함이 발생할 수 있습니다. 트러블을 피하고 업무가 원활하게 진행되도록 확실히 비즈니스 매너를 몸에 익힙시다.

무엇에 대해 이야기하고 있습니까?

1 비즈니스 매너의 중요성
2 비즈니스 매너의 종류
3 비즈니스 매너의 기초지식
4 비즈니스 매너의 실천 방법

해설 해설 이야기의 전체 테마는 비즈니스 매너인데, 비즈니스 매너를 모르면 어떤 문제가 발생하는지, 어떤 불이익이 있는지 예를 들어가며 이야기하고 있으니 답은 1번이 된다.

어휘 研修会 연수회 | 講師 강사 | 社会人 사회인 | ～うえで ~하는데 | 守る 지키다 | 公私混同 공사 혼동 | あげる 예, 보기 등을 들다 | 関わる 관련되다, 관계하다 | 相手 상대 | 不愉快 불쾌 | 印象 인상 | 与える 주다 | 商談 상담 | まとまる 정리되다, 해결되다 | 社内 사내 | 協力 협력 | 得る 얻다 | 業務 업무 | 円滑 원활 | 進める 진행하다 | 多くの～ 많은~ | 不都合 불편함, 형편, 사정이 좋지 못함 | 生じる 발생하다 | 可能性 가능성 | 避ける 피하다 | 業務 업무 | スムーズに 원활하게 | 進む 진행되다 | しっかり 확실히, 제대로 | 身に付ける 몸에 익히다 | 重要性 중요성 | 種類 종류 | 基礎知識 기초지식 | 実践方法 실천 방법

문제4 **문제4에서는, 문제 용지에 아무것도 인쇄되어 있지 않습니다. 먼저 이야기를 들으세요. 그 뒤 그에 대한 대답을 듣고 1~3 중에서 가장 적당한 것을 하나 고르세요.**

例 Track 3-4-00

男：彼女の言い方には人の心を和らげる何かがあるね。

女：1　私もその何かがずっと気になっていました。

2　ほんとうですね。人の心はわからないですね。

3　そうですね。聞いたら優しい気持ちになりますね。

예

남 : 그녀의 말투는 사람의 마음을 온화하게 하는 무언가가 있네.

여 : 1 저도 그 무언가가 계속 신경 쓰이고 있었습니다.

2 정말 그러네요. 사람의 마음은 모르겠네요.

3 그러네요. 들으면 상냥한 기분이 드네요.

1番 Track 3-4-01

女：橋本さん、お飲み物は何になさいますか。

男：1　そうですね、コーラにされます。

2　そうですね、コーラにします。

3　そうですね、コーラをめしあがります。

1번

여 : 하시모토 씨, 음료는 무엇으로 하시겠습니까?

남 : 1 글쎄요. 콜라로 하시겠습니다.

2 글쎄요. 콜라로 하겠습니다.

3 글쎄요, 콜라를 드시겠습니다.

해설 「なさる」와 「される」는 모두 「する」의 존경어이므로 정답은 2번이다.

어휘 召し上がる 드시다, 잡수시다(「食べる」의 존경어)

2番 Track 3-4-02

男：ご家族にもよろしくお伝えください。

女：1　こちらこそよろしくお願い申し上げます。

2　承知しました。よろしくお伝えいたします。

3　わかりました。ありがとうございます。

2번

남 : 가족 분들께도 안부 전해주십시오

여 : 1 저야말로 잘 부탁드립니다.

2 알겠습니다. 잘 전해드리겠습니다.

3 알겠습니다. 감사합니다.

해설 가족에게도 안부 전해 달라고 할 때 한국어 해석만 보면 2번도 정답이 될 듯 하나, 일본어에서는 2번과 같이 대답하지 않음에 주의한다. 가족에게도 안부 전해 달라고 하면 고맙다고 하면 되니, 정답은 3번이다.

어휘 申し上げる 言う의 겸양어 | 承知しました 알겠습니다의 공손한 표현, 비즈니스 상이나 손 윗 상사에게 사용

3番 Track 3-4-03

女：ごはん、お替りする？

男：1　味が変わってなくてよかったよ。

　　2　ううん、もうお腹いっぱいだよ。

　　3　それじゃ、ごはん抜きでお願い。

3번

여 : 밥, 더 먹을래?(리필할래?)

남 : 1 맛이 변하지 않아서 다행이야.

　　2 아니, 벌써 배불러.

　　3 그럼, 밥은 빼고 부탁해.

해설 お替わり라는 것은 같은 음식을 한 번 더 먹는다는 의미이므로 이미 배부르다고 말하는 2번이 정답이다.

어휘 抜く 빼다, 뽑다

4番 Track 3-4-04

女：このコート、あと5000円で買えるんだけど。

男：1　5000円も持っているよ。

　　2　そんなに安いの？高そうに見えるが。

　　3　貸してあげようか。ちゃんと返してね。

4번

여 : 이 코트, 5000엔 더 있으면 살 수 있는데.

남 : 1 5000엔이나 갖고 있어.

　　2 그렇게 싸? 비싸 보이는데.

　　3 빌려 줄까? 제대로 갚아.

해설 「あと」는 '지금부터 더욱'이라는 뉘앙스가 있어 현재 갖고 있는 돈에서 5천 엔만 더 있으면 살 수 있다는 뜻이므로 정답은 3번이다. 1번은 단순히 5천 엔을 갖고 있다는 말이므로 정확히 뒤에 빌려 줄 것인지 아닌지는 명확하지 않다.

어휘 ちゃんと 제대로, 확실히

5番 Track 3-4-05

女：ちょっとコンビニ行って来ます。

男：1　ついでにミルク頼んでいい？

　　2　駅の向かい側にもコンビニできたよ。

　　3　あ、お帰りなさい。早かったですね。

5번

여 : 잠깐 편의점 갔다 오겠습니다.

남 : 1 가는 김에 우유 부탁해도 돼?

　　2 역 맞은편에도 편의점이 생겼어.

　　3 아, 잘 다녀왔어? 일찍 갔다 왔네.

해설 「ついでに」는 '~하는 김에'라는 뜻이므로 편의점에 가는 김에 우유를 사다 달라는 의미의 1번이 정답이다.

6番 Track 3-4-06

女：どうぞごゆっくりお過ごしください。

男：1　これではゆっくりすぎますね。

　　2　そんな遠慮なさらずに。

　　3　ありがとうございます。

6번

여 : 부디 편히 지내십시오.

남 : 1 이래서는 너무 느리네요.

　　2 그런 사양하지 마시고.

　　3 감사합니다.

해설 どうぞごゆっくりお過ごしください 라는 것은 주로 호텔이나 음식점에서 손님에게 사용하는 말이므로 [감사합니다]로 받으면 된다, 정답은 3번이다. [そんな遠慮なさらずに]는 사양말고 어떤 행동을 하시라는 의미로 사용하면 된다.

어휘 遠慮 꺼림, 삼가, 사양 | なさる 하시다

7番 Track 3-4-07

男：今日の食事代は私がもちますので。
女：1　いや、そんなわけには…。自分の分は自分で出します。
　　2　これ見た目と違ってけっこう重たいですが……。
　　3　いいえ、女性一人では無理ですよ。

7번

남 : 오늘의 식사비는 제가 낼 테니까요.
여 : 1 아니, 그럴 수는…. 제 몫은 제가 내겠습니다.
　　2 이거 보기와는 달리 꽤 무겁습니다만….
　　3 아니요, 여자 혼자서는 무리예요.

해설 「持つ」에는 '(비용 등을)부담하다'라는 뜻이 있으므로 여기서는 사양하는 의미의 1번이 정답이다. 2번과 3번은 「持つ」가 '(물건 등을)들다'라는 의미로 쓰였을 때의 대답이다.

어휘 分 몫 | 見た目 외형, 겉보기 | 重たい 무겁다

8番 Track 3-4-08

男：石田君、昨日のことでまだくよくよしてるようだが…。
女：1　そうですか。たいしたものですね。
　　2　それはお気の毒ですね。気の小さい人ですから。
　　3　やっぱり石田君は頼りになりますね。

8번

남 : 이시다 군, 어제 일로 아직 속상해하고 있는 것 같던데….
여 : 1 그렇습니까? 대단하네요.
　　2 그것 참 불쌍하네요. 소심한 사람이니까요.
　　3 역시 이시다 군은 의지가 되네요.

해설 '이시다 군이 어제 일로 아직 마음에 담아 두고 있는 것 같다'라고 하니, '그것 참 안 됐다, 소심한 사람이라서'라고 대응한 2번이 정답이다.

어휘 くよくよ 언제까지나 마음에 담아 두고 이것저것 고민하는 모습 | 大した 정도가 대단한, 비상한 | 頼り 의지

9番 Track 3-4-09

男：今年の冬物商品の売れ行きはどうですか。
女：1　もっと寒くなりそうで、大変ですよ。
　　2　ひさしぶりにのんびりできてよかったです。
　　3　まあまあといったところですね。

9번

남 : 올해 겨울 상품의 매출은 어떻습니까?
여 : 1 더 추워질 것 같고, 큰일이네요.
　　2 오랜만에 빈둥거릴 수 있어서 좋았습니다.
　　3 그저 그런 정도네요.

해설 「売れ行き」는 상품 등이 팔리는 상태를 의미하므로 「まあまあ 그저 그런 정도, 그럭저럭」가 쓰인 3번이 정답이다.

어휘 のんびりする 빈둥거리다 | ~といったところだ ~정도이다, ~쯤 된다

10番 Track 3-4-10

女：これ、お口に合うか分かりませんが、よろしければどうぞ。

男：1　口に合わないので、やめておきます。

2　食べたことがあるので口に合います。

3　お気遣いいただいてありがとうございます。

10번

여 : 이거 입에 맞으실지 모르겠지만, 괜찮으시다면 드세요.

남 : 1 입에 맞지 않기 때문에 그만 두겠습니다.

2 먹어본 적이 있기 때문에 입에 맞습니다.

3 신경 써주셔서 감사합니다.

해설 음식을 권유하는 장면에서 배려해주셔서 감사하다고 답하는 3번이 정답이 된다.

어휘 口に合う 입에 맞다 | お気遣い 신경 씀, 배려함

3회

11番 Track 3-4-11

女：そのチケット、よく手に入ったね。

男：1　売り切れ寸前だったから焦ったよ。

2　良く買うから手続きもスムーズだったよ。

3　全然手がかからなくて楽だったよ。

11번

여 : 그 티켓, 용케 구했네.

남 : 1 매진 직전이라서 초조했어.

2 자주 사니까 수속도 원활했어.

3 전혀 손이 안가서 편했어.

해설 「手に入る」는 어떤 물건을 '구하다, 입수하다'는 뜻의 관용구이다. 여자가 말한 「よく手に入ったね」는 구하기 어려운 물건을 '용케 구했다, 어떻게 구했냐'라는 의미의 표현으로 가장 적당한 반응은 1번이 된다.

어휘 手に入る 구하다, 입수하다 | 売り切れ 매진 | 寸前 직전 | 焦る 초조해하다 | 手続き 수속 | スムーズだ 원활하다 | 手がかかる 손이 많이 가다, 수고스럽다 | 楽だ 편하다

문제5 문제5에서는, 긴 이야기를 듣습니다. 이 문제에는 연습은 없습니다. 메모를 해도 좋습니다.

1번, 2번

문제 용지에는 아무것도 인쇄되어 있지 않습니다. 먼저 이야기를 들으세요. 그리고 질문과 선택지를 듣고 1~4 중에서 가장 적당한 것을 하나 고르세요.

1番 Track 3-5-01

不動産屋で男の人と女の人が物件について話しています。

女：すみません…一人暮らしの家を探してるんですが、いいところありますか。

男：そうですね。予算はいくらぐらいですか。

女：だいたい６万円～７万円ぐらいで、できれば駅から近い方がいいんですが。

1번

부동산에서 남자와 여자가 물건에 대해 이야기하고 있습니다.

여 : 실례합니다. 혼자 생활하기에 (적당한) 집을 찾고 있습니다만, 좋은 곳이 있습니까?

남 : 글쎄요. 예산은 얼마정도 입니까?

여 : 대략 6만엔~7만엔 정도로 가능하면 역에서 가까운 쪽이 좋습니다만.

男：少々お待ちください。お調べしますね。…。ええーっと今空いてる物件ですと、4件ありますね。一つ目のお部屋は駅から徒歩５分ですが、家賃が少し高くて75,000円、二つ目のお部屋は駅から歩いて10分ですが、家賃は70,000円ですね。

女：やっぱり駅から近いところは高いですね。

男：そうですね。しかし、コンビニやコインランドリーもありますし、便利ですよ。

女：うーん、他の2つはいくらぐらいですか。

男：そうですね。三つ目のお部屋は駅からバスに乗って5分の距離で、家賃は65,000円ですね。近くにスーパーや公園もあるのでバスに乗るのが面倒くさくなければオススメです。

女：バスかあ。四つ目のお部屋もそうですか。

男：そうですね、バスで10分ですが、こちらは家賃が一番安くて55,000円なんです。大学近くなので学生さんに人気のお部屋で今日も何人か見に来られましたよ。

女：そうですか…駅から近いところにするか、家賃が安いところにするか迷いますね。

男：そうですよね。ここから近いお部屋だと1番安いお部屋になりますが、そこから順番に見ますか？

女：うーん、でも駅から近いところがいいので、家賃は高いですけど、まずはこの部屋から見ることにします。

女の人は、どの部屋を見に行きますか。

1　1番目の部屋
2　2番目の部屋
3　3番目の部屋
4　4番目の部屋

남 : 잠시만 기다려주십시오. 조사해 보겠습니다…. 음.. 지금 비어있는 물건이라면, 4건이 있네요. 첫 번째 방은 역에서 도보로 5분입니다만, 집세가 조금 비싸서 75,000엔, 두 번째 방은 역에서 걸어서 10분이지만, 집세는 70,000엔 이네요.

여 : 역시 역에서 가까운 곳은 비싸네요.

남 : 그렇죠. 하지만 편의점이나 코인빨래방도 있어서 편리해요.

여 : 음, 다른 2개는 얼마 정도입니까?

남 : 글쎄요. 세 번째 방은 역에서 버스를 타고 5분 거리이고, 집세는 65,000엔이네요. 근처에 슈퍼나 공원도 있어서 버스를 타는 것이 귀찮지 않다면 추천합니다.

여 : 버스라… 네 번째 방도 그렇습니까?

남 : 글쎄요, 버스로 10분입니다만, 이쪽은 집세가 가장 저렴해서 55,000엔입니다. 대학 근처라서 학생들에게 인기있는 방으로 오늘도 몇명인가 보러 오셨어요.

여 : 그렇습니까? 역에서 가까운 곳으로 할지, 집세가 싼 곳으로 할지 망설여지네요.

남 : 그렇죠. 여기서 가까운 방이면 제일 싼 방이 되는데, 거기서부터 차례로 보시겠어요?

여 : 음, 하지만 역에서 가까운 곳이 좋으니, 집세는 비싸지만, 우선은 이 방부터 보기로 하겠습니다.

여자는 어느 방을 보러 갑니까?

1 1번째 방
2 2번째 방
3 3번째 방
4 4번째 방

해설 집세가 비싸더라도 역에서 가장 가까운 방이 좋다고 했으니 1번 방을 보러간다. 정답은 1번이다.

어휘 不動産屋 부동산 | 物件 물건 | 一人暮らし 혼자 생활함 | 予算 예산 | だいたい 대략, 대체로 | 空く 비다 | 徒歩 도보 | コインランドリー 동전 빨래방 | 距離 거리 | 面倒くさい 귀찮다 | お薦め 권유, 추천 | 迷う 헤매다, 망설이다 | 順番 순서, 순번

2番 Track 3-5-02

宅急便の会社で男の人と女の人が宣伝用のチラシについて話しています。

男：伊藤さん、今メール便の宣伝チラシを作っているんだけどね。

女：そう。最近、メール便の利用者が減っているから、グッドタイミングじゃない。

男：うん、ちらしのタイトルは「メール便のここが便利」っていう文句をヘッドにして、便利な内容を箇条書きで入れるつもりなんだよ。

女：そう、４つ書いてあるわね。一番目は「取りに来てくれるから、ラクラク！」、二番目は「配達状況がわかるから、安心！」か。郵便局にはないサービスだからいいわね。

男：そう、よかった。三番目は「Ａ４サイズ、全国一律９２円から、安い！」、四番目は「受取人が留守でも大丈夫！郵便受けに投函します！」以上４つの文を考えたんだけどね。用紙サイズの関係で文を３つにしたいんだよ。伊藤さん、どう思う？

女：そうね。文を一つ削りたいってことね。

男：うん、「Ａ４サイズ、全国一律９２円から～」というのは要らないかな？

女：そうね…。でも、Ａ４サイズを折らないで送りたい方も多いんじゃない？

男：ああ、そうだよね。ずっと考えていると利用者の気持ちがわからなくなっちゃうんだよ。

女：そういうもんよね。ああ、これだけど。郵便がポストに入っているのは、常識でそう思う人が多いんじゃないかな。だから、いらないかも。

男：ああ、そうか。じゃ、この文を削除して完成させることにするよ。

女：そうね。そのほうがすっきりするかもね。

男の人はどの文を削除しますか。

1　１番目の文
2　２番目の文
3　３番目の文
4　４番目の文

2번

택배 회사에서 남자와 여자가 홍보용 전단지에 대해 이야기하고 있습니다.

남 : 이토 씨, 지금 서류택배 홍보 전단지를 만들고 있는데말이야.

여 : 그래. 최근 서류택배 이용자가 감소하고 있으니, 좋은 타이밍이네.

남 : 응, 전단지의 제목은 '서류택배는 여기가 편리'라는 문구를 서두로 해서, 편리한 내용을 조항별로 써 넣을 생각이야.

여 : 그래, 4가지 써 있네. 첫 번째는 '받으러 와주니까 완전 편리!' 두 번째는 '배달 상황을 알 수 있으니까 안심!'인가? 우체국에는 없는 서비스라서 좋네.

남 : 그래? 잘 됐네. 세 번째는 'A4 사이즈는 전국 일률적으로 92엔부터, 싸다!' 네 번째는 '수취인이 부재중이라도 OK! 우편함에 넣어드립니다!' 이상 4개의 문장을 생각했는데. 용지 사이즈의 제한이 있어 문장을 3개로 하고 싶거든. 이토 씨, 어떻게 생각해?

여 : 글쎄. 문장을 하나 빼고 싶은 거지?

남 : 응, 'A4 사이즈 전국 일률적으로 92엔부터~'라는 것은 필요없을까?

여 : 글쎄…. 하지만 A4 용지를 접지 않고 보내고 싶은 분도 많지 않아?

남 : 아, 그러네. 계속 생각했더니, 이용자의 기분을 모르게 돼 버렸어.

여 : 그런 법이야. 아, 이거 말인데. 우편물이 우편함에 들어있는 것은 상식이라서, 그렇게 생각하는 사람이 많지 않을까? 그러니까 필요 없을지도.

남 : 아, 그런가. 그럼 이 문장을 삭제하고 완성시키는 것으로 할게.

여 : 그래. 그 편이 깔끔할지도.

남자는 어느 문장을 삭제 합니까?

1 첫 번째 문장
2 두 번째 문장
3 세 번째 문장
4 네 번째 문장

해설 여자는 우편물이 우편함에 들어있는 것은 상식으로, 그렇게 생각하는 사람이 많으니 그 문장이 필요 없을지도 모르겠다고 했으므로 부재중에도 우편함에 넣는다는 정답은 4번이다.

어휘 メール便 서류나 책, 상품의 카탈로그, CD나 DVD 등을 택배로 보내주는 서비스 | 宣伝 선전 | 箇条書き 조항별로 글을 늘어 놓는 것 | 配達 배달 | 一律 일률 | 受取人 수령인 | 郵便受け 우편함 | 投函 투함 | 常識 상식 | 削除 삭제

3번

먼저 이야기를 들으세요. 그리고 두 개의 질문을 듣고, 각각 문제 용지의 1에서 4중에서 가장 적당한 것을 하나 고르세요.

3番 Track 3-5-03

男の人と女の人がレストランでランチを選んでいます。

男 ：すみません、ランチメニューをお願いします。

女1：はい、どうぞ。

女2：ランチは4種類あるんですね。お勧めはなんですか？

女1：はい、Aランチのカレーライスです。夏野菜もたっぷりと入っておりまして、今の暑い時期にピッタリです。

男 ：へぇー、よさそうだな。肉料理のランチは何の肉ですか。

女1：Bランチは、ポークソテーで、Cランチはチキンです。両方とも新鮮な生野菜とスープがついております。

男 ：そうか。ぼく、豚肉は食べられないんですよ。魚料理はないんですか。

女1：あ、ございます。Dランチは鮭のムニエルでございます。このランチはちょっと少な目で女性に人気のメニューでございます。デザートが付いておりますので。

女2：へえ、デザートは何ですか？

女1：今日は季節のアイスクリームとプリンでございます。

男 ：へぇー。一番カロリーが低いのはどれですか？ちょっとダイエット中なので。

女1：そうですね。どれも、それほど変わりませんが、チキンのランチが少し低いです。

男 ：じゃ、ぼくはそれで決まりだね。

女1：少々お待ちくださいませ。

3번

남자와 여자가 레스토랑에서 점심을 고르고 있습니다.

남 : 실례합니다. 런치 메뉴 부탁드립니다.

여1 : 네, 여기 있습니다.

여2 : 런치는 4종류가 있네요. 추천 메뉴는 무엇입니까?

여1 : 네, A런치인 카레라이스입니다. 여름 채소도 듬뿍 들어있어서, 지금의 더운 시기에 딱입니다.

남 : 와~, 좋을 것 같네요. 고기 요리의 런치는 무슨 고기입니까?

여1 : B런치은 포크소테이고, C런치는 치킨입니다. 두 가지 모두 신선한 생채소와 스프가 함께 제공됩니다.

남 : 그렇군요. 저, 돼지고기는 못 먹어요. 생선 요리는 없나요?

여1 : 아, 있습니다. D런치는 연어 뫼니에르입니다. 이 런치는 좀 양이 적은 편이고 여성에게 인기있는 메뉴입니다. 디저트가 함께 제공돼서요.

여2 : 와우, 디저트는 무엇입니까?

여1 : 오늘은 계절의 아이스크림과 푸딩입니다.

남 : 오, 가장 칼로리가 낮은 것은 무엇입니까? 조금 다이어트 중이라서.

여1 : 글쎄요. 어떤 런치도 크게 다르지 않지만, 치킨 런치가 조금 낮습니다.

남 : 그럼, 나는 그것으로 결정이야.

여1 : 잠시만 기다려주십시오.

⋮

女1：お客様(きゃくさま)、申(もう)し訳(わけ)ございません。チキンは本日(ほんじつ)もう、終(お)わってしまいました。
男　：え、そうなの。じゃあ、夏(なつ)の野菜(やさい)がたっぷりのでいいや。彩(あや)さんは、どうするの。
女2：わたしは、もちろんデザートつきに決(き)まっているじゃない。

⋮

여1 : 고객님, 죄송합니다. 치킨은 오늘 벌써 끝나 버렸습니다.
남 : 아, 그래요? 그럼 여름 채소가 듬뿍 들어간 것으로 좋아. 아야 씨는 어떻게 할 거야?
여2 : 나야 물론 당연히 디저트가 같이 제공되는 거지.

質問 1

男(おとこ)の人(ひと)はどのランチにしますか。

1　Aランチ
2　Bランチ
3　Cランチ
4　Dランチ

질문1

남자는 어떤 런치로 합니까?

1 A 런치
2 B 런치
3 C 런치
4 D 런치

質問 2

女(おんな)の人(ひと)はどのランチにしますか。

1　Aランチ
2　Bランチ
3　Cランチ
4　Dランチ

질문2

여자는 어떤 런치로 합니까?

1 A 런치
2 B 런치
3 C 런치
4 D 런치

해설 질문 1 : 남자는 요즘 다이어트 중이라서 가장 칼로리가 낮은 것으로 결정해서 치킨런치가 되었지만, 품절이라 채소가 많이 들어 있는 A런치로 결정했다.

질문 2 : 여자는 디저트가 제공되는 것으로 한다고 했으므로 D런치로 결정했다.

어휘 ぴったり 꼭 알맞은 모양, 딱, 꼭 | 時期(じき) 시기 | お勧(すす)め 추천 | ポークソテー 포크소테(돼지고기 살을 버터나 기름으로 구운 요리) | 両方(りょうほう) 양방, 양쪽 | 鮭(さけ) 연어 | ムニエル 뫼니에르(생선에 밀가루를 묻혀 버터로 구운 프랑스식 요리) | 季節(きせつ) 계절

나의 점수는?

총 ______ 문제 정답

혹시 부족한 점수라도 실망하지 말고 해설을 보며 다시 확인하고 틀린 문제를 다시 풀어보세요. 실력이 점점 쌓여갈 것입니다.

JLPT N2 제4회 실전모의고사 정답

1교시 언어지식(문자·어휘)

- 문제 1: [1] 3 [2] 1 [3] 3 [4] 4 [5] 4
- 문제 2: [6] 2 [7] 3 [8] 2 [9] 4 [10] 2
- 문제 3: [11] 2 [12] 4 [13] 2
- 문제 4: [14] 3 [15] 3 [16] 3 [17] 1 [18] 2 [19] 4 [20] 1
- 문제 5: [21] 2 [22] 1 [23] 3 [24] 4 [25] 3
- 문제 6: [26] 3 [27] 2 [28] 1 [29] 3 [30] 4

1교시 언어지식(문법)

- 문제 7: [31] 1 [32] 2 [33] 4 [34] 3 [35] 2 [36] 4 [37] 2 [38] 1 [39] 3 [40] 2 [41] 4 [42] 1
- 문제 8: [43] 1 [44] 4 [45] 3 [46] 2 [47] 1
- 문제 9: [48] 3 [49] 2 [50] 2 [51] 1

1교시 언어지식(독해)

- 문제 10: [52] 1 [53] 4 [54] 4 [55] 3 [56] 4
- 문제 11: [57] 2 [58] 3 [59] 4 [60] 3 [61] 4 [62] 2 [63] 4 [64] 4
- 문제 12: [65] 4 [66] 3
- 문제 13: [67] 3 [68] 4 [69] 1
- 문제 14: [70] 4 [71] 3

2교시 청해

- 문제 1: [1] 2 [2] 3 [3] 1 [4] 2 [5] 4
- 문제 2: [1] 2 [2] 3 [3] 1 [4] 2 [5] 1 [6] 1
- 문제 3: [1] 1 [2] 3 [3] 2 [4] 1 [5] 3
- 문제 4: [1] 2 [2] 1 [3] 2 [4] 2 [5] 1 [6] 1 [7] 3 [8] 1 [9] 2 [10] 1 [11] 3
- 문제 5: [1] 2 [2] 2 [3] 1 3 2 1

4회

4회 실전모의고사 해설

1교시 언어지식(문자·어휘)

문제 1 ________의 단어의 읽는 법으로 가장 적당한 것을 1・2・3・4에서 하나 고르세요.

1　6歳未満の児童は入場料が無料になっています。
1　びばん　2　びまん　3　みまん　4　みばん
6세 미만의 아동은 입장료가 무료로 되어 있습니다.

어휘 未満(みまん) 미만 ▶ 未婚(みこん) 미혼, 未遂(みすい) 미수, 未亡人(みぼうじん) 미망인 | 児童(じどう) 아동

2　学校側は、必要な措置をとらなければならない。
1　そち　2　そうち　3　しょち　4　しょうち
학교측은 필요한 조치를 취해야만 한다.

어휘 学校側(がっこうがわ) 학교측 | 措置(そち)をとる 조치를 취하다 ▶ 装置(そうち) 장치, 処置(しょち) 처치

3　この機械は正確な血圧を測定するのに使う。
1　そくじょう　2　そくじょ　3　そくてい　4　そくて
이 기계는 정확한 혈압을 측정하는 것에 사용한다.

어휘 機械(きかい) 기계 | 正確(せいかく) 정확 | 血圧(けつあつ) 혈압 | 測定(そくてい) 측정 ▶ 観測(かんそく) 관측, 計測(けいそく) 계측, 実測(じっそく) 실측

4　安易な考えで行動するのはよくない。
1　やすいき　2　やすい　3　あんいき　4　あんい
안이한 생각으로 행동하는 것은 좋지 않다.

어휘 安易(あんい)だ 안이하다 ▶ 治安(ちあん) 치안, 安定(あんてい) 안정, 容易(ようい)だ 용이하다, 貿易(ぼうえき) 무역 | 行動(こうどう) 행동

5　険しい山道を歩いていった。
1　くるしい　2　さびしい　3　ひとしい　4　けわしい
험한 산길을 걸어갔다.

어휘 険(けわ)しい 험하다, 험악하다 ▶ 危険(きけん) 위험, 保険(ほけん) 보험 | 山道(やまみち) 산길 | 苦(くる)しい 괴롭다 | 等(ひと)しい 같다, 동등하다

문제 2 ________의 단어를 한자로 쓸 때, 가장 적당한 것을 1 · 2 · 3 · 4에서 하나 고르세요.

6 一定のかんかくをあけてお並びください。

1 感覚 2 間隔 3 感格 4 間格

일전한 간격을 띄고 줄 서 주세요.

어휘 一定(いってい) 일정 | 間隔(かんかく)をあける 간격을 띄다, 간격을 두다 ▶ 遠隔(えんかく) 원격 | 並(なら)ぶ 줄 서다 | 感覚(かんかく) 감각

7 新製品の開発で見事なぎょうせきをあげたのが認められて昇進する。

1 業責 2 業積 3 業績 4 業蹟

신제품 개발에서 뛰어난 업적을 올린 것이 인정되어 승진하다.

어휘 新製品(しんせいひん) 신제품 | 見事(みごと)だ 훌륭하다, 멋지다 | 業績(ぎょうせき) 업적 | 認める 인정하다 | 昇進(しょうしん) 승진

8 税金を支払うのはすべての国民のぎむである。

1 儀務 2 義務 3 議務 4 犠務

세금을 지불하는 것은 모든 국민의 의무이다.

어휘 税金세금 | 支払(しはら)う 지불하다 | 義務(ぎむ) 의무

9 きれいな海ほどあざやかな青色に見える。

1 穏やか 2 速やか 3 平やか 4 鮮やか

깨끗한 바다일수록 선명한 파란색으로 보인다.

어휘 ~ほど ~일수록 | 鮮(あざ)やかだ 선명하다 ▶ 新鮮(しんせん)だ 신선하다 | 青色(あおいろ) 파란색 | 穏(おだ)やかだ 온화하다 | 速(すみ)やかだ 신속하다

10 新年度が始まり、あわただしい毎日を送っている。

1 懐ただしい 2 慌ただしい 3 輝ただしい 4 細ただしい

새해가 시작되어, 분주한 매일을 보내고 있다.

어휘 新年度(しんねんど) 새해 | 慌(あわ)ただしい 분주하다, 바쁘다 ▶ 慌(あわ)てる 당황하다, 허둥대다 | 送(おく)る 보내다

문제 3 (　　　) 안에 들어갈 가장 적당한 것을 1・2・3・4에서 하나 고르세요.

11　勤務時間に応じて残業（　　　）が発生する。

1 金　2 代　3 費　4 賃

근무시간에 맞추어 잔업비(야근수당)가 발생한다.

어휘 勤務時間 근무시간 | ～に応じて ~에 맞추어, ~에 따라 | 残業代 잔업비(야근수당) ▶ 食事代 식사비, 電気代 전기요금 | 発生する 발생하다

12　発電（　　　）は、エンジンを動かすことで電気を作り出す。

1 台　2 器　3 元　4 機

발전기는, 엔진을 움직여 전기를 만들어 낸다.

어휘 発電機 발전기 ▶ 洗濯機 세탁기, 掃除機 청소기, ゲーム機 게임기 | 動かす 움직이다 | 作り出す 만들어 내다

13　（　　　）愛想な人は、周りの人とのコミュニケーションが苦手だ。

1 非　2 無　3 否　4 不

무뚝뚝한 사람은 주위 사람들과의 커뮤니케이션이 서투르다.

어휘 無愛想だ 무뚝뚝하다 ▶ 無計画 무계획, 無責任 무책임 | 周り 주위 | 苦手だ 서툴다

문제 4 (　　　) 안에 들어갈 가장 적당한 것을 1・2・3・4에서 하나 고르세요.

14　貯金は（　　　）少ししかない。

1 だいぶ　2 相当　3 ほんの　4 かなり

저금은 정말 조금밖에 없다.

어휘 貯金 저금 | ほんの少し 정말 조금, 아주 조금 | ～しかない ~밖에 없다 | だいぶ 꽤 | 相当 상당히 | かなり 상당히, 꽤

15　人を（　　　）際、経営者が押さえなければならないポイントは何がありますか。

1 取り上げる　2 受け入れる　3 雇う　4 抱える

사람을 고용할 때, 경영자가 파악해야 하는 포인트는 무엇이 있습니까?

어휘 経営者 경영자 | 押さえる 이해하다, 파악하다 | 取り上げる 채택하다, 집어 들다 | 受け入れる 받아들이다 | 雇う 고용하다 | 抱える 안다, 껴안다

16 彼女は緊張したせいなのか、声が（　　　　）いた。

1 揺れて　　2 振って　　3 震えて　　4 及んで

그녀는 긴장한 탓인지, 목소리가 떨리고 있었다.

어휘 緊張 긴장 | 揺れる 흔들리다 | 振る 흔들다, 뿌리다 | 震える 떨리다(추위나 격렬한 감정으로 몸이나 목소리가 덜덜 떨리다) | 及ぶ달하다, 미치다

17 これはお米や透明な水、菜食でがんを（　　　　）した人の話です。

1 克服　　2 克明　　3 解放　　4 解除

이것은 쌀이나 투명한 물, 채식으로 암을 극복한 사람의 이야기입니다.

어휘 透明 투명 | 菜食 채식 | がん 암 | 克服 극복 | 克明 극명, 세밀하게 주의를 기울이는 모양 | 解放 해방 | 解除 해제

18 この地域ではタクシー台数が供給（　　　　）となっている。

1 過失　　2 過剰　　3 通過　　4 過密

이 지역에서는 택시 대수가 과잉 공급이 되어 있다.

어휘 地域 지역 | 台数 대수 | 過剰 과잉 | 供給 공급 | 過失 과실 | 通過 통과 | 過密 과밀

19 台風の影響で関東地方は天気が（　　　　）可能性があるという。

1 はずれる　　2 みだれる　　3 おこたる　　4 くずれる

태풍의 영향으로 관동지방은 날씨가 나빠질 가능성이 있다고 한다.

어휘 影響 영향 | 関東地方 관동지방 | 天気が崩れる 날씨가 나빠지다 | 可能性 가능성 | 外れる 빠지다, 풀리다 | 乱れる 흐트러지다 | 怠る 태만히 하다, 소홀히 하다

20 息子は（　　　　）ゲーム機をテレビに接続した。

1 器用に　　2 朗らかに　　3 派手に　　4 素直に

아들은 능숙하게 게임기를 텔레비전에 접속했다.

어휘 息子 아들 | 器用に 능숙하게, 솜씨 좋게 | ゲーム機 게임기 | 接続 접속 | 朗らかに 명랑하게 | 派手に 화려하게 | 素直に 순순히

4회

문제 5 ______의 단어의 의미가 가장 가까운 것을 1・2・3・4에서 하나 고르세요.

21 日本の治安はしだいに悪くなっている。

1 急激に 2 だんだん 3 微妙に 4 めっきり

일본의 치안은 점차 나빠지고 있다.

어휘 治安 치안 | しだいに 점차, 차츰 | 急激に 급격히 | だんだん 점점 | 微妙に 미묘하게 | めっきり 두드러지게, 뚜렷이

22 年末の大掃除をすました。

1 終えた 2 始めた 3 やめた 4 頼んだ

연말 대청소를 끝냈다.

어휘 年末 연말 | 大掃除 대청소 | 済ます 끝내다, 마치다 | 終える 끝내다 | やめる 그만두다, 중단하다 | 頼む 부탁하다

23 親の希望に逆らって、明日から歌手としてデビューする。

1 順応して 2 適応して 3 反抗して 4 逆行して

부모님의 희망에 반항하여, 내일부터 가수로써 데뷔한다.

어휘 希望 희망 | 逆らう 거역하다, 반항하다 | 順応する 순응하다 | 適応する 적응하다 | 反抗する 반항하다 | 逆行する 역행하다

24 私はそのニュースを聞いてほっとしました。

1 驚きました 2 失望しました 3 悲しくなりました 4 安心しました

저는 그 뉴스를 듣고 안심하였습니다.

어휘 ほっとする 안심하다 | 驚く 놀라다 | 失望する 실망하다 | 悲しくなる 슬퍼지다 | 安心する 안심하다

25 このズボンはぶかぶかだ。

1 とても小さい 2 とても高い 3 とても大きい 4 とても安い

이 바지는 헐렁헐렁하다.

어휘 ぶかぶか (옷, 신발 등이 커서) 헐렁헐렁한 모양

문제 6 다음 단어의 사용법으로서 가장 적당한 것을 1 · 2 · 3 · 4에서 하나 고르세요.

26 違反 위반

1 子どもは思春期になると、親や教師に対し違反的な態度をとることが多くなる。
2 地元の住民たちは、原子力施設の設置に違反の声を上げている。
3 最近、自転車の信号無視やスピードの出しすぎなど、ルール違反による事故はあとを絶たない。
4 厚労省の調べでは、働く女性の多くは自分の希望に違反して仕事を辞めている。

1 아이는 사춘기가 되면, 부모나 교사에게 위반적인 태도를 취하는 경우가 많아진다.
2 현지 주민들은, 원자력 시설 설치에 위반의 목소리를 높이고 있다.
3 최근, 자전거의 신호 무시와 과속 등, 규칙 위반으로 인한 사고는 끊임없이 일어나고 있다.
4 후생노동성의 조사에 따르면, 일하는 여성의 대부분은 자신의 희망과 위반하여 일을 그만두고 있다.

해설 「違反(いはん)」은 '위반'이라는 뜻으로 법, 규칙, 룰, 계약 등과 같은 단어와 자주 어울린다. 1번은 「反抗(はんこう) 반항」, 2번은 「反対(はんたい) 반대」, 4번은 「～に反(はん)して ~에 반하여」가 와야 자연스러운 문장이 된다.

어휘 思春期(ししゅんき) 사춘기 | 地元(じもと) 현지 | 原子力施設(げんしりょくしせつ) 원자력 시설 | あとを絶(た)たない 끊임없이 일어나다 | 厚労省(こうろうしょう) 후생노동성의 준말

27 思わず 나도 모르게

1 滝をしばらく眺めていると、思わず流れているはずの水が、不思議に止まっているように見えた。
2 「放射線」という言葉を聞いて、思わず福島の原発事故が頭に浮かんだ。
3 真夏になると気温は30度を超え、暑さで体はぐったりする。そのため水は思わず必要になる。
4 学力テストの内容や活用方法は、思わず検証を続けていく必要がある。

1 폭포를 한참 바라보니 있었더니, 나도 모르게 흐르고 있어야 할 물이, 신기하게 멈춰 있는 것처럼 보였다.
2 '방사선'이라는 말을 듣고, 나도 모르게 후쿠시마 원전 사고가 머리에 떠올랐다.
3 한여름이 되면 기온은 30도를 넘어, 더위에 몸은 축 늘어진다. 그래서 물은 나도 모르게 필요해진다.
4 학력 테스트의 내용이나 활용 방법은, 나도 모르게 검증을 계속해 갈 필요가 있다.

해설 「思(おも)わず 나도 모르게, 무의식 중에, 무심코」는 '원래는 그럴 생각이 없었는데 나도 모르게'란 의미를 가지고 있다. 1번은 「当然(とうぜん) 당연히」, 3번은 「必(かなら)ず 반드시」, 4번은 「今後(こんご)も 앞으로도」가 자연스럽다.

어휘 滝(たき) 폭포 | 不思議(ふしぎ)に 신기하게 | 放射線(ほうしゃせん)방사선 | 原発(げんぱつ) 원전 (원자력 발전소 줄임말) | 頭(あたま)に浮(う)かぶ 머리에 떠오르다 | ぐったりする 축 늘어지다 | 検証(けんしょう) 검증

28 たまる 쌓이다

1 人はストレスがたまっても、親しい人のそばにいるだけで心理的に安定する。
2 この地域は冬になると大雪がたまってしまいます。
3 彼の書斎は専攻に関する本がぎゅうぎゅうたまっていた。
4 経験がたまればいつかは必ず成功するに決まっている。

4회

1 사람은 스트레스가 쌓여도, 친한 사람의 곁에 있는 것만으로 심리적으로 안정된다.

2 이 지역은 겨울이 되면 많은 눈이 쌓여 버립니다.

3 그의 서재는 전공 관련 책이 꽉꽉 쌓여 있었다.

4 경험이 쌓이면 언젠가는 반드시 성공하기 마련이다.

해설 「たまる」는 '조금씩 한 곳에 쌓이거나 해결해야 할 것 등이 쌓이다'라는 뜻이다. 예 ストレス・洗濯物(せんたくもの)・仕事(しごと)・宿題(しゅくだい)・借金(しゃっきん)・ごみ・部屋代(へやだい)の支払(しはら)い)がたまる (스트레스・세탁물・일・숙제・빚・쓰레기・방세의 지불)이 쌓이다.

2번은 「積(つ)もって」로 바꾸는 것이 적당하며, 3번의 「ぎゅうぎゅう」는 '무리하게 채워 넣거나 밀어 넣는 모습'이므로 「詰(つ)まっている」로 바꾸는 것이 적당하다. 4번의 '경험이 쌓이다'는 「経験(けいけん)が積(つ)もる」라고 한다.

어휘 心理的(しんりてき) 심리적 | 地域(ちいき) 지역 | 書斎(しょさい) 서재 | 専攻(せんこう) 전공 | 経験(けいけん) 경험 | 成功(せいこう) 성공

29 惜(お)しい 아깝다, 안타깝다

1 店舗によって価格が異なる場合がございます。惜しくはこちらをご覧ください。

2 小さい頃からかわいがってくれた祖母が亡くなって、とても惜しかった。

3 待っている時間が惜しくて、ケータイでニュースを見た。

4 昨日の試合は引き分けに終わってしまい、とても惜しい気分だ。

1 점포에 따라 가격이 다른 경우가 있습니다. 아까운 것은 이쪽을 봐 주십시오.

2 어릴 때부터 귀여워해 준 할머니가 돌아가셔서 너무 아쉬웠다.

3 기다리는 시간이 아까워서, 휴대전화로 뉴스를 보았다.

4 어제 경기는 무승부로 끝나버려서 너무 아까운 기분이다.

해설 「惜(お)しい」는 '남이 어떤 가치관으로 보든 자신에게 애착이 있는 것을 놓치고 싶지 않은 기분, 또한 조금 더 노력하면 실현할 수 있었던 것을 못한 안타까움'을 나타낸다. 1번은 「詳しくは 자세한 것은」가 적당하며, 2번은 「悲(かな)しかった 슬펐다」로, 4번은 시합이 무승부로 끝나 아쉬웠다라는 것을 표현하려면 「とても悔(くや)しかった 매우 분했다」로 바꾸는 것이 자연스럽다.

어휘 無駄遣(むだづか)い 헛되이 사용함 | 引(ひ)き分(わ)け 무승부

30 温暖 온난

1 じゃがいもを温暖なうちにつぶして、牛乳、塩を加えて混ぜれば出来上がり。

2 今日は、寒い冬でも室内を温暖に保つコツなどについてご紹介します。

3 課長は普段は温暖な性格の人だが、本気で怒ると本当に怖い。

4 この県は、気候も比較的温暖で、災害が少なく、自然環境にも恵まれている。

1 감자를 온난할 때 으깨어, 우유, 소금을 더해 섞으면 완성.

2 오늘은, 추운 겨울에도 실내를 온난하게 유지하는 요령 등에 관해 소개하겠습니다.

3 과장님은 평소에는 온난한 성격의 사람인데, 진심으로 화내면 정말 무섭다.

4 이 현은, 기후도 비교적 온난하고, 재해가 적고, 자연환경도 풍족하다.

해설 「温暖(おんだん)」은 '온난'이란 뜻으로, '기후가 따뜻한 상태'를 말한다. 1번은 「熱(あつ)い 뜨겁다」, 2번은 「温(あたた)かく 따뜻하게」, 4번은 사람의 성품이므로 「温厚(おんこう) 온후」가 들어가야 자연스러운 문장이 된다.

어휘 ~うちに ~할 때, ~한 동안에 | つぶす 으깨다 | 加(くわ)える 더하다 | 混(ま)ぜる 섞다 | 出来上(できあ)がり 완성 | 保(たも)つ 유지하다 | コツ 비결 | 普段(ふだん) 평소 | 本気(ほんき) 진심 | 気候(きこう) 기후 | 比較的(ひかくてき) 비교적 | 災害(さいがい) 재해 | 恵(めぐ)まれる 풍족하다, 은혜를 입다

1교시 언어지식(문법)

문제 7 다음 문장의 (　　　) 안에 들어갈 가장 적당한 것을 1 · 2 · 3 · 4에서 하나 고르세요.

31 円高は留学生（　　　）、大きな負担になる。

1 にとって　2 のとって　3 に対して　4 の対して

엔고는 유학생에게 있어서, 커다란 부담이 된다.

문법포인트! Aにとって : (사람 또는 그에 준하는 것) ~에게 있어서 ~に対(たい)して : ~에 대하여

어휘 円高(えんだか) 엔고 | 負担(ふたん) 부담

32 国際結婚（　　　）、異文化理解に関する論議が行われた。

1 にめぐって　2 をめぐって　3 のおいて　4 において

국제결혼을 둘러싸고 이문화 이해에 관한 논의가 거행되었다.

문법포인트! ~をめぐって : ~을 둘러싸고 Aにおいて : (A라고 하는 장소, 영역, 점, 때)에 있어서

어휘 異文化理解(いぶんかりかい) 이문화 이해 | 論議(ろんぎ) 논의

33 最近は大人（　　　）おもちゃもよく売れているそうだ。

1 を向けた　2 を向いた　3 の向きの　4 向けの

최근에는 성인을 대상으로 하는 장남감도 잘 팔리고 있다고 한다.

문법포인트! 向(む)け : (다른 말 아래에 붙여서) 행선지나 목적지, 대상을 나타내는 말
「向(む)き」에도 '~에게 적합함'이라는 뜻이 있지만, 명사+向(む)き는 아래의 예와 같이 사용된다.
명사+向(む)き: 명사에게 적합함 / 명사+向(む)け: 명사를 위해 만듦(뒷문장에는 그 명사를 위해 만든 제품이나 물건이 많이 온다)
예 男性(だんせい)(向(む)き/向(む)け)の化粧品(けしょうひん) : 이 문장에서는 화장품은 보통 여성을 위해 만들지만 남성을 위해 일부러 만들었다는 의미이므로 「向(む)き」 보다 「向(む)け」가 더 적합하다.

34 オリンピックを迎えて、5年間（　　　）工事が行われる予定だ。
1 のかけては　2 のおいては　3 にわたって　4 にかかって
올림픽을 맞이하여, 5년간에 걸쳐 공사가 이루어질 예정이다.

문법포인트! ⊘ A にわたって : A 시간 동안 계속 , A 라는 공간·범위에 걸쳐

35 この機器の操作はマニュアルの内容（　　　）正しく行ってください。
1 の沿って　2 に沿って　3 の従って　4 を従って
이 기기의 조작은 매뉴얼의 내용에 따라서 정확하게 행해주세요.

문법포인트! ⊘ ~に沿って : ① ~에 맞춰서 ② ~에 병행하여 ⊘ ~に従って : ~함에 따라, ~와 함께
어휘 操作 조작

36 最初はつまらない小説だと思ったが、（　　　）おもしろくなってきて一気に最後まで読みきった。
1 読んでいってでも　2 読むのに反して
3 読まないうちに　4 読んでいくうちに
처음에는 따분한 소설인 줄 알았는데, 읽다 보니 재미있어져서 단숨에 끝까지 다 읽었다.

문법포인트! ⊘ ~ていくうちに : ~하다 보니, ~하다 보면
예 問題を解決するための知識は、仕事をしていくうちに自然に身につく。
문제를 해결하기 위한 지식은, 일을 하다 보면 자연스럽게 몸에 밴다.
어휘 一気に 단숨에 , 한번에 | 読みきる 다 읽다

37 祖父は1週間（　　　）病院に行っています。
1 たびに　2 おきに　3 ぶりに　4 ことに
할아버지는 1주일 간격으로 병원에 다니고 있습니다.

문법포인트! ⊘ ~おきに : ~걸러, ~간격으로 예 一日おきに : 하루 걸러 (이틀에 한 번)
어휘 祖父 할아버지

38 会社側は事故原因について、「調査結果を待っており、現時点では（　　　）」と述べた。
1 コメントしかねる　2 コメントしかねない
3 コメントしうる　4 コメントしかけない
회사 측은 사고 원인에 관해, '조사결과를 기다리고 있으며, 현시점에서는 코멘트하기 어렵다'라고 말했다.

문법포인트! ⊘ 동사 ます형+かねる : ~하기 어렵다, 힘들다(거의 불가능한 일)
*주의: 「ます형+かねる」는 부정표현이지만, 「ます형+かねない(~할지도 모른다, ~할 수도 있다, 가능성이 있다)」는 긍정표현으로 쓰인다.

예 そんなひどいことも、彼ならやりかねない。그런 심한 짓도, 그라면 할지도 모른다.

어휘 現時点(げんじてん) 현시점 | 述(の)べる 말하다

39 その商業施設は非常に広くて、一日では（　　　）ほどであった。
1 回れる　2 回りがちな　3 回りきれない　4 回りかけない
그 상업시설은 매우 넓어서, 하루로는 다 돌아볼 수 없을 정도였다.

문법포인트! ⊘ ます형+きれない/きる : 다 ~할 수 없다/다 ~하다(완료)
예 最後(さいご)まで走(はし)りきった。끝까지 완주하였다

어휘 商業施設(しょうぎょうしせつ) 상업시설 | 非常(ひじょう)に 매우, 몹시

40 田中部長は退職あいさつで、「この仕事を（　　　）本当に良かった」と言っていた。
1 やってもらって　2 やらせてもらって　3 やってあげて　4 やらせてあげて
다나카 부장님은 퇴직인사에서, '이 일을 하게 되어 정말 좋았다'라고 말하였다.

문법포인트! ⊘ 사역동사 てもらう : (화자가) ~하다, 「発表させてもらいます(발표하겠습니다)」
⊘ 동사+てもらう : (상대에게) ~해 달라고 요청할 때, 「発表してもらいます(발표해 주십시오)」

어휘 退職(たいしょく) 퇴직

41 クリスマスケーキとおせち料理の予約注文（　　　）。
1 申し上げます　2 お越しになります
3 ご覧になります　4 うけたまわります
크리스마스 케이크와 오세치 요리 예약주문 받습니다.

문법포인트! ⊘ 承(うけたまわ)る : 「受(う)ける(받다)」의 겸사말. 주로 비즈니스 장면이나, 가게 등에서 손님에게 사용

어휘 おせち料理(りょうり) 오세치요리(설날음식) | 申(もう)し上(あ)げる 말씀드리다 | お越(こ)しになる 가시다, 오시다 | ご覧(らん)になる 보시다 | 承(うけたまわ)る 받다

42 あんな無礼な人と二度と口をきく（　　　）。
1 ものか　2 ことではない　3 わけか　4 はずではない
그런 무례한 사람과 두 번 다시 말을 하지 않겠다.

4회

문법포인트! ~ものか : ~할쏘냐, 절대 ~하지 않겠다(부정하는 굳은 결의)

어휘 無礼 무례 | 口をきく 말을 하다

문제 8 다음 문장의 ＿＿★＿＿에 들어갈 가장 적당한 것을 1・2・3・4 에서 하나 고르세요.

43 インターネットの ＿＿＿ ＿＿＿、＿★＿ ＿＿＿ を誰でも簡単に入手することができるようになった。

1 あらゆる　2 により　3 普及　4 情報

인터넷의 보급에 따라, 모든 정보를 누구라도 간단히 입수할 수 있게 되었다.

정답문장 インターネットの普及により、あらゆる情報を誰でも簡単に入手することができるようになった。

문법포인트! ~により/~によって : ~에 따라, ~에 의해

모든 정보를 누구라도 간단히 입수할 수 있게 된 것은, 인터넷의 보급에 따른 결과이므로「**普及により**」가 먼저 완성되어야 한다.

어휘 普及 보급 | あらゆる~ 모든~ | 情報 정보 | 入手する 입수하다

44 毎日、＿＿＿ ＿＿＿ ＿★＿ ＿＿＿ が続いている。

1 家に帰っても　2 生活　3 残業続きで　4 寝るだけの

매일 야근이 계속되어 집에 돌아가도 잠만 자는 생활이 계속되고 있다.

정답문장 毎日、残業続きで家に帰っても寝るだけの生活が続いている。

문법포인트! 집에 돌아가도 잠만 자는 생활이 계속되고 있는 이유를 먼저 말해야 하므로,「**残業続きで**」가 가장 앞에 나와야 한다.

어휘 残業続き 야근이 계속됨

45 健康的に働けることは、＿＿＿ ＿＿＿ ＿★＿ ＿＿＿ 最低限必要な労働条件である。

1 とともに　2 だけの　3 賃金　4 生活できる

건강하게 일할 수 있는 것은, 생활할 수 있을 만큼의 임금과 함께 최저한 필요한 노동조건이다.

정답문장 健康的に働けることは、生活できるだけの賃金とともに最低限必要な労働条件である。

문법포인트! ~とともに : ~와 함께

건강하게 일할 수 있는 것과 함께 필요한 노동조건은 '임금'이므로「**賃金とともに**」를 우선 만들 수 있다.

어휘 健康的 건강 | 賃金 임금 | 最低限 최저한(최소한) | 必要 필요 | 労働条件 노동조건

46 私がその資格をとったなんて、＿＿＿ ＿＿＿ ＿★＿ ＿＿＿ なかった。

1 その　2 たとえ　3 うれしさは　4 ようが

내가 그 자격을 땄다니 그 기쁨은 비유할 방법이 없었다.

정답문장 私がその資格をとったなんて、そのうれしさはたとえようがなかった。

문법포인트! ～ようが(も)ない：(~하고 싶어도) ~할 방법이 없다

어휘 資格 자격 | たとえる 비기다, 견주다, 비유하다

47 子供では ＿＿＿ ＿★＿ ＿＿＿ ＿＿＿ ほどがある。

1 まいし　2 わがままを　3 ある　4 言うのも

아이도 아니고 제 멋대로 말하는 것도 정도가 있다 .

정답문장 子供ではあるまいし、わがままを言うのもほどがある。

문법포인트! 명사+ではあるまいし：~도 아니고, ~도 아닌데(뒷부분에는 상대에 대한 비난, 충고, 조언 등의 표현이 온다)

어휘 わがまま 제 멋대로 굶, 버릇없음

4회

문제 9 다음 글을 읽고 , 글 전체의 내용을 생각해서 , 48 ~ 51 안에 들어갈 가장 적당한 것을 1 · 2 · 3 · 4 에서 하나 고르세요 .

요즘 사회인의 유학이 늘어나고 있다는데, 유학은 학생이나 젊은이들만의 것이 아니라, 사회인이 되고 나서도(48) 가치 있는 훌륭한 체험이라고 생각한다. 사회인으로 일을 그만두고 유학을 결정하는 이유는 사람마다 제각각이며,「영어를 말할 수 있게 되고 싶다」「해외에서 생활해 보고 싶다」와 같은(49) 이미지를 품고 있는 사람이 많은 것 같다. 그것도 하나의 목적으로 결코 잘못된 것은 아니다. 다만, 보다 명확한 목적을 가지고 유학하면, 해외생활에서 곤란한 일이 생기거나, 불만이나 불안이 생겼을 때, "무엇을 위해 유학 온 것인가" 초심으로 돌아가 동기부여를 유지할 수 있다. 그렇기에 유학 가기 전에 구체적인 목표 설정을 하는 것이 바람직하다.

유학하는 목적으로 가장 많이 꼽히는 것은, 역시(50) 영어 실력 향상이다. 특히 일본인의 상당수는, 스피킹에 대해 서투른 의식을 가지고 있어, 실용적인 스피킹 기회를 얻을 수 있는 유학으로 영어실력을 늘리고 싶다는 사람이 많은 것 같다.

최근에는, 일본 기업에서도 영어 수요가 높아져, 사내 공용어로 사용하고 있는 회사가 늘어나고 있다. 또한 외국인 근로자를 적극 채용하는 기업도 늘어나면서, 영어를 할 수 있는 것이 당연한 시대가 되었으므로, 실제로 사용할 수 있는 비즈니스 영어를 익혀 두는 것이 좋다.

젊은 사람에게 있어서는, 실패도 소중한 공부이자 사회 경험의 일부이며, 부정적인 영향은 적다. 하지만 사회인이라면 실패는 최소한으로 그치게 하고, 충실한 유학생활을 보내고 싶은 것이다(51). 만약 사회인 유학을 희망하는 사람이 있다면, 사회인으로서의 경험을 살려, 충실한 유학생활을 꼭 실현하기 바란다.

어휘 価値 가치 | 人それぞれ 사람마다 제각각 | ~といった ~와 같은 | 抱く 품다 | 決して 결코 | 初心 초심 | 保つ 유지하다 | 具体的 구체적 | 目標設定 목표설정 | 望ましい 바람직하다 | 向上 향상 | 苦手意識 서투른 의식, 지레 겁먹음 | 実用的 실용적 | 得る 얻다 | 伸ばす 늘리다 | 近年 최근 | 需要 수요 | 公用語 공용어 | 採用 채용 | 当たり前だ 당연하다 | 身につける 몸에 익히다 | 最小限 최소한 | とどめる 그치게 하다, 머물게 하다 | 充実 충실 | 望む 바라다 | 生かす살리다

48 1 社会人になるために 2 社会人だけの 3 社会人になってからも 4 社会人にかぎって

해설 앞에서 유학은 젊은 학생들만의 것이 아니라고 했다 . 즉 반드시 젊거나 학생이 아니어도 '가치 있는 훌륭한 체험' 이란 말을 전하고 싶은 것이니 3 번이 들어가야 문맥이 통하게 된다 .

49 1 らしい 2 といった 3 からには 4 たびに

해설 「といった」는 대개 「AやBといったC」형태로 쓰여 'A나 B와 같은 C'로 해석한다. 대표적인 것을 몇 가지 들어 설명한 후, 뒤에는 예로 나온 것 A, B 외에 C가 더 있다는 의미이다. 이 문장에서는 '영어를 말할 수 있게 되고 싶다', '해외에서 생활해 보고 싶다'와 같은 유학을 결정하는 이유를 나열하고 있는데, 등장하지는 않았지만 다른 이유가 더 있다는 뜻이다.

50 1 さらに 2 やはり 3 そこで 4 もしくは

해설 사회인의 유학목적을 언급하며 '영어실력 향상'이 가장 많이 꼽히고 있다고 했다. 뒤에서 「特に日本人の多くは、～英語力を伸ばしたいという人が多いようだ(특히 일본인의 상당수는, ~영어실력을 늘리고 싶다는 사람이 많은 것 같다)」고 했으니, 「やはり(역시)」가 들어가야 자연스럽다.

어휘 さらに 게다가 | やはり 역시 | そこで 그래서 | もしくは 혹은

51 1 送りたいものだ 2 送るばかりだ 3 送るかのようだ 4 送るわけではない

해설 '우선 「～ものだ」의 용법을 알아야 하는데, 희망표현 「～たい」에 접속하여 「～たいものだ」가 되면 희망을 강조하는 표현이 된다. 「充実した留学生活を送る」는 '충실한 유학생활을 보내다'는 뜻인데, 이 문장을 「充実した留学生活を送りたいものだ」로 만들어 그 희망을 강조하고 있다.

문제 10 다음 (1)~(5)의 문장을 읽고, 뒤에 나오는 질문에 대한 답으로서. 가장 적당한 것을 1·2·3·4중에서 하나 고르세요.

(1)

어린이용 사이트를 운영하고 있는 썬라이트 주식회사는 초중학생을 중심으로 한 어린이 1500명을 대상으로 용돈을 받고 있는지, 용돈을 받는 빈도와 금액 등에 관해 설문조사를 실시했다.

조사에 따르면 용돈을 받고 있는 초중학생은 80%로, 대부분의 아이들이 용돈을 받고 있는 것으로 나타났다. 용돈제도가 있는 학생 중 75%가 "용돈을 정기적으로 받고 있다"라고 회답. 이어서 "도와 드렸을 때 받고 있다"가 10%, "필요할 때만 받고 있다"가 8%였다.

또 용돈 금액에 관해서는, 약 40%의 초중학생이 "501~1,000엔"을 받고 있으며, 한 달을 이 금액으로 보내기 어려우니 용돈 액수를 올려 달라는 목소리도 있었다.

돈의 사용처에 관해서는, 제1위가 "저금"으로 약 60%를 차지하였고, 뒤이어 "책 · 잡지" "과자나 주스 등" "문방구"라는 결과였다.

올해부터 식료품이나 일용품 등 다양한 상품이 인상되었기 때문에, 평소 쇼핑에서 가격 인상을 실감하고 있는 아이들이 30% 정도 있는 것도 밝혀졌다.

52 이 문장의 내용과 맞는 것은 어느 것인가?

1 필요할 때만 용돈을 받고 있는 학생은 전체의 10%도 채 안 된다.
2 원하는 것을 살 때는 용돈과 저금을 합쳐 사는 아이들이 많다.
3 여러가지 상품이 인상되었기 때문에, 아이들의 용돈도 올랐다.
4 1,000엔으로 한 달 보내기 어렵다고 느끼는 학생은, 부모에게 추가로 받고 있다.

어휘 ~向け ~용 | 運営 운영 | 株式会社 주식회사 | 小中学生 초중학생 | 中心 중심 | 対象 대상 | お小遣い 용돈 | 頻度 빈도 | 金額 금액 | 実施 실시 | 調査 조사 | 制度 제도 | 定期的 정기적 | 回答 회답 | 次ぐ 뒤를 잇다 | お手伝い 도와줌, 심부름 | 過ごす 보내다, 지내다 | 使い道 사용처 | 第1位 제1위 | 貯金 저금 | ~割 ~할, ~% | 占める 점유하다, 차지하다 | 文房具 문방구 | 結果 결과 | 食料品 식료품 | 日用品 일용품 | 商品 상품 | 値上げ 인상 | 普段 평소 | 実感 실감

해설 두 번째 단락 마지막에서, 필요할 때만 받고 있다고 답한 학생이 8%였다고 했으니 정답은 1번이 된다. 저금으로 원하는 것을 산다는 말은 없으므로 2번은 오답. 물가가 인상되었다고 했으나 용돈이 올랐다는 말은 없으므로 3번도 오답. 용돈이 부족하다는 학생은 많지만 실제로 추가로 받는다는 말은 없으므로 4번도 오답이다.

(2)

어제 정부는 올해 '수출 진흥 정책'의 원안을 발표했다. 일본 기업이 수출 능력을 회복하기 위해서는 고도의 로봇을 개발하여 공장 등으로 활용하거나 특정 분야에서 높은 세계 점유율을 가진 중소기업에 대한 지원이 필요하다고 강조하고 있다.

특히 원안에서는 과거 일본 기업이 세계 시장을 석권한 '전기 제품'의 지난해 무역 흑자가 10년 전과 비교하면 약 70%나 감소했다는 것에 위기감을 나타냈다. 스마트폰이나 태양광 패널 등이 해외에서 대량으로 수입되고 있는 것이 원인이라고 분석했다. 일본 기업의 생산 공장의 해외 이전 등으로 일본에서의 수출이 증가하기 어렵게 된 구조의 문제도 지적하고 있다.

또한 일본 기업의 수출 능력의 회복 방법으로는 로봇을 공장에 도입하여 생산 효율의 향상을 도모할 필요성이 있다고 강조했다.

53 '수출 진흥 정책'의 원안의 내용으로 맞지 않는 것은 어느 것인가?

1 일본 기업의 미래를 위해서도 로봇 개발은 필수적이다.
2 '전기 제품' 무역 흑자 폭의 급감은 일본 경제에 바람직하지 않다.
3 생산 공장의 해외 이전은 일본 경제에 좋지 않은 영향을 주고 있다.
4 생산 효율을 높이기 위해서는 우수한 인재 확보가 불가결하다.

어휘 政府(せいふ) 정부 | 振興(しんこう) 진흥 | 政策(せいさく) 정책 | 原案(げんあん) 원안 | 回復(かいふく) 회복 | 高度(こうど) 고도 | 占有率(せんゆうりつ) 점유율 | 支援(しえん) 지원 | 強調(きょうちょう) 강조 | かつて 일찍이, 예로부터 | 席巻(せっけん) 석권 | 黒字(くろじ) 흑자(↔赤字(あかじ) 적자) | 危機感(ききかん) 위기감 | 太陽光(たいようこう) 태양광 | 大量(たいりょう) 대량 | 分析(ぶんせき) 분석 | 移転(いてん) 이전 | 構造(こうぞう) 구조 | 指摘(してき) 지적 | 導入(どうにゅう) 도입 | 効率(こうりつ) 효율 | 向上(こうじょう) 향상 | 図(はか)る 꾀하다 | 欠(か)かす 빠뜨리다, 거르다 | 幅(はば) 폭 | 激減(げきげん) 격감 | 望(のぞ)ましい 바람직하다 | 確保(かくほ) 확보 | 不可欠(ふかけつ) 불가결

해설 생산 효율을 높이기 위해서 우수한 인재를 확보해야 한다는 내용은 본문에 없고, 로봇을 도입해야 한다고 강조하고 있으므로 정답은 4번이다.

(3)

자주 가는 동네 슈퍼마켓은 매일 타임세일을 하고 있다. 타임세일은 매일 오후 4시로 매일 다른 상품이 할인되는데, 이 기회를 놓치지 않으려고 항상 많은 사람이 줄을 선다.

며칠 전에는 달걀이 할인되는 날이었다. 선착순이라 일찍부터 손님이 줄을 설 것으로 예상했지만 이날은 여느 때 이상으로 손님들이 많았다. 나는 다른 쇼핑도 있어서 30분 전 정도에 슈퍼에 도착했는데, 그 시점에서 이미 상당수의 손님이 꽤 줄을 서 있었다. (주1)"맨 끝줄은 이쪽입니다!"라는 점원의 목소리를 듣고 초조해진 나는 다른 쇼핑은 (주2)뒤로 미루고 달걀을 받기 위해 맨 끝 줄 쪽으로 향했다. 속속 손님들이 줄을 서고, 타임세일이 시작되기 전에는 달걀을 기다리는 사람들로 넘치고 있었다.

드디어 타임세일이 시작되었고, 한 사람에게 한 팩씩 배포되어 간다. 선반에 쌓여 있는 달걀 팩이 점점 없어져 가는 것이 보였던 나는, 나까지 받을 수 있을까 걱정하면서도 앞으로 나아갔다. 그리고 드디어 내 차례. 달걀을 받아 든 그때, "오늘 타임 세일은 끝입니다!"라는 점원의 목소리가 울렸다. 아슬아슬했다. 1분만 더 늦었으면 나까지는 못 받았겠지. 그날은 뭔가 큰 일을 해낸 달성감으로 가득 채워졌던 하루였다.

(주1) 맨 끝줄 : 줄이나 길게 연결되어 있는 것 등의 가장 뒤쪽
(주2) 뒤로 미루기 : 순서나 우선순위를 나중으로 늦추는 것

54 이 문장의 내용과 맞는 것은 어느 것인가?

1 이 슈퍼에서는 매일 달걀 할인 세일이 개최되고 있다.

2 이 사람은 타임세일에 줄을 섰지만 달걀을 사지 못하고 돌아갔다.

3 이 슈퍼에서는 달걀이 할인 때만 손님이 많이 줄을 선다.

4 이 사람 뒤에 줄 선 사람은 할인으로 달걀을 살 수 없었다.

어휘 近所(きんじょ) 근처 | 行(おこな)う 행하다 | 日替(ひが)わり 매일 바뀜 | 商品(しょうひん) 상품 | 割引(わりびき) 할인 | 逃(のが)す 놓치다 | 並(なら)ぶ 줄서다 | 先日(せんじつ) 며칠 전, 요전 | 先着順(せんちゃくじゅん) 선착순 | 予想(よそう) 예상 | 到着(とうちゃく) 도착 | 時点(じてん) 시점 | 最後尾(さいこうび) 맨 끝 줄 | 店員(てんいん) 점원 | 焦(あせ)る 초조해 하다 | 後回(あとまわ)しにする 뒤로 미루다 | 向(む)かう 향하다 | 続々(ぞくぞく)と 속속 | あふれる 넘치다 | やっと 드디어, 간신히 | 配(くば)る 나누다, 배포하다 | 棚(たな) 선반 | 積(つ)む 쌓다 | どんどん 점점 | 進(すす)む 나아가다 | 番(ばん) 차례 | 受(う)け取(と)る 받아들다, 수취하다 | 本日(ほんじつ) 오늘 | 終了(しゅうりょう) 종료 | 響(ひび)く 울리다 | ギリギリ 아슬아슬, 빠듯한 모습 | やり遂(と)げる 해내다, 완수하다 | 達成感(たっせいかん) 달성감 | 満(み)たす 채우다

해설 타임세일은 매일 하지만 매일 달걀세일을 하는 건 아니므로 1번은 오답. 마지막 단락을 보면 필자가 달걀을 구입했음을 알 수 있으므로 2번도 오답. 첫째 단락에서 타임세일 때는 항상 많은 사람이 줄은 선다고 했으니 3번도 오답. 마지막 단락을 보면 필자가 마지막으로 달걀을 받았다는 것을 알 수 있으므로 정답은 4번이다.

(4)

일반 레스토랑에서 제공하는 밥의 양은 평균 약 200g(336kcal)이지만, 오사카의 어느 사무기기 회사의 사원 식당에서는 1회 식사로 제공하는 밥의 양을 100g으로 (주1)억제하고 있다. 그 이유는 밥을 100g으로 함으로써 칼로리를 과잉 섭취하지 않도록 하기 위한 것이라고 말하고 있다.

처음에는 '조금 부족하다'라는 의견도 들렸지만, 회사 관계자는 조금 궁리하면 포만감을 느낄 수 있다고 말하고 있다.

우선 메뉴를 정식 스타일로 하기. 밥이나 된장국, 다양한 반찬 등으로 구성된 정식 스타일로 하는 것으로써 만족감을 얻을 수 있다. 두 번째는 잘 씹어서 천천히 먹을 것. 채소를 큼직하게 썰거나 조금 단단한 듯이 삶는 등의 궁리를 하여 (주2)포만감을 느끼기 쉽게 한다. 세 번째는 염분과 조미료 등을 억제할 것. 맛이 진하면 밥을 과식하는 경우가 있기 때문에 싱겁게 식재료 본래의 맛을 즐기면서 먹는다.

이렇게 하면 칼로리를 억제하면서도 배가 든든해서 좋고, 반찬과 밥을 균형 있게 먹을 수 있기 때문에 만족감도 올라간다고 말하고 있다.

(주1) 억제하다 : 여기에서는, 어느 정도 이상으로 높아지지 않게 하다

(주2) 포만감 : 음식을 충분히 섭취함으로 인해 생기는 감각

55 이 글의 내용과 맞는 것은 어느 것인가?

1 이 회사 식당에서 100g의 밥을 제공하는 것에는 비용 문제가 배경에 있다.

2 이 회사의 식당에서는 고기를 제공하여 포만감을 주도록 하고 있다.

3 이 회사의 식당은 밥의 양은 적지만, 다양한 부식을 제공하고 있다.

4 이 회사의 식당에서는 직원 각자 밥의 양을 조정하도록 하고 있다.

어휘 一般(いっぱん) 일반 | 提供(ていきょう) 제공 | 量(りょう) 양 | 平均(へいきん) 평균 | 事務機器(じむきき) 사무기기 | 抑(おさ)える 억누르다, 한도를 넘지 않도록 멈추다 | 過剰(かじょう) 과잉 | 摂取(せっしゅ) 섭취 | 工夫(くふう) 연구, 궁리 | 満腹感(まんぷくかん) 포만감 | 多種多様(たしゅたよう) 다종다양 | 惣菜(そうざい) 반찬, 부식 | 固(かた)め 조금 딱딱한 듯함 | ゆでる 데치다, 삶다 | 塩分(えんぶん) 염분 | 調味料(ちょうみりょう) 조미료 | 薄味(うすあじ) 요리에 싱겁게 간을 함 | 腹持(はらも)ちがいい 뱃속이 든든하다 | おかず 반찬 | 経費(けいひ) 경비 | 背景(はいけい) 배경 | 副食(ふくしょく) 부식 | 調整(ちょうせい) 조정

해설 100g의 밥을 제공하는 것에 드는 비용 문제는 본문에 없으며, 고기를 제공하여 포만감을 느끼는 것도 아니고, 직원 각자가 밥의 양을 조정하는 것이 아니므로, 정답은 3번이다.

(5)

프로 선수로 활약하고 있는 남성과 수컷 침팬지가 팔씨름을 하면 누가 이길 것인가. 수컷 침팬지는 성장해도 신장은 약 90㎝, 몸무게는 약 40㎏ 밖에 되지 않아서, 초등학교 저학년 정도. 설마 인간이 질까 생각하겠지만 100% 침팬지의 승리. 침팬지를 비롯한 모든 영장류는 아주 강한 근육을 가지고 있어서, 인간의 힘보다도 2, 3배나 강하기 때문이라고 한다.

인간이 힘이 약한 것은 두뇌를 위해 체력을 희생했기 때문이다. 고릴라의 뇌신경은 약 33억 개, 침팬지는 28억 개인데 비해 인간은 약 86억 개의 뇌신경을 가지고 있는데, 뇌신경의 수가 많을수록 뇌가 크고 에너지도 많이 소비한다고 한다. 보통 척추동물은 섭취 칼로리의 약 2%만 뇌에서 사용하고, 영장류의 경우 총 에너지의 9%를 소비한다. 그러나 인간의 뇌는 섭취하는 총 에너지의 20%를 소비해 버린다. 즉, 인간의 뇌가 발달할수록 인간의 체력은 점점 약해져가는 것이 된다.

56 이 글의 내용과 맞지 않는 것은 어느 것인가?

1 영장류의 체력은 인간에 비해 매우 뛰어나다.
2 뇌의 크기는 뇌신경의 수에 따라 달라진다.
3 인류는 뇌를 위해 체력 쪽은 포기했다.
4 뇌의 칼로리 소모가 심할수록 파워는 강해진다.

어휘 活躍(かつやく) 활약 | 腕相撲(うでずもう) 팔씨름 | 霊長類(れいちょうるい) 영장류 | 筋肉(きんにく) 근육 | 脳(のう) 뇌 | 犠牲(ぎせい) 희생 | 脳神経(のうしんけい) 뇌신경 | 費(つい)やす 소비하다 | 通常(つうじょう) 통상, 보통 | 脊椎(せきつい) 척추 | 摂取(せっしゅ) 섭취 | 消費(しょうひ) 소비 | すなわち 즉 | 弱(よわ)まる 약해지다 | 優(すぐ)れる 뛰어나다 | あきらめる 포기하다 | 人類(じんるい) 인류 | 消耗(しょうもう) 소모

해설 총 섭취 에너지 중 뇌의 소모가 클수록 체력이 약해진다고 했으므로 정답은 4번이다.

문제 11 다음의 문장을 읽고, 뒤에 나오는 질문에 대한 답으로서. 가장 적당한 것을 1·2·3·4중에서 하나 고르세요.

(1)

"6시간 수면을 2주 동안 계속하면 이틀 연속 철야했을 때의 상태와 같은 상태가 된다"는 것을 들은 적이 있는가?

6시간 수면이라고 들으면, '나는 다른 사람에 비해 잠을 자는 편'이라고 느끼는 분들이 많을까 하지만, 실은 자신도 모르는 사이에 이틀 철야했을 때와 같은 상태에 빠져 있을 가능성이 있는 것이다.

미국 펜실베이니아 대학과 워싱턴 대학이 실시한 실험에 의해 이와 같은 ①결과가 도출되었다. 실험 내용은 '평소 7~8시간의 수면을 취하는 48명의 건강한 남녀'를, '8시간 수면을 2주 동안 계속하는 그룹'과 '6시간 수면을 2주 동안 계속하는 그룹'으로 나누어, 그들의 신체적 및 정신적 퍼포먼스를 테스트하는 것이었다.

이 테스트 결과, 8시간 수면 그룹은 실험 기간 중, 인지기능 저하나 주의력 감퇴, 운동 능력 저하는 볼 수 없었다. 한편 6시간 수면 그룹은, 하루하루 퍼포먼스가 저하되어 갔으며, 2주 후에는 연속 이틀 수면을 취하지

않았을 때와 같은 정도까지 저하되어 있던 것이다.

또 다른 실험에서는 기상 후 15시간 경과한 뇌 상태는 '음주 운전'과 같은 정도로 능력이 저하되어 있는 상태라는 것도 밝혀졌다. 즉 아침 6시에 일어난 사람이 9시부터 18시 정시 근무 후, 야근을 하고 21시가 넘으면 술을 마시고 있지 않아도, '음주 운전'과 같은 능력이 되고 만다는 것이다.

이런 실험들을 보면, 회사에서의 야근시간이 얼마나 효율이 나쁜 시간이라는 것을 알 수 있지 않을까? 야근시간은 극단적으로 말하면, '음주 운전'과 같은 퍼포먼스밖에 할 수 없는 사원에게 할증을 붙여 급여를 지급하고 있다는 것이 된다. 사원들의 수면시간을 확보하고 무의미한 야근 비용을 절감하는 의미에서도, 기업으로서 장시간 노동에 (주)②메스를 댈 필요가 있다고 생각한다.

(주) 메스를 대다 : 여기에서는, 문제를 해결하기 위해서 대담한 수단을 쓰는 것

57 ①결과의 내용으로서 올바른 것은 어느 것인가?

1 이틀 연속으로 철야를 하면, 일의 퍼포먼스 능력이 저하되고 만다는 것.
2 6시간 수면을 계속하면 날이 갈수록 일의 퍼포먼스 능력이 떨어져 간다는 것.
3 8시간 수면을 계속하면, 뇌가 움직이지 않고, 마음과 몸의 건강 균형이 나빠진다는 것.
4 2주 동안 6시간 수면을 계속하면, 인간은 정신적으로 우울한 상태가 된다는 것.

해설 ①결과가 가리키는 것은 '6시간 수면을 2주 동안 계속하면 이틀 연속 철야했을 때의 상태와 같은 상태가 된다'이며, 다음 단락에서 '6시간 수면 그룹은, 하루하루 퍼포먼스가 저하되어 갔다'라고 했으니, 답은 2번이다.

58 ②메스를 들이댈 필요가 있다고 했는데, 기업은 무엇을 할 필요가 있는가?

1 사원의 수면 시간을 확보하기 위해, 업무량을 줄인다.
2 일의 퍼포먼스를 떨어뜨리지 않기 위해, 야근비를 올린다.
3 장시간 노동이 당연한 환경을 재검토한다.
4 직원들이 좋은 일을 하기 위해 건강관리를 서포트한다.

해설 우선「メスを入れる」는 '메스를 대다'라는 뜻인데, '문제의 근본적인 해결을 도모'한다는 뜻으로 많이 사용한다. 문장 전체를 보면 야근은 비효율적인 행위라고 하며, 장시간 노동을 비난하고 있다. 따라서 기업은 야근을 비롯한 장시간 노동 환경을 개선해야 한다는 뜻으로 볼 수 있으므로 답은 3번이다.

59 이 문장의 내용과 맞는 것은 어느 것인가?

1 야근은 음주운전과 같으므로, 야근시간을 법적으로 확실히 정하는 것이 좋다.
2 회사원들은 업무의 효율을 높이기 위해서도 8시간 수면을 취해야 한다.
3 이틀 연속 철야를 하면, 당연히 주의력도 감퇴하고 운동능력도 저하된다.
4 음주운전과 같은 퍼포먼스밖에 할 수 없는 야근에 지불하는 돈은 무의미하다.

해설 야근시간을 법적으로 정하자는 말은 없으므로 1번은 오답. 8시간 수면은 업무 효율을 높이려는 목적이 아니라 효율을 떨어뜨리지 않기 위해서 이므로 2번도 오답. 이 문장의 포인트는 실제 철야가 아니라 수면 부족에 관한 내용이므로 3번도 오답. 마지막 단락에서 '무의미한 야근 비용을 절감하는 의미'에서도 장시간 노동에 메스를 댈 필요가 있다고 했으니 답은 4번이다.

어휘 睡眠 수면 | 連続 연속 | 徹夜 철야 | 状態 상태 | ~に比べて ~이 비해 | 知らず知らずのうちに 자기도 모르는 사이에 | 陥る 빠지다 | 可能性 가능성 | 導きだす 도출하다, 이끌어내다 | 実験内容 실험 내용 | 普段 평소 | 健康的 건강 | 男女 남녀 | 分ける 나누다 | 身体的 신체적 | および 및 | 精神的 정신적 | パフォーマンス 퍼포먼스 | 期間中 기간 중 | 認知機能 인지 기능 | 低下 저하 | 注意力 주의력 | 減退 감퇴 | 運動能力 운동능력 | 日に日に 하루하루 | 同じ程度 같은 정도 | 起床後 기상 후 | 経過 경과 | 脳 뇌 | 酒気帯び運転 음주운전 | 定時 정시 근무 | いかに 얼마나 | 効率 효율 | 極端にいうと 극단적으로 말하면 | 割り増しをつける 할증을 붙이다 | 給与 급여 | 支払う 지불하다 | 確保 확보 | 無意味 무의미 | 残業コスト 야근비용 | 削減 삭감 | 企業 기업 | 長時間労働 장시간 노동 | メスを入れる 메스를 대다

(2)

일본의 중장년 아저씨족 사이에서 조용히 피아노 붐이 시작되고 있다. 어느 피아노 제조 회사에 따르면 이 회사가 전국에 열고 있는 약 120개소의 피아노 교실에 최근 몇 년 40, 50대를 중심으로 남성 신규 회원의 증가가 두드러지고 있다고 한다. 특히 재작년 가을부터 시작된 '성인 피아노 교실'은 처음 약 100명 정도 밖에 없었던 아저씨족의 회원이 작년 말 약 1500명 정도로 급증했다. 신규 회원의 절반이 45세 이상의 남성으로, 입회 순서를 기다리는 사람도 나올 정도. 이번 달부터 다니기 시작한 54세의 오쿠보 씨는 '우리 세대는 피아노를 배울 여유 따위 없었어. 하지만 피아노를 연주하는 자신의 모습을 어릴 때부터 쭉 꿈꿔 왔었어. 그 꿈이 이 나이가 되어 겨우 이루어졌어.'라고 말했다.

아저씨족은 피아노의 기초 연습부터 시작하는 것이 아니라, 먼저 자신이 좋아하는 곡을 완성하는 것을 목표로 하고 있다. '피아노 자체를 즐길 수 있는 수준이라고 하기에는 아직 좀 거리가 먼 솜씨예요'라는 회사원인 카와토 씨는 빌리 조엘의 '피아노 맨'의 마스터를 목표로 올해 1월부터 교실에 다니기 시작해서, 주 2회 수업을 받고 있다. 언제까지 계속할지 모르지만, 가족과 주위의 응원 덕분에 집에서도 매일 1시간의 연습을 거른 적이 없다고 한다. 레스토랑 경영자인 이시카와 씨는 딸이 결혼하고 연주자가 없어진 피아노가 집에 남은 것이 레슨의 계기라고 한다. 일 등으로 쌓인 스트레스 해소에도 도움이 된다고 말하고 있다.

피아노 교실의 홍보부는 '중장년 세대는 피아노를 비롯한 악기에 대한 동경이 잠재되어 있다. 게다가 나이를 먹음에 따라 금전적으로 여유가 생겨서 교실에 다니기 시작한 사람이 많아진 것은 아닌가'라고 피아노 붐의 배경을 분석하고 있다.

60 왜 중년 이상이 되고 나서 피아노 학원에 다니게 되었다고 생각되는가?

1 만약 더 이상 나이를 먹으면, 피아노 교실에 다닐 수 없게 된다고 생각했기 때문에
2 순번을 기다릴 정도로 인기가 있는 것을 보고 자신도 배우고 싶어졌기 때문에
3 피아노를 칠 수 있으면 좋겠다라는 생각이 있고, 경제적으로도 여유로워졌기 때문에
4 모처럼 집에 피아노가 있는데, 놀리는 것은 아깝다고 생각했기 때문에

해설 '중장년 세대는 피아노를 비롯한 악기에 대한 동경이 잠재되어있다가 나이를 먹음에 따라 금전적으로 여유가 생겨서 회원이 많아지게 된 것 같다고 분석하고 있다'라고 했으므로 정답은 3번이다.

61 이 글의 내용과 맞지 않는 것은 어느 것인가?

1 이 피아노 붐은 중장년의 아저씨족의 꿈의 출현이라고도 말할 수 있다.
2 피아노 교실의 신규 회원의 대부분은 40, 50대로, 특히 남성이 많아졌다.
3 피아노 교실의 신규 회원으로 아저씨족이 증가하기 시작한 것은 최근 몇 년이다.
4 중장년이라는 나이로 보아 역시 기초 과정부터 제대로 밟아 나가는 편이 좋다.

해설 아저씨족은 피아노 기초 연습부터 시작하는 것이 아니라, 먼저 자신이 좋아하는 곡을 완성하는 것을 목표로 하고 있다고 했으므로 정답은 4번이다.

어휘 製造 제조 | 開く 열다, 개최하다 | 順番待ち 순서대기 | 余裕 여유 | 夢が叶う 꿈이 이루어지다 | 基礎 기초 | ものにする 완성하다 | 目標 목표 | 程遠い 조금 거리가 멀다 | 腕前 솜씨, 기량 | 欠かす 빼뜨리다 | 広報部 홍보부 | 憧れ 동경 | 潜む 숨다, 잠재하다 | 年を重ねる 나이를 먹다 | 金銭的 금전적 | 背景 배경 | 分析 분석 | 普及 보급 | 現れ 표현, 결과 | 踏まえる 밟아 누르다, 입각하다

(3)

호텔 숙박객이 객실의 일회용 제품 등을 사용하지 않았을 경우, 호텔이 그만큼의 금액을 환경 보호 단체에 기부하는 '숲 만들기 운동'이 확산되고 있다.

호텔은 일회용 제품 등을 대량으로 사용하기 때문에 환경에 부담을 주는 산업이라고 비판을 받아 왔다. 그러나 최근 친환경적인 사회에 대한 관심이 높아지면서 숙박객의 의식도 변화하고 있다.

①이러한 의식의 변화에서 생겨난 것이, 이 '숲 만들기 운동'으로 호텔에서 매일 대량으로 사용되고 있는 칫솔이나 면도기 등 일회용 제품의 사용량을 절감하는 것으로 인해, 우리 주변에서부터 '숲 만들기 운동'에 공헌하는 것을 목적으로 한다. 자신의 세면 용품 등을 사용한 고객에게 객실에 비치한 전용 카드나 쿠폰을 내게 하여, 기부 금액을 집계하는 ②구조가 많다.

후쿠오카에 있는 '밀레니엄 호텔 후쿠오카'는 객실에 '에코 카드'를 비치한다. 일회용 제품을 사용하지 않은 고객이 카드를 프론트에 내어, 매수에 따라 '숲 만들기 운동' 협회에 기부한다. 호텔 측에 따르면, 출장 비즈니스맨이 '객실의 세면 용품을 사용하지 않아서'라고 협력해 주는 경우도 많아서, 지금까지 약 340만엔을 기부했다.

또한 '세이큐 호텔즈'은 전국의 세이큐 브랜드의 호텔에, 마찬가지로 '그린 쿠폰'을 도입했다. '숲 만들기 운동' 협회를 통해 아시아의 어린이가 심는 묘목 비용이나 아이들을 일본에 초대하여 교류나 견학의 비용 등에 충당하고 있다.

또한 기부를 편성하는 계획도 있다. 히로시마시의 '호텔 HIROSHIMA'는 연속해서 숙박하는 경우 객실 청소를 2일에 1회 줄이는 대신, 통상 요금의 60%의 '친환경 연박스테이'를 발매. 숙박객 1인당 600엔을 '숲 만들기 운동' 협회에 기부하고 있다.

최근 환경을 배려한 지속가능한 사회에 대한 관심이 높아지고 있어, 이렇게 숙박객의 의식 또한 '사치스러운 즐거움'에서 '친환경적으로 하고 싶다'로 변화하고 있는 것으로 보인다.

62 ①이러한 의식의 변화라고 했는데, 어떻게 변화했는가?

1 일본에서 일회용 제품 등의 생산을 늘리지 않으면 안된다고 생각하게 되었다.
2 호텔뿐만 아니라 생활 속에서 일회용 제품을 사용하지 않을 것을 유의하게 되었다.
3 호텔에서 객실 세면 용품 등의 사용을 허용해서는 안 된다고 생각하게 되었다.
4 호텔에서 소비되는 일회용 제품은 호텔이 직접 생산해야 한다고 생각하게 되었다.

해설 호텔에서는 대량으로 일회용 제품을 사용하고 있지만, 환경을 생각하여 일회용 제품을 줄여야 한다는 의식이므로 정답은 2번이다. 호텔에서의 일회용 상품을 줄이는 것이 목표이므로, 일회용 상품 사용을 허가해서는 안 된다는 것이 아님에 유의한다.

63 ②구조는 어떤 구조인가?

1 객실 세면 용품 등을 사용한 고객이 객실에 놓여있는 쿠폰 등을 내고 호텔 측이 합계하여 기부한다.
2 고객이 낸 숙박료의 일부를 호텔이 「숲 만들기 운동」 협회에 기부하고, 다른 나라의 어린이와의 교류 등을 도모한다.
3 호텔 숙박객이 객실 세면 용품 등을 사용했을 경우, 그만큼의 금액을 호텔 요금에 합산하여 청구한다.
4 객실 세면 용품이 아닌, 자신의 것을 사용한 고객이 전용 카드 등을 내고, 호텔 측이 합산하여 기부한다.

해설 자신이 가지고 온 세면용품을 사용한 숙박객이 객실에 놓여있는 전용카드나 쿠폰을 호텔에 내면, 기부액을 집계하는 방식이므로 정답은 4번이다.

64 이 글의 내용과 맞는 것은 어느 것인가?

1 '숲 만들기 운동'협회는 지역 시민 활동 단체의 협력과 금전적 지원으로 운영되고 있다.
2 '숲 만들기 운동'은 정부가 주도적인 역할을 하여 정착할 수 있었고, 큰 성과를 올리고 있다.
3 '숲 만들기 운동'협회의 활동은 일본 국내만의 것으로, 해외에서의 활동은 전혀 없다.
4 '숲 만들기 운동'이 뿌리 내린 것은 환경에 대한 사람들의 의식 변화에 기인한 바가 크다.

해설 '숲 만들기 운동'은 지역시민 활동단체의 재정지원으로 운영되는 것이 아니고, 정부가 주도한 것도 아니며, 아시아 어린이가 묘목을 심는 비용에 충당하는 등 해외에서의 활동도 있으므로 정답은 4번이다.

어휘 宿泊客(しゅくはくきゃく) 숙박객 | 使い捨て(つかいすて) 쓰고 버림, 일회용 | 寄付(きふ) 기부 | 広がる(ひろがる) 확대되다 | 大量(たいりょう) 대량 | 負荷をかける(ふかをかける) 부담을 주다 | 批判(ひはん) 비판 | 配慮(はいりょ) 배려 | 高まる(たかまる) 높아지다 | 削減(さくげん) 삭감 | 身近(みぢか) 신변, 자기와 관계가 깊은 것 | 貢献(こうけん) 공헌 | 集計(しゅうけい) 집계 | 仕組み(しくみ) 구조, 조직, 짜임새 | 応じる(おうじる) 상응하다 | 同様(どうよう) 마찬가지임 | 導入(どうにゅう) 도입 | 植える(うえる) 심다 | 苗木(なえぎ) 묘목 | 交流(こうりゅう) 교류 | 充てる(あてる) 충당하다 | 組み込む(くみこむ) 짜 넣다, 편성하다 | 連泊(れんぱく) 연박, 이어서 숙박함 | 清掃(せいそう) 청소 | 近年(きんねん) 근래, 최근 | 持続可能(じぞくかのう) 지속가능 | ぜいたく 사치스러움 | 生産(せいさん) 생산 | 許可(きょか) 허가 | 消費(しょうひ) 소비 | 図る(はかる) 꾀하다, 도모하다 | 請求(せいきゅう) 청구 | 専用(せんよう) 전용 | 金銭的(きんせんてき) 금전적 | 援助(えんじょ) 원조 | 主導的(しゅどうてき) 주도적 | 役割を果たす(やくわりをはたす) 역할을 다하다 | 根付く(ねづく) 뿌리를 내리다

문제 12 다음 문장은 '결혼식'에 관한 글이다. 두 문장을 읽고 다음의 물음에 대한 대답으로 가장 적당한 것을 1 · 2 · 3 · 4에서 하나 고르세요.

A

나는 32세의 남성으로, 내년 봄에 결혼하기로 되어있다. 그러나 나는 혼인 신고의 제출만 하고 결혼식, 특히 피로연은 하고 싶지 않다. 우선 자신이 구경거리 취급을 당하는 것 같고, 돈도 아깝다. 그런 돈이 있으면 신혼생활로 돌려 가전과 가구를 갖추거나, 미래 자녀를 위한 자금으로 사용하고 싶다.

그런데 내가 가장 싫은 것은, 식에 부르거나 안 부르거나 해서, 친구 관계가 얽히는 것이다. 인원수의 관계로 친구를 '선을 그어 정함'이란 것을 하지 않으면 안 되는 것은, 생각하는 것만으로도 괴로워진다. 식을 올리지 않으면 이렇게 인간 관계에 신경을 쓰지 않아도 된다.

또한 노력과 시간이 걸리지 않는다. 주위에 보고하는 시간은 걸리겠지만, 결혼식 계획을 세울 만큼의 큰 부담은 되지 않는다.

또한 이것은 나의 결혼관일 수도 있지만, 나는 결혼식을 원하는 것이 아니라, 좋아하는 여성과 사회적, 법률적으로 가족이 되어, 계속 함께 있고 싶을 뿐이다.

그런데 친척이나 직장 상사, 친구 등에 대한 인사 등을 한 번에 할 수 있는 결혼식이라는 형태도 괜찮을까라고 생각하기도 한다.

하지만 결혼식과 피로연은 정말로 필요한지 어떤지는 아직도 의문을 갖고 있다.

B

비용 등 금전적 문제로 결혼식을 올리고 싶지 않다는 사람도 많은 것 같은데, 난 반대다.

결혼식의 장점은 우선, 서로의 '가치관'을 잘 아는 것이다. 결혼이라는 소중한 하루를 위해 하나씩 결정 해가는 동안 서로의 가치관을 이해하는 작업도 된다고 생각한다. 서로의 가치관, 생각을 이해하는 것은 시간이 걸릴 수도 있지만, 함께 살아가는 데에 매우 중요한 힌트가 될 것이다.

그리고 서로의 금전 감각을 잘 알 수 있게 된다. 한정된 예산 속에서 필요한 것을 요약하여 준비하고 어디에 얼마나 비용을 쓰는지는 서로의 금전 감각을 아는데 도움이 될 것이다. 돈 문제는 결혼 생활에 항상 따라 다니는 것. 결혼식 준비 단계에서 서로의 금전 감각을 제대로 파악해 두는 것은, 그만큼 중요한 것이라고 생각된다.

또한 인사를 한 번에 끝마칠 수 있다는 것. 초대장을 보낸다는 수고는 걸리지만, 결혼식이라는 의식 하나로, 결혼했다는 것을 알릴 수 있다.

그리고 기본적으로 부모라는 것은 자녀의 결혼식을 기대하고 있는 법. 그런 의미에서 결혼은 말하자면 일종의 효도도 된다고 생각한다.

이렇게 생각해 보면, 역시 결혼식은 올리는 편이 좋다고 생각한다.

65 A와 B의 문장에 공통으로 언급하고 있는 것은 어느 것인가?

1 결혼식은 자칫하면 인간 관계를 꼬이게 할 우려가 있다.
2 피로연은 결혼식에 빠뜨릴 수 없는 중요한 행사로, 친구는 전원 참가해야 한다.
3 결혼 준비 과정에서 상대방을 더 잘 알 수 있는 계기가 된다.
4 결혼식을 올리는 것으로, 주위 사람들에게 손쉽게 결혼의 인사를 할 수 있다.

해설 A, B 두 문장 모두 결혼식으로 주변의 지인에게 인사를 할 수 있다는 것은 공통된 내용이므로 정답은 4번이다.

66 A와 B의 내용으로 옳은 것은 어느 것인가?

1 A는 기본적으로 결혼식을 올리는 것에 찬성이지만, 결혼식의 부정적인 면도 고려하고 있다.
2 B는 기본적으로 결혼식을 올리는 것에 찬성이지만, 결혼식의 부정적인 면도 고려하고 있다.
3 A는 기본적으로 결혼식을 올리는 것에 반대하지만, 결혼식의 긍정적인 면도 고려하고 있다.
4 B는 기본적으로 결혼식을 올리는 것에 반대하지만, 결혼식의 긍정적인 면도 고려하고 있다.

해설 A는 기본적으로 결혼식을 올리는 것에 반대입장이지만, 지인들에게 한꺼번에 인사할 수 있는 결혼식의 형태도 좋지 않을까 하는 긍정적인 면도 검토하고 있으며, B는 결혼식을 올리는 것에 찬성으로 그에 대한 부정적인 면은 고려하고 있지 않기 때문에 정답은 3번이다.

어휘 婚姻届(こんいんとどけ) 혼인신고서 | 披露宴(ひろうえん) 피로연 | 見せ物(みもの) 구경거리 | もったいない 아깝다 | 回(まわ)す 돌리다 | 揃(そろ)える 갖추다 | もつれる 얽히다, 꼬이다 | 線引(せんび)き 선을 그어 정함 | 手間(てま) 수고 | 周囲(しゅうい) 주위 | 負担(ふたん) 부담 | 法律的(ほうりつてき) 법률적 | 親戚(しんせき) 친척 | いまだに 아직껏 | 疑問(ぎもん) 의문 金銭的(きんせんてき) 금전적 | 感覚(かんかく) 감각 | しぼる 쥐어짜다 | 手配(てはい) 준비 | 付(つ)きまとう 귀찮게 따라다니다 | 把握(はあく) 파악 | 済(す)ませる 끝내다 | 儀式(ぎしき) 의식 | いわば 말하자면 | 親孝行(おやこうこう) 효도 | 触(ふ)れる 언급하다 | ややこしい 까다롭다 | 手軽(てがる) 손쉬움 | 否定的(ひていてき) 부정적 | 考慮(こうりょ) 고려 | 肯定的(こうていてき) 긍정적

문제 13 다음의 문장을 읽고, 뒤에 나오는 질문에 대한 답으로서. 가장 적당한 것을 1·2·3·4중에서 하나 고르세요.

우리집 아파트의 주차장은 20대 주차 가능한 기계식 주차장이다. 3층 건물이다.

어느 날 차를 꺼내려고 했더니, 구미계의 여행자로 보이는 젊은 남자가 그 입체 주차장 앞에서 사진을 찍고 있었다. 조금 놀란 나는 '이런 입체 주차장의 사진을 찍어서 뭐가 재미있을까?'라고 생각하며, 남성에게 접근했다. 영어로 '관심이 있나요?'라고 묻자 '네, 대단하네요! 처음 봤습니다.'라고 영어로 대답이 돌아왔다. 남성의 나라는 영국이라고 하며, '일본에서는 이런 주차장이 많이 있나요?'라고 또 질문을 해서 '글쎄요…? 땅이 좁아서 주차 공간을 뺄 수 없는 곳은 이런 식으로 입체적으로 차를 놓을 수 있도록 하고 있습니다만, 엄청 많지는 않을 거라고 생각합니다'라고 답했다.

남성은 몇 장 더 사진을 찍은 후 '다른 입체 주차장도 보고 싶다'고 말하며, 가버렸다. '와~ 영국인에게는 신기한 거구나….'라고 나는 생각했다.

이렇게 말하는 나도, 12, 3년 전에 수도권으로부터 관서지방인 여기, 나라에 와서 이런 입체 주차장을 처음 보았다.

처음에는 차를 넣는 것도 꺼내는 것도 놓아 두는 것도 무서웠다. '중간에 멈추면 어쩌지?'라든지, '지진이 오면 어떻게 될까?'라든지, '비로 철이 녹슬거나 하지 않을까?'라고 불안했다.

지진도 관서 지방은 관동 지방보다 압도적으로 적기 때문에, 입체 주차장은 관서 쪽이 많을지도 모른다. 발명자는 오사카 분으로 1929년에 지금의 입체 주차장의 원형이 고안되었다고 하는데, 그 당시의 일본은 자동차 보유 대수가 적어서, 이 발명이 현실화되기 시작한 것은 1960년 이후라고 한다. 이미 반세기 이상의 역사를 가지고 있다는 것이다.

처음에는 걱정했는데, 유지 보수도 2, 3개월에 1회 정도는 하고 있는 것 같고, 12, 3년의 이용 기간 동안, 문제는 2~3회 정도였다고 생각한다. 긴급 연락처에 전화를 해도 수리하러 오기까지 1시간 반이나 2시간 동안 기다려야 했다. 수리에 시간이 걸려 정말 급할 때는 곤란하다고 생각했다.

하지만 일본처럼 좁은 땅에 많은 사람들이 자동차를 보유하고 있는 곳에는 안성맞춤 주차장이구나 하며 감탄한다. 그리고 외국인 입장에서 보면 '좁은 국토를 유효하게 이용하는 놀라운 기술'인 것이다.

67 영국인이 '일본에서는 이런 주차장이 많이 있나요?'라고 물은 이유는 무엇인가?

1 자신의 나라에서는 본 적이 없고, 자동차가 떨어지면 무섭다고 생각했기 때문에
2 자신의 나라에도 있지만, 외관이 좋지 않아서 설치가 금지 되었기 때문에
3 자신의 나라에서는 본 적이 없고, 차는 지상에 주차하는 것이라고 생각했기 때문에
4 자신의 나라에서 폐지된 입체 주차장의 사진을 꼭 일본에서 찍고 싶었기 때문에

해설 영국인은 입체주차장을 처음 보았다고 했으므로 4번은 아니고, 영국에서 폐지되었다는 말은 없으므로 3번도 아니다. 또한 자동차가 떨어지면 무섭다는 말은 본문에 없으므로 정답은 3번이다.

68 필자는 이 주차장의 안전성에 관해서 지금은 어떻게 생각하고 있는가?

1 지상에 내리는 도중에 멈추거나 고장이 많기 때문에 무섭다고 느낀다.
2 관서지방은 관동지방에 비해 지진이 많으므로 조속한 안전 대책이 필요하다고 느끼고 있다.
3 고장 등, 수리에 시간이 걸리는 경우를 제외하고 안전하므로 감탄하고 있다.
4 물론 고장 등의 불편함 점은 있지만, 생각보다 안전하다고 느끼고 있다.

해설 12, 3년 동안 2~3번 고장이 났으므로 고장이 많은 것은 아니고, 관서지방은 관동지방에 비해 지진이 적다고 했다. 안전해서 감탄하고 있는 것이 아니라, 일본과 같이 좁은 땅에 안성맞춤인 주차장이라고 감탄했으므로, 정답은 4번이다.

69 필자는 이 주차장이 외국인에게 있어, 훌륭한 점은 무엇이라고 생각하고 하는가?

1 차 보유 대수를 보완하기 위해 좁은 토지를 활용하는 일본인의 지혜와 기술
2 지진이 많은데도 불구하고 주차장을 입체적으로 만든 일본인의 용기
3 고장이나 사고가 많은 것에도 불구하고, 개선을 계속하는 일본인의 끈기
4 지상보다 안전성이 높은 입체 주차장을 설치하는 일본인의 기계 기술

해설 관서지방은 관동에 비해 지진이 적다고 했고, 12,3년 동안 2,3번의 고장이므로 많은 것은 아니다. 지상보다 안전성이 높아서 입체 주차장을 설치한 것은 아니므로 정답은 1번이다.

어휘 我が家 우리집 | 可能 가능 | 機械式 기계식 | 欧米系 구미계(유럽과 미국 계열) |立体駐車場 입체주차장 | 構える 갖추다, 마련하다 | 近づく 가까이 가다, 접근하다 | 土地 토지 | ～風 ~풍, ~식 | 立ち去る 떠나다,물러가다 | 珍しい 드물다, 희귀하다 | かくいう私も 이러한 나도 | 首都圏 수도권 | 鉄が錆びる 철이 녹슬다 | 関西地方 관서지방 | 関東地方 관동지방 | 圧倒的 압도적 | 原型 원형 | 考案 고안 | 保有台数 보유대수 | 現実化 현실화 | 半世紀 반세기 | メンテナンス (maintenance) 건물이나 기계 등의 관리, 유지 | 緊急 긴급 | 修理 수리 | つくづく 절실히, 정말 | うってつけ 안성맞춤임, 적합함 | 感心する 감탄하다 | 国土 국토 | 有効 유효 | 素晴らしい 훌륭하다 | 外観 외관 | 廃止 폐지 | 故障 고장 | 早急 조급, 시급 | 安全対策 안전대책 | 不都合 난처함, 곤란함, 불편함 | 補う 보충하다, 메우다 | 知恵 지혜 | 勇気 용기 | 根気 끈기

4회

문제 14 오른쪽 페이지는 나카노 초등학교 수영장 시설 개방 안내이다. 아래 질문에 대한 답으로 가장 좋은 것을 1 · 2 · 3 · 4에서 하나 고르시오.

70 다음 중, 나카노 초등학교 수영장 시설을 이용할 수 없는 시간대는 어느 것인가?

1 월요일 오후3시부터 오후4시까지
2 수요일 오후 7시부터 오후 8시까지
3 금요일 오전 11시부터 오후 1시까지
4 토요일 오후2시부터 오후3시까지

해설 7월 20일부터 8월 31일까지 아침 9시부터 오후 5시까지 개방인데, 수요일은 야간 개방으로 오후 6시부터 오후 9시까지 개방한다고 했으니 1, 2, 3번은 모두 이용가능한 시간대이다. 하지만 토요일은 오전 9시부터 오전 11시30분까지라고 했으니 4번은 이용 불가능한 시간대이다.

71 문장의 내용으로 옳지 않은 것은 어느 것인가?

1 사전에 신청할 필요는 없으며, 시설에서 개인정보를 기입한다.
2 초등학교 3학년 이하는 혼자 수영장에 들어갈 수 없다.
3 열사병 예방을 위해, 모자는 반드시 가져가야 한다.
4 수영장에서 부상을 입었을 경우에는, 학교 측은 책임을 져주지 않는다.

해설 5번 소지품 항목을 보면 음료수를 가져오라는 내용이 있고, '열사병 방지를 위해'라고 했으니 잘못된 내용은 3번이다.

나카노 초등학교 여름방학 수영장 개방

1.개방 목적 : 여름방학 중, 어린이들의 운동 · 활동 장소가 되도록 초등학교 수영장을 개방합니다. 이 수영장 개방은, 학교에서 실시하는 수영지도와는 달리, 교육위원회 사무국이 학교시설 개방의 일환으로 행하는 것입니다.

2. 개방시간

여름방학 기간 7월 20일~8월 31일까지 아침 9시부터 오후 5시까지

· 토요일은 오전 9시부터 오전 11시 30분까지이며, 일요일과 공휴일은 개방하지 않습니다.
· 입장은 종료시간 30분까지로 합니다.
· 매주 수요일은 야간개방으로 오후6시부터 오후9시까지 개방합니다.

3. 이용대상자

시내에 거주하는 유아 (3세 이상 · 기저귀를 차고 있지 않을 것) · 초등학생

· 초등학교 3학년 이하는, 입수 가능한 돌봐 줄 고등학생 이상의 보호자 동반 시에만 이용 가능
· 야간 개방은 보호자가 돌볼 수 있는 어린이들로 제한합니다.

4. 이용방법

미리 신청하실 필요는 없습니다. 직접 수영장으로 와 주십시오. 단 수영장에 들어가기 전에, 입구에서 이름과 연락처를 기입해 주세요.

5. 소지품 : 수영복 수영모(이름이 달린 것) 고글 타올 음료수(열사병 방지를 위해)

※ 귀중품은 반입할 수 없습니다.

※ 튜브는 반입이 가능합니다. (큰 튜브 · 볼은 불가)

6. 사용료 : 무료

7. 기타 주의사항

· 실외 수영장이므로 날씨 · 기온에 따라 개방을 중지하는 경우가 있습니다.

· 혼잡 시에는 이용자의 안전을 확보하기 위해, 입장을 규제하는 경우가 있습니다.

· 열사병 예방을 위해, 부지런한 수분 보급 부탁드립니다.

· 사용 중 사고에 관해서는 개인의 책임이며, 나카노 초등학교는 그 책임을 지지 않습니다.

어휘 開放 개방 | 目的 목적 | 活動 활동 | 行う 행하다 | 水泳指導 수영지도 | 異なる 다르다 | 教育委員会事務局 교육위원회 사무국 | 施設 시설 | 一環 일환 | 祝日 공휴일 | 終了 종료 | 夜間 야간 | 利用対象者 이용대상자 | 市内 시내 | 在住 거주 | 幼児 유아 | おむつがとれる 기저귀를 떼다 | 入水可能 입수가능 | 付き添い 돌볼 사람 | 保護者 보호자 | 同伴時 동반 시 | 利用可能 이용가능 | 限る 제한하다 | 事前に 사전에 | 申し込み 신청 | 会場 행사장, 수영장 | お越しください 와 주십시오 | ただし 단 | 入口 입구 | 連絡先 연락처 | 記入 기입 | 持ち物 소지품 | 水着 수영복 | 水泳帽 수영모 | 名前付き 이름 달림 | 飲料水 음료수 | 熱中症 열사병 | 防止 방지 | 貴重品 귀중품 | 持ち込む 반입하다 | 浮き輪 튜브 | 持ち込み 반입 | 浮き具 튜브 등 헤엄칠 때 몸의 부력을 돕는 기구 | 不可 불가 | 使用料 사용료 | 無料 무료 | 事項 사항 | 屋外 실외 | 天候 날씨 | 気温 기온 | 中止 중지 | 混雑時 혼잡 시 | 利用者 이용자 | 確保 확보 | 規制 규제 | 予防 예방 | こまめだ 부지런하다 | 水分補給 수분 보급 | 個人 개인 | 責任を負う 책임을 지다 | ～かねる ~하기 어렵다, ~할 수 없다

문제 1 문제1에서는 먼저 질문을 들으세요. 그리고 이야기를 듣고 문제지의 1~4 중에서 가장 적당한 것을 하나 고르세요.

例 Track 4-1-00

男の人と女の人が探している本について話しています。女の人はこれからどうしますか。

男：はい、桜市立図書館です。

女：もしもし、そちらの利用がはじめてなんですが、そちらの蔵書について電話で伺ってもいいですか？

男：はい。本の題名を教えてくだされば、検索いたします。

女：それが本じゃなくて、外国の新聞とか雑誌なんです。

男：はい、当館では外国の新聞約５０種、雑誌を約100種所蔵しております。

女：へえ、すごいですね。

男：詳しくは当ホームページの検索でご確認できます。

女：そうですか。はい、やってみます。あと、私は子供がいて一緒に行きたいんですが、入るとき、年齢の制限とかはありますか。

男：どなたでも自由に入館できます。ただ、当館では児童書は扱っておりません。

女：あ、そうですか。残念ですね。私はぜひ子供に本を読ませたいんですが。

女の人はこれからどうしますか。

1　ホームページで児童書を検索する。
2　ホームページで子供に読ませる本を検索する。
3　子供も入館できる図書館を探す。
4　子供が読める本がある図書館を探す。

예

남자와 여자가 찾고 있는 책에 대해 이야기하고 있습니다. 여자는 앞으로 어떻게 합니까?

남 : 네, 사쿠라 시립 도서관입니다.

여 : 여보세요, 그쪽의 이용이 처음입니다만, 그쪽의 장서에 대해 전화로 여쭤봐도 될까요?

남 : 네. 책 제목을 알려 주시면 검색해 드리겠습니다.

여 : 그게 책이 아니고, 외국 신문이나 잡지예요.

남 : 네, 저희 도서관에서는 외국 신문 50종, 잡지 100종을 소장하고 있습니다.

여 : 와우, 대단하네요.

남 : 자세한 내용은 저희 홈페이지의 검색에서 확인하실 수 있습니다.

여 : 그래요? 네, 해 보겠습니다. 그리고, 저는 아이가 있어서 함께 가고 싶은데 들어갈 때 나이 제한 같은 건 있나요?

남 : 누구나 자유롭게 출입할 수 있습니다. 단, 저희 도서관에서는 아동서는 취급하지 않습니다.

여 : 아, 그래요? 유감이네요. 저는 꼭 아이에게 책을 읽게 하고 싶은데요.

여자는 앞으로 어떻게 합니까?

1 홈페이지에서 동화책을 검색한다.
2 홈페이지에서 아이에게 읽게 할 책을 검색한다.
3 아이도 입장 할 수 있는 도서관을 찾는다.
4 아이가 읽을 수 있는 책이 있는 도서관을 찾는다.

1番 Track 4-1-01

女の人と男の人が明日の服装について話しています。女の人は明日何を着ていきますか。

女：ねえねえ、明日の食事会、何着ていったらいいかしら？

男：うーん、派手過ぎなければいいんじゃない？いつもみたいにカジュアルな服装でいいと思うけど。

女：何言ってるのよ。ご両親とは初めて会うんだし、第一印象が大事なんだから、カジュアルな服装はダメに決まってるじゃない。ワンピースとかスカートとかはどう？

男：いいと思うよ。昨日履いてたスカートはどう？あれ、結構似合ってたけど。

女：ピンクのスカート？色はいいんだけど、初対面で短いスカートって大丈夫かしら。スーツスタイルはどう？

男：スーツは地味だし、なんだか会社に行くみたいで、雰囲気に合わないよ。あ、そういえばこの間買った黒のワンピースは？少しアクセサリーを足したらよさそうじゃない？

女：そうね、色も無難だし、スカートも長めだからいいかもね。

女の人は明日何を着ていきますか。

1　地味で目立たないスーツスタイル
2　アクセサリーを少し足した黒いワンピース
3　昨日履いていたピンクのスカート
4　いつもと同じようなカジュアル服装

1번

여자와 남자가 내일 복장에 관해 이야기하고 있습니다. 여자는 내일 무엇을 입고 갑니까?

여 : 있잖아, 내일 식사 모임, 뭐 입고 가면 좋을까?

남 : 음~, 너무 화려하지 않으면 좋지 않을까? 평소처럼 캐주얼한 복장이면 좋을 것 같은데.

여 : 무슨 소리야? 부모님과는 처음 만나고 첫인상이 중요하니까, 캐주얼한 복장은 당연히 안되지. 원피스나 치마 같은 건 어때?

남 : 괜찮은 것 같아. 어제 입었던 치마는 어때? 그거 꽤 어울렸는데.

여 : 핑크 치마? 색깔은 좋은데, 첫 만남에서 짧은 치마는 괜찮을까? 정장 스타일은 어때?

남 : 정장은 수수해서, 왠지 회사에 가는 것 같아서 분위기에 맞지 않아. 아, 그러고 보니 얼마 전 샀던 검정 원피스는? 조금 액세서리를 더하면 좋을 것 같지 않아?

여 : 그러게, 색도 무난하고, 치마도 약간 길어서 괜찮을지 몰라.

여자는 내일 무엇을 입고 갑니까?

1 수수하고 눈에 띄지 않는 정장 스타일
2 액세서리를 조금 더한 검은 원피스
3 어제 입었던 핑크 치마
4 평소와 같은 캐주얼 복장

해설 남녀는 대화에서 여러 복장에 관한 의견을 나누지만, 마지막 부분에서 남자가 검정 원피스에 액세서리를 더하면 어떻겠냐고 제시했고, 이 말에 여자도 동의하고 있으니 정답은 2번이 된다.

어휘 服装 복장 | 食事会 식사 모임 | 派手だ 화려하다 | カジュアル 캐쥬얼 | 第一印象 첫인상 | ～に決まってる 당연히 ~이다 | 結構 꽤 | 似合う 어울리다 | 初対面 첫만남 | 地味だ 수수하다 | 雰囲気 분위기 | そういえば 그러고 보니 | この間 얼마 전 | 足す 더하다, 추가하다 | 無難だ 무난하다 | 長め 약간 김

2番 Track 4-1-02

男の人と女の人が結婚の費用について話しています。男の人は結婚費用の節約のためにどうしますか。

男：付き合っている彼女と結婚を考えているんだけど、ぼくお金をあまり貯めてなくて心配なんだ。

女：結婚トレンド調査によると、結納や婚約から新婚旅行まで、およそ400万円ぐらいはかかるそうよ。
　その中でも挙式や披露宴に一番たくさんのお金がかかるらしいね。

男：400万円、僕、そんな大金持ってないよ。どうしよう。やっぱり銀行で借りた方がいいのかな。

女：今からそんなに焦ることないんじゃない。まず親同士は会わせたの？

男：それもまだ……。

女：そしたら、まずそれから始めないと。そして、費用は節約したいと思うなら、いくらでもできるよ。披露宴で招待客一人あたり、平均して2万ぐらいだと言ってるから、披露宴にどれだけの人を呼ぶかが、費用を節約する鍵になるね。またそれについて、彼女や両親に正直に相談してみたらどう。

男の人は結婚費用の節約のためにどうしますか。

1 彼女と会い、銀行で結婚費用を借りられる方法を相談する。
2 彼女と会い、招待客を減らす方法を見つけ出す。
3 両家が話し合い、招待客の人数などを事前に決める。
4 両家が結婚費用の内訳を話し合う。

2번

남자와 여자가 결혼 비용에 대해 이야기하고 있습니다. 남자는 결혼 비용을 절약하기 위해 어떻게 합니까?

남 : 교제하고 있는 여자친구와 결혼을 생각하고 있는데, 나 모아 놓은 돈이 별로 없어서 걱정이야.

여 : 결혼 트렌드 조사에 따르면, 약혼 예물이나 결혼에서 신혼 여행까지 약 400만엔 정도는 든다고 해. 그 중에서도 결혼식과 피로연에 가장 많은 돈이 든다는 것 같아.

남 : 400만엔, 나는 그런 큰 돈 없어. 어떻게 하지? 역시 은행에서 빌리는 것이 좋을까?

여 : 지금부터 그렇게 초조해 할 건 없잖아? 먼저 부모님들끼리는 만났어?

남 : 그것도 아직….

여 : 그럼, 우선 그것부터 시작해야지. 그리고 비용은 절약하고 싶다고 생각하면 얼마든지 할 수 있어. 피로연에서 초대 손님 1인당 평균 2만 정도라니까, 피로연에 얼마큼 사람을 부를지가 비용을 절약하는 열쇠가 되겠네. 또한 그것에 대해 여자친구나 부모님께 솔직하게 상담해 보는 게 어때?

남자는 결혼 비용을 절약하기 위해 어떻게 합니까?

1 여자친구를 만나 은행에서 결혼 비용을 빌릴 수 있는 방법을 상담한다.
2 여자친구를 만나 초대 손님을 줄이는 방법을 찾아낸다.
3 양가가 의논하여, 초대 손님의 인원수 등을 사전에 결정한다.
4 양가가 결혼 비용의 내역을 의논한다.

해설 피로연에 어느 정도의 초대객을 부를지가 비용을 절약하는 열쇠가 되므로 양가가 서로 상의하여 초대객을 결정하면 된다. 따라서 정답은 3번이다. 많은 초대객으로 고민하는 내용이 아니므로 2번이 정답이 아님에 주의한다.

어휘 節約 절약 | 貯める 모으다 | 結納 약혼 예물 | およそ 대략 | 挙式 예식 | 披露宴 피로연 | 焦る 초조해하다 | 両家 양가 | 見つけ出す 찾아내다 | 事前 사전 | 内訳 내역

3番 Track 4-1-03

女の人と男の人が話しています。女の人はケータイのエラーを解決するためにはどうしますか。

女：ねね、ちょっと私のケータイ、見てくれない。昨日から急にスクリーンショットが撮影できないんだ。

男：お前、機械音痴だからな。そんなの端末の電源ボタンと音量ダウンボタンを同時に長押しするだけだろう。

女：もう～、ほんとに馬鹿にしないで。だから、いつもはそういうやり方でやってきたわよ。でもこのアプリでスクリーンショットの撮影しようとしたら、このエラーが表示されるんだもん。

男：どれどれ、「空き容量が足りないか、アプリまたは組織によって許可されていないため、スクリーンショットは撮れません。」なんだ、お前、けっこう要らないアプリーダウンロードしまくっただろう。

女：違うわよ。杉本君の言う通り、私、そんなに機械に得意じゃないし。

男：だったらこれはアプリ側で画面撮影を禁止する仕組みになっているからだよ。

女：じゃ、っていうことは。

女の人はケータイのエラーを解決するためにはどうしますか。

1 アプリ側の仕組みなので、エラーの解決はできない。

2 アプリケーションの管理を行い、アプリをアップデートする。

3 不足している容量を確保するため、新しくアプリを設定する。

4 組織の許可を得るためにアプリを再起動する。

3번

여자와 남자가 이야기하고 있습니다. 여자는 휴대전화의 오류를 해결하기 위해 어떻게 합니까?

여 : 있잖아, 잠깐 내 휴대전화 봐주지 않을래? 어제부터 갑자기 스크린 샷을 촬영할 수 없어.

남 : 너는 기계치니까. 그런 건 단말기의 전원 버튼과 볼륨 다운 버튼을 동시에 길게 누르기만 하면 되잖아.

여 : 에이, 진짜 바보 취급하지마. 그러니까 지금까지는 그런 식으로 해 왔어. 하지만 이 어플에서 스크린 샷을 촬영하려고 하면, 이 오류가 표시된단 말이야.

남 : 어디 보자, '공간이 부족하거나 어플 또는 조직에 의해 허용되지 않으므로, 스크린 샷은 촬영할 수 없습니다.' 뭐야, 너, 꽤 필요 없는 어플 이것 저것 막 다운로드했구나.

여 : 아니야. 스기모토 군 말대로 나 그렇게 기계 잘 못 만져.

남 : 그렇다면 이것은 어플 측에서 화면 촬영을 금지하는 구조로 하고 있기 때문이야.

여 : 그럼, 그 말은….

여자는 휴대전화의 오류를 해결하기 위해 어떻게 합니까?

1 어플 측의 구조이므로 오류는 해결할 수 없다.

2 어플리케이션의 관리를 실행하여, 어플을 업데이트 한다.

3 부족한 용량을 확보하기 위해, 새롭게 어플을 설정한다.

4 조직의 허가를 얻기 위해, 어플을 리부팅한다.

해설 스크린샷을 촬영할 수 없는 것은 어플 측의 구조이고, 어플을 업데이트하거나 새로운 어플을 설정하거나 리부팅한다는 말은 없으므로 정답은 1번이다.

어휘 撮影 촬영 | 機械音痴 기계치 | 端末 단말 | 電源 전원 | 音量 음량 | 長押し 길게 누름 | 表示 표시 | 空き 빔 | 容量 용량 | 組織 조직 | ます형+まくる 닥치는 대로 ~하다 | 禁止 금지 | 仕組み 구조, 조직, 짜임새 | 管理 관리 | 設定 설정 | 再起動 리부팅

4회

4番 Track 4-1-04

男の人と女の人が話しています。男の人はこれからどうしますか。

男：ねえねえ、これ買わない？質問したら、なんでも答えてくれるロボットらしいよ。

女：おもしろそう！今日の天気とかニュースとかも聞いたら教えてくれるのかしら。

男：そうみたいだよ。あと、声の高さや低さでその人の感情を認識するらしい。子どもの頃漫画で見てた未来がもうそこまで来てるんだね。近い将来、ロボットが料理や掃除も全部できるようになるだろうね。

女：私はそんなに興味なかったけど、生活が便利になるのはありがたいわね。

男：そうそう。人間が動かなくてもロボットが全部やってくれる時代が来るだろうね。

女：ほんとね。まあでもあなたが開発するわけでもないから、週末くらいは家事手伝ってね。

男：週末だけとは言わず毎日手伝うよ。その代わり…。少しはお小遣い上げてくれよ！

女：もう、仕方ないわね。

男の人はこれからどうしますか。

1 今日の家事を終わらせてから、明日ロボットを買いに行く。

2 毎日家事を手伝って、お小遣いをあげてもらう。

3 週末だけ家事を手伝って、平日は何もしない。

4 ロボットに頼るのはやめて、自分が家事をすべてする。

4번

남자와 여자가 이야기하고 있습니다. 남자는 이제부터 어떻게 합니까?

남 : 저기, 이거 사지 않을래? 질문하면 뭐든지 답해주는 로봇인 것 같아.

여 : 재미있겠네! 오늘 날씨나 뉴스 같은 것도 물으면 가르쳐 주는 걸까?

남 : 그런 것 같아. 그리고, 목소리 높낮음으로 그 사람의 감정을 인식하는 것 같아. 어렸을 때 만화로 봤던 미래가 벌써 거기까지 와 있네. 가까운 장래, 로봇이 요리나 청소도 할 수 있게 되겠지.

여 : 나는 그다지 흥미 없었지만, 생활이 편리해지는 것은 고맙지.

남 : 맞아. 인간이 움직이지 않아도 로봇이 전부 해주는 시대가 올 거야.

여 : 정말이네. 뭐 그렇지만 당신이 개발하는 것도 아니니까, 주말 정도는 집안 일을 도와줘.

남 : 주말뿐 아니라 매일 도와 줄게. 그 대신에... 조금은 용돈 올려 줘!

여 : 나 참, 어쩔 수 없네.

남자는 이제부터 어떻게 합니까?

1 오늘 집안 일을 끝내고나서, 내일 로봇을 사러 간다.

2 매일 집안 일을 돕고, 용돈을 올려 받는다.

3 주말에만 집안 일을 돕고, 평일에는 아무 것도 하지 않는다.

4 로봇에 의지하는 것은 그만두고, 자기가 집안 일을 모두 한다.

해설 대화 마지막 부분에서 아내가 '주말 정도는 집안 일을 도와 달라'라고 하자, 남편은 '주말뿐 아니라 매일 도와줄게. 그 대신에... 조금은 용돈 올려 줘!'라고 답하였다. 즉 집안 일은 매일 도울 테니 그 대가로 용돈 인상을 요구하고 있으므로 답은 2번이다.

어휘 質問 질문 | 声 목소리 | 高さ 높음 | 低さ 낮음 | 感情 감정 | 認識 인식 | 漫画 만화 | 未来 미래 | 将来 장래 | 料理 요리 | 掃除 청소 | 興味 흥미 | 生活 생활 | 人間 인간 | 動く 움직이다 | 時代 시대 | 開発 개발 | 週末 주말 | 家事 집안 일 | 手伝う 돕다 | その代わり 그 대신 | お小遣い 용돈 | 仕方ない 어쩔 수 없다

5番 Track 4-1-05

男の人と店員が話しています。男の人はこれからどんなアクセサリーを買いますか。

男：彼女にプレゼントするアクセサリーを買いたいんですが、どんなものがいいですか。

女：こちらが新製品でございますが、来月のクリスマスを迎えてこちらのネックレスやペンダントトップとかいかがでしょうか。
こちらのブレスレットも最近変わったデザインですごく売れている商品でございます。

男：あ、彼女専門職でいつもスーツ姿なので、ブレスレットなどじゃらじゃらつけるのも職場にふさわしくないし、これはちょっと避けたいですね。

女：あ、そうですか。でも女性の場合、気分転換でアクセサリーをつける方も多いですし、デートの時のちょっとおしゃれしたいという気持ちもありますから、きっと喜ばれると思います。

男：うん……。でもやっぱりブレスレットはちょっと。今年はネックレスの方を選ぼうかな。

女：そしたら普段着ている服装の雰囲気と合わせて、あまり目立たないこちらの商品はいかがでしょうか。こちらのチェーンは今とても評判がいいですよ。

男：あ、でもよく考えてみたら、さっきの店員さんのおすすめもよさそうですね。そうします。

男の人はこれからどんなアクセサリーを買いますか。

1 スーツにふさわしいゴージャス系のネックレス
2 職場の雰囲気を考えた、あまり華やかじゃないブレスレット
3 気分転換のためにつけられるネックレス
4 普段の気分を変えられるようなブレスレット

5번

남자와 점원이 이야기하고 있습니다. 남자는 앞으로 어떤 액세서리를 삽니까?

남：그녀에게 선물할 액세서리를 사고 싶은데, 어떤 것이 좋을까요?

여：이쪽이 신제품입니다만, 다음 달 크리스마스를 맞아 이쪽 목걸이와 펜던트 탑 등은 어떻습니까?
이쪽 팔찌도 최근 특이한 디자인으로 굉장히 잘 팔리고 있는 제품입니다.

남：아, 여자친구는 전문직으로 항상 정장 차림이므로, 팔찌 등 짤랑짤랑 다는 것도 직장에 어울리지 않고, 이것은 좀 피하고 싶네요.

여：아, 그래요? 하지만 여성의 경우 기분 전환으로 액세서리를 하는 사람도 많고, 데이트 때 조금 멋 부리고 싶다는 마음도 있기 때문에, 틀림없이 기뻐하실 거라고 생각합니다.

남：음…. 하지만 역시 팔찌는 좀. 올해는 목걸이 쪽을 고를까?

여：그럼 평소 입고 있는 복장의 분위기에 맞춰서 그다지 눈에 띄지 않는 이쪽 제품은 어떻습니까? 이 체인은 지금 매우 평판이 좋아요.

남：아, 하지만 잘 생각해 보니 아까 점원분의 추천도 좋을 것 같네요. 그렇게 하겠습니다.

남자는 앞으로 어떤 액세서리를 삽니까?

1 정장에 어울리는 화려한 계열의 목걸이
2 직장의 분위기를 생각한, 별로 화려하지 않은 팔찌
3 기분 전환을 위해 할 수 있는 목걸이
4 평상시의 기분을 바꿀 수 있을 것 같은 팔찌

해설 마지막 대화 내용을 보면 역시 점원이 추천한대로 하겠다고 했으므로, 기분 전환으로 하며, 데이트 때 멋부릴 수 있는 팔찌는 선택한다. 정답은 4번이다.

어휘 変わる 변하다(「変わった」의 꼴로, 색다른) | じゃらじゃら 짤랑짤랑 | ふさわしい 적합하다 | 避ける 피하다 | 気分転換 기분 전환 | おしゃれ 멋을 냄 | 普段 평소 | 服装 복장 | 雰囲気 분위기 | 目立つ 눈에 띄다 | 評判 평판 | ゴージャス系 고저스 계열, 화려한 계열 | 華やかだ 화려하다, 호화롭다

문제 2 문제2에서는 우선 질문을 들으세요. 그 후 문제지를 보세요. 읽을 시간이 있습니다. 그리고 이야기를 듣고 문제지의 1~4 중에서 가장 적당한 것을 하나 고르세요.

例 Track 4-2-00

男の人と女の人が料理を作りながら話しています。男の人は何に注意しますか。

男：寒くなってきたな。食べると体が温まって、簡単でおいしい料理、何かないかな。

女：そうね。うちは家族みんなでよく豚汁食べるけど。作り方教えようか。

男：へえ、どんな料理？ 僕は一人暮らしだから、なるべくはやく済ませられる料理がいいけど。

女：すごく簡単だよ。材料は豚肉と大根、じゃがいも、にんじん、みそだけあればいいよ。長さ３センチぐらいに全部の材料を切ってね。まず豚肉を炒めてから野菜を入れて、さらに炒める。

男：順番なんかいいだろう。何を先に炒めようが。

女：よくない。必ず肉を先に炒めてね。それから全体に油がまわったら、水を加え、１０分煮る。そこにみそを溶かすとできあがり。

男：へえ。簡単だね。でもさっきの３センチって面倒くさいから、適当に切っていいだろう。

女：でも早く済ませたいんでしょう。材料は大きさをそろえたら、煮やすくなるのよ。

男の人は何に注意しますか。

1 材料は大きさを合わせて切ること
2 材料がそろった後に、はやく煮ること
3 野菜を先に炒めること
4 はやく済ませられるように材料をそろえること

예

남자와 여자가 요리를 만들면서 이야기하고 있습니다. 남자는 무엇에 주의합니까?

남 : 추워졌네. 먹으면 몸이 따뜻해지고 간단하고 맛있는 요리 뭔가 없을까?

여 : 글쎄. 우리는 가족 모두가 자주 돼지고기 된장국 먹고 있는데. 만드는 법 가르쳐 줄까?

남 : 와우, 어떤 요리? 나는 혼자 사니까 가급적 빨리 끝마칠 수 있는 요리가 좋은데.

여 : 아주 간단해. 재료는 돼지고기와 무, 감자, 당근, 된장만 있으면 돼. 길이 3센티 정도로 모든 재료를 썰어. 먼저 돼지고기를 볶은 후 채소를 넣고 더 볶아.

남 : 순서 따위는 아무래도 상관없잖아. 무엇을 먼저 볶든.

여 : 상관 있어. 반드시 고기를 먼저 볶아 줘. 그리고 나서 전체에 기름이 돌면 물을 넣고 10분 익혀. 거기에 된장을 풀면 완성!

남 : 오, 간단하구나. 하지만 아까 3센티라는 건 귀찮으니까 적당하게 자르면 되겠지.

여 : 빨리 끝내고 싶지? 재료는 크기를 맞추면 쉽게 익어.

남자는 무엇에 주의합니까?

1 재료는 크기를 맞추어 자를 것
2 재료가 갖추어진 후에 빨리 익힐 것
3 채소를 먼저 볶을 것
4 빨리 끝낼 수 있도록 재료를 갖출 것

1番 Track 4-2-01

会社で女の人と男の人が話しています。女の人はどうして新製品の価格を変更したいと言っていますか。

女：佐藤さん、新製品のことなんですが。

男：うん、何？

女：はい、販売促進プランを作っていて、設定価格が高いんじゃないかと思い始めたんです。

1번

회사에서 여자와 남자가 이야기하고 있습니다. 여자는 왜 신제품의 가격을 변경하고 싶다고 말하고 있습니까?

여 : 사토 씨, 신제품의 관해서 말입니다만.

남 : 응, 뭔데?

여 : 네, 판매 촉진 계획을 만들고 있는데, 설정 가격이 높은 것은 아닐까하는 생각이 들기 시작해서요.

男：ああ、そうかもしれないね。上からは、ちょっと高めにしてほしいと言われているからね。

女：はい、でもこの製品のターゲットは私達ぐらいの若い世代ですよね。だから、この価格ではちょっと負担が大きいと思うんです。

男：う～ん、そうだな…。うまくアピールして高級イメージを作っても、この価格を受け入れてもらえるかってところかな。

女：はい、ジャパン商事の同じ機種に比べても、割高感がぬぐいきれないんですよね。

男：そうかもしれないね。

女：はい、デザインの斬新さだけでは、消費者を引き付けることはできないと思います。

男：うん、そうだね。じゃ、来週の会議にかけて、再検討してもらうことにするよ。

女の人はどうして新製品の価格を変更したいと言っていますか。

1 価格の割に高級感に欠けるから
2 対象としている世代には高いから
3 他社のものよりデザインが劣るから
4 消費者は価格の安い製品を買うから

남：아, 그럴지도 모르겠네. 상부에서는 조금 높게 해 달라는 말을 들어서.

여：네, 하지만 이 제품의 대상은 저 정도의 젊은 세대죠? 그러니까 이 가격으로는 조금 부담이 크다고 생각합니다.

남：음, 글쎄…. 잘 어필해서 고급 이미지를 만들어도 이 가격을 받아들일 수 있을지 하는 점이네.

여：네, 재팬 상사의 동일 기종에 비해서도, 비교적 고가인 느낌을 씻을 수 없는 거죠.

남：그럴지도 모르겠네.

여：네, 디자인의 참신함만으로는 소비자를 유치할 수 없다고 생각합니다.

남：그래, 맞아. 그럼 다음 주 회의에서 재검토 해달라고 할게.

여자는 왜 신제품의 가격을 변경하고 싶다고 말하고 있습니까?

1 가격에 비해 고급스러움이 부족하기 때문에
2 대상으로 하고 있는 세대에게는 비싸기 때문에
3 다른 업체의 것보다 디자인이 떨어지기 때문에
4 소비자는 가격이 싼 제품을 사기 때문에

해설 제품이 고급 이미지이거나 디자인이 참신하더라도, 젊은 세대에게는 부담스러운 가격이라서 가격을 낮추자고 하고 있으므로 정답은 2번이다.

어휘 新製品 신제품 | 変更 변경 | 販売促進 판매촉진 | 設定 설정 | 負担 부담 | アピール 어필 | 受け入れる 받아들이다 | 機種 기종 | 割高感 품질이나 분량에 비해 고가인 느낌 | 拭う 닦다, 지우다 | ます형+切る 끝까지(전부) ~하다 | 斬新 참신 | 引き付ける 끌어당기다 | 劣る 뒤지다, 떨어지다

2番 Track 4-2-02

二人の女の人があるお店について話しています。女の人達はこの店の何がいいと言っていますか。

女1：あら、そのブラウス、かわいいわね。

女2：そうでしょ。あなたのスカートも履きやすそうね。

女1：うん、軽くて、履きやすくて、安いのよ。

女2：どこで、買ったの？

女1：ああ、この先の商店街の小さな洋服屋。

女2：え、そうなの。私のもそこで買ったのよ。

2번

두 명의 여자가 어떤 가게에 대해 이야기하고 있습니다. 여자들은 이 가게의 무엇이 좋다고 말하고 있습니까?

여1：어머, 그 블라우스, 예쁘다.

여2：그렇지? 너의 스커트도 입기 편해 보이네.

여1：응, 가볍고 입기 편하고, 싸.

여2：어디서 샀어?

여1：아, 이 앞 상가의 작은 옷 집.

여2：아, 그래? 내 것도 거기에서 산 거야.

4회

オーナーはあまり愛想がよくないけどね。	주인은 별로 붙임성이 좋지 않지만.
女1：ああ、そうね。でも無理にすすめないし、私もあの店、気に入っているのよね。	여1 : 아, 맞아. 하지만 무리하게 권유하지 않고, 나도 그 상점, 맘에 들어.
女2：私もよ。千円以下の洋服でも、前開きの服が多くて、ポケットも付いているし、すごく便利に着られるわね。	여2 : 나도. 천 엔 이하의 옷이라도 앞으로 트인 옷이 많고, 주머니도 달려 있어서, 엄청 편리하게 입을 수 있어.
女1：そうね。種類は多くないけど、着やすい普段着を買うならもってこいの店だわね。	여1 : 그래. 종류는 많지 않지만, 입기 쉬운 평상복을 산다면 안성맞춤인 가게지.
女の人達はこの店の何がいいと言っていますか。	**여자들은 가게의 무엇이 좋다고 말하고 있습니까?**
1　商品は高目だが、種類が多いこと	1 제품은 조금 비싼 편이지만, 종류가 많은 것
2　オーナーが親切でハンサムなこと	2 주인이 친절하고 잘 생긴 것
3　商品が安くて、機能的なこと	3 제품이 저렴하고 기능적인 것
4　他の客とも情報交換ができること	4 다른 손님과도 정보 교환을 할 수 있는 것

해설 종류는 많지 않다고 했고, 주인은 붙임성이 별로 없다고 했으며, 다른 손님과 정보 교환할 수 있다는 내용은 본문에 없었다. 정답은 3번이다.

어휘 **商店街** 상점가 | **愛想** 붙임성 | **すすめる** 추천하다 | **前開き** 의복 등이 앞으로 트임 | **便利** 편리 | **普段着** 평상복 | **もってこい** 안성맞춤 | **機能的** 기능적 | **情報交換** 정보교환

3番 Track 4-2-03	**3번**
女の学生と男の学生が話しています。男の学生はどうして面接に落ちたと言っていますか。	**여학생과 남학생이 이야기하고 있습니다. 남학생은 왜 면접에서 떨어졌다고 합니까?**
女：ＡＢＣ社の面接どうだった？もう結果きたの？	여 : ABC사의 면접 어땠어? 벌써 결과 나왔어?
男：それがダメだったんだ。	남 : 그게 안 됐어.
女：え、ハンさんが落ちたなんて信じられない。あんなに練習してたじゃない。	여 : 어머, 한 씨가 떨어졌다니 믿을 수 없어. 그렇게 연습했잖아?
男：うん、ついてないよ。	남 : 응, 운이 없었어.
女：何があったの？面接中体調でも悪くなったの？	여 : 무슨 일 있었어? 면접 중에 컨디션이라도 나빠졌어?
男：ううん、面接はうまくいってたんだよ。自己紹介も志望動機もしっかり言えたし。	남 : 아니, 면접은 잘 봤어. 자기소개도 지망동기도 제대로 잘 말했고.
女：そんなにできてたのに、何がだめだったのかしら。	여 : 그렇게 잘 봤는데, 뭐가 문제였던 거지?
男：それが、最後に予想してなかった質問をされたんだよ。いきなりでびっくりして、頭の中が真っ白になっちゃってさ。	남 : 그게 말이지, 마지막에 예상하지 못했던 질문을 받은 거야. 갑작스러워서 깜짝 놀라, 머릿속이 새하얗게 되어 버렸어.
女：もしかして一言も話せなかったの？	여 : 혹시 한마디도 하지 못했어?
男：そうなんだよ。何も出てこなくて、最後には面接官に「もういいです」って言われてさ。	남 : 그렇다니까. 아무 말도 나오지 않아서, 마지막에는 면접관에게 "이제 됐어요"라는 말을 들었어.

もう面接受けたくないよ。
女：それはついてなかったわね。

男の学生はどうして面接に落ちたと言っていますか。

1　面接で黙ってしまったから
2　面接中にお腹が痛くなったから
3　練習は十分したが、緊張しすぎたから
4　面接中に途中退席してしまったから

이제 면접보고 싶지 않아.
여 : 그건 운이 없었네.

남학생은 왜 면접에서 떨어졌다고 합니까?

1 면접에서 아무 말도 못했기 때문에
2 면접 중에 배가 아파졌기 때문에
3 연습은 충분히 했지만, 너무 긴장했기 때문에
4 면접 중에 도중에 퇴석해 버렸기 때문에

해설 남학생의 말을 들어보면 자기소개, 지망동기 등도 제대로 말하는 등 면접은 잘 본 것을 알 수 있다. 그런데 마지막에 예상질문에 없던 내용의 질문을 받고 너무 당황한 나머지 변변히 대납을 못했고, 면접관에게 '이제 됐어요', 즉 더 이상 면접을 진행할 의미가 없다는 말을 들었다고 했다. 이 이유가 면접에서 떨어진 결정적 이유라는 것을 알 수 있으니 정답은 1번이 된다.

어휘 面接 면접 | 結果 결과 | ～なんて ~라니 | 信じる 믿다 | 練習 연습 | ついている 운이 좋다 | 面接中 면접 중 | 体調 컨디션, 몸상태 | うまくいく 잘 되다 | 自己紹介 자기 소개 | 志望動機 지망동기 | しっかり 제대로 | 予想 예상 | いきなり 갑자기 | びっくりする 깜짝 놀라다 | 真っ白になる 새하얘지다 | もしかして 혹시 | 一言 한마디 | 面接官 면접관 | 途中退席 도중 퇴석

4회

4番 Track 4-2-04

男の学生と女の学生が話しています。女の学生はどうしてバスの中でスマートフォンを使わないのですか。

男：今日、大学までのバスの中で、スマホを忘れて来たのに気づいたんだよ。
女：あ、そうなんだ。バスの中でスマホしようとしたら、なかったのね。
男：そう。それでひまだから、他の人達のことを見回していたらね。ほとんどの人がスマホをしているんだよ。
女：ああ、そうでしょ。スマホを触ってないと、みんな落ち着かないのかしらね。
男：そうかもしれないね。ぼくも、今日はなんか手持ち無沙汰でね。でも、忘れたおかげで、人間ウォッチングができてよかったよ。
女：そうよ。私はバスの中では、スマホはしないようにしているの。気持ち悪くなるのよね。
男：そうなんだ。揺れるからかな？ 電車の中では大丈夫なの？

4번

남학생과 여학생이 이야기하고 있습니다. 여학생은 왜 버스 안에서 스마트폰을 안합니까?

남 : 오늘 대학까지 가는 버스에서 스마트폰을 깜박 잊고 온 것을 알았어.
여 : 아, 그렇구나. 버스 안에서 스마트폰하려고 하려고 했더니 없었던 거구나.
남 : 그래. 그래서 한가해서 다른 사람들을 둘러봤더니, 대부분의 사람들이 스마트폰을 하고 있더라.
여 : 아, 그렇겠지. 스마트폰을 만지고 있지 않으면 모두 안정이 안 되는 걸까?
남 : 그럴지도 모르겠네. 나도 오늘은 왠지 무료하더라고. 하지만 깜박하고 온 덕분에 사람들을 관찰할 수 있어서 좋았어.
여 : 그래. 나는 버스에서 스마트폰은 안 하도록 하고 있어. 속이 메슥거리잖아.
남 : 그렇구나. 흔들리니까 그런가? 전철 안에서는 괜찮아?

女：そうね。電車の中では、平気ね。

女の学生はどうしてバスの中でスマートフォンを使わないのですか。

1 他のことを考えるから
2 車酔いするから
3 人間観察するから
4 外の景色を見るから

여 : 그래. 전철 안에서는 아무렇지 않아.

여학생은 왜 버스 안에서 스마트폰을 안 합니까?

1 다른 것을 생각하니까
2 차멀미를 하니까
3 인간을 관찰하니까
4 밖의 경치를 보니까

해설 여학생은 버스 안에서는 흔들려서 속이 미식거린다고 했으므로 정답은 2번이다.

어휘 **気づく** 눈치채다, 깨닫다 | **見回す** 둘러보다 | **触る** 건드리다, 만지다 | **落ち着く** 침착하다, 안정이 되다 | **手持ち無沙汰** 무료함 | **揺れる** 흔들리다 | **平気** 아무렇지도 않음 | **車酔い** 차멀미 | **観察** 관찰 | **景色** 경치

5番 Track 4-2-05

女の人と男の人が電話で話しています。女の人はどうして荷物が届けられないと言っていますか。

女：もしもし、田中様のお電話でしょうか？ＮＳショッピングの者ですが。
男：あーはい、何でしょうか。
女：先日ご注文された弊社の商品をお届けしたいのですが、どうやらご住所が違うようでして…。
男：え？そんなはずはないと思うんですけど。
女：それが書かれている住所に配送したんですが、商品が戻ってきてしまったんです。申し訳ございませんが、登録されているご住所を確認していただけますか？
男：ちょっと待ってください。確認します。・・・・・あっ、すみません。最近引っ越したばかりで、住所変更するのを忘れてました。
女：それでしたら現住所を再度ご登録いただけますか。
男：分かりました。今すぐにします。
女：よろしくお願いします。商品はご住所が変更されてから３日後に届く予定です。
男：わかりました。ありがとうございます。

5번

여자와 남자가 전화로 이야기하고 있습니다. 여자는 왜 짐을 배달할 수 없다고 합니까?

여 : 여보세요, 다나카 님 전화인가요? NS쇼핑 사람입니다만.
남 : 아~ 네, 무슨 일인지요?
여 : 며칠 전 주문하신 당사의 상품을 배송하려 합니다만, 아무래도 주소가 다른 것 같습니다만….
남 : 네? 그럴 리 없을 텐데요.
여 : 그게 말이죠, 적혀 있는 주소로 배송했습니다만, 상품이 돌아와 버렸습니다. 죄송합니다만, 등록되어 있는 주소를 확인해 주시겠습니까?
남 : 잠시만 기다려 주십시오. 확인하겠습니다. 앗, 죄송합니다. 최근 이사한 지 얼마 안 되어서 주소 변경하는 것을 잊고 있었습니다.
여 : 그렇다면 현주소를 다시 등록해 주시겠습니까?
남 : 알겠습니다. 지금 바로 하겠습니다.
여 : 잘 부탁드립니다. 상품은 주소가 변경되고 나서 3일 후에 도착할 예정입니다.
남 : 알겠습니다. 감사합니다.

女の人はどうして荷物が届けられないと言っていますか。

1　登録されている住所が違うから
2　注文された商品が売り切れたから
3　商品が返品されてしまったから
4　引っ越す日時が決まっていないから

여자는 왜 짐을 배달할 수 없다고 합니까?

1 등록되어 있는 주소가 다르기 때문에
2 주문 받은 상품이 다 팔렸기 때문에
3 상품이 반품되어 버렸기 때문에
4 이사하는 날짜가 정해져 있지 않기 때문에

해설 홈쇼핑 직원이 고객에게 전화로 주소가 잘못된 게 아니냐고 묻자 남자는 그럴 리가 없다고 했다. 하지만 확인 결과 이사한 지 얼마 안돼 주소 변경하는 것을 잊었다고 하며 현주소를 다시 등록하겠다고 했으니, 정답은 1번이다.

어휘 荷物 짐 | 届ける 배달하다 | 先日 며칠 전 | 注文 주문 | 弊社 당사 | 商品 상품 | どうやら 아무래도 | 違う 다르다 | そんなはずはない 그럴 리 없다 | 配送 배송 | 戻る 되돌아 오다 | 登録 등록 | 確認 확인 | 引っ越す 이사하다 | ～たばかりだ 막 ~했다 | 住所変更 주소 변경 | 現住所 현주소 | 再度 다시 | 届く 배달되다 | 予定 예정 | 売り切れる 다 팔리다 | 返品 반품 | 日時 일시

6番 Track 4-2-06

マンションの郵便受けの前で女の人と男の人が話しています。郵便配達の人はどうして郵便物が届けられないと言っていますか。

女：あ、ちょうどよかった、うちの郵便いただいていきますね。
男：はい、何号室ですか？
女：ああ、７０５号室の前田です。
男：はい、３通きています。でも、奥さんの所はちゃんと名前が郵便受けに書いてあるからいいですよ。
女：え？　ああ、そういえば、ほとんどの郵便受けには名前が書かれていないわね。これじゃ、困るでしょ。
男：そうなんですよ。宛先の部屋番号だけが頼りですね。部屋番号が無かったら、届けられませんよ。
女：そうですよね。郵便が配達されなかったら困るでしょうにね。届けられなかった郵便物はどうするんですか？
男：はい、差出人に戻しますけどね。そんなに個人情報を隠したいんですかね。
女：本当にね。私も隣に住んでいる若い家族の名前は知らないわ。玄関に表札がないしね。

6번

아파트 우편함 앞에서 여자와 남자가 이야기하고 있습니다. 우편 배달부는 왜 우편물을 배달할 수 없다고 말하고 있습니까?

여 : 아, 마침 잘됐네요. 저희 우편 받아 갈게요.
남 : 네, 몇 호실입니까?
여 : 아, 705호실의 마에다입니다.
남 : 네, 3통 와 있습니다. 하지만 부인 댁은 제대로 이름이 우편함에 쓰여 있으니 좋아요.
여 : 네? 아, 그러고 보니 대부분의 우편함에는 이름이 적혀 있지 않네요. 이래서야, 곤란하겠어요.
남 : 그래요. 받는 사람의 방 번호만 믿는 거죠. 방 번호가 없으면 배달할 수 없어요.
여 : 그러네요. 우편이 배달되지 않으면 곤란할 텐데 말이죠. 배달 못한 우편물은 어떻게 하나요?
남 : 네, 보낸 사람에게 반송 합니다만. 그렇게 개인 정보를 숨기고 싶은 걸까요?
여 : 정말 그러네요. 저도 옆에 살고 있는 젊은 가족의 이름은 몰라요. 현관에 문패도 없고요.

男：ちょっと、行き過ぎで、私達も困っていますよ。

郵便配達の人はどうして郵便物が届けられないと言っていますか。

1　受取人の氏名や部屋番号が分からないから
2　差出人が受取人の部屋番号を書かないから
3　受取人側が郵便物の受け取りを断るから
4　差出人も受取人も個人情報を隠したがるから

남 : 좀 도를 지나쳐서 저희들도 곤란해요.

우편 배달부는 왜 우편물을 배달할 수 없다고 말하고 있습니까?

1 수취인의 이름이나 방 번호를 모르기 때문에
2 발송인이 수취인의 방 번호를 쓰지 않기 때문에
3 수신자측이 우편물의 수취를 거절하기 때문에
4 발송인도 수취인도 개인 정보를 숨기고 싶어하는 때문에

해설 우편함에 이름을 적어 놓지 않기 때문에 우편 배달이 곤란하다고 말하고 있으며, 방 번호가 없으면 배달할 수 없다고 했다. 또한 발송인이 수취인의 방 번호를 안 적은 것이 아님에 주의한다. 따라서 정답은 1번이다.

어휘 ～通 (편지나 우편의) ~통 | 郵便受け 우편함, 우체통 | 宛先 수신인, 수신처 | 頼り 의지 | 届ける 배송하다, 배달하다 | 配達 배달 | 差出人 발송인 | 隠す 숨기다 | 表札 문패 | 行き過ぎ 도를 넘음, 지나침 | 受取人 수취인

문제3 **문제3에서는, 문제 용지에 아무것도 인쇄되어 있지 않습니다. 이 문제는, 전체로써 어떤 내용인가를 묻는 문제입니다. 이야기 앞에 질문은 없습니다. 먼저, 이야기를 들어주세요. 그리고 질문과 선택지를 듣고, 1~4 중에서, 가장 적당한 것을 하나 고르세요.**

例 Track 4-3-00

コーヒーについて男の人と女の人が話しています。

男：ナナエちゃん、ちょっとコーヒー飲みすぎじゃない。いったい、一日何杯飲んでいるの。
女：そうね。私の大好物だから、一日４杯ぐらいかな。
男：へえ、それ胃痛になったりしない。僕なんか１杯から２杯飲んでるけど、２杯飲んでも胃が痛いときあるよ。
女：私は全然平気。ある研究によると、コーヒーは脳や肌にもすばらしい効用があるって。
男：まあ、確かに目は覚めるね。
女：あと、コーヒーには抗酸化物質が含まれているけど、その吸収率が果物や野菜より高いそうよ。
男：抗酸化物質？ そのためにたくさん飲んでるの。僕も量を増やしてみるか。もっと若く見えるのかな。

예

커피에 대해 남자와 여자가 이야기하고 있습니다.

남 : 나나에, 좀 커피 너무 많이 마시는 거 아냐? 도대체 하루 몇 잔 마시고 있는 거야?
여 : 글쎄. 내가 좋아하는 거라서 하루 4잔 정도일까?
남 : 우와, 그거 위통 일어나지 않아? 나 같은 경우는, 1잔에서 2잔 마시고 있는데, 2잔 마셔도 위가 아플 때가 있어.
여 : 나는 전혀 아무렇지도 않아. 어떤 연구에 따르면 커피는 두뇌와 피부에 놀라운 효용이 있대.
남 : 음, 확실히 잠은 깨지.
여 : 또 커피에는 항산화 물질이 포함되어 있는데, 그 흡수율이 과일과 채소보다 높다고 해.
남 : 항산화 물질? 그것 때문에 많이 마시고 있는 거야? 나도 양을 늘려 볼까? 더 젊어 보일까?

女：違うよ。コーヒーの効用なんて私はどうでもいいよ。本当は香りが好きなんだ。香りをかぐだけで、幸せな気分になれるし、ストレスも無くなる感じもするの。

男：うん、確かにコーヒーの香りが嫌だという人は今の時代にはいないかもね。

女の人はコーヒーについてどう思っていますか。

1　たくさん飲んでも胃痛はないから、どんどん飲む量を増やしたいと思う。

2　体に与えるいい効果より、いい気分になれるから飲みたいと思う。

3　コーヒーが体にいい効果をもたらすので、そのために飲むべきだと思う。

4　ストレスが無くなる効果があるので、そのために飲むべきだと思う。

여 : 아니야. 커피의 효용 같은 건, 나는 아무래도 상관없어. 사실은 향기를 좋아해. 향기를 맡는 것 만으로 행복한 기분이 들 수 있고, 스트레스도 없어지는 느낌이 들어.

남 : 응, 확실히 커피 향이 싫다는 사람은 지금 시대는 없을 지도.

여자는 커피에 대해 어떻게 생각합니까?

1 많이 마셔도 위통이 없으므로 점점 마시는 양을 늘리고 싶다고 생각한다.

2 인체에 미치는 좋은 효과보다, 좋은 기분이 들어 마시고 싶다고 생각한다.

3 커피가 몸에 좋은 효과를 가져오므로, 그 때문에 마셔야만 한다고 생각한다.

4 스트레스가 없어지는 효과가 있으므로, 그 때문에 마셔야만 한다고 생각한다.

1番 Track 4-3-01

外国人の男の人と女の人が玄関で話しています。

男：山田さん、こんにちは。

女：リュウさん、こんにちは。

男：あのう、ちょっと教えていただきたいことがあるんですが。

女：あら、どうしたの？

男：実は日本人の友達の結婚式に招待されたんです。

女：あら、そうなの、リュウさん日本の結婚式に行くのは初めて？

男：はい、そうなんです。僕の国では伝統衣装を着ていくのですが、日本ではどんな服を着ていったらいいのでしょうか。

女：そうね。男性ならスーツ、女性ならパーティードレスがいいわね。お祝いの場だから華やかに飾らないと。

男：そうですか。実はぼく、スーツ持ってないんです、ジーンズはだめですよね？

女：ジーンズはカジュアルすぎるからよくないわね。白いワイシャツは持ってる？

男：はい、持ってます。

1번

외국인 남자와 여자가 현관에서 이야기하고 있습니다.

남 : 야마다 씨 안녕하세요.

여 : 류 씨 안녕하세요.

남 : 저기, 좀 가르쳐 주셨으면 하는 것이 있습니다만.

여 : 어머, 무슨 일인데?

남 : 실은 일본인 친구 결혼식에 초대받았어요.

여 : 아, 그래? 류 씨 일본 결혼식에 가는 것은 처음?

남 : 네, 그렇습니다. 우리나라에서는 전통의상을 입고 가는데, 일본에서는 어떤 옷을 입으면 좋을까요?

여 : 글쎄, 남자라면 정장, 여자라면 파티드레스가 좋지. 축하 자리니까 화려하게 꾸며야지.

남 : 그래요. 실은 저, 정장 갖고 있지 않아요. 청바지는 안 되죠?

여 : 청바지는 너무 캐쥬얼해서 좋지 않아. 흰색 와이셔츠는 갖고 있어?

남 : 네, 갖고 있습니다.

女：ちょっと待ってて、うちの息子のを貸してあげるわよ。サイズも合うと思うし、多分着られると思うわよ。
男：え？よろしいんですか。ありがとうございます。

男の人は、何をしに来ましたか。

1 結婚式に着る洋服について聞くため
2 結婚式のマナーについて聞くため
3 結婚式に着ていくデニムを見せるため
4 結婚式に着る黒いスーツを借りるため

여 : 잠깐만, 우리 아들 옷을 빌려 줄게. 사이즈도 맞을 것 같고, 아마 입을 수 있을 거야.
남 : 아? 괜찮으시겠어요? 감사합니다.

남자는 무엇을 하러 왔습니까?

1 결혼식에 입을 옷에 관해 묻기 위해
2 결혼식 매너에 관해 묻기 위해
3 결혼식에 입고 갈 데님을 보여주기 위해
4 결혼식에 입을 검정 정장을 빌리기 위해

해설 대화의 중심 내용은 일본 결혼식에는 어떤 복장으로 가야 하는가이다. 남자는 일본인 친구 결혼식에 초대받았는데, 어떤 옷을 입어야 할지 몰라서 일본인 여자에게 조언을 구하고 있음을 알 수 있으니, 답은 1번이 된다.

어휘 玄関 현관 | 実は 실은 | 招待 초대 | 初めて 처음 | 伝統衣装 전통의상 | 服 옷 | 男性 남성 | スーツ 정장 | 女性 여성 | お祝いの場 축하 자리 | 華やかだ 화려하다 | 飾る 장식하다 | ジーンズ 청바지 | うちの息子 우리 아들 | 貸す 빌려주다 | 多分 아마 | 洋服 옷 | 借りる 빌리다

2番 Track 4-3-02

ラジオで留学生がインタビューに答えています。

男：アラジーさんのお国から、日本に来られる方は大変珍しいと思いますが。
女：そうですね。私の国で留学というと、ほとんどヨーロッパの国に行きます。日本はちょっと遠いですからね。私の場合は、子供の頃に日本のアニメをたくさん見ていましたし、私の家族からも日本が安全な国だと勧められていました。それに、特に広島は「平和の街」として有名であるため平和活動をしている人が多いですし、国際的な問題について研究している人も多いので、私も勉強できると思ったからです。

留学生は何について話していますか。

1 子供の時に見た日本のアニメ
2 日本を留学先に選ばない理由
3 日本を留学先に決めた理由
4 日本での留学生の平和活動

2번

라디오에서 유학생이 인터뷰에 대답하고 있습니다.

남 : 아라지 씨의 나라에서 일본에 오시는 분은 매우 드물다고 생각합니다만.
여 : 그렇죠. 우리나라에서 유학이라고 하면 대부분 유럽 국가로 갑니다. 일본은 조금 머니까요. 저의 경우는 어린 시절에 일본의 애니메이션을 많이 봤었고, 저희 가족도 일본이 안전한 나라라고 추천했습니다. 게다가, 특히 히로시마는 '평화의 도시'로 유명하기 때문에 평화 활동을 하고 있는 사람이 많고, 국제적인 문제에 대해 연구하고 있는 사람도 많으므로, 저도 공부할 수 있다고 생각했기 때문입니다.

유학생은 무엇에 대해서 이야기하고 있습니까?

1 어렸을 때 본 일본의 애니메이션
2 일본을 유학지로 선택하지 않는 이유
3 일본을 유학지로 결정한 이유
4 일본에서의 유학생의 평화 활동

해설 이 유학생은 어려서부터 일본의 애니메이션을 봐 왔고, 가족으로부터도 일본은 안전한 나라라고 추천을 받아왔다고 했다. 특히 히로시마는 평화 문제나 국제적인 문제에 대해 연구하는 사람이 많아 자신도 가능하다 생각해서 유학지로 선택했다고 했으므로 정답은 3번이다.

어휘 珍しい 드물다 | 安全 안전 | 勧める 권하다 | 平和 평화 | 研究 연구

3番 Track 4-3-03

大学の就職活動の相談コーナーで留学生と女の人が話しています。

男：今までに５社エントリーして、筆記試験までは合格するんですが、面接試験で落ちてしまうんです。

女：そうですか。日本語でのコミュニケーションは苦手ですか？

男：はい、そうですね。あまり自信がないので、緊張してしまうんです。

女：よく、わかりますよ。周りの日本人の雰囲気に圧倒されてしまって、緊張しすぎて、うまく話せない人が多いですよ。

男：そうですか。ぼくだけじゃないんですね。

女：はい、安心してください。面接は慣れですからね。

男：そうでしょうか。

女：でも、対策は立てましょうね。緊張しないで話せるように、周りの先生や友人に協力してもらって、面接の練習をしてみたらどうでしょう。そのうちに慣れていきますよ。

女の人は、面接試験についてどう思っていますか。

1 リラックスすること
2 慣れることが大切
3 謙虚になること
4 練習するしかない

3번

대학의 취업활동 상담 코너에서 유학생과 여자가 이야기하고 있습니다.

남 : 지금까지 5개 회사에 지원하여 필기 시험까지는 합격했습니다만, 면접 시험에서 떨어져 버려요.

여 : 그렇습니까? 일본어로의 커뮤니케이션은 약한가요?

남 : 네, 그렇죠. 별로 자신감이 없기 때문에 긴장해 버립니다.

여 : 충분히 이해해요. 주위의 일본인의 분위기에 압도되어 버려, 너무 긴장한 나머지, 이야기를 잘 못하는 사람이 많아요.

남 : 그래요? 저만이 아니군요.

여 : 네, 안심하십시오. 면접은 익숙해지는 것이 중요하니까요.

남 : 그럴까요?

여 : 하지만 대책은 세웁시다. 긴장하지 않고 말할 수 있도록 주위의 선생님이나 친구에게 도움을 받고, 면접 연습을 해 보면 어떨까요? 그러는 동안 익숙해져요.

여자는 면접 시험에 대해 어떻게 생각하고 있습니까?

1 긴장을 풀 것
2 익숙해지는 것이 중요
3 겸손해질 것
4 연습할 수밖에 없다

해설 여자가 충고하는 것은 면접은 익숙해지는 것이 관건으로, 주위의 도움을 받거나 연습을 해보라고 하고 있으므로 정답은 2번이다.

어휘 エントリー 입장, 참가신청 | 筆記試験 필기시험 | 苦手 서투름, 거북함 | 圧倒 압도 | 緊張 긴장 | 慣れ 익숙해짐, 습관 | 緊張 긴장 | 協力 협력

4회

4番 Track 4-3-04

テレビでサッカー選手がインタビューに答えています。

女：山川選手、最高のシュートでしたね！今シーズンで引退されるとのことですが、まだまだ現役を続行できるのではないでしょうか。

男：ありがとうございます！実は今日の試合は出場予定はなかったんです。

女：え！そうだったんですか。

男：はい、サッカー界では最年長となった今年は体力が落ちてきたことも感じ、現役として最後の年になるだろうなと思っていました。実際シーズンを通して1試合しか出場しておらず、なかなかみなさんにプレーする姿をお見せできずに悔しい思いもしましたが、今日このような形で恩返しすることができて本当によかったです。これも自分を信じてくださった監督やメンバー、そして何よりファンの方々が応援し続けてくださったお陰だと思っています。今後は指導者としてサッカーに関わっていきたいと思っていますので、これからもどうぞよろしくお願いします。23年間ありがとうございました

この選手は何の話をしていますか。

1　引退を控えた今の気持
2　シーズン中のシュートの数
3　辛かったサッカー人生
4　指導者となったきっかけ

4번

TV에서 축구선수가 인터뷰에 대답하고 있습니다.

여 : 야마가와 선수, 최고의 슛이었어요! 이번 시즌으로 은퇴하신다고 합니다만, 아직 현역을 속행할 수 있지 않을까요?

남 : 감사합니다! 실은 오늘 시합은 출장예정은 없었습니다.

여 : 아! 그랬습니까?

남 : 네, 축구계에서는 최연장자가 된 올해는 체력이 떨어지기 시작한 것도 느꼈고, 현역으로 마지막 해가 되리라 생각하고 있었습니다. 실제로 시즌 내내 한 시합 밖에 출장하지 못했고, 좀처럼 여분에게 플레이하는 모습을 보여드리지 못 하여 분하기도 했습니다만, 오늘 이런 형태로 은혜를 갚을 수 있어서 정말 좋았습니다. 이것도 저를 믿어 주신 감독님과 멤버들, 그리고 무엇보다 팬분들이 계속 응원해 주신 덕분이라고 생각하고 있습니다. 앞으로는 지도자로서 축구와 관계할 테니, 앞으로도 잘 부탁드립니다. 23년 동안 감사했습니다.

이 선수는 무슨 이야기를 하고 있습니까?

1 은퇴를 앞둔 지금의 기분
2 시즌 중 슈팅 숫자
3 괴로웠던 축구인생
4 지도자가 된 계기

해설 남자 선수는 시합 후 인터뷰에서, 올해가 현역으로 마지막 해라고 하면서, '앞으로는 지도자로서 축구와 관계할 테니, 앞으로도 잘 부탁드립니다. 23년동안 감사했습니다'라고 했으니 은퇴에 관한 이야기라는 것을 알 수 있고 정답은 1번이 된다.

어휘 選手 선수 | 最高 최고 | 今シーズン 이번 시즌 | 引退 은퇴 | 現役 현역 | 続行 속행 | 試合 시합 | 出場 출장 | 予定 예정 | サッカー界 축구계 | 最年長 최연장자 | 体力 체력 | 実際 실제로 | ～を通して ~내내 | 姿 모습 | 悔しい 분하다, 억울하다 | 形 형태 | 恩返しする 은혜를 갚다 | 監督 감독 | 何より 무엇보다 | 方々 분들 | 応援 응원 | お陰だ 덕분이다 | 今後は 앞으로는 | 指導者 지도자 | 関わる 관계하다 | 控える 앞두다 | 数 수, 숫자 | 辛い 괴롭다 | 人生 인생 | きっかけ 계기

5番 Track 4-3-05

ラジオで、職場での上司の呼び方に関する調査の結果を話しています。

女：皆さんは、会社で上司のことをどう呼んでいますか。ある調査では例えば、田中さんという部長さんの事を、「田中部長」と呼ぶ人が６５％で、役職名を付けないで「田中さん」と呼ぶ人は３４％でした。年齢別にみると、若くなるにしたがって役職名を付けないで、「さん付け」で呼ぶ人が増えていました。その人達の意見は、「上司との距離感が縮まり、社員同士の一体感が生まれる。」「意見などを自由に言える環境ができる。」などでした。一方、反対派からも、「年上の人に対して「何々さん」と呼ぶのは馴れ馴れしいし、公の仕事の場では、統制が効かなくなる」など、多くの意見が出されました。

上司の呼び方の何についての調査ですか。

1　重要性
2　マナー
3　長所と短所
4　移り変わり

5번

라디오에서 직장에서의 상사 호칭방법에 관한 조사 결과를 이야기하고 있습니다.

여 : 여러분은 회사에서 상사를 어떻게 부르고 있습니까? 어느 조사에서는 예를 들어, 다나카 씨라는 부장님을 '다나카 부장님'이라고 부르는 사람이 65%였고, 직함을 붙이지 않고 '다나카 씨'라고 부르는 사람은 34%였습니다. 연령별로 보면 젊을수록 직책을 붙이지 않고 '~씨'로 부르는 사람이 증가하고 있었습니다. 그 사람들의 의견은 '상사와의 거리감이 줄어, 직원끼리의 일체감이 생긴다.'의견 등을 자유롭게 말할 수 있는 환경이 만들어진다' 등 이었습니다. 한편 반대파로부터도 '연상의 사람에게 "누구누구 씨'라고 부르는 것은 다소 예의가 없는 듯하고, 공공 업무 장소에서는 통제가 안 된다' 등 많은 의견이 나왔습니다.

상사의 호칭방법의 무엇에 대한 조사입니까?

1 중요성
2 매너
3 장단점
4 변천

해설 회사에서 상사를 부를 때 직함을 붙이지 않으면, 직원끼리 일체감이 생기거나, 의견을 자유롭게 말할 수 있다는 장점도 있는가하면, 연상의 사람에게 '~씨'만 붙이면 다소 실례되는 느낌이 있고, 공적인 업무장소에서는 통제가 불가하다라는 단점도 말하고 있으므로 정답은 3번이다.

어휘 役職 직무, 지위 | 年齢 연령 | 距離感 거리감 | 縮まる 줄다 | ～同士 ~끼리 | 一体感 일체감 | 反対派 반대파 | 馴れ馴れしい 실례라고 느껴질 정도로 친한 척 행동하는 것 | 公 공적, 공식 | 統制 통제 | 移り変わり 바뀜, 변천

문제4 문제4에서는, 문제 용지에 아무것도 인쇄되어 있지 않습니다. 먼저 이야기를 들으세요. 그 뒤 그에 대한 대답을 듣고 1~3 중에서 가장 적당한 것을 하나 고르세요.

例 Track 4-4-00

男：彼女の言い方には人の心を和らげる何かがあるね。
女：1　私もその何かがずっと気になっていました。

예

남 : 그녀의 말투는 사람의 마음을 온화하게 하는 무언가가 있네.
여 : 1 저도 그 무언가가 계속 신경 쓰이고 있었습니다.

2 ほんとうですね。人の心はわからないですね。

3 そうですね。聞いたら優しい気持ちになりますね。

2 정말 그러네요. 사람의 마음은 모르겠네요.

3 그러네요. 들으면 상냥한 기분이 드네요.

1番 Track 4-4-01

女：駅前にもう一つ駐車場できるって。

男：1 駅前ならもっとよかったのに。

2 それで違法駐車が減ればいいんだけどね。

3 大きな駅なのにどうして駐車場がないんだろうね。

1번

여 : 역 앞에 또 주차장이 생긴대.

남 : 1 역 앞이라면 더 좋았을 텐데.

2 그것으로 불법 주차가 줄면 좋겠는데.

3 큰 역인데 왜 주차장이 없는 걸까.

어휘 違法駐車 불법주차

2番 Track 4-4-02

女：営業部の田中部長はいらっしゃいますか。

男：1 おつなぎいたしますので、少々お待ちください。

2 お待たせいたしました。こちらへどうぞ。

3 こちらで待たせていただいてもよろしいでしょうか。

2번

여 : 영업부 다나카 부장님 계십니까?

남 : 1 연결해 드릴 테니 잠시만 기다려 주세요.

2 오래 기다렸습니다. 이쪽으로 오세요.

3 이쪽에서 기다려도 될까요?

해설 '부서の사람はいらっしゃいますか'는, 전화에서 그 '사람'을 바꿔 달라는 뜻으로 잘 쓰이는 표현이며, 가장 적당한 반응은 1번이 된다. 2번은 실제 방문객에게 쓰는 표현이다.

어휘 営業部 영업부 | つなぐ 연결하다, 잇다 | 少々 잠시

3番 Track 4-4-03

男：今度の土曜日、うちで食事でもどうですか。

女：1 いいえ、もうおなかいっぱいです。

2 あ、よろしいですか、じゃ喜んで。

3 それでは、私がお引き受けします。

3번

남 : 이번 토요일, 저희 집에서 식사라도 어떻습니까?

여 : 1 아니, 이제 배가 부릅니다.

2 아, 괜찮으시겠습니까? 그러면 기꺼이.

3 그러면, 제가 맡겠습니다.

어휘 喜んで 기꺼이 (~하겠다는 의미) | 引き受ける 떠맡다, 보증하다

4番 Track 4-4-04

男：そのドラマおもしろい？
女：1　あくびが出て眠いよ。
　　2　ありふれたストーリーだったからまあまあかな。
　　3　今度映画化されるんだって。

4번

남 : 그 드라마 재미있어?
여 : 1 하품이 나고 졸려.
　　2 흔한 스토리라서 그냥 그래.
　　3 이번에 영화화 된대.

해설 남자가 어떤 드라마가 재미있냐고 물었고 이에 가장 적당한 반응은 2번인데 「ありふれたストーリー」를 알아야 풀 수 있는 문제다. 1번은 실제로 졸리거나 피곤할 때 나오는 반응이다.

어휘 あくび 하품 | 眠い 졸립다 | ありふれた～ 흔한~ | まあまあ 그저 그럼 | 映画化 영화화 | ～だって ~래

5番 Track 4-4-05

女：ゴルフはよくなさいますか。
男：1　好きですが、なかなか時間が取れなくて。
　　2　それが、思い通りにいかなくて手を焼いています。
　　3　大して得意っていうわけでもありませんよ。

5번

여 : 골프는 자주 치세요?
남 : 1 좋아하지만, 좀처럼 시간을 낼 수 없어서.
　　2 그것이, 마음대로 되지 않아서 애를 먹고 있습니다.
　　3 그다지 자신 있다고 할 정도는 아니에요.

해설 골프를 잘 치냐고 묻는 것이 아닌 자주 골프를 치냐고 물어봤음에 주의한다.

어휘 思い通りにいく (일이나 사물의 흐름이)생각하는 대로 잘 풀리다 | 手を焼く 다루는데 애를 먹다 | 得意 잘함

6番 Track 4-4-06

女：将来は高級マンションに住みたいな。
男：1　そんなところ僕の給料じゃ手が届かないよ。
　　2　ここは手抜き工事だから仕方ないよ。
　　3　こんなに手がかかるとは思わなかったよ。

6번

여 : 장래에는 고급 맨션에 살고 싶어.
남 : 1 그런 곳, 내 월급으로는 손이 닿지 않아. (엄두가 안 나)
　　2 여기는 부실 공사라 어쩔 수 없어.
　　3 이렇게 손이 많이 갈 줄은 몰랐어.

해설 누구나 고급 맨션에 살고 싶겠지만 현실은 녹녹치 않을 것이다. 여자의 희망사항에 대한 가장 적당한 반응은 현실 이야기를 하고 있는 1번이다. 맨션이 들렸다고 해서 '공사'란 단어가 들린 2번에 낚이면 안 된다.

어휘 将来 장래 | 高級 고급 | 給料 월급 | 手が届く 손이 미치다, 능력 안에 있다 | 手抜き工事 부실 공사 | 手がかかる 손이 많이 가다

4회

7番 Track 4-4-07

男：気が進まなければ無理に来ることはないですが……。

女：1　いや、無理かどうかわかりません。

2　いいえ、無理に来るわけないですよ。

3　じゃ、今回は遠慮させていただきます。

7번

남 : 마음이 내키지 않으면 억지로 올 필요는 없습니다만….

여 : 1 아니, 무리인지 어떤지 모르겠습니다.

2 아니요, 무리하게 올 리가 없어요.

3 그럼, 이번에는 사양하겠습니다.

어휘 気が進む 마음이 내키다 | ～わけない ~일 리가 없다 | 遠慮 꺼림, 삼감, 사양

8番 Track 4-4-08

男：顔色が悪いけど大丈夫？

女：1　朝から胃がむかむかするの。

2　背中が汗でべとべとだよ。

3　なんだか胸がどきどきするよ。

8번

남 : 안색이 나쁜데 괜찮아?

여 : 1 아침부터 속이 거북해.

2 등이 땀으로 끈적거려.

3 왠지 가슴이 두근거려.

해설 안색이 나빠질 수 있는 원인으로 가장 적당한 원인을 찾아야 하고, 가장 적당한 반응은 1번이다.「むかむかする」는 생리적으로 속이 좋지 않을 때도 사용하지만, 상대의 말이나 행동 등이 역겨울 때도 사용할 수 있다. 2번은 단순히 땀이 많이 났다는 뜻이다.

어휘 顔色が悪い 안색이 나쁘다 | 胃 위 | むかむかする 거북하다, 메슥거리다 | 背中 등 | 汗 땀 | べとべと 끈적거리는 모양 | なんだか 왠지 | 胸 가슴 | どきどきする 두근거리다

9番 Track 4-4-09

女：加藤さん、甘いものお好きですか。

男：1　いいえ、甘いものは得意なんですよ。

2　はい、甘いものには目がないんですよ。

3　きっと甘いものにはきりがないんですよ。

9번

여 : 가토 씨 단 것을 좋아합니까?

남 : 1 아니요, 단 것은 특기랍니다.

2 네, 단 것에는 정신을 못 차려요.

3 틀림없이 달콤한 것에는 끝이 없어요.

어휘 명사+に目がない (명사)라면 사족을 못 쓰다 | きりがない 끝이 없다

10番 Track 4-4-10

女：なんだか、急に肌寒くなりましたね。

男：1　長袖を1枚持っておくとよさそうですね。

2　エアコンの温度を少し下げましょうか。

3　上着を脱いだほうがいいんじゃないですか。

10번

여 : 왠지 갑자기 쌀쌀해졌네요.

남 : 1 긴 팔 옷을 한 장 갖고 있으면 좋을 것 같네요.

2 에어컨의 온도를 조금 낮춰 드릴까요?

3 상의를 벗는 편이 좋지 않을까요?

해설 「肌寒い」를 알아들었다면 문제는 쉽게 풀린다. 여자가 날씨가 쌀쌀해 졌다고 말했을 때의 반응으로 가장 적당한 것은 추위 대책을 조언하고 있는 1번이다.

어휘 なんだか 왠지 | 急に 갑자기 | 肌寒い 쌀쌀하다 | 長袖 긴 팔 옷 | 温度 온도 | 下げる 낮추다 | 上着 상의, 윗도리 | 脱ぐ 벗다

11番 Track 4-4-11	11번
女：そろそろ家の更新の時期じゃない？	여 : 슬슬 집 갱신할 시기 아니야?
男：1　住所変更の手続きは済ませておいたよ。	남 : 1 주소변경은 수속은 끝마쳐 두었어.
2　退去する日が決まり次第連絡するよ。	2 퇴거하는 날이 정해지는 대로 연락할게.
3　そうだった。2年ってあっという間だね。	3 맞다. 2년은 눈 깜짝할 사이네.

해설 「家の更新」이란 표현은 임대주택의 재계약을 의미한다. 계약기간이 얼마 남지 않은 임대주택에 사는 부부가 주고 받는 대화임을 것을 알 수 있으므로 가장 적당한 반응은 3번이다. 1번은 주소변경이라 답이 될 수 없고, 집에서 나간다는 말도 없으므로 2번도 오답이다.

어휘 そろそろ 슬슬 | 更新 갱신 | 時期 시기 | 住所変更 주소변경 | 手続き 수속 | 済ませる 끝마치다, 해결하다 | 退去する 퇴거하다 | ～次第 ~하는 대로 | 連絡する 연락하다 | あっという間だ 눈 깜짝할 사이다

4회

문제5 문제5에서는, 긴 이야기를 듣습니다. 이 문제에는 연습은 없습니다. 메모를 해도 좋습니다.

1번, 2번

문제 용지에는 아무것도 인쇄되어 있지 않습니다. 먼저 이야기를 들으세요. 그리고 질문과 선택지를 듣고 1~4 중에서 가장 적당한 것을 하나 고르세요.

1番 Track 4-5-01	1번
男の人と女の人が電話でホームページのサーバーについて話しています。	남자와 여자가 전화로 홈페이지 서버에 대해 이야기하고 있습니다.
男：はい、東京テクニカルサービスでございます。	남 : 네, 도쿄 테크니컬 서비스입니다.
女：あの、すみません。実は新しいホームページを開設したいのですが、そちらのサービスがよさそうなので、ご連絡しました。	여 : 저기 실례합니다. 실은 새로운 홈페이지를 개설하고 싶습니다만, 그쪽 서비스가 좋을 것 같아서 연락드렸습니다.
男：ありがとうございます。具体的にはどのプランをご希望でしょうか。	남 : 감사합니다. 구체적으로는 어떤 플랜을 희망하시는지요?
女：ホームページを見ると４つあったのですが、簡単に特徴を教えていただけますか。	여 : 홈페이지에 보면 4개 있었는데, 간단하게 특징을 가르쳐 주시겠어요?
男：はい、かしこまりました、まず１番目のプランは基本的なホームページ作成がついております。２番目のプランは、デザインにこだわりを持つ方にお勧めのプランです。	남 : 네, 알겠습니다. 우선 첫 번째 플랜은 기본적인 홈페이지 제작이 포함되어 있습니다. 두 번째 플랜은 디자인에 집착하는 분들에게 추천하는 플랜입니다.

ネットショップを運営したい方はこちらがいいですね。
女：そうですか。二つとも電話サポートがあるんですか。
男：はい、ご安心ください。３番目のプランも電話サポートがついていて、こちらは弊社へお任せいただくプランです。４番目はすでにホームページをお持ちの方向けのプランですが、電話サポートがついておりません。
女：そうですか。ちなみに金額はいくらぐらいですか？
男：はい、１番目と２番目はただいまキャンペーン中で３か月は無料、３か月以降は毎月５００円です。３番目のプランは初めの月から４００円かかります。
女：うーん。そうですか。
男：はい、４番目は一番安く、月に２００円ですが、すでにホームページをお持ちの方なので、お客様は対象外になると思います。
女：そうですね。何もわからないので、サポートがないのはちょっと難しいですね。
男：どのようなホームページにされるかもうお決まりですか？
女：そうですね。新しくアクセサリーのショップをオープンしようと思っていて、ネットでも販売出来たらいいなと思ってます。
男：それでしたらやはり、デザインにこだわりがあるプランがいいかと思います。
女：そうですね。じゃあ、それにします。

女の人は、どのプランを利用することにしましたか。

1　１番目のプラン
2　２番目のプラン
3　３番目のプラン
4　４番目のプラン

인터넷 쇼핑 몰을 운영하고 싶은 분은 이쪽이 좋겠네요.
여 : 그래요? 둘 다 전화 지원이 있습니까?
남 : 네, 안심하십시오. 세 번째 플랜도 전화 지원이 포함되어 있고, 이쪽은 당사에 맡기시는 플랜입니다. 네 번째는 이미 홈페이지를 갖고 계신 분용 플랜입니다만, 전화 지원이 포함되어 있지 않습니다.
여 : 그래요? 덧붙여 금액은 어느 정도합니까?
남 : 네, 첫 번째와 두 번째는 지금 캠페인 중으로 3개월간 무료, 3개월 이후에는 매달 500엔 입니다. 세 번째 플랜은 첫달부터 400엔이 듭니다.
여 : 음~ 그렇습니까?
남 : 네, 네 번째는 제일 싸고 월 200엔입니다만, 이미 홈페이지를 갖고 계신 분이기 때문에, 고객님은 대상 외가 될 것 같습니다.
여 : 그렇군요. 아무 것도 모르기 때문에, 지원이 없는 것은 조금 어렵네요.
남 : 어떤 홈페이지로 하실 지 벌써 정하셨나요?
여 : 글쎄요. 새롭게 액세서리 가게를 오픈하려고 하는데, 인터넷으로도 판매할 수 있으면 좋겠어요.
남 : 그러시다면 역시 디자인에 신경을 쓴 플랜이 좋을 것 같습니다.
여 : 그렇네요. 그럼 그걸로 하겠습니다.

여자는 어떤 플랜을 이용하기로 했습니까?

1 첫 번째 플랜
2 두 번째 플랜
3 세 번째 플랜
4 네 번째 플랜

해설 여자는 액세서리 가게를 오픈할 예정이며, 인터넷 판매도 계획하고 있다고 했는데, 남자의 플랜 설명을 들어보면 두 번째 플랜에 대해 '인터넷 쇼핑 몰을 운영하고 싶은 분은 이쪽이 좋겠네요'라는 설명을 했다. 그러면서 여자가 원하는 대로 전화지원도 해준다고 했고, 디자인에도 신경을 쓴 플랜이 좋겠다고 한 남자의 추천을 받아들이고 있으니 답은 2번이 된다.

어휘 ～でございます ~입니다 | 実は 실은 | 開設 개설 | 連絡 연락 | 具体的 구체적 | 希望 희망 | 簡単に 간단하게 |

特徴 특징 | 基本的 기본적 | 作成 작성 | ついている 포함되어 있다, 달려 있다 | こだわり 고집, 집착, 신경씀 | お勧め 추천 | 運営 운영 | 弊社 당사 | 任せる 맡기다 | ～向け ~용 | ちなみに 덧붙여 | 金額 금액 | ただいま 지금 | 無料 무료 | 以降 이후 | 毎月 매달 | 初めの月 첫달 | すでに 이미 | お持ちの方 갖고 계신 분 | 対象外 대상 외 | 販売 판매 | こだわりがある 신경 쓰다

2番 Track 4-5-02

会社で男の人と女の人がＰＲセミナーについて話しています。

男：今度のイベントでやるＰＲセミナーの件だけど、何時からがいいかな？

女：ああ、そうですね。たくさんの方が参加してくださるといいですね。

男：そうだね。時間の候補は４種類で、一番早いのは午前１０時から。

女：ちょっと、早いかもしれませんね。うちは台所用品のＰＲで、専業主婦が対象だから。

男：ああ、主婦は朝忙しいからね。次の時間は午後２時から。お昼ごはんを食べてから来られるし、いいんじゃない。でも、なんか眠くなりそうな時間だね。

女：う～ん、そうですね。次の時間は午後４時からですね。家に帰ったらすぐに夕飯の支度をしなくちゃいけないから、気ぜわしいかな。

男：なるほどね。最後の時間は夜の７時から。この時間帯だと夕飯の支度を早目にして、来てもらうことになるかな…？でも、あとは自由時間ってことになるよ。

女：ほんとですね。ねらいは、新しい台所用品に関心を持ってもらって、購入に結び付けることですから。

男：そうだね。そうすると、食事の支度をした後のほうがいいんじゃないかな？

女：そうすれば、こんな商品を買えば、もっと食事作りが効率的に楽しくなるって気づくんじゃないかってことですか？

男：うん、そう思うんだけど。だから夜にするのはどうかな？

女：そうですね。やっぱり昼の時間帯にしましょうよ。お友達も誘いやすいと思うし。

男：うん、わかった。女性の意見を尊重して、その時間からにしよう。

2번

회사에서 남자와 여자가 PR 세미나에 대해 이야기하고 있습니다.

남 : 이번 이벤트에서 하는 PR 세미나에 관한 건인데, 몇 시부터가 좋을까?

여 : 아, 그렇군요. 많은 분들이 참여해 주시면 좋겠어요.

남 : 그러게. 시간의 후보는 4종류인데, 가장 빠른 것은 오전 10시부터.

여 : 좀, 이를지도 모르겠네요. 저희는 주방 용품의 PR이라 전업 주부가 대상이니까요.

남 : 아, 주부는 아침에 바쁘니까. 다음 시간은 오후 2시부터. 점심을 먹고 나서 올 수 있고 괜찮지 않을까? 하지만, 어쩐지 졸릴 것 같은 시간이네.

여 : 음, 그러네요. 다음 시간은 오후 4시부터죠? 집에 돌아가면 바로 저녁 준비를 해야 하니까, 마음이 조급할까?

남 : 그렇군요. 마지막 시간은 저녁 7시부터. 이 시간대면 저녁 준비를 일찌감치 하고 오게 되는 건가…? 하지만, 나머지는 자유시간이 되는 거야.

여 : 정말이네요. 목적은 새로운 부엌 용품에 관심을 가지게 하여 구매로 이어지도록 하는 거니까.

남 : 그래. 그러면 식사 준비를 한 후로 하는 편이 좋지 않을까?

여 : 그러면 이런 상품을 사면, 더 식사 만들기가 효율적으로 즐거워진다라고 알지 않을까라는 건가요?

남 : 응, 그렇게 생각하는데. 그러니까 밤에 하는 것은 어떨까?

여 : 글쎄요. 역시 낮 시간 대로 합시다. 친구도 부르기 쉽다고 생각하고요.

남 : 응, 알겠어. 여성의 의견을 존중하여 그 시간부터로 하자.

男の人はＰＲセミナーは何時からすることにしますか。	남자는 PR 세미나 시간은 몇 시부터 하기로 합니까?
1　午前１０時から	1 오전 10시부터
2　午後２時から	2 오후 2시부터
3　午後４時から	3 오후 4시부터
4　午後７時から	4 오후 7시부터

해설 남자는 여자의 의견을 존중하여 결정한다고 했고, 여자는 친구를 불러내기 쉬운 낮 시간대로 하자고 했으므로 오후 2시가 된다. 일본에서는 통상 오후 4시는 저녁 시간대라고 생각하므로 4시가 아님에 주의한다. 따라서 정답은 2번이다.

어휘 専業主婦 전업 주부 | 対象 대상 | 気ぜわしい 마음이 조급하여 진정되지를 않는다 | 狙い 노림, 목적 | 購入 구입 | 結び付ける 묶다, 매다 | 効率的 효율적 | 誘う 꾀다, 권유하다 | 尊重 존중

3번

먼저 이야기를 들으세요. 그리고 두 개의 질문을 듣고, 각각 문제 용지의 1에서 4중에서 가장 적당한 것을 하나 고르세요.

3番 Track 4-5-03

男の人と女の人が引っ越しについて話しています。

男：そろそろ、引っ越しの準備しなくちゃね。
女：そうね。やっと新しいマンションに入居ができるのね。ワクワクするわ。
男：引っ越し業者どうしようか。見積り出してもらわないと。
女：そうね。ネットで調べたんだけど、最近はいろんなプランがあるのね。
男：そうなの？例えばどんな。
女：一つ目はすべてお任せのAプラン。前の家の片付けから新しい家での荷解き、ゴミ出しまで全部やってくれるの。５０万円だから高いけど、私たち３月は忙しいからこのプランが一番いいと思うんだけど。
男：５０万円！高すぎるよ。費用は少しでも安くした方が良いから、Bプランの荷物は自分たちでやって運んでもらうだけにしようよ。
女：あなたやるやるっていうだけで、全然やらないじゃない。私だけが大変になるなら、お金をかけたほうがましよ。

3번

남자와 여자가 이사에 대해 이야기하고 있습니다.

남 : 슬슬 이사 준비 해야지.
여 : 그러게. 드디어 새 맨션에 들어갈 수 있네. 설레이네.
남 : 이삿짐 업자는 어떻게 할까? 견적서 받아야지.
여 : 맞아. 인터넷으로 조사했는데, 요즘은 다양한 플랜이 있네.
남 : 그래? 예를 들면 어떤?
여 : 첫 번째는 모두 맡기는 A플랜. 전 집 정리에서 새 집에서 짐 풀기, 쓰레기 배출까지 전부 해줘. 50만엔이니까 비싸지만, 우리 3월은 바쁘니까 이 플랜이 제일 좋은 것 같아.
남 : 50만엔! 너무 비싸. 비용은 조금이라도 싸게 하는 편이 좋으니까, B플랜의 짐은 우리가 싸고 운반만 해주는 걸로 하자.
여 : 당신은 할게 할게 말만 하지, 전혀 하지 않잖아. 나만 힘들어질 거면 돈을 들이는 편이 낫지.

男：そしたら、荷物を詰めるのは引っ越し業者にやってもらって、新居で自分たちが荷解きするCプランは？僕はこれが値段も割と安くていいと思うんだけど。

女：うーん、それもよさそうだけど、引っ越してから全部の段ボールを開けるまで時間がかかるわよね。

男：うーん、最後は荷物は全部業者に任せて僕たちは掃除とゴミ出しだけすればいいDプランか。

女：これだったら全部任せた方がよくない？

男：そうだね。なかなかいいプランがないから、もう少し他の業者も見てみる？

女：うん、そうしよう。

남 : 그럼 짐을 싸는 것은 이사업자가 하게 하고, 새집에서 우리가 짐을 푸는 C플랜은? 나는 이게 값도 비교적 싸고 좋은 것 같은데.

여 : 음~, 그것도 괜찮은 것 같은데, 이사하고 나서 모든 상자를 열 때까지 시간이 걸려.

남 : 음~, 마지막은 짐은 전부 업자에게 맡기고 우리는 청소와 쓰레기 배출만 하면 되는 D플랜인가?

여 : 이거라면 전부 맡기는 편이 좋지 않을까?

남 : 그러게. 좀처럼 좋은 플랜이 없으니, 조금 더 다른 업자도 봐 볼까?

여 : 응, 그렇게 하자.

質問 1

男の人はどのプランがいいと言っていますか。

1 Aプラン
2 Bプラン
3 Cプラン
4 Dプラン

質問 2

女の人はどのプランがいいと言っていますか。

1 Aプラン
2 Bプラン
3 Cプラン
4 Dプラン

질문1

남자는 어느 플랜이 좋다고 했습니까?

1 A플랜
2 B플랜
3 C플랜
4 D플랜

질문2

여자는 어느 플랜이 좋다고 했습니까?

1 A플랜
2 B플랜
3 C플랜
4 D플랜

4회

해설 질문 1 : 이런 장르의 문제는 반드시 꼼꼼하게 메모를 해야 한다. ABCD 네 가지 플랜이 언급되고 있는데, 남편의 희망을 알 수 있는 대화내용은 '그럼 짐을 싸는 것은 이사업자가 하게 하고, 새집에서 우리가 짐을 푸는 C플랜은? 나는 이게 값도 비교적 싸고 좋은 것 같은데'이다. 따라서 남편이 원하는 플랜은 C플랜이고 답은 3번이다.

질문 2 : 아내는 대화 초반에 첫 번째는 모두 맡기는 A플랜. '전 집 정리에서 새 집에서 짐 풀기, 쓰레기 배출까지 전부 해줘. 50만엔이니까 비싸지만, 우리 3월은 바쁘니까 이 플랜이 제일 좋은 것 같아'라고 했다. 남편이 비싸다고 반대하며, 짐은 자신이 싸겠다고 하자 다시 '당신은 할게 할게 말만 하지, 전혀 하지 않잖아. 나만 힘들어질 거면 돈을 들이는 편이 낫지'라고 했으니 아내가 원하는 플랜은 A플랜이란 것을 알 수 있고 답은 1번이 된다.

어휘 引っ越し 이사 | そろそろ 슬슬 | 準備 준비 | ～なくちゃ ~해야지 | やっと 드디어, 겨우 | 入居 입거, 입주 | ワクワクする 설레다 | 業者 업자 | 見積り 견적 | お任せ 맡김 | 片付け 정리 | 荷解き 짐풀기 | ゴミ出し 쓰

레기 배출 | **費用** 비용 | **運ぶ** 옮기다, 운반하다 | **お金をかける** 돈을 들이다 | **荷物を詰める** 짐을 담다 | **新居** 새집 | **段ボール** 상자 | **時間がかかる** 시간이 걸리다 | **任せる** 맡기다

memo

나의 점수는?

총 ______ 문제 정답

혹시 부족한 점수라도 실망하지 말고 해설을 보며 다시 확인하고 틀린 문제를 다시 풀어보세요. 실력이 점점 쌓여갈 것입니다.

JLPT N2 제5회 실전모의고사 정답

1교시 언어지식(문자·어휘)

문제 1	1 3 · 2 3 · 3 2 · 4 3 · 5 4
문제 2	6 3 · 7 2 · 8 4 · 9 1 · 10 4
문제 3	11 3 · 12 2 · 13 4
문제 4	14 3 · 15 1 · 16 3 · 17 3 · 18 4 · 19 4 · 20 2
문제 5	21 4 · 22 2 · 23 3 · 24 1 · 25 2
문제 6	26 3 · 27 3 · 28 4 · 29 2 · 30 1

1교시 언어지식(문법)

문제 7	31 3 · 32 4 · 33 2 · 34 2 · 35 1 · 36 2 · 37 3 · 38 4 · 39 4 · 40 3 · 41 1 · 42 2
문제 8	43 4 · 44 3 · 45 1 · 46 1 · 47 3
문제 9	48 2 · 49 1 · 50 2 · 51 4

1교시 언어지식(독해)

문제 10	52 2 · 53 3 · 54 1 · 55 3 · 56 4
문제 11	57 2 · 58 4 · 59 1 · 60 4 · 61 1 · 62 2 · 63 2 · 64 3
문제 12	65 1 · 66 1
문제 13	67 2 · 68 1 · 69 3
문제 14	70 1 · 71 2

2교시 청해

문제 1	1 3 · 2 1 · 3 3 · 4 4 · 5 1
문제 2	1 1 · 2 3 · 3 4 · 4 2 · 5 1 · 6 4
문제 3	1 4 · 2 1 · 3 2 · 4 1 · 5 3
문제 4	1 2 · 2 1 · 3 1 · 4 3 · 5 1 · 6 2 · 7 1 · 8 3 · 9 2 · 10 3 · 11 1
문제 5	1 3 · 2 2 · 3 (1) 3 (2) 2

5회

5회 실전모의고사 해설

1교시 언어지식(문자·어휘)

문제 1 ＿＿＿＿의 단어의 읽는 법으로 가장 적당한 것을 1·2·3·4에서 하나 고르세요.

1 馬が走っているのを見るとすっきりした気分になる。これが競馬に夢中になる理由じゃないでしょうか。

1 むじゅう　2 むうじゅう　3 むちゅう　4 むうちゅう

말이 달리고 있는 것을 보면 속이 후련해지는 기분이 된다. 이것이 경마에 열중하게 되는 이유가 아닐까요?

어휘 すっきり 상쾌하거나 후련한 모양 | 競馬(けいば) 경마 | 夢中(むちゅう) 열중함, 몰두함 ▶ 悪夢(あくむ) 악몽, 吉夢(きちむ) 길몽

2 貧困問題の解決のために、わたしたちにできることを考えてみよう。

1 ひこん　2 びこん　3 ひんこん　4 びんこん

빈곤문제 해결을 위해, 우리들이 할 수 있는 일을 생각해 보자.

어휘 貧困(ひんこん) 빈곤 ▶ 貧(まず)しい 가난하다 | 解決(かいけつ) 해결

3 不況で広告予算を削られた。

1 あたられた　2 けずられた　3 のこられた　4 さわられた

불황으로 광고예산을 삭감당했다.

어휘 不況(ふきょう) 불황 | 広告(こうこく) 광고 | 削(けず)る (돈, 예산, 월급 등을) 삭감하다, 깎다 ▶ 削減(さくげん) 삭감, 削除(さくじょ) 삭제

4 何かを決めるとき、他人の意見に左右されやすい。

1 ひだりみぎ　2 ざゆう　3 さゆう　4 さう

뭔가를 결정할 때 다른 사람의 의견에 좌우되기 쉽다.

어휘 左右(さゆう) 좌우 ▶ 左翼(さよく) 좌익

5 A国の経済発展は著しい。

1 あつかましい　2 みっともない　3 なつかしい　4 いちじるしい

A국의 경제발전은 현저하다.

어휘 経済発展(けいざいはってん) 경제발전 | 著(いちじる)しい 현저하다, 두드러지다 ▶ 顕著(けんちょ)だ 현저하다 | 厚(あつ)かましい 뻔뻔하다 | みっともない 보기 흉하다 | 懐(なつ)かしい 그립다

문제 2 ＿＿＿＿의 단어를 한자로 쓸 때, 가장 적당한 것을 1・2・3・4에서 하나 고르세요.

6 最近は育児に参加する男性もめずらしくない。
1 減しく　2 細しく　3 珍しく　4 厳しく
요즘은 육아에 참가하는 남성도 드물지 않다.

어휘 育児(いくじ) 육아 | 参加(さんか)する 참가하다 | 男性(だんせい) 남성 | 珍(めずら)しい 드물다, 진귀하다

7 展示会では作品にさわらないように気をつけてください。
1 障らない　2 触らない　3 拭らない　4 投らない
전시회에서는 작품에 손대지 않도록 주의하십시오.

어휘 触(さわ)る 건드리다, 만지다

8 彼はその主張をひていした。
1 不正　2 不定　3 否正　4 否定
그는 그 주장을 부정하였다.

어휘 主張(しゅちょう) 주장 | 否定(ひてい) 부정 ▶ 安定(あんてい) 안정, 定期(ていき) 정기, 固定(こてい) 고정, 確定(かくてい) 확정, 一定(いってい) 일정, 改定(かいてい) 개정, 限定(げんてい) 한정, 決定(けってい) 결정 | 不正(ふせい) 부정

+ 「不正(ふせい)」의 반대어는 「公正(こうせい)(공정)・正当(せいとう)(정당)」이고, 「否定(ひてい)」의 반대어는 「肯定(こうてい)(긍정)」이다.

9 ほがらかな人の特徴は何ですか。
1 朗らかな　2 明らかな　3 喜らかな　4 嬉らかな
명랑한 사람의 특징은 무엇입니까?

어휘 朗(ほが)らかだ 명랑하다 ▶ 明朗(めいろう)だ 명랑하다 | 特徴(とくちょう) 특징

10 このきょうそう社会で生き残るために、必要なリーダーシップとは何でしょうか。
1 脅浄　2 脅争　3 競浄　4 競争
이 경쟁 사회에서 살아남기 위해 필요한 리더십이란 무엇일까요?

어휘 競争(きょうそう) 경쟁 | 生(い)き残(のこ)る 살아남다

5회

문제 3 (　　　) 안에 들어갈 가장 적당한 것을 1・2・3・4에서 하나 고르세요.

11 スマホのタッチパネルが（　　　）作動を起こした。

1 未　2 非　3 誤　4 不

스마트폰 터치 패널이 오작동을 일으켰다.

어휘 誤作動(ごさどう) 오작동 ▶ 誤使用(ごしよう) 오사용, 誤情報(ごじょうほう) 오정보 | 起(お)こす 일으키다

12 私の将来の夢は弁護（　　　）になることです。

1 師　2 士　3 事　4 司

저의 장래 꿈은 변호사가 되는 것입니다.

어휘 将来(しょうらい) 장래 | 夢(ゆめ) 꿈 | 弁護士(べんごし) 변호사 ▶ 栄養士(えいようし) 영양사, 会計士(かいけいし) 회계사

13 政府は、来年度予算（　　　）を決定した。

1 網　2 期　3 訳　4 案

정부는 내년도 예산안을 결정했다.

어휘 政府(せいふ) 정부 | 来年度(らいねんど) 내년도 | 予算案(よさんあん) 예산안 ▶ 改正案(かいせいあん) 개정안, 修正案(しゅうせいあん) 수정안 | 決定(けってい) 결정

문제 4 (　　　) 안에 들어갈 가장 적당한 것을 1・2・3・4에서 하나 고르세요.

14 仕事ばかりの毎日を送っていたら、人生は（　　　）と思いがちだ。

1 手ごろだ　2 単純だ　3 退屈だ　4 地味だ

일만하는 나날을 보내고 있으면, 인생은 지루하다고 생각하기 십상이다.

어휘 思(おも)いがちだ 생각하기 쉽다 ▶ 명사/동사 ます형+がち 그러한 경향이 많다 예 病気(びょうき)がちの子(こ) 병이 잦은 아이, 曇(くも)りがちの天気(てんき) 흐린 때가 많은 날씨, ありがちな行動(こうどう) 있을 법한 행동 | 手(て)ごろだ 적당하다 예 手(て)ごろな値段(ねだん) 적당한 가격 | 単純(たんじゅん)だ 단순하다 | 退屈(たいくつ)だ 지루하다 | 地味(じみ)だ 수수하다

15 彼の新作は、前作をはるかに超える内容に（　　　）。

1 しあがった　2 うたがった　3 つぶれた　4 あらそった

그의 신작은, 전작을 훨씬 넘는 내용으로 완성되었다.

어휘 新作(しんさく) 신작 | 前作(ぜんさく) 전작 | はるかに 훨씬 | 超(こ)える 넘다 | 内容(ないよう) 내용 | 仕上(しあ)がる 완성되다 | 疑(うたが)う 의심하다 | つぶれる 찌부러지다 | 争(あらそ)う 다투다, 경쟁하다

16 （　　　　）ですが、本題へ入らせていただきます。

1 わざと　2 たいてい　3 さっそく　4 しばしば

이제부터 본론으로 들어가겠습니다.

어휘 さっそくですが 이제부터(지금부터 어떤 일을 시작하겠다는 의미로 사용) | 本題 본론 | 入らせていただきます 들어가겠습니다 | わざと 일부러 | たいてい 대개 | しばしば 종종

17 空き部屋を（　　　　）して書斎を作ろうとしている。

1 建築　2 再建　3 改造　4 改装

빈 방을 개조하여 서재를 만들려고 하고 있다.

어휘 空き部屋 빈 방 | 書斎 서재 | 建築 건축 | 再建 재건 | 改造 개조 | 改装 개장

18 ネクタイが（　　　　）息苦しい。

1 きっかりして　2 きっちりして　3 するどくて　4 きつくて

넥타이가 꽉 죄어 답답하다.

어휘 息苦しい 숨쉬기 힘들다, 답답하다 | きっかり 수량이나 시간 등이 엄밀하게 맞는 모양 | きっちり 빈 틈이나 어긋남이 없는 모습 | するどい 예리하다 | きつい 꽉 끼다, 좁아서 갑갑하다, 참기 힘들 정도로 괴롭다

5회

19 町を歩いていると、まったく（　　　　）ところで楽しさを発見することがあります。

1 思い浮かぶ　2 思い上がる　3 思いつかない　4 思いがけない

동네를 걷고 있다 보면, 전혀 뜻하지 않은 곳에서 즐거움을 발견하는 경우가 있습니다.

어휘 まったく 전혀 | 発見する 발견하다 | 思い浮かぶ 생각나다 | 思い上がる 우쭐하다 | 思いつく 문득 생각이 떠오르다 | 思いがけない 뜻밖이다, 의외이다

20 資料の（　　　　）期限を守ってご利用ください。

1 返済　2 返却　3 返事　4 返答

자료 반납기한을 지키며 이용해 주세요.

어휘 資料 자료 | 期限 기한 | 守る 지키다 | 利用 이용 | 返済 반제(변제) | 返却 반납 | 返事 대답, 답장 | 返答 답변, 응답

문제 5 ＿＿＿＿의 단어의 의미가 가장 가까운 것을 1・2・3・4에서 하나 고르세요.

21 この書類は、部長にじかに渡してください。

1 あとで　2 そっと　3 全部　4 直接

이 서류를, 부장님께 직접 건네주세요.

어휘 書類 서류 | 直に 직접 | 渡す 건네주다 | あとで 나중에 | そっと 살짝, 가만히 | 全部 전부 | 直接 직접

22 朝から頭がずきんずきんする。どうやら風邪を引いたようだ。

1 どうしても　2 どうも　3 何とか　4 何とも

아침부터 머리가 지끈지끈하다. 아무래도 감기인 것 같다.

어휘 ずきんずきん 지끈지끈, 욱신욱신(쑤시면서 아픈 모양) | どうやら 아무래도, 어쩐지 | どうしても 무슨 일이 있어도, 도저히 | どうも 아무래도(「どうも～ようだ」의 꼴로 많이 사용된다) | 何とか 어떻게든 | 何とも 뭐라고도

23 私は彼の姿を見て、おきのどくだと思った。

1 かっこいい　2 なさけない　3 かわいそうだ　4 おそろしい

저는 그의 모습을 보고, 불쌍하다고 생각했다.

어휘 姿 모습 | 気の毒だ 불쌍하다, 딱하다 | かっこいい 멋있다 | 情けない 한심하다 | かわいそうだ 불쌍하다 | 怖ろしい 무섭다

24 彼女は何でも大げさに言う癖がある。

1 過大に　2 過小に　3 穏やかに　4 おしゃれに

그녀는 무엇이든 과장되게 말하는 버릇이 있다.

어휘 大げさ 과장, 거품 | 過大に 과대하게 | 過小に 과소하게 | 穏やかに 온화하게 | おしゃれに 세련되게, 멋지게

25 田中さんはかつて長崎に住んでいた。

1 ずっと　2 以前　3 ちょっとだけ　4 確か

다나카 씨는 전에 나가사키에 살고 있었다.

어휘 かつて 전에 | ずっと 쭉, 계속 | 以前 이전 | ちょっとだけ 잠시만 | 確か 확실히

문제 6 다음 단어의 사용법으로서 가장 적당한 것을 1・2・3・4에서 하나 고르세요.

26 解約 해약

1 仕事で旅行に行けなくなり、ホテルの宿泊予約を解約した。

2 政府は、飲食店の営業制限を、段階的に解約する方針を明らかにした。

3 月々の保険料の支払いが困難になったため、保険の解約を考えている。

4 父の仕事は、機械や設備を解約して、清掃や部品交換などを行うことだ。

1 업무 사정으로 여행을 갈 수 없게 되어, 호텔 숙박 예약을 해약했다.

2 정부는, 음식점 영업 제한을, 단계적으로 해약하겠다고 밝혔다.

3 매월 보험료 지불이 곤란해졌기 때문에, 보험 해약을 생각하고 있다.

4 아버지의 직업은, 기계와 설비를 해약하고, 청소와 부품 교환 등을 행하는 것이다.

해설 「解約(かいやく)」은 '해약'이란 뜻으로, '계약을 취소'한다는 의미로 사용한다. 1번은 「キャンセル 취소」, 2번은 「緩和(かんわ) 완화」, 4번은 「整備(せいび) 정비」가 들어가야 문맥이 맞게 된다.

어휘 宿泊(しゅくはく) 숙박 | 政府(せいふ) 정부 | 飲食店(いんしょくてん) 음식점 | 営業(えいぎょう) 영업 | 制限(せいげん) 제한 | 段階的(だんかいてき) 단계적 | 方針(ほうしん) 방침 | 明(あき)らかにする 밝히다 | 月々(つきづき) 매달 | 保険料(ほけんりょう) 보험료 | 支払(しはら)い 지불 | 設備(せつび) 설비 | 清掃(せいそう) 청소 | 部品(ぶひん) 부품 | 交換(こうかん) 교환

27 見込(みこ)み 전망,예상 / 장래의 가능성

1 海外旅行に先立って、経費の見込みをしている。

2 この建物の屋上から見える見込みはまさにすばらしい。

3 お互いの意見が違い、来月までに合意することが困難な見込みとなった。

4 いきなり私の顔を見込みすると驚くでしょう。

1 해외 여행에 앞서 경비의 전망을 하고 있다.

2 이 건물 옥상에서 보이는 전망은 그야말로 굉장하다.

3 서로의 의견이 달라서 다음 달까지 합의하는 것은 어려울 전망이다.

4 그렇게 갑자기 내 얼굴을 전망하면 깜짝 놀라죠.

해설 1번은 「予算(よさん)を立(た)てる 예산을 세우다」 정도로 바꾸는 것이 적당하고, 2번은 「眺(なが)め 경치 등의 전망이나 조망」, 4번은 「顔(かお)を覗(のぞ)き込(こ)む 얼굴을 들여다 보다」가 적당하다.

어휘 先立(さきだ)つ 앞장서다, 앞서다 | 屋上(おくじょう) 옥상 | まさに 정말로, 확실히 | 合意(ごうい) 합의 | 困難(こんなん) 곤란 | いきなり 갑자기

28 見当 짐작, 예상, 예측

1 人間の活動によって、世界の海洋の40％以上が重大な見当を受けている。

2 今夜から明日にかけて九州は、雪となるところがある見当です。

3 今話したことは、あくまでも私の個人的な見当です。

4 今回の大地震による経済的被害は、まだ見当もつかないほどだ。

1 인간의 활동에 의해, 세계 해양의 40%이상이 짐작을 받고 있다.

2 오늘 밤부터 내일에 걸쳐, 규슈는, 눈이 오는 곳이 있을 짐작입니다.

3 지금 말한 것은, 어디까지나 제 개인적인 짐작입니다.

4 이번 대지진에 의한 경제적 피해는, 아직 짐작도 할 수 없을 정도이다.

해설 우선 「見当(けんとう)がつく 짐작이 가다, 예상하다, 감이 오다」를 관용구로 기억해 주기 바란다. 이 표현은 「見当(けんとう)もつかない 짐작도 할 수 없다, 예상할 수도 없다, 감도 안 온다」로도 잘 쓰인다. 1번은 「影響(えいきょう) 영향」, 2번은 「見込(みこ)み 전망, 예상」, 3번은 「意見(いけん) 의견」이 들어가야 자연스러운 문장이 완성된다.

5회

어휘 ～から～にかけて ~에서 ~에 걸쳐 | あくまでも 어디까지나 | 個人的 개인적 | 大地震 대지진 | 経済的被害 경제적 피해

29 燃やす 불태우다

1 肉を燃やしすぎて食べられなくなってしまった。
2 ここで木を燃やすことは禁じられている。
3 夏休みに海に行って太陽に燃やされて肌がひりひりする。
4 電車の時間に間に合いそうになくて心が燃やされている。

1 고기를 너무 불태워서 먹을 수 없게 되어 버렸다.
2 여기서 나무를 불태우는 것은 금지되어 있다.
3 여름 방학에 바다에 가서 태양에 불태워져 피부가 따끔따끔하다.
4 전철 시간에 맞출 수 있을 거 같지 않아서 마음이 불태워지고 있다.

해설 1번의 '고기를 너무 태워서'는 「焼きすぎて」로, 3번의 '햇볕에 그을리는 것'은 「日焼けされて」, 4번의 '마음이 초조하다'는 「いらいらする」로 바꾸는 것이 적당하다.

어휘 禁じる 금하다 | 太陽 태양 | ひりひりする 따끔따끔하다 | 間に合う 시간에 맞추다

30 単なる 단순한

1 会社は、人材を単なる労働力ではなく、大切な資源として考えるべきである。
2 鈴木選手はファンや監督にとって、単なる存在になっている。
3 公的年金というのは、お金を集めて高齢者に配るという単なる構造だ。
4 医師不足問題は、政府が主導すればすぐに解消できるほど単なる問題ではない。

1 회사는, 인재를 단순한 노동력이 아니라, 소중한 자원으로서 생각해야 한다.
2 스즈키 선수는 팬이나 감독에게 있어, 단순한 존재가 되고 있다.
3 공적연금이라는 것은, 돈을 모아 고령자에게 나누어 준다고 하는 단순한 구조다.
4 의사 부족 문제는, 정부가 주도하면 바로 해소할 수 있을 정도로 단순한 문제가 아니다.

해설 「単なる」는 '단순한'이란 뜻으로, '오로지 그것뿐이며, 다른 아무 것도 포함되어 있지 않는 상태'로 다른 표현으로 「ただの～」도 함께 기억해 두자. 2번은 「重要な 중요한」, 3번과 4번은 「簡単な 간단한」가 와야 자연스러운 문장이 된다.

어휘 人材 인재 | 労働力 노동력 | 資源 자원 | 監督 감독 | ～にとって ~에게 있어 | 公的年金 공적연금 | 高齢者 고령자 | 配る 나누어 주다 | 構造 구조 | 医師不足 의사부족 | 政府 정부 | 主導 주도 | 解消 해소

문제 7 다음 문장의 (　　　) 안에 들어갈 가장 적당한 것을 1 · 2 · 3 · 4에서 하나 고르세요.

31 5時間に及ぶ激しい議論（　　　）、ようやく結論に達した。

1 に対して　2 を含めて　3 の末に　4 をめぐって

5시간에 이르는 격렬한 논의 끝에, 드디어 결론에 도달했다.

문법포인트! 「～末(すえ)に」: ~끝에, 접속은 2가지가 있다.
① 명사の末に (명사 끝에)
② 동사た末に (동사한 끝에) 예 さんざん悩(なや)んだ末に : 몹시 고민한 끝에

어휘 及(およ)ぶ 이르다, 달하다 | 激(はげ)しい 격렬하다 | 議論(ぎろん) 논의 | ～に達(たっ)する ~에 도달하다 | ～に対(たい)して ~에 대해 | ～を含(ふく)めて ~을 포함하여 | ～の末(すえ)に ~끝에 | ～をめぐって ~을 둘러싸고

32 A市は、駅前広場工事が（　　　）、安全性が確保されているかどうかを確認すると発表した。

1 終わった以上　2 終わらないからには　3 終わっていては　4 終わり次第

A시는, 역 앞 광장 공사가 끝나는 대로, 안정성이 확보되어 있는지 어떤 지를 확인하겠다고 발표했다.

문법포인트! 동사ます형+次第(しだい) : ~하는 대로, ~하자 마자 예 東京に着(つ)き次第(しだい) : 도쿄에 도착하는 대로

어휘 広場(ひろば) 광장 | 確保(かくほ) 확보 | 確認(かくにん) 확인

33 理不尽な相手に言いたい文句、言える（　　　）言ってみたい。

1 ことなら　2 ものなら　3 ことか　4 ものか

불합리한 상대에게 말하고 싶은 불만, 말할 수 있다면 말해 보고 싶다.

문법포인트! 가능형+ものなら : ~할 수 있다면(실현이 어려운 것을 나타냄)

어휘 理不尽(りふじん) 불합리, 도리에 어긋남 | 文句(もんく) 불평, 불만

34 国連は、A国は様々な問題を抱えており、再び外国からの援助に（　　　）だろうと指摘した。

1 頼るわけにはいかない　2 頼らざるを得ない
3 頼るわけがない　4 頼らないに違いない

UN은, A국은 여러 문제를 안고 있으며, 다시 외국으로부터의 원조에 의존할 수밖에 없을 것이라고 지적했다.

문법포인트! 동사ない형+ざるを得(え)ない : ~하지 않을 수 없다, ~할 수밖에 없다

5회

예 行かざるを得なくなった : 가지 않을 수 없게 되었다, 갈 수밖에 없게 되었다

어휘 国連 UN | 抱える 안다 | 再び 다시 | 援助 원조 | 頼る 의존하다 | 指摘 지적

35 首相は記者会見で、「人道的な観点から、外国人に対する差別と権利の侵害を放置して(　　　)」と述べた。

1 おくわけにはいかない　　2 おかずにはいられない
3 おくよりほかない　　4 おいてもかまわない

수상은 기자회견에서, "인도적 관점에서, 외국인에 대한 차별과 권리의 침해를 방치할 수는 없다"고 말했다.

문법포인트! ⊘ 동사 + わけにはいかない : 는 '~할 수는 없다' 는 불가능을 의미하는데 , 「동사ないわけにはいかない」 가 되면 '부정 + 부정' 이 되어 '~ 하지 않을 수는 없다 , ~ 해야 한다' 는 긍정의 뜻이 된다 .

예 話すわけにはいかない : 말할 수는 없다

話さないわけにはいかない : 말하지 않을 수는 없다, 말해야 한다

어휘 首相 수상 | 人道的 인도적 | 観点 관점 | 差別 차별 | 権利 권리 | 侵害 침해 | 放置 방치 | 述べる 말하다

36 (　　　)、彼女は10種類の資格を持っているそうだ。

1 驚くことに　　2 驚いたことに
3 驚くばかりか　　4 驚いたばかりか

놀랍게도 그녀는 10 종류의 자격을 가지고 있다고 한다.

문법포인트! ⊘ ~ことに : ~하게도(화자의 감정을 강조) 「困ったことに 곤란하게도, 驚いたことに 놀랍게도, 嬉しいことに 기쁘게도, 悲しいことに 슬프게도, 不思議なことに 이상하게도, 残念なことに 아쉽게도, ありがたいことに 고맙게도, 悔しいことに 분하게도」의 형식으로 주로 사용된다.

어휘 種類 종류 | 資格 자격

37 彼は最近休み(　　　)働いているので、疲れがたまるのは当然だ。

1 せずに　　2 せずには　　3 なしに　　4 なしには

그는 요즘 휴일도 없이 일하고 있으므로 피로가 쌓이는 것은 당연하다.

문법포인트! ⊘ なしに + 긍정문, 부정문 : ~ 가 없는 상태로 ⊘ なしには : ~ 없이는(뒤에 부정문만 올 수 있다)

어휘 疲れがたまる 피로가 쌓이다 | 当然だ 당연하다

38 昨日は、A高校のみなさんが、職業体験学習のため、本社の工場見学に(　　　)。

1 お越しいたしました　　2 お越しさしあげました
3 お越しいただきました　　4 お越しくださいました

어제는, A고등학교 여러분이, 직업 체험 학습을 위해, 본사 공장 견학하러 오셨습니다.

문법포인트! ⊘ 「お越しくださいました」는 '오셨습니다'라는 뜻이다. 3번 「お越しいただきました」는 직역하면 '오

심을 받았습니다'가 되는데, 사실상 같은 뜻으로 이 두 표현은 조사와 함께 기억해 두기 바란다.

예 ~が(は)お越しくださいました : ~가(는) 오셨습니다

多くの方がお越しくださいました : 많은 분이 오셨습니다

~にお越(こ)しいただきました : ~에게 오심을 받았습니다

多くの方にお越しいただきました : 많은 분에게 오심을 받았습니다, 많은 분이 오셨습니다

어휘 職業(しょくぎょう) 직업 | 体験(たいけん) 체험 | 学習(がくしゅう) 학습

39 彼女は先日、彼氏の親に無理やり（　　　　）落ち込んでいる。

1 別れて　2 別れられて　3 別れさせて　4 別れさせられて

그녀는 얼마 전, 남자친구의 부모에게 억지로 헤어지게 시킴을 당해서 우울해하고 있다.

문법포인트! 사역수동용법을 정확히 이해하고 있어야 풀 수 있는 문제이다. 사역수동이란, 본인은 원하지 않는데, 하고 싶지 않은데, 억지로 어떤 행위를 해야 하는 것을 의미하는 표현이다.「私は母に野菜を食べさせられました」'나는 엄마에게 채소를 먹게 함을 당했습니다' 즉 결과적으로 채소를 먹기는 먹었지만, 사역수동 표현을 써서 먹기 싫은데 엄마에 의해 억지로 먹었다는 사실을 말하고 있다.

어휘 先日(せんじつ) 얼마 전 | 無理(むり)やり 억지로 | 落(お)ち込(こ)む 우울하다, 침울하다

40 今後の努力（　　　　）、目標の大学の合格も夢ではない。

1 従って　2 の従って　3 次第で　4 の次第で

앞으로의 노력 여하에 따라, 목표로 하는 대학 합격도 꿈이 아니다.

문법포인트! 명사 + 次第(しだい)だ(で) : ~ 여하에 따라서(회화체에서도 자주 사용) 예 地獄(じごく)の沙汰(さた)も金次第(かねしだい) 지옥의 귀신도 돈만 있으면 부릴 수 있다, 이 세상은 모두 돈에 달렸다

어휘 今後(こんご) 금후, 차후, 앞으로 | 努力(どりょく) 노력 | 目標(もくひょう) 목표

41 工事をしている（　　　　）事故まで起こって、高速走路は大変混雑していた。

1 うえに　2 うえで　3 からには　4 からでは

공사를 하고 있는 데다가 사고까지 일어나서 고속 도로는 매우 혼잡해 있었다.

문법포인트! うえに : ~ 한 데다(うえに 뒤에는 '그 위에 더 한층'이라는 의미의 문장이 이어진다)

うえで : ① ~하는 데 있어서(목적) ② ~한 후에

~からには : ~한 이상 ~해야 한다(뒤에 화자의 책임이나 의무가 온다) 예 仕事(しごと)を引(ひ)き受(う)けたからには、最後(さいご)まで最善(さいぜん)を尽(つ)くさなければならない。일을 맡은 이상, 마지막까지 최선을 다해야 한다.

어휘 事故(じこ) 사고 | 高速道路(こうそくどうろ) 고속 도로 | 混雑(こんざつ) 혼잡

42 タバコは体に悪いと（　　　　）、いやなことがあったらつい吸ってしまう。

1 思いつつある　2 思いつつ　3 思いつつでも　4 思いつつにも

담배는 몸에 안 좋다는 것을 알면서도, 안 좋은 일이 있으면 나도 모르게 그만 피워버린다.

문법포인트! ~(思(おも)い・知(し)り・感(かん)じ)＋つつ(も) : 생각하면서(도), 알면서(도), 느끼면서(도)(관용적으로 사용되며, 뒷문장에 화자의 후회가 온다)

어휘 つい 무의식 중에, 그만

문제 8 다음 문장의 ＿★＿ 에 들어갈 가장 적당한 것을 1・2・3・4 에서 하나 고르세요 .

43 まだ判断力がないと思い、＿＿＿ ＿＿＿ ＿＿＿ ＿★＿ とした。

1 我々は　2 行かせ　3 彼を　4 まい

아직 판단력이 없다고 생각하여 우리들은 그를 가게 하지 않기로 했다.

정답문장 まだ判断力(はんだんりょく)がないと思(おも)い、我々(われわれ)は彼(かれ)を行(い)かせまいとした。

문법포인트! まい : ① (부정의 의지) ~하지 않겠다 ② (부정의 추측) ~하지 않을 것이다

어휘 判断力(はんだんりょく) 판단력

44 ＿＿＿ ＿＿＿ ＿★＿ ＿＿＿ でも楽しく観戦できる方法はないでしょうか。

1 スポーツ　2 ルール　3 知らない　4 さえ

룰조차 모르는 스포츠라도 즐겁게 관전할 수 있는 방법은 없을까요?

정답문장 ルールさえ知(し)らないスポーツでも楽(たの)しく観戦(かんせん)できる方法(ほうほう)はないでしょうか。

문법포인트! 「AさえBない」는 'A조차(A도) B하지 않다'는 뜻으로, A에는 극단적인 내용이 들어간다. 「お金がなくて、米(こめ)さえ買えない(돈이 없어서, 쌀조차 살 수 없다)」, 즉 식품 중 가장 기본이 되는 쌀도 살 수 없을 정도이니 다른 것을 살 엄두도 낼 수 없다는 의미가 된다.

어휘 観戦(かんせん) 관점

45 今までどんなにがんばってきた ＿＿＿ ＿＿＿ ＿＿＿ ＿★＿ までだ。

1 それ　2 ここで　3 としても　4 諦めれば

지금까지 아무리 노력해 왔다고 하더라도 여기서 포기한다면 그것으로 끝이다.

정답문장 今(いま)までどんなにがんばってきたとしても、ここで諦(あきら)めればそれまでだ。

문법포인트! ~ばそれまでだ : ~하면 거기까지이다, 그것으로 끝이다

어휘 諦(あきら)める 포기하다, 단념하다

46 あしたテストなのに ＿＿＿ ＿＿＿ ＿★＿ ＿＿＿、夜中に目が覚めて、途方に暮れている。

1 まま　2 眠ってしまい　3 しない　4 なんの準備も

내일 시험인데 아무 준비도 하지 않은 채 잠들어 버려, 한밤중에 잠이 깨어, 어찌할 바를 모르고 있다.

정답문장 あしたテストなのになんの準備もしないまま眠ってしまい、夜中に目が覚めて、途方に暮れている。

문법포인트! ⊙「～まま(~인 채, ~한 채)」는 어떤 상태가 변하지 않고 그대로 유지된다는 뜻의 문형으로, 동사た형과 ない형, 명사에 잘 접속한다. 따라서「～まま」앞에는 3번이 와서, '~하지 않은 채'가 우선 완성이 되고, 다시 앞에는 4번 '아무 준비도'가 와야 문맥이 맞는다.

예 電気をつけたまま：전기를 켠 채
彼の存在に気づかないまま：그의 존재를 깨닫지 못한 채
この町は昔のままだ：이 마을은 옛날 그대로이다

어휘 夜中 한밤중 | 目が覚める 잠이 깨다 | 途方に暮れる 어찌할 바를 모르다

47 社会の多様な問題は、対話を ＿＿＿ ＿＿＿ ＿★＿ ＿＿＿ 解決できないと思います。

1 始める 2 しか 3 よって 4 ことに

사회의 다양한 문제는, 대화를 시작하는 것에 의해서 밖에 해결할 수 없다고 생각합니다.

정답문장 社会の多様な問題は、対話を始めることによってしか解決できないと思います。

문법포인트! ⊙「～によって」는 '~에 의해'라는 뜻의 문형으로, 우선 4번+3번(~것에 의해)을 연결할 수 있다. 2번「しか」는 반드시 뒤에 부정문형이 나와,「～しか～ない(~밖에 ~하지 않다)」로 쓰이는데,「～によってしか～ない(~에 의해서 밖에 ~하지 않다)」를 문형으로 기억해 주기 바란다.

어휘 多様な 다양한 | 対話 대화 | 解決 해결

5회

문제 9 다음 글을 읽고 , 글 전체의 내용을 생각해서 , 48 ～ 51 안에 들어갈 가장 적당한 것을 1 · 2 · 3 · 4에서 하나 고르세요.

염분은 우리 몸에 있어 빼놓을 수 없는 성분 중 한 가지로, 특히 여름철 등, 대량으로 땀을 흘렸을 경우에 있어서는 염분 섭취가 중요해진다. 그러나 염분 섭취는 고혈압을 비롯한(48) 여러 질병의 원인이 되므로 주의가 필요하다.

최근(49) 10년 동안의 조사 결과를 보면, 일본인의 염분 섭취량은 감소 경향에 있는 것은 분명하지만, 세계보건기구에서는 성인 1일당 5g 이하를 권장하고 있으며, 일본인은 세계 기준의 약 2배나 염분을 섭취하는 것이 문제가 되고 있다. 또한 연령별로 본 경우, 가장 염분 섭취량이 많은 것은 남녀 모두 60대라고 한다.

식사의 염분을 줄이기 위해, 우선은 평상시 식사에 포함되어 있는 염분량을 파악하는 것부터 시작하자. 식품 표시 라벨에 쓰여 있는(50) 영양성분 표시를 확인하는 등, 식품에 포함돼 있는 염분량을 확인하고, 외식을 할 경우에도 염분 표시가 있으면 확인해 보자. 그리고 식탁의 바로 손이 닿는 곳에 소금이나 간장 등, 염분이 함유된 조미료를 두지 않는 것도 염분을 줄이기 위한 첫걸음이 된다.

이처럼 염분을 많이 포함한 식품을 피하는 것은, 식사의 염분을 줄이는 가장 간단한 방법이다. 염분을 많이 포함한 식품에는 절임과 가공식품, 드레싱 등이 있다. 또한(51) 라면이나 우동과 같은 면류도 염분을 많이 함유하고 있으니, 면류를 먹을 경우에는 국물을 남기는 것으로 염분 섭취량을 줄일 수 있다.

어휘 塩分 염분 | ～にとって ~에게 있어 | 欠かす 빼놓다 | 夏場 여름철 | 大量 대량 | 汗をかく 땀을 흘리다 |

摂取(せっしゅ) 섭취 | とり過(す)ぎ 과다섭취 | 高血圧(こうけつあつ) 고혈압 | ～当(あ)たり ~당 | 平均(へいきん) 평균 | 減少(げんしょう) 감소 | 傾向(けいこう) 경향 | 保健機関(ほけんきかん) 보건기관 | 勧(すす)める 권하다 | 年齢別(ねんれいべつ) 연령별 | 男女共(だんじょとも)に 남녀모두 | 減(へ)らす 줄이다 | 普段(ふだん) 평상시, 평소 | 含(ふく)む 포함하다 | 把握(はあく)する 파악하다 | 表示(ひょうじ) 표시 | 手(て)が届(とど)く 손이 닿다 | 調味料(ちょうみりょう) 조미료 | 第一歩(だいいっぽ) 첫걸음 | 漬(つ)け物(もの) 절임 | 加工食品(かこうしょくひん) 가공식품 | めん類(るい) 면류

48　1 をめぐって　2 をはじめとした　3 を問わず　4 をきっかけに

해설 앞에서 염분은 우리 몸에 반드시 필요한 성분이라고 하고, 뒤에서는 염분과다섭취는 여러 질병의 원인이 된다고 했다. 「～をはじめとした(~을 비롯한)」는 뒤에 나오는 명사의 대표적인 예를 나타내는 표현으로, 이 문장에서는 염분과다섭취에 의한 대표적인 질병으로 '고혈압'을 들고 있으므로, 2번이 와야 문장의 흐름이 자연스럽다.

어휘 ～をめぐって ~을 둘러싸고 | ～をはじめとした ~을 비롯한 | ～を問(と)わず ~을 불문하고 | ～をきっかけに ~을 계기로

49　1 この　2 その　3 あの　4 どの

해설 「この시제명사」는 '최근 시제명사 동안'이란 뜻을 가진 관용표현이다. 예 この一週間(いっしゅうかん) : 최근 1주일 동안

50　1 書いている　2 書いてある　3 書かれておく　4 書かれてある

해설 '식품표시 라벨에 (쓰여 있는) 영양성분표시'란 문장이 되어야 하는데, 「書く」는 타동사이다. 타동사 상태표현은 「타동사てある」가 되어야 하므로 「書いてある 쓰여 있다」가 정확한 표현이다. 참고로 「타동사ている」가 되면 진행표현이 되어 '~하고 있다'란 뜻이므로, 1번 「書いている」는 '쓰고 있다'라는 뜻이 되며, 3번 4번은 잘못된 표현이다.

51　1 その反面　2 ところが　3 つまり　4 また

해설 앞에서 염분을 많이 포함한 식품으로 절임, 가공식품, 드레싱을 소개하며, 뒤에서 면류도 염분을 많이 포함하고 있다고 하였다. 따라서 추가를 의미하는 표현이 나와야 자연스러운 문장이 되므로 4번이 답이 된다.

어휘 その反面(はんめん) 그 반면 | ところが 그러나 | つまり 즉 | また 또한

문제 10 **다음 (1)~(5)의 문장을 읽고, 뒤에 나오는 질문에 대한 답으로서. 가장 적당한 것을 1·2·3·4중에서 하나 고르세요.**

(1)

어린 시절에 몸에 붙는 습관 중, 평생 계속되는 것은 독서 습관이라고 생각한다. 물론, 역시 아이이기 때문에 만화나 동화 등을 선호하는 것은 당연할 것이다. 그러나 만화든 동화든, 어쨌든 활자가 많은 책을 어렸을 때부터 읽고 독서의 즐거움을 아는 것은 아이의 지적 발달의 관점에서 생각하여 매우 바람직하다.

물론 (주1)정독과 (주2)숙독도 중요하지만 어린 시절은 그것보다 읽는 책의 장르가 다양한 분야에 걸쳐있는 것이 가장 중요하다. 예를 들면, 위인전이나 과학 기술, 역사, 문학, 정치 등 항상 다양한 분야의 책을 연이어 읽어 간다. 그러면 아이는 독서에 열중하게 되고, 또한 그것이 평생 계속될 것이다.

(주1) 정독 : 세세한 곳까지 주의 깊게 읽는 것
(주2) 숙독 : 문장의 의미를 깊게 생각하면서 곰곰이 읽는 것

52 이 글의 내용과 맞는 것은 어느 것인가?

1 어린 시절에 붙은 습관의 대부분은 성인이 되면 필요 없게 된다.
2 어린 시절의 독서는 다방면에 걸쳐있는 것이 바람직하다.
3 아이의 독서는 먼저 책에 열중하지 않으면 습관이 되기 어렵다.
4 아이에게 만화나 동화 등은 가능한 한 읽게 하지 않는 편이 좋다.

어휘 身(み)につく 몸에 익다 | 童話(どうわ) 동화 | 活字(かつじ) 활자 | 望(のぞ)ましい 바람직하다 | 精読(せいどく) 정독 | 熟読(じゅくどく) 숙독(문장의 의미를 잘 생각하고 꼼꼼하게 읽는 것) | 偉人伝(いじんでん) 위인전 | 次々(つぎつぎ)と 연이어, 잇따라 | 多岐(たき) 여러 갈래로 갈라짐, 다방면으로 나누어져 있음

해설 다양한 분야의 책을 잇따라 읽어야 한다고 했으므로 정답은 2번이다.

(2)

영업부 모임 공지

영업부원 여러분

늘 신세가 많습니다. 영업본부장 사토입니다. 새해가 시작된 지 벌써 2주가 지났습니다. 각 영업부에 배속된 신입사원들도 슬슬 회사 분위기에 적응하고, 영업부로서의 새로운 체제가 갖춰졌을 때라고 생각합니다.

그래서 새해 회사의 영업 목표, 영업부 과별 전략 등에 대해 회의를 실시합니다. 고객 약속이 없는 분은 전원 참여가 원칙이므로 반드시 참석해 주시기 바랍니다. (단 부득이한 사정에 의해 출석하지 못할 경우에는 전 날까지 각 영업부장에게 연락해 둘 것.)

일시 : 2023년 6월 8일 (목) 오전 10시~

장소 : 본사 16층 대회의실
의제 : ① 새해 영업목표 결정 ② 각 영업과의 영업전략 ③ 신체제의 문제점

※ 각 영업부장은, 전날까지 기획서를 아래 메일로 송신해 주세요.

도요코 주식회사
영업본부장 : 사토 시게루
E-mail : shigerusato@touyoko.co.jp
TEL : 03-1234-5566

53 이 메일을 받은 사람은 무엇을 해야 하는가?

1 본사 16층 대회의실을 잡아 두어야 한다.
2 참석하지 못할 경우에는, 직접 영업본부장에게 연락해야 한다.
3 각 영업부는 영업전략을 정리해 두어야 한다.
4 각 영업부장은 기획서를 전날까지 본부장에게 가져가야 한다.

어휘 営業部会(えいぎょうぶかい) 영업부 모임 | お知(し)らせ 공지, 알림 | 各位(かくい) 여러분 | 新年度(しんねんど) 새해 | はや 벌써 | 経(た)つ 지나다, 경과하다 | 配属(はいぞく) 배속 | 新入社員(しんにゅうしゃいん) 신입사원 | そろそろ 슬슬 | 雰囲気(ふんいき) 분위기 | 慣(な)れる 적응하다 | 新体制(しんたいせい) 새로운 체제 | そこで 그래서 | 営業目標(えいぎょうもくひょう) 영업목표 | ～ごと ~별 | 戦略(せんりゃく) 전략 | 行(おこな)う 행하다, 실시하다 | 顧客(こきゃく) 고객 | 原則(げんそく) 원칙 | ただし 단 | やむを得(え)ない 어쩔 수 없다 | 事情(じじょう) 사정 | 前日(ぜんじつ) 전날 | 連絡(れんらく) 연락 | 日時(にちじ) 일시 | 令和(れいわ) 2019년부터 시작된 일본의 연호 | 本社(ほんしゃ) 본사 | 大会議室(だいかいぎしつ) 대회의실 | 議題(ぎだい) 의제 | 戦略(せんりゃく) 전략 | 企画書(きかくしょ) 기획서 | 下記(かき) 하기 | あてに 앞으로 | 送信(そうしん) 송신

해설 본문에 보면 이 모임의 목적을 알 수 있다. '새해 회사의 영업 목표, 영업부 과별 전략 등에 대해 회의를 실시'한다고 했으니 이 메일을 받은 사람은 영업전략을 정리해 두어야 하므로, 답은3번이 된다.

(3)

들판이나 숲 등 야외에서 미취학 아동을 보육하는, '숲 유치원'이 전국 각지에서 증가하고 있다. 그 중에서도 나가노현은 정식 인증을 받기 위해 본격적으로 움직이기 시작하고 있다. 나가노현에서는 전국에서 가장 많은 16개 단체가 활동하고 있다고 한다. '숲 유치원'은 자연 속에서 유아를 마음껏 놀게 하여, 유아의 건강한 성장을 촉진하기 위한 것이지만, 지금까지는 대부분의 단체가 인가 외 활동이었다. 현의 정식 승인을 얻을 수 있다는 이유로, 이 활동은 보다 활발해질 것 같다. 덴마크 어머니가 자신의 아이와 옆 집의 아이를 숲에서 보육한 것이 시초라고 일컬어져 있는 이 '숲 유치원'은 북유럽이나 독일 등에 확대되고 있으며, 덴마크와 독일, 한국은 행정이 지원되고 있다.

54 이 글의 내용과 맞는 것은 어느 것인가?

1 일본에서는 아직 '숲 유치원'에 대한 행정의 지원이 이루어지고 있지 않다.
2 나가노현에서는 이미 '숲 유치원'에 대한 정식인가가 내려져 있다.
3 '숲 유치원'의 목적은 자연의 소중함을 전하기 위함이다.
4 '숲 유치원'은 이미 전세계로 확대되어, 뿌리 내리고 있다.

어휘 野原 들판 | 未就学 미취학 | 保育 보육 | 正式認定 정식인정 | 思い切り 실컷, 마음껏 | 健全 건전 | 促す 촉진하다 | 認可が下りる 허가가 내려지다 | 北欧 북유럽 | 広まる 확대되다 | 支援 지원 | 根付く 뿌리를 내리다

해설 '숲 유치원'은 북유럽이나 독일 등에 확대된 것이지 전세계는 아니다. 덴마크나 독일, 한국에서는 재정적 지원이 있다고 했으므로 일본은 아직 재정지원이 없음을 알 수 있다. 숲 유치원의 목적은 유아를 실컷 놀게 하여 건강한 성장을 하게 하는 것이며, 나가노현은 아직 정식 인가가 내려지지 않았으므로 정답은 1번이다.

(4)

도쿄의 스카이 인쇄는 책장을 훌훌 넘기는 것만으로 전자책을 만들 수 있는 장치를, A대학과 공동으로 개발했다고 발표했다. 이 장치는 페이지를 찢을 필요가 없이, 1분 동안에 약 200페이지의 내용을 파악할 수 있다. 내년도 실용화를 목표로 한다고 한다.

3년 전 동영상 사이트 '유튜브'에 공개 된 시작품을 우연히 스카이 인쇄 연구원이 발견해서, 공동 개발을 제안하여 연구가 시작되었다. 책의 페이지는 기계가 자동으로 넘긴다. 특수 카메라로 페이지를 넘길 때 발생하는 종이의 형태를 인식하여 촬영한다. 즉시 보정 처리하여 기록한다.

약 2년간에 걸친 공동 개발로, 영상의 정밀도가 5배 가량 높아져서, 그림이나 사진이라도 원본대로 인식할 수 있게 되었다. 개발 한 기계는 '오토 YOMI'라고 이름 붙여져, 작년 11월에 요코하마에서 열린 도서관 종합전 포럼에서 처음으로 공개되었다. 우선 내년도 스카이 인쇄 공장내에 도입, 도서관 및 연구 기관의 장서를 전자 서적화하는 서비스에 사용한다. 지금까지 책의 모든 것을 인쇄하려면 노력과 시간이 걸렸지만, 이 장치라면 단시간에 전자화 할 수 있다.

55 이 글의 내용과 맞는 것은 어느 것인가?

1 오토 YOMI는 스카이 인쇄의 단독 개발에 의해 만들어졌다.
2 오토 YOMI는 10분 동안 약 500 페이지 정도의 내용을 파악할 수 있다.
3 오토 YOMI로 인쇄에 소요되는 노력과 시간을 줄일 수 있을 것 같다.
4 오토 YOMI는 올해 안에 일반 사용자에게 공개된다.

어휘 印刷 인쇄 | 本をぱらぱらめくる 책을 훌훌 넘기다 | 書籍 서적 | 装置 장치 | 破る 찢다, 깨다, 부수다 | 読み取る 내용을 이해하다 | 試作品 시작품(시험 삼아 만든 작품) | 特殊 특수 | 生じる 발생하다 | 撮影 촬영 | 即座 즉시 | 補正 보정 | 画像 영상 | 精度 정도, 정밀도 | 名づける 이름 붙이다 | 導入 도입 | 蔵書 장서(소장한 서적)

해설 '오토 YOMI'는 스카이 인쇄와 A대학이 공동으로 개발한 것이고, 1분 동안 200페이지의 내용을 파악할 수 있으며, 내년에 도서관 및 연구 기관의 장서를 전자 서적화하는 서비스에 사용한다고 했으므로 정답은 3번이다.

(5)

"인간관계란 농도나 깊이가 중요하다"라고 생각하는 사람은 적지 않을 것이다. 그러나 인간관계란 표면상의 교제로도 충분하다고 정신과 의사는 말한다.

물론 농밀한 인간관계를 부정하는 것은 아니지만, 현실적으로 직장인이나 이웃과 그렇게 깊이 사귈 수 있는 것은 아니다. 사귀는데 들이는 노력을 생각하면, 아무래도 표면상의 교제가 될 수밖에 없는 것이다.

캐나다의 한 대학 연구팀은 200명이 넘는 학생들에게 수업 전후로 반 친구들과 얼마나 대화를 하는지를 기록해 두라고 전하고, 그로 인해 얼마나 행복한지를 실험했다.

그 결과 강의 전후에 잠시 반 친구들과 대화를 하는 것만으로도, 행복을 느끼는 것으로 밝혀졌다. 친한 친구도 아니고 깊은 관계도 아닌 표면상의 사람과도, 우리의 행복감은 높아지고 그 나름대로 행복을 느낄 수 있는 것이다.

친하게 사귈 친구가 없다고 해서 슬퍼할 필요는 없다. 또한 길게 말할 필요도 없고 상담에 응할 필요도 없다. 아는 사람을 만나면 인사를 하는 것만으로 충분한 것이다.

56 이 문장의 내용과 맞지 않는 것은 어느 것인가?

1 인간관계는 깊이 사귀는 것이 중요한 것은 아니다.

2 겉표면만의 교제라도 인간은 행복을 느낄 수 있다.

3 아는 사람에게 인사하는 것만으로도 인간관계는 충분히 성립된다.

4 친구와는 무리해서라도 매일 이야기하는 것이 좋다.

어휘 人間関係(にんげんかんけい) 인간관계 | 濃(こ)さ 농도 | 深(ふか)さ 깊이 | 大事(だいじ)だ 중요하다 | 表面上(ひょうめんじょう) 표면상 | 付(つ)き合(あ)い 교제 | 十分(じゅうぶん)だ 충분하다 | 精神科医(せいしんかい) 정신과 의사 | 濃密(のうみつ) 농밀 | 否定(ひてい)する 부정하다 | 現実的(げんじつてき) 현실적 | 職場(しょくば) 직장 | 近所(きんじょ) 근처, 이웃 | 労力(ろうりょく) 노력 | どうしても 아무래도 | ～ざるを得(え)ない ~할 수 밖에 없다 | 超(こ)える 넘다 | 授業前後(じゅぎょうぜんご) 수업 전후 | おしゃべりする 수다떨다 | 記録(きろく) 기록 | 講義(こうぎ) 강의 | 親友(しんゆう) 진한 친구 | 幸福感(こうふくかん) 행복감 | 高(たか)まる 높아지다 | それなりに 그 나름대로 | 親(した)しい 친하다 | ～からといって ~라고 해서 | 悲(かな)しむ 슬퍼하다 | 相談(そうだん)に乗(の)る 상담에 응하다 | 顔見知(かおみし)り 아는 사람 | うわべ 겉표면 | 成(な)り立(た)つ 성립되다 | 友人(ゆうじん) 친구 | ～てでも ~해서라도

해설 인간관계에서 깊이가 중요한 것은 아니라고 했으므로 1번은 맞는 내용이며, 표면상의 교제에서도 행복을 느낀다고 했으니 2번도 맞는 내용이다. 마지막 줄에서 아는 사람을 만나 인사하는 것만으로도 인간관계는 충분하다고 했으니 3번도 맞는 내용. 4번은 본문에 없는 내용이다.

문제 11 다음의 문장을 읽고, 뒤에 나오는 질문에 대한 답으로서. 가장 적당한 것을 1·2·3·4중에서 하나 고르세요.

(1)

일본의 시내 어디서나 볼 수 있는 고양이는 일본인에게는 가장 친숙한 동물이다. '마네키네코'는 앞발을 들고 사람을 부르는 고양이라는 의미로 행운을 상징한다. 또한 일본에서 인기 있는 부적 중 하나는 고양이 캐릭터 '헬로 키티'가 그려진 것이 있다. 이것은 일본인 사이에서 길조이거나 운이 향해 오는 것을 상징하는 부적으로 여겨져 있다.

이처럼 고양이에 대한 사랑이 남다른 일본에게 사람보다 고양이가 많은 '고양이 섬'이 있다. 일본 혼슈 북동부 태평양에 접한 다시로지마의 주민의 수는 약 60여명 남짓. 평균 연령은 65세이며 대부분 어업에 종사하고 있다. 이 섬이 본래 이름보다 '고양이 섬'으로 알려져 있는 것은, 이 섬에 살고 있는 고양이의 수가 수백 마리에 달하기 때문이다. 주민수보다 고양이의 수가 훨씬 많은 셈이다.

원래 다시로지마의 주민의 대부분은 누에를 길러 비단을 짜는 일에 종사하고 있었지만, 쥐에 의한 피해가 끊이지 않았다. 그래서 쥐로부터 누에를 보호하기 위해 주민들은 고양이를 섬에 들여왔다. 그러나 누에 산업은 쇠퇴하기 시작하여 많은 주민들이 섬을 떠나고 인구는 급격히 줄었지만 주민의 손이 닿지 않게 된 고양이

수만은 폭발적으로 증가했다.

그럼에도 불구하고 지역 주민들은 고양이를 계속 돌보며 먹이도 주어 왔다. 그것은 행운이 섬을 둘러싸며 온다고 믿었기 때문이다. 반경 11km 정도에 불과한 작은 섬이지만, 고양이를 위한 신사가 10개나 있는 것도 그 때문이다.

현재 이 고양이 섬은 이런 독특한 환경 때문에 관광지로 각광을 받고 있지만, 이 섬에 들어가기 위해 꼭 지켜야 하는 규칙이 딱 하나 있다. 그것은 고양이를 자극할 우려가 있기 때문에 절대 이 섬에 개는 반입할 수 없다는 것이다.

57 다시로지마가 '고양이 섬'이라고 불리게 된 것은 왜인가?

1 고양이를 위한 신사가 많고, 부적으로서도 주민들에게 인기가 있기 때문에

2 사람이 돌봐주고 있는 고양이가, 주민의 수를 초과하고 있기 때문에

3 이 섬의 주민의 대부분은 고양이가 이 섬을 지켜 준다고 믿고 있기 때문에

4 이 섬에서 고양이의 인기 캐릭터가 발생했기 때문에

해설 주민은 60명 남짓이나, 고양이 수는 수백만 마리에 달하고 있기 때문에 '고양이의 섬'으로 알려지게 된 것이므로 정답은 2번이다.

58 다시로지마에 고양이가 들어오게 된 이유는 무엇인가?

1 주민 중에 고양이를 좋아하는 사람이 많았기 때문에

2 주민의 대부분이 이 섬을 떠나게 되어서 외로워졌기 때문에

3 일시적이지만, 고양이 캐릭터가 붐이 되었기 때문에

4 주민의 생계를 위해 고양이의 존재가 필요하게 되었기 때문에

해설 이 섬의 주민들은 원래 누에를 키우고 있었으나 쥐로 인한 피해가 끊이지 않자, 고양이를 들여 오게 된 것이므로 정답은 4번이다.

59 이 글의 내용과 맞는 것은 어느 것인가?

1 다시로지마 주민들은 고령자가 많고, 대부분은 어업에 종사하고 있다.

2 다시로지마 누에 산업은 지금도 한창이다.

3 다시로지마는 고양이 이외의 어떤 동물도 기를 수 없다.

4 다시로지마 주민의 대부분은 누에 산업에 종사하고 있다.

해설 누에산업은 이미 쇠퇴했고, 개의 반입이 금지될 뿐 다른 동물을 키울 수 없다는 내용은 없으므로 정답은 1번이다.

어휘 親(した)しむ 친숙하다 | 挙(あ)げる 들다 | 象徴(しょうちょう) 상징 | 縁起(えんぎ) 재수, 운수 | 向(む)く 향하다 | 格別(かくべつ) 각별 | 太平洋(たいへいよう) 태평양 | 面(めん)する 면하다, 접하다 | 余(あま)り 남짓(그것보다 조금 많음) | 平均年齢(へいきんねんれい) 평균연령 | 漁業(ぎょぎょう) 어업 | 従事(じゅうじ) 종사 | 達(たっ)する 달하다 | はるかに 훨씬 | カイコ 누에 | 絹(きぬ)を織(お)る 비단을 짜다 | 携(たずさ)わる 종사하다 | 被害(ひがい) 피해 | 絶(た)える 끊어지다 | 衰退(すいたい) 쇠퇴 | 急激(きゅうげき) 급격 | 爆発的(ばくはつてき) 폭발적 | めぐる 둘러싸다, 에워싸다 | 半径(はんけい) 반경 | 脚光(きゃっこう)を浴(あ)びる 각광을 받다 | 刺激(しげき) 자극 | おそれ 우려 | 超(こ)える 넘다 | 生計(せいけい)を立(た)てる 생계를 꾸리다 | 高齢者(こうれいしゃ) 고령자 | 盛(さか)んだ 왕성하다 | 飼(か)う 키우다

(2)

최근 의료 현장에서의 인력 부족이 부각되고 있다. 전문적인 국가 자격 – 예를 들면, 간호사 및 간병인 등 –을 갖고 있으면서 결혼이나 출산 등으로 이직할 수밖에 없는 여성은 많기 때문이다. 이러한 '잠재적 유자격자'의 복직을 촉구하는 지원이 활발하지만, 노동 환경의 정비 등의 과제도 많아, 복직은 그렇게 쉬운 일이 아니다.

복직의 가장 큰 난제는 역시 공백 기간. 특히 간호사의 경우는 의료 현장의 변화가 심하기 때문에 공백이 길어질수록, 간호 기술이나 지식을 잊어버리고 새 것에 따라갈 수 있을까 불안하게 되어, ①복직에 대한 자신감이 없어진다고 한다.

그래서 도쿄도 간호 협회는 '잠재적 간호사'를 위한 무료 연수를 주최하고 간호의 최신 간호 기술 교육이나 병원 실습을 실시하고 있다. 지자체나 병원이 독자적으로 주최하는 연수도 있지만, 수강생 중 약 40% 이상이 연수 후 재취업에 성공했다고 한다.

또한 노동 조건으로 복직할 수 없는 경우도 많다. '육아와 양립할 수 있는 일자리'가 첫 번째 조건이지만, 이것이 꽤 ②힘들다. 예를 들어, 파트이라도 좋으니까 아이가 보육원이나 유치원에 가 있는 시간만 일하고 싶다는 어머니가 많지만, 기업 측은 이른 아침이나 밤에도 일할 사람을 모집하는 곳이 대부분. 도쿄도는 '플렉스 타임제를 도입하는 등, 파트 근무를 희망하는 사람도 채용하길 바란다'고 회사 측에 요구하고 있다.

게다가 임금 문제도 크다. 특히 간병이나 의료, 보육 분야에서는 '일이 힘든 것에 비해서는 급료가 싸다'라는 의견이 들린다. 따라서 전문적인 자격을 가지고 있으면서도 대우면에 있어서 자격증과 전혀 관계없는 일에 종사하는 사람도 많다. 사회에서 필요시 되는 일이지만 보람과 희생에만 의존하는 것은 한계가 있다. 처우 개선이 필수적이 될 것이다. 더 유연한 근무 형태를 만들 수 있다면, 이직자의 감소는 물론, 재취업도 하기 쉽고, 나아가 일본의 일손 부족 문제 해결에도 이어질 것으로 생각된다.

60 ①복직에 대한 자신감이 없어진다고 한다라고 되어 있는데 그 이유라고 생각되는 것은 어느 것인가?

1 장기간 쉰 후 재취업은 매우 어렵기 때문에
2 아이를 키우고 있는 여성의 재취업은 매우 어렵기 때문에
3 의료 현장의 일이 얼마나 힘든 것인지 잘 알고 있기 때문에
4 이직 동안 다양한 최신 간호 기술 등이 생겼기 때문에

해설 특히 간호사의 경우 의료 현장의 변화가 심하기 때문에 공백이 길어질수록, 간호 기술이나 지식을 잊어 버리고 새 것에 따라갈 수 있을까하는 불안이 있다고 했으므로 정답은 4번이다.

61 ②힘들다고 되어 있는데, 왜인가?

1 일하는 시간을 자유롭게 결정하고 싶지만, 마음대로 되지 않기 때문에
2 기업 측은 24시간 일할 수 있는 사람만 모집하고 있기 때문에
3 아이를 키우고 있는 여성이 재취업하는 것은 곤란하기 때문에
4 일본 사회는 아직 남녀 평등이 실현되지 않고 있기 때문에

해설 아이를 키우는 입장에서 아이가 보육원이나 유치원에 가 있는 시간만 일하고 싶지만, 기업은 이른 아침이나, 밤에도 일하길 원하므로 서로 원하는 근무시간대가 달라서 힘든 것이다. 따라서 정답은 1번이다.

62 이 글의 내용과 맞지 않는 것은 어느 것인가?

1 모처럼 국가 자격을 취했는데, 놀리는 사람이 많은 듯하다.
2 전문 국가 자격을 가진 사람은, 그 분야의 일밖에 취업할 수 없다.
3 이직한 여성의 복직을 촉구하는 배경에는 일손 부족 문제가 있는 듯하다.
4 일이 힘든데, 그에 걸맞은 보수를 받을 수 없는 것도 문제이다.

해설 전문 국가 자격을 가진 사람은, 그 분야의 일밖에 취업할 수 없다는 내용은 본문에 나와 있지 않으므로 정답은 2번이다.

어휘 医療(いりょう) 의료 | 浮(う)き彫(ぼ)りになる 부각되다 | 潜在(せんざい) 잠재 | 復職(ふくしょく) 복직 | 促(うなが)す 촉구하다 | 整備(せいび) 정비 | 難題(なんだい) 난제 | 空白(くうはく) 공백 | 主催(しゅさい) 주최 | 実施(じっし) 실시 | 早朝(そうちょう) 이른 아침 | 取(と)り入(い)れる 받아들이다, 도입하다 | 賃金(ちんぎん) 임금 | 待遇(たいぐう) 대우 | まったく 전혀 | 就(つ)く 취업하다 | 犠牲(ぎせい) 희생 | 不可欠(ふかけつ) 불가결 | 柔軟(じゅうなん) 유연 | ~はもとより ~은 물론, ~은 말할 것도 없이 | ひいては 더 나아가서는

(3)

여름이 되면 우리의 골치를 썩이는 것이 모기의 존재다. 모기에 물리기는 것만이라면 아직 참을 수 있어도, 그 후에 가려워지고 크게 부어오르면 정말 불쾌하다. 방충 대책을 세워 두었다 해도 어딘가에서 찾아와 매년 몸의 어딘가 일부분을 반드시 물어, 그 존재를 어필한다.

그러나 최근 온난화 탓에 40도 가까이까지 기온이 오르면서 인간뿐 아니라 모기도 더위에 시달리고 있는 것 같다. 도시에서는 이제 좀처럼 볼 수 없게 되었다고 해도 좋다. 모기는 25도에서 28도 정도가 적당한 온도인데, 30도를 넘으면 더워서 활동할 수 없다고 한다.

또 어느 날 신문기사에서는 유전자 조작만으로 모기를 멸종시킬 수 있는 방법을 개발했다고 적혀 있었다. "치사 유전자"를 짜 넣은 수컷을 대량으로 풀어놓아, 이 수컷과 교미한 암컷이 낳은 알은 이 유전자의 영향으로 성충이 되기 전에 죽는다는 구조다. 이에 의해 머지않아 모기라는 존재 자체를 (주)구제할 수 있다고 한다.

이런 상황에 의해 모기가 있을 곳이 없어지기 시작하고 있다. 인간 입장에서 보면 해충 외에 그 무엇도 아니기에, 고맙기조차 한 상황이지만 사실 모기가 사라지면 생태계에 큰 영향이 발생한다고 한다. 인간 입장에서 보면 피를 빨려 싫은 모기라도 다른 생물에게 있어서는 먹이가 되기 때문에 필요한 존재인 것이다.

그 점, 옛날은 모기에게 있어서는 천국이었다. 강이 많아 번식하는 장소에는 어려움이 없고 숲과 나무두 많았기 때문에 기온도 25도 정도, 인간의 피부도 적당히 노출되어 있어 모기가 지내기 좋은 환경이었다.

모기뿐 아니라 옛날에는 벌레가 많았다. 벌레와 공존하는 생활이었다고 해도 과언이 아니다. 요즘은 잘 안 보이니까 오히려 혐오감이 강한 것이 아닐까? 온난화가 너무 진행되어 벌레도 살 수 없는 나라가 되어 버리면, 인간도 살 수 없게 될 것 같다. 부채나 물뿌리기로 더위를 견디는 것 같은 운치 있는 여름은 이제 오지 않을 것이다.

(주) 구제 : 해충 등을 퇴치하는 것

63 신문기사라고 했는데 있는데 어떤 기사였나?

1 온난화가 심각하여 모기도 인간도 살기 힘들어지고 있다는 기사

2 유전자 조작으로 모기를 멸종시킬 수 있다는 기사

3 도시에서는 모기를 멸종시키기 위한 대처가 행해지고 있다는 기사

4 유전자변형한 모기를 풀어놓아, 모기뿐 아니라 벌레가 늘어나기 시작하고 있다는 기사

해설 유전자 조작만으로 모기를 멸종 시킬 수 있는 방법을 개발했다고 적혀 있었고, 머지않아 모기라는 존재 자체를 구제할 수 있을 것이라고 했으므로 정답은 2번이다.

64 이 문장의 내용과 맞는 것은 어느 것인가?

1 유전자 변형된 모기 수컷은 수명이 짧기 때문에 모기 증가를 막을 수 있을 것 같다.

2 옛날에는 인간도 벌레도 살기 좋고, 서로 공존하는 생활이었기 때문에 인간이 벌레를 싫어하는 일이 전혀 없었다.

3 인간 입장에서는 혐오감밖에 없는 존재라도, 생태계 균형을 위해서는 빼놓을 수 없는 존재인 것 같다.

4 만약 모기가 멸종하더라도 생태계에 미치는 영향은 없고, 오히려 인간에게 있어서는 쾌적하게 지낼 수 있게 된다.

해설 본문에서 모기는 인간 입장에서 보면 해충이기 때문에 멸종되면 고마운 상황이지만 사실 모기가 사라지면 생태계에 큰 영향이 발생한다고 한다고 했으므로 정답은 3번이다.

어휘 夏 여름 | 頭を悩ます 골치를 썩이다 | 蚊 모기 | 存在 존재 | 蚊に刺される 모기에 물리다 | 我慢する 참다 | かゆい 가렵다 | 腫れる 붓다 | 不快だ 불쾌하다 | ～てならない ~해서 견딜 수 없다 | 虫よけ 방충 | 対策 대충 | 毎年 매년 | 体 몸 | 一部分 일부분 | 必ず 반드시 | 刺す 쏘다, 물다 | アピールする 어필하다 | 近年 최근 | 温暖化 온난화 | ～せいで ~탓에 | 気温 기온 | 上がる (기온 등이) 오르다 | 人間 인간 | だけではなく 뿐만 아니라 | 暑さにやられる 더위에 시달리다 | 都市 도시 | めったに(～ない) 좀처럼 (~않다) | 適温 적당한 온도 | 超える 넘다 | 暑い 덥다 | 活動 활동 | ある日 어느 날 | 新聞記事 신문 기사 | 遺伝子 유전자 | 組み換え 조작, 변형 | 絶滅 멸종 | 方法 방법 | 開発 개발 | 書かれている 쓰여 있다 | 致死遺伝子 치사 유전자 | 組み込む 짜 넣다 | オス 수컷 | 大量 대량 | 放つ 풀어놓다 | 交尾 교미 | メス 암컷 | 産む 낳다 | 卵 알 | 影響 영향 | 成虫 성충 | 仕組み 구조 | いずれは 머지않아 | 自体 자체 | 駆除 구제 | 状況 상황 | 居場所 있을 곳 | 立場 입장 | 害虫 해충 | 以外 이외 | 状況 | 生態系 생태계 | 出る 나오다 | ～からすると ~입장에서 보면 | 血を吸われる 피를 빨리다 | 嫌だ 싫다 | 他の 다른 | 生物 생물 | ～にとっては ~에 있어서는 | エサ 먹이 | 必要だ 필요하다 | 昔 옛날 | 天国 천국 | 川 강 | 繁殖 번식 | 困る 곤란하다 | 森 숲 | 木 나무 | 気温 기온 | 程度 정도 | 肌 피부 | 適度に 적당히 | 露出 노출 | 過ごす 지내다 | 동사 ます형+やすい ~하기 쉽다 | 環境 환경 | ～に限らず ~뿐만 아니라, ~에 한하지 않고 | 共存 공존 | ～といっても過言ではない ~라고 해도 과언이 아니다 | 最近 최근 | かえって 오히려 | 嫌悪感 혐오감 | 強い 강하다 | ～のではないだろうか ~인 것은 아닐까? | 温暖化 온난화 | 進む 진행되다 | 동사 ます형+すぎる 지나치게 ~하다 | 住む 살다 | 気がする 느낌이 들다 | うちわ 부채 | 打ち水 물 뿌리기 | しのぐ 견디다 | 風情 운치

문제 12 다음 문장은 '동물원의 존속'에 관한 글이다. 두 문장을 읽고 다음의 물음에 대한 대답으로 가장 적당한 것을 1 · 2 · 3 · 4에서 하나 고르세요.

A

나는 동물원은 역시 존속시켜야 한다고 생각한다.

동물원은 단지 동물을 보여주기 위해 있는 것은 아니다. 동물의 행동이나 생활 모습 등을 많은 사람들이 보고 생각하는 장소며, 특히 아이들에게는 더 의미 있는 장소라고 생각한다.

또한 인간은 환경 파괴나 남획 등과 같은, 인간 때문에 희생된 동물을 보호하고 다음 세대에 남기고 갈 의무도 담당하고 있다고 생각한다. 사실 외국에는 남획과 삼림 벌채에 의해 부모를 잃은 동물 보호 시설도 있고, 일본에도 사도에 따오기의 야생 부활을 위해 마련된 센터가 있다. 최근에는 일반 동물원에서도 멸종 위기에 처해 있는 동물을 전시, 보호, 번식을 하고 그 종의 존속을 위한 연구 등을 실시하고 있다.

흔히 '동물이 불쌍하다'라고 하는 사람도 있지만, 동물원의 동물 대부분은 동물원에서 태어나 동물원에서 자랐다. 그대로 야생으로 돌려보내봤자, 야생에 적응을 못하고 먹이도 제대로 잡을 수 없을 것이다. 또한 야생에 돌려보내기에는 그 수가 너무 적고, 환경 파괴에 의한 생식지의 감소 및 천적 등 많은 문제를 안고 있다. 인간에 의해 그 생존을 위협받고 있는 동물을 보호하고 그 소중함이나 위대함을 많은 사람들에게 알리기 위해서도 역시 동물원의 존재는 필수적이라고 생각한다.

B

원래 동물원의 존재 이유는 무엇일까? 우선 아이들을 비롯해 많은 사람들에게 동물을 보여주는 것이라고 하지만, 단지 보여주는 것만이라면, 영상으로도 충분한 것이다. 즉 현재의 동물원은 그 존재의 가장 큰 의의를 수행하지 않기 때문에 폐지하는 것이 당연하다고 생각한다.

또한 지금은 동물원에서 태어난 동물도 많지만, 그 부모는 야생에서 잡아온 동물이다. 그렇게까지 해서 동물을 보여주는 의미가 있을까? 역시 동물이 있어야 할 곳은 자연이 아닐까? 그런 일을 하기보다는 멸종의 우려가 있는 동물에게 보호를 목적으로 하는 장소를 제공하는 편이 좋다고 생각한다.

또한 동물의 일반 대중에게의 공개나 장거리 이동 등은 동물에게 과도한 스트레스를 줄 지도 모른다. 실제로 장거리 이동으로 쇠약해져 죽었다는 뉴스를 들은 적도 있다. 또한 생활 환경이 바뀜에 따라 초래되는 동물의 스트레스와 피해 등도 무시할 수 없다.

이처럼 동물원은 인간의 이기심으로 많은 동물에 큰 부담을 주면서 운영되고 있는 곳이다. 즉 동물원은 그 존재 자체가 바로 동물 학대이므로, 전 세계적으로 폐지해야 한다고 생각한다. 동물에 큰 부담을 주면서까지 인간만을 위한 동물원을 존속시킬 필요는 없다.

65 '동물원'에 대한 A와 B의 주장으로 올바른 것은 어느 것인가?

1 A는 '동물원'이 필요하게 된 것은 어디까지나 인간의 탓이라고 말하고 있다.
2 A는 인간은 동물을 위해, 야생적응훈련을 행해야 한다고 말하고 있다.
3 B는 영상으로 보는 것보다 '동물원'에서 실제 동물을 보는 것이 좋다고 말하고 있다.
4 B는 '동물원'의 운영은 매우 어려워져서, 당연히 폐지해야 한다고 말하고 있다.

해설 동물원이 존재하는 이유는 많은 사람들에게 동물을 보여주기 위함이라고 A, B 모두 기술하고 있으므로 정답은 1번이다. 2번과 4번은 없는 내용이고, B는 동물은 영상으로 보는 것으로 충분하다고 했으니 오답이다.

5회

66 A와 B의 내용으로 옳은 것은 어느 것인가?

1 A도 B도 멸종 위기에 처해있는 동물을 걱정하고 있는 것 같다.

2 A도 B도 야생에 적응하지 못하는 동물을 위해 '동물원'이 필요하다고 말하고 있다.

3 A도 B도 동물은 동물답게 자연 속에서 살아야 한다고 생각하고 있는 것 같다.

4 A도 B도 감정적으로 되지 말고, 냉정하게 '동물원'의 존속을 생각해 달라고 말하고 있다.

해설 A는 최근에는 일반 동물원에서 멸종 위기에 처해있는 동물을 전시, 보호, 번식을 하고 그 종의 존속을 위한 연구 등을 실시하고 있다고 했으며 B는 동물원을 멸종의 우려가 있는 동물을 보호를 목적으로 하는 장소로 제공하는 편이 좋다고 생각한다고 했으므로 정답은 1번이다.

어휘 存続 존속 | 破壊 파괴 | 乱獲 남획, 마구잡음 | 犠牲 희생 | 義務を担う 의무를 떠맡다 | トキ 따오기 | 野生復活 야생부활 | 絶滅の危機に立つ 멸종의 위기에 서다 | 繁殖 번식 | なじむ 친숙해지다 | 生息地 생식지 | 天敵 천적 | 脅かす 위협하다, 위태롭게 하다 | 意義を果たす 의의를 다하다 | 廃止 폐지 | 捕まえる 잡다, 포획하다 | 一般大衆 일반대중 | 過度 과도 | 衰弱死 쇠약해져서 죽음에 이름 | 利己心 이기심 | 虐待 학대 | 負荷をかける 부담을 주다

문제 13 다음의 문장을 읽고, 뒤에 나오는 질문에 대한 답으로서 가장 적당한 것을 1·2·3·4중에서 하나 고르세요.

<u>요즘 세상은 자기 계발이 붐이 되어 있다.</u> 여러 요인으로 현저하게 변화해 가는 사회에서 "이대로 괜찮은 것일까?"라며 불안하게 느끼는 사람이 늘어나고 있는 것이 원인 중 하나다.

자기 계발이란, 공부나 훈련, 강사의 지도에 의해 능력개발을 하거나 정신적인 성장 · 향상을 목표로 하는 것을 가리킨다. 구체적으로는 자기 계발책을 읽는 것이나 세미나 참석, 강사로부터의 지도를 받는 코칭 등이 있는데, 자기계발에서 가장 중요한 것은 배우는 자세다. 누군가에게 공부를 강요당하거나 억지로 배우거나 해도, 자기 계발이라고 부를 수 없다. 중요한 것은 스스로 배우는 자세이며, 자신이 성장하기 바라며, 그를 위해 자신이 배울 의욕을 가지고 임하는 것이 자기 계발이라 할 수 있다.

최근에는 비즈니스 세계에서도 자기 계발이 주목받아, 기업은 금전적인 지원을 실시해 종업원에게 자기 계발을 시키고 있다. 왜냐하면 환경이 크게 변화하여, 앞을 예측할 수 없는 상태가 오래 계속되고 있기 때문이다. 능력이나 스킬이 있어도, 변화가 심한 세상에서는 언제 쓸모없게 되어 버릴지 알 수 없다. 그렇기에 종업원에게는 항상 계속해서 배우게 할 필요가 있다. 그것도 의욕적으로 배우는 것이 중요하기 때문에 자기계발 지원을 실시하고 있는 것이다.

자기 계발의 효과를 높이려면 우선, 자신이 달성하고 싶은 목표를 명확히 하는 것이 중요하다. 나아가야 할 방향이 애매한 채 자기계발을 했다고 해도, 멀리 돌아가거나 다른데 들르는 바람에 효율이 나쁘다. 또한 자기 계발의 방법으로 서적을 읽거나 세미나에 참석하는 것도 있는데, 여러 가지 방법을 시도하여 자신에게 맞는 것을 찾는 것이 중요하다.

하지만 가장 중요한 것은 매일 계속해서 자기 계발에 임하는 것이다. "계속은 힘이다"라는 말이 있는데, 매일 습관적으로 행해야 능력이 몸에 배고 자기 성장으로 이어지는 것이다.

자기 계발은 당신의 가능성을 끌어내기 위한 효과적인 방법이다. 또한 기업은 항상 우수한 인재를 찾고 있으며, 환경 변화에 대응하지 못하면 일에서 활약할 수는 없다. 그렇기 때문에 자기계발에 의해 자신의 능력을 키우고, 최대한까지 활용해 갈 필요가 있는 것이다.

67 요즘 세상은 자기계발이 붐이 되어 있다고 했는데, 왜일까?

1 자기계발을 지원해주는 회사가 늘어났으니까
2 계속 변화하는 사회 속에서 불안을 느끼는 사람이 많아졌으니까
3 자신의 능력을 키우고 성공시킴으로 회사에서의 평가가 올라가니까
4 자기계발을 하지 않으면 회사에서의 존재가치가 없어지니까

해설 힌트는 바로 뒤에 나와있다. '여러 요인으로 현저하게 변화해 가는 사회에서 이대로 괜찮은 것일까?'라며 불안하게 느끼는 사람이 늘어나고 있는 것이 원인"이라고 했으니 자기계발이 붐이 된 이유는 2번이다.

68 필자가 생각하는 자기계발에서 중요한 것은 무엇이라고 하는가?

1 성장하기 바라며, 스스로 의욕을 가지고 임하려고 하는 자세
2 자기계발 전문강사로부터의 지도를 제대로 듣는 자세
3 능력을 개발하기 위해 스터디 그룹이나 세미나 등에 빠짐없이 참가하는 자세
4 시대와 함께 변화가 큰 사회에 대응해 가는 자세

해설 두 번째 단락에서 '자기 계발에서 가장 중요한 것은 배우는 자세'라고 하며, 다시 뒤에서 '중요한 것은 스스로 배우는 자세이며, 자신이 성장하기 바라며, 그를 위해 자신이 배울 의욕을 가지고 임하는 것'이라고 했으니 정답은 1번이다.

69 필자는 자기계발의 효과를 높이기 위해 가장 중요한 것은 무엇이라고 생각하고 있는가?

1 자신이 달성하고 싶은 목표를 확실히 하는 것
2 책을 읽거나 세미나에 참가하거나 하여 정보를 얻는 것
3 도중에 그만두지 말고 매일 계속해서 임하는 것
4 자기계발 전문가에게 방법을 배우는 것

해설 다섯 번째 단락에서 '가장 중요한 것은 매일 계속해서 자기계발에 임하는 것'라고 하며, '매일 습관적으로 행해야 능력이 몸에 배고 자기 성장으로 이어지는 것'이라고 했으니 3번이 정답이다.

어휘 世の中 세상 | 自己啓発 자기계발 | 様々な 여러, 다양한 | 要因 요인 | 著しい 현저하다 | 変化 변화 | このまま 이대로 | 増える 늘어나다 | 原因 원인 | 訓練 훈련 | 講師 강사 | 指導 지도 | 能力開発 능력개발 | 精神的 정신적 | 成長 성장 | 向上 향상 | 目標 목표 | 指す 가리키다 | 具体的 구체적 | 自己啓発本 자기계발책 | 参加 참가 | 姿勢 자세 | 押し付ける 강요하다 | 無理やり 억지로 | 学ぶ 배우다 | 望む 바라다, 희망하다 | 取り組む 임하다, 대처하다 | 企業 기업 | 金銭的 금전적 | 支援 지원 | 従業員 종업원 | 環境 환경 | 先 앞 | 予測 예측 | 激しい 심하다 | 役立つ 도움이 되다, 쓸모있다 | 常に 항상 | 継続 계속 | 学び続ける 계속 배우다 | 意欲的 의욕적 | 効果 효과 | 高める 높이다 | 達成 달성 | 目標 목표 | 明確 명확 | 進む 나아가다 | 方向 방향 | あやふやな 애매한 | 遠回りをする 멀리 돌아가다 | 寄り道をする 다른 데 들르다 | 効率 효율 | 書籍 서적 | 試す 시험하다 | 見つける 찾아내다 | 継続は力なり 계속은 힘이다 | 習慣的 습관적 | 身に付く 몸에 배다 | つながる 이어지다 | 引き出す 끌어내다 | 効果的 효과적 | 優秀 우수 | 人材 인재 | 求める 구하다, 요구하다 | 対応 대응 | 活躍 활약 | だからこそ 그렇기 때문에 | 伸ばす 키우다, 늘리다 | 最大限 최대한 | 活用 활용

문제 14 다음은 사쿠라시 휴일 보육 서비스 안내이다. 아래의 질문에 대한 대답으로 가장 적당한 것을 1 · 2 · 3 · 4에서 하나 고르세요.

[70] 유미 씨의 어머니는 4 월 5 일부터 사쿠라시 휴일 서비스를 받으려고 하고있다. 언제부터 등록 · 신청이 가능한가?

1 3 월 5 일부터
2 3 월 10 일부터
3 3 월 15 일부터
4 3 월 20 일부터

해설 이용일의 1 개월 전부터 전날까지 신청이 가능하다 했으므로 정답은 1번이다.

[71] 문장의 내용으로 옳은 것은 어느 것인가?

1 자녀가 3 명 이상이 아니면, 이 서비스를 받을 수 없다.
2 만 11개월의 아이는 이 서비스를 이용할 수 없다
3 이 서비스는 평일에도 아이를 맡아 준다.
4 보호자 부담금은 신용 카드로도 지불할 수 있다.

해설 만 1세부터 이 서비스를 이용할 수 있다는 것은 태어난지 12개월이 지난 아동부터 이용할 수 있다는 것이므로 만 11개월의 아이는 이 서비스를 이용할 수 없다. 또한 자녀가 3명 이상이어야 한다는 조건은 없었고, 이 서비스는 주말이나 휴일에 이용가능하며, 보호자 부담금은 현금으로 지불해야 한다. 따라서 정답은 2번이다.

사쿠라시 휴일 보육 서비스 안내

1. 사쿠라시 휴일 보육 사업
사쿠라시에서는 보호자의 취업, 질병, 부상, 원기 회복 등으로 주말과 휴일에 가정에서 보육 할 수 없는 경우, 보육원에서 자녀 분을 맡겠습니다.

2. 이용할 수 있는 아동 : 다음의 1에서 3의 모든 요건을 충족하는 아동
① 만 1세부터 취학 전까지의 아동
② 건강하고 집단 보육이 가능한 아동
③ 사쿠라 시내에 거주하는 아동

3. 휴일 보육 실시 시설

실시시설	소재지	전화번호	정원	대상아동
사쿠라보육원	사쿠라쵸 7-12	012-345-6789	30명	만 1세부터

4. 이용일 및 이용 시간 : 1 월 4 일부터 12 월 28 일까지 주말과 공휴일 / 오전 7시 00 분부터 오후 7시 30 분까지
(보육 시간은 근무 시간 + 통근 시간을 원칙으로 합니다)

5. 보호자 부담금 : 1 일당 3,000엔

(주의) 신청 시 현금으로 지불해 주십시오. 또한 지불해 주신 부담금은 환불되지 않습니다.

6. 신청 · 등록

신청서에 필요 사항을 기입하고, 이용일의 1개월 전부터 전날까지 신청을 해주십시오.

또한 사전에 등록이 필요합니다. 아동 등록 카드에 기입하신 후, 사쿠라 보육원에 자녀의 건강 보험증 · 영유아 의료증(가지고 계신 분)의 복사와 모자 건강 수첩을 지참해 주십시오.

7. 접수 시간 : 사쿠라 보육원 오전 9시 30분부터 오후 5시까지(평일만)

어휘 保育(ほいく) 보육 | 登録(とうろく) 등록 | 申し込み(もうしこみ) 신청 | 利用(りよう) 이용 | 預かる(あずかる) 맡다 | 保護者(ほごしゃ) 보호자 | 負担金(ふたんきん) 부담금 | クレジットカード 신용카드 | 支払う(しはらう) 지불하다 | 事業(じぎょう) 사업 | 就労(しゅうろう) 취로, 일에 종사함 | 病気(びょうき) 병 | 児童(じどう) 아동 | 満たす(みたす) 충족시키다 | 就学(しゅうがく) 취학 | 集団(しゅうだん) 집단 | 在住(ざいじゅう) 거주 | 実施施設(じっししせつ) 실시시설 | 定員(ていいん) 정원 | 対象(たいしょう) 대상 | 通勤(つうきん) 통근, 근무처에 다님 | 原則(げんそく) 원칙 | 負担金(ふたんきん) 부담금 | 現金(げんきん) 현금 | 支払い(しはらい) 지불 | 返す(かえす)돌려주다 | 記入(きにゅう)기입 | 事前に(じぜんに) 사전에 | 必要(ひつよう) 필요 | 事項(じこう) 사항 | 申し込み(もうしこみ) 신청 | 記入(きにゅう) 기입 | 健康保険証(けんこうほけんしょう) 건강보험증 | 乳幼児(にゅうようじ) 영유아 | 医療証(いりょうしょう) 의료보험증 | 持参(じさん) 지참

5회

1교시 청해 Track 5

문제 1 문제1에서는 먼저 질문을 들으세요. 그리고 이야기를 듣고 문제지의 1~4 중에서 가장 적당한 것을 하나 고르세요.

例 Track 5-1-00

男の人と女の人が探している本について話しています。女の人はこれからどうしますか。

男：はい、桜市立図書館です。

女：もしもし、そちらの利用がはじめてなんですが、そちらの蔵書について電話で伺ってもいいですか？

男：はい。本の題名を教えてくだされば、検索いたします。

女：それが本じゃなくて、外国の新聞とか雑誌なんです。

男：はい、当館では外国の新聞約５０種、雑誌を約100種所蔵しております。

女：へえ、すごいですね。

男：詳しくは当ホームページの検索でご確認できます。

女：そうですか。はい、やってみます。あと、私は子供がいて一緒に行きたいんですが、入るとき、年齢の制限とかはありますか。

男：どなたでも自由に入館できます。ただ、当館では児童書は扱っておりません。

女：あ、そうですか。残念ですね。私はぜひ子供に本を読ませたいんですが。

女の人はこれからどうしますか。

1　ホームページで児童書を検索する。
2　ホームページで子供に読ませる本を検索する。
3　子供も入館できる図書館を探す。
4　子供が読める本がある図書館を探す。

예

남자와 여자가 찾고 있는 책에 대해 이야기하고 있습니다. 여자는 앞으로 어떻게 합니까?

남 : 네, 사쿠라 시립 도서관입니다.

여 : 여보세요, 그쪽의 이용이 처음입니다만, 그쪽의 장서에 대해 전화로 여쭤봐도 될까요?

남 : 네. 책 제목을 알려 주시면 검색해 드리겠습니다.

여 : 그게 책이 아니고, 외국 신문이나 잡지예요.

남 : 네, 저희 도서관에서는 외국 신문 50종, 잡지 100종을 소장하고 있습니다.

여 : 와우, 대단하네요.

남 : 자세한 내용은 저희 홈페이지의 검색에서 확인하실 수 있습니다.

여 : 그래요? 네, 해 보겠습니다. 그리고, 저는 아이가 있어서 함께 가고 싶은데 들어갈 때 나이 제한 같은 건 있나요?

남 : 누구나 자유롭게 출입할 수 있습니다. 단, 저희 도서관에서는 아동서는 취급하지 않습니다.

여 : 아, 그래요? 유감이네요. 저는 꼭 아이에게 책을 읽게 하고 싶은데요.

여자는 앞으로 어떻게 합니까?

1 홈페이지에서 동화책을 검색한다.
2 홈페이지에서 아이에게 읽게 할 책을 검색한다.
3 아이도 입장 할 수 있는 도서관을 찾는다.
4 아이가 읽을 수 있는 책이 있는 도서관을 찾는다.

1番 Track 5-1-01

女の人と男の人が話しています。男の人はこれから何をしますか。

女：ひろしくん、ハンバーグ好きだったわよね？今日は簡単に作れる私の定番レシピを紹介するわね。

男：うん！僕に作れるかな。

女：大丈夫よ。じゃ、説明するわね。まずはたまねぎをみじん切りにして、フライパンで炒める。

男：玉ねぎはどのくらい炒めるの？

女：中火で５分くらいね。あまり炒め過ぎないのがポイントよ。たまねぎを冷ましている間に、ひき肉とパン粉、卵をボウルに入れて混ぜ合わせて、丸く形を作る。

男：肉を焼くときも中火？

女：そうね。焼き色がつくまでは中火で焼いて、そのあと弱火にしてふたをするの。ふたをしたほうが、焦げないし、中まで火が通りやすいのよ。

男：なるほど。じゃあ、作ろうか！僕は野菜を切るのが得意だから、野菜を担当するよ。いっしょに食べるサラダも作りたいしね。

女：いいわね。そしたら私は肉とスープを準備するから、野菜はお願いね。

男の人はこれから何をしますか。

1　フライパンで野菜を炒める。
2　肉と野菜を混ぜ合わせる。
3　料理に使う野菜を切る。
4　肉を丸めて形を作る。

1번

여자와 남자가 이야기하고 있습니다. 남자는 이제부터 무엇을 합니까?

여 : 히로시 군, 햄버거 좋아했지? 오늘은 간단히 만들 수 있는 나의 기본 레시피를 소개할게.

남 : 응! 내가 만들 수 있을까?

여 : 괜찮아. 그럼, 설명할게. 먼저 양파를 잘게 썰고, 프라이팬에 볶아.

남 : 양파는 어느 정도 볶아?

여 : 중불로 5분 정도야. 너무 볶지 않는 것이 포인트야. 양파를 식히는 동안에 다진 고기와 빵가루, 달걀을 볼에 넣고 섞고, 둥글게 모양을 만들어.

남 : 고기를 구울 때도 중불?

여 : 그래. 노릇노릇해질 때까지는 중불에 굽고, 그 후 약불로 해서 뚜껑을 닫아. 뚜껑을 덮는 편이 타지 않고, 속까지 잘 익어.

남 : 그렇구나. 그럼, 만들까! 나는 채소 자르는 걸 잘하니까, 채소를 담당할게. 같이 먹을 샐러드도 만들고 싶고.

여 : 좋아. 그럼 나는 고기와 스프를 준비할 테니까, 채소는 부탁해.

남자는 이제부터 무엇을 합니까?

1 후라이팬으로 채소를 볶는다.
2 고기와 야채를 섞는다.
3 요리에 사용할 채소를 자른다.
4 고기를 둥글게 해서 모양을 만든다.

해설 대화 초반에는 여자가 햄버그 만드는 법을 설명하고 있고, 남자는 설명을 들으며 질문을 하고 있다. 남자가 이제부터 무엇을 할지는 '나는 채소 자르는 걸 잘하니까, 채소를 담당할게'라는 대화에서 알 수 있고, 남자가 가장 먼저 할 일은 3번이 된다.

어휘 簡単に 간단히 | 定番レシピ 기본 레시피 | みじん切りにする 잘게 썰다 | 炒める 볶다 | 玉ねぎ 양파 | 中火 중불 | 冷ます 식히다 | ひき肉 다진 고기 | パン粉 빵가루 | ボウル 볼 | 混ぜ合わせる 섞다 | 丸い 둥글다 | 形 모양 | 焼く 굽다 | 焼き色がつく 노릇노릇해지다 | 弱火 약불 | ふたをする 뚜껑을 덮다 | 焦げる 타다 | 火が通る 익다 | 得意だ 잘한다 | 担当する 담당하다 | 丸める 둥글게 하다

5회

2番 Track 5-1-02

女の人と男の人が話しています。男の人はこれからどうするつもりですか。

女：はると、一体いつまで就職しないで、フリーターで生活するつもり？

男：正式に就職しなくても今のままでも充分生活できるよ。
僕はまだどこかに束縛されるより、自由に自分の人生を楽しみたいよ。

女：そんな贅沢なこと言ってる場合じゃないでしょう。うちは今経済的にそんなに余裕がないんだよ。お父さんの会社だって資金難なんだから。

男：でもまだ自分が本当にやりたい仕事見つけてないし、いろんな資格も取りたいし。

女：あんた後で取り返しがつかなくなるよ。そんなことばかり言うつもりなら、早くこの家を出て自立しなさい。

男：あ、待って、母さん。実はそんなんじゃないよ。家族に心配かけるから言えなかったけど、今の時期は派遣ぐらいしか行けるところがなくて。
一人暮らしはたくさんの出費がかさんで無理だよ。なんとか正社員になるまで、勘弁してよ。

女：ああ、もう仕方がないね～。

男の人はこれからどうするつもりですか。

1 正規雇用になるまで、家族の理解を求める。
2 正式な社員になるまで、もうしばらくフリーターの生活を楽しむ。
3 常勤の社員になるまで、支出が多くならないように節約する。
4 家族に心配かけないように派遣社員として努力する。

2번

여자와 남자가 이야기하고 있습니다. 남자는 앞으로 어떻게 할 생각입니까?

여 : 하루토, 도대체 언제까지 취업하지 않고 아르바이트로 생활할 작정이야?

남 : 정식으로 취업하지 않아도 지금 이대로도 충분히 생활할 수 있어.
나는 아직도 어딘가에 속박되기보다 자유롭게 자신의 인생을 즐기고 싶어.

여 : 그런 사치스러운 말을 할 때가 아니잖아. 우리는 지금 경제적으로 그렇게 여유가 없어. 아버지의 회사도 자금난이니까.

남 : 하지만 아직 자신이 정말 하고 싶은 일을 못 찾았고, 여러 가지 자격증도 따고 싶고.

여 : 너 그러다가 나중에는 돌이킬 수 없다. 그런 말할 거라면, 빨리 이 집을 나가서 자립하거라.

남 : 이, 기다려, 엄마. 시실 그런 게 아니야. 가족에게 걱정을 끼치니까 말할 수 없었지만, 지금 시기는 파견 정도밖에 갈 수 있는 곳이 없어.
혼자 사는 것은 지출이 늘어나서 무리야. 어떻게든 정규직이 될 때까지 봐 줘.

여 : 아, 어쩔 수 없네

남자는 앞으로 어떻게 할 생각입니까?

1 정사원으로 고용될 때까지 가족의 이해를 구한다.
2 정식 직원이 될 때까지 조금 더 아르바이트 생활을 즐긴다.
3 정규직이 될 때까지 지출이 많아지지 않도록 절약한다.
4 가족에게 걱정을 끼치지 않도록 파견 사원으로써 노력한다.

해설 지금으로서는 정사원이 될 수 없으니 조금 봐달라고 했으므로 정답은 1번이다.

어휘 **フリーター**(「フリーアルバイター」의 준말) 일정한 직업을 갖지 않고 아르바이트 등을 계속 해서 생계를 꾸리는 사람 | **束縛** 속박 | **贅沢** 사치스러움 | **取り返しがつかない** 원래대로 돌아갈 수 없다, 돌이킬 수 없다 | **派遣** 파견 | **出費** 출비, 지출 | **かさむ** 부피가 커지다, 많아지다 | **勘弁** 용서함 | **常勤** 상근, 정규직 | **正規雇用** 정사원처럼 기간을 정하지 않고 정년까지 계약을 맺는 고용형태, 정규직, 정사원

3番 Track 5-1-03

女の人と男の人がライブイベントについて話しています。女の人はこれから何をしなければなりませんか。

女：鈴木さん、大丈夫かなぁ。待ち合わせの時間とっくに過ぎてるのに。

男：連絡は？電話つながらないの？

女：さっき連絡したんだけど、返事が来ないのよ。いつもならすぐ返ってくるのに。

男：まさか今日の約束忘れてるとかじゃないよね。

女：そんなはずはないと思うんだけど。

男：そういえば、チケットは誰が持ってるの？

女：それが鈴木さんなのよ。今回のライブ、チェックが厳しくて、チケットと身分証明書を同時に見せないと、中に入れてもらえないのよ。

男：そうなのか。もしかしたらと思って、ネットで電車の事故状況を調べてみたけど、人身事故の情報はないな。

女：ああ、もうどうしよう。連絡さえつけばいいんだけど。なんで今日に限って連絡できないのよ。

男：まあ、とりあえず、落ち着こう。まだ時間はあるから、由美はそのまま鈴木さんに連絡お願い。僕はチケットが再発行できるか調べてみるから。

女：わかった。

女の人はこれから何をしなければなりませんか。

1 鈴木さんに連絡して、ライブのチケットを送ってもらう。

2 鈴木さんに電話して、ライブ会場の場所をきく。

3 鈴木さんと連絡が取(と)れるまで電話をし続ける。

4 ネットでチケットの再発行ができるか調べる。

3번

여자와 남자가 라이브 이벤트에 대해 이야기하고 있습니다. 여자는 이제부터 무엇을 해야 합니까?

여 : 스즈키 씨, 괜찮을까? 약속시간 한참 전에 지났는데.

남 : 연락은? 전화연결이 안 돼?

여 : 아까 연락했는데, 답장이 안 오네. 평소라면 바로 답장 왔을 텐데.

남 : 설마 오늘 약속을 잊어버린 건 아니겠지?

여 : 그럴리는 없을 거야.

남 : 그러고 보니 티켓은 누가 가지고 있어?

여 : 그게 스즈키 씨야. 이번 라이브, 체크가 엄해서 티켓과 신분증을 동시에 보여주지 않으면 안에 들어갈 수 없어.

남 : 그렇구나. 혹시나 해서 인터넷으로 전철 사고상황을 조사해 봤는데, 인사사고 정보는 없어.

여 : 아, 이제 어떡하지? 연락만 되면 되는데. 왜 오늘따라 연락이 안되는 거야?

남 : 뭐, 일단, 진정하자. 아직 시간은 있으니까, 유미는 그대로 스즈키 씨에게 연락 부탁해. 나는 티켓을 재발행할 수 있는지 알아볼 테니까.

여 : 알았어.

여자는 이제부터 무엇을 해야 합니까?

1 스즈키 씨에게 연락해서, 라이브 티켓을 보내게 한다.

2 스즈키 씨에게 전화해서, 라이브 장소를 묻는다.

3 스즈키 씨와 연락이 될 때까지 전화를 계속한다.

4 인터넷으로 티켓을 재발행할 수 있는지 조사하다.

해설 티켓을 가지고 있는 스즈키 씨가 오지 않아 애태우고 있는 남녀의 대화이다. 두 사람은 해결책을 상의하다가 남자는 티켓 재발행 여부를 알아보기로 했고, 여자에게 '유미는 그대로 스즈키 씨에게 연락 부탁해'라고 했고 여자는 이에 동의하였으므로 답은 3번이 된다.

어휘 待ち合わせの時間 약속 시간 | とっくに 한참 전에 | 過ぎる 지나다 | 連絡 연락 | つながる 이어지다 | 返

事 답장 | いつもなら 평소라면 | 返る 돌아오다 | まさか 설마 | そんなはずはない 그럴리 없다 | そういえば 그러고 보니 | 身分証明書 신분증 | 同時に 동시에 | もしかしたら 혹시 | 事故状況 사고상황 | 人身事故 인사사고 | 情報 정보 | どうしよう 어떡하지 | 連絡さえつけば 연락만 되면 | なんで 왜 | ～に限って ~에 한해, ~따라 | とりあえず 우선, 일단 | 落ち着く 진정하다, 침착하다 | そのまま 그대로 | 再発行 재발행 | 送る 보내다

4番 Track 5-1-04

女の人と男の人が話しています。男の人はこれからどうしますか。

女：これ、全部捨てるの？ 後で必要になるんじゃないの？

男：いや、これもう長年捨てられなかったけど、今日こそ思い切って捨てようと思うんだ。

女：不用品だからといって処分して、後悔する人もわりと多いよ。
私の場合、着なくなった服とか、何年か待てば出番がまわってきたり、本なんかも後から気になったりしたよ。

男：そうかな。でもそれは性格に寄るんじゃないの。僕はそんなに物に執着するタイプじゃないから。むしろ捨てるとすっきりして、ストレスの解消にもなるよ。

女：へえ、思い切りがいいね。でも思い出の物とかはお金で解決できるものじゃないから、慎重に決めたほうがいいよ。捨ててしまって惜しいものもそれなりにあるからね、絶対。

男：そうかな。でも最近片付けブームって言われるだろ。捨ててみて自分にとって必要のないものが分かったら、僕はむしろお金の無駄遣いが減ると思うよ。

男の人はこれからどうしますか。

1 物に執着する習慣を直し、要らないものは捨てる。
2 物にこだわらないで、これからは何かを購入するとき、自分に本当に必要なものかよく考える。
3 要らない物にお金を使うのをやめ、これからも部屋を片付ける。
4 何を捨て、何を残すか分かるまで、処分してみる。

4번

여자와 남자가 이야기하고 있습니다. 남자는 앞으로 어떻게 합니까?

여 : 이거 전부 버릴 거야? 나중에 필요해지는 거 아니야?

남 : 아니, 이거 벌써 오랫동안 못 버렸지만, 오늘이야말로 과감히 버리려고 해.

여 : 필요 없는 물건이라고 해서 처분했다가 후회하는 사람도 비교적 많아.
내 경우는 안 입게 된 옷이라든가 몇 년 기다리면 차례가 돌아오거나, 책 등도 나중에 신경쓰이기도 하더라.

남 : 그럴까? 하지만 그것은 성격에 따른 문제가 아닐까? 나는 그렇게 물건에 집착하는 타입의 사람이 아니니까. 오히려 버리면 후련해서 스트레스 해소가 되기도 해.

여 : 와, 단념이 빠르구나. 하지만 추억의 물건 같은 것은 돈으로 해결할 수 있는 것이 아니기 때문에 신중하게 결정하는 것이 좋아. 버려 버리고 아쉬운 것도 그 나름대로 있으니까 반드시.

남 : 그럴까. 하지만 최근 정리 붐이라는 말도 있잖아. 버려 보고 자신에게 필요 없는 물건을 알 수 있다면 나는 오히려 돈 낭비가 줄어들 것 같은 생각이 들어.

남자는 앞으로 어떻게 합니까?

1 물건에 집착하는 습관을 고치고, 불필요한 것은 버린다.
2 물건에 연연하지 않고, 이제는 무언가를 구입할 때, 자신에게 정말 필요한 것인지 잘 생각한다.
3 필요 없는 물건에 돈을 쓰는 것을 중단하고 앞으로도 방을 정리한다.
4 무엇을 버리고 무엇을 남길 것인가 알 때까지 처분해 본다.

해설 1번의 물건에 집착하는 습관을 고친다는 말은 없었고, 3번의 필요없는 것에 돈을 써 왔다고 단정할 수도 없다. 남자의 맨 마지막 말을 보면 일단 버려보고 무엇이 자신에게 필요했나 알아보고 싶다고 했으므로 정답은 4번이다. 2번과 혼동할 수는 있으나 지금 당장 남자가 할 일은 '일단 버려보는 것'이고 2번은 그 후에 벌어질 수도 있는 예측이므로 정답이 될 수 없음에 주의한다.

어휘 思い切って 과감히 | 不要品 필요 없는 물건 | 処分 처분 | 出番 나갈 차례, 당번 | 執着 집착 | むしろ 오히려 | すっきりする 후련하다 | 解消 해소 | 思い切り 단념, 체념 | 慎重 신중 | 惜しい 아깝다, 애석하다 | 拘わる 얽매이다, 구애되다 | 無駄遣い 낭비

5番 Track 5-1-05

男の人と女の人が夕食について話しています。女の人はこれから何を作りますか。

男：ね、ね、今日の晩飯のメニューって何？まさか昨日も食べたスープじゃないよね。

女：いや、スープだよ。嫌いなわけ？ スープはどの国でも優しいお母さんの愛がこもった料理って言われてるでしょう。いろんな野菜も食べられて健康的だし、たくさん食べてもあまり太らないからダイエットにも役立つし。

男：いや、もうそんなのはいいんだよ。何日もスープばかり食べさせられて、僕もう食べあきたよ。とりのから揚げとか、肉料理とか、とにかくなんかボリュームのあるものが食べたいな。ちょっといろんな料理の工夫してよ。

女：え～、私もう一週間分も作ってしまったよ。昨日はご飯に掛けたけど、おとといはパンに付けて食べたし、スープの中にだって肉は入ってるよ。

男：だから、今日の晩飯は違う料理が食べたいんだよ。

女：分かった、他の料理にするよ。あ、でもユウコちゃんの離乳食作るの忘れちゃった。いまさら作るのも時間がかかるし。今日はパスタにかけるから、勘弁してね。

男：ああ、もう勝てないな。

女の人はこれから何を作りますか。

1 離乳食
2 肉が入ったパスタ
3 とりのから揚げ
4 スープ

5번

남자와 여자가 저녁 식사에 대해 이야기하고 있습니다. 여자는 앞으로 무엇을 만듭니까?

남 : 저기, 저기, 오늘 저녁 메뉴는 뭐야? 설마 어제도 먹었던 스프는 아니겠지?

여 : 아니, 스프야. 싫은 거야? 스프는 어느 나라에서도 상냥한 엄마의 사랑이 담긴 요리라고들 하잖아. 여러 가지 채소도 먹을 수 있고 건강식이고, 많이 먹어도 별로 살찌지 않기 때문에 다이어트에도 도움이 되고.

남 : 아니, 이제 그런 건 됐어. 며칠 동안이나 스프만 먹이고 난 이제 질렸어. 닭고기 튀김이라던가, 고기 요리라던가, 어쨌든 뭔가 볼륨 있는 것을 먹고 싶어. 여러 가지 요리를 좀 궁리해 줘.

여 : 아~, 나 벌써 일주일 분이나 만들어버렸어. 어제는 밥에 얹어 먹었지만, 그저께는 빵을 찍어 먹었고, 스프 안에도 고기는 들어 있어.

남 : 그러니까 오늘 저녁은 다른 요리를 먹고 싶다고.

여 : 알았어, 다른 요리로 할게. 아, 그렇지만 유코의 이유식 만드는 깜박 잊어버렸다. 이제 와서 만드는 것도 시간 걸리고. 오늘은 파스타 위에 뿌릴 테니, 참아 줘.

남 : 아, 정말 못 이기겠네.

여자는 앞으로 무엇을 만듭니까?

1 이유식
2 고기가 들어간 파스타
3 닭고기 튀김
4 스프

5회

해설 중요한 것은 중간에 스프를 벌써 일주일치를 만들어 두었다고 했다. 남편은 고기요리와 같이 볼륨 있는 요리를 원하지만, 지금은 아이의 이유식 만드는 것을 깜박했으므로 지금부터는 이유식을 만들어야 한다. 마지막 부분의 이제 와서 만드는 것은 시간이 걸린다고 한 것은 아이의 이유식이 아니고 남편이 원하는 요리임에 주의한다. 따라서 정답은 1번이다.

어휘 **愛がこもる** 사랑이 담기다 | **役立つ** 도움이 되다 | **あきる** 질리다 | **から揚げ** 빵가루를 입히지 않고 내용물만 튀긴 요리 | **工夫** 여러 가지로 궁리함 | **離乳食** 이유식 | **いまさら** 이제 와서 | **勘弁** 용서함

문제 2 문제2에서는 우선 질문을 들으세요. 그 후 문제지를 보세요. 읽을 시간이 있습니다. 그리고 이야기를 듣고 문제지의 1~4 중에서 가장 적당한 것을 하나 고르세요.

例 Track 5-2-00

男の人と女の人が料理を作りながら話しています。男の人は何に注意しますか。

男：寒くなってきたな。食べると体が温まって、簡単でおいしい料理、何かないかな。

女：そうね。うちは家族みんなでよく豚汁食べるけど。作り方教えようか。

男：へえ、どんな料理？ 僕は一人暮らしだから、なるべくはやく済ませられる料理がいいけど。

女：すごく簡単だよ。材料は豚肉と大根、じゃがいも、にんじん、みそだけあればいいよ。長さ３センチぐらいに全部の材料を切ってね。まず豚肉を炒めてから野菜を入れて、さらに炒める。

男：順番なんかいいだろう。何を先に炒めようが。

女：よくない。必ず肉を先に炒めてね。それから全体に油がまわったら、水を加え、１０分煮る。そこにみそを溶かすとできあがり。

男：へえ。簡単だね。でもさっきの３センチって面倒くさいから、適当に切っていいだろう。

女：でも早く済ませたいんでしょう。材料は大きさをそろえたら、煮やすくなるのよ。

男の人は何に注意しますか。

1 材料は大きさを合わせて切ること
2 材料がそろった後に、はやく煮ること
3 野菜を先に炒めること
4 はやく済ませられるように材料をそろえること

예

남자와 여자가 요리를 만들면서 이야기하고 있습니다. 남자는 무엇에 주의합니까?

남 : 추워졌네. 먹으면 몸이 따뜻해지고 간단하고 맛있는 요리 뭔가 없을까?

여 : 글쎄. 우리는 가족 모두가 자주 돼지고기 된장국 먹고 있는데. 만드는 법 가르쳐 줄까?

남 : 와우, 어떤 요리? 나는 혼자 사니까 가급적 빨리 끝마칠 수 있는 요리가 좋은데.

여 : 아주 간단해. 재료는 돼지고기와 무, 감자, 당근, 된장만 있으면 돼. 길이 3센티 정도로 모든 재료를 썰어. 먼저 돼지고기를 볶은 후 채소를 넣고 더 볶아.

남 : 순서 따위는 아무래도 상관없잖아. 무엇을 먼저 볶든.

여 : 상관 있어. 반드시 고기를 먼저 볶아 줘. 그리고 나서 전체에 기름이 돌면 물을 넣고 10분 익혀. 거기에 된장을 풀면 완성!

남 : 오, 간단하구나. 하지만 아까 3센티라는 건 귀찮으니까 적당하게 자르면 되겠지.

여 : 빨리 끝내고 싶지? 재료는 크기를 맞추면 쉽게 익어.

남자는 무엇에 주의합니까?

1 재료는 크기를 맞추어 자를 것
2 재료가 갖추어진 후에 빨리 익힐 것
3 채소를 먼저 볶을 것
4 빨리 끝낼 수 있도록 재료를 갖출 것

1番 Track 5-2-01

男の学生と女の学生が話しています。男の学生はどうしてお金が大切だと言っていますか。

男：やっぱりお金は大切だね…。
女：どうしたの？ 急に…。
男：朝から、自分の目標を紙に書き出してみたんだよ。
女：ふーん。目標ね…？ どんな目標？
男：例えば、旅をしたいとか、こんな講座を受けたいとか、こんな活動をしたいとかね。
女：へぇー、川井君はえらいね。
男：そんなことないよ。でも、そのリストを見て、全部お金が必要なことに気がついたんだ。
女：ああ、そうね。旅行に行くにも、講座を受けるにも、お金がいるわね。
男：目標を達成させるにはお金が必要だってことなんだ。
女：じゃ、アルバイトしてお金をかせぐことが先かしらね。
男：うん、それに気が付いてよかったよ。

男の学生はどうしてお金が大だと言っていますか。

1　何をするにも、お金がかかるから
2　お金があれば、何でも買えるから
3　生活するのに、お金がかかるから
4　お金があれば、働かなくてもいいから

1번

남학생과 여학생이 이야기하고 있습니다. 남학생은 왜 돈이 중요하다고 말하고 있습니까?

남 : 역시 돈은 중요하구나….
여 : 무슨 일이야? 갑자기….
남 : 아침부터 자신의 목표를 종이에 써 봤어.
여 : 음~. 목표라 ...? 어떤 목표?
남 : 예를 들어, 여행을 하고 싶다든가, 이런 강좌를 듣고 싶다든가, 이런 활동을 하고 싶다든가 말야.
여 : 와~, 가와이 군은 대단하네.
남 : 그렇지도 않아. 하지만 그 목록을 보고, 전부 돈이 필요하다는 것을 깨달았어.
여 : 아, 그렇지. 여행을 가려고 해도, 강좌를 들으려고 해도, 돈이 필요하지.
남 : 목표를 달성시키기 위해서는 돈이 필요하다는 거구나.
여 : 그럼 아르바이트로 돈을 버는 일이 먼저인가?
남 : 그래, 그것을 알게 되어서 다행이야.

남학생은 왜 돈이 중요하다고 말하고 있습니까?

1 무엇을 하든지, 돈이 드니까
2 돈이 있다면, 무엇이든 살 수 있으니까
3 생활하는데, 돈이 드니까
4 돈이 있으면, 일하지 않아도 좋으니까

해설 자신이 이루고 싶은 목표를 달성하게 하는 데에는 돈이 필요하다는 것을 알았다고 했으므로 정답은 1번이다.

어휘 **書き出す** (필요한 것을) 뽑아쓰다 | **講座** 강좌 | **達成** 달성 | **かせぐ** 돈을 벌다

2番 Track 5-2-02

女の人と男の人が話しています。男の人はどうしてやせたいのですか。

女：あら、佐藤さん、今日はお昼ぬきですか？
男：うん、先週からダイエットを始めてね。一日2食にしているんだよ。
女：えぇ！そうなんですか。じゃ、朝ごはんと晩ごはんだけですか。

2번

여자와 남자가 이야기하고 있습니다. 남자는 왜 살을 빼고 싶어합니까?

여 : 어머, 사토 씨, 오늘은 점심밥 안 먹나요?
남 : 응, 지난주부터 다이어트를 시작해서. 하루 2식을 하고 있어.
여 : 어! 그렇습니까? 그럼 아침밥과 저녁밥뿐인가요?

男：うん、そう。入らないズボンが多くなっちゃってさ。困ってるんだよ。

女：ああ、それ。わかるわ。新しく買いかえるのもなんだかしゃくだしね

男：そうだろ。お腹周りがあと3センチ細くなればいいんだよ。

女：だったら、夕飯の時のビールを減らせばいいんじゃないんですか。

男：ああ、そうか。でも、それはできないな。

남 : 응, 그래. 들어가지 않는 바지가 많아져서. 곤란해.

여 : 아, 그거. 알지. 새로 사서 바꾸는 것도 왠지 열 받고.

남 : 그렇지? 배 주위가 앞으로 3센티 줄면 돼.

여 : 그렇다면, 저녁 때 맥주를 줄이면 되지 않을까요?

남 : 아, 그런가? 하지만 그건 못 해.

男の人はどうしてやせたいのですか。

1 健康的な体になりたいから
2 新しいズボンを買いたいから
3 ズボンがはけなくなったから
4 女の人にもてたいから

남자는 왜 살을 빼고 싶어 합니까?

1 건강한 몸이 되고 싶으니까
2 새 바지를 사고 싶으니까
3 바지를 입을 수 없게 되었으니까
4 여자에게 인기가 있고 싶으니까

해설 남자는 바지가 안 들어가서 곤란해하고 있으므로 정답은 3번이다.

어휘 昼抜き 점심밥을 안 먹음(~抜き ~없이, 거름) | 買い換える 새 것으로 사서 바꾸다 | しゃく 화, 분함 | 周り 주위, 주변

3番 Track 5-2-03

女の人と男の人が話しています。男の人が商品を回収する理由はなんですか。

女：斎藤部長、実は今日お客様からクレームが入りました。

男：えぇ、どんなクレーム？

女：なんでも、商品にカビが生えていたというんです。

男：カビ？ 消費期限が切れちゃって、保管場所が悪かったんじゃないのかな。

女：お客様によると、賞味期限も消費期限も切れていないとおっしゃっていますよ。保管場所も問題はないようです。

男：そう。クレームは今のところ1件だけ？

女：そうですね。今日が初めてです。以前はそんなクレームありませんでしたよね。

男：そうだね。増える可能性があるな…。今回の販売分は仕入れ先が違うんだ。至急その商品を回収しよう。

女：はい、わかりました。

3번

여자와 남자가 이야기하고 있습니다. 남자가 제품을 회수하는 이유는 무엇입니까?

여 : 사이토 부장님, 실은 오늘 고객으로부터 클레임이 들어왔습니다.

남 : 뭐? 어떤 클레임?

여 : 확실히는 모르지만, 제품에 곰팡이가 있었다고 합니다.

남 : 곰팡이? 소비기한이 만료되어 버려서 보관 장소가 나빴던 것은 아닐까?

여 : 고객에 따르면, 유통기한도 소비기한도 만료되지 않았다고 말씀하시고 있어요. 보관 장소도 문제 없는 것 같습니다.

남 : 그래. 클레임은 지금까지 1건뿐인가?

여 : 그렇습니다. 오늘이 처음입니다. 이전에는 그런 클레임은 없었잖아요.

남 : 그러게. 늘어날 가능성이 있는데…. 이번 판매 분은 구입처가 다르거든. 당장 해당 제품을 회수하자.

여 : 네, 알겠습니다.

男の人が商品を回収する理由はなんですか。

1 賞味期限が切れていたから
2 全商品にカビの発生が確認されたから
3 消費期限が切れていたから
4 一部の商品にカビが発生していたから

남자가 제품을 회수하는 이유는 무엇입니까?

1 유통기한이 만료되었기 때문에
2 모든 제품에 곰팡이 발생이 확인되었기 때문에
3 소비기한이 만료되었기 때문에
4 일부 제품에 곰팡이가 발생했기 때문에

해설 유통기한도 소비기한도 남아 있었다고 했으며 아직까지는 클레임이 1건 뿐이라고 했으므로 정답은 4번이다.

어휘 なんでも 확실히는 모르나, 무엇이든 | 回収 회수 | カビが生える 곰팡이가 생기다 | 消費期限 개봉하지 않은 상태에서 표시된 방법으로 보관하면 먹어도 안전한 기한 | 切れる 기한 등이 끝나다 | 賞味期限 맛있게 먹을 수 있는 기한 | 仕入れ 매입 | 至急 급히, 당장(긴급을 요하는 의뢰 시 사용한다) | 回収 회수

4番 Track 5-2-04

女の人と男の人が話しています。男の人はどうして居酒屋のレビューを書きますか。

女：鈴木君、さっきからスマホばっかり見て何してるの？
男：ああ、この間友達と行った居酒屋のレビューを書いてるんだよ。
女：面倒くさがり屋の鈴木君にしては珍しいわね。クーポンでももらえるの？
男：それだったらいいんだけど、ちょっとね。
女：ちょっと？もしかしてサービスがよくなかったの？
男：そうなんだよ。注文した料理が出てこなかったから、もう一度お願いしたんだけど、その店員、また忘れて持ってこなかったんだよ。謝罪もなかったし、もう二度と行きたくないと思ってさ。
女：そうだったの。
男：お客さんが多かったから仕方ないとは思うんだけど、せめて謝ってほしいよね。雰囲気もいいところだし、何より料理がおいしいだけに残念だよ。
女：そうね。注文を忘れたのは仕方なかったとしても、そういう時はしっかり謝ってほしいわね。

男の人はどうして居酒屋のレビューを書きますか。

4번

여자와 남자가 이야기하고 있습니다. 남자는 왜 선술집 리뷰를 씁니까?

여 : 스즈키 군, 아까부터 스마트폰만 보며 뭐하고 있어?
남 : 아, 얼마 전에 친구들과 갔던 선술집 리뷰를 쓰고 있어.
여 : 귀차니즘 스즈키 군치고는 드문 일이네. 쿠폰이라도 받을 수 있어?
남 : 그랬으면 좋겠는데, 좀 그래.
여 : 잠깐? 혹시 서비스가 좋지 않았어?
남 : 맞아. 주문한 요리가 나오지 않아서, 다시 한 번 부탁했는데, 그 점원, 또 잊어버리고 가져오지 않았어. 사과도 없었고, 두 번 다시 가고 싶지 않아서.
여 : 그랬구나.
남 : 손님이 많았으니까 어쩔 수 없다고는 생각하지만, 하다못해 사과하면 좋겠어. 분위기도 좋은 곳이고, 무엇보다 요리가 맛있는 만큼 아쉬워.
여 : 그러게. 주문을 잊어버린 것은 어쩔 수 없다고 해도, 그럴 때는 확실히 사과하면 좋겠어.

남자는 왜 선술집 리뷰를 씁니까?

1　クーポンがもらえるから 2　店員の態度がよくなかったから 3　料理がおいしかったから 4　店員がしっかり謝罪してくれたから	1 쿠폰을 받을 수 있기 때문에 2 점원의 태도가 좋지 않았기 때문에 3 요리가 맛있었기 때문에 4 점원이 확실히 사과했기 때문에

해설 남자는 얼마 전 갔던 선술집 리뷰를 쓰고 있는데, 일단 선술집의 괜찮았던 점으로 분위기가 좋았던 점, 요리가 맛있던 점을 말하고 있다. 그러면서 아쉬웠던 점으로 점원의 태도를 언급하고 있다. 주문한 요리도 제대로 가져오지 않았는데, 사과 한 마디 없었던 점이 아쉬웠다고 했으니, 정답은 2번이 된다.

어휘 居酒屋 선술집 | レビュー 리뷰 | この間 얼마 전 | 面倒くさがり屋 귀차니즘 | ～にしては ~치고는 | 珍しい 드물다 | 注文 주문 | 料理 요리 | 店員 점원 | 謝罪 사과 | 仕方ない 어쩔 수 없다 | せめて 하다 못해 | 謝る 사과하다 | 雰囲気 분위기 | 何より 무엇보다 | しっかり 확실히

5番 Track 5-2-05

女の学生と男の学生が話しています。女の学生が、朝の散歩を始めた理由は何ですか。

女：ねえ。聞いて。最近朝、散歩してるんだ。朝から体を動かすのって、気持ちいいのね。
男：朝寝坊で運動嫌いの君が珍しいね。ペットでも飼い始めたの？
女：よくわかったわね。先月から、犬を飼い始めたの。もう可愛くて仕方がないわ。
男：そうなんだ！犬の散歩は朝だけ？
女：今のところはね。夜もしたいんだけど、バイトで遅い時もあるから、朝の時間に思いっきり散歩させないと。
男：いいね。僕の家はペット禁止だから飼いたくても飼えなくて。
女：あれ？田中君犬好きだっけ？知らなかった。
男：実家には2匹もいるんだよ。毎日散歩してたのが懐かしいなぁ。
女：じゃあ、私よりも犬のお世話うまそうね。

女の学生が、朝の散歩を始めた理由は何ですか。

1　ペットを飼い始めたため
2　朝寝坊しないようにするため
3　健康のために運動するため
4　早起きを習慣にするため

5번

여학생과 남학생이 이야기하고 있습니다. 여학생이 아침 산책을 시작한 이유는 무엇입니까?

여 : 있잖아. 들어봐. 요즘 아침에 산책하고 있어. 아침부터 몸을 움직이는 거 기분이 좋아.
남 : 잠꾸러기에 운동 싫어하는 네가 무슨 일이야? 반려동물이라도 키우기 시작했어?
여 : 어떻게 알았어? 지난달부터 개를 키우기 시작했어. 너무 귀여워.
남 : 그렇구나! 개 산책은 아침에만?
여 : 지금은 그래. 밤에도 하고 싶지만, 아르바이트 때문에 늦을 때도 있으니까, 아침 시간에 실컷 산책시켜야지.
남 : 좋군. 우리 집은 반려동물 금지라서 키우고 싶어도 못 키워.
여 : 어머? 다나카 군 개 좋아했나? 몰랐어.
남 : 본가에는 2마리나 있어. 매일 산책하던 때가 그리워.
여 : 그럼 나보다도 개 잘 돌보겠네.

여학생이 아침 산책을 시작한 이유는 무엇입니까?

1 반려동물을 키우기 시작했기 때문에
2 늦잠을 자지 않도록 하기 위해
3 건강을 위해 운동하기 위해
4 일찍 일어나는 것을 습관으로 하기 위해

해설 여학생이 아침마다 산책을 시작했다고 하자, 남학생은 '반려동물이라도 키우기 시작했어?'라고 물었고 여학생은 '어떻게 알았어? 지난 달부터 개를 키우기 시작했어'라고 답했다. 따라서 여학생이 아침 산책을 시작한 이유는 반려동물을 키우기 시작했기 때문이란 것을 알 수 있고 답은 1번이다.

어휘 散歩(さんぽ) 산책 | 体(からだ)を動(うご)かす 몸을 움직이다 | 朝寝坊(あさねぼう) 늦잠 | 運動嫌(うんどうぎら)い 운동싫어함 | 珍(めずら)しい 드물다 | 飼(か)う 키우다 | 可愛(かわい)い 귀엽다 | ~て仕方(しかた)がない 매우 ~하다 | 今(いま)のところ 지금 상황 | 思(おも)いっきり 실컷 | 禁止(きんし) 금지 | 実家(じっか) 본가, 친정 | 2匹(にひき) 두 마리 | 懐(なつ)かしい 그립다 | 世話(せわ) 돌봄, 케어 | 健康(けんこう) 건강 | 早起(はやお)き 아침 일찍 일어나기 | 習慣(しゅうかん) 습관

6番 Track 5-2-06

会社(かいしゃ)で男(おとこ)の人(ひと)と女(おんな)の人(ひと)が話(はな)しています。女(おんな)の人(ひと)はどうして仕事(しごと)が遅(おく)れていると言(い)っていますか。

男：大田(おおた)さん、お願(ねが)いしていた仕事(しごと)、もう出来上(できあ)がった？

女：すみません。実(じつ)は、まだ終(お)わっていないんです。

男：え、どうして？ 午前中(ごぜんちゅう)はお客(きゃく)さんが多(おお)いみたいだけど、そのせい？

女：いいえ、ちょっと疲(つか)れてしまって…。すみません。

男：そうか。でも悪(わる)いけど、明日(あした)までには仕上(しあ)げてほしいんだよ。

女：それは、ちょっと…。実(じつ)は社長(しゃちょう)から依頼(いらい)された仕事(しごと)と重(かさ)なってしまって。

男：え、そうだったんだ。でも、ぼくのを優先(ゆうせん)してよ。

女：はあ、がんばりますので、もう少(すこ)しお時間(じかん)をください。

女(おんな)の人(ひと)はどうして仕事(しごと)が遅(おく)れていると言(い)っていますか。

1 接客(せっきゃく)が多(おお)く、集中(しゅうちゅう)できないため
2 パソコンの調子(ちょうし)が悪(わる)いため
3 体(からだ)の調子(ちょうし)が悪(わる)く、疲(つか)れているため
4 他(ほか)の仕事(しごと)も頼(たの)まれているため

6번

회사에서 남자와 여자가 이야기하고 있습니다. 여자는 왜 일이 늦어지고 있다고 말하고 있습니까?

남 : 오타 씨, 부탁했던 일, 이제 완성됐어?

여 : 죄송합니다. 실은 아직 끝나지 않았습니다.

남 : 뭐? 왜? 오전 중에 손님이 많은 것 같더니, 그 때문이야?

여 : 아니요, 조금 피곤해서요…. 죄송합니다.

남 : 그렇군. 하지만 미안하지만 내일까지 완성해 주었으면 해.

여 : 그것은 좀 .... 실은 사장님으로부터 의뢰받은 업무와 겹쳐버려서.

남 : 아, 그랬구나. 하지만 내가 맡긴 것을 우선해 줘.

여 : 휴~, 노력할테니 좀 더 시간을 주세요.

여자는 왜 일이 늦어지고 있다고 말하고 있습니까?

1 접대할 손님이 많아서 집중할 수 없기 때문에
2 컴퓨터의 상태가 나쁘기 때문에
3 몸의 컨디션이 나쁘고 피곤하기 때문에
4 다른 일도 의뢰받았기 때문에

해설 사장님의 일도 부탁 받아서 이중으로 일하고 있다고 했으므로, 정답은 4번이다.

어휘 仕上(しあ)げる 끝내다, 완성하다 | 依頼(いらい) 의뢰 | 重(かさ)なる 겹치다 | 優先(ゆうせん) 우선 | 接客(せっきゃく) 접객

5회

문제3 문제3에서는, 문제 용지에 아무것도 인쇄되어 있지 않습니다. 이 문제는, 전체로써 어떤 내용인가를 묻는 문제입니다. 이야기 앞에 문제는 없습니다. 먼저, 이야기를 들어주세요. 그리고 질문과 선택지를 듣고, 1~4 중에서, 가장 적당한 것을 하나 고르세요.

例 Track 5-3-00

コーヒーについて男の人と女の人が話しています。

男：ナナエちゃん、ちょっとコーヒー飲みすぎじゃない。いったい、一日何杯飲んでいるの。

女：そうね。私の大好物だから、一日４杯ぐらいかな。

男：へえ、それ胃痛になったりしない。僕なんか１杯から２杯飲んでるけど、２杯飲んでも胃が痛いときあるよ。

女：私は全然平気。ある研究によると、コーヒーは脳や肌にもすばらしい効用があるって。

男：まあ、確かに目は覚めるね。

女：あと、コーヒーには抗酸化物質が含まれているけど、その吸収率が果物や野菜より高いそうよ。

男：抗酸化物質？ そのためにたくさん飲んでるの。僕も量を増やしてみるか。もっと若く見えるのかな。

女：違うよ。コーヒーの効用なんて私はどうでもいいよ。本当は香りが好きなんだ。香りをかぐだけで、幸せな気分になれるし、ストレスも無くなる感じもするの。

男：うん、確かにコーヒーの香りが嫌だという人

2 体に与えるいい効果より、いい気分になれるから飲みたいと思う。

3 コーヒーが体にいい効果をもたらすので、そのために飲むべきだと思う。

4 ストレスが無くなる効果があるので、そのために飲むべきだと思う。

예

커피에 대해 남자와 여자가 이야기하고 있습니다.

남 : 나나에, 좀 커피 너무 많이 마시는 거 아냐? 도대체 하루 몇 잔 마시고 있는 거야?

여 : 글쎄. 내가 좋아하는 거라서 하루 4잔 정도일까?

남 : 우와, 그거 위통 일어나지 않아? 나 같은 경우는, 1잔에서 2잔 마시고 있는데, 2잔 마셔도 위가 아플 때가 있어.

여 : 나는 전혀 아무렇지도 않아. 어떤 연구에 따르면 커피는 두뇌와 피부에 놀라운 효용이 있대.

남 : 음, 확실히 잠은 깨지.

여 : 또 커피에는 항산화 물질이 포함되어 있는데, 그 흡수율이 과일과 채소보다 높다고 해.

남 : 항산화 물질? 그것 때문에 많이 마시고 있는 거야? 나도 양을 늘려 볼까? 더 젊어 보일까?

여 : 아니야. 커피의 효용 같은 건, 나는 아무래도 상관없어. 사실은 향기를 좋아해. 향기를 맡는 것 만으로 행복한 기분이 들 수 있고, 스트레스도 없어지는 느낌이 들어.

남 : 응, 확실히 커피 향이 싫다는 사람은 지금 시대는 없을지도.

2 인체에 미치는 좋은 효과보다, 좋은 기분이 들어 마시고 싶다고 생각한다.

3 커피가 몸에 좋은 효과를 가져오므로, 그 때문에 마셔야만 한다고 생각한다.

4 스트레스가 없어지는 효과가 있으므로, 그 때문에 마셔야만 한다고 생각한다.

1番 Track 5-3-01

会社で男の人が社員たちの前で話しています。

男：本日からお世話になります、堂島太郎です。前職では不動産業界で営業をしていました。出身は神奈川県で趣味はゴルフです。同じ趣味の方がいらっしゃいましたら、ぜひお声がけください。初日ということもあり、かなり緊張していたのですが、さきほどから皆さんが積極的に声をかけてくださったり、いろいろ教えてくださったりと、とてもあたたかい職場だと感じました。これから皆さんと一緒に働けるのが楽しみです。未経験の職種ですし、新たなチャレンジではありますが、一日も早く会社に貢献できるよう、一生懸命頑張ります。よろしくお願い致します。

男の人は何のあいさつをしていますか。

1　転勤のあいさつ
2　転職のあいさつ
3　昇進のあいさつ
4　入社のあいさつ

1번

회사에서 남자가 사원들 앞에서 이야기하고 있습니다.

남 : 오늘부터 신세 질 도지마 타로입니다. 전 직장은 부동산업계로 영업을 하고 있었습니다. 출신은 가나가와 현이고 취미는 골프입니다. 같은 취미인 분이 계시면, 꼭 말씀해 주세요. 첫날이기도 해서 상당히 긴장하고 있었습니다만, 조금 전부터 여러분이 적극적으로 말을 걸어 주시거나 여러 가지 가르쳐 주시거나 하는 등, 정말 따뜻한 직장이라고 느꼈습니다. 앞으로 여러분과 함께 일할 수 있는 것이 기대됩니다. 미경험 직종이고 새로운 도전이기는 합니다만, 하루빨리 회사에 공헌할 수 있도록 열심히 노력하겠습니다. 잘 부탁드리겠습니다.

남자는 무슨 인사를 하고 있습니까?

1 전근 인사
2 전직 인사
3 승진 인사
4 입사 인사

5회

해설 전체 내용은, 오늘 첫 출근한 직원이 간단한 자기 소개와 함께 새로운 직장에서의 소감과 기대라는 것을 알 수 있으니 정답은 4번이다. 참고로 1번은 같은 회사 안에서 이동했을 때 하는 인사이고, 2번은 그 동안 일했던 회사를 떠날 때 같이 일하던 회사 상사 및 동료들에게 하는 인사이다.

어휘 社員 사원 | 本日 오늘 | お世話になります 신세지겠습니다 | 前職 전직장 | 不動産業界 부동산업 | 営業 영업 | 出身 출신 | 趣味 취미 | ぜひお声がけください 꼭 말씀해 주세요 | 初日 첫날 | 緊張 긴장 | さきほどから 조금 전부터 | 積極的 적극적 | 声をかける 말을 걸다 | 職場 직장 | 未経験 미경험 | 職種 직종 | 新たな 새로운 | 一日も早く 하루빨리 | 貢献 공헌 | 転勤 전근 | 転職 전직 | 昇進 승진 | 入社 입사

2番 Track 5-3-02

テレビでアナウンサーが１０７歳で亡くなった偉大な医者について話しています。

男：先生は、1911年に山口県でお生まれになりました。1937年に帝国京都大学医学部を卒業され、1941年にセイカ国際病院内科医となられてからは、内科医長、院長代理、院長を経て、セイカ国際大学名誉理事長、セイカ国際病院名誉院長、いきいき・ライフ・センター理事長などを歴任なさいました。早くから予防医学の重要性を指摘し、終末期医療の普及、医学・看護教育に力を尽くされました。成人病とよばれていた病気について「生活習慣病」という言葉を生み出すなど、常に日本の医療の先端を走ってきた方でした。ご冥福をお祈りいたします。

医者のどんなことについて話していますか。

1　経歴とプロフィール
2　プロフィールと活動予定
3　経歴と著書の内容
4　業績と家族への愛情

2번

텔레비전에서 아나운서가 107세에 사망한 위대한 의사에 대해 이야기하고 있습니다.

남 : 선생님은 1911년 야마구치현에서 태어나셨습니다. 1937년에 제국교토대학 의학부를 졸업하시고, 1941년 세이카 국제병원 내과의가 되신 후에는, 내과 의장, 원장 대리, 원장을 거쳐 세이카국제대학 명예 이사장, 세이카 국제병원 명예 원장, 생생 라이프 센터 이사장 등을 역임하셨습니다. 일찍부터 예방 의학의 중요성을 지적하고, 임종기 의료의 보급, 의학 · 간호 교육에 전력을 다하셨습니다. 성인병이라고 불리고 있던 질병에 대해 '생활습관병'이라는 말을 만들어내는 등, 항상 일본 의료의 첨단을 달려온 분이셨습니다. 명복을 기원합니다.

의사의 어떤 일에 대해 이야기하고 있습니까?

1 경력 및 프로필
2 프로필과 활동 예정
3 경력 및 저서의 내용
4 업적과 가족에 대한 애정

해설 1911년에 태어났고 그 뒤의 의사로서의 경력과 업적에 대하여 이야기하고 있다. 이미 사망했으므로 2번의 예정은 안되고, 저서의 대한 내용은 없으며, 가족에 대한 애정도 언급되어 있지 않으므로 정답은 1번이다.

어휘 内科医 내과의 | 経る 지나다, 거치다 | 名誉 명예 | いきいき 생생하고 활기찬 모습 | 歴任 역임 | 指摘 지적 | 終末期 말기, 병의 치료가 불가능하고 몇 주 또는 반년 안에 죽음을 맞이할 것이라고 예상하는 시기 | 普及 보급 | 看護 간호 | 力を尽くす 전력을 다하다 | 成人病 성인병 | 生み出す 새롭게 만들어 내다 | 常に 항상 | 先端 첨단 | 冥福 명복 | 祈る 기원하다, 빌다 | 著書 저서 | 業績 업적 | 愛情 애정

3番 Track 5-3-03

男の人と女の人が転職について話しています。

男：やっぱり、転職したいの？
女：ええ、新しいところは給料も高いし、私がやりたかった仕事も任せてくれるっていうし。

3번

남자와 여자가 이직에 대해 이야기하고 있습니다.

남 : 역시, 이직하고 싶어?
여 : 응, 새로운 곳은 월급도 많이 주고, 내가 하고 싶었던 일을 맡겨 준다고 하고.

男：そう、でも、勤務時間も今の職場より長くなるんだろ。体力的に大丈夫なの？

女：そうね。その辺は、家族に迷惑をかけてしまうかもしれないから悩んでいるわ。

男：もちろん、ぼくも協力するし、娘にも協力させるつもりだけど、やっぱり勤務時間が気になるな。

女：飲食業界は夜が遅くなるからね。でも、もうこのチャンスを逃したら、転職は厳しいんじゃないかなって思っているのよ。

男：そうか。年齢的にも、そんなにいい話はなくなるし、今度のところは、やりがいがありそうだしね。

女：うん、そうなのよ。今まで自分が築き上げてきたスキルや経験が十二分に活かせそうだし。

男：君がそこまで考えているなら、やってみたら。

女：うん、ありがとう。

남 : 그래, 하지만 근무 시간도 지금 직장보다 길어지겠지. 체력적으로 괜찮겠어?

여 : 글쎄. 그 점은 가족에게 폐를 끼치게 될지도 몰라서, 고민하고 있어.

남 : 물론 나도 도와 줄거고, 딸에게도 돕게 할 생각이지만, 역시 근무 시간이 신경 쓰이네.

여 : 음식 업계는 밤이 늦어지니까. 그렇지만 이제 이 기회를 놓치면, 전직은 힘들지 않을까 생각하고 있어.

남 : 그렇군. 연령대를 생각해도, 그런 조건이 좋은 이야기는 없을 거고, 이번에 옮기는 곳은 보람이 있을 것 같고.

여 : 응, 그래 맞아. 지금까지 자신이 쌓아온 기술과 경험을 충분하게 활용할 수 있을 것 같고.

남 : 당신이 그렇게까지 생각하고 있다면 해 봐.

여 : 응, 고마워.

女の人は転職についてどう思っていますか。

1 勤務時間の長さは、家族の協力があればクリアできる。
2 体力面で不安はあるが、やりがいのある仕事がしたい。
3 年齢的にも、今回のチャンスをのがしたくない。
4 体力面で不安があるが、給料が高い仕事につきたい。

여자는 이직에 대해 어떻게 생각합니까?

1 근무 시간이 긴 것은, 가족의 협력이 있으면 해결할 수 있다.
2 체력적으로 불안하지만, 보람 있는 일을 하고 싶다.
3 연령대를 생각해서도 이번 기회를 놓치고 싶지 않다.
4 체력적으로 불안하지만, 급여가 높은 일에 취직하고 싶다.

해설 체력적으로 힘든 부분은 가족에게 폐를 끼치게 될 수도 있어 고민하고 있다고 했으므로 1번은 아니다. 또한 연령대나 체력면에 대해 이야기 한 것은 남편이다. 이 대화에서 여자가 말하고 싶은 핵심은 보람 있고, 지금까지의 스킬이나 경험을 살릴 수 있을 일을 하고 싶다는 것이 포인트이므로 2번이 정답이다.

어휘 任せる 맡기다 | 職場 직장 | 業界 업계 | 逃す 놓치다 | 年齢 연령 | やりがい 보람 | 築き上げる 쌓아 올리다 | 十二分 십이분, 충분함 | 活かす 살리다 | 仕事につく 취직(취업)하다

4番 Track 5-3-04

女の人と男の人がコインランドリーについて話しています。

女：加藤さん、コインランドリーってよく利用する？

男：うん、最近のコインランドリーは本格的なコーヒーも売ってるから、よく行ってるけどどうしたの？

女：私も行きたいんだけど、いちいち小銭を準備するのが面倒くさくて。

男：え？最近はカードでもできるよ。

女：そうなの？知らなかった。

男：最初にコインランドリー専用のカードを購入して、そのカードにお金を入れて使う仕組みなんだけど、わざわざ現金を準備しなくてもできるから、楽だよ。電車のICカードと似たような感じだね。

女：へえー。便利になったね。他には登録とか必要なの？

男：あっ、アプリをダウンロードして個人情報を入力しなければならないね。カード番号をアプリに登録しないと、使えないんだよ。それがちょっと面倒くさいかな。

女：それだったら、私にもできそう。もしかして、ネットバンキングから送金してお金を入れることもできる？

男：できるできる！ネットバンキングならもっと楽だね。

女：ありがとう！早速明日行ってみるよ。

女の人はコインランドリーについてどう思っていますか。

1 小銭がないと利用できなくて面倒くさい。
2 専用カードで利用できるから便利だ。
3 利用方法が複雑で行きたくない。
4 本格的なコーヒーが飲めるから行くのが楽しい。

4번

여자와 남자가 빨래방에 대해 이야기하고 있습니다.

여 : 카토 씨, 빨래방 자주 이용해?

남 : 응, 요즘 빨래방은 본격적인 커피도 팔고 있어서 자주 가는데 왜?

여 : 나도 가고 싶은데, 일일이 잔돈을 준비하는 게 귀찮아서.

남 : 엥? 요즘은 카드로도 가능해.

여 : 그래? 몰랐어.

남 : 처음에 빨래방 전용 카드를 구입해서, 그 카드에 돈을 넣어 사용하는 구조인데, 일부러 현금을 준비하지 않아도 사용할 수 있으니까 편해. 전철 IC 카드와 비슷한 느낌이야.

여 : 아~ 편리해졌네. 그거 말고 등록 같은 거 필요해?

남 : 아, 앱을 다운로드해서 개인정보를 입력해야 해. 카드번호를 앱에 등록하지 않으면 사용할 수 없어. 그게 좀 귀찮으려나?

여 : 그렇다면 나도 할 수 있을 것 같아. 혹시 인터넷 뱅킹에서 송금해서 돈을 넣을 수도 있어?

남 : 가능해 가능해! 인터넷 뱅킹이라면 더 편하지.

여 : 고마워! 즉시 내일 가 볼게.

여자는 빨래방에 대해 어떻게 생각하고 있습니까?

1 잔돈이 없으면 이용할 수 없어 귀찮다.
2 전용 카드로 이용할 수 있어 편리하다.
3 이용방법이 복잡해서 가고 싶지 않다.
4 본격적인 커피를 마실 수 있어 가는 것이 즐겁다.

해설 선택지 중 2번과 4번은 남자의 생각이다. 개인정보 입력과 카드번호 등록을 언급하였지만 여자는 그 정도는 할 수 있을 것 같다고 했으니 3번도 오답. 대화 초반에 여자가 '나도 가고 싶은데, 일일이 잔돈을 준비하는 게 귀찮아서'라고 했으니 정답은 1번이 된다.

어휘 コインランドリー 빨래방 | 利用 이용 | 本格的 본격적 | いちいち 일일이 | 小銭 잔돈 | 準備 준비 | 面倒くさい 귀찮다 | 専用 전용 | 購入 구입 | 仕組み 구조 | わざわざ 일부러 | 現金 현금 | 楽だ 편하다 | 似る 닮다, 비슷하다 | 登録 등록 | アプリ 앱 | 個人情報 개인정보 | 入力 입력 | 番号 번호 | ネットバンキング 인터넷뱅킹 | 送金 송금 | 早速 즉시 | 複雑 복잡

5番 Track 5-3-05

男の人と女の人が電車の車内放送を聞いています。

男1：本日もＪＲ日本をご利用くださいましてありがとうございました。
車内に落し物やお忘れ物がございませんようご注意ください。
また、この電車は北東京到着後、車内温度を維持する為ドアは自動では開きません。
お手数ですがお降りのお客様はドア横の開けるボタンを押してお降りください。
お出口は右側です。ご乗車ありがとうございました。

⋮

男2：へえ、降りる時、自分で操作するんだね。こんな電車初めてだよ。
女　：私もよ。ボタンってどこにあるの。
男2：ああ、これだな。

電車を降りる時の何についての放送ですか。

1　忘れ物の処理
2　温度の調整方法
3　ドアの開け方
4　ドアの閉め方

5번

남자와 여자가 전철 차내 방송을 듣고 있습니다.

남1 : 오늘도 JR 일본을 이용해 주셔서 감사합니다.
차내에 분실물이나 잊으신 물건이 없도록 주의하시기 바랍니다.
또한 이 전철은 기타도쿄 도착 후, 차내 온도를 유지하기 위해 문이 자동으로는 열리지 않습니다. 번거로우시겠지만 내리시는 고객님은 문 옆에 열림 버튼을 눌러 내려 주십시오.
출구는 오른쪽입니다. 승차해 주셔서 감사합니다.

⋮

남2 : 와~, 내릴 때, 스스로 조작하는구나. 이런 전철 처음이야.
여　: 나도. 버튼은 어디 있는 거야?
남2 : 아, 이거다.

전철에서 내릴 때의 무엇에 대한 방송입니까?

1 분실물 처리
2 온도 조절 방법
3 문 여는 방법
4 문 닫는 방법

해설 차내 온도 조절을 위해 자동으로 문이 열리지 않으니 내리실 손님은 문 옆의 버튼을 누르고 내리라는 방송이므로 정답은 3번이다.

어휘 放送 방송 | 本日 오늘 | 落し物 분실물 | 維持 유지 | お手数ですが 번거로우시겠지만 | 乗車 승차 | 操作 조작 | 処理 처리 | 調整 조정

문제4 **문제4에서는, 문제 용지에 아무것도 인쇄되어 있지 않습니다. 먼저 이야기를 들으세요. 그 뒤 그에 대한 대답을 듣고 1~3 중에서 가장 적당한 것을 하나 고르세요.**

例 Track 5-4-00

男：彼女の言い方には人の心を和らげる何かがあるね。

女：1　私もその何かがずっと気になっていました。

　　2　ほんとうですね。人の心はわからないですね。

　　3　そうですね。聞いたら優しい気持ちになりますね。

예

남 : 그녀의 말투는 사람의 마음을 온화하게 하는 무언가가 있네.

여 : 1 저도 그 무언가가 계속 신경 쓰이고 있었습니다.

2 정말 그러네요. 사람의 마음은 모르겠네요.

3 그러네요. 들으면 상냥한 기분이 드네요.

1番 Track 5-4-01

女：このレストラン、いつもがらがらですね。

男：1　うん、値段も手ごろでおいしいからね。

　　2　そうだね、味がいまいちだからね。

　　3　うん、けっこう広いし快適だからね。

1번

여 : 이 레스토랑, 언제나 손님이 거의 없네요.

남 : 1 그래, 가격도 적당하고 맛있으니까.

2 그래, 맛이 조금 별로니까.

3 응, 꽤 넓고 쾌적하니까.

해설 손님이 없다는 말에 대한 대답으로 적당한 것은, 부정적인 의미의「いまいち 조금 부족하거나 모자른 모양」가 있는 2번이다. 따라서 2번이 정답이다.

어휘 がらがら ①단단한 물건이 한 번에 무너져 내리거나 쓰러지는 다소 무거운 느낌의 소리 ②양치질 소리나 목에 걸려 듣기 힘든 소리 ③천둥이 치는 모습 ④속이 거의 비어 있는 모습 | 手ごろ 적당함 | いまいち 조금 모자라는 모양 | 快適 쾌적

2番 Track 5-4-02

男：今回のプロジェクト、頑張ったね！お疲れ様。

女：1　無事終わって肩の荷が下りましたね。

　　2　肩が凝って頭も痛いですよ。

　　3　そんなに肩を落とさないでください。

2번

남 : 이번 프로젝트, 열심히 했네! 수고했어.

여 : 1 무사히 끝나서 어깨의 짐이 내려갔네요.

2 어깨가 뻐근하고 머리도 아파요.

3 그렇게 낙담하지 마세요.

해설 「肩の荷が下りる」남자의 말에서 이번 프로젝트가 성공적으로 끝났음을 알 수 있고, 가장 적당한 반응은「肩の荷が下りる」가 들어간 1번이다.「肩の荷が下りる」는 '걱정하던 일이 잘 해결되어 부담, 책임 등이 없어지다'는 뜻이다. 2번 3번에 나온「肩」가 들어간 관용구도 잘 기억해두자.

어휘 お疲れ様 수고 | 無事 무사히 | 肩の荷が下りる 어깨의 짐이 내려가다(부담, 책임 등이 없어지다) | 肩が凝る 어깨가 결리다 | 肩を落とす 낙담하다

3番 Track 5-4-03

男：この服、ちょっと地味すぎるんじゃないですか。

女：1 いいえ、よくお似合いだと思いますが。

2 いいえ、着やすそうに見えますが。

3 いいえ、本当に地味で質素な感じですが。

3번

남 : 이 옷 좀 너무 수수한 건 아닐까요?

여 : 1 아니요, 잘 어울린다고 생각합니다만.

2 아니요, 입기 편해 보입니다만.

3 아니요, 정말 수수하고 소박한 느낌입니다만.

해설 '너무 수수한 건 아닐까'라고 우려하는 말에 잘 어울린다고 답한 1번이 정답이다.

어휘 地味 수수함 | 質素 소박함, 검소함

4番 Track 5-4-04

女：社長、お客様がお見えになりましたが…。

男：1 私にはよく見えないが、どこですか？

2 もうお客様が見ましたからけっこうです。

3 あ、奥の方に通してください。

4번

여 : 사장님, 손님이 오셨습니다만….

남 : 1 나에게는 잘 안 보입니다만, 어디입니까?

2 이미 손님이 봤으니까 괜찮습니다.

3 아, 안쪽으로 안내해 주세요.

해설 「お見えになる」는 '오시다'라는 뜻이므로 정답은 3번이다.

어휘 けっこうだ 훌륭하다, 됐다, 괜찮다 | 奥 안쪽, 속 | 通す 통과시키다, 안내하다

5회

5番 Track 5-4-05

男：お先にどうぞ。

女：1 ありがとうございます。

2 お疲れさまでした。

3 とんでもないです。

5번

남 : 먼저 하세요.

여 : 1 감사합니다.

2 수고하셨습니다.

3 당치도 않습니다.

해설 남자가 여자에게 먼저 하라고 하며 양보를 하고 있고 이에 가장 적당한 반응은 1번이다. 2번은 일을 마치고 하는 말. 3번은 상대에게 칭찬받거나 감사의 말을 들었을 때 겸손하게 하는 말이다.

어휘 お先にどうぞ 먼저 하세요 | お疲れさまでした 수고하셨습니다 | とんでもないです 당치도 않습니다

6番 Track 5-4-06

男：ここから先は通行止めですよ。

女：1 料金はいくらですか？

2 えっ？工事中ですか？

3 信号、長いですね。

6번

남 : 여기에서 앞쪽은(여기부터는) 통행금지예요.

여 : 1 요금은 얼마예요?

2 엥? 공사 중인가요?

3 신호, 길군요.

해설 「通行止め」는 '통행금지'란 뜻으로 가장 적당한 반응은 2번이다. 길을 못 가게 한다면 가장 먼저 도로공사를 떠올릴 것이다. 신호가 길다고 통행을 못하는 것은 아니니 3번은 오답이다.

어휘 先 앞, 앞쪽 | 通行止め 통행금지 | 料金 요금 | 工事中 공사 중 | 信号 신호

7番 Track 5-4-07

男：もうこんな生活はたくさんだ。

女：1　私もあきあきしてるんですよ。

2　それはうらやましいですね。

3　そんなに楽しいですか。

7번

남 : 이제 이런 생활은 그만하고 싶어.

여 : 1 저도 질렸어요.

2 그것은 부럽네요.

3 그렇게 즐겁습니까?

해설 「たくさんだ」는 '이제 충분하여 그 이상을 바라지 않는다, 이제는 질렸다'라는 의미가 있다. 따라서 정답은 1번이다.

어휘 あきあきする 아주 싫증이 나다, 질리다

8番 Track 5-4-08

男：この部屋にいると息がつまりそうだ。

女：1　じゃ、みんなで深呼吸でもしてみますか。

2　早く病院行った方がいいんじゃないですか。

3　外に出て休憩しましょうか。

8번

남 : 이 방에 있으면 숨이 막힐 거 같아.

여 : 1 그럼, 모두 심호흡이라도 해볼까요?

2 빨리 병원에 가는 편이 좋지 않겠습니까?

3 밖에 나가서 쉴까요?

해설 「息がつまりそうだ 숨이 막힐 거 같다(보통 신체적인 상태보다는 정신적인 상태에 사용한다)」라는 말에 밖에 나가서 쉬자고 제안하는 3번이 정답이다.

어휘 息がつまる 숨이 막히다 | 深呼吸 심호흡 | 休憩 휴게, 휴식

9番 Track 5-4-09

男：部長に手ぶらで来いって言われたが、手ぶらではちょっと……。

女：1　手にぶら下げた方がいいですよ。

2　そうですね、ケーキでも買っていきましょうか。

3　近所をぶらぶら散歩でもする？

9번

남 : 부장님께 빈손으로 오라고 말을 들었지만, 빈손은 좀….

여 : 1 손에 드는 편이 좋아요.

2 그러네요, 케이크라도 사 갈까요?

3 근처를 어슬렁 어슬렁 산책이라도 할래?

해설 남자의 말과 1번, 3번은 「ぶら」가 들어간 단어의 예이므로 잘 알아둔다. 정답은 2번이다.

어휘 手ぶら 빈 손 | ぶら下げる (손에) 들다, 매달다 | ぶらぶら 어슬렁어슬렁

10番 Track 5-4-10	10번
男：仕事が多くてどれから手をつけたらいいかわからないよ。	남 : 일이 많아서 무엇부터 손을 대면 좋을지 모르겠어.
女：1　山田君なら、何をやってもうまくいくわよ。 2　なんでも挑戦してみることが大事だね。 3　まずは優先すべきものから始めたら？	여 : 1 야마다 군이라면, 뭘 해도 잘 될 거야. 2 뭐든지 도전해 보는 것이 중요하지. 3 우선은 우선 해야 할 것부터 시작하는 건 어떨까?

해설 「手をつける」는 '손을 대다, 시작하다'라는 뜻의 관용구다. 일이 많아서 무엇부터 시작하면 좋을지 모르겠다고 하는 사람에게 해줄 수 있는 가장 적당한 반응은 3번이다. 1번은 자신감을 잃은 사람에게 하는 격려이고, 2번은 피하지 말고 도전해 보라는 좋은 표현이지만 남자의 말과는 어울리지 않는 반응이다.

어휘 手をつける 손을 대다, 시작하다 | うまくいく 잘 되다 | 挑戦 도전 | 優先 우선

11番 Track 5-4-11	11번
男：今回のことは、大目に見ていただけませんか。	남 : 이번 일은, 봐 주시지 않겠습니까?
女：1　今回だけよ。次は失敗しないように。 2　そうね。やっぱり田中君に任せることにするわ。 3　大丈夫よ。またがんばればいいじゃない。	여 : 1 이번뿐이야. 다음에는 실수하지 말도록. 2 그러게. 역시 다나카 군에게 맡기기로 할게. 3 괜찮아. 또 열심히 하면 되잖아.

5회

해설 「大目に見る」는 '(상대의 실수, 잘못 등을) 봐 주다, 용서하다'는 뜻으로 가장 적당한 반응은 이번만 봐주겠다고 하며 다음에는 실수하지 말라고 한 1번이다. 3번은 실수, 잘못이 아니라 결과가 좋지 못할 때, 예를 들어 시험 등에 떨어졌을 때 상대를 격려하는 표현이다.

어휘 大目に見る 봐 주다, 용서하다 | 失敗 실수 | やっぱり 역시 | 任せる 맡기다

문제5 문제5에서는, 긴 이야기를 듣습니다. 이 문제에는 연습은 없습니다. 메모를 해도 좋습니다.

1번, 2번

문제 용지에는 아무것도 인쇄되어 있지 않습니다. 먼저 이야기를 들으세요. 그리고 질문과 선택지를 듣고 1~4 중에서 가장 적당한 것을 하나 고르세요.

1番 Track 5-5-01	1번
ボランティアセンターで男の学生と女の人が話しています。	자원봉사 센터에서 남학생과 여자가 이야기하고 있습니다.
男：すみません、ボランティアをしてみたいのですが。	남 : 실례합니다. 자원봉사를 해보고 싶습니다만.

女：はい、学生さんですね。どんな分野に興味がおありですか？

男：今、大学生ですが、子供教育に興味があるんです。

女：そうですか。では、まず4つご紹介しますね。

男：はい、お願いします。

女：まず、１番目のは経済的理由などで、塾に通えない子供に高校入試のサポートをするボランティアです。
もし、教員になりたいとか、教育の格差に関心がある方だったら、ちょうどいいですね。

男：ああ、ぼくは教員志望なんです。

女：そうですか。２番目のは、主に被災地の中学校の学習支援です。これはＷｅｂで行います。
パソコンはお持ちですか？ これは、有償ボランティアです。

男：ああ、お金がいただけるのですね。でも、パソコンの画面上からの支援ですよね。

女：はい、そうです。３番目のは、不登校の児童のための家庭教師です。４番目のは、子供食堂の立ち上げです。

男：不登校の子供の家庭教師というと、子どもの話し相手の要素が大事になりますよね。

女：そうかもしれませんね。これは、やりがいがありますよ。

男：そうですか。最後の子供食堂の立ち上げって何ですか？

女：信じられないかもしれませんが、日本の子供の６人に一人は、ごはんを食べていなかったり、一人っきりでごはんを食べているんです。そんな子供達のために、低価格で食べられる食堂の立ち上げに協力するボランティアを募集しているんです。

男：そうなんですか。これもすごく勉強になりそうだな…。でも、ぼくも中学校の時、学校に行くのが嫌で、公園に行ってゲームしていたりなんて経験があるんです。その経験が生かせそうだから、このボランティアに応募してみます。

女：はい、わかりました。

男の学生はどのボランティアに応募することにしましたか。

여 : 네, 학생이죠? 어떤 분야에 관심이 있으십니까?

남 : 지금 대학생이지만, 어린이 교육에 관심이 있습니다.

여 : 그래요? 그럼, 먼저 4가지를 소개 드리겠습니다.

남 : 네, 부탁합니다.

여 : 우선 첫 번째는 경제적 이유 등으로 학원에 다닐 수 없는 아이들에게 고등학교 입시 지원을 하는 자원봉사입니다.
만약 교사가 되고 싶다든가, 교육 격차에 관심이 있는 분이라면, 딱 좋죠.

남 : 아, 저는 교사를 지망하고 있어요.

여 : 그래요? 두 번째는 주로 재난을 받은 지역의 중학교 학습 지원입니다. 이것은 웹으로 합니다.
PC는 있으세요? 이는 유상 자원봉사입니다.

남 : 아, 돈을 받을 수 있군요. 하지만, 컴퓨터 화면상에서 지원하는군요.

여 : 네, 그렇습니다. 세 번째는 등교를 하지 않는 아동을 위한 가정교사입니다. 네 번째는 아이 식당의 발족입니다.

남 : 등교를 하지 않는 아이의 교사라고 하면 아이들의 말벗이 되는 요소가 중요해지네요.

여 : 그럴지도 모르겠네요. 이것은 보람이 있어요.

남 : 그래요? 마지막의 아이들 식당의 발족이란 무엇입니까?

여 : 믿을 수 없을지도 모릅니다만, 일본의 어린이 6명 중 한 명은 밥을 안 먹거나, 혼자서 밥을 먹고 있어요. 그런 아이들을 위해 저렴한 가격에 먹을 수 있는 식당을 차리는 데 협력하는 자원 봉사자를 모집하고 있어요.

남 : 그렇습니까? 이것도 매우 공부가 될 것 같네요…. 하지만 저도 중학교 때 학교에 가기 싫어서 공원에 가서 게임하거나 했던 경험이 있습니다. 그 경험을 살릴 수 있을 거 같으니, 이 자원봉사에 응모해 보겠습니다.

여 : 네, 알겠습니다.

남학생은 어떤 자원봉사에 응모하기로 했습니까?

1　1番目のボランティア
2　2番目のボランティア
3　3番目のボランティア
4　4番目のボランティア

1 첫 번째 자원봉사
2 두 번째 자원봉사
3 세 번째 자원봉사
4 네 번째 자원봉사

해설 남학생은 중학교 때 학교에 가기 싫어서 공원에서 게임을 하거나 했었다. 그 경험을 살릴 수 있을 거라고 했으므로 정답은 학교에 등교하지 않는 아이들을 위한 자원봉사, 즉 3번이 정답이다.

어휘 **分野** 분야 | **興味** 흥미, 관심 | **塾** 초·중·고등학생이 학교수업을 보충하는 곳, 학원 | **入試** 입시 | **格差** 격차 | **志望** 지망 | **被災地** 재난을 당한 지역 | **有償** 유상 | **支援** 지원 | **不登校** 등교를 하지 않음 | **児童** 아동 | **立ち上げ** 조직이나 기업을 새롭게 시작하는 것 | **要素** 요소 | **やりがい** 보람 | **低価格** 저가격 | **協力** 협력

2番 Track 5-5-02

空港の案内所で外国人の男の人がホテルまでの行き方をたずねています。

男：すみません、銀座日本ホテルに行きたいんですが、どう行ったらいいでしょうか？
女：ああ、そのホテルまでは４つの方法があります。ご案内しますね。
男：はい、お願いします。
女：１番目の方法は電車で品川まで行って、地下鉄に乗り換えます。４０分ぐらいかかって、料金はで７００円ほどですね。
男：地下鉄に乗り換えですか…？ ちょっと複雑そうですね。私は外国人だし…。
女：そうですね…。２番目の方法はモノレールに乗って、浜松町という所でＪＲに乗り換えます。やっぱり、４０分ほどで、料金は８００円ぐらいです。
男：モノレールですか？ ちょっと乗ってみたいですね。
女：はい、窓から海が見えますし、ぜひ乗ってみてください。それから３番目の方法はそのホテルのリムジンバスが空港から出ています。一日4本ですが、１５００円ぐらいです。道路の込み具合が関係するので、１時間ぐらい見た方が良いと思います。あと、４番目の方法ですが、タクシーです。これが一番楽です。

2번

공항 안내소에서 외국인 남자가 호텔까지 가는 방법을 묻고 있습니다.

남 : 실례합니다, 긴자 일본 호텔에 가고 싶은데 어떻게 가면 좋을까요?
여 : 아, 그 호텔까지 가는 방법은 네 가지 있습니다. 안내해 드리겠습니다.
남 : 네, 부탁합니다.
여 : 첫 번째 방법은 전철로 시나가와까지 가서 지하철로 갈아 탑니다. 40분 정도 걸리고 요금은 700엔 정도입니다.
남 : 지하철로 갈아탑니까…? 좀 복잡한 것 같네요. 저는 외국인이고….
여 : 그러네요…. 두 번째 방법은 모노레일을 타고 하마마츠쵸라는 곳에서 JR로 갈아탑니다.
역시 40분 정도고, 요금은 800엔 정도입니다.
남 : 모노레일입니까? 좀 타 보고 싶네요.
여 : 네, 창문으로 바다가 보이니, 꼭 타 보십시오. 그리고 세 번째 방법은 그 호텔 리무진 버스가 공항에서 출발합니다. 하루 4회 입니다만, 1500엔 정도입니다. 도로 정체 상태에 따라서 1시간 정도로 보는 것이 좋다고 생각합니다. 그리고 네 번째 방법입니다만, 택시입니다. 이것이 가장 편합니다.

男：ああ、そうですね。タクシー代はいくらぐらいかかりますか。
女：７０００円ほどです。
男：ええ！ そんなに高いんですか？
女：はい、そうなんです。ホテルのリムジンバスが一番いいと思いますが、ちょっとお待ちください。

⋮

ああ、バスはちょうど出たばかりで、次のバスは２時間後です。
男：ああ、ついてないですね。いいです。頑張って海を見ながら行ってみます。
女：はい、お気をつけて。

男の人はどの行き方にしますか。

1　１番目の行き方
2　２番目の行き方
3　３番目の行き方
4　４番目の行き方

남 : 아, 그렇군요. 택시 요금은 얼마 정도 듭니까?
여 : 7000엔 정도입니다.
남 : 앗! 그렇게 비싼가요?
여 : 네, 그렇습니다. 호텔 리무진 버스가 가장 좋다고 생각합니다만, 잠시 기다려주십시오.

⋮

아, 버스가 마침 막 출발해 버려서, 다음 버스는 2시간 후입니다.
남 : 아, 운이 없네요. 좋습니다. 열심히 바다를 보면서 가 보겠습니다.
여 : 네, 조심히 가십시오.

남자는 어떤 방법으로 갑니까?

1 첫 번째 방법
2 두 번째 방법
3 세 번째 방법
4 네 번째 방법

해설 남자는 마지막에 바다를 보면서 가겠다고 했으므로, 창 밖으로 바다 풍경을 보면서 갈 수 있는 모노레일을 탄다. 따라서 정답은 2번이다.

어휘 複雑 복잡 | モノレール 모노레일. 하나의 레일 위를 달리는 철도 | 道路 도로 | ついてない 운이 없다

3번

먼저 이야기를 들으세요. 그리고 두 개의 질문을 듣고, 각각 문제 용지의 1에서 4중에서 가장 적당한 것을 하나 고르세요.

3番 Track 5-5-03

男の人と女の人が病院の話をしています。

男：ここ最近お腹の調子が悪くてさ。なかなか治らないんだよ。
女：どうしたの？何か悪いものでも食べたの？
男：そういうわけじゃないとは思うんだけど…。こういう時って何科に行けばいいんだろう。
女：まずは内科じゃない？内科に行って診断してもらうのがいいと思うけど。

3번

남자와 여자가 병원 이야기를 하고 있습니다.

남 : 여기 요즘 속이 좋지 않아. 좀처럼 낫질 않아.
여 : 왜 그래? 뭔가 나쁜 거라도 먹었어?
남 : 그건 아닌 것 같은데... 이럴 때는 무슨 과에 가야 하지?
여 : 우선은 내과 아닐까? 내과에 가서 진찰을 받는 게 좋을 것 같은데.

男：そうかな。前にもこういうことがあって、病院で診てもらったんだけど、診断はいつも同じなんだよなあ。

女：もしかして今度面接があるから、緊張してそうなってるんじゃない？

男：あっ、それはあるかも。テストの前とか緊張して痛くなるし。

女：そういう場合は一度消化器内科で詳しく診てもらったほうがいいわよ。

男：消化器内科か。一度行ったほうがよさそうだな。はっきりした理由が分かったほうが気持ちも楽になる気がするし。

女：そうね。まあ、効果がある薬とかがあればいいけど、まずは緊張でストレスをためないようにすることね。

男：そうだね。とりあえず、医者にみてもらうことにするよ。

女：そうね。私も最近のどの調子が悪くて耳鼻咽喉科に行こうと思ってたところなのよ。ちょうど私が行く病院の近くに、その病院もあるから、今から一緒に行ってみる？

男：うん、こういうのは早めがいいし、そうするよ。

남 : 그런가? 전에도 이런 일이 있어서 병원에서 진찰을 받았는데, 진단은 언제나 똑같아.

여 : 혹시 이번에 면접이 있어서, 긴장해서 그렇게 된 거 아니야?

남 : 아, 그 이유가 있을지도 몰라. 시험 전 같을 때 긴장해서 아파지기도 하고.

여 : 그런 경우는 한 번 소화기내과에서 자세히 진찰받는 편이 좋아.

남 : 소화기 내과? 한번 가는 편이 좋을 것 같군. 확실한 이유를 아는 편이 기분도 편해질 것 같고.

여 : 그러게. 뭐, 효과가 있는 약 같은 것이 있으면 좋겠지만, 우선은 긴장으로 스트레스가 쌓이지 않도록 하는 거지.

남 : 그렇군. 일단 의사에게 진찰을 받도록 할게.

여 : 그래. 나도 요즘 목 상태가 좋지 않아 이비인후과에 가려고 하던 참이야. 마침 내가 가는 병원 근처에 그 병원도 있으니까, 지금부터 같이 가 볼래?

남 : 응, 이런 것은 빨리 하는 게 좋을 테니, 그렇게 할게.

質問 1

男の人は病院の何科を受診しますか。

1 内科
2 耳鼻咽喉科
3 消化器内科
4 外科

질문1

남자는 병원의 무슨 과에서 진료를 받습니까?

1 내과
2 이비인후과
3 소화기내과
4 외과

質問 2

女の人は病院の何科を受診しますか。

1 内科
2 耳鼻咽喉科
3 消化器内科
4 外科

질문2

여자는 병원의 무슨 과에서 진료를 받습니까?

1 내과
2 이비인후과
3 소화기내과
4 외과

해설 질문 1 : 남자가 속이 좋지 않다고 하자 여자는 내과에 가서 진찰받기를 권하였다. 그러나 남자가 과거에도 진찰을 받았지만 진단은 항상 똑같다고 하자, 여자는 면접 때문에 그런 거 아니냐고 하며 '그런 경우는 한

번 소화기내과에서 자세히 진찰받는 편이 좋아'라고 소화기내과에서 진찰 받기를 권하였고 남자도 이 말에 동의하였으니 답은 3번이다.

질문 2 : 남자의 증상에 대한 대화를 하고 있었는데, 대화 마지막 부분에서 여자가 '나도 요즘 목 상태가 좋지 않아 이비인후과에 가려고 하던 참이야'라고 하며 '마침 내가 가는 병원 근처에 그 병원도 있으니까'라며 남자에게 같이 가자고 했으니 여자는 이비인후과에 가서 진료를 받는 것을 알 수 있다.

어휘 お腹(なか)の調子(ちょうし)が悪(わる)い 속이 나쁘다, 배가 아프다 | なかなか 좀처럼 | 治(なお)る 낫다 | こういう時(とき) 이런 때 | 何科(なにか) 무슨 과 | 内科(ないか) 내과 | 診断(しんだん) 진단 | 診(み)る 진찰하다 | 診断(しんだん) 진단 | もしかして 혹시 | 面接(めんせつ) 면접 | 緊張(きんちょう) 긴장 | 消化器内科(しょうかきないか) 소화기 내과 | 詳(くわ)しい 자세하다, 상세하다 | はっきりした 확실한 | 理由(りゆう) 이유 | 楽(らく)になる 편해지다 | 気(き)がする 기분이 들다 | 効果(こうか) 효과 | ストレスをためる 스트레스를 쌓다 | とりあえず 일단, 우선 | のど 목 | 調子(ちょうし) 상태 | 耳鼻咽喉科(じびいんこうか) 이비인후과 | 近(ちか)く 근처 | 早(はや)めがいい 빠른 게 좋다 | 受診(じゅしん) 수진, 진료를 받음 | 外科(げか) 외과

memo

memo